Kock/Stüwe (Hrsg.)/Jansen/Salewski/Schulte

Öffentliches Recht und Europarecht

Zusätzliche digitale Inhalte für Sie!

Zu diesem Buch stehen Ihnen kostenlos folgende digitale Inhalte zur Verfügung:

- Online-Version ✓
- Online-Training
- Aktualisierung im Internet
- Zusatz-Downloads
- App
- Digitale Lernkarten
- WissensCheck

Schalten Sie sich das Buch inklusive Mehrwert direkt frei.

Scannen Sie den QR-Code **oder** rufen Sie die Seite **www.nwb.de** auf. Geben Sie den Freischaltcode ein und folgen Sie dem Anmeldedialog. Fertig!

Ihr Freischaltcode

BAKQ-FHWH-VCKS-SLOB-HRGA-QS

www.nwb.de

NWB Studium Betriebswirtschaft

Öffentliches Recht und Europarecht

- Staats- und Verfassungsrecht
- Primärrecht der Europäischen Union
- Allgemeines Verwaltungsrecht

Herausgegeben von
Prof. Dr. Kai-Uwe Kock
Leitender Regierungsdirektor Richard Stüwe

Bearbeitet von
Regierungsdirektor Dirk Jansen
Regierungsdirektor Martin Salewski
Oberregierungsrat Christoph Schulte

7., aktualisierte Auflage

nwb STUDIUM

Kein Produkt ist so gut, dass es nicht verbessert werden könnte. Ihre Meinung ist uns wichtig! Was gefällt Ihnen gut? Was können wir in Ihren Augen noch verbessern? Bitte verwenden Sie für Ihr Feedback einfach unser Online-Formular auf:

www.nwb.de/go/feedback_bwl

Als kleines Dankeschön verlosen wir unter allen Teilnehmern einmal pro Quartal ein Buchgeschenk.

Bearbeitervermerk:

Teil 1: Grundlagen des Rechts	Kock
Teil 2: Staats- und Verfassungsrecht	Jansen/Salewski
Teil 3: Recht der Europäischen Union	Schulte
Teil 4: Allgemeines Verwaltungsrecht	Stüwe
Teil 5: Übungsfall zum Klausurenschreiben	Stüwe

ISBN 978-3-482-**48347**-9
7., aktualisierte Auflage 2018

www.nwb.de

Satz: Griebsch & Rochol Druck GmbH, Hamm

Druck: medienHaus Plump GmbH, Rheinbreitbach

VORWORT ZUR 7. AUFLAGE

Das Lehrbuch „Öffentliches Recht und Europarecht" liegt nunmehr in der 7. Auflage vor. Das Werk ist dadurch gekennzeichnet, dass es neben den zwei zentralen Bereichen des öffentlichen Rechts, nämlich dem Staats- und Verfassungsrecht und dem allgemeinen Verwaltungsrecht, auch das Europarecht enthält. Zu Beginn werden die Grundlagen des Rechts in einem eigenständigen Teil des Lehrbuchs vorangestellt.

Das Buch vermittelt Studierenden einen fundierten Überblick über das öffentliche Recht und das Europarecht. Der als kompliziert geltende Stoff wird in kurzer und prägnanter Form aufbereitet – speziell zugeschnitten auf Ausbildung und Studium. Das öffentliche Recht zählt nicht nur im Studium der Rechtswissenschaften, sondern auch in zahlreichen anderen Studiengängen zum Pflichtstoff. Diese Hervorhebung ist der Materie angemessen, da grundlegende Kenntnisse des Staatsaufbaus und der Rechtsbeziehungen zwischen den Bürgern und der Verwaltung in allen juristisch ausgerichteten Berufssparten erforderlich und damit hilfreich sind.

Für zahlreiche Studiengänge außerhalb des Studiengangs Rechtswissenschaften an Universitäten sind fundierte Kenntnisse des öffentlichen Rechts und des Europarechts ebenfalls unabdingbar, um die Studieninhalte zutreffend in die staatlichen Gesamtzusammenhänge einordnen zu können. Dies gilt besonders für Studierende in verwaltungsbezogenen Studiengängen. Die Angehörigen der verschiedensten Verwaltungszweige müssen die grundlegenden Rechtsstrukturen des Gemeinwesens kennen und in ihrer Arbeit umsetzen können.

Das öffentliche Recht kann heutzutage aufgrund der vorangeschrittenen Integration Europas nicht mehr ohne das Recht der Europäischen Union behandelt werden. Europarecht ist weitgehend öffentliches Recht. Daher ist neben dem öffentlichen Recht im klassischen Sinn auch das Europarecht als Rechtsmaterie ein etablierter Bestandteil von Lehrinhalten. Es stellt eine eigenständige Rechtsordnung dar, strahlt aber gleichzeitig auf das nationale Verfassungs- und Verwaltungsrecht aus. Daher wird das Europarecht in diesem Buch neben dem nationalen Staats- und Verfassungsrecht ausführlich dargestellt.

Einleitend – und damit den übrigen Teilen vorangestellt – werden die Grundlagen des Rechts erläutert. In diesem Teil des Lehrbuchs ist zugleich ein Abschnitt zur gutachtlichen Methodik in juristischen Prüfungsarbeiten enthalten. Ergänzt wird dieser Abschnitt durch einen Übungsfall zum Klausurschreiben in Teil 5. Hier wird ein Klausursachverhalt samt ausführlicher gutachtlicher Musterlösung aus dem Bereich des allgemeinen und des besonderen Verwaltungsrechts vorgestellt.

In der vorliegenden Auflage wurden alle Teile des Lehrbuchs einer kritischen Betrachtung unterzogen und – soweit erforderlich – überarbeitet bzw. aktualisiert. Es ist damit inhaltlich auf dem neusten Stand. Das Autorenteam, das bereits in der 6. Auflage die einzelnen Teile des Lehrbuchs betreut und bearbeitet hat, setzt in dieser Auflage seine Arbeit in bewährter Weise fort. Die Autoren sind allesamt erfahrene Dozenten auf den Gebieten des öffentlichen Rechts und des Europarechts, die in Vorlesungen und Prüfungen diese Rechtsgebiete seit vielen Jahren vertreten.

Münster, im Juli 2018 *Kai-Uwe Kock und Richard Stüwe*

INHALTSVERZEICHNIS

ABBILDUNGSVERZEICHNIS

ABKÜRZUNGSVERZEICHNIS

A

ABl.	Amtsblatt
AbgStatut	Abgeordnetenstatut des Europäischen Parlaments
Abs.	Absatz
AEUV	Vertrag über die Arbeitsweise der Europäischen Union
a. F.	alte Fassung
Alt.	Alternative
AO	Abgabenordnung
ARD	Arbeitsgemeinschaft der Rundfunkanstalten Deutschlands
Art.	Artikel
AtG	Atomgesetz
Aufl.	Auflage
AufenthG/ EWG	Gesetz über Einreise und Aufenthalt von Staatsangehörigen der Mitgliedstaaten der Europäischen Wirtschaftsgemeinschaft

B

BAföG	Bundesausbildungsförderungsgesetz
BauGB	Baugesetzbuch
BBG	Bundesbeamtengesetz
BDSG	Bundesdatenschutzgesetz
Benelux	Belgien, Niederlande, Luxemburg
BFernStrG	Bundesfernstraßengesetz
BGB	Bürgerliches Gesetzbuch
BGHZ	Entscheidungen des Bundesgerichtshofes in Zivilsachen
BImSchG	Bundesimmissionsschutzgesetz
BRAO	Bundesrechtsanwaltsordnung
BRRG	Beamtenrechtsrahmengesetz
BVerfG	Bundesverfassungsgericht
BVerfGE	Entscheidungen des Bundesverfassungsgerichts
BVerfGG	Bundesverfassungsgerichtsgesetz
BVerwG	Bundesverwaltungsgericht
BW	Baden-Württemberg
BWahlG	Bundeswahlgesetz

D

DEKRA	Deutscher Kraftfahrzeug-Überwachungsverein
d. h.	das heißt
DDR	Deutsche Demokratische Republik

E

€	Euro
EAG	Europäische Atomgemeinschaft
EEA	Einheitliche Europäische Akte
EFTA	European Free Trade
EG	Europäische Gemeinschaft(en)
EGGVG	Einführungsgesetz zum Gerichtsverfassungsgesetz
EGKS	Europäische Gemeinschaft für Kohle und Stahl
EGMR	Europäischer Gerichtshof für Menschenrechte
EGV	Vertrag zur Gründung der Europäischen Gemeinschaft
EMRK	Europäische Menschenrechtskonvention
EP	Europäisches Parlament
EU	Europäische Union
EuG	Europäisches Gericht
EuGH	Gerichtshof der Europäischen Union
EuR	Europarecht (Zeitschrift)
EUV	Vertrag über die Europäische Union
EuZW	Europäische Zeitschrift für Wirtschaftsrecht (Zeitschrift)
EVG	Europäische Verteidigungsgemeinschaft
EWG	Europäische Wirtschaftsgemeinschaft
EWR	Europäischer Wirtschaftsraum
EZB	Europäische Zentralbank

F

f.	folgende (Seite)
ff.	folgende (Seiten)
FGO	Finanzgerichtsordnung
FStrG	Fernstraßengesetz

G

GASP	Gemeinsame Außen- und Sicherheitspolitik
GastG	Gaststättengesetz
GastVO	Gaststättenverordnung
gem.	gemäß
GewO	Gewerbeordnung
GG	Grundgesetz
ggf.	gegebenenfalls
GmbH	Gesellschaft mit beschränkter Haftung

GPSG	Geräte- und Produktsicherheitsgesetz
GRCh	Charta der Grundrechte der Europäischen Union

H

HandwO	Handwerksordnung
h. M.	herrschende Meinung
Hrsg.	Herausgeber

I

i. d. R.	in der Regel
i. H.	in Höhe
i. S.	im Sinne
i. V. m.	in Verbindung mit

J

JA	Juristische Arbeitsblätter (Zeitschrift)
Jura	Juristische Ausbildung (Zeitschrift)
JuS	Juristische Schulung (Zeitschrift)
JZ	Juristenzeitung (Zeitschrift)

K

KPD	Kommunistische Partei Deutschlands
KrW-/AbfG	Gesetz zur Förderung der Kreislaufwirtschaft und Sicherung der umweltverträglichen Beseitigung von Abfällen
KündSchG	Kündigungsschutzgesetz

L

LOG	Landesorganisationsgesetz

N

NATO	North Atlantic Treaty Organization
NJW	Neue Juristische Wochenschrift (Zeitschrift)
Nr.	Nummer
NRW	Nordrhein-Westfalen
NSDAP	Nationalsozialistische Deutsche Arbeiterpartei
NVwZ	Neue Zeitschrift für Verwaltungsrecht (Zeitschrift)

O

o. g.	oben genannt
OBG	Ordnungsbehördengesetz
OECD	Organization for Economic Cooperation and Development
OEEC	Organization for European Economic Cooperation
OVG	Oberverwaltungsgericht

P

PBefG	Personenbeförderungsgesetz
PJZS	Polizeiliche und justizielle Zusammenarbeit in Strafsachen
POG	Polizeiorganisationsgesetz
PolG	Polizeigesetz

R

Rn.	Randnummer
RL	Richtlinie
Rs.	Rechtssache

S

S.	Seite
s. o.	siehe oben
s. u.	siehe unten
SGB	Sozialgesetzbuch
SGG	Sozialgerichtsgesetz
sog.	so genannt
StGB	Strafgesetzbuch
StPO	Strafprozessordnung
str.	strittig
StVO	Straßenverkehrsordnung
StVZO	Straßenverkehrs-Zulassungs-Ordnung
StrWG NRW	Straßen- und Wegegesetz des Landes Nordrhein-Westfalen

T

TÜV	Technischer Überwachungs-Verein

U

UA	Unterabsatz
u. U.	unter Umständen
UN	United Nations
UStG	Umsatzsteuergesetz
usw.	und so weiter
UVP	Umweltverträglichkeitsprüfung
UZK	Unionszollkodex

V

VersammlG	Versammlungsgesetz
VHMK	Verhältnismäßigkeit
vgl.	vergleiche
VO	Verordnung
VwGO	Verwaltungsgerichtsordnung
VwVfG	Verwaltungsverfahrensgesetz des Bundes bzw. des jeweiligen Landes
VwVG	Verwaltungsvollstreckungsgesetz
VwZG	Verwaltungszustellungsgesetz

W

WaffenG	Waffengesetz
WEU	Westeuropäische Union
WRV	Weimarer Reichsverfassung
WSA	Wirtschafts- und Sozialausschuss
WWU	Wirtschafts- und Währungsunion

Z

z. B.	zum Beispiel
ZDF	Zweites Deutsches Fernsehen
ZPO	Zivilprozessordnung
ZVS	Zentrale Vergabestelle für Studienplätze

LITERATURVERZEICHNIS

(Es werden nur Standardlehrbücher aufgeführt; Vertiefungsliteratur findet sich bei den einzelnen Paragrafen.)

Zum Staats- und Verfassungsrecht:

Degenhart, Staatsrecht I, 33. Aufl. 2017

Frotscher/Pieroth, Verfassungsgeschichte, 14. Aufl. 2015

Hesse, Grundzüge des Verfassungsrechts der Bundesrepublik Deutschland, 20. Aufl. 1999

Hufen, Staatsrecht II, 6. Aufl. 2017

Ipsen, Staatsrecht I, 29. Aufl. 2017

Katz, Staatsrecht, 18. Aufl. 2010

Menger, Deutsche Verfassungsgeschichte der Neuzeit, 8. Aufl. 1993

Kingreen/Poscher, Staatsrecht II, 33. Aufl. 2017

Schmidt, Staatsorganisationsrecht, 9. Aufl. 2018

Frank/Stein, Staatsrecht, 21. Aufl. 2010

Willoweit, Deutsche Verfassungsgeschichte, 7. Aufl. 2013

Zippelius/Würtenberger, Deutsches Staatsrecht, 33. Aufl. 2018

Zum Europarecht:

Arndt/Fischer/Fetzer, Europarecht, 11. Aufl. 2015

Dederer/Schweitzer, Staatsrecht III, 11. Aufl. 2016

Herdegen, Europarecht, 19. Aufl. 2017

Oppermann/Classen/Nettesheim, Europarecht, 7. Aufl. 2016

Schroeder, Grundkurs Europarecht, 5. Aufl. 2017

Streinz, Europarecht, 10. Aufl. 2016

Zum Verwaltungsrecht:

Detterbeck, Allgemeines Verwaltungsrecht, 16. Aufl. 2018

Pünder/Ehlers (Hrsg.), Allgemeines Verwaltungsrecht, 15. Aufl. 2015

Hufen, Verwaltungsprozessrecht, 10. Aufl. 2016

Maurer/Waldhoff, Allgemeines Verwaltungsrecht, 19. Aufl. 2017

Peine, Allgemeines Verwaltungsrecht, 11. Aufl. 2015

Schenke, Verwaltungsprozessrecht, 14. Aufl. 2014

Schweickhardt/Vomdung/Zimmermann-Kieher, Allgemeines Verwaltungsrecht, 10. Aufl. 2017

Wallerath, Allgemeines Verwaltungsrecht, 6. Aufl. 2009

Teil 1: Grundlagen des Rechts

§ 1 Begriff des Rechts

LITERATUR

Dornhauser, Was ist Recht, eine Einführung in die Rechtsphilosophie, 1. Aufl. 2016; *Engisch*, Einführung in das juristische Denken, 11. Aufl. 2010; *Haase/Keller*, Grundlagen und Grundformen des Rechts, 11. Aufl. 2007; *Kohler-Gehrig*, Einführung in das Recht, 2010; *Krüper,* Grundlagen des Rechts, 3. Aufl. 2017; *Rüthers/Fischer/Birk*, Rechtstheorie, mit juristischer Methodenlehre, 7. Aufl. 2016; *Zippelius*, Einführung in das Recht, 7. Aufl. 2017.

Was ist Recht? Mit dieser durchaus einfach klingenden Frage beschäftigen sich Gelehrte bereits seit Langem. Doch ist es nach wie vor schwierig, diese Frage konkret zu beantworten. So ist der Satz von *Immanuel Kant* „Noch suchen die Juristen eine Definition zu ihrem Begriffe des Rechts", der aus dem Jahr 1787 stammt, durchaus noch gültig. 1

Die nachfolgenden Zitate zeigen, dass es unterschiedliche theoretische Ansätze gibt, um eine Antwort auf die Frage nach dem Begriff des Rechts zu finden.

- Das Recht ist nichts anderes als die in der staatlichen Gemeinschaft herrschende Ordnung, und eben dieses Recht ist es auch, das darüber entscheidet, was gerecht ist (*Aristoteles*).
- Das Recht ist Inbegriff der Bedingungen, unter denen die Willkür des einen mit der Willkür des anderen nach einem allgemeinen Gesetz der Freiheit in Einklang gebracht werden kann (*Immanuel Kant*).
- Das Fundament des Rechts ist die Humanität (*Albert Schweitzer*).
- Zum Recht gehört auch das Ziel des Rechts, nämlich Gerechtigkeit und Frieden (*Richard von Weizsäcker*).

I. Der formale Begriffsansatz: Das objektive Recht

In der rechtswissenschaftlichen Literatur wird die Frage nach dem Begriff des Rechts im Ergebnis zumeist formal beantwortet. Das Recht ist danach die Gesamtheit der geltenden Regelungen innerhalb einer Rechtsgemeinschaft (regelmäßig eines Staates), die das Verhalten bzw. Zusammenleben von Menschen regeln. Hierfür wird auch der Begriff des objektiven Rechts gebraucht. Das objektive Recht ist folglich ein Obergriff für alle geltenden Rechtsnormen. 2

Zu den in einer Rechtsgemeinschaft geltenden Rechtsnormen gehören zum einen und an erster Stelle Regelungen, die unter dem Begriff „positives Recht" zusammengefasst werden. Dabei handelt es sich um das durch gesetzgebende Institutionen erlassene

Recht. Dieser Bereich umfasst allein zahlenmäßig den weitaus größten Bereich rechtlicher Regelungen. Zum anderen ergeben sich Rechtsnormen aus dem sog. Naturrecht sowie dem Gewohnheitsrecht.

II. Positives Recht

3 Der Begriff des positiven Rechts geht auf die Lehre vom Rechtspositivismus zurück. Danach wird als positives Recht die Summe aller geltenden Vorschriften bezeichnet, die eine gesetzgebende Institution (also z. B. der Bundestag in einem Gesetzgebungsverfahren oder ein Bundesminister durch Erlass einer Rechtsverordnung) geschaffen hat. Ziel ist es, das Zusammenleben von Menschen in einer Gesellschaft verbindlich zu organisieren bzw. zu regeln. Der Begriff „positives Recht" geht auf den lateinischen Begriff *positum* zurück, der übersetzt „gesetzt" bzw. „abgeleitet" bedeutet. Hierzu gehören im Ergebnis die Verfassungen des Bundes und der (Bundes-)Länder, alle Gesetze, nationale Rechtsverordnungen und Satzungen. Aber auch das durch die Europäische Union gesetzte Recht ist positives Recht im vorgenannten Sinne.

Die Einhaltung des positiven Rechts kann im Einzelfall mithilfe staatlicher Einrichtungen (z. B. Gerichte oder Verwaltungsbehörden) durchgesetzt werden.

Die Definition des positiven Rechts nach dem klassischen Rechtspositivismus scheint auf den ersten Blick durchaus überzeugend. Jedoch ist eine Schwäche dieses Ansatzes unverkennbar. Denn danach ist „auch das niederträchtigste Gesetz, sofern es nur formell korrekt erzeugt ist", verbindliches Recht (so der Rechtsgelehrte *Karl-Magnus Bergbohm* im Jahr 1892). Nach diesem Ansatz ist der Inhalt der jeweiligen Vorschrift für die Frage, was Recht ist, bedeutungslos. Das bedeutet aber auch, dass etwas als Recht anzusehen ist, was nach dem Rechtsgefühl nicht Recht, sondern Unrecht ist.

Heute wird der Rechtspositivismus in seiner klassischen (strengen) Form nicht mehr bzw. kaum noch vertreten. An dessen Stelle ist der sog. gemäßigte Rechtspositivismus getreten, der auf der Radbruchschen Formel basiert (entwickelt von *Gustav Radbruch* im Jahr 1946). Nach dieser Formel ist zwar auch der Inhalt einer Regelung maßgeblich. Beinhaltet eine Rechtsnorm allerdings einen Inhalt, der den fundamentalen Prinzipien der Gerechtigkeit evident widerspricht, so ist die Regelung von Anfang an als nichtig anzusehen. Von diesen Vorschriften geht im Ergebnis keine Rechtsgeltung aus. Als Merksatz könnte man sagen: Ordnungsgemäß gesetzte Normen sind grundsätzlich gültig, es sei denn, dass der Widerspruch zur Gerechtigkeit ein so unerträgliches Maß erreicht hat, dass das Gesetz als „unrichtiges Recht" der Gerechtigkeit weichen muss (so *Gustav Radbruch* wörtlich).

DEFINITION

Positives Recht unter Berücksichtigung des gemäßigten Rechtspositivismus

Zum positiven Recht gehört die Gesamtheit aller Rechtsvorschriften, die eine gesetzgebende Institution erlassen hat, wobei im Einzelfall eine Rechtsnorm nur dann eine Rechtsgeltung entfaltet, wenn sie (inhaltlich) nicht evident ungerecht ist.

Ein Exkurs: Der gemäßigte Rechtspositivismus

► Die Radbruchsche Formel

Die sog. Radbruchsche Formel geht auf *Gustav Radbruch* (formuliert im Jahr 1946) zurück.

Die Kernaussage dieser Formel lautet: „Der Konflikt zwischen der Gerechtigkeit und der Rechtssicherheit dürfte dahin zu lösen sein, dass das positive, durch Satzung und Macht gesicherte Recht auch dann den Vorrang hat, wenn es inhaltlich ungerecht und unzweckmäßig ist, es sei denn, dass der Widerspruch des positiven Gesetzes zur Gerechtigkeit ein so unerträgliches Maß erreicht, dass das Gesetz als ‚unrichtiges Recht' der Gerechtigkeit zu weichen hat. Es ist unmöglich, eine schärfere Linie zu ziehen zwischen den Fällen des gesetzlichen Unrechts und den trotz unrichtigen Inhalts dennoch geltenden Gesetzen; eine andere Grenzziehung aber kann mit aller Schärfe vorgenommen werden: Wo Gerechtigkeit nicht einmal erstrebt wird, wo die Gleichheit, die den Kern der Gerechtigkeit ausmacht, bei der Setzung positiven Rechts bewusst verleugnet wurde, da ist das Gesetz nicht etwa nur ‚unrichtiges' Recht, vielmehr entbehrt es überhaupt der Rechtsnatur. Denn man kann Recht, auch positives Recht, gar nicht anders definieren als eine Ordnung und Satzung, die ihrem Sinne nach bestimmt ist, der Gerechtigkeit zu dienen."

Eine moderne Formulierung der Formel könnte so lauten: Formell rechtmäßig erlassene Vorschriften verlieren dann ihren Rechtscharakter und damit auch ihre Rechtsgeltung, wenn sie evident, d. h. in erheblicher Weise ungerecht sind. Denn Unrecht ist kein Recht!

► Urteil des Bundesverfassungsgerichts von 1968

In einem Urteil des Bundesverfassungsgerichts aus dem Jahr 1968 wurde der theoretische Ansatz des gemäßigten Rechtspositivismus aufgegriffen und im Ergebnis bestätigt. Das Gericht hatte über § 2 der elften Verordnung zum Reichsbürgergesetz (vom 25. 11. 1941) zu urteilen, dass im Jahr 1968 als Rechtsvorschrift noch existierte.

Die Regelung in § 2 der elften Verordnung zum Reichsbürgergesetz hatte folgenden Wortlaut:

„Ein Jude verliert die deutsche Staatsangehörigkeit

a) wenn er beim Inkrafttreten dieser Verordnung seinen gewöhnlichen Aufenthalt im Ausland hat, mit dem Inkrafttreten der Verordnung,

b) wenn er seinen gewöhnlichen Aufenthalt später im Ausland nimmt, mit der Verlegung des gewöhnlichen Aufenthalts ins Ausland."

Das Bundesverfassungsgericht (BVerfG v. 14. 2. 1968 (2 BvR 557/62), BVerfGE 23 S. 98) sah diese Regelung als unerträgliches Unrecht an. Es führte wörtlich aus:

„Nationalsozialistischen „Rechts"vorschriften kann die Geltung als Recht abgesprochen werden, wenn sie fundamentalen Prinzipien der Gerechtigkeit so evident widersprechen, dass der Richter, der sie anwenden oder ihre Rechtsfolgen anerkennen wollte, Unrecht statt Recht sprechen würde. In der Elften Verordnung zum Reichsbürgergesetz vom 25. November 1941 (RGBl. I S. 772) hat der Widerspruch zur Gerechtigkeit ein so unerträgliches Maß erreicht, daß sie von Anfang an als nichtig erachtet werden muss. Einmal gesetztes Unrecht, das offenbar gegen konstituierende Grundsätze des Rechtes verstößt, wird nicht dadurch zu Recht, daß es angewendet und befolgt wird."

Die vorstehenden Ausführungen des Bundesverfassungsgerichts zeigen, dass auch ein Gericht die gedanklichen Ansätze des gemäßigten Rechtspositivismus bei seiner Entscheidungsfindung zu berücksichtigen hat.

III. Naturrecht

4 Auch das sog. Naturrecht ist ein Teil des objektiven Rechts (vom lateinischen *ius naturale*; übersetzt: „von Natur aus geltendes Recht"). Der Begriff Naturrecht oder auch überpositives Recht genannt, ist eine Bezeichnung für das Recht, das neben dem positiven Recht – also dem durch die gesetzgebenden Institutionen geschaffenen Recht – existiert. Die sog. Naturrechtslehre vertritt die Auffassung, dass jeder Mensch „von Natur aus" unabdingbare Rechte hat. Diese Rechte sind nicht nur für alle Menschen gültig, sondern sie sind zudem dem übrigen staatlichen Recht übergeordnet. Die Naturrechte werden deshalb auch als „ewige" Rechte angesehen. Ein Naturrecht ist beispielsweise das Recht auf Leben.

Im Grundgesetz – also im positiven Recht – finden sich zahlreiche Beispiele für kodifizierte naturrechtliche Normen. Aus diesem Grund spielt das Naturrecht für sich genommen heutzutage eine eher untergeordnete Rolle.

BEISPIELE für naturrechtliche Rechte im Grundgesetz:

- Art. 1 Abs. 1 GG: Die Würde des Menschen ist unantastbar.
- Art. 1 Abs. 2 GG: Das Deutsche Volk bekennt sich darum zu unverletzlichen und unveräußerlichen Menschenrechten als Grundlage jeder menschlichen Gemeinschaft (...).
- Art. 2 Abs. 2 GG: Jeder hat das Recht auf Leben und körperliche Unversehrtheit.
- Art. 6 Abs. 2 Satz 1 GG: Pflege und Erziehung sind das **natürliche Recht** der Eltern (...).

IV. Gewohnheitsrecht

5 Unter Gewohnheitsrecht versteht man Recht, das nicht durch einen Rechtssetzungsakt (z. B. ein Gesetz) festgelegt wird, sondern das auf Grund einer lang anhaltenden, dauernden Anwendung, also einer bestimmten Gewohnheit entsteht. Es handelt sich demzufolge um ungeschriebenes Recht.

Die Bedeutung des Gewohnheitsrechts als Rechtsquelle hat im Ergebnis nur noch geringe Bedeutung, da das geschriebene Recht die meisten Bereiche des Zusammenlebens erfasst. Die Anerkennung gewohnheitsrechtlicher Rechtssätze setzt zunächst voraus, dass es keine schriftlich fixierten Regeln gibt. Gewohnheitsrecht entsteht unter zwei Voraussetzungen: Objektiv muss eine langdauernde und allgemeine Übung vorliegen (*longa consuetudo*); subjektiv ist die Überzeugung der Beteiligten von der Rechtmäßigkeit der Übung entscheidend (*opinio iuris*).

In der Wirkung steht das Gewohnheitsrecht dem gesetzlich geregelten Recht gleich. Wie lange die Gewohnheit bereits angedauert haben muss, um in objektiver Hinsicht von einem Gewohnheitsrecht sprechen zu können, lässt sich nicht exakt sagen. Häufig wird eine jahrelange, allgemeine Anerkennung und Ausübung des Rechts gefordert. Andererseits zeigt ein Beispiel aus dem Arbeitsrecht, dass eine Gewohnheit über einen Zeitraum von drei Jahren bereits ausreicht. Wird von einem Arbeitgeber beispielsweise über einen Zeitraum von drei Jahren hinweg Weihnachtsgeld an die Arbeitnehmer freiwillig (also nicht auf einer vertraglichen Grundlage oder auf Grund eines Tarifvertrags) gezahlt, ist dem zeitlichen Aspekt eines Gewohnheitsrechts genüge getan (so die arbeitsrechtliche Rechtsprechung zu diesem Thema). In diesem Fall wird auch von betrieblicher Übung gesprochen. Kürzere Zeiten können jedenfalls in keinem Fall ein Gewohnheitsrecht begründen.

Das nachfolgende Schulbeispiel soll ein Gewohnheitsrecht exemplarisch zeigen. Zur Abgrenzung des Gewohnheitsrechts zum Richterrecht vgl. Rn. 22.

BEISPIEL Der H, Eigentümer eines Grundstücks mit einer Hinterhausbebauung, nutzt seit Jahrzehnten einen Weg, den der Eigentümer der Vorderhausbebauung V dem H zur Verfügung gestellt hat. Plötzlich kommt V auf den H zu und untersagt diesem die weitere Benutzung des Wegs. In einem solchen Fall greifen die Grundsätze des Gewohnheitsrechts. Das – gewohnheitsrechtlich bestehende – Wegerecht des H ist ein geltendes Recht, das durch den V nicht ohne wichtigen Grund versagt werden darf.

V. Das Recht in Abgrenzung zu sozialen Normen

Das menschliche Zusammenleben wird aber nicht nur durch das objektive Recht geregelt. 6 Neben dem objektiven Recht gibt es zahlreiche Regelungen, die im gesellschaftlichen Miteinander ebenfalls eine Rolle spielen. Dabei handelt es sich jedoch nicht um Rechtsvorschriften, sondern um außerrechtliche Verhaltensregelungen, um sog. soziale Normen. Man könnte sagen, es gibt neben den rechtlichen auch soziale Spielregeln. Es handelt sich dabei um sittliche und moralische Vorstellungen bzw. Normen.

Diesen Normen ist gemeinsam, dass sie – anderes als rechtliche Vorschriften – nicht durch staatliche Organe (z. B. durch ein Gericht) durchsetzbar sind. Die Nichtbeachtung sozialer Vorstellungen bzw. Normen führt i. d. R. dazu, dass die Personen, die sich sozial unangemessen verhalten, einem sozialen Druck bzw. sozialer Ächtung ausgesetzt sind (gesellschaftliche Missachtung).

1. Sittliche Normen

Sittliche Normen gehen zumeist auf eine lang anhaltende soziale bzw. gesellschaftliche 7 Übung zurück. Sie regeln das äußere Verhalten von Menschen im sozialen Zusammenleben. Die sittlichen Vorstellungen lassen sich mit anderen Worten auch als gesellschaftliche Bräuche bzw. gesellschaftliche Gewohnheiten bezeichnen.

BEISPIELE für gesellschaftliche Verbindlichkeiten:

- Das Tragen von angemessener Trauerkleidung bei einer Beerdigung.
- Älteren Bürgern in einem voll besetzten Bus einen Sitzplatz anzubieten.
- Nicht ohne anzuklopfen ein Büro zu betreten, sondern erst anzuklopfen und auf eine Reaktion wie z. B. „herein“ zu warten. Auf der anderen Seite würde es ebenso gegen die Sitte verstoßen, wenn jemand auf ein Anklopfen gar nicht reagiert.

2. Moralische Normen

8 Vom Recht zu unterscheiden sind zudem moralische Normen. Auch hierbei handelt es sich um Regelungen, die innerhalb einer Gesellschaft eingehalten werden sollen.

Moralvorstellungen gehen zentral auf Grundsätze der Ethik zurück. Moralische Normen bestimmen, ähnlich wie sittliche Normen, die Haltung eines einzelnen Menschen gegenüber der Gemeinschaft. Allerdings gehen die Normen nicht auf eine gesellschaftliche Übung zurück. Moralvorstellungen basieren hauptsächlich auf dem Gewissen eines Menschen. Wer seinem Gewissen folgt, handelt i. d. R. moralisch richtig. Seinem Gewissen zu folgen und sein Handeln danach auszurichten heißt, „das Richtige zu tun“. Die 10 Gebote sind beispielsweise als moralische Normen anzusehen.

BEISPIEL Bei dem Gebot „Du darfst nicht töten“ handelt es sich um ein allgemein moralisches Gebot, das (auch) auf religiöse Vorstellungen zurückzuführen ist. Zwar ist die Tötung eines Menschen gem. § 212 StGB (Totschlag) zugleich rechtlich verboten (also Teil des objektiven Rechts). Ein moralisches Gebot bleibt es aber gleichwohl. Dieses Beispiel zeigt, dass moralische Normen nicht selten zum Gegenstand einer Rechtsnorm werden.

Der Tötung eines Menschen geht – jedenfalls bei einer vorsätzlichen Tötung – in der Regel eine Planung voraus. Der Täter plant beispielsweise detailliert, wie er eine bestimmte Person töten will. Die Planung eines Totschlags (§ 212 StGB) oder gar eines Mordes (§ 211 StGB) ist strafrechtlich eine sog. Vorbereitungshandlung, die straflos ist. Das objektive Recht lässt also die Planung der Tötung eines Menschen straflos zu. Allerdings verbietet die Moral eine solche Planung. Moralisch verwerflich ist demzufolge die Planung einer Tötung sehr wohl. Eine strafrechtliche Sanktion kommt dagegen nicht in Betracht.

Ein abschließendes Zitat zum Thema „Was ist Recht?“ von *Konrad Adenauer*: „Natürlich achte ich das Recht. Aber auch mit dem Recht darf man nicht so pingelig sein.“

§ 2 Funktionen des Rechts

LITERATUR

Dornhauser, Was ist Recht, eine Einführung in die Rechtsphilosophie, 2016; *Engisch*, Einführung in das juristische Denken, 11. Aufl. 2010; *Haase/Keller*, Grundlagen und Grundformen des Rechts, 11. Aufl. 2007; *Kohler-Gehrig*, Einführung in das Recht, 2010; *Krüper*, Grundlagen des Rechts, 3. Aufl. 2017; *Rüthers/Fischer/Birk*, Rechtstheorie, mit juristischer Methodenlehre, 7. Aufl. 2016.

Unter dem Begriff „Funktionen des Rechts" werden jene Aspekte zusammengefasst, die sich mit der Frage auseinandersetzen, was Recht im Einzelnen leisten bzw. welche Aufgaben und Ziele das Recht haben soll. 9

I. Ordnungsfunktion

Die Ordnungsfunktion ist die erste Funktion des Rechts und besteht darin, das soziale Zusammenleben der Menschen in einer Gemeinschaft zu regeln. Dazu erlässt das in einem Gemeinwesen mit entsprechenden Kompetenzen ausgestattete Rechtssetzungsorgan Regelungen, die das positive Recht darstellen. 10

Es existiert letztlich ein Gefüge geschriebener (also erlassener Regelungen) und ungeschriebener Rechtssätze, die die Beziehungen zwischen den Menschen, ihre Stellung gegenüber den Hoheitsträgern, aber auch das Verhältnis der Hoheitsträger untereinander normieren. Diese Funktionsbeschreibung ist im Ergebnis unabhängig davon, ob das normsetzende Organ demokratisch legitimiert ist oder sich die Kompetenz ohne Willensbetätigung des Volkes anmaßt. Insofern kommt auch in diktatorischen Regimen dem Recht eine Ordnungsfunktion zu.

Zur Ordnungsfunktion des Rechts gehört es zudem, dass für die Durchsetzung des Rechts der Rechtsweg zu beschreiten ist. Eine Selbstjustiz kann es in einem geordneten Rechtssystem mithin nicht geben. In diesem Zusammenhang ist beispielsweise ein Bürger gehalten, Rechtsschutz bei einem Gericht zu suchen, um eine rechtliche Streitigkeit durch ein Gericht – unabhängig und neutral – klären zu lassen.

II. Akzeptanzfunktion

Das Recht hat darüber hinaus eine Akzeptanzfunktion. Personen, die von einer rechtlichen Regelung betroffen sind, – das können sowohl die Bürger als auch staatliche Organe sein – müssen das Recht als für sich maßgeblich anerkennen. Die Verwirklichung dieser Funktion ist nur in dem Maße gewährleistet, wie das Recht für materielle Gerechtigkeit sorgt. Die Forderung nach materieller Gerechtigkeit geht einher mit den Zielen der Freiheitssicherung und Gleichbehandlung der Rechtsunterworfenen. Aber auch die Rechtssicherheit und Rechtsklarheit, die Begrenzung staatlicher Macht und die Verhältnismäßigkeit staatlichen Handelns und der soziale Ausgleich sind wesentliche Teile von Gerechtigkeit, sodass die Akzeptanz des Rechts auch von der Verwirklichung dieser Aspekte abhängt. Nur die Rechtsordnung, die einen ausreichenden Anteil materieller Gerechtigkeit, Freiheit und Gleichbehandlung verbürgt, wird akzeptiert. Nur sie genießt Legitimität. Damit kann im Ergebnis Unrecht nie dazu führen, eine Akzeptanz bei den Betroffenen zu finden. 11

III. Verbindlichkeitsfunktion

12 Dem Recht kommt des Weiteren eine Verbindlichkeitsfunktion zu. Im Unterschied zu sonstigen sozialen Ordnungs- oder Wertesystemen wie Sitte, Moral oder Religion, die ebenfalls das Verhalten der Menschen steuern können, stellt das Recht eine allgemein verbindliche Ordnung dar, die von staatlichen Organen (Verwaltungsbehörden, Gerichte) durchgesetzt und im Nichtbefolgungsfall von staatlichen Organen sanktioniert wird.

IV. Friedensfunktion

13 Vor allem in demokratischen Gemeinwesen kommt dem Recht eine Friedens- bzw. Befriedungsfunktion zu. In einer pluralistisch geprägten Gesellschaft stoßen unterschiedliche Wert-, Staats- oder Wirtschaftsvorstellungen aufeinander, die eines Ausgleichs bedürfen. Dazu dient der politische Willensbildungsprozess im Rahmen demokratischer Entscheidungsverfahren. In der Diskussion zwischen den gesellschaftlichen Gruppierungen oder politischen Parteien bilden sich Mehrheitsmeinungen heraus. Sie sind das Ergebnis eines Kompromisses oder Konsenses. Insbesondere das geschriebene Recht ist das Substrat dieses formalisierten Interessenausgleichs, der zu einer Befriedung zwischen den widerstreitenden Beteiligten führt. Dies bedeutet nicht, dass die politische Diskussion damit beendet ist. Gerade im Rahmen demokratischer Prozesse können neue Mehrheiten zu gesellschaftlichen Fragestellungen entstehen, die eine Novellierung der gesetzten Rechtsnormen bewirken. Die Friedensfunktion liegt hier darin, dass neue Entwicklungen und Auffassungen insbesondere in das geschriebene Recht einfließen und auf diese Weise der „Rechtsfrieden" dauerhaft gewährleistet ist.

BEISPIELE

- Neuregelung des Abtreibungstatbestands (vgl. § 218 StGB) im Strafrecht;
- Wegfall der Strafbarkeit von homosexuellen Handlungen unter Männern. Dies war gem. § 175 StGB a. F. bis 1994 mit Strafe bedroht. Text von § 175 Abs. 1 StGB a. F.: „Ein Mann über achtzehn Jahren, der sexuelle Handlungen an einem Mann unter 18 Jahren vornimmt oder von einem Mann unter 18 Jahren an sich vornehmen lässt, wird mit Freiheitsstrafe bis zu fünf Jahren oder mit Geldstrafe bestraft";
- Regelung der Rückgabe enteigneter Vermögenswerte in der ehemaligen DDR;
- Regelung der Organtransplantation bei Menschen.

V. Rechtssicherheits- oder Stabilisierungsfunktion

14 Diese Funktion kann wiederum in weitere Bereiche unterteilt werden:

- **Rechtsfestsetzung**: Danach sind Rechtsvorschriften grundsätzlich schriftlich niederzulegen und zu veröffentlichen (vgl. auch Art. 82 GG).
- **Rechtsklarheit/-bestimmtheit**: Rechtsvorschriften sollen klar, verständlich und inhaltlich hinreichend bestimmt sein. Der Bürger muss wissen, was das Recht von ihm verlangt.

- **Beständigkeit von Rechtsentscheidungen**: Verwaltungsakte werden „bestandskräftig" und gerichtliche Urteile und Beschlüsse werden „rechtskräftig", sofern der durch die jeweilige Entscheidung betroffene Bürger nicht rechtzeitig mit förmlichen Rechtsbehelfen (Widerspruch gegen Verwaltungsakte oder Erhebung einer Klage) oder Rechtsmitteln (Berufung und Revision gegen Urteile) dagegen vorgeht.
- **Rückwirkungsverbot**: Danach dürfen belastende Gesetze grundsätzlich nicht rückwirkend erlassen werden. Eine rückwirkende Belastung durch ein Gesetz greift in eine bereits bestehende Rechtsposition des Bürgers ein. Wenn der Bürger auf die erworbene Rechtsposition und dessen Bestand vertrauen durfte, darf ein rückwirkendes Gesetz hierin nicht eingreifen.

BEISPIEL ▸ Art. 103 Abs. 2 GG für den Bereich des Strafrechts; danach kann eine Tat nur bestraft werden, „wenn die Strafbarkeit gesetzlich bestimmt war, bevor die Tat begangen wurde".

§ 3 Rechtsquellen

LITERATUR

Haase/Keller, Grundlagen und Grundformen des Rechts, 11. Aufl. 2007; *Kohler-Gehrig*, Einführung in das Recht, 2010; *Rüthers/Fischer/Birk*, Rechtstheorie, 7. Aufl. 2016.

Das Recht erschließt sich aus einer Vielzahl von Rechtsquellen, die sowohl geschriebener als auch ungeschriebener Art sein können. Vereinfacht ausgedrückt können die Rechtsquellen auch mit Rechtsnormen gleichgesetzt werden. Das in Deutschland geltende Recht ergibt sich aus einem Zusammenspiel völkerrechtlicher, europarechtlicher, bundes- und landesrechtlicher Rechtsquellen oder Rechtsnormen. 15

I. Unterteilung der Rechtsquellen

1. Verfassung

Die Rechtsquelle mit dem höchsten Geltungsanspruch ist die Verfassung d. h. auf Bundesebene das Grundgesetz der Bundesrepublik Deutschland und in den Bundesländern die jeweilige Landesverfassung. Dass es auch auf der Ebene der Länder eine verfassungsmäßige Ordnung, also eigene Verfassungen geben kann, ist in Art. 28 Abs. 1 GG ausdrücklich vorgesehen. Den Ländern wird dadurch eine sog. Verfassungsautonomie eingeräumt. 16

Auf der Ebene der Europäischen Union gibt es noch keine Verfassung, wohl aber die zwischen den Mitgliedstaaten geschlossenen Gründungsverträge (z. B. den EU-Vertrag). Die Regelungen werden als europäisches Primärrecht bezeichnet und haben für die Europäische Union konstituierende Bedeutung, womit ihnen quasi eine verfassungsrechtliche Geltung zukommt. Zu beachten ist insoweit, dass Regelungen des EU-Rechts im

Ergebnis vor den Regeln auf Bundes- und Landesebene anzuwenden sind und zwar auch vor jeweiligen verfassungsrechtlichen Regelungen (sog. Anwendungsvorrang, vgl. Rn. 30, 742 ff.)

2. Formelle Gesetze

17 Der Verfassung nachgeordnet ist das „einfache" Gesetz im „formellen" Sinn. Unter einem formellen Gesetz sind alle Rechtssätze zu verstehen, deren Inhalt in einem verfassungsförmlich geordneten Verfahren durch Beschluss des Parlaments – des verfassungsrechtlich vorgegebenen Gesetzgebers – geschaffen wurde. Gesetzgeber kann der Bundestag (gemeinsam mit dem Bundesrat) oder auch ein Landesparlament sein. Da diese Gesetze im Rahmen eines parlamentarischen Verfahrens zustande kommen, werden sie auch als Parlamentsgesetze bezeichnet.

Das „einfache" formelle Gesetz ist vom Verfassungsgesetz abzugrenzen. Dabei handelt es sich um ein Gesetz, das die Verfassung abändert und nur durch qualifizierten Mehrheitsbeschluss zustande kommen kann (vgl. z. B. Art. 79 GG; ähnlich in den Landesverfassungen).

18 Von den formellen Gesetzen zu unterscheiden sind die Gesetze im „materiellen" Sinn (materielle Gesetze). In der deutschen Rechtssprache hat das Wort „Gesetz" eine doppelte Bedeutung. Es kann zum einen als Gesetz im formellen Sinn, aber auch als Gesetz im materiellen Sinn verstanden werden.

Ein Gesetz im materiellen Sinne ist jede abstrakt-generelle Regelung mit Außenwirkungen. Das heißt, in einem Gesetz im materiellen Sinne werden eine unbestimmte Vielzahl von Sachverhalten erfasst und geregelt, wobei die von der Regelung Betroffenen jeweils Personen sind, die außerhalb des rechtsetzenden Organs – also des Parlaments – stehen (sog. Außenwirkung). Daher sind auch die nachfolgend dargestellten Rechtsverordnungen Gesetze im materiellen Sinn (aber eben nicht im formellen Sinn).

19 Um begrifflich von einem formellen Gesetz zu sprechen, ist ausschließlich entscheidend, dass ein parlamentarisches Verfahren zur Rechtssetzung geführt hat. Von wenigen Ausnahmen abgesehen, ist jedes formelle Gesetz auch ein materielles Gesetz. Aber es gibt eben auch Ausnahmen. Ein nur formelles Gesetz liegt z. B. bei der Verabschiedung des Haushaltsgesetzes gem. Art. 110 Abs. 2 GG vor. Diesem formellen Gesetz fehlt die Außenwirkung, da kein Bürger außerhalb des Parlaments von den Regelungen des Haushaltsgesetzes betroffen ist.

BEISPIEL § 823 BGB regelt den Schadensersatz bei einer sog. unerlaubten Handlung. Diese liegt beispielsweise vor, wenn jemand das Eigentum einer anderen Person rechtswidrig beschädigt.

Die Regelung ist Teil des BGB. Das BGB ist in einem formellen Gesetzgebungsverfahren zustande gekommen. Also ist nicht nur das BGB als Ganzes, sondern auch § 823 BGB ein formelles Gesetz. Gleichzeitig ist es auch ein materielles Gesetz. Denn es regelt allgemein (für eine Vielzahl von Sachverhalten mit Außenwirkung), dass u. a. bei einer rechtswidrigen Eigentumsverletzung Schadensersatz zu leisten ist.

3. Rechtsverordnungen

Am Beispiel des Art. 80 GG (Erlass von Rechtsordnungen) wird deutlich, dass das „formelle" Gesetz auch als Ermächtigungsnorm zur Erzeugung nachgeordneter Rechtssätze dient. Zu nennen sind sowohl auf Bundes- wie auf Landesebene vor allem die Rechtsverordnungen. 20

Rechtsverordnungen sind Rechtsnormen, die aufgrund einer Ermächtigung in einem formellen Gesetz von der Exekutive erlassen werden. Als Exekutivorgane kommen neben der Gubernative (Regierung) auch nachgeordnete Behörden der Bundes- oder Landesverwaltung in Betracht. Eine Rechtsetzungsbefugnis setzt – wie sich aus Art. 80 Abs. 1 GG ausdrücklich ergibt – voraus, dass in der gesetzlichen Ermächtigung der Inhalt, der Zweck und das Ausmaß für die Rechtsetzungsbefugnis, die im Rahmen einer Rechtsverordnung möglich ist, festgelegt wurde. Das Parlament kann sich daher nicht vollständig seiner Rechtsetzungsbefugnis begeben; die gesetzgeberische Verantwortung bleibt bei der Volksvertretung.

HINWEIS

Die Rechtsverordnung nach deutschem Recht darf nicht mit einer EU-Verordnung verwechselt werden! Eine Verordnung der EU ist in Art. 288 AEUV definiert. Eine Verordnung hat danach allgemeine Geltung. Sie ist in allen ihren Teilen verbindlich und gilt unmittelbar in jedem Mitgliedstaat. Die EU-Verordnung richtet sich als sog. sekundäres Recht der EU sowohl an die Mitgliedstaaten als auch an die Bürger und entfaltet unmittelbare Bindungswirkung für beide. Eine EU-Verordnung ist mit anderen Worten unmittelbar in Deutschland geltendes Recht. Dies beruht auf der Übertragung von Hoheitsbefugnissen auf die EU, vgl. Art. 23 GG.

4. Satzungen

Satzungen sind nach einer Definition des Bundesverfassungsgerichts (BVerfGE 33, 156) 21
Rechtsnormen, „die von einer dem Staat nachgeordneten juristischen Person des öffentlichen Rechts im Rahmen der ihr gesetzlich verliehenen Autonomie mit Wirksamkeit für die ihr angehörigen und unterworfenen Personen erlassen werden". Organisationen der mittelbaren Staatsverwaltung wie Körperschaften (Universitäten, Städte, berufsständische Kammern) oder Anstalten (z. B. Rundfunkanstalten) genießen eine verfassungsrechtlich eingeräumte (z. B. Kommunen gem. Art. 28 Abs. 2 GG) oder formellgesetzlich übertragene und begrenzte (z. B. Industrie- und Handelskammern) Autonomie zur Regelung ihrer eigenen Angelegenheiten. Die dafür vorgesehene Rechtsnormform ist die Satzung.

Im Gegensatz zur Rechtsverordnung muss das Ermächtigungsgesetz für die Satzung die Grenzen des Art. 80 GG nicht einhalten. Die weite Satzungsautonomie ist dadurch gerechtfertigt, dass in den Selbstverwaltungsorganisationen quasiparlamentarische

Entscheidungsträger vorhanden sind. „Wesentliche“ – d. h. vor allem grundrechtsrelevante – Entscheidungen bleiben jedoch dem parlamentarischen Gesetzgeber vorbehalten. Sie können nicht in Satzungen geregelt werden.

5. Gewohnheitsrecht und Richterrecht

22 Das Gewohnheitsrecht als Rechtsquelle hat eine eher untergeordnete Bedeutung, denn die meisten Rechtsbereiche sind (mittlerweile) durch geschriebenes Recht geregelt.

Neben dem Gewohnheitsrecht ist zudem das sog. Richterrecht zu nennen. Wobei die Bezeichnung „Richterrecht“ von vornherein fragwürdig ist. Denn Gerichte und damit auch Richter setzen kein Recht, sie sprechen Recht. Dies verdeutlicht auch Art. 20 Abs. 3 GG, wonach die Rechtsprechung an Recht und Gesetz gebunden ist. Allerdings wird (wohl) jeder Richter in seiner Praxis auch Fälle zu entscheiden haben, für die eine gesetzliche Regelung fehlt. Es besteht eine Lücke im Gesetz. In diesen Fällen wird die Lücke durch richterliche Rechtsfortbildung (z. B. durch sog. Analogie, vgl. Rn. 69) geschlossen. Die einzelne gerichtliche Entscheidung, die auf sog. Richterrecht basiert, schafft jedoch kein Recht. Denn gerichtliche Entscheidungen haben dem Grunde nach nur eine Wirkung zwischen den Parteien eines Rechtsstreits (man spricht auch von einer Wirkung *inter partes*). Eine darüber hinausgehende Bindungswirkung kommt gerichtlichen Entscheidungen – mit Ausnahme von Art. 31 BVerfGG – ansonsten nicht zu. Das gilt auch für Entscheidungen der höchsten Gerichte. Kein Richter in einer unteren Instanz ist gezwungen, die Entscheidung des höchsten Gerichts in einem nachfolgenden Prozess zu berücksichtigen. Denn gem. Art. 97 Abs. 1 GG ist ein Richter unabhängig und nur dem Gesetz unterworfen. Gleichwohl wird man eine faktische Bindungswirkung nicht leugnen können. Denn wenn ein Richter einer unteren Instanz sich nicht der Ansicht des höheren Gerichts anschließt, ist damit zu rechnen, dass das höhere Gericht die Entscheidung im Rahmen einer Berufung oder einer Revision aufheben wird.

23 Eine Bindungswirkung vorgesehen ist jedoch in Art. 31 BVerfGG. Danach binden die Entscheidungen des Bundesverfassungsgerichts die Verfassungsorgane des Bundes und der Länder sowie alle Gerichte und Behörden (Art. 31 Abs. 1 BVerfGG) und haben in bestimmten Fällen sogar Gesetzeskraft (Art. 31 Abs. 2 BVerfGG).

6. Völkerrecht, Europarecht, nationales Recht

24 In Art. 25 GG ist vorgesehen, dass die allgemeinen Regeln des Völkerrechts Bestandteil des Bundesrechts sind und den formellen Gesetzen im Rang vorgehen. Zu den allgemeinen Regeln zählt aber nur das universell geltende Völkergewohnheitsrecht (z. B. die Rotkreuzkonvention).

Alle völkerrechtlichen Verträge und Abkommen sind dagegen kein unmittelbar geltendes (Völker-)Recht i. S. von Art. 25 GG. Sie müssen durch ein nationales Bundesgesetz in innerstaatliches Recht transformiert werden, Art. 59 Abs. 2 GG, um innerstaatlich auch für den Bürger zu gelten.

Anderes gilt allerdings für das Recht der Europäischen Union. Aufgrund mehrfacher Zustimmungsgesetze des deutschen Gesetzgebers zum europäischen Einigungs- und Vertragswerk wurden der EU gem. Art. 23 Abs. 1 GG Hoheitsrechte – auch in Form von Gesetzgebungsfunktionen – übertragen. Da die EU infolge der Übertragung von Hoheitsrechten in der Lage ist, eigenständig Recht zu setzen, wird sie als supranationale Organisation bezeichnet. 25

Nach Art. 288 AEUV hat beispielsweise eine EU-Verordnung allgemeine Geltung. Sie ist in allen ihren Teilen verbindlich und gilt unmittelbar in jedem Mitgliedstaat. Ein Beispiel hierfür ist der Zollkodex der Union, der als EU-Verordnung das Zollrecht innerhalb der Europäischen Union einheitlich und verbindlich kodifiziert, ohne dass es einer Transformation in Bundesrecht bedarf.

7. Verwaltungsvorschriften

Keine Rechtsquelle im eigentlichen Sinn sind Verwaltungsvorschriften. Hierbei handelt es sich um Regelungen für den verwaltungsinternen Gebrauch (Handlungsanweisungen). Den Verwaltungsvorschriften (zum Teil auch Dienstvorschriften genannt) ist gemeinsam, dass der außerhalb der Verwaltungseinheit stehende Bürger durch die Regelungen nicht gebunden ist. Es fehlt mithin die sog. Außenwirkung, die für eine Rechtsvorschrift im eigentlichen Sinn zwingend ist. 26

BEISPIEL ▸ für eine Verwaltungsvorschrift:

> Absätze 100 und 101 der Dienstvorschrift der Bundesfinanzverwaltung zur Erfassung des Warenverkehrs beim Eingang von Waren in das Zollgebiet (abgekürzt: Z 0601):
>
> „(100) Diese Dienstvorschrift gilt für das Verbringen von Waren in das Zollgebiet der Gemeinschaft (nachstehend: Zollgebiet) einschließlich der Abgabe von summarischen Vorab-Anmeldungen zu Sicherheitszwecken (summarische Eingangsanmeldungen). (…)
>
> (101) Waren sind alle beweglichen Güter und der elektrische Strom."

Diese Regelungen in der Dienstvorschrift Z 0601 richtet sich nur an die Bediensteten der Bundesfinanzverwaltung. Für sie ist beispielsweise die Definition der Ware gem. Abs. 101 verbindlich. Eine Außenwirkung, also eine Bindungswirkung für den außerhalb der Bundesfinanzverwaltung stehenden Bürger, ist allerdings nicht gegeben. Folglich ist die vorstehende Verwaltungsvorschrift kein Recht im eigentlichen Sinn.

II. Das Rangverhältnis der Rechtsquellen (Normenpyramide/Normenhierarchie)

Die dargestellten Rechtsquellen stehen in zweifacher Hinsicht in einem System der Normenhierarchie zueinander. Zum einen besteht eine Binnenhierarchie auf den einzelnen Rechtsebenen (EU, Bund, Länder). 27

Im europäischen Recht haben die Verträge (EUV, AEUV) als Primärrecht höchsten Geltungsanspruch. Von ihnen leitet sich das demzufolge nachrangige Sekundärrecht (z. B. EU-Verordnung, EU-Richtlinie) ab.

28 Im nationalen Recht findet sich auf Bundes- und Landesebene eine gleiche Binnenhierarchie. Auf Bundesebene steht die Verfassung, also das Grundgesetz an oberster Stelle in der Normenhierarchie. Unterhalb der Verfassung sind zunächst die allgemeinen Regeln des Völkerrechts zu nennen. Diese gehen gem. Art. 25 GG den formellen Gesetzen vor. Danach folgen die formellen Gesetze, denen wiederum die Rechtsverordnungen bzw. die Satzungen nachrangig sind.

29 Zum anderen befinden sich die einzelnen Rechtsebenen in einer hierarchischen Ordnung. So steht Bundesrecht über Landesrecht, wie Art. 31 GG bestimmt: „Bundesrecht bricht Landesrecht".

Dass Bundesrecht das Landesrecht bricht, lässt sich an einem Beispiel aus der hessischen Verfassung besonders anschaulich darstellen.

BEISPIEL ▸ In Art. 21 Abs. 1 der hessischen Landesverfassung ist vorgesehen:

„Ist jemand einer strafbaren Handlung für schuldig befunden worden, so können ihm auf Grund der Strafgesetze durch richterliches Urteil die Freiheit und die bürgerlichen Ehrenrechte entzogen oder beschränkt werden. Bei besonders schweren Verbrechen kann er zum Tode verurteilt werden."

Besonderes Augenmerk gilt dem Satz 2, also der Möglichkeit einer Verhängung der Todesstrafe bei besonders schweren Verbrechen.

Dagegen ist in Art. 102 GG kurz und präzise vorgesehen:

„Die Todesstrafe ist abgeschafft."

Da nach Art. 31 GG Bundesrecht (entgegenstehendes) Landesrecht bricht, ist es gegenüber dem Landesrecht nicht nur vorrangig, es bricht in diesem Fall das Landerecht, also auch Art. 21 Abs. 1 der hessischen Verfassung; mit der Folge, dass entgegenstehendes und dem Grundgesetz widersprechendes Landesrecht nichtig ist.

30 Für das supranationale Recht der Europäischen Union ist allerdings eine differenziertere Betrachtungsweise angezeigt. Es gilt nicht der Grundsatz, dass Europarecht nationales Recht bricht. Da die Union aber auf einer eigenständigen Rechtsordnung beruht, kommt den Rechtsquellen des Unionsrechts grundsätzlich nur ein Anwendungsvorrang vor nationalem Recht zu (zur Vertiefung siehe Rn. 742 ff.).

ABB. 1: Die Normenpyramide 31

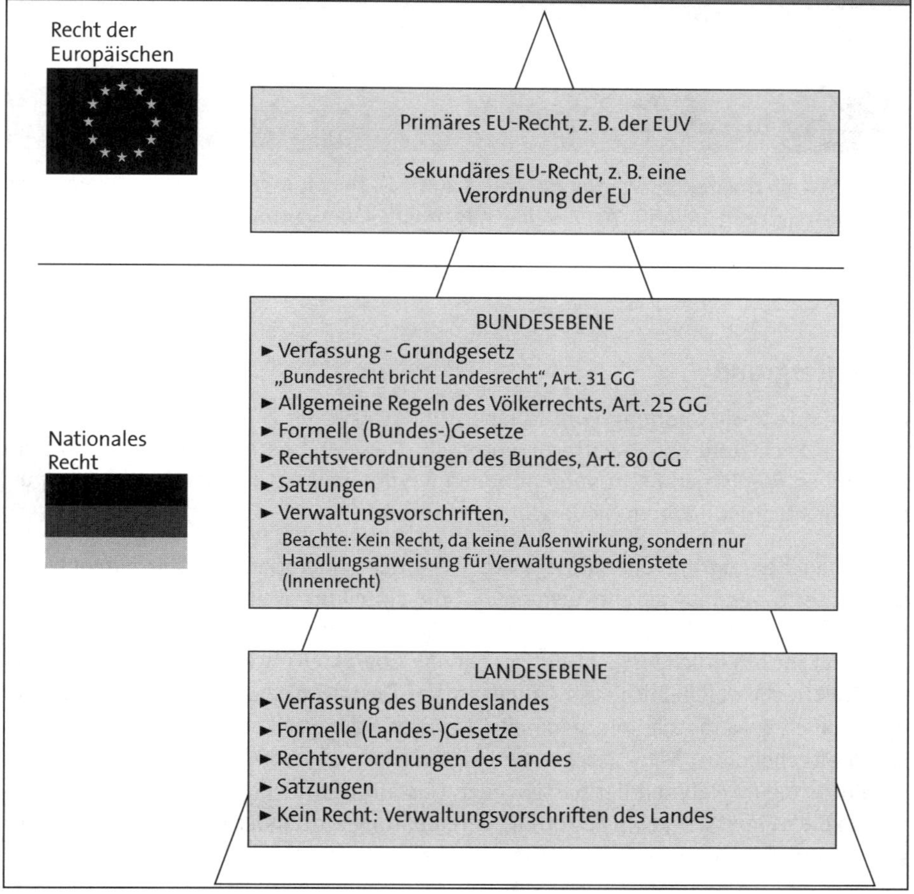

§ 4 Die Unterscheidung von öffentlichem Recht und Privatrecht

LITERATUR

Erbguth, Allgemeines Verwaltungsrecht, 8. Aufl. 2016; *Maurer/Waldhoff*, Allgemeines Verwaltungsrecht, 19. Aufl. 2017; *Peine*, Allgemeines Verwaltungsrecht, 11. Aufl. 2015.

I. Hintergrund

32 Die gesamte Rechtsordnung wird in einer grundsätzlichen Differenzierung in das öffentliche Recht und das Privatrecht unterteilt. Diese Unterscheidung war bereits im klassischen Römischen Recht vorgenommen worden und hat letztendlich in der deutschen Rechtsordnung ihren Niederschlag gefunden.

Trotz mancher Angriffe, die mit dem Argument der Einheit der Rechtsordnung im modernen Leistungsstaat geführt werden, hat die Einteilung weiterhin Bestand. Für eine differenzierte Betrachung sprechen die sachlichen Unterschiede der beiden Bereiche. Während im öffentlichen Recht der zwingende Charakter im Vordergrund steht, wird das Privatrecht maßgeblich vom Grundsatz der Gestaltungs- und Vertragsfreiheit geprägt (auch Privatautonomie genannt). Normen oder Rechtsfolgen des Privatrechts sind weitgehend dispositiv, d. h. die Beteiligten können beispielsweise den Inhalt einer Vereinbarung im Rahmen der bestehenden Gestaltungsfreiheit bestimmen; sie haben zudem die Möglichkeit, eine getroffene Vereinbarung abzuändern; die öffentlich-rechtlichen Normen sind hingegen der Disposition entzogen.

33 Die Differenzierung hat für die Rechtsanwendung erhebliche Bedeutung. Danach richten sich beispielsweise die anwendbaren Rechtsnormen, der zu beschreitende Rechtsweg, die Verfassungs- und Grundrechtsbindung sowie mögliche Haftungs- und Vollstreckungstatbestände.

In der Rechtswissenschaft sind mehrere Theorien entwickelt worden, mit denen die Differenzierung von Rechtsnormen vorgenommen wird, um auf diese Weise eine Zuweisung zum öffentlichen Recht oder zum Privatrecht zu ermöglichen.

ABB. 2: Rechtsordnung im Überblick (mit Beispielen)

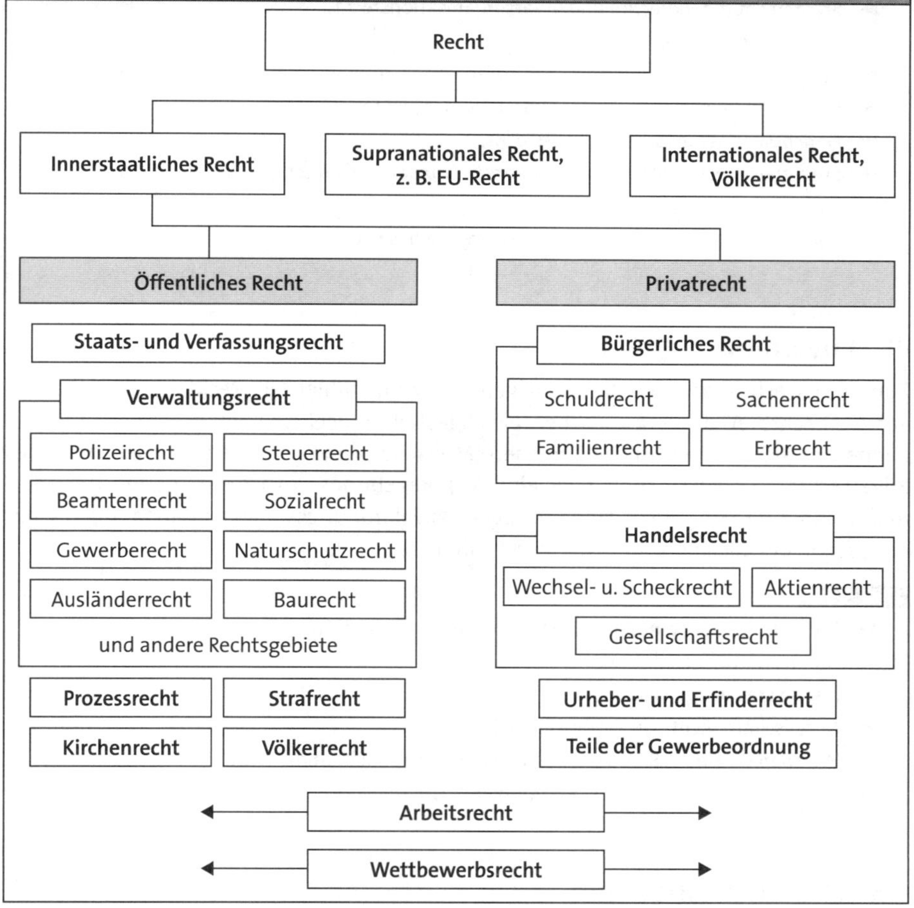

II. Öffentliches Recht

Zum öffentlichen Recht gehören zum einen diejenigen rechtlichen Regelungen, die das Verhältnis bzw. die Rechtsbeziehungen eines Trägers der öffentlichen Gewalt (z. B. einer Behörde) zum Bürger regeln. Zum anderen gehören rechtliche Regelungen, die die Rechtsbeziehungen der Träger hoheitlicher Gewalt untereinander regeln, ebenfalls zum öffentlichen Recht. 34

Kennzeichnend für öffentlich-rechtliche Vorschriften, die das Verhältnis zwischen einem Hoheitsträger und einem Bürger regeln, ist vielfach ein sog. Überordnungs- und Unterordnungsverhältnis. Als Handlungsform ist im öffentlichen Recht weitgehend die einseitig bindende Anordnung durch Gesetz, Verwaltungsakt oder Urteil anzutreffen; im Privatrecht dominiert die auf übereinstimmenden Willenserklärungen zwischen den Beteiligten (Rechtsgeschäft, Vertrag) beruhende Rechtsfolgengestaltung.

BEISPIELE

- Staatsrecht (Grundrechte und Staatsorganisationsrecht),
- Allgemeines Verwaltungsrecht,
- Besonderes Verwaltungsrecht, z. B. Polizei- und Ordnungsrecht, Baurecht, Zollrecht,
- Strafrecht sowie das Recht der Ordnungswidrigkeiten,
- Gerichtsverfassungs- und Prozessrecht,
- Steuerrecht, z. B. Einkommenssteuerrecht, Umsatzsteuerrecht, Zollrecht,
- Sozialversicherungsrecht,
- Europarecht als sog. supranationales öffentliches Recht.

III. Privatrecht

35 Zum Privatrecht (das auch Zivilrecht genannt wird) zählen die Rechtsquellen, die sich auf die Rechtsverhältnisse zwischen gleichgestellten Rechtssubjekten beziehen. Dabei handelt es sich um natürliche Personen (Menschen) und um juristische Personen des Privatrechts (z. B. eine GmbH oder eine AG). Regeln des Privatrechts gelten für jedermann und sind von einem Hoheitsträger als Zuordnungssubjekt unabhängig. Es gilt das Prinzip der Gleichordnung der Rechtssubjekte.

BEISPIELE

- Bürgerliches Recht, maßgebliche Rechtsquelle ist das BGB.
- Arbeitsvertragsrecht.
- Handelsrecht, z. B. HGB.
- Gesellschaftsrecht, z. B. GmbHG, AktG.
- Wertpapierrecht, z. B. das Gesetz über den Wertpapierhandel (WpHG).
- Markenrecht, Urheberrecht, z. B. MarkenG, UrheberG.

§ 5 Die Rechtsnormen

I. Objektives und subjektives Recht

36 Eine auf den Inhalt der Rechtsquellen abstellende Unterscheidung ist die zwischen dem objektiven Recht und dem subjektiven Recht.

1. Objektives Recht

37 Objektives Recht ist die Gesamtheit aller innerhalb einer Rechtsordnung allgemein geltenden Rechtsvorschriften. Das BGB als Beispiel regelt die zivilrechtlichen Rechtsbeziehungen zwischen Privatrechtssubjekten. Es ist damit ein Teil des objektiven Rechts. Der Anspruch auf Schadensersatz nach § 823 Abs. 1 BGB aus einer sog. unerlaubten Handlung ist wiederum eine Vorschrift des BGB. Als geltende Rechtsvorschrift gehört § 823 Abs. 1 BGB damit auch zum objektiven Recht. Gleiches gilt für das StGB und die jeweils im StGB geregelten Straftatbestände. Im öffentlichen Recht gehört das VwVfG als gesetzliche Grundlage für das Verwaltungsverfahren ebenfalls zum objektiven Recht.

Aber auch die Definition des Verwaltungsakts nach § 35 VwVfG ist als geregelte Legaldefinition eine Einzelnorm des objektiven Rechts.

2. Subjektives Recht

Unter subjektivem Recht versteht man das Recht einer Person, von einer anderen Person ein Tun oder Unterlassen zu fordern. Subjektive Rechte ergeben sich aus dem objektiven Recht. Im Zivilrecht wird dieses Recht „Anspruch" genannt und ist in § 241 Abs. 1 BGB legal definiert, als das Recht des Gläubigers kraft des Schuldverhältnisses vom Schuldner eine Leistung zu fordern, wobei die Leistung auch in einem Unterlassen bestehen kann. Ein konkretes subjektives Recht ist z. B. in § 823 Abs. 1 BGB normiert. Die Vorschrift regelt in § 823 Abs. 1 BGB einen Anspruch auf Schadensersatz bei unerlaubter Handlung. Voraussetzung für den Schadensersatzanspruch ist es, dass eine Person – der Schuldner – vorsätzlich oder fahrlässig das Leben, den Körper, die Gesundheit, die Freiheit, das Eigentum oder ein sonstiges Recht eines anderen widerrechtlich verletzt hat. 38

Auch das Grundgesetz gehört zum objektiven Recht; es enthält aber auch subjektive Rechte, z. B. die Grundrechte. Die Grundrechte sind in erster Linie Abwehrrechte gegen staatliches Handeln, das sich als Eingriff in die grundrechtlich geschützte Position des Grundrechtsadressaten darstellt. 39

Bei öffentlich-rechtlichen Rechtsnormen ist – im Gegensatz zu Rechtsnormen des Privatrechts – besonders zu prüfen, ob sie dem Normadressaten eine Rechtsbefugnis gewähren, also ein subjektives Recht einräumen. Rechtsquellen des öffentlichen Rechts haben häufig nur objektiv-rechtlichen Charakter; sie bezwecken gerade nicht die Verwirklichung der Interessen einzelner, sondern der Gemeinschaft. Nur wenn sie zumindest auch im Interesse eines einzelnen Rechtssubjekts bestehen, enthalten sie für eine Person ein subjektiv-öffentliches Recht. Diese Qualifizierung ist wichtig, wenn ein Bürger gegenüber der Verwaltung ein Leistungsbegehren geltend macht, z. B. eine Genehmigung, eine Erlaubnis oder eine Bewilligung. 40

BEISPIEL ▸ Im Gaststättengesetz ist in § 4 geregelt, unter welchen Voraussetzungen eine beantragte Erlaubnis auf Betrieb einer Gaststätte zu versagen ist.

In § 4 Abs. 1 Nr. 1 GastG heißt es: „Die Erlaubnis ist zu versagen, wenn

1. Tatsachen die Annahme rechtfertigen, dass der Antragsteller die für den Gewerbebetrieb erforderliche Zuverlässigkeit nicht besitzt, insbesondere dem Trunke ergeben ist oder befürchten lässt, dass er Unerfahrene, Leichtsinnige oder Willensschwache ausbeuten wird oder dem Alkoholmissbrauch, verbotenem Glücksspiel, der Hehlerei oder der Unsittlichkeit Vorschub leisten wird oder die Vorschriften des Gesundheits- oder Lebensmittelrechts, des Arbeits- oder Jugendschutzes nicht einhalten wird, (...)".

Im Umkehrschluss ergibt sich aus der Norm ein Anspruch des Antragstellers auf Erteilung der Erlaubnis, wenn keine der in § 4 GastG beschriebenen Versagungsgründe vorliegen. Die Norm begründet demzufolge ein subjektives Recht.

Nicht jede Norm des öffentlichen Rechts begründet aber einen individuellen Anspruch. In vielen Fällen steht dem Bürger nur ein Anspruch auf ermessensfehlerfreie Entscheidung über sein Begehren zu.

BEISPIEL Nach § 49 Abs. 1 VwVfG kann ein rechtmäßiger nicht begünstigender Verwaltungsakt „(...) mit Wirkung für die Zukunft widerrufen werden, (...)".

Die Behörde „kann" einen Verwaltungsakt, der rechtmäßig und nicht begünstigend (also für den Bürger belastend) ist, widerrufen. Die Formulierung „kann" zeigt dabei, dass die Behörde nicht handeln muss. Es steht der Behörde ein Ermessen zu. Der Bürger hat keinen konkreten Anspruch auf einen Widerruf, insoweit auch kein subjektives Recht. Ihm steht aber ein Anspruch auf ermessensfehlerfreie Entscheidung zu.

II. Materielles und formelles Recht

41 Eine weitere Unterscheidung der Rechtsquellen ist die zwischen materiellem Recht und formellem Recht. Zum materiellen Recht zählen die Normen, die Rechtsbeziehungen bzw. Rechtsverhältnisse konstituieren oder regeln. Im öffentlichen Recht sind dies jene Vorschriften, die die Rechtsbeziehungen zwischen den Bürgern und den Hoheitsträgern sowie zwischen den Hoheitsträgern selbst inhaltlich bestimmen oder formen.

BEISPIELE

- **Bürger – Hoheitsträger:** Polizei- und Ordnungsrecht, Gewerberecht, Baurecht;
- **Hoheitsträger untereinander:** Kompetenzzuweisungen zwischen Bund und Ländern, kommunalen (Gemeinden, Städte, Kreise) oder wirtschaftlichen (Industrie- und Handelskammern, Handwerkskammern) Selbstverwaltungskörperschaften.

42 Das formelle Recht hingegen dient der Durchsetzung des materiellen Rechts. Es handelt sich um das Verfahrens- und Prozessrecht, mit dem die Formen und Wege der Verwirklichung des materiellen Rechts geregelt werden.

BEISPIELE

- Verwaltungsverfahrensrecht (VwVfG) – originäres Verfahrensrecht, dass das Verwaltungsverfahren von Beteiligten an einem solchen Verfahren regelt ,
- Verwaltungsprozessrecht (VwGO),
- Strafprozessrecht (StPO),
- Zivilprozessordnung (ZPO) – die vorstehenden prozessrechtlichen Rechtsgrundlagen regeln das (formelle) Verfahrensrecht bezogen auf die jeweilige Prozessart.

III. Struktur von Rechtsnormen

1. Vollständige Rechtsnormen

43 Man spricht von einer vollständigen Rechtsnorm, wenn die Vorschrift eine Tatbestandsebene und eine Rechtsfolgenebene beinhaltet. In § 985 BGB ist bestimmt: „Der Eigentümer kann von dem Besitzer die Herausgabe der Sache verlangen." Hierbei handelt es sich um eine vollständige Rechtsnorm. Die Tatbestandsebene besteht aus drei Tatbestandsvoraussetzungen: Es muss einen Eigentümer (1. Voraussetzung) und einen Besitzer (2. Voraussetzung) sowie eine Sache (3. Voraussetzung) geben. Die Rechtsfolge

besteht in einem Herausgabeanspruch des Eigentümers. Da vollständige Normen in der Rechtsfolge eine Antwort liefern, werden diese Vorschriften auch Antwortnormen genannt.

Auch im materiellen Strafrecht sind vollständige Normen der Regelfall. Nach § 223 StGB wird derjenige, der eine andere Person körperlich misshandelt oder an der Gesundheit schädigt (sog. Körperverletzung), mit Freiheitsstrafe bis zu fünf Jahren oder mit Geldstrafe bestraft. Die Rechtsfolge ist die Verhängung einer Freiheitsstrafe oder einer Geldstrafe. Die übrigen Merkmale in § 223 StGB sind die Tatbestandsvoraussetzungen, die zu einer Bestrafung führen.

Eine vollständige Rechtsnorm aus dem öffentlichen Recht ist beispielsweise § 4 GastG. Danach ist die Erlaubnis zu versagen (Rechtsfolge), wenn die in der Norm geregelten Tatbestandsvoraussetzungen vorliegen (z. B. siehe unter Rn. 40).

2. Gegennormen und Legaldefinitionen

Neben den vollständigen Normen werden für die Rechtsfindung in der Regel weitere Vor- 44
schriften verwendet. Zu den sog. Gegennormen zählen jene Vorschriften, die im Ergebnis dazu führen, dass ein Anspruch nicht besteht bzw. nicht durchgesetzt werden kann; hierzu zählen die rechtshindernden Normen und die rechtsvernichtenden Normen sowie die rechtshemmenden Normen. Ein weiterer Normtypus sind Verweisungsnormen.

Eine rechtshemmende Norm ist z. B. die Verjährung eines zivilrechtlichen Anspruchs. In § 194 ff. BGB sind die Grundlagen der Verjährung eines Anspruchs, einschließlich der Verjährungsfristen geregelt. Die sog. regelmäßige Verjährungsfrist gem. § 195 BGB beträgt drei Jahre. Nach drei Jahren kann beispielsweise der Verkäufer einer Sache den Kaufpreisanspruch aus einem Kaufvertrag nicht mehr durchsetzen, wenn sich der Käufer auf Verjährung beruft. Da eine Berufung auf die rechtshemmende Norm erforderlich ist, wird diese Regelung auch Einreden genannt.

Besondere Bedeutung, insbesondere bei der Auslegung von Tatbestandsmerkmalen 45
kommt den Normen zu, die einen Begriff definieren. Es handelt sich um sog. Legaldefinitionen.

BEISPIEL Der Eigentümer kann nach § 985 BGB vom Besitzer die Herausgabe einer Sache verlangen. Das Tatbestandsmerkmal „Sache" ist in § 90 BGB definiert. Eine Sache ist danach jeder körperliche Gegenstand. Es handelt sich bei dieser Vorschrift um eine Legaldefinition.

§ 6 Auslegung von Rechtsnormen

LITERATUR

Assmann/Kirchner/Schanze, Ökonomische Analyse des Rechts, 1993; *Beaucamp/Treder*, Methoden und Technik der Rechtsanwendung, 3. Aufl. 2015; *Engisch*, Einführung in das juristische Denken, 10. Aufl. 2005; *Kirchgässer*, Führt der homo oeconomicus das Recht in die Irre?, JZ 1991, S. 104 ff.; *König*, Juristische Methoden für Dummies, 2016; *Krüper*,

Grundlagen des Rechts, 3. Aufl. 2017; *Larenz*, Methodenlehre der Rechtswissenschaft, 6. Aufl. 1991; *Mann*, Einführung in die juristische Arbeitstechnik, 5. Aufl. 2015; *Oppermann/Classen/Nettesheim*, Europarecht, 6. Aufl. 2014; *Reimers*, Juristische Methodenlehre, 2016; *Rüthers/Fischer/Birk*, Rechtstheorie, 6. Aufl. 2012; *Schink*, Umweltschutz als Staatsziel, DöV 1997, S. 221 ff.; *Wienbracke*, Juristische Methodenlehre, 2014.

I. Einführung

46 Das objektive Recht besteht in erster Linie aus geschriebenen (kodifizierten) Rechtsnormen, denen – inhaltlich gesehen – eine Regelung zugrunde liegt. Der Anwender muss diesen Inhalt erkennen, damit er die zutreffende Rechtsfolge bestimmen kann. Die Tatbestandsmerkmale und Rechtsfolgen einer Rechtsnorm eröffnen sich allerdings nicht immer bei bloßer Lektüre der anzuwendenden Rechtsvorschrift. Um eine Norm richtig zu verstehen und nachvollziehbar anzuwenden, muss sie bei inhaltlichen Unklarheiten ggf. ausgelegt werden. Wird hierbei ein Fehler gemacht, ist das Ergebnis einer rechtlichen Wertung in aller Regel nicht brauchbar. Eine Rechtsnorm ist i. d. R. auszulegen, wenn ein Tatbestandsmerkmal der Vorschrift unbestimmt ist und eine Legaldefinition fehlt. In den meisten Fällen verwendet der Gesetzgeber in Rechtsnormen unbestimmte Rechtsbegriffe, um eine Vielzahl von Fällen mit der Norm erfassen zu können. Beispielsweise wird in gewerberechtlichen Regelungen häufig das Merkmal der „Zuverlässigkeit" bzw. „Unzuverlässigkeit" verwendet. So kann nach § 35 GewO die Gewerbeausübung bei Unzuverlässigkeit des Gewerbetreibenden für die Zukunft untersagt werden. Hierbei handelt es sich um unbestimmte Rechtsbegriffe, denn der Begriff als solcher ist vom Wortlaut her nicht klar und eindeutig bestimmbar. Es stellt sich vielmehr die Frage: „Was bedeutet „Unzuverlässigkeit"?

Keine Auslegung ist erforderlich, wenn sog. bestimmte Rechtsbegriffe in der Norm Verwendung finden. Die Anzahl der bestimmten Rechtsbegriffe sind allerdings eher gering; jedenfalls im Vergleich zur großen Zahl der in Rechtsnormen verwendeten unbestimmten Rechtsbegriffe. Um einen bestimmten Rechtsbegriff handelt es sich bei der Regelung in § 3 Abs. 3 Nr. 1 StVO, wonach die zulässige Höchstgeschwindigkeit innerhalb geschlossener Ortschaften für alle Kraftfahrzeuge 50 km/h beträgt. Die einzuhaltende Geschwindigkeit, nämlich 50 km/h, ist eindeutig bestimmt. Deshalb liegt insoweit ein bestimmter Rechtsbegriff vor. Gleiches gilt für die Regelung in § 2 BGB, aus der sich ergibt, dass die Volljährigkeit mit der Vollendung des 18. Lebensjahres eintritt. Das 18. Lebensjahr ist eindeutig bestimmt und damit als bestimmter Rechtsbegriff zu qualifizieren. Beide Rechtsbegriffe sind folglich nicht auslegungsbedürftig.

Anders bei unbestimmten Rechtsbegriffe; hier ist eine Auslegung der Rechtsbegriffe notwendig, es sei denn, der Gesetzgeber hat für den Rechtsbegriff eine sog. Legaldefinition – d. h eine gesetzliche Definition – vorgesehen. In diesem Fall muss für die Bestimmung des Inhalts eines Tatbestandsmerkmals auf diese Definition zurückgegriffen werden.

BEISPIELE

- Im BGB ist der Begriff der Sache in § 90 BGB legal definiert. Eine Sache ist danach jeder körperliche Gegenstand.
- § 35 VwVfG liefert die Definition eines Verwaltungsaktes durch die Nennung seiner Tatbestandsmerkmale. Allerdings sind die einzelnen Tatbestandsmerkmale lediglich aufgezählt, so dass diese Legaldefinition durch Definitionen der verwendeten Begriffe ergänzt werden muss, die wiederum durch Auslegung zu ermitteln sind (siehe dazu Rn. 1122 ff.).

Legaldefinitionen verwendet der Gesetzgeber zwar nicht selten, jedoch sind die Fälle, in 47
denen ein unbestimmter Rechtsbegriff nicht legal definiert ist, deutlich größer. In diesen Fällen ist der Rechtsbegriff auszulegen.

Durch Auslegung einer Norm wird der Regelungssinn der Vorschrift ermittelt. Das gefundene Ergebnis muss für Dritte, besonders aber für die betroffenen Parteien, nachvollziehbar sein. Deswegen ist es erforderlich, methodisch vorzugehen. Unabhängig davon, ob jeder denselben Weg der Norminterpretation einschlägt, muss der Weg selbst nachvollzogen werden können, damit das Ergebnis nicht in der Luft hängt.

BEISPIEL Nach § 4 Abs. 1 GastG ist die Erteilung einer Gaststättenerlaubnis zu versagen, wenn der Antragsteller die für den Gewerbebetrieb erforderliche Zuverlässigkeit nicht besitzt (...).

Der Begriff der „Zuverlässigkeit" ist unbestimmt. Eine Legaldefinition des Rechtsbegriffs existiert nicht. Daher ist das Merkmal auszulegen. Hierfür sind die nachfolgend dargestellten Auslegungsmethoden heranzuziehen.

II. „Klassische" Auslegungsmethoden

1. Der Vierer-Kanon

Im Folgenden werden die „schulmäßigen" Interpretationsmethoden, wie sie von Praxis 48
und Wissenschaft angewendet werden, dargestellt. Zurückzuführen sind die klassischen Auslegungsmethoden auf *Friedrich Carl von Savigny*. Unterscheiden werden insgesamt vier Methoden: Nach der Auslegung des Wortlauts einer Norm wird deren Einordnung in die gesetzliche Systematik untersucht, woran sich die Ermittlung ihrer Historie und ihres Sinns und Zwecks anschließen (sog. Vierer-Kanon). Diese Methoden werden häufig miteinander kombiniert, eine strikte Rangfolge der Auslegungsmethoden gibt es jedenfalls nicht.

Das Bundesverfassungsgericht hat in einer Entscheidung (BVerfG 2 BvR 2628/10, v. 19. 3. 2013), in der es auch auf die Auslegung eines Gesetztes ankam, das Ziel und den Inhalt einer Auslegung trefflich zusammengefasst: „Maßgebend für die Auslegung von Gesetzten ist der Norm in der zum Ausdruck kommende objektive Wille des Gesetzgebers, wie er sich aus dem Wortlaut der Vorschrift und dem Sinnzusammenhang ergibt, in den sie hineingestellt ist. Der Erfassung des objektiven Willens des Gesetzgebers dienen die anerkannten Methoden der Gesetztesauslegung aus dem Wortlaut der Entstehungsgeschichte, die einander nicht ausschließen, sondern sich gegenseitig ergänzen. Unter ihnen hat keine einen unbedingten Vorrang vor einer anderen. Ausgangspunkt der Auslegung ist der Wortlaut der Vorschrift. Er gibt allerdings nicht immer hinreichende Hinweise auf den Willen des Gesetzgebers. Unter Umständen wird erst im Zusammenhang mit Sinn und Zweck des Gesetztes oder anderen Auslegungsgesichtspunkten die im Wortlaut ausgedrückte, vom Gesetzgeber verfolgte Regelungskonzeption deutlich, der sich der Richter nicht entgegenstellen darf."

2. Die Auslegung nach dem Wortlaut (Grammatikalische Methode)

49 Ziel jeder Auslegung ist es, den im Gesetz objektivierten Willen des Gesetzgebers zu erfassen, wobei mit der Auslegung des Wortlauts zu beginnen ist, weil hierdurch der Bereich der möglichen Bedeutungen umrissen werden kann.

Zunächst ist zu versuchen, ob nicht durch bloße Lektüre einer Norm ein eindeutiger Sinn erkennbar ist. Die einem Gesetzeswerk eigenen semantischen und grammatischen Besonderheiten bilden dabei die Grundlage, wobei u.U. Sensibilität in Anbetracht sprachlicher Entwicklungen angebracht ist. Die in der Bundesrepublik zurzeit geltenden Gesetze stammen aus einem Zeitraum von etwa 130 Jahren. Hier bleiben semantische Veränderungen durch die Lebendigkeit der Sprache nicht aus, wenn auch eine Fachsprache weniger davon berührt ist als die Umgangssprache.

50 Bei einer Auslegung des Wortlauts eines Tatbestandsmerkmals soll der Sinn des verwendeten Begriffs geklärt werden. Anhaltspunkte für das Verständnis des Wortsinns sind neben dem allgemeinen Gebrauch der Sprache auch der juristische Sprachgebrauch. Im Zweifelsfall können Wörterbücher weiterhelfen.

51 Eine eigene Definition zu finden, ist nicht immer einfach, und häufig kommen verschiedene Norminterpreten auch zu unterschiedlichen Ergebnissen. In solchen Fällen kommt es einerseits auf die Nachvollziehbarkeit des Definitionsvorgangs an, andererseits wird sich zumeist diejenige Definition durchsetzen, welche die höhere Autorität – sei es ein höchstes Gericht oder eine wissenschaftliche Autorität – verwendet.

BEISPIEL ▸ Art. 5 Abs. 1 GG schützt u.a. die Freiheit der **Meinung**. Nach der Rechtsprechung des Bundesverfassungsgerichts (vgl. BVerfGE 61, S. 1, 9) ist der Begriff „grundsätzlich weit zu verstehen". Unter anderem sind davon Tatsachenmitteilungen eingeschlossen. Dass das Grundrecht auch die Mitteilung von Tatsachen schützt, begründet das BVerfG damit, dass Tatsachen Voraussetzungen für die Bildung von Meinungen sind. Diese Auslegung des Wortlauts lässt erkennen, dass das BVerfG den Rechtsbegriff „Meinung" durchaus in einem weiten Sinn interpretiert.

52 Vielfach sind vom Gesetzgeber verwendete unbestimmte Rechtsbegriffe bewusst weit in ihrer möglichen Bedeutung gefasst. Sie können nur durch eine fallspezifische rechtliche Bewertung präzisiert werden.

BEISPIELE ▸

1. Nach § 35 Abs. 1 GewO kann die Ausübung eines Gewerbes von der zuständigen Behörde wegen einer auf Tatsachen gegründeten Unzuverlässigkeit in Bezug auf das jeweilige Gewerbe untersagt werden. Wann eine solche Unzuverlässigkeit vorliegt, sagt das Gesetz nicht. Dies obliegt der Beurteilung der Verwaltung, wenn eine Behörde eine Gewerbeausübung in einem konkreten Fall untersagen will. Dazu muss die Behörde das Tatbestandsmerkmal zunächst auslegen.

2. Gem. § 8 Abs. 1 PolG NRW und § 14 Abs. 1 OBG NRW ist für das Einschreiten von Polizei- oder Ordnungsbehörden das Vorliegen einer Gefahr Voraussetzung. Auch hier obliegt es diesen Behörden – mangels Legaldefinition – durch Auslegung den Inhalt des unbestimmten Rechtsbegriffs „Gefahr" zu definieren.

Solche Begriffe können im Ergebnis nur sehr weit definiert werden. So ist für das Vorliegen einer Gefahr die Wahrscheinlichkeit des Eintritts eines Schadens maßgeblich. Eine nähere Konkretisierung verbietet sich. Ob ein Schaden wahrscheinlich ist, kann nur am Einzelfall beurteilt werden.

Wenn die Auslegung eines Tatbestandsmerkmals ergibt, dass der Wortlaut des Gesetzes eindeutig ist und abweichende Bedeutungen undenkbar sind, dann ist die Auslegung der Norm bereits hier beendet. Auf weitere Auslegungsmethoden darf also nur zurückgegriffen werden, wenn das ermittelte Auslegungsergebnis weiterhin nicht eindeutig ist. Kommen beispielsweise mehrere Bedeutungen des unbestimmten Rechtsbegriffs dem Wortlaut nach in Betracht, ist auf die folgenden Auslegungsmethoden zurückzugreifen, um zu einem eindeutigen Ergebnis zu gelangen.

3. Auslegung im Bedeutungszusammenhang (Systematische Auslegung)

Zuweilen fällt eine klare Definition von Begriffen nicht leicht. Dies kann etwa den 53
Grund haben, dass das Gesetzeswerk umfangreich und schwer durchschaubar ist. Dann muss man sich mit dem System auseinandersetzen, in dessen Zusammenhang die Norm steht. Durch die Feststellung des Bedeutungszusammenhangs einer Norm ergibt sich eine weitere Eingrenzung möglicher Bedeutungen.

Ein Schulbeispiel der systematischen Auslegung ergibt sich aus § 823 Abs. 1 BGB. Nach dieser Vorschrift hat Schadensersatz zu leisten, „wer vorsätzlich oder fahrlässig das Leben, den Körper, die Gesundheit, die Freiheit, das Eigentum oder ein sonstiges Recht eines anderen widerrechtlich verletzt".

Der Begriff „sonstiges Recht" in § 823 Abs. 1 BGB ist ein unbestimmter Rechtsbegriff, der der Auslegung bedarf. Hierbei hilft die systematische Auslegung. Die Rechtsgüter Leben, Körper Gesundheit, Freiheit und das Eigentumsrecht sind absolute Rechte. Kennzeichnend für ein absolutes Recht ist es, dass es eine Rechtsposition gegenüber jedem Dritten begründet. Systematisch gesehen muss das sonstige Recht den übrigen Rechtsgütern vergleichbar sein; und das ist nur der Fall, wenn es sich bei dem sonstigen Recht ebenfalls um ein absolutes Recht handelt. Mangels eines absoluten Charakters gehört ein Forderungsrecht oder das Vermögen als solches nicht zu den sonstigen Rechten i. S. der Norm. Dagegen ist das Recht an einer Marke ein Recht mit absolutem Charakter und fällt systematisch unter den Rechtsbegriff „sonstiges Recht" in § 823 Abs. 1 BGB.

Wird ein Rechtsbegriff im Gesetz mehrmals verwendet, so ist eine gleiche Bedeutung 54
des Begriffs in allen Fällen der Normalfall und eine Abweichung die Ausnahme. Denn nach dem Grundsatz der widerspruchslosen „Einheit der Rechtsordnung" sollen alle vom Gesetzgeber benützten Begriffe die jeweils gleiche Bedeutung haben. Dieser programmatische Grundsatz wird in der Realität allerdings nicht immer eingehalten.

BEISPIEL § 1 Abs. 4 VwVfG definiert den Begriff der Behörde i. S. dieses Gesetzes (des Verwaltungsverfassungsgesetzes) als „jede Stelle, die Aufgaben der öffentlichen Verwaltung wahrnimmt". Einerseits wird durch die Einschränkung „im Sinne dieses Gesetzes" schon eine systematische Richtung vorgegeben. Andererseits ist der Behördenbegriff an sich sehr weit gefasst: Darunter könnten beispielsweise auch Gerichte fallen. Systematisch passt dies aber nicht, weil Gerichte nicht Aufgaben aus dem Verwaltungsverfahrensgesetz wahrnehmen. Deswegen sind Gerichte keine Behörden i. S. des § 1 Abs. 4 VwVfG. Sie sind aber Behörden i. S. des Art. 35 Abs. 1 GG, der bestimmt, dass sich alle Behörden des Bundes und der Länder Rechts- und Amtshilfe leisten (BVerfGE 31, S. 43 (S. 46)). In systematischer Hinsicht handelt es sich also um unterschiedliche Behördenbegriffe.

Zuweilen ergeben sich auch Unklarheiten, die über das Problem der Begriffsbestimmung hinausgehen: In diesen Fällen ist nicht ein einzelner Begriff auslegungsbedürftig, sondern es ergeben sich grundlegende systematische Probleme. Insbesondere bei der Auslegung von verfahrensregelnden Vorschriften treten solche Situationen auf.

BEISPIELE

1. Es ist allgemein anerkannt, dass die Verwaltungsgerichtsordnung von der Existenz einer sog. allgemeinen Leistungsklage ausgeht. Dennoch ist diese Klageart und die Voraussetzungen ihrer Zulässigkeit nicht offensichtlich geregelt, sondern nur versteckt (z. B. in § 43 Abs. 2 VwGO und § 111 VwGO).
2. In der Verwaltungsgerichtsordnung ist die Regelung einiger Teilbereiche, beispielsweise der Vollstreckung, ausgespart. Hier wird ergänzend die Zivilprozessordnung herangezogen (vgl. § 167 Abs. 1 VwGO). Fehlt die Regelung eines Verfahrenselements ganz, so enthält § 173 VwGO eine beschränkte Globalverweisung auf die Zivilprozessordnung und das Gerichtsverfassungsgesetz.

4. Auslegung nach der Normgeschichte (Historische Auslegung)

55 Bei der Auslegung der Rechtsordnung darf der gesetzgebende Wille nicht vernachlässigt werden. Gerade bei komplizierten Gesetzeswerken kann die unterstützende Bedeutung von Protokollen und Mitschriften aus Parlamentsberatungen nicht hoch genug eingeschätzt werden. Durch die Auseinandersetzung mit der Genese, der Entstehungsgeschichte einer Norm, kommt man ihrem Sinn näher (diese Form der historischen Auslegung wird auch genetische Auslegung genannt). Im deutschen Recht sind hilfreiche Fundstellen die Bundestagsdrucksachen.

Bei der Auslegung des EU-Rechts kann die Zuhilfenahme der Erwägungsgründe einer Verordnung oder einer Richtlinie die Ergebnisfindung erleichtern, ebenso wie Stellungnahmen des Wirtschafts- oder Sozialausschusses, die im Amtsblatt der EU, Teil C, veröffentlicht sind. Diese Auslegungsmethode spielt in einer Klausur eine eher untergeordnete Rolle. Schließlich stehen in diesem Fall Materialien aus der Entstehungsgeschichte des Gesetzes nicht zur Verfügung. Anders ist dies allerdings bei Hausarbeiten. Hierbei sollte diese Auslegungsmethode nicht vernachlässigt werden.

BEISPIEL ▸ Der Reiter R durfte auf bestimmten Waldwegen nicht mit seinen Pferden reiten, da diese Wege nicht als Reitwege gekennzeichnet waren. Rechtsgrundlage diesbezüglich war § 50 Abs. 2 LandschaftsG (heutige Regelung in § 58 Abs. 2 Landesnaturschutzgesetz NRW). R sah dadurch sein Grundrecht aus Art. 2 Abs. 1 GG verletzt. Nach dieser Vorschrift hat jeder das Recht auf die freie Entfaltung seiner Persönlichkeit. Nach dem Wortlaut von Art. 2 Abs. 1 GG könnte man die Auffassung vertreten, dass nur der Kern der Persönlichkeit von der Norm geschützt wird. Das Reiten mit seinen Pferden auch auf Waldwegen, die nicht als Reitwege gekennzeichnet sind, verletzt jedenfalls nicht den Kern der Persönlichkeit des R.

Das Bundesverfassungsgericht urteilte in diesem tatsächlichen Fall (aus dem Jahr 1989, 1 BvR 921/85) allerdings anders. Das Gericht stützte sich bei der Auslegung von Art. 2 Abs. 1 GG auf die Normgeschichte und verwies darauf, dass der Verfassungsgeber dem Grundrecht ursprünglich den Wortlaut „Jeder kann tun und lassen, was er will (...)“ geben wollte. Zwar wurde dieser Wortlaut in Art. 2 Abs. 1 GG nicht umgesetzt, inhaltlich sollte im Ergebnis aber nichts anderes ausgesagt werden.

Die Auslegung nach der Entstehungsgeschichte führt mithin dazu, dass das Grundrecht nach Art. 2 Abs. 1 GG nicht nur den Kern der Persönlichkeit schützt, sondern die allgemeine Handlungsfreiheit. Damit schützt das Grundrecht im Ergebnis auch das uneingeschränkte Reiten im Wald. Da die allgemeine Handlungsfreiheit des R verletzt war, lag ein Eingriff in das Grundrecht vor. Gleichwohl war der Eingriff verfassungsrechtlich gerechtfertigt, da die Einschränkung, dass das Reiten nur auf gekennzeichneten Reitwegen zulässig ist, letztendlich auf eine gesetzliche und verfassungsgemäße Grundlage (Vorbehalt der verfassungsmäßigen Ordnung in Art. 2 Abs. 1 GG) im Landschaftsgesetz des Landes NRW zurückzuführen war (heute Landesnaturschutzgesetz NRW).

Häufig lässt der Gesetzgeber absichtlich eine Frage offen, damit eine Antwort durch 56
Rechtsprechung und Lehre erfolgen kann. So können neuere Entwicklungen unproblematisch Eingang in die Rechtspraxis finden. Die Abgrenzung des öffentlichen Rechts vom Privatrecht beispielsweise, wie sie u. a. in § 40 VwGO vorausgesetzt wird, ist seit dem römischen Recht umstritten. Sie ist bis heute nicht eindeutig geklärt und wurde vom Gesetzgeber bisher bewusst offen gelassen.

Von der genetischen Auslegung als ein Unterfall der historischen Auslegung ist die sog. 57
dogmengeschichtliche Auslegung – als weiterer Unterfall der historischen Auslegung – zu unterscheiden. Letztere bezieht sich in erster Linie auf die Normgeschichte. Unter diese Auslegungsmethode fällt die Einbeziehung historischer Literatur und Rechtsprechung. Indem man sich auf ältere Norminterpretationen stützt und beruft, entsteht zugleich ein höheres Maß an Rechtssicherheit. Deshalb greifen auch die Gerichte, insbesondere diejenigen höherer Instanzen, auf frühere Beurteilungen ähnlich gelagerter Sachverhalte oder Anwendungsbeispiele derselben Normen zurück.

BEISPIEL ▸ Das Bundesverfassungsgericht begründete vor etwa fünfzig Jahren die berühmte Drei-Stufen-Theorie zu Art. 12 GG (vgl. Rn. 616 ff.). Die Kenntnis dieser – vielfach kritisierten – Auslegung ist für das praktische Verständnis des Artikels bis heute unerlässlich.

5. Auslegung nach Sinn und Zweck (Teleologische Auslegung)

58 Die Letzte der klassischen Auslegungsmethoden ist die teleologische Auslegung. Mit ihrer Anwendung soll der einer Norm innewohnende Zweck (vgl. *télos*: griech.: Sinn, Zweck, Ziel) ermittelt werden, falls die Regelung nach den übrigen Auslegungskriterien noch fraglich ist.

Der Gebrauch des teleologischen Kriteriums dürfte methodisch am schwierigsten sein: Einerseits kann hier der Rückgriff auf subjektive Wertungen der am Gesetzgebungsprozess Beteiligten notwendig werden. Andererseits darf man die klare Argumentationslinie nicht verlassen. Nicht überraschend ist es daher, dass sich sowohl methodentheoretische Streitigkeiten als auch solche über die konkrete Normanwendung meistens an diesem Kriterium und seiner Anwendung entzünden. Neben dem bereits angesprochenen systematischen Zusammenhang der Rechtsordnung (vgl. Rn. 53 f.), fließen in teleologische Erwägungen auch die Verfassungsprinzipien mit ein. Letztere werden aus Gründen der Verständlichkeit in einem eigenen Abschnitt besprochen.

BEISPIEL ▸ Nach § 35 GewO kann eine Gewerbeausübung bei Unzuverlässigkeit des Gewerbetreibenden untersagt werden. Die Gewerbeordnung soll den ordnungsmäßigen Betrieb des jeweiligen Gewerbes gewährleisten. Darunter fällt sicherlich die Einhaltung von jenen Regelungen, die unmittelbaren Einfluss auf die Gewerbeausübung haben. Ein Drogeriemarktbetreiber ist beispielsweise unzuverlässig, wenn er Haschisch an seine Kunden verkauft. Aber er ist nicht deshalb unzuverlässig, weil er bereits wegen eines Straßenverkehrsdelikts vorbestraft ist. Diese Erkenntnis ist durch eine teleologische Auslegung des nicht legal definierten Rechtsbegriffs der Unzuverlässigkeit zu erreichen.

59 Die Grenze der Zweckermittlung ist der Wortlaut einer Norm, aber auch ihre systematische Stellung. Eine teleologische Auslegung darf daher nicht die Folge haben, dass der Wortlaut einer Regelung und damit die Wortbedeutung, die im Rahmen der grammatikalischen Auslegung ermittelt wurde, „überschritten" wird.

60 Manchmal ist eine teleologische Auslegung erforderlich, weil das Gesetz an einer Unklarheit leidet, ohne dass man schon von einer Lücke sprechen kann. Der Gesetzgeber kann erstens nicht alle Fälle des täglichen Lebens bedenken und zweitens schon gar nicht jede zukünftige Entwicklung erahnen (sei es auf technischem, wirtschaftlichem oder gesellschaftlichem Gebiet). Bei solchen Unklarheiten kann man zu einer Auslegung gelangen, indem der hinter dem Gesetz stehende Zweck als Richtschnur für die Auslegung im konkreten Fall herangezogen wird. In Fällen, in denen eine regelnde Intention des Gesetzgebers fehlt, muss eine objektiv teleologische Auslegung erfolgen. Somit ist derjenigen Interpretation des Gesetzes Vorzug zu geben, die dem Zweck des Gesetzes und einer mutmaßlichen Intention des Gesetzgebers am nächsten kommt. Hierdurch wird die Bandbreite der möglichen Ergebnisse der Auslegung eingeschränkt.

61 Bei der teleologischen Auslegung müssen außerdem immer Grundsätze der Rechtseinheit, -klarheit sowie der Funktionstüchtigkeit eines Gesetzes berücksichtigt werden. Es ergibt sich somit eine Überschneidung mit der systematischen Auslegung. Diese Prinzipien bestimmen besonders Verwaltungsverfahren und Prozessordnungen.

BEISPIEL (BVerwG, NJW 1985, S. 819 ff. – Entscheidung des Großen Senats)

Gem. § 48 Abs. 4 Satz 1 VwVfG ist die Rücknahme eines rechtswidrigen Verwaltungsaktes spätestens ein Jahr ab dem Zeitpunkt zulässig, an dem die Verwaltung von den die Rechtswidrigkeit begründenden Tatsachen Kenntnis erhält. Hierunter fällt nach der Rechtsprechung des Bundesverwaltungsgerichts auch die Kenntnis von der unrichtigen Rechtsanwendung. Begründet wird dies damit, dass auch sog. Rechtsanwendungsfelder, also Fehler bei der Auslegung und Anwendung von Vorschriften, wie reine Tatsachenfehler zur Rechtswidrigkeit eines Verwaltungsakts führen. Damit müssen Rechtsanwendungsfehler nach Sinn und Zweck der Regelung ebenso von der Jahresfrist erfasst sein.

Der gefundene Zweck muss sich an Verfassungsprinzipien und Vorgaben des europäischen Unionsrechts messen lassen. Widerspricht er diesen hierarchisch höherstehenden Normen, so darf er nicht auslegungsbestimmend sein.

III. Weitere Auslegungskriterien und Gesetzesergänzung

1. Verfassungskonforme Auslegung

Das Gebot, verfassungskonform auszulegen, ist eine Folge der Normenhierarchie. Verwaltungsrecht ist konkretisiertes Verfassungsrecht. Insofern ist die verfassungskonforme Auslegung streng genommen als Teil der systematischen Auslegung anzusehen, aber Verfassungsprinzipien haben auch Einfluss auf die Zweckbestimmung einer Norm. Daher kann sie auch als ein eigenständiges Auslegungskriterium verstanden werden. Es erscheint allerdings in einer gutachtlichen Prüfung zweckmäßig, die verfassungskonforme Auslegung im Rahmen der systematischen Auslegung bzw. der teleologischen Auslegung eines Rechtsbegriffs als weiteres Auslegungselement anzuwenden. 62

Die Geltung des Grundgesetzes hat Auswirkungen auf das Normengefüge. Insbesondere wird dies daran deutlich, dass die Verletzung von Verfassungsrecht gerügt werden kann und verfassungskonformes Verhalten der öffentlichen Verwaltung einklagbar ist (z. B. durch eine Verfassungsbeschwerde, siehe Rn. 651 ff.). 63

BEISPIELE

1. BVerfGE 7, S. 198 (S. 205 ff.) – „*Lüth*"-Urteil: Durch Generalklauseln erfahren die Grundrechte unmittelbare Geltung im Bereich des Privatrechts.
2. BGHZ 13, S. 334 (S. 338): Aufgrund der Bestimmungen der Art. 1 und 2 des Grundgesetzes ist ein geschütztes allgemeines Persönlichkeitsrecht im Privatrecht anzuerkennen.
3. BVerfGE, NJW 1988, S. 959 ff. – „*Volkszählung*": Das Recht auf informationelle Selbstbestimmung begründet ein Datenschutz- und Abwehrrecht.
4. BVerfGE 93, S. 1 (S. 23 ff.) – „*Kruzifix*": Die Religionsfreiheit aus Art. 4 GG gewährleistet ein negatives Abwehrrecht gegen religiöse Bevormundung durch den Staat.

Eine Auslegung im Einklang mit geltendem Verfassungsrecht darf allerdings in keinem Fall gegen den eindeutigen Wortlaut eines Rechtssatzes erfolgen. In diesem Moment würde nämlich nicht mehr ausgelegt, sondern das gesetzte Recht missachtet. Ergibt 64 sich aber ein Widerspruch der anzuwendenden Rechtsnorm zu Verfassungsnormen, dann ist das Gesetz verfassungswidrig. In diesem Fall müsste man beispielsweise im Wege der Verfassungsbeschwerde (gem. Art. 93 Abs. 1 Nr. 4 a) GG, siehe Rn. 651 ff.) gegen das möglicherweise verfassungswidrige Gesetz vorgehen.

Die verfassungskonforme Auslegung macht in Zweifelsfällen zunächst eine Auseinandersetzung mit den Prinzipien des Grundgesetzes erforderlich. Keine in der Normenhierarchie unter dem Grundgesetz stehende Norm darf diesen Prinzipien zuwiderlaufen.

BEISPIELE Das Rechtsstaatsprinzip beinhaltet, dass jeglicher Eingriff der Verwaltung, der in die Sphäre des Bürgers eingreift, nach Inhalt, Zweck und Ausmaß abstrakt geregelt sein muss (Gesetzesvorbehalt, vgl. Rn. 297 ff.).

Aus dem Sozialstaats- und Rechtsstaatsprinzip ergibt sich, dass öffentlich-rechtliche Normen dahingehend auszulegen sind, in Zweifelsfällen dem Bürger ein Recht zuzusprechen, anstatt in seine Rechte einzugreifen.

65 Der Einfluss von Staatszielbestimmungen auf die Auslegung von Gesetzen ist bisher nicht geklärt. So gibt Art. 20a GG seit 1994 den Schutz der natürlichen Lebensgrundlagen als Staatsziel vor (siehe Rn. 236 ff.). Ohne Zweifel ist in einer solchen Vorschrift eine Maßgabe für die Schaffung von Normen zu erblicken; nicht gewährt wird dagegen ein subjektives, einklagbares Recht. Inwiefern die Bindung der öffentlichen Gewalt an solche Vorgaben erzwungen werden kann, wird sich erst zeigen.

2. Unionskonforme Auslegung

66 Das Gebot der unionskonformen Auslegung nationaler Rechtsvorschriften ist ebenfalls Folge moderner Normenhierarchie. Die Pflicht zur unionstreuen Rechtsanwendung (und damit Auslegung) folgt aus Art. 4 Abs. 3 des EUV. Danach achten und unterstützen sich die Union und die Mitgliedstaaten nach dem Grundsatz der loyalen Zusammenarbeit gegenseitig bei der Erfüllung der Aufgaben, die sich aus den Verträgen ergeben.

Wegen des Vorrangs unionsrechtlicher Vorschriften auch gegenüber dem Verfassungsrecht müssen nationale Rechtsnormen im Einklang mit den unionsrechtlichen Vorschriften, insbesondere den Grundfreiheiten (siehe Rn. 867 ff.), ausgelegt werden. So ist die Transformation von Richtlinien in nationales Recht streng an den Vorgaben ersterer zu messen. Im Falle einer Unklarheit wird richtlinienkonform ausgelegt. Die nationale Rechtsprechung hat hier das Problem, dass allein der Europäische Gerichtshof befugt ist, europäisches Recht auszulegen. Das sog. Vorabentscheidungsverfahren (Art. 267 AEUV) bietet die Möglichkeit, den Rechtsstreit vor einem nationalen Gericht auszusetzen und eine verbindliche Auslegung durch den Europäischen Gerichtshof herbeizuführen (siehe Rn. 952 ff.).

3. Ökonomische Faktoren

67 Auch ökonomische Tatsachen können die Anwendung der Gesetze beeinflussen. In neuerer Zeit wurde die sog. ökonomische Analyse des Rechts diskutiert. Diese in den USA entwickelte Theorie postuliert letztlich eine Ausdehnung des teleologischen Ge-

dankens dahingehend, die Zuordnung wirtschaftlich werthaltiger Rechte nach ihrem Nutzen für Rechtssubjekte vorzunehmen. Das bedeutet, ein Recht soll derjenigen Person zukommen, der durch ihre Innehabung ein wirtschaftlicher Ertrag erwächst (vgl. dazu *Assmann/Kirchner/Schanze*, Ökonomische Analyse des Rechts, S. 93 ff.). In Kontinentaleuropa hat sich diese Theorie nicht durchgesetzt. Begründet wird dies mit ihrer Einseitigkeit und fehlender sozialer Akzeptanz (*Kirchgässer*, JZ 1991, S. 104, S. 110 f.). Abgesehen von dieser Auffassung haben wirtschaftliche Erwägungen mit Sicherheit vielerlei Einfluss auf die Rechtsauslegung. Denn in einem modernen Staat ist es durchaus notwendig, wirtschaftliche Voreinschätzungen zu treffen.

BEISPIEL Die Verwaltung ist nach § 10 Satz 2 VwVfG gehalten, zweckmäßig, d. h. auch ökonomisch zweckmäßig, und zum Nutzen der Bürger zu handeln. Konkret bedeutet dies: Existieren zu einer Vorgehensweise Alternativen, so ist der schnellere und kostengünstigere Weg einzuschlagen (*Kopp*, VwVfG, 18. Aufl., 2017, § 10, Rn. 15 ff.)

4. Ausfüllung von Gesetzeslücken

Von der reinen Auslegung ist die Eliminierung von Lücken im geschriebenen Recht abzugrenzen. Diese geht über die Auslegung hinaus. Sie wird einerseits nach der Feststellung des Norminhalts (bzw. der Lücke) durch Auslegung vorgenommen. Zudem wird auf Auslegungsmethoden zurückgegriffen, um das Ergebnis der Lückenausfüllung zu überprüfen. 68

Nicht selten stellt sich trotz gewissenhafter Auslegung heraus, dass sich kein eindeutiges Ergebnis erreichen lässt, obwohl der Einzelfall einer Regelung bedarf. In diesen Fällen liegt eine Lücke im Normgefüge vor, die auch nicht durch teleologische Auslegung allein beseitigt werden kann. Ob eine solche ungewollte Lücke gegeben ist, muss wiederum durch Auslegung ermittelt werden. Denkbar sind zwei Fälle: Einmal hat man es mit einem nicht geregelten Sachverhalt zu tun, d. h. es besteht eine echte Lücke. Der zweite Fall ist der, dass ein Sachverhalt zwar formal vom Regelungsgehalt (also vom Wortlaut) einer Norm erfasst ist, allerdings der vom Wortlaut erfasste Fall der Zielsetzung des Gesetzes widersprechen könnte. Der erste genannte Fall lässt sich durch die Bildung einer Analogie zu einer schon bestehenden Regelung lösen. Im zweiten Fall ist der Anwendungsbereich einer Norm einzuschränken. Man spricht dann von einer teleologischen Reduktion. 69

BEISPIELE

1. BVerwG, NVwZ 1988, S. 623: Nach § 80 Abs. 2 Satz 1 Nr. 2 VwGO entfalten Widerspruch und Anfechtungsklage keine aufschiebende Wirkung gegen unaufschiebbare Anordnungen und Maßnahmen von Polizeivollzugsbeamten. Nach h. M gilt diese Vorschrift analog bei Verkehrszeichen: Verkehrsschilder seien Verwaltungsakte in Gestalt einer benutzungsregelnden Allgemeinverfügung (§ 35 Satz 2 3. Alt. VwVfG). Ihre Regelung sei funktionsgleich mit der eines polizeilichen Vollzugsbeamten und dulde ebenfalls keinen Aufschub.
2. BVerwG, NJW 1996, S. 2046 (S. 2048): Die Zulässigkeitsvoraussetzungen einer allgemeinen Leistungsklage sind in der Verwaltungsgerichtsordnung nicht geregelt. Deswegen ist es fraglich, ob der Kläger – wie bei Verpflichtungs- und Anfechtungsklage – seine Klagebefugnis dartun muss. Von der h. M. wird dies bejaht: In Analogie zu § 42 Abs. 2 VwGO müsse auch bei dieser Klageart die Möglichkeit einer Rechtsverletzung glaubhaft vorgetragen werden, damit Popularklagen vermieden würden.

3. Art. 5 Abs. 3 GG garantiert u. a. die Freiheit der Kunst. Eine gesetzliche Beschränkung dieses Grundrechts ist nicht vorgesehen. Dennoch wird der Schutzbereich der Norm durch mannigfaltige Bestimmungen eingegrenzt. So sind beispielsweise Straßenkünstler durch die Vorschriften über die Benutzung öffentlicher Flächen in der Ausübung ihrer Kunst beschränkt. Die Schrankenlosigkeit der Kunstfreiheit ist hier teleologisch reduziert.
4. § 29 Abs. 1 VwVfG gibt den Beteiligten eines Verwaltungsverfahrens ein Recht auf Akteneinsicht. Dieses Recht wird durch § 29 Abs. 2 VwVfG teilweise eingeschränkt, wenn „das Bekanntwerden des Inhalts (...) Nachteile bereiten würde". Benötigt ein Beteiligter Kenntnis der Akten, um ein Widerspruchsverfahren oder einen Rechtsstreit gegen die Behörde vorzubereiten, so muss die Behörde Akteneinsicht gewähren. Die durch Rechtsstreitigkeiten entstehenden Nachteile (Arbeitsaufwand, Kosten) reichen nicht aus. Insofern ist der Begriff „Nachteil" teleologisch einzugrenzen.

IV. Grundzüge der Auslegung von Normen des Europarechts

70 Für die Auslegung von unionsrechtlichen Regelungen ist nach Art. 19 Abs. 1 Satz 2 EUV der EuGH das maßgebliche Unionsorgan. Der EuGH sichert danach „die Wahrung des Rechts bei der Auslegung und Anwendung der Verträge". Der EuGH wendet für die Auslegung von Normen des Europarechts grundsätzlich dieselben Auslegungsmethoden an, die auch für die Auslegung nationaler Vorschriften gelten. Es gelten also die bekannten Auslegungsmethoden (Wortlaut, Entstehungsgeschichte, Systematik und Sinn und Zweck) dem Grunde nach ebenfalls bei der Auslegung von europarechtlichen Normen.

Es gibt allerdings wichtige Unterschiede und Einschränkungen. Für die Auslegung europarechtlicher Normen wurden durch die Rechtsprechung des EUGH (aber auch durch die Wissenschaft) eigene Auslegungsmethoden entwickelt, die gerade in der Natur des Europarechts als Rechtsordnung *sui generis* begründet sind.

71 Beispielsweise hat der EuGH in einer grundlegenden Entscheidung (vom 6.10.1982; Rs. 283/81, Srl CILFIT und Lanificio di Gavardo SpA gegen Ministero della Sanità, Italien) Folgendes festgestellt: „Zunächst ist dem Umstand Rechnung zu tragen, dass die Vorschriften des Gemeinschaftsrechts in mehreren Sprachen abgefasst sind und daß die verschiedenen sprachlichen Fassungen gleichermaßen verbindlich sind. Die Auslegung einer gemeinschaftsrechtlichen Vorschrift erfordert somit einen Vergleich ihrer sprachlichen Fassungen. (...) Schließlich ist jede Vorschrift des Gemeinschaftsrechts in ihrem Zusammenhang zu sehen und im Lichte des gesamten Gemeinschaftsrechts, seiner Ziele und seines Entwicklungsstands zur Zeit der Anwendung der betreffenden Vorschrift auszulegen."

72 Das bedeutet z. B. für die Auslegung nach dem Wortlaut, dass alle verbindlichen Sprachfassungen bei der Auslegung zu berücksichtigen sind (die Verbindlichkeit der Sprachfassungen ist auf Art. 55 Abs. 1 EUV zurückzuführen). Der Verwendung einer Arbeitssprache (meist Englisch oder Französisch) kommt damit – wegen der Verbindlichkeit aller Sprachfassungen – keine auslegungsrelevante Bedeutung zu.

73 Überdies kommt der Auslegung nach dem Wortlaut von Regelungen des primären Rechts aus folgendem Grund eine überragende Bedeutung zu: Das europäische primäre Unionsrecht geht auf multilaterale Verträge zurück. Die vertragschließenden Staaten

wollen sich überhaupt nur insoweit binden, wie der objektive Wortlaut – und die von diesem gedeckten Bedeutungsmöglichkeiten – dies bestimmt. Da jede zwischenstaatliche Vereinbarung in die Souveränität zumindest eines beteiligten Staates eingreift, verbietet sich eine über den Text hinausgehende Auslegung, jedenfalls bei einem eindeutigen Wortlaut (sog. Doktrin des *acte clair*). Ein Rückgriff auf die übrigen Auslegungsmethoden verbietet sich in diesem Fall zwingend.

In Fällen, bei denen gleichwohl Unsicherheit bezüglich der möglichen Bedeutung des Wortlauts einer Regelung besteht, kann eine systematische Auslegungsmethode weiterhelfen. Im Falle einer nicht eindeutigen Bedeutung einer Norm, also der Inkohärenz von Begriffen oder eines unsinnigen Ergebnisses, muss man das Vertragswerk systematisch untersuchen. Dabei ist zunächst darauf zu achten, dass vertragliche Normen gewöhnlich eine eigene Systematik aufweisen: So werden in einem Artikel grundsätzlich entweder nur ein Fall oder ein Grundfall mit Einschränkungen oder Abweichungen behandelt. Mehrere Artikel eines Abschnitts behandeln gemeinsam (aufeinander aufbauend) eine vergleichbare Problemlage und hängen mit dem übrigen Vertragswerk in gleicher Weise zusammen. 74

BEISPIEL Musterbeispiel für eine systematisch aufgebaute Vertragsregelung ist das 3. Kapitel und Art. 37 AEUV. Art. 34 AEUV verbietet mengenmäßige Einfuhrbeschränkungen und Maßnahmen gleicher Wirkung. Art. 37 AEUV beschäftigt sich mit staatlichen Handelsmonopolen vor diesem Hintergrund. Dessen Abs. 1 gibt wiederum ein Programm vor: Abschaffung der Monopole und damit jeglicher Diskriminierung. Abs. 2 verbietet neuartige Maßnahmen und Abs. 3 macht eine Einschränkung zugunsten landwirtschaftlicher Erzeugnisse.

Bei der systematischen Auslegung ist zudem zu berücksichtigen, dass eine systematische Auslegung des sog. sekundären Unionsrechts stets primärrechtskonform zu erfolgen hat (sog. primärrechtskonforme Auslegung des Sekundärrechts). 75

Schließlich ist davon auszugehen, dass denselben Begriffen auch jeweils dieselbe Bedeutung zukommt. Jeder Begriff des Europarechts ist dabei vertragsautonom oder sogar unionsautonom auszulegen. In keinem Fall ist an einer eventuellen, im innerstaatlichen Recht wurzelnden Bedeutung eines Begriffs zu haften. Die Begriffe sind innerhalb des Unionsrechts einheitlich und als unionsrechtliche Begriffe zu verstehen. Mögliche Bedeutungen eines Begriffs sind damit eingeschränkt. Die Schranken bestehen erstens aus den denkbaren Bedeutungen im jeweiligen Vertrag und zweitens aus den Bedeutungsgrenzen im übrigen Unionsrecht. 76

BEISPIEL Der Begriff öffentliche Verwaltung (Art. 45 Abs. 4 AEUV) ist unionsrechtlich auszulegen. Was darunter zu verstehen ist, hängt also nicht von beispielsweise deutschen Ansichten ab. Dagegen ist der Begriff der öffentlichen Ordnung und Sicherheit (z. B. Art. 45 Abs. 3 AEUV) auch nach den jeweiligen nationalen Vorstellungen auszulegen. Hintergrund dessen ist, dass der Europäische Gerichtshof den Staaten nicht zu weit vorgeben wollte, wann die öffentliche Sicherheit tangiert wird.

Zuletzt gelten auch für die teleologische Auslegung des Unionsrechts eigene Regeln. 77
Grundsätzlich kommt der teleologischen Auslegung, also die Auslegung nach Sinn und Zweck des Unionsrechts, bei der Begründung von Entscheidungen durch den EuGH eine durchaus zentrale Bedeutung zu. Der Sinn und Zweck einer Vertragsvorschrift muss sich allerdings aus dem Vertrag selbst ergeben. Die Zielbestimmungen sind in

der Präambel und Art. 2 EUV statuiert. Diese Vertragsziele sind die objektive Manifestation eines gemeinsamen subjektiven Willens der vertragsschließenden Staaten.

Im Rahmen der teleologischen Auslegung hat der EuGH zudem den Grundsatz des „*effet utile*" entwickelt, den man auch als Effektivitätsgrundsatz beschreiben kann. Die effektive und zweckmäßige Umsetzung einer Rechtsnorm – also der *effet utile* – ist damit zu einem Auslegungsgrundsatz geworden (die Wurzel dieses Auslegungsgrundsatzes ergibt sich im Übrigen aus Art. 19 des Wiener Übereinkommen über das Recht der Verträge aus dem Jahr 1969).

78 Der historischen Auslegung kommt nur bei der Auslegung des sekundären Unionsrechts Bedeutung zu. In Bezug auf das primäre Unionsrecht ist diese Auslegungsmethode regelmäßig nicht zielführend, da Materialien zur Entstehungsgeschichte von Regelungen des Primärrechts (mangels Veröffentlichung) häufig nicht oder nur schwer zugänglich sind.

§ 7 Überblick über die Gerichtsbarkeiten

I. Rechtsweggarantie

79 Die Möglichkeit, zu einem Gericht zu gehen, um einen Rechtsstreit mit gerichtlicher Hilfe entscheiden zu lassen, nennt man Rechtsweg. Dieser Zugang zu den Gerichten ist im Grundgesetz garantiert.

Für den Fall, dass ein Bürger durch die öffentliche Gewalt in seinen Rechten verletzt ist, normiert Art. 19 Abs. 4 Satz 1 GG, dass der Rechtsweg offensteht. Diese Reglung wird allgemein als Rechtsweggarantie bezeichnet.

80 Die Rechtsweggarantie nach Art. 19 Abs. 4 Satz 1 GG betrifft jedoch ausschließlich den Fall, dass die öffentliche Gewalt, also beispielsweise eine Behörde, die Rechte eines Bürgers verletzt haben könnte. Nicht erfasst sind Fälle, in denen Rechtssubjekte in einer Angelegenheit des Privatrechts in Streit geraten und diesbezüglich eine gerichtliche Entscheidung herbeiführen wollen. Dass es auch in diesen Angelegenheiten einen Rechtsweg gibt, nämlich den zu den Zivilgerichten, ist unwidersprochen. Bestätigt wird dies auch durch § 13 Gerichtsverfassungsgesetzes (GVG), wonach bürgerlich-rechtliche Rechtsstreitigkeiten vor die ordentlichen Gerichte gehören. Zurückzuführen ist das Recht auf einen Rechtsweg in diesen Fällen auf den sog. Justizgewährungsanspruch, der sich aus dem Rechtsstaatsprinzip gem. Art. 20 Abs. 3 GG ergibt. Damit ist letztendlich auch der Rechtsweg zu den ordentlichen Gerichten grundrechtlich garantiert.

II. Aufbau der Gerichtsbarkeiten

81 Insgesamt gibt es sechs Gerichtsbarkeiten. Dabei handelt es sich um die Verfassungsgerichtsbarkeit (des Bundes und der Länder), die sog. ordentliche Gerichtsbarkeit, die Verwaltungs-, Sozial-, Finanz sowie die Arbeitsgerichtsbarkeit. Ihre verfassungsrecht-

liche Grundlage finden die Gerichtsbarkeiten in Art. 92 GG. Nach dieser Vorschrift ist die rechtsprechende Gewalt den Richtern anvertraut und wird durch das Bundesverfassungsgericht sowie die im Grundgesetz vorgesehenen Bundesgerichte und durch die Gerichte der Länder ausgeübt (Teilbereich der Gewaltenteilung). Im Grundgesetz ist überdies in Art. 95 GG normiert, dass für die Gebiete der ordentlichen Gerichtsbarkeit, der Verwaltungs-, der Finanz-, der Arbeits- und der Sozialgerichtsbarkeit als oberste Gerichte der Bundesgerichtshof, das Bundesverwaltungsgericht, der Bundesfinanzhof, das Bundesarbeitsgericht und das Bundessozialgericht durch den Bund eingerichtet werden.

1. Verfassungsgerichtsbarkeit

Die Verfassungsgerichtsbarkeit wird auf Bundesebene durch das Bundesverfassungs- 82
gericht und auf Länderebene durch die jeweiligen Landesverfassungsgerichte ausgeübt.

Das Bundesverfassungsgericht ist ausschließlich für die in § 13 BVerfGG bezeichneten Angelegenheiten zuständig. Den weitaus größten Anteil der Streitigkeiten vor dem Bundesverfassungsgericht (ca. 90 %) machen dabei Verfassungsbeschwerden aus. Hierfür ist das Bundesverfassungsgericht nach § 13 Nr. 8a BVerfGG zuständig. Eine Verfassungsbeschwerde kann gem. Art. 93 Abs. 1 Nr. 4a GG von jedermann mit der Behauptung erhoben werden, durch die öffentliche Gewalt in einem seiner Grundrechte oder in einem seiner in Art. 20 Abs. 4, 33, 38, 101, 103 und 104 GG enthaltenen Rechte verletzt zu sein.

2. Ordentliche Gerichtsbarkeit

Nach § 13 des GVG gehören vor die ordentlichen Gerichte, vorbehaltlich der Zuständig- 83
keit anderer Gerichte, alle bürgerlichen Rechtsstreitigkeiten und alle Strafsachen.

Der Begriff „ordentliche“ Gerichtsbarkeit geht darauf zurück, dass anfangs nur die Zivil- und Strafgerichte mit unabhängigen Richtern besetzt waren. Im Gegensatz dazu war die Verwaltungsgerichtsbarkeit eben nicht mit unabhängigen Richtern, sondern mit Beamten besetzt. Im Übrigen war die sog. Verwaltungsrechtspflege ursprünglich Teil von Verwaltungsbehörden.

Von den Zivilgerichten werden gem. § 13 GVG bürgerlich-rechtliche Streitigkeiten, die Familiensachen und die Angelegenheiten der freiwilligen Gerichtsbarkeit entschieden, also Rechtsstreitigkeiten, bei denen der Streitgegenstand sich auf Vorschriften des Privatrechts bezieht.

Den Strafgerichten ist gem. § 13 GVG die Anwendung des Strafrechts übertragen. Sie 84
führen Prozesse gegen Bürger durch, denen die Staatsanwaltschaft als sog. Anklagebehörde die Begehung einer Straftat und damit die Verletzung strafrechtlicher Normen vorwirft.

3. Verwaltungsgerichtsbarkeit

85 Nach § 40 Abs. 1 Satz 1 VwGO ist der Verwaltungsrechtsweg in allen öffentlich-rechtlichen Streitigkeiten nicht verfassungsrechtlicher Art gegeben, soweit die Streitigkeiten nicht durch Bundesgesetz einem anderen Gericht ausdrücklich zugewiesen sind. Eine Sonderzuweisung zu einem besonderen Verwaltungsgericht liegt z. B. gem. § 33 Abs. 1 Nr. 1 FGO bei einer abgabenrechtlichen Angelegenheit vor. Abgabenrechtliche Streitigkeiten sind den Finanzgerichten zugewiesen.

Eine Streitigkeit, für die ein Verwaltungsgericht zuständig ist, liegt z. B. vor, wenn ein Bürger einen Antrag auf Erteilung einer Gaststättenerlaubnis oder einer Baugenehmigung gestellt hat, der durch die Verwaltung abgelehnt wurde.

4. Finanzgerichtsbarkeit

86 In § 33 der Finanzgerichtsordnung (FGO) sind verschiedene Streitigkeiten aufgezählt, in denen der Finanzrechtsweg gegeben ist. Die größte praktische Bedeutung hat § 33 Abs. 1 Nr. 1 FGO, wonach der Finanzrechtsweg in öffentlich-rechtlichen Streitigkeiten über Abgabenangelegenheiten gegeben ist, soweit die Abgaben der Gesetzgebung des Bundes unterliegen und durch Bundesfinanzbehörden oder Landesfinanzbehörden verwaltet werden (vgl. auch Art. 108 Abs. 1 GG).

87 Um eine abgabenrechtliche Angelegenheit i. S. von § 33 FGO handelt es sich z. B., wenn ein Bürger gegen einen Einkommensteuerbescheid eines Finanzamtes oder gegen einen Abgabenbescheid, der eine von den Zollbehörden festgesetzte Zollschuld betrifft, klagen möchte.

5. Arbeitsgerichtsbarkeit

88 In § 2 des Arbeitsgerichtsgesetzes (ArbGG) sind verschiedene Rechtsstreitigkeiten aufgezählt, in denen der Rechtsweg zu den Arbeitsgerichten möglich ist. Die größte praktische Bedeutung haben die Nummern 1 und 3 des § 2 Abs. 1 ArbGG. Danach sind die Gerichte für Arbeitssachen ausschließlich zuständig für Rechtsstreitigkeiten zwischen Tarifvertragsparteien und Rechtsstreitigkeiten zwischen Arbeitnehmern und Arbeitgebern, beispielsweise aus einem Arbeitsverhältnis.

6. Sozialgerichtsbarkeit

89 Die Sozialgerichtsbarkeit, also der Rechtsweg zu den Sozialgerichten, ist in § 51 Sozialgesetzbuch (SGG) normiert. Die einzelnen Zuständigkeiten sind in § 51 SGG aufgezählt. Sozialgerichte entscheiden beispielsweise Streitigkeiten in Angelegenheiten der Sozialversicherung, z. B. bei Rechtsstreitigkeiten, die die gesetzliche Krankenversicherung, die Rentenversicherung und die Unfallversicherung betreffen.

7. Instanzen

Innerhalb der einzelnen Gerichtsbarkeiten gibt es jeweils Instanzen. Die jeweiligen Instanzen sind einander über- bzw. untergeordnet. Grundsätzlich sind innerhalb der Gerichtsbarkeiten drei Instanzen vorgesehen, nämlich die Eingangsinstanz, die Berufungsinstanz und die Revisionsinstanz. Hiervon ausgenommen ist die Finanzgerichtsbarkeit. Sie ist nur zweistufig aufgebaut und besteht aus einem Finanzgericht als Eingangsinstanz und dem Bundesfinanzhof als Revisionsinstanz. Eine Berufsinstanz ist dagegen nicht vorgesehen. 90

91 **ABB. 3: Überblick über die Gerichtsbarkeiten**

	Verfassungsgerichtsbarkeit des Bundes: Bundesverfassungsgericht (Karlsruhe) **Verfassungsgerichtsbarkeit in den Bundesländern: Landesverfassungsgerichte**				
3. Instanz	**Bundesgerichtshof** (Karlsruhe/ Leipzig)	**Bundesverwaltungsgericht** (Leipzig)	**Bundesarbeitsgericht** (Erfurt)	**Bundessozialgericht** (Kassel)	**Bundesfinanzhof** (München)
	↑ Revision gegen Urteile der Oberlandesgerichte ↑	↑ Revision ↑	↑ Revision ↑	↑ Revision ↑	↑ Nur Revision möglich ↑
2. Instanz	**Oberlandesgerichte** Berufungsinstanz gegen Urteile von Landgerichten; eine Revision gegen Berufungsurteile der Landgerichte in Zivilsachen ist nicht vorgesehen. **Landgerichte** Berufsinstanz bei Urteilen von Amtsgerichten	**Oberverwaltungsgericht** (wird in Bayern, Baden-Württemberg, Hessen Verwaltungsgerichtshof genannt)	**Landesarbeitsgerichte**	**Landessozialgerichte**	
	↑ Berufung ↑	↑ Berufung ↑	↑ Berufung ↑	↑ Berufung ↑	
1. Instanz	**Landgerichte** **Amtsgerichte** In Zivil- und Strafsachen kommen als 1. Instanz sowohl die Amtsgerichte als auch die Landgerichte in Betracht, vgl. §§ 23 ff. GVG; 71 ff. GVG	**Verwaltungsgerichte**	**Arbeitsgerichte**	**Sozialgerichte**	**Finanzgerichte**
Rechtswege	**Ordentliche Gerichtsbarkeit**	**Verwaltungsgerichtsbarkeit**	**Arbeitsgerichtsbarkeit**	**Sozialgerichtsbarkeit**	**Finanzgerichtsbarkeit**

§ 8 Die Methodik der juristischen Fallbearbeitung

LITERATUR

Beaucamp/Treder, Methoden und Technik der Rechtsanwendung, 3. Aufl. 2015; *König*, Juristische Methoden für Dummies, 2016; *Mann*, Einführung in die juristische Arbeitstechnik, 5. Aufl. 2015; *Rüthers/Fischer/Birk*, Rechtstheorie, mit juristischer Methodenlehre, 7. Aufl. *2016*; *Reimer*, Juristische Methodenlehre, 2016; *Wienbracke*, Juristische Methodenlehre, 2014.

Die Methodik der juristischen Falllösung ist ein analytisch-logischer Prozess. Er dient dazu, eine juristische Frage bzw. ein juristisches Problem zu analysieren und eine Antwort auf eine Rechtsfrage zu geben. Die einzelnen Schritte, die im Rahmen einer juristischen Fallbearbeitung einzuhalten sind, werden im Folgenden dargestellt. 92

I. Der Sachverhalt

1. Lesen und Verstehen des Sachverhalts

Der erste Punkt jeder juristischen Fallprüfung, also der Einstieg, besteht darin, dass der Sachverhalt verstanden werden muss. Daher sollte zunächst der Sachverhalt eingehend gelesen werden. Dies ist zwingend erforderlich, da der Sachverhalt juristisch fundiert bearbeitet werden soll. Das erfordert es, den Sachverhalt zu verstehen und zu erkennen, welche möglichen Frage- bzw. Problemstellungen dem Sachverhalt zugrunde liegen. Dabei ist zu beachten: Der Sachverhalt ist stets unstreitig, d. h. alle Angaben sind als richtig anzusehen. 93

2. Analyse des Sachverhalts

Anschließend ist der Sachverhalt einer Analyse zu unterziehen. Dabei sind die wesentlichen Strukturen bzw. Problemstellungen des Sachverhalts ausfindig zu machen. Dies kann dadurch erfolgen, dass man das Geschehen durch einen sog. Zeitstrahl grafisch aufarbeitet. Denkbar ist auch, eine Personenskizze zu erstellen, in der die Personen, die im Sachverhalt genannt werden, gegenübergestellt werden und durch Pfeilverbindung gekennzeichnet wird, was im Einzelnen zu welchem Zeitpunkt geschehen ist.

3. Die Fallfrage

Ein juristischer Sachverhalt mündet regelmäßig in eine Fallfrage bzw. Aufgabenstellung. Aus der Fallfrage oder der Aufgabenstellung ergibt sich, in welcher Weise zum Sachverhalt gutachtlich Stellung zu nehmen ist. 94

BEISPIELE ▸ Im Verwaltungsrecht:

- Prüfen Sie gutachtlich, ob ein Verwaltungsakt vorliegt.
- Prüfen Sie die Rechtmäßigkeit der behördlichen Entscheidung gutachtlich.

► Prüfen Sie gutachtlich, ob die Rücknahme der Entscheidung gem. § 48 VwVfG zu Recht erfolgt ist.

II. Die Suche nach der Rechtsnorm

1. Auffinden von Rechtsnormen

Die Fallfrage bzw. die Aufgabenstellung bestimmt die Suche nach der bzw. den zu prüfenden Rechtsnorm(en).

95 Das Auffinden der möglicherweise in Frage kommenden Rechtsnormen ist mit Sorgfalt durchzuführen. Nur so werden wichtige Normen im Ergebnis nicht übersehen.

2. Prüfungsrelevanz

96 Kommen mehrere Rechtsnormen in Betracht, ist eine Prüfungsreihenfolge zu bilden. Zu beachten sind dabei u. a. folgende Punkte:

► **Bedeutung für den Fall**

97 Es werden nur diejenigen Rechtsnormen geprüft, deren Anwendung unter dem Aspekt der Fallrelevanz zweckmäßig erscheint. Sog. abwegige Rechtsvorschriften werden nicht in die Prüfung einbezogen. Abwegig ist die Prüfung einer Vorschrift beispielsweise dann, wenn die Rechtsnorm offensichtlich nicht eingreift. Das ist der Fall, wenn erkennbar nicht wenigstens ein Tatbestandsmerkmal der Norm erfüllt ist. In diesem Fall kann die Normprüfung mit einem Satz plausibel verneint werden. Deshalb ist es unzweckmäßig, überhaupt mit der Prüfung einer Rechtsnorm zu beginnen. Mit anderen Worten: Die Prüfung ist abwegig.

BEISPIEL ► **aus dem Zivilrecht:**

Wenn die Parteien über Rechte aus einem Mietvertrag streiten, ist es abwegig, Rechte aus einem Kaufvertrag (gem. §§ 433 ff. BGB) anzusprechen.

► **Lex specialis vor lex generalis**

98 Dieser Grundsatz der juristischen Fallprüfung besagt, dass die spezielle Rechtsnorm (*lex specialis*) der Prüfung einer allgemeinen Vorschrift (*lex generalis*) vorgeht. Beispielsweise ist vorrangig die Rücknahme bzw. den Widerruf einer Gaststättenerlaubnis nach dem Gaststättenrecht nach § 15 GastG zu prüfen (*lex specialis*), bevor man auf die allgemeinen Rücknahme- bzw. Widerrufsvorschriften gem. §§ 48, 49 VwVfG (*legi generali*) eingeht.

III. Die Prüfung von Tatbestandsmerkmalen

99 Die Prüfung von Rechtsbegriffen bzw. Tatbestandsvoraussetzungen erfolgt durch sog. Subsumtion. Die Subsumtion wird durch eine logische Aussageverknüpfung, durch den sog. syllogistischen Schluss, durchgeführt. Dabei soll festgestellt werden, ob ein Rechtsbegriff bzw. eine Tatbestandsvoraussetzung bejaht werden kann (Subsumtionsvorgang).

Exkurs: der syllogistische Schluss

- anhand des Schulbeispiels:
  - Alle Menschen sind sterblich (= Obersatz).
  - Sokrates ist ein Mensch (= Untersatz).
  - Also ist Sokrates sterblich (= Schlusssatz).

1. Obersatz

In der juristischen Fallprüfung wird der Obersatz regelmäßig durch eine Hypothese eingeleitet (auch Subsumtionsfrage genannt). Diese Einleitung der Rechtsprüfung wird im Konjunktiv („Könnte-Satz") oder als konditionale Verknüpfung („Wenn-dann-Satz") formuliert. Dabei wird immer der zu prüfende Rechtsbegriff bezeichnet, der bei der Prüfung einer Rechtsnorm Tatbestandsmerkmal genannt wird. 100

BEISPIELE für einen Obersatz:

- Formulierung im Konjunktiv – Könnte-Satz:
  Das Buch könnte eine Sache gem. § 90 BGB sein.
- Konditionale Verknüpfung – Wenn-dann-Satz:
  Das Buch ist eine Sache, wenn die Voraussetzungen gem. § 90 BGB erfüllt sind. Anschließend wird der Rechtsbegriff definiert. Bei der Definition eines Rechtsbegriffs ist zwischen bestimmten und unbestimmten Rechtsbegriffen zu unterscheiden.

2. Definition des Obersatzes

a) Bestimmte und unbestimmte Rechtsbegriffe

Bestimmte Rechtsbegriffe sind dadurch charakterisiert, dass ihr Inhalt unzweifelhaft ist. Das ist bei allen Orts-, Zeit- und Fristangaben der Fall. Auch in folgendem Beispiel liegt ein bestimmter Rechtsbegriff vor. In § 3 Abs. 3 Nr. 1 StVO ist geregelt, dass die zulässige Höchstgeschwindigkeit innerhalb geschlossener Ortschaften für alle Kraftfahrzeuge 50 km/h beträgt. Die Regelung der Geschwindigkeit durch Angaben einer konkreten Größe, nämlich 50 km/h, ist eine feste Bestimmung und damit ein bestimmter Rechtsbegriff. 101

Von einem unbestimmten Rechtsbegriff spricht man, wenn der Rechtsbegriff nur abstrakt bestimmt ist, wie z. B. das Merkmal „Unzuverlässigkeit" in § 35 GewO. Bei solchen Rechtsbegriffen ist der Begriffsinhalt durch Auslegung des Tatbestandsmerkmals zu ermitteln, sofern es keine gesetzliche Definition gibt. Zu den Einzelheiten der Auslegung vgl. Rn. 46 ff., Auslegung von Rechtsnormen.

Ist ein Rechtsbegriff im Gesetz definiert, spricht man von einer sog. Legaldefinition. Damit wird der jeweilige Rechtsbegriff hinreichend bestimmt, ohne ihn auslegen zu müssen. Beispielsweise ist der Begriff der Sache gem. § 90 BGB im Gesetz definiert. Diese Definition kann und muss z. B. bei der Prüfung von § 985 BGB (Anspruch des Eigentümers gegen den Besitzer auf Herausgabe einer Sache) herangezogen werden.

b) Überblick über die Auslegungsmethoden

102 Die **grammatikalische Auslegung** versucht, den Sinn des Gesetzes bzw. eines Tatbestandsmerkmals durch die Auslegung des Wortlauts zu erschließen. Ausgangspunkt ist der Wortsinn des allgemeinen oder auch des besonderen juristischen Sprachgebrauchs. Die Wortlautauslegung steht am Anfang jeder Gesetzesauslegung, deren Grenze zugleich der mögliche Wortsinn vorgibt.

Die **historische Auslegung** zieht zur Auslegung der Norm den allgemeinen geschichtlichen Zusammenhang heran. Sie greift auf die Entstehungsgeschichte des Gesetzes zurück, die sich insbesondere aus den Gesetzesmaterialien ergibt.

Die **systematische Auslegung** leitet den Sinn der Norm aus dem Systemzusammenhang ab. Es wird dabei besonders auf den Regelungszusammenhang mit anderen Rechtssätzen des Gesetzes zurückgegriffen.

Die sog. **teleologische Auslegung** ermittelt den Sinn und Zweck der Norm (griechisch *telos* = Zweck, Ziel). Diese Methode ist am wichtigsten für die Auslegung. Durch teleologische Auslegung wird die *ratio legis*, der objektiv in der Norm zum Ausdruck kommende Zweck, ermittelt.

3. Untersatz – die eigentliche Subsumtion

103 Im Untersatz wird die aufgestellte abstrakte Definition des Rechtsbegriffs (die ggf. durch eine Auslegung ermittelt wurde) mit dem konkreten Lebenssachverhalt verglichen. Die Formulierung des Untersatzes ist die eigentliche Subsumtion.

BEISPIEL ▸ **Obersatz**: „Das Buch könnte eine Sache sein". **Definition**: „Eine Sache ist gem. § 90 BGB jeder körperliche Gegenstand". In diesem Fall könnte ein **Untersatz** lauten: „Ein Buch ist ein Gegenstand, der als Objekt eine Form und Gestalt hat. Damit handelt es sich um einen körperlichen Gegenstand."

4. Schlusssatz

104 Das Ergebnis der Prüfung wird schließlich in einem Schlusssatz formuliert. Beispielsweise könnte ein Schlusssatz bezogen auf das vorstehende Buch-Beispiel lauten:

„Das Buch ist folglich eine Sache gem. § 90 BGB."

HINWEIS

Bei einer Subsumtion im Rahmen eines schriftlichen Gutachtens werden die Begriffe **„Obersatz, Definition, Untersatz, Schlusssatz"** nicht in den Lösungstext des Gutachtens übernommen.

Bei einer umfangreichen Rechtsprüfung, beispielsweise bei der Prüfung einer Rechtsnorm, die aus mehreren Tatbestandsmerkmalen besteht, ist es erforderlich, jedes Merkmal gesondert zu prüfen/zu subsumieren. Dieses Vorgehen nennt man mehrfache Einzelsubsumtion.

Beachte: Eine Subsumtion sollte nie Selbstzweck sein. Wenn ein Rechtsbegriff erkennbar gegeben ist, reicht es im juristischen Gutachten aus, festzustellen, dass die Tatbestandsvoraussetzung erfüllt ist, kombiniert mit einer kurzen Begründung (sog. Urteilsstil). Dass ein Buch ein körperlicher Gegenstand ist, dürfte unproblematisch sein. Dann kann im Urteilsteil festgestellt werden: „Bei dem Buch handelt es sich um einen körperlichen Gegenstand, also um eine Sache gem. § 90 BGB".

IV. Die juristische Gutachtentechnik

Das Gutachten selbst ist die komplexe Darstellung der Lösung einer juristischen Fragestellung. 105
Sie ist regelmäßig nicht auf eine vergleichsweise einfache Frage beschränkt, wie der, ob ein Buch eine Sache gem. § 90 BGB ist. Im Regelfall ist im Rahmen einer Fallprüfung eine ausführliche gutachtliche Würdigung eines umfangreichen Sachverhalts notwendig. Dabei ist es wiederum erforderlich, eine oder mehrere Rechtsnormen zu prüfen, die ihrerseits aus einer Reihe unterschiedlicher Tatbestandsmerkmale bestehen können.

Die sog. Gutachtentechnik orientiert sich an einer festgelegten, schematisierten Vorgehensweise. Die einzelnen Lösungsschritte sollten stets eingehalten werden, um den wissenschaftlich logischen Gedankengang nicht zu durchbrechen. Von einer vorgegebenen Fragestellung ausgehend, muss das Ergebnis Schritt für Schritt entwickelt werden.

1. Schritt: Hypothetisches Ergebnis bzw. Hypothese

Ein einleitender Satz, die Hypothese, wird formuliert. Dieser Satz greift die Fragestel- 106
lung auf und beinhaltet hypothetisch ein mögliches Ergebnis. Dabei sollte auch hier eine Formulierung im Konjunktiv bzw. ein Wenn-dann-Satz verwendet werden. Zudem ist im Regelfall die prüfungsrelevante Rechtsnorm anzuführen.

BEISPIEL

- Die Fallfrage eines Sachverhalts lautet: Handelt es sich bei einem Halteverbotszeichen um einen Verwaltungsakt i. S. von § 35 VwVfG?
- Hypothetischer Ergebnissatz:
  „Das Verkehrszeichen könnte ein Verwaltungsakt gem. § 35 VwVfG sein" (Konjunktiv).
  „Das Verkehrszeichen ist ein Verwaltungsakt, wenn die Voraussetzungen gem. § 35 VwVfG erfüllt sind" (Wenn-dann-Satz).

HINWEIS

Vielfach wird der einleitende Satz einer gutachterlichen Rechtsprüfung auch als **Obersatz** bezeichnet. Zwar ist dieser Satz noch kein Teil der Tatbestandsprüfung, gleichwohl ist er der „obere Satz" eines Gutachtens. Aus diesem Grund wird hierfür auch die Bezeichnung „Obersatz" gebraucht.

2. Schritt: Das Untersuchungsprogramm

107 Im zweiten Schritt werden die Voraussetzungen der Rechtsnorm aufgezählt, die geprüft werden müssen, um die Rechtsfolge der Norm bejahen zu können. Man spricht hierbei auch vom sog. Untersuchungsprogramm.

Exkurs: Tatbestandsvoraussetzungen und Rechtsfolge

Eine sog. vollständige Rechtsnorm ist zweigliedrig aufgebaut. Sie besteht aus einer Tatbestandsseite und einer Rechtsfolgenseite.

Auf der Tatbestandsseite der Rechtsnorm werden die einzelnen Rechtsbegriffe aufgezählt. Diese werden als Tatbestandsvoraussetzungen oder auch als Tatbestandsmerkmale bezeichnet. Auf der Rechtsfolgenseite der Vorschrift sind die rechtlichen Folgen genannt, die bei Vorliegen der Tatbestandselemente eintreten sollen.

BEISPIEL **Fortsetzung des Beispielsfalls** – das Untersuchungsprogramm:

Ein Verwaltungsakt liegt nach § 35 VwVfG vor, wenn eine Maßnahme einer Behörde auf dem Gebiet des öffentlichen Rechts zur Regelung eines Einzelfalls mit Außenwirkung gegeben ist.

HINWEIS

Ein „Abschreiben" des Gesetzes ist nicht notwendig. Stattdessen kann beispielsweise auch allgemein erwähnt werden: „Ein Verwaltungsakt liegt vor, wenn die Tatbestandsmerkmale des § 35 VwVfG gegeben sind."

---

3. Schritt: Die Prüfung der Tatbestandsmerkmale – die Subsumtion

108 Der dritte Schritt des Gutachtens beinhaltet die Subsumtion. Die Voraussetzungen der Rechtsvorschrift, die Rechtsbegriffe bzw. Tatbestandsmerkmale, sind nunmehr nach dem oben aufgezeigten System (unterteilt nach Obersatz, Definition, Untersatz und Schlusssatz) zu subsumieren. Wenn die zu prüfende Rechtsnorm aus mehreren Tatbestandsmerkmalen besteht, so wie es bei § 35 VwVfG der Fall ist, ist jedes Tatbestandsmerkmal im Rahmen einer sog. Einzelsubsumtion zu prüfen.

BEISPIEL **Fortsetzung des Beispielsfalls** – Mehrfache Einzelsubsumtion

I. Maßnahme

Obersatz zum ersten Tatbestandsmerkmal: „Es müsste sich um eine Maßnahme handeln".

Definition: „Maßnahme ist jedes einseitige Handeln eines Hoheitsträgers mit Erklärungsgehalt."

Untersatz: „Das Verkehrszeichen hat einen Erklärungsgehalt, der durch das Aufstellen des Zeichens zum Ausdruck kommt."

Schlusssatz: „Damit liegt eine Maßnahme vor."

II. Behörde

Obersatz zum zweiten Tatbestandsmerkmal: „Es müsste eine Behörde gehandelt haben."

Definition: „Behörde ist jede Stelle, die Aufgaben der öffentlichen Verwaltung wahrnimmt, § 1 Abs. 4 VwVfG."

Untersatz: „Das Aufstellen des Verkehrszeichens ist durch das Straßenverkehrsamt der Gemeinde X erfolgt. Hierbei handelt es sich um eine Stelle der öffentlichen Verwaltung gem. § 1 Abs. 4 VwVfG."

Schlusssatz: „Also hat eine Behörde gehandelt."

HINWEIS

Die weiteren Tatbestandsmerkmale sind entsprechend zu prüfen. Nachdem sie alle Rechtsbegriffe bzw. Tatbestandsmerkmale einzeln erörtert, also subsumiert haben, folgt der 4. Schritt.

4. Schritt: Das Prüfungsergebnis

Im vierten und letzten Schritt ist das Ergebnis der gutachtlichen Prüfung zu formulieren. 109

BEISPIEL ▸ **Fortsetzung des Beispielsfalls** – Ergebnissatz

„Die Tatbestandsmerkmale für das Vorliegen eines Verwaltungsakts sind damit erfüllt. Folglich handelt es sich bei dem Halteverbotszeichen um einen Verwaltungsakt i. S. von § 35 VwVfG." Beachte: Im Ergebnis liegt ein Verwaltungsakt in Form einer Allgemeinverfügung gem. § 35 Satz 2 VwVfG vor. Dies soll an dieser Stelle allerdings nicht vertieft werden.

V. Die Abfassung des Gutachtens

1. Die Gliederung im Gutachten

Für die Fertigung des eigentlichen Rechtsgutachtens gibt es feste Regeln. Diese Standards sollten auf jeden Fall berücksichtigt werden. Ein Gutachten ist folgendermaßen zu gliedern: 110

Die gutachtliche Gliederung

A.
- I.
  - 1.
    - a)
    - b)
      - aa)
      - bb)
        - (1)
        - (2)
  - 2.
- II.

B.

(...)

Diese Gliederungstechnik ist in gutachtlichen, juristischen Ausarbeitungen anzuwenden. Andere Gliederungsvarianten sollten vermieden werden.

Ob sie allerdings mit dem Punkt (groß) A. beginnen oder mit einem anderen Gliederungspunkt, beispielsweise I. oder 1., ist nicht bedeutsam. Sie sollten – im übertragenen Sinne – aber berücksichtigten: Wer A. sagt, muss auch B. sagen. Das heißt, sie müssen immer einen zweiten Gliederungspunkt im Gutachten haben, der derselben Gliederungsebene zuzuordnen ist, wie der erste Punkt. Nicht gutachtenkonform wäre es, mit dem Punkt A. zu beginnen, die Punkte I. und II. anzuschließen, aber keinen Punkt B. anzufügen.

2. Der Gutachtenstil

111 Im Gutachten ist der sog. Gutachtenstil zu verwenden. Die kennzeichnenden Merkmale des Gutachtenstils beziehen sich auf die Formulierung der einleitende Fragestellung bzw. des Obersatzes bei der Subsumtion und auf die Formulierung der Schlussfolgerung bzw. des Ergebnisses.

Bei der Formulierung des hypothetischen Ergebnisses im einleitenden Satz (= 1. Schritt im Gutachten) ist eine Aussage im Konjunktiv (Könnte-Satz) oder eine Wenn-dann Verknüpfung im Indikativ zu verwenden. Gleiches gilt für den Obersatz bei der Tatbestandssubsumtion. Eine direkte Frage ist im Gutachten zu vermeiden, z. B.: Ist das Buch eine Sache? Diese Vorgehensweise entspricht nicht dem Gutachtenstil.

Das Ergebnis der Subsumtion, also der Schlusssatz, ist durch bestimmte schlussfolgernde Begriffe gekennzeichnet, wie beispielsweise: „also“, „folglich“, „somit“, „daher“ oder ähnliche Ausdrücke.

112 **Abgrenzung: der Urteilsstil**

Abzugrenzen ist der Gutachtenstil von sog. Urteilsstil. Der Urteilsstil beginnt nicht mit einer Fragestellung, sondern mit einer Feststellung, also mit der Antwort auf die Rechtsfrage und erst anschließend wird die vorangestellte Feststellung im Einzelnen begründet. Wie die Bezeichnung verrät, wird dieser Stil in Urteilen verwendet. Eine Anwendung des Urteilsstils kann auch in einem Gutachten relevant werden, wenn ein unproblematischer bzw. unstrittiger und eindeutiger Punkt des Sachverhalts geprüft wird.

BEISPIEL ▸ Ein Buch ist gem. § 90 BGB unstrittig eine Sache, demnach kann im Gutachten knapp festgestellt werden: „Das Buch ist eine Sache gem. § 90 BGB, da es sich hierbei um einen körperlichen Gegenstand handelt.“

Teil 2: Staats- und Verfassungsrecht

§ 9 Einleitung

LITERATUR

Ipsen, Staatsrecht I, 29. Aufl. 2017, S. 1 f.; *Korioth,* Staatsrecht I, 3. Aufl. 2016, S. 1 f.; *Schmidt,* Staatsorganisationsrecht, 18. Aufl. 2017, S. 1 f.

200 In den nachfolgenden Kapiteln des 2. Teils sollen die Grundlagen im Staats- und Verfassungsrecht dargestellt werden. Zunächst stellt sich die Frage, was eigentlich unter Staatsrecht bzw. unter Verfassungsrecht zu verstehen ist und wie beides in die Gesamtrechtsordnung einzusortieren ist. Beide Gebiete haben zunächst die Gemeinsamkeit, dass sie Bestandteil des objektiven Rechts sind. Sie gehören beide zur Gesamtheit der geltenden Regelungen innerhalb einer Rechtsgemeinschaft (vgl. zum Begriff Recht bzw. objektives Recht oben Rn. 1 ff.). Das objektive Recht bzw. die Rechtsordnung zerfällt in zwei große Teilbereiche, nämlich das Privatrecht und das Öffentliche Recht (zur genaueren Unterscheidung und den dazugehörigen Theorien vgl. oben Rn. 32 ff.):

ABB. 4: Rechtsordnung (objektives Recht)

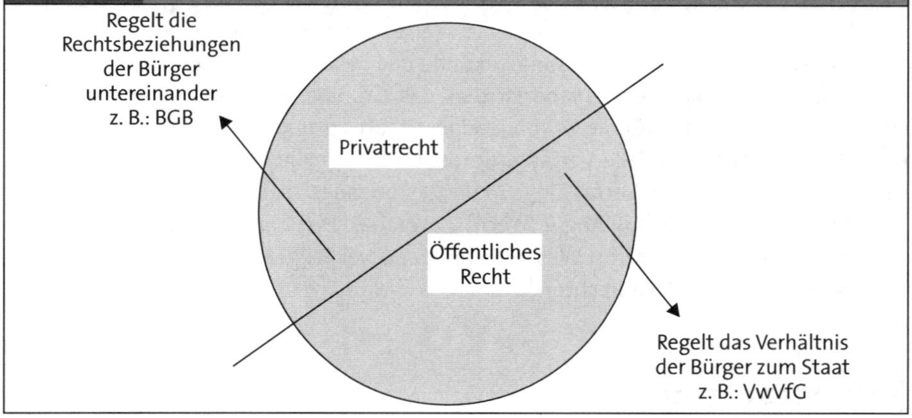

Das Staats- und Verfassungsrecht regelt im Kern die Rechtsbeziehungen der Bürger zu ihrem Staat. Allerdings kann eine Verfassung auch Auswirkungen auf das Verhältnis einzelner Bürger zueinander entfalten. Da es sich dabei aber nur um eine indirekte Wirkung handelt, bleibt es bei der Zuordnung des Staats- und Verfassungsrechts zum Öffentlichen Recht.

201 Das **Staatsrecht** beinhaltet zunächst die Grundprinzipien des Staates, die grundlegende Organisation und die Regeln über das Verhältnis der Bürger zum Staat. Es ist damit der Oberbegriff. Dieser zerfällt in die Bereiche des allgemeinen und des besonderen Staatsrechts. Das **allgemeine Staatsrecht** regelt dabei die Rechtsbeziehungen der Staaten allgemein (z. B. Begriff und Entstehung des Staates) und beinhaltet auch die Staatslehre.

Das **besondere Staatsrecht** enthält die grundlegenden Bestimmungen in Bezug auf einen bestimmten Staat und ist damit praktisch das **Verfassungsrecht** dieses Staates.

ABB. 5: Staatsrecht

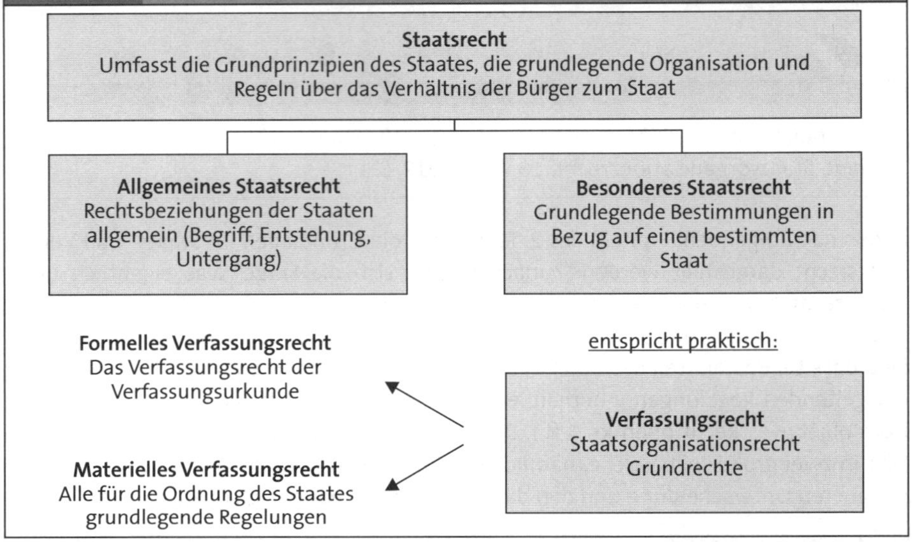

202 Das Verfassungsrecht unterteilt sich wiederum in **formelles Verfassungsrecht** und **materielles Verfassungsrecht**. Beim formellen Verfassungsrecht handelt es sich um den Teil des Rechts, der in der Verfassungsurkunde des jeweiligen Staates niedergelegt ist. In der Bundesrepublik Deutschland ist dies das Grundgesetz. Das materielle Verfassungsrecht umfasst alle für die Ordnung eines Staates grundlegenden Regelungen. Damit fällt unter das materielle Verfassungsrecht das formelle Verfassungsrecht und zusätzlich das nicht in der Verfassungsurkunde stehende, aber ebenfalls für den Staat grundlegende Recht wie z. B. AbgG, BVerfGG, BWahlG, PartG und StAG. Thematisch besteht das Verfassungsrecht im Wesentlichen aus zwei Teilgebieten, dem **Staatsorganisationsrecht** und den **Grundrechten**.

§ 10 Staatslehre

LITERATUR

Dohr, Staat/Verfassung/Politik, 21. Aufl. 2015, S. 5 f.; *Ipsen*, Staatsrecht I, 29. Aufl. 2017, S. 1 f.; *Katz*, Staatsrecht, 18. Aufl. 2010, S. 11 f.; *Schmidt*, Staatsorganisationsrecht, 18. Aufl. 2017, S. 14 f.

203 Die Staatslehre (oder auch Staatstheorie) befasst sich unabhängig von einem bestimmten Staat mit der Frage nach der Definition von Staaten, dem Entstehen bzw. Untergang und dem grundsätzlichen Aufbau eines Staates.

I. Staatsbegriff

Dazu ist zunächst zu klären, was überhaupt ein Staat ist bzw. wann und unter welchen Voraussetzungen ein Gebilde als Staat bezeichnet werden kann. 204

In der Staatslehre gibt es keine allgemein gültige Definition des Begriffes „Staat". Aus dem Wort selbst (lat. *„status"* = Zustand, Ordnung, Verfassung) kann in Bezug auf eine Definition des Begriffs nicht viel abgeleitet werden. Daher hat *Georg Jellinek* um 1900 den Staat als „die mit ursprünglicher Herrschaftsmacht ausgerüstete Körperschaft eines sesshaften Volkes" umschrieben. Daraus wurde die **Drei-Elementen-Lehre** zur Definition eines Staates entwickelt (sog. Juristisch-völkerrechtlicher Begriff). Diese Lehre nimmt dann einen Staat an, wenn ein **Staatsgebiet**, ein **Staatsvolk** und eine **Staatsgewalt** vorhanden sind.

1. Staatsgebiet

Das **Staatsgebiet** ist ein abgegrenzter Teil der natürlichen Erdoberfläche, der beherrschbar und zum dauernden Aufenthalt von Menschen bestimmt und geeignet ist. Dabei lässt sich aus der Bezeichnung „natürlich" schlussfolgern, dass künstlich errichtete Gebilde, wie z. B. Bohrinseln und andere mit dem Meeresboden verankerte Plattformen nicht als Staatsgebiet bezeichnet werden können. Da sich das Staatsgebiet an Außengrenzen orientiert, führt das Merkmal abgegrenzt dazu, dass beispielsweise Palästina oder gar der sog. „Islamische Staat" (= IS) z. Zt. keine Staaten sind, da es bislang an einer entsprechenden stabilen Grenzziehung fehlt. 205

Zum Staatsgebiet zählt insbesondere das Erdreich bis zur technisch beherrschbaren Tiefe und der beherrschbare Luftraum (80 – 100 km/darüber beginnt der staatsfreie Weltraum).

ABB. 6: Staatsgebiet

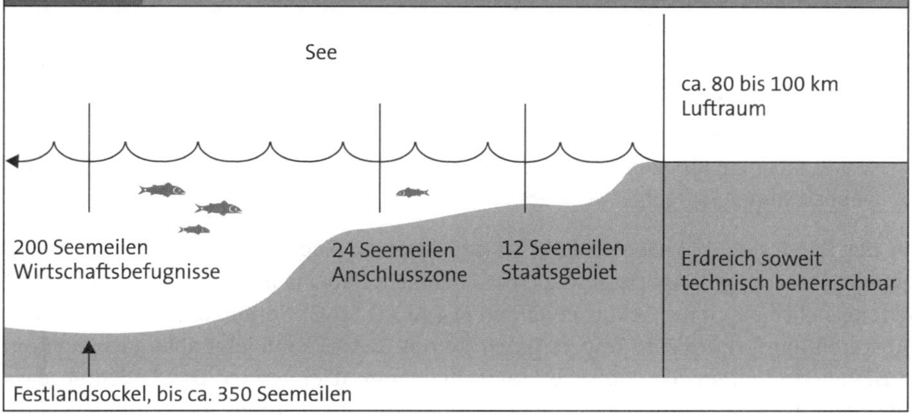

Die Ausdehnung des Staatsgebietes an den Küsten wird durch die UN-Seerechtskonvention (aus dem Jahr 1982) geregelt, denen die meisten Staaten (die BRD 1994) beigetreten sind. Demnach gehört eine Zone von **12 Meilen** (ca. 22 km) – gemessen von der Küstenlinie an – zum Hoheitsgebiet des jeweiligen Küstenstaates. Im Bereich 206 zwischen 12 und **24 Meilen** können die Staaten polizeiliche Maßnahmen wahrnehmen (z. B. Zoll, Devisen, Einwanderungsüberwachung). Darüber hinaus werden den Küstenstaaten Zonen von **200 Seemeilen** für ausschließlichen Fischfang (Fischereischutzzonen) und Forschung zugestanden. Schließlich dürfen die Küstenstaaten den Festlandsockel bis zu **350 Seemeilen** weit und bis zu einer maximalen Tiefe von 200 Metern zur Ausbeutung (Öl, Gas) nutzen. Danach folgt die freie See.

Problematisch wird diese Aufteilung insbesondere in Meerengen und bei vorgelagerten Inselgruppen. Daher gibt es zwischen vielen Staaten Streit um die tatsächliche Ausdehnung ihres jeweiligen Staatsgebietes. Der größte Teil dieser Streitigkeiten ist aber inzwischen durch Staatsverträge beseitigt worden.

Im GG findet sich nur in der Präambel eine Aussage zum Staatsgebiet.

2. Staatsvolk

207 Ein Staat ist eine rechtliche und politische Schicksalsgemeinschaft verschiedener Menschen. Das **Staatsvolk** ist die Summe der Menschen, die auf Dauer dem Staat Kraft dessen Recht angehören. Wer dabei zum Staatsvolk gehört, kann unterschiedlich bestimmt werden. Anknüpfungspunkt könnte die **Bevölkerung** des Staatsgebiets, also alle darin lebenden Personen sein. Anknüpfungspunkt könnte ebenfalls die **Nation** sein, also die Summe aller Menschen, die durch gemeinsame Abstammung, Geschichte, Sprache und Kultur zueinander gehören. Zur praktikableren Handhabung bilden all die Personen das **Staatsvolk**, die nach dem **Recht des jeweiligen Staates als diesem angehörig gelten** = Volk im rechtlichen Sinne. Damit ist heute regelmäßig das Staatsangehörigkeitsrecht gemeint, das jeder Staat eigenständig regeln darf.

208 Bei der gesetzlichen Regelung, wer wann einem Staat angehört ist dabei grundsätzlich zwischen zwei Prinzipien zu unterscheiden:

- **Territorialprinzip** (*ius soli*):
  Wer im Staatsgebiet geboren wird erhält ohne Rücksicht auf die Staatsangehörigkeit der Eltern diese Staatsangehörigkeit (z. B. USA).
- **Abstammungsprinzip** (*ius sanguinis*):
  Die Staatsangehörigkeit richtet sich nach der Staatszugehörigkeit der Eltern unerheblich vom Staatsgebiet der Geburt.

209 In der Bundesrepublik Deutschland ist das Staatsangehörigkeitsrecht in Art. 116 GG und im Staatsangehörigkeitsgesetz (StAG) geregelt. Dabei wird die Staatsangehörigkeit grundsätzlich durch die Geburt erworben (§ 4 Abs. 1 StAG). Somit kommt zunächst das Abstammungsprinzip zum Tragen. Durch § 4 Abs. 3 StAG kann jetzt aber auch ein Kind ausländischer Eltern die deutsche Staatsangehörigkeit erwerben. Das bedeutet, dass nunmehr auch das Territorialprinzip in einem begrenzten Umfang in der Bundesrepublik Deutschland Anwendung findet. Art. 116 Abs. 1 2. Alt. GG enthält noch die Besonderheit der sog. *Statusdeutschen*. Mit dieser Ausnahmeregelung wird der Begriff des Staatsvolkes um die *Personen deutscher Volkszugehörigkeit* erweitert, womit grundsätzlich Flüchtlinge oder Vertriebene mit deutscher Volkszugehörigkeit gemeint sind.

3. Staatsgewalt

Die **Staatsgewalt** ist die originäre Herrschaftsmacht des Staates über sein Gebiet und die auf ihm befindlichen Personen. 210

Staatsgewalt setzt also zunächst **Herrschaftsmacht** voraus. Um Herrschaftsmacht bejahen zu können, muss der jeweilige Staat in der Lage sein, seine Vorstellungen über die rechtliche Ordnung des Zusammenlebens umzusetzen. Dazu muss er Anordnungen und Befehle erteilen und diese notfalls auch mit Gewalt durchsetzen können. Für die Einschätzung als Staat spielt es dabei keine Rolle, ob die Herrschaftsmacht in Form der Demokratie oder z. B. der Diktatur ausgeübt wird. Kehrseite dieser Herrschaftsmacht ist, dass keine andere Gruppe im Staat von selbst das Recht hat, Gewalt anzuwenden (Gewaltmonopol des Staates).

Weiterhin muss die Herrschaftsmacht **originär** sein. Das bedeutet, dass die Herrschaftsmacht von keinem anderen Staat (z. B. Kolonie) oder sonstigen Organisationen (z. B. Partei oder Gruppe) abgeleitet werden darf. Die Herrschaftsmacht besteht also nur aus sich selbst heraus.

Die Staatsgewalt muss allerdings nicht zwingend das Merkmal der „**Souveränität**" 211
(franz. = unumschränkte Herrschaftsmacht) erfüllen, obwohl dies bei den meisten Staaten der Fall ist. So kann z. B. die äußere Vertretung eines Staates (also ein Teil seiner Souveränität) auf ein Bündnis übertragen werden. Dies ist insbesondere bei der Staatsform des Bundesstaates der Fall, in dem der einzelne Gliedstaat zwar keine Souveränität nach außen, aber eine originäre Herrschaftsmacht besitzt (Siehe auch Bundesstaatsprinzip).

Die Staatsgewalt führt im Ergebnis zur **Gebietshoheit** und zur **Personalhoheit**. Gebiets- 212
hoheit bedeutet im positiven Sinne die Herrschaft über sämtliche Personen und Sachen im Staatsgebiet. Im negativen Sinne bedeutet Gebietshoheit das Verbot anderer Staaten, sich in die inneren Angelegenheiten einzumischen. Personalhoheit bedeutet die rechtliche Unterworfenheit des Staatsvolkes unter die Staatsgewalt. Daraus folgen Rechte und Pflichten für die einzelnen Bürger.

Zu den Rechten des Bürgers zählen beispielsweise

- die sog. „Bürgerrechte" nach dem Grundgesetz (u. a. Freizügigkeit, Versammlungsfreiheit, Berufsfreiheit),
- politische Rechte (z. B. Wahlrecht, Recht auf Bekleidung öffentlicher Ämter) und
- die Rechte auf staatliche Leistungen (Rechtsschutz, diplomatischer Schutz im Ausland, Anspruch auf Sozialleistungen etc.).

Allerdings unterliegt der Bürger auch Pflichten wie z. B.

- Treuepflichten (Unterlassung verfassungsfeindlicher Tätigkeiten bzw. von Spionage),
- Gehorsamspflichten (u. a. Schulpflicht, Impfpflicht) oder auch
- Leistungspflichten (Zahlung von Steuern, Übernahme von Ämtern bei Wahlen oder als Schöffe bei Gericht).

213 Für den Staat der Bundesrepublik Deutschland wird in Art. 20 Abs. 2 GG festgelegt: „Alle Staatsgewalt geht vom Volke aus." Diese Staatsgewalt nimmt das Volk in Wahlen und Abstimmungen wahr. Die Ausübung der Staatsgewalt (nicht die Staatsgewalt selbst) wird durch die drei Gewalten Legislative, Exekutive und Judikative wahrgenommen.

4. Veränderung von Staaten

214 Für völkerrechtliche Fragestellungen (Diplomatische Beziehungen, Beitritt zu Staatenverbindungen) ist es wichtig beurteilen zu können, ob ein Staat noch existiert oder nicht. Dabei wird auf die Drei-Elementen-Lehre zurückgegriffen. Man unterscheidet dabei die **ursprüngliche** (originäre) und die **abgeleitete** (derivative) Staatenentstehung bzw. deren Untergang.

ABB. 7: Originäre und derivative Staatenentstehung

	Entstehen	Untergang
originär	Vorliegen von: ► Staatsgebiet ► Staatsvolk ► Staatsgewalt	Wegfall eines der drei Elemente
derivativ	► Gründung eines Bundesstaates ► Abspaltung	► Auflösung eines Bundestaates ► Annexion/Eingliederung ► Beitritt
	► Teilung eines Staates ► Zusammenschluss mehrerer Staaten	

II. Staatsformen

215 Unter **Staatsform** ist die rechtliche Grundordnung eines Staates zu verstehen. Die Lehre der Staatsformen befasst sich mit den verschiedenen Erscheinungsbildern dieser. Dabei unterscheidet man trotz der vielfältigen Erscheinungsformen von Staaten zwischen verschiedenen Grundmodellen. Die Staatsform gibt dabei Auskunft darüber, wer Träger der Staatsgewalt ist und wie die Staatsgewalt ausgeübt wird (siehe Drei-Elementen-Lehre).

Zur Einordnung und Unterscheidung der Grundformen wird zwischen verschiedenen Anknüpfungspunkten unterschieden:

- ► Einordnung nach dem Träger der Staatsgewalt
- ► Einordnung nach der Repräsentation der Staatsgewalt
- ► Einordnung nach der inneren Gliederung

216 Die Einordnung nach dem **Träger der Staatsgewalt** hat *Aristoteles* (384 – 322 v. Chr.) in seinem Werk *Politik* formuliert:

Träger der Staatsgewalt ist…

- … ein **Einzelner** = Monokratie (oder Monarchie)
  Die Monokratie ist die Herrschaft einer einzelnen Person. Handelt diese nicht zum Nutzen des Allgemeinwohls, so wird diese Staatsform „Tyrannis" genannt.
- … eine **Gruppe** = Aristokratie
  Die Regierung Einiger oder der Besten (Elite) eines Staates zum Wohle des Staates wird Aristokratie genannt. Eine Elite, die zu ihrem eigenen (insbesondere monetären) Wohl arbeitet, wird als Oligarchie bezeichnet.
- … das **Volk** = Politie (oder Demokratie)
  Trägt das Volk die Staatsgewalt, so handelt es sich um die Staatsform Demokratie. Die Herrschaft nur zum Nutzen der Armen wird Ochlokratie genannt.

Die Unterscheidung nach der **Repräsentation der Staatsgewalt (Staatsoberhaupt)** geht 217
auf *Machiavelli* (1469–1527) zurück. Dabei wird grundsätzlich nur zwischen **Monarchie** und **Republik** unterschieden.

In der Monarchie gelangt das Staatsoberhaupt (Kaiser, König oder Fürst) durch erb- 218
rechtliche Regelungen (teilweise auch durch Wahl) in sein Amt und verbleibt dort auf **Lebenszeit**, ohne „abgewählt" werden zu können.

Bei der Republik gelangt das Staatsoberhaupt (i. d. R. heißt es Präsident) ausschließlich 219
durch Wahl in sein Amt und bleibt dort nur eine **begrenzte Zeit**. Das bedeutet, dass der Amtsinhaber in der Republik auch wieder „abgewählt" werden kann. Kurz gesprochen ist Republik all das, was nicht Monarchie ist.

Innerhalb der **Monarchie** wird weiterhin unterschieden:

ABB. 8: Monarchie

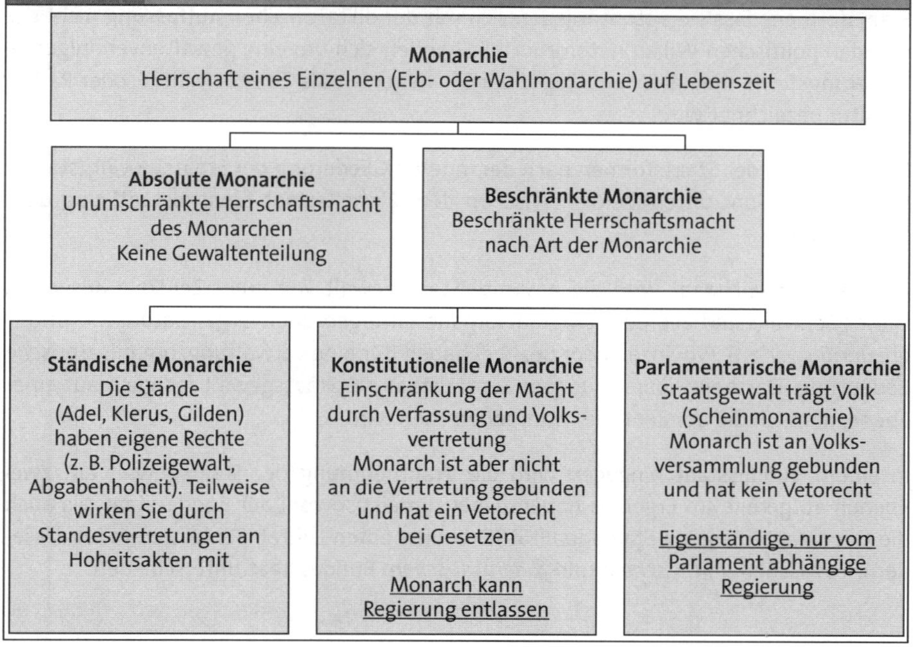

Innerhalb der **Republik** wird weiterhin unterschieden:

ABB. 9: Republik

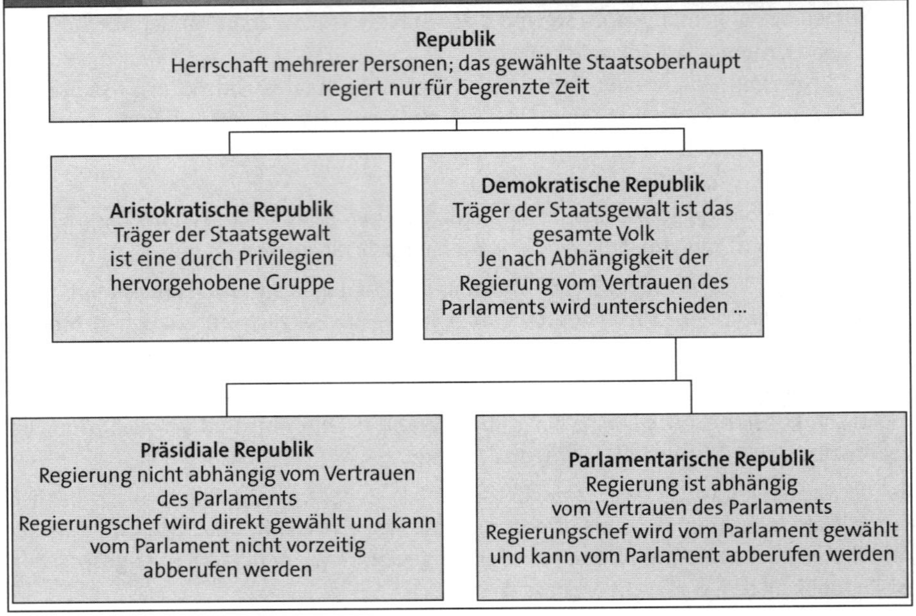

220 Neben diesen beiden Staatsformen hat sich im Laufe der Zeit die **Diktatur** als selbstständige Staatsform entwickelt. Sie unterscheidet sich dadurch von allen übrigen Staatsformen, dass sie autoritär jeden sich mit der diktatorischen Auffassung nicht deckenden politischen Willen unterdrückt. Es handelt sich um eine gewaltenvereinigende Regierungsform, die nach dem Träger der Staatsgewalt als Einzel-, Militär- oder Parteidiktatur bezeichnet wird.

221 Die **Einteilung der Staatsformen nach der inneren Gliederung** der Staatsgewalt (staatliche Organisation) unterscheidet zwischen dem **Einheitsstaat** (Zentralstaat) und dem **Bundesstaat**.

222 In einem **Einheitsstaat** wird die gesamte Staatsgewalt von einer Zentrale ausgeübt. Dieser Zentrale sind alle übrigen Staatsorgane untergeordnet. Organisatorische Untergliederungen (z. B. Provinzen oder Bezirke) haben nur eine verwaltungsorganisatorische Bedeutung. Das heißt, dass in einem Zentralstaat die Staatsgewalt lediglich auf einer Ebene, nämlich die der Zentrale, wahrgenommen wird.

223 In einem **Bundesstaat** hingegen wird die Wahrnehmung der Staatsgewalt auf zwei Ebenen aufgeteilt. Im Ergebnis haben dabei zumeist sowohl der Bundesstaat, als auch die Gliedstaaten eigene Staatsqualität (Drei-Elementen-Lehre). Bei letzterem wird wiederum zwischen *unitarischem* und *föderalistischem* Bundesstaat unterschieden.

ABB. 10: Einordnung nach der inneren Gliederung (staatliche Organisation)

Die Einordnung in die oben dargestellten Staatsformen kann nur den Grundtyp der je- 224
weiligen Staatsform wiedergeben. Aufgrund der vielfältigen Erscheinungsformen von Staaten ist es in der Theorie nicht möglich, jede Einzelheit eines Staates in einer speziellen Staatsform zu erfassen. Für einen Einstieg in die Grundstruktur eines Staates und für den Ablauf von politischen Entscheidungsprozessen, ist eine solche Einordnung jedoch äußerst hilfreich.

§ 11 Staatsorganisationsrecht

I. Einleitung/Verfassung

LITERATUR

Dohr, Staat/Verfassung/Politik, 21. Aufl. 2014, S. 59 f.; *Ipsen*, Staatsrecht I, 29. Aufl. 2017, S. 23 f.; *Katz*, Staatsrecht, 18. Aufl. 2010, S. 31 f.; *Schmalz*, Staatsorganisationsrecht, 14. Aufl. 2014, S. 1 f.; *von Münch/Mager*, Staatsrecht I, 8. Aufl. 2016, S. 10 f.

Als besonderes Staatsrecht (vgl. Teil 2 § 1) enthält die Verfassung als absolute Basis ei- 225
nes Staates die grundlegenden Rechtssätze aus drei Bereichen:

- Grundprinzipien der Staatsstruktur und Staatszielbestimmungen, d. h. Grundentscheidungen für das politische Leben

- Organisationsnormen,
  d. h. Organisations- und Verfahrensnormen für die Ausübung der Staatsgewalt
- Grundrechtsnormen,
  d. h. eine „Rechtsordnung“ für das Verhältnis Bürger/Staat

Die Verfassung trifft *die höchstrangige Aussage über die Grundprinzipien der Herrschafts- und Wertordnung* innerhalb eines Staates. Aufgrund dieser Funktion weisen Verfassungen Besonderheiten im Vergleich zu „normalen“ Gesetzen auf, obwohl sie rechtstechnisch ein Gesetz sind.

1. Entstehung einer Verfassung

226 Durch eine neue Verfassung wird die vorher bestehende Verfassungsrechtslage aufgehoben. Die Verfassung setzt damit als „Neuanfang“ einen besonderen Gesetzgeber, die **verfassungsgebende Gewalt** voraus. Das (mittlerweile fast überall geltende) Prinzip der Volkssouveränität verlangt von der verfassungsgebenden Gewalt eine demokratische Legitimität – auch zur Förderung der Akzeptanz einer Verfassung.

Dies kann grundsätzlich auf zwei Wegen geschehen:

- Eine vom Volk gewählte „**Verfassungsberatende Versammlung**“ arbeitet einen Entwurf aus, der anschließend in einem Referendum insgesamt gebilligt oder verworfen wird.
- Eine vom Volk gewählte „**Verfassungsgebende Versammlung**“ arbeitet eine Verfassung aus, beschließt und verabschiedet diese (vgl. Art. 181 WV). Durch die spätere Teilnahme des Volkes am Verfassungsleben (Wahlen etc.) wird diese Verfassung nachträglich immer wieder legitimiert.

2. Verfassung als Gesetz der Gesetze

227 Als Gesetz der Gesetze hat die Verfassung **erhöhte Gesetzeskraft** und **erhöhte Bestandskraft** im Vergleich mit „normalen“ Gesetzen.

Erhöhte Gesetzeskraft bedeutet, dass die Verfassung den übrigen Rechtsnormen gegenüber qualitativ vorgeht. Sie hat Vorrang vor allen anderen innerstaatlichen Rechtssätzen. Dieser Vorrang ist Grundvoraussetzung für die Erfüllung der Funktion einer Verfassung als Grundordnung des Gemeinwesens (in der BRD: Art. 1 Abs. 3, 20 Abs. 3 GG).

Erhöhte Bestandskraft heißt wiederum, dass die verfassungsändernde Gewalt besondere Voraussetzungen einhalten muss, wenn die Verfassung geändert werden soll. So kann eine Änderung grundsätzlich nur durch die gesetzgebende Gewalt oder einen Volksentscheid erfolgen. Dabei müssen häufig große Mehrheiten vorliegen. Weiterhin enthalten Verfassungen häufig das Verbot, sie in ihren Grundelementen zu ändern.

3. Verfassungsänderung nach dem Grundgesetz

In der Bundesrepublik Deutschland kommen die erhöhte Gesetzeskraft und die erhöhte Bestandskraft durch Art. 79 GG und insbesondere durch die „Ewigkeitsklausel“ des Art. 79 Abs. 3 GG zum Ausdruck. 228

Das Grundgesetz nennt in Art. 79 GG die Voraussetzungen für eine Änderung der Verfassung. Dabei beschreiben Art. 79 Abs. 1 und Abs. 2 GG die formellen und Art. 79 Abs. 3 GG die materiellen Voraussetzungen für eine Änderung der Verfassung:

Formelle Voraussetzungen:

- Art. 79 Abs. 1 Satz 1 GG: 229
  Das Grundgesetz kann nur durch ein **Gesetz** geändert werden. Demnach richtet sich das Initiativrecht für eine Verfassungsänderung nach Art. 76 Abs. 1 GG. Eine Verfassungsänderung muss folglich den Weg eines Gesetzes gehen.
  Außerdem muss das jeweilige Gesetz den **Wortlaut** des Grundgesetzes **ausdrücklich ändern** oder **ergänzen**. Dies setzt also voraus, dass der neue Wortlaut eines Artikels ausdrücklich in dem Änderungsgesetz genannt wird. Dadurch sollen Unklarheiten oder Interpretationsfehler in Bezug auf den künftigen Wortlaut der Verfassung vermieden werden.
- Art. 79 Abs. 2 GG: 230
  Beim Lauf des Gesetzes durch die Instanzen des Gesetzgebungsverfahrens muss das Änderungsgesetz bei den jeweiligen Abstimmungen eine **qualifizierte 2/3-Mehrheit** in Bundestag und Bundesrat erreichen.

Materielle Voraussetzungen:

- Art. 79 Abs. 3 GG: 231
  Schließlich ist einer Grundgesetzänderung eine materielle Grenze gesetzt. Der auch als „**Ewigkeitsklausel**“ bezeichnete Absatz schreibt weiterhin vor, dass eine Verfassungsänderung, *die die Gliederung des Bundes in Länder* oder *die grundsätzliche Mitwirkung der Länder bei der Gesetzgebung* oder *die in den Art. 1 und 20 niedergelegten Grundsätze berührt bzw. verletzt, unzulässig ist*. Insbesondere die letzte Variante ist i.V.m. den Grundprinzipien aus der Staatsfundamentalnorm des Art. 20 GG der richtige Einstieg in viele Klausurlösungen.

4. Überblick Verfassungsgeschichte

Kein Staat und keine Verfassung können losgelöst von ihrer Rechtstradition oder von ihren politischen Erfahrungen der Vergangenheit betrachtet werden. Daher sind Grundkenntnisse der Verfassungsgeschichte bei der Auseinandersetzung mit der Verfassung notwendige Voraussetzung. Die Verfassungsgeschichte ausführlich darzustellen, würde den Rahmen dieses Werkes sprengen. Deshalb sollen nur die wichtigsten Fakten zur deutschen Verfassungsgeschichte aufgezeigt werden; dabei soll die Zeit vor 1848/49 außer Acht bleiben. 232

- **1848/49** 233
  In der Frankfurter Paulskirche tritt die deutsche verfassungsgebende Nationalversammlung zusammen. Der von der Nationalversammlung verabschiedete Entwurf

eines Katalogs von Grundrechten sowie einer Deutschen Verfassung sah die Entstehung eines Bundesstaates vor, wobei der preußische König Erbkaiser werden und eine Volksvertretung gewählt werden sollte. Letztlich scheiterte das Vorhaben am Widerstand des preußischen Königs sowie der Einzelstaaten.

- **1871**
  Nach dem Ende des deutsch-französischen Krieges 1870 – 1871 wurde das Deutsche Reich gegründet. Es bestand aus 25 Einzelstaaten. Die Reichsverfassung, die in wesentlichen Punkten auf der Paulskirchenverfassung beruhte, sah als Staatsform einen Bundesstaat vor. Staatsoberhaupt war der Deutsche Kaiser als konstitutioneller Monarch.
- **1914–1918**
  Erster Weltkrieg.
- **1919**
  In Weimar trat nach dem Ende des Ersten Weltkriegs die Nationalversammlung zusammen. Es kam zum Erlass der Weimarer Reichsverfassung, die neben den grundlegenden Staatsprinzipien einen Grundrechtsteil wie auch Abschnitte über die Staatsorgane und ihre Funktionen enthielt. Staatsform war ein Bundesstaat als parlamentarische Republik, der aus 17 Ländern bestand.
- **1933**
  Am 30.1.1933 erfolgte die Machtübernahme durch die Nationalsozialisten. *Adolf Hitler* wurde zum Reichskanzler ernannt. In der Folge wurden die Grundrechte der Weimarer Reichsverfassung durch die Verordnung zum Schutze von Volk und Staat außer Kraft gesetzt. Das im März 1933 erlassene Ermächtigungsgesetz erlaubte der Reichsregierung Gesetze zu beschließen; alle Parteien außer der NSDAP wurden verboten. 1934 erfolgte die Ernennung *Hitlers* zum Reichspräsidenten. Die Diktatur des *„Führers“* mit unbeschränkten Machtbefugnissen nahm von nun an ihren menschenverachtenden Lauf.
- **1939–1945**
  Zweiter Weltkrieg vom 1.9.1939 bis zum 8.5.1945.

234

- **8.5.1945**
  Der Zweite Weltkrieg endete für Deutschland mit der bedingungslosen Kapitulation und dem damit besiegelten Untergang des Deutschen Reiches. Die Berliner Erklärung vom 4.6.1945 führte zusammen mit dem Potsdamer Abkommen (2.8.1945) zur Übernahme der Staatsgewalt durch die alliierten Siegermächte. Das nach Abtretungen verbliebene Gebiet der heutigen Bundesrepublik Deutschland wurde dann in vier Besatzungszonen aufgeteilt, in denen jeweils Militärgouverneure die oberste Gewalt für ihre jeweilige Zone übertragen bekamen.
- **2.6.1948**
  Aufgrund des beginnenden Kalten Krieges traten die westlichen Alliierten und die drei direkten westlichen Nachbarn Deutschlands (somit: Großbritannien, Frankreich, Vereinigte Staaten von Amerika, Belgien, Niederlande und Luxemburg) von Februar bis zum 2.6.1948 zur Londoner Sechs-Mächte-Konferenz zusammen. Dabei beschäftigten sich die beteiligten Mächte intensiv mit der politischen Zukunft der

westlichen Besatzungszone. Nach langen und schwierigen Verhandlungen entschloss sich die Konferenz dazu, in den drei westlichen Besatzungszonen die Bundesrepublik Deutschland zu gründen. Das Schlusskommuniqué der Konferenz enthielt daher die Aufforderung an die Deutschen in den westlichen Ländern einen föderalen Staat aufzubauen.

- **1. 7. 1948**
  Am 1. 7. 1948 wurden sodann die elf westdeutschen Ministerpräsidenten (ohne das Saarland und Berlin, dafür bestand Baden-Württemberg zum damaligen Zeitpunkt aus drei einzelnen Bundesländern) von den drei Westmächten in den sog. Frankfurter Dokumenten beauftragt, die Beschlüsse der 6-Mächte-Konferenz umzusetzen. Die Frankfurter Dokumente enthielten dabei auch in Dokument Nr. I die Aufforderung an die Ministerpräsidenten, eine verfassungsgebende Versammlung einzuberufen, um eine demokratische Verfassung mit einer Grundrechtsgarantie und einem föderalen Staatsaufbau erarbeiten zu lassen.

- **20. 7. 1948**
  Mit den „Koblenzer Beschlüssen" erklärten die westdeutschen Ministerpräsidenten die Annahme der Frankfurter Dokumente. Gleichzeitig wendeten sie sich aber auch gegen die Schaffung eines westdeutschen Staates, da somit die deutsche Teilung zementiert würde. Mit den Koblenzer Beschlüssen wurde die Idee geboren, die Verfassung für die Bundesrepublik lediglich „Grundgesetz" zu nennen, solange diese Verfassung nicht für Gesamtdeutschland gelte.

- **10. 8. 1948**
  Vom 10. bis zum 23. 8. 1948 fand auf Herrenchiemsee auf Einladung der Ministerpräsidenten ein Verfassungskonvent statt, auf dem die wichtigsten Punkte der Verfassung von Fachleuten beraten werden sollten. Dabei kristallisierten sich wichtige Punkte heraus, die für den späteren Verfassungsentwurf prägend werden sollten. Gleichwohl war der Konvent nicht unumstritten, da seine Mitglieder nicht gewählt waren (so wurde der Konvent auch als Treffen von elf x-beliebigen Staatsbürgern verspottet).

- **1. 9. 1948**
  Am 1. 9. 1948 nahm dann der aus 65 Mitgliedern bestehende Parlamentarische Rat seine Arbeit auf. Die 65 „Väter" (unter denen sich auch vier Mütter befanden) erarbeiteten dabei in Bonn einen Grundgesetzentwurf, der inhaltlich unter der Devise stand: „Bonn ist nicht Weimar", d. h. sie standen dabei unter dem Eindruck des Scheiterns der Weimarer Verfassung und der Verbrechen Deutschlands unter den Nationalsozialisten. Daher entspringen viele Bestimmungen des Grundgesetzes der Weimarer Verfassung, die vor diesem Hintergrund in wesentlichen Punkten modifiziert ihren Eingang in das Grundgesetz gefunden haben.

- **8. 5. 1949**
  Die Beratungen endeten am 8. 5. 1949 mit dem Beschluss eines Grundgesetzes, welches am 12. 5. 1949 von den Militärgouverneuren der westlichen Besatzungszonen genehmigt wurde.

- **20. 5. 1949**
  Anschließend wurde dieser Entwurf – wie schon in den Frankfurter Dokumenten vorgesehen – durch die einzelnen Länderparlamente ratifiziert. Bayern stimmte als einziges Bundesland in der Nacht auf den 20. 5. 1949 mit 101 zu 63 Stimmen gegen den Verfassungsentwurf.
- **23. 5. 1949**
  Da aber bereits die Frankfurter Dokumente vorgesehen hatten, dass der Verfassungsentwurf als angenommen gilt, wenn 2/3 der Bundesländer für den Entwurf votieren und das Land Bayern trotz der eigentlichen Ablehnung des Grundgesetzes diesem Passus aber zustimmte, spielte das negative Votum aus Bayern keine weitere Rolle. Somit konnte das Grundgesetz auf einer feierlichen Sitzung des parlamentarischen Rates am 23. 5. 1949 verkündet werden.
- **24. 5. 1949**
  Damit trat das Grundgesetz für die Bundesrepublik Deutschland am 24. 5. 1949 in Kraft.

235
- **1949 – 1989**
  Im Zuge des am 5. 5. 1955 in Kraft getretenen Deutschlandvertrags wurden Souveränitätsvorbehalte der alliierten Streitkräfte durch Aufhebung des Besatzungsstatus weitgehend zurückgedrängt. Gleichwohl behielten sich die Westalliierten die zukünftige Ausübung der Besatzungsrechte vor. Eine Regelung über den Verlauf der Staatsgrenzen wurde im Deutschlandvertrag nicht getroffen. Dies sollte erst im Rahmen eines endgültigen Friedensvertrags erfolgen.
  Am 9. 5. 1955 trat die Bundesrepublik Deutschland der NATO bei und wurde durch den Abschluss der Römischen Verträge (23. 3. 1957) eines der Gründungsmitglieder der Europäischen Gemeinschaften.
  Die in den 1970er Jahren geschlossenen Ostverträge brachten grundlegende Verbesserungen im Rahmen der Ostpolitik. Gegenüber der Sowjetunion und Polen bekannte sich die Bundesrepublik zum Gewaltverzicht und zur Unverletzlichkeit der Grenzen in Europa einschließlich der Westgrenze zu Polen. Im Grundlagenvertrag zwischen der Bundesrepublik Deutschland und der DDR von 1973 verpflichteten sich beide Vertragsparteien, gutnachbarliche Beziehungen zueinander aufzubauen, erkannten die bestehenden Grenzen an und respektierten den Grundsatz, dass sich die Hoheitsgewalt jeweils nur auf das eigene Staatsgebiet beschränken sollte, ohne dabei die unterschiedlichen Auffassungen zur Nationalfrage aufzugeben.
- **1989/1990**
  Im November des Jahres 1989 führte die friedliche und unblutige Revolution in der DDR zum Zusammenbruch des dortigen kommunistischen Systems und zur Öffnung der Grenzen. Dem Staatsvertrag zur Schaffung einer Wirtschafts-, Währungs- und Sozialunion vom 18. 5. 1990 folgte der Wahlvertrag vom 3. 8. 1990, der den Weg für die gesamtdeutsche Wahl am 2. 12. 1990 freimachte. Der Einigungsvertrag vom 31. 8. 1990 enthielt eine Vielzahl von Anpassungs- und Übergangsregelungen. Er wurde erst dadurch möglich, dass die Volkskammer der DDR gem. Art. 23 Satz 2 GG a. f. den Beitritt zum Geltungsbereich des Grundgesetzes mit Wirkung zum 3. 10. 1990 erklärte.

Gleichfalls im Jahre 1990, am 12. September, schlossen das vereinigte Deutschland und die ehemaligen Alliierten den „Vertrag über die abschließende Regelung in Bezug auf Deutschland“ (sog. Zwei-plus-Vier-Vertrag), der neben dem „Ja“ zur Wiedervereinigung dazu führte, dass die Bundesrepublik Deutschland ihre volle völkerrechtliche Souveränität wieder erlangte. Gleichzeitig wurde die Endgültigkeit der jetzt bestehenden Außengrenzen als verbindlich festgelegt.
Der für die Verfassung gewählte Name „Grundgesetz“ wurde jedoch weiter behalten, obwohl der ursprüngliche Grund für den ungewöhnlichen Namen mit der Einigung weggefallen war. Der Hauptgrund für die Beibehaltung liegt vor allem darin, dass die Länder der ehemaligen DDR durch die Einigungsverträge der BRD beitraten und somit deren Recht inkl. Grundgesetz übernommen haben.

- **1993**
  Ein wichtiger Schritt hin zu einem gesamteuropäischen Staat wurde durch die Gründung der Europäischen Union geschaffen, die seit dem 1. 11. 1993 existiert. Grundlage dieser Union ist der sog. Maastrichter Vertrag (Einzelheiten hierzu im Teil Europarecht).

- **1994**
  Eine Verfassungsreform sieht grundlegende Änderungen des Grundgesetzes vor. Unter anderem werden der Umweltschutz (Art. 20a GG) und die Europäische Integration (Art. 23, 24 GG) Staatsziele.

- **1999**
  In Umsetzung der 3. Stufe der Wirtschafts- und Währungsunion wird der Euro als sog. Buchgeld eingeführt.

- **2001**
  Durch Änderung von Art. 12a Abs. 4 GG können nunmehr auch Frauen einen freiwilligen Dienst mit der Waffe leisten. Hierzu verpflichtet werden können Frauen aber nach wie vor nicht.

- **2002**
  Der Euro löst die Deutsche Mark endgültig als Zahlungsmittel ab.

- **2003**
  Die sog. Förderalismuskommission soll die Aufgabenverteilung zwischen Bund und Ländern reformieren.

- **2006**
  Der Bundestag beschließt die Förderalismusreform. Die bisher umfangreichste Änderung des Grundgesetzes in der Geschichte der Bundesrepublik Deutschland ist seit dem 1. 9. 2006 in Kraft. Durch die Reform werden die zahlreichen Zuständigkeiten bei der Gesetzgebung zwischen Bund und Ländern neu geregelt.

- **2009**
  Der zweite Teil der Föderalismusreform wird als Gesetz beschlossen und tritt am 1. 8. 2009 in Kraft. Wesentlicher Aspekt ist die Verpflichtung von Bund und Ländern zur Haushaltsdisziplin (sog. Schuldenbremse, Art. 109 GG).

II. Grundprinzipien der Staatsstruktur und Staatszielbestimmungen

LITERATUR:

Katz, Staatsrecht, 18. Aufl. 2010, S. 68 f.; *Korioth*, Staatsrecht I, 3. Aufl. 2016, S. 32 f.

236 Das Grundgesetz enthält also das formelle Verfassungsrecht der Bundesrepublik Deutschland. Das darin und in weiteren Gesetzen enthaltene Staatsorganisationsrecht trifft die Grundentscheidungen für das politische Leben. Darüber hinaus enthält das Staatsorganisationsrecht auch Organisations- und Verfahrensnormen für die Ausübung der Staatsgewalt. Bei diesen Grundentscheidungen für das politische Leben wird zwischen den **Grundprinzipien der Staatsstruktur** und den **Staatszielbestimmungen** unterschieden.

Die Grundprinzipien der Staatsstruktur sind in Art. 20 GG aufgeführt. Dieser enthält die fünf wesentlichen Leitgrundsätze der Bundesrepublik, die im Folgenden näher erläutert werden.

ABB. 11: Grundprinzipien der Staatsstruktur

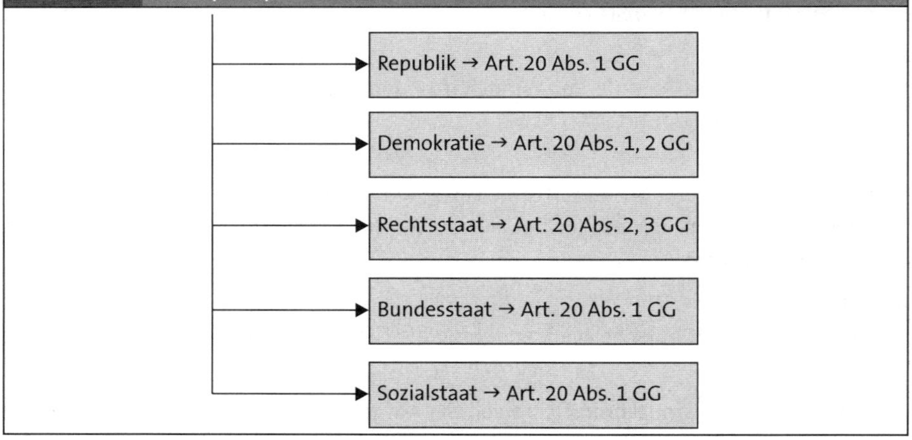

Sie sind für die inhaltliche und organisatorische Gestaltung der Bundesrepublik unmittelbar geltende Normen. Art. 20 GG wird von der „Ewigkeitsklausel" des Art. 79 Abs. 3 GG geschützt und kann demnach auch nicht durch eine Verfassungsänderung neu gestaltet werden (vgl. dazu auch oben Verfassungsänderung). Deswegen wird Art. 20 GG auch als **Staatsfundamentalnorm** bezeichnet.

237 Daneben enthält das Grundgesetz in den Art. 20, 20a, 23 und 109 reine Staatszielbestimmungen. Sie geben der Regierung und der Verwaltung ein rechtlich verbindliches „Programm" vor, das bei allem staatlichen Handeln (Staatstätigkeit, öffentliche Aufgabenerfüllung) insbesondere bei der Ermessensausübung zu beachten ist. Sie bilden damit einen „Wegweiser" für die staatliche Tätigkeit. Die Staatszielbestimmungen verpflichten zwar den Staat zu deren Einhaltung, sind aber im Gegensatz zu den

Grundzügen der Staatsstruktur und den Grundrechten nicht durch den einzelnen Bürger einklagbare Ansprüche.

Reine Staatszielbestimmungen des Grundgesetzes:

- Art. 20 GG: Sozialstaatsprinzip
- Art. 20a 1. Alt. GG: Umweltschutz
- Art. 20a 2. Alt. GG: Tierschutz
- Art. 23 Abs. 1 GG: Europäische Einigung
- Art. 109 Abs. 2 GG: Gesamtwirtschaftliches Gleichgewicht

Dabei fällt auf, dass das Sozialstaatsprinzip sowohl als ein Grundprinzip der Staatsstruktur als auch als Staatszielbestimmung zu werten ist.

1. Republik

LITERATUR

Schmidt, Staatsorganisationsrecht 18. Aufl. 2017, S. 26; *Spallek*, Staatsrecht, 18. Aufl. 2010, S. 410 f.

Eines der direkt in Art. 20 Abs. 1 GG genannten Strukturprinzipien unserer Verfassung 238
ist das **Republikprinzip**. Ihm liegt die schon aus der Staatsformenlehre bekannte Definition einer Republik zugrunde. Dabei soll diese vor allem die Abgrenzung zur von der Verfassung nicht gewollten Monarchie gewährleisten.

DEFINITION

Republik bedeutet demnach die Herrschaft mehrerer Personen, wobei das gewählte Staatsoberhaupt nur für begrenzte Zeit in seinem Amt verbleibt.

Für die Bundesrepublik folgt daraus, dass der Bundespräsident als Staatsoberhaupt durch eine Wahl in sein Amt gelangen muss und auch nur für einen vorher festgelegten, überschaubaren Zeitraum im Amt verbleiben darf. Da das in Art. 20 Abs. 1 GG niedergelegte Republikprinzip vom Schutz des Art. 79 Abs. 3 GG erfasst wird, ist jede Änderung dieses Prinzips verfassungswidrig. In einer Republik ist es jedoch nicht zwingend notwendig, dass das gewählte Staatsoberhaupt nur für eine begrenzte Anzahl von Amtsperioden in seinem Amt verbleiben darf, da eine Abwahl ja vor Beginn jeder neuen Amtsperiode möglich ist.

Aufgrund der Homogenitätsklausel des Art. 28 Abs. 1 Satz 1 GG (siehe dazu später Bun- 239
desstaatsprinzip Rn. 335) muss die verfassungsmäßige Ordnung der Bundesländer auch das Republikprinzip berücksichtigen. Daher muss auch die Wahl des jeweiligen „Oberhauptes" eines Landes der Definition einer Republik entsprechen. Streitig ist jedoch, ob das Merkmal der Republik nicht durch eine Verfassungsänderung aus dem

Art. 28 Abs. 1 Satz 1 GG herausgestrichen werden könnte, da Art. 28 GG nicht ausdrücklich vom Schutz des Art. 79 Abs. 3 GG erfasst wird. Dem muss allerdings entgegengehalten werden, dass die in Art. 20 GG angeführte Bezeichnung Deutschlands als „Bundesrepublik“ wohl dann nicht mehr aufrechterhalten werden kann, wenn einzelne Bundesländer z. B. die Staatsform der Monarchie einführen würden. Im Ergebnis kann die Frage jedoch noch nicht eindeutig beantwortet werden.

2. Demokratie

LITERATUR

Albrecht/Küchenhoff, Staatsrecht, 3. Aufl. 2015, S. 46 f.; *Ipsen*, Staatsrecht I, 29. Aufl. 2017, S. 23 f.; *Katz*, Staatsrecht, 18. Aufl. 2010, S. 68 f.; *Korioth*, Staatsrecht I, 3. Aufl. 2016, S. 33 f.; *Schmidt*, Staatsorganisationsrecht, 18. Aufl. 2017, S. 33 f.; *Spallek*, Staatsrecht, 18. Aufl. 2010, S. 325 f.

240 Eines der tragenden Prinzipien des Grundgesetzes ist das **Demokratieprinzip**. Art. 20 Abs. 1 GG schreibt vor, dass die Bundesrepublik Deutschland ein demokratischer und sozialer Bundesstaat ist. In Art. 20 Abs. 2 GG ist dann eine genauere Beschreibung dessen vorhanden, was unter Demokratie zu verstehen ist. Art. 20 Abs. 2 Satz 1 GG legt für die BRD das Prinzip der Volkssouveränität fest, während Satz 2 die Ausführung dieser Souveränität genauer beschreibt. Deswegen steckt die Grundbeschreibung des Demokratieprinzips in Art. 20 Abs. 1, Abs. 2 GG. Der Begriff der Demokratie unterliegt (nicht selten durch politisch motivierte Diskussionen) vielen unterschiedlichen Deutungsversuchen, von denen jeder einzelne für sich beansprucht, die einzig Richtige zu sein. In der Rechtsprechungspraxis hat sich deshalb für die Demokratie folgende Definition durchgesetzt:

DEFINITION

Demokratie i. S. des Art. 20 Abs. 1, Abs. 2 GG ist die durch das Grundgesetz in seinen einzelnen Vorschriften verfasste repräsentativ-parlamentarische Demokratie (BVerfGE 5, 85, 112).

241 Im Grundgesetz finden sich jedoch unzählige Vorschriften, die die Bedeutung des Begriffes Demokratie konkretisieren. Diese sind unter anderem die Art. 3, 5, 8, 9, 17, 20 Abs. 1, Abs. 2, 21, 28 Abs. 1, 29 Abs. 1, 33, 38, 39, 41, 42, 44, 46, 50, 54, 63, 64, 79 Abs. 3 und 94 Abs. 1 GG. Um den Begriff der Demokratie aus diesen Vorschriften heraus genauer bestimmen und einordnen zu können, haben sich in der Verfassungstheorie und der Rechtsprechung sechs Wesensmerkmale (Typuskerne) des Demokratieprinzips herausgebildet. Häufig werden diese Wesensmerkmale in Kernmerkmale und Randbereiche unterteilt und sind jeweils in Abhängigkeit vom jeweiligen Verfasser unterschiedlich zugeordnet und bezeichnet. Zur Vereinfachung soll hier dabei von den folgenden

sechs die Demokratie i. S. des Art. 20 Abs. 1 und Abs. 2 GG prägenden Wesensmerkmalen ausgegangen werden, dem Prinzip der Volkssouveränität, den Wahlen, der repräsentativen Demokratie, dem Mehrparteiensystem, dem Mehrheitsprinzip i. V. m. dem Minderheitenschutz und schließlich der Offenheit und Freiheit des politischen Willensbildungsprozesses.

► **Prinzip der Volkssouveränität** 242

Gem. Art. 20 Abs. 2 Satz 1 GG geht alle Staatsgewalt vom Volke aus. Diese Voraussetzung ist Grundlage jeder Demokratie, denn in einer Demokratie ist das Volk immer Träger der Staatsgewalt. Das Volk übt seine Staatsgewalt nach Art. 20 Abs. 2 Satz 2 GG allerdings **nur** in Wahlen und Abstimmungen aus. Die „alltägliche" Ausübung der Staatsgewalt obliegt jedoch den „besonderen Organen der Gesetzgebung, der vollziehenden Gewalt und der Rechtsprechung".

Da aber das Volk Träger aller Staatsgewalt ist, müssen diese besonderen Organe zur Ausübung der Staatsgewalt legitimiert werden. Nach dem Bundesverfassungsgericht verlangt das **Prinzip der Volkssouveränität** damit, dass sich jedes Handeln der Organe durch eine **ununterbrochene Legitimationskette** zum Volk rechtfertigt.

► **Wahlen** 243

Aus dem Prinzip der Volkssouveränität ergibt sich das zweite Wesensmerkmal des Demokratieprinzips. Die Ausübung der Staatsgewalt erfolgt durch das gesamte Volk in **Wahlen** und Abstimmungen. Die Wahlen **legitimieren** also zum einen die ausübenden Organe. Zum anderen werden diese Organe durch die Wahlen auch **kontrolliert**, indem diese sich in regelmäßigen Abständen erneut Wahlen stellen müssen (Prinzip der Herrschaft auf Zeit). Um diese beiden Funktionen auch erfüllen zu können, müssen Wahlen nach Art. 38 Abs. 1 Satz 1 GG *allgemein, unmittelbar, frei, gleich* und *geheim* sein. Darüber hinaus müssen sie auch in *regelmäßigen* und *überschaubaren* Zeiträumen stattfinden, da sie sonst ihrer Legitimierungsfunktion nicht gerecht werden können. Gemäß der Homogenitätsklausel des Art. 28 Abs. 1 Satz 1 GG gelten diese Wahlrechtsgrundsätze auch auf Länderebene.

► **Repräsentative Demokratie** 244

Das Volk übt seine Staatsgewalt in **Wahlen** und **Abstimmungen** aus. Durch Wahlen werden dabei Organe zur Ausübung der Staatsgewalt legitimiert (Indirekte Demokratie). Bei Abstimmungen entscheidet das Volk unmittelbar über eine einzelne Sachfrage, die zur Entscheidung ansteht (Direkte Demokratie). Das GG kennt Abstimmungen allerdings nur in den Art. 29, 118 und 118a GG und dort nur im Zusammenhang mit der Neugliederung des Bundesgebietes. Aus diesem Umstand wird gefolgert, dass **Wahlen die Regel und Abstimmungen die Ausnahme** bilden.

► **Mehrparteiensystem** 245

Um überhaupt von Wahlen sprechen zu können, muss es eine echte Auswahl zwischen verschiedenen Alternativen (personell und programmatisch) geben. Das Grundgesetz verankert daher den **Parteienpluralismus** in Art. 21 GG. Damit die Parteien ihre in Art. 21 Abs. 1 GG vorgesehene Aufgabe der Mitwirkung an der politischen Willensbildung des Volkes auch erfüllen können, müssen sich Parteien **frei gründen** und **frei be-**

tätigen können. Dabei setzt das Grundgesetz allgemein einen **chancengleichen Wettbewerb** der Parteien untereinander voraus (siehe auch Rn. 287).

246 ► **Mehrheitsprinzip und Minderheitenschutz**

In einer Demokratie entscheidet grundsätzlich die Mehrheit. Die Minderheit hat dies zu akzeptieren. Dieses Prinzip findet sich an verschiedenen Stellen im Grundgesetz, vor allem in Art. 42 Abs. 2 Satz 1 GG. Das sog. **Mehrheitsprinzip** darf aber nicht dazu führen, dass die Minderheit der Mehrheit „schutzlos" ausgeliefert ist (Mehrheitsdiktatur). Daher sieht das Grundgesetz neben dem Mehrheitsprinzip auch den **Minderheitenschutz** vor. Die Minderheit wird insbesondere durch den Rechtsstaat, die Gewaltenteilung und die Bindung der Staatsgewalt an die Grundrechte geschützt. Daneben verfügt die Minderheit auch direkt über verfassungsrechtlich verankerte Rechte wie z. B. Art. 44 GG, der einer Minderheit des Parlamentes die Möglichkeit zur Einsetzung eines Untersuchungsausschusses einräumt (siehe Rn. 363).

247 ► **Offenheit und Freiheit des politischen Prozesses**

Das Grundgesetz verbürgt nicht nur einen Parteienpluralismus. Insgesamt soll in der Bundesrepublik ein **offener und freier Prozess der politischen Willensbildung** in der Gesellschaft möglich sein. Man spricht in diesem Zusammenhang auch vom „freien und chancengleichen Wettbewerb der Ideen in einer offenen Gesellschaft". Um diesen offenen Meinungsaustausch zu ermöglichen, gewährt das Grundgesetz vor allem die **Kommunikationsrechte** des Art. 5 GG, die **Versammlungs- und Vereinigungsfreiheit** der Art. 8 und 9 GG und die **Gleichheitsrechte** in Art. 3 und 33 GG.

248 In diesen Wesensmerkmalen zusammengefasst lässt sich der Begriff „Demokratie" i. S. des Grundgesetzes näher bestimmen. Zum weiteren Verständnis sollen einige dieser Wesensmerkmale im Folgenden etwas genauer betrachtet und dabei vertieft werden.

a) Elemente direkter Demokratie

249 Das Grundgesetz enthält die Entscheidung, dass Wahlen die Regel und Abstimmungen die Ausnahme bilden. **Abstimmungen** sind im Grundgesetz nur für den Fall der Neugliederung des Bundesgebietes vorgesehen, insbesondere in **Art. 29 GG**. Dort finden sich drei Varianten von Abstimmungen:

ABB. 12: Abstimmungen

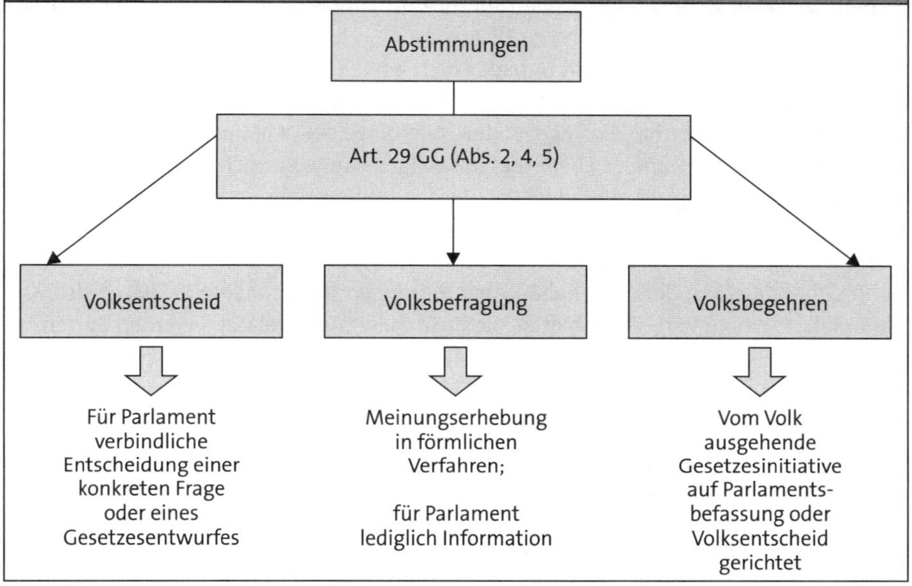

Teilweise findet sich in einigen Landesverfassungen die sog. „Volksinitiative". Sie ist im Grunde genommen ein „kleines Volksbegehren", bei dem erreicht werden kann, dass ein Landtag ein bestimmtes Thema auf seine Tagesordnung setzen muss.

Da das durch Art. 79 Abs. 3 GG geschützte Demokratieprinzip sich grundsätzlich für 250
eine mittelbare Demokratie ausgesprochen hat, ist fraglich, ob sich Abstimmungen auch auf andere Fragen als die Neugliederung des Bundesgebietes ausdehnen lassen. Ohne eine Änderung der Verfassung ist eine Ausdehnung der Elemente der direkten Demokratie jedenfalls nicht möglich. Durch eine Verfassungsänderung könnten allerdings auch weitere Sachfragen im Wege der direkten Demokratie behandelt werden, indem diese Themenbereiche im Grundgesetz als Gegenstand von Abstimmungen aufgenommen werden. Dies dürfte solange unproblematisch der Fall sein, solange Abstimmungen thematisch begrenzt sind und damit weiterhin die Ausnahme bleiben. Ob eine **generelle Einführung** von Abstimmungen ohne thematische Begrenzung hingegen möglich ist, bleibt jedoch fraglich.

Teilweise wird vertreten, dass Volksbefragungen auch ohne Änderung des Grundgeset- 251
zes zu anderen Themen durchgeführt werden können, solange sie lediglich konsultativen Charakter haben. Die h. M. hält aber auch solche Befragungen für verfassungswidrig, da auch konsultative Volksbefragungen faktisch einen starken politischen Druck erzeugen können und somit gegen das Prinzip der repräsentativen Demokratie verstoßen. Unproblematisch zulässig sind hingegen demoskopische Umfragen, die z. B. bei Meinungsforschungsinstituten in Auftrag gegeben werden. Sie sind schon deshalb keine „Volksbefragungen", da sie gerade nicht im Wege des amtlichen Verfahrens durchgeführt werden.

252 Auf **Länderebene** und auf **kommunaler Ebene** (Gemeinden) sind Abstimmungen über Fragen der Landesgesetzgebung oder über lokale Vorhaben vorgesehen. Die Zulässigkeit dieser Abstimmungen ist an Art. 28 Abs. 1 GG („Homogenitätsklausel") zu messen und solange verfassungsrechtlich unbedenklich, soweit Abstimmungen sowohl von der reinen Anzahl als auch von der Bedeutung der jeweiligen Themen die Ausnahme bleiben und Wahlen weiterhin die Regel bilden. Allerdings sind Abstimmungen auf Länderebene bzw. auf kommunaler Ebene nur zulässig, solange sie sich im Rahmen der **Gesetzgebungszuständigkeit** des jeweiligen Verbandes bewegen und ihr Inhalt mit höherrangigem Recht vereinbar ist. Ob die Ausdehnung von Elementen der direkten Demokratie wünschenswert ist, erscheint vor dem Hintergrund der Erfahrungen der Weimarer Republik fraglich. Dennoch haben Abstimmungen insbesondere in Zeiten der Politikmüdigkeit einige Vorteile zu bieten, die nicht außer Acht gelassen werden dürfen.

b) Indirekte Demokratie

253 In der Regel erfolgt in der Bundesrepublik also die Ausübung der Staatsgewalt durch das Volk in Form von Wahlen. Dabei wird auf Bundesebene vor allem der Deutsche Bundestag durch diese Wahlen legitimiert. Nach Art. 38 Abs. 1 Satz 1 GG werden seine Abgeordneten des Deutschen Bundestages in allgemeiner, unmittelbarer, freier, gleicher und geheimer Wahl gewählt. Damit enthält Art. 38 Abs. 1 Satz 1 GG die sog. **Wahlrechtsgrundsätze**. Neben den Wahlrechtsgrundsätzen ist für die Wahl insbesondere die Ausgestaltung der Wahlen – das **Wahlsystem** – von entscheidender Bedeutung. Über das Wahlsystem der Bundesrepublik enthält Art. 38 GG keine weitere Aussage. Nach Art. 38 Abs. 3 GG ist die Ausgestaltung des Wahlsystems also dem einfachen Gesetzgeber überlassen.

aa) Wahlrechtsgrundsätze

254 In Art. 38 Abs. 1 Satz 1 GG werden die **Wahlrechtsgrundsätze** bei der Wahl zum deutschen Bundestag ausdrücklich benannt.

ABB. 13: Wahlrechtsgrundsätze

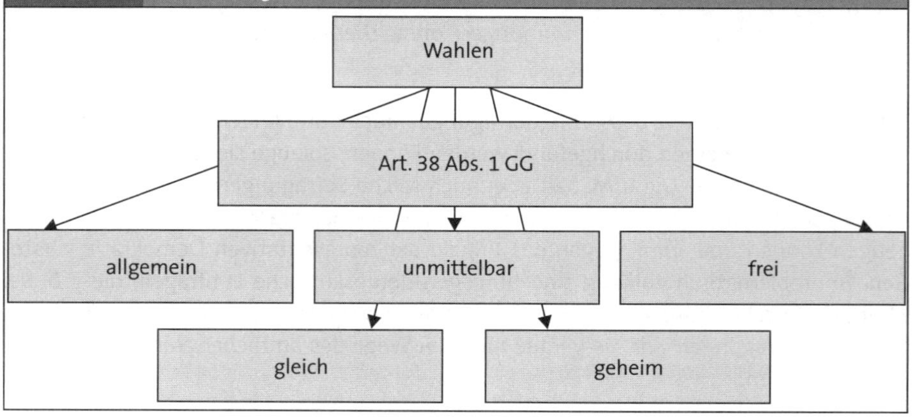

► **Allgemein:** 255

Allgemein ist eine Wahl, wenn alle deutschen Staatsbürger ohne Unterschied bezüglich ihrer Abstammung, Religion, ihres Geschlechtes oder ihrer politischen Anschauung aktiv oder passiv teilnehmen dürfen. Aktiv bedeutet dabei Teilnahme durch Abgabe einer Stimme, passiv bezeichnet die Möglichkeit, sich wählen zu lassen. Der Wahlrechtsgrundsatz, dass möglichst alle Staatsbürger an Wahlen teilnehmen können sollen, wird jedoch teilweise eingeschränkt.

256 Zum einen wird von den Teilnehmern an einer Wahl Einsichtsfähigkeit verlangt. Deswegen ist eine Teilnahme an Wahlen erst ab Vollendung des 18. Lebensjahres möglich (**aktiv**: Art. 38 Abs. 2 1. Halbsatz GG; **passiv**: Art. 38 Abs. 2 2. Halbsatz GG, § 2 BGB). Weiterhin darf die mangelnde geistige Einsichtsfähigkeit nicht durch eine Betreuung (§ 13 Nr. 2 BWahlG) oder einen Aufenthalt in einem psychiatrischen Krankenhaus (§ 13 Nr. 3 BWahlG) feststehen.

Zusätzlich setzt das Wahlrecht grundsätzlich einen Aufenthalt im Bundesgebiet voraus (§ 12 Abs. 1 Nr. 2 BWahlG). Hält sich ein Wahlberechtigter über längere Zeit im Ausland auf, so ist dessen Wahlberechtigung an den Voraussetzungen des § 12 Abs. 2–5 BWahlG zu messen. Schließlich kann das Wahlrecht durch ein Urteil (§ 13 Abs. 1 Nr. 1 BWahlG) z. B. infolge bestimmter Straftaten aberkannt sein.

257 Als Erweiterung des Wahlrechtsgrundsatzes über die so festgelegte Allgemeinheit hinaus sieht Art. 28 Abs. 1 Satz 3 GG eine mögliche Wahlberechtigung von Ausländern auf kommunaler Ebene vor.

► **Unmittelbar:** 258

Eine Wahl ist **unmittelbar**, wenn die Wähler die Kandidaten ohne Zwischenschaltung von Wahlmännern/-frauen direkt wählen. Die Stimmabgabe des Wählers bezieht sich also direkt auf den zu entsendenden Vertreter. Darüber hinaus soll die Unmittelbarkeit der Wahl gewährleisten, dass der Wähler schon im Zeitpunkt der Stimmabgabe zumindest theoretisch erkennen kann, wie sich seine eigene Stimmabgabe auf den Erfolg bzw. Misserfolg eines konkret festgelegten Wahlbewerbers auswirken kann. Sowohl die Persönlichkeitswahl (1. Stimme/§ 5 BWahlG) als auch die Listenwahl (2. Stimme/§§ 6, 27 BWahlG) werden diesem Anspruch gerecht, da die zu wählenden Kandidaten bereits im Vorfeld zur Wahl feststehen und auch auf dem Wahlzettel auftauchen (bei der 2. Stimme nur die obersten fünf Kandidaten der jeweiligen Landesliste).

259 Aus diesem Grunde ist es höchst problematisch, wenn eine Partei im Anschluss an die Wahl die Reihenfolge der gewählten Liste ändern will, da diese Liste nach § 48 Abs. 1 BWahlG für die Nachbesetzung von ausgeschiedenen Bundestagsabgeordneten bis zur folgenden Bundestagswahl verbindlich bleibt. Eine verfassungsrechtlich umstrittene Ausnahme sieht § 48 Abs. 1 Satz 2 BWahlG für den Fall vor, dass ein Listenbewerber aus der Partei ausgeschieden ist, für die er auf der Liste gestanden hat.

► **Frei:** 260

Der Grundsatz der **freien** Wahl besagt, dass die Entscheidung des Wählers für eine bestimmte Partei oder einen bestimmten Kandidaten ohne staatlichen, politischen, wirtschaftlichen oder gesellschaftlichen Druck möglich sein muss. Dieser Grundsatz schützt jede Wahlbetätigung vor, bei und nach der Wahl. Deshalb ist z. B. während der Wahlzeit in unmittelbarer Nähe zum Wahllokal Parteiwerbung durch § 32 BWahlG ebenso untersagt, wie die Veröffentlichung von Wählerbefragungen am Wahltag vor der Schließung der Wahllokale.

261 Aus diesem Wahlrechtsgrundsatz und dem Wesensmerkmal des chancengleichen Wettbewerbs der Parteien folgt die **Neutralitätspflicht des Staates**. Von staatlicher Seite dürfen deswegen keine **Wahlempfehlungen** ausgesprochen werden. Zulässig sind hingegen Wahlempfehlungen von Kirchen (sog. Hirtenbriefe), Arbeitgeberverbänden und Gewerkschaften. Die Grenzen solcher Empfehlungen und damit der Schutz des Wählers wird durch die Vorschriften der §§ 108 – 108c StGB konkretisiert.

262 Wie weit der Schutz dieses Wahlrechtsgrundsatzes reicht, ist im Falle der **Wahlpflicht** umstritten. Dabei wird diskutiert, ob die Einführung einer Wahlpflicht für alle Bürger (wie z. B. in der Schweiz) mit diesem Grundsatz vereinbar wäre. Nach einer Auffassung bezieht sich die Freiheit des Wählers nur auf das „Wie?“ der Wahl, also darauf, wen er wählt. Solange der Wahlvorgang geheim ist und der Wähler die Möglichkeit hat, den Stimmzettel ungültig zu machen, sei die Einführung einer Wahlpflicht unproblematisch. Die Gegenauffassung bezieht jedoch die Freiheit des Wählers nicht nur auf das „Wie?“, sondern auch auf das „Ob?“ einer möglichen Stimmabgabe. Auch die Nichtteilnahme an einer Wahl sei eine Wahlentscheidung im Sinne eines Wahlprotestes und muss daher frei bleiben. Die Einführung einer Wahlpflicht ließe sich demnach mit dem Wahlrechtsgrundsatz „frei“ nicht vereinbaren.

263 ► **Gleich:**

Der Grundsatz der **gleichen** Wahl ist ein spezieller wahlrechtlicher Gleichheitssatz und geht damit hinsichtlich des Wahlrechts anderen Gleichheitsgrundsätzen des Grundgesetzes vor. Er besagt, dass jede Stimme grundsätzlich das gleiche Gewicht haben muss. Bei der Bedeutung des Gleichheitssatzes ist jedoch bei den Stimmen zwischen dem Zählwert und dem Erfolgswert einer Stimme zu unterscheiden.

264 **Zählwert** meint dabei den Wert einer Stimme bei der Auszählung. Differenzierungen beim Zählwert sind unzulässig. Sofern eine Stimme ohne Manipulation und gültig abgegeben worden ist, ist diese wie jede andere Stimme auch zu zählen. Ein Klassenwahlrecht wie z. B. im ehemaligen Preußen, das dahingehend Unterscheidungen treffen will, ist demnach verfassungswidrig.

265 Der **Erfolgswert** beschreibt den Erfolg, den eine abgegebene gültige Stimme in Bezug auf das Wahlergebnis haben kann. Dabei sind insbesondere die spezifischen Wirkungen der verschiedenen Wahlsysteme, sowie die 5%-Klausel problematisch (siehe dazu unter Wahlsysteme Rn. 269). Vorweggenommen kann aber festgehalten werden, dass Differenzierungen beim Erfolgswert grundsätzlich möglich sind. Nach der Rechtsprechung des Bundesverfassungsgerichtes sind diese aber nur in solchen Fällen zulässig, in denen sie zur Erreichung eines Zieles notwendig sind, das selbst durch die Verfassung als besonders wichtig anerkannt wird. Ein solches Ziel kann z. B. die Funktionsfähigkeit des Parlamentes sein.

266 ► **Geheim:**

Der Grundsatz der geheimen Wahl verlangt, dass durch geeignete Maßnahmen sichergestellt werden muss, dass die Stimmabgabe verdeckt erfolgt. Demnach darf im Anschluss an die Wahl nicht nachvollziehbar sein, wie der einzelne Wähler abgestimmt hat. Obwohl das Wahlprozedere an sich öffentlich stattfindet (§ 31 BWahlG), sind die unmittelbare Wahlvorbereitung und die Stimmabgabe geheim zu halten. Dazu sind in den Wahllokalen Wahlkabinen aufgestellt, die die verdeckte Stimmabgabe ermöglichen sollen. Auch bei der Briefwahl nach § 36 BWahlG wird die Geheimhaltung durch verschiedene farbige Umschläge und eine entsprechende eidesstattliche Versicherung gewährleistet.

Verletzt wird dieser Grundsatz jedoch durch die Möglichkeit, dass sich ein Wähler mit körperlichen Einschränkungen bei der Stimmabgabe einer **Vertrauensperson** nach § 33 Abs. 2 BWahlG bedienen kann. Jedoch wird dadurch gewährleistet, dass möglichst viele Wähler an der Wahl teilnehmen können. Da nach h. M. der Grundsatz der „allgemeinen Wahl" in diesem Zusammenhang bedeutsamer ist als der Grundsatz der „geheimen Wahl" und so Wählern die Stimmabgabe ermöglicht wird, die ansonsten nicht hätten wählen können, ist diese Verletzung jedoch zulässig. 267

Als weitere wichtige Funktion gewährleistet der Wahlrechtsgrundsatz der geheimen Wahl auch die Freiheit der Wahl, weshalb beide Wahlrechtsgrundsätze im Zusammenhang gesehen werden müssen. Nur wer seine eigentliche Wahlentscheidung nicht offen legen muss kann auch wirklich „frei" wählen. 268

bb) Wahlsysteme

Neben den Wahlrechtsgrundsätzen ist insbesondere das Wahlsystem bedeutsam. Grundsätzlich wird dabei zwischen zwei Wahlsystemen unterschieden: der **Mehrheitswahl** und der **Verhältniswahl**. Bei der **Mehrheitswahl** ist das gesamte Wahlgebiet in Wahlkreise eingeteilt. Aus jedem Wahlkreis wird ein Kandidat in das zu wählende Parlament entsendet. Gewählt ist dabei derjenige, der die Mehrheit der Stimmen auf sich vereinen kann. Reicht es dabei aus, die meisten Stimmen aller Bewerber zu haben, so spricht man von einer **relativen Mehrheitswahl**; muss der Kandidat mind. 50 % + 1 Stimme auf sich vereinen, so handelt es sich um eine **absolute Mehrheitswahl**. Bei einer **Verhältniswahl** erhält jede Partei so viele Parlamentssitze, wie im Verhältnis Stimmen auf sie abgegeben wurden. Die einzelnen Kandidaten ziehen aufgrund von Wahllisten in das zu wählende Parlament ein. 269

Die Wahlsysteme sind jeweils mit verschiedenen Vor- und Nachteilen behaftet. Der deutlichste Unterschied ergibt sich dabei bei der **Erfolgswertberücksichtigung** der einzelnen Stimmen. Im Rahmen der reinen Verhältniswahl finden alle Stimmen auch im Ergebnis der Wahl ihren Niederschlag, deswegen gibt es hier eine volle Erfolgswertberücksichtigung. Bei der Mehrheitswahl werden jedoch diejenigen Stimmen im Erfolg nicht berücksichtigt, die für Kandidaten abgegeben wurden, die in ihrem Wahlkreis keine (relative oder absolute) Mehrheit erhalten haben. 270

Im GG findet sich keine ausdrückliche Regelung, welches dieser beiden Wahlsysteme in der BRD gelten soll. Vielmehr überlässt es Art. 38 Abs. 3 GG dem einfachen Gesetzgeber, sich ein passendes Wahlsystem zu schaffen. Demnach wäre es theoretisch möglich eine reine Mehrheitswahl in der BRD einzuführen. Aus diesem Umstand lässt sich ableiten, dass der Wahlrechtsgrundsatz „gleich" (s. o. Rn. 263) neben dem gleichen Zählwert nicht auch den gleichen Erfolgswert garantiert. Dennoch können nach dem Bun- 271 desverfassungsgericht Differenzierungen beim Erfolgswert nur dann erfolgen, wenn sie aus sachlichen Gründen zwingend geboten sind (vgl. auch 5%-Klausel/Grundmandatsklausel Rn. 275 und 278).

cc) Das Wahlsystem im Bundeswahlgesetz

272 Da die Verfassung dem einfachen Gesetzgeber die Entscheidung über ein konkretes Wahlsystem überlassen hat, hat man sich in der BRD bei der Ausgestaltung unseres Wahlsystems dazu entschlossen, die Vorteile aus beiden Wahlsystemen miteinander zu verbinden. Im Ergebnis ist dabei die **personalisierte Verhältniswahl** (§ 1 Abs. 1 Satz 2 BWahlG) als Kombination von Mehrheits- und Verhältniswahl entstanden. Dieses Wahlsystem zeichnet sich durch Erst- und Zweitstimme, durch Direktkandidaten und Wahllisten und durch die sog. „5%-Hürde“ und die Grundmandatsklausel aus und ist im Bundeswahlgesetz niedergelegt.

273 Das Bundeswahlgesetz gliedert das Wahlgebiet der Bundesrepublik Deutschland in 299 **Wahlkreise** (§§ 2 und 3 BWahlG). Dabei müssen die Wahlkreise die Ländergrenzen einhalten und sollen möglichst die Grenzen der Gemeinden und Kreise berücksichtigen. Wichtigstes Kriterium ist allerdings, dass die Wahlkreise die gleiche Bevölkerungszahl (ausländische Mitbürger bleiben unberücksichtigt) aufweisen. Die Abweichung vom Durchschnittswahlkreis soll nicht mehr als 15 % betragen. Bei einer Abweichung von mehr als 25 % müssen die Wahlkreise neu gebildet werden. Dies wird von einer vom Bundespräsidenten eingesetzten Wahlkreiskommission überwacht.

274 In den Wahlkreisen wird jeweils ein **Direktkandidat** mit der **Erststimme** im Wege einer einfachen Mehrheitswahl ermittelt (§ 5 BWahlG). Die Direktkandidaten werden durch einen Kreiswahlvorschlag zur Wahl vorgeschlagen. Ein solcher Vorschlag kann durch eine Partei durch Aufstellung eines aus einer internen Wahl hervorgegangenen Parteikandidaten (§§ 18 Abs. 1, 20, 21 BWahlG) erfolgen. Daneben können sich auch parteilose Kandidaten durch Unterschrift von 200 Wahlberechtigten (§ 20 Abs. 3 BWahlG) als Direktkandidat aufstellen lassen. Die so aufgestellten Kandidaten bilden die „linke Seite“ eines Stimmzettels.

275 Neben den Direktkandidaten stellen die Parteien rechtzeitig **Landeslisten** (§§ 6, 27–29 BWahlG) auf. Solche nur von Parteien aufstellbare Listen enthalten eine festgeschriebene Reihenfolge von Kandidaten, die aus dem entsprechenden Bundesland in den Bundestag einziehen sollen. Die Landeslisten bzw. die dazugehörigen Parteien können dann vom Wähler mit der **Zweitstimme** gewählt werden. Diese Wahl erfolgt im Wege einer Verhältniswahl. Allerdings werden nach § 6 Abs. 3 BWahlG nur Parteien berücksichtigt, die mindestens 5 Prozent der im Wahlgebiet abgegebenen gültigen Zweitstimmen erhalten haben (sog. **5%-Klausel**) oder in mindestens drei Wahlkreisen einen Sitz im Wege eines Direktmandates (sog. **Grundmandatsklausel**) errungen haben.

276 Durch Erst- und Zweitstimme werden somit die 598 Abgeordneten des jeweiligen Bundestages bestimmt. Dabei ziehen zunächst die 299 direkt gewählten Kandidaten in den Bundestag ein. Die **gesamte Sitzverteilung** des Bundestages (und nicht nur die der noch verbleibenden Hälfte) orientiert sich sodann an der Zweitstimme (§ 6 BWahlG). Die „wichtigere Stimme“ ist folglich die Zweitstimme, da mit ihr im Ergebnis die Sitz-

verteilung im Parlament insgesamt festgelegt wird. Mit der Erststimme hat der Wähler lediglich die Möglichkeit, die personelle Zusammensetzung des Bundestages zu beeinflussen. Somit liegt der Schwerpunkt des Wahlsystems des BWahlG auf der Verhältniswahl.

Genaue Regelungen über die Verteilung der Abgeordnetensitze enthält § 6 BWahlG. Bei 277
dieser sehr komplexen Ergebnisberechnung kommen die **5%-Hürde**, die **Grundmandatsklausel**, die **Überhangmandate** und die **Ausgleichsmandate** zum Tragen.

HINWEIS:

Weitere Informationen über die Ausgestaltung des Wahlrechts können auf den Seiten Bundeszentrale für politische Bildung (*www.bpb.de*), der Homepage des Bundestages (*www.bundestag.de*) oder aber der Seite des Bundeswahlleiters (*www.bundeswahlleiter.de*) nachgeschlagen werden.

Bei den vergangenen Bundestagswahlen hat sich das BVerfG häufig mit der Vereinbar- 278
keit der sog. **„5%-Hürde“** mit der Verfassung beschäftigt. Bei der Vereinbarkeit der 5%-Hürde mit der Verfassung stellt sich zunächst die Frage, ob in ihr nicht ein Verstoß gegen den Wahlrechtsgrundsatz „gleich“ zu sehen ist, da der Erfolgswert einer abgegebenen Stimme in Bezug auf Stimmen für Parteien gemindert wird, die unterhalb der 5% bleiben. Allerdings garantiert dieser Wahlrechtsgrundsatz neben dem Zählwert nicht auch zwingend den Erfolgswert. Differenzierungen beim Erfolgswert sind jedoch nur dann zulässig, wenn sie zur Erreichung eines Zieles notwendig sind, das selbst durch die Verfassung als besonders wichtig anerkannt wird.

Die 5%-Hürde soll eine übermäßige Parlamentszersplitterung verhindern und ermög- 279
licht daher (gerade vor dem Hintergrund der Erfahrungen der Weimarer Republik) die zum Regieren notwendigen stabilen Mehrheiten. Deswegen ist die 5%-Hürde mit der Verfassung vereinbar, weil die mit ihr verbundene Differenzierung des Erfolgswertes dem notwendigen Ziel der Funktionsfähigkeit des Parlamentes dient. Eine weitere Erhöhung der Klausel und damit auch eine weitere Wettbewerbseinschränkung der Parteien dürften aber problematisch sein, da die bisherige Geschichte der Bundesrepublik gezeigt hat, dass die 5%-Hürde für die Bildung regierungsfähiger Mehrheiten ausreichend ist. Für eine über die 5%-Hürde hinausgehende Einschränkung des Erfolgswertes fehlt damit die Grundlage. Das Bundesverfassungsgericht hat in einem Urteil zur 5%-Hürde bei den Europawahlen letztere für verfassungswidrig erklärt, weil dadurch die Chancengleichheit der Parteien und der Grundsatz der gleichen Wahl verletzt werde. Begründet wurde dieses Urteil damit, dass im Vergleich zum Wahlrecht in anderen EU-Ländern deutsche Parteien durch die Regelung benachteiligt seien. Ob dieses Urteil damit Auswirkungen auf die 5%-Klausel bei den Bundestagswahlen hat, bleibt jedoch noch abzuwarten, da sich die Situation bei den Europawahlen nur bedingt mit den Bundestagswahlen vergleichen lässt.

c) Parteien

280 Wesentliche Beteiligte an Wahlen und dem politischen Alltag sind die Parteien. Das Grundgesetz garantiert über Art. 21 GG den Parteienpluralismus. Auch die wichtigste Aufgabe von Parteien legt Art. 21 Abs. 1 Satz 1 GG fest: Die Parteien wirken bei der politischen Willensbildung des Volkes mit.

Neben den Parteien sind am politischen Alltagsgeschehen insbesondere auch Gewerkschaften, Verbände und Bürgerinitiativen beteiligt. Sie sind von den Parteien abzugrenzen, da nur politische Parteien besondere Rechte (s. u.) genießen. Wann eine „Gruppierung“ allerdings eine Partei ist, legt das Grundgesetz selbst nicht fest. Über Art. 21 Abs. 5 GG hat der Bundesgesetzgeber im Parteiengesetz (PartG) in § 2 Abs. 1 eine genauere Definition für Parteien niedergelegt. Dabei lassen sich die folgenden vier Kernpunkte als Voraussetzungen für eine Partei festhalten:

281 **1. Vereinigung von Bürgern**

Parteien sind Vereinigungen von Bürgern. Das bedeutet, dass juristische Personen nicht Mitglied einer Partei sein dürfen (§ 2 Abs. 1 Satz 2 PartG). Außerdem dürfen Parteien keine „ausländischen Parteien“ sein. Demnach müssen die Mehrheit der Mitglieder einer Partei und die Mehrheit der Mitglieder des Vorstandes einer Partei deutsche Staatsbürger sein und die Partei darf ihren Sitz nicht im Ausland haben (§ 2 Abs. 3 PartG).

282 **2. Dauerhaftigkeit**

Eine kurzfristige oder nur zur Erreichung eines befristeten Zieles angelegte Vereinigung von Bürgern besitzt nicht den Status einer Partei. Dazu muss eine Vereinigung ein gewisses Element der Dauerhaftigkeit aufweisen. Deswegen können z. B. Bürgerinitiativen, die gerade nur im Hinblick auf ein isoliertes Ziel (z. B. Verhinderung des Flughafenausbaus) gegründet werden, keine Parteien sein.

283 **3. Zielsetzung**

Weiterhin müssen Parteien eine bestimmte Zielsetzung verfolgen. Erstens müssen Parteien auf die politische Willensbildung der Bürger Einfluss nehmen wollen. Zweitens müssen Parteien danach streben, im Deutschen Bundestag oder im Landtag vertreten sein zu wollen. Deswegen können z. B. Wählervereinigungen keine Parteien i. S. des Parteiengesetzes sein, wenn sie sich lediglich zu Kommunalwahlen aufstellen lassen. Schließlich sind demnach auch Gewerkschaften und Verbände keine Parteien, da sie zwar auf Politiker Einfluss nehmen aber nicht selber im Parlament vertreten sein wollen. § 2 Abs. 2 PartG bestimmt deswegen ergänzend, dass eine Vereinigung, die sechs Jahre weder an einer Bundestags- noch an einer Landtagswahl teilgenommen hat, ihre Rechtsstellung als Partei verliert.

284 **4. Ernsthaftigkeit**

Schließlich muss eine Partei ihre Ziele mit einer gewissen Ernsthaftigkeit verfolgen. Dabei ist nicht maßgeblich, ob diese Ziele als ernsthaft oder sinnvoll zu bezeichnen sind. Ausschlaggebend ist, ob die Partei nach ihrem Gesamtbild und den tatsächlichen Verhältnissen objektiv eine ausreichende Gewähr dafür bietet, diese Ziele auch erreichen zu können. Dabei kommt es u. a. auf die Organisation der Partei, die

Anzahl der Mitglieder und das Auftreten der Partei in der Öffentlichkeit an. Nur während der Gründungsphase einer Partei werden von diesem Kriterium Ausnahmen zugelassen.

Erfüllt eine „Gruppierung" diese Voraussetzungen, so gilt sie als Partei i. S. des PartG und des Grundgesetzes. Parteien müssen weiterhin nach Art. 21 Abs. 1 Satz 3 eine „**demokratische innere Ordnung**" aufweisen. Das bedeutet, dass die innerparteiliche Willensbildung in den Grundzügen ein Spiegelbild der demokratischen Ordnung des Staates sein muss. Deswegen kann man auch sagen, dass das Demokratieprinzip auch innerhalb der Parteien gelten muss. Weist eine Partei keine innere demokratische Ordnung auf, so kann z. B. ihr Wahlvorschlag nach § 26 Abs. 1 Nr. 2 BWahlG zurückgewiesen werden. Bei erheblichen Abweichungen kann die Partei dann sogar verboten werden (s. u. Rn. 294). 285

Weiterhin enthält Art. 21 Abs. 1 Satz 2 GG die **Gründungsfreiheit** der Parteien. Das bedeutet, dass Parteien die Möglichkeit haben müssen, sich frei gründen und frei betätigen zu können. Erster Ausdruck dieser Freiheit ist der Umstand, dass eine Vereinigung bei der Gründung als Partei keinen staatlichen Mitwirkungsakt – wie z. B. einen Antrag, ein Feststellungsverfahren oder gar den Eintrag in ein Parteienregister – benötigt, um als Partei i. S. des PartG zu gelten. Erfüllt eine Gruppierung die Voraussetzungen des § 2 PartG, so ist sie automatisch Partei. Aus der Gründungsfreiheit folgt auch die **Betätigungsfreiheit** einer Partei. Sie muss sich in jedem gesellschaftlichen Bereich ohne Beschränkungen betätigen dürfen. Einschränkungen bei der Tätigkeit erfahren Parteien nur aufgrund der Neutralitätspflicht des Staates bei Beamten und Soldaten (z. B. § 15 SoldG) und zum Schutz des Betriebsfriedens in § 74 BetrVerfG. 286

Weiterhin setzt das Grundgesetz den **chancengleichen Wettbewerb** von Parteien voraus. Diese Chancengleichheit folgt aus dem allgemeinen Gleichheitsgrundsatz, dem Demokratieprinzip und den Wahlrechtsgrundsätzen. Eine einfachgesetzliche Konkretisierung des chancengleichen Wettbewerbs findet sich in § 5 PartG. Demnach sind Parteien bei der Gewährung von Leistungen und Einrichtungen von Trägern der öffentlichen Hand gleich zu behandeln. Klassische Anwendungsfälle für § 5 PartG sind die Gewährung von Stadthallen für Parteiveranstaltungen und die Zurverfügungstellung von Sendezeiten im Vorfeld von Wahlen. Allerdings ist es dem Träger öffentlicher Gewalt möglich, bei Art und Umfang der Gewährung nach der Bedeutung der Parteien zu unterscheiden (§ 5 Abs. 1 Satz 2 PartG). Demnach kann weniger bedeutenden Parteien z. B. weniger Sendezeit zur Verfügung gestellt werden als bedeutenden Parteien. Insofern wird dabei vom Prinzip der **abgestuften Chancengleichheit** gesprochen. Allerdings darf bei der Differenzierung das zweckerforderliche Mindestmaß nicht unterschritten werden. 287

Auch wenn nach § 5 Abs. 4 PartG diese vorgenannten Regelungen in Bezug auf die **Parteienfinanzierung** nicht anwendbar sind, so folgt auch diese im Kern dem Prinzip der abgestuften Chancengleichheit. Sie ist im vierten Abschnitt des PartG (§§ 18 f. PartG) geregelt. Bei der Parteienfinanzierung handelt es sich grundsätzlich nur um eine staatliche Teilfinanzierung. Schon um die Unabhängigkeit der Parteien vom Staat zu gewährleisten, gewährt der Staat den Parteien ausschließlich drei Einnahmequellen: die staatliche Teilfinanzierung §§ 18 f. PartG), die steuerliche Begünstigung von Spenden 288

(§ 34c EStG) und sonstige Leistungen (§ 5 PartG). Im Übrigen geht das Parteiengesetz von erheblichen eigenen Einnahmen der Parteien aus (§ 24 Abs. 4 PartG), insbesondere durch Spenden und Beiträge, sowie aus eigener wirtschaftlicher Tätigkeit.

289 Neben der Freiheit und der staatlichen Förderung genießen die Parteien aber insbesondere das **Parteienprivileg** nach Art. 21 Abs. 2 bis 4 GG. Das Grundgesetz legt dort fest, dass eine Partei – sofern sie die Voraussetzungen des § 2 PartG erfüllt – nur aus bestimmten Gründen und ausschließlich durch das Bundesverfassungsgericht verboten werden darf. Das bedeutet, dass sich keine andere staatliche Stelle bei einer konkreten Maßnahme auf die Annahme stützen kann, dass eine Partei verfassungswidrig ist, solange das Bundesverfassungsgericht nicht entsprechend entschieden hat. Einzig zulässig sind Beobachtungen einer verdächtigen Partei oder von Personen mit Funktionen in einer solchen durch den Verfassungsschutz. An eine solche Überwachung sind aber hohe Maßstäbe anzulegen. Das Bundesverfassungsgericht kann eine Partei verbieten, wenn diese Partei nach ihren Zielen oder nach dem Verhalten ihrer Anhänger die **freiheitlich-demokratische Grundordnung** zu beseitigen oder den **Bestand der Bundesrepublik Deutschland** zu gefährden sucht.

290 Art. 21 Abs. 2 und 3 GG verwenden, wie viele andere Vorschriften des Grundgesetzes auch, den Begriff der freiheitlichen demokratischen Grundordnung (abgekürzt: FDGO). Weiterhin darf nach § 7 Abs. 1 Nr. 2 BBG nur in das Beamtenverhältnis berufen werden, wer die Gewähr dafür bietet, dass sie/er jederzeit für die freiheitliche demokratische Grundordnung eintritt. Diese „Verfassungstreuepflicht" zählt nach Ansicht des Bundesverfassungsgerichts zu den hergebrachten Grundsätzen des Berufsbeamtentums nach Art. 33 Abs. 5 GG.

Dieser Begriff hat also sowohl im Grundgesetz als auch in anderen Gesetzen eine erhebliche Bedeutung. Eine genaue Definition dieses Begriffes findet sich allerdings nirgends. Deswegen hat das Bundesverfassungsgericht den Inhalt des Begriffes aus den wesentlichen Kernmerkmalen des Demokratieprinzips und des Rechtsstaatsprinzips abgeleitet:

DEFINITION

„Die **FDGO** ist eine Ordnung, die unter Ausschluss jeglicher Gewalt- und Willkürherrschaft eine rechtsstaatliche Herrschaftsordnung auf Grundlage der Selbstbestimmung des Volkes nach dem Willen der jeweiligen Mehrheit und der Freiheit und Gleichheit darstellt."

291 Zu den grundlegenden Prinzipien dieser Ordnung gehören insbesondere:

- Achtung der im Grundgesetz konkretisierten Menschenrechte, vor allem der Art. 1 Abs. 1 und 2 Abs. 1 GG
- Volkssouveränität
- Gewaltenteilung
- Verantwortlichkeit der Regierung gegenüber dem Parlament
- Gesetzmäßigkeit der Verwaltung

- Unabhängigkeit der Gerichte
- Mehrparteienprinzip
- Chancengleichheit der Parteien mit dem Recht auf Bildung einer Opposition

Zur Pflicht eines jeden Beamten gehört es daher, sich jederzeit für die genannten Kernprinzipien von Demokratie und Rechtsstaat einzusetzen!

In Zusammenhang mit dem Begriff der FDGO wird vom Bundesverfassungsgericht das Bundesstaatsprinzip oder das Republikprinzip nicht genannt. Nach h. M. gehören diese beiden Prinzipien auch nicht zur FDGO, da in Art. 21 Abs. 2 und 3 GG neben der FDGO ausdrücklich die Bestandsgefährdung der Bundesrepublik genannt ist. 292

Das Bundesverfassungsgericht spricht im Rahmen der FDGO auch von einer „**wehrhaften Demokratie**“. Dieser Begriff entstand aus dem Vergleich unserer aktuellen Verfassung mit der Verfassung der Weimarer Republik und dem Umstand, dass diese Verfassung keine Mittel gegen Verfassungsfeinde vorgesehen hatte und daher die Machtergreifung des NS-Regimes ermöglichte. Solche Mittel gegen Verfassungsfeinde sieht das Grundgesetz an mehreren Stellen vor: 293

1. Art. 18 GG – Verwirkung von Grundrechten
   Demnach kann eine Person sich nicht auf Grundrechte stützen, wenn sie diese dazu missbraucht, um die Grundordnung der Verfassung zu beseitigen. In diesem Falle kann die betreffende Person diese Grundrechte verlieren.
2. Art. 21 Abs. 2 – 4 GG – Verbot von Parteien
   Auch Parteien, die sich entsprechend verhalten, können den Schutz der Verfassung verlieren.
3. Art. 20 Abs. 4 GG – Widerstandsrecht
   Gegen jede Person, die versucht, die Ordnung des Art. 20 GG zu beseitigen, haben alle Deutschen das Recht zum Widerstand – nötigenfalls auch mit Gewalt, allerdings nur sofern eine andere Abhilfe nicht möglich ist.
4. Art. 91 GG – Notstand
   Im Falle von Gefahren für die FDGO oder den Bestand der Bundesrepublik kann ein Land die Hilfe anderer Länder und des Bundes anfordern. Der Bund kann in diesen Fällen sogar gegen den Willen des Landes die Gefahr beseitigen.

Versucht also eine Partei diese FDGO zu beseitigen, so kann sie vom Bundesverfassungsgericht verboten werden. Daneben kann das Gericht ein Verbot auch dann aussprechen, wenn eine Partei den **Bestand der Bundesrepublik gefährdet**. Dieser ist dann gefährdet, wenn eine Partei die Republik oder die grundlegende Einteilung der Republik als Bundesstaat gefährden würde. Ein Verstoß gegen die FDGO oder eine Bestandsgefährdung wird nach der Rechtsprechung des Bundesverfassungsgerichts aber nicht schon bei einer ablehnenden Haltung eines Bürgers oder einer Partei angenommen. Vielmehr ist die Schwelle zur Verletzung der FDGO erst dann überschritten, wenn der Bürger bzw. die Partei eine aggressive Grundhaltung der FDGO oder eines ihrer Elemente gegenüber einnimmt und auf die Bekämpfung bzw. Abschaffung dieses Elementes gerichtet ist. Eine Beeinträchtigung der FDGO oder eine Bestandsgefährdung setzt da- 294 mit voraus, dass die Partei bzw. deren Mitglieder gegenüber den dargestellten Kernmerkmalen von Demokratie, Rechts- und Bundesstaat eine **„aktiv-kämpferische, aggressive" Haltung** einnehmen.

295 Das dazugehörige Parteiverbotsverfahren ist in Art. 21 Abs. 4 und 5 GG i.V.m. §§ 13 Nr. 2, 43 f. BVerfGG geregelt. Seine wesentlichen Merkmale sind:

Solange eine Partei noch nicht durch ein solches Verfahren verboten wurde, stehen ihr weiter die oben genannten Rechte zu.

296 Den Parteien kommt in der Gestaltung des Alltages eine wesentliche Rolle in der Bundesrepublik zu. Die **Aufgaben der Parteien** sind durch Art. 21 Abs. 1 Satz 1 GG – „die Parteien wirken an der politischen Willensbildung des Volkes mit" – nur unzureichend beschrieben. Eine genauere, aber unübersichtliche Beschreibung findet sich in § 1 Abs. 2 PartG. Bei näherer Betrachtung können zwei Hauptgruppen von Aufgaben unterschieden werden:

- Solche im Bereich zwischen Gesellschaft und Staat (Intermediärer Bereich):
  Dazu gehören u. a. die Organisation von Wahlen, die Rekrutierung und Auswahl des politischen Personals, die Artikulation gesellschaftlicher Interessen in den Parteien und die Legitimation des politischen Systems.
- Solche im staatlichen (Intergouvernmentalen) Bereich:
  Hierzu zählen u. a. die Regierungsbildung, die Strukturierung des Parlamentes durch Fraktionen und Politikformulierung und deren Ausführung.

Parteien dienen somit zum einen als Mittler zwischen Staat und Gesellschaft. Zum anderen strukturieren sie die tatsächliche Arbeit der gewählten Regierung.

Damit wären die Kernpunkte und wesentlichen Inhalte des Demokratieprinzips dargestellt.

3. Rechtsstaat

LITERATUR

Ipsen, Staatsrecht I, 29. Aufl. 2017, S. 205 f.; *Katz*, Staatsrecht, 18. Aufl. 2010, S. 86 f.; *Korioth*, Staatsrecht I, 3. Aufl. 2016, S. 49 f.; *Schmidt*, Staatsorganisationsrecht, 18. Aufl. 2017, S. 69 f.; *Spallek*, Staatsrecht, 18. Aufl. 2010, S. 347 f.

297 Das dritte in Art. 20 GG – genauer in Art. 20 Abs. 2 Satz 2 2. Halbsatz, Abs. 3 GG – angedeutete Strukturprinzip unserer Verfassung ist das **Rechtsstaatsprinzip**. Der Begriff des Rechtsstaatsprinzips kam mit der Wende vom 18. auf das 19. Jahrhundert auf. Er wurde als „Kampfaufruf des freiheitlichen Bürgertums gegen den obrigkeitlichen Fürstenstaat" verstanden und ist damit der Gegenbegriff zum absolutistischen Polizeistaat. Die Grundidee des Rechtsstaates liegt gerade darin, dass die Bürger nicht für den Staat leben, sondern sich der Staat für den Schutz von Freiheit und Eigentum der Bürger und zum Wohl des Individuums einsetzt. Außerdem soll durch den Rechtsstaat die Herr-

schaft eines Einzelnen oder einer Gruppe von Menschen durch die Herrschaft des Rechtes abgelöst werden. Der Rechtsstaat bildet damit gerade den Gegensatz zum reinen Macht- und Willkürstaat:

DEFINITION

Rechtsstaat ist ein Staat mit dem Ziel der Gewährleistung von Freiheit und Gerechtigkeit im staatlichen Bereich, dessen Machtausübung durch die Bindung an Recht und Gesetz geregelt und begrenzt wird.

Wie auch schon das Demokratieprinzip hat das Rechtsstaatsprinzip mehrere Wesensmerkmale, die den Inhalt des Prinzips näher konkretisieren:

- **Gewaltenteilung** 298

Art. 20 Abs. 2 Satz 2 GG beschreibt die Aufteilung der Staatsgewalt und damit ein tragendes Strukturprinzip moderner Verfassungen: Die Staatsgewalt wird durch besondere Organe der Gesetzgebung, der vollziehenden Gewalt und der Rechtsprechung ausgeübt. Die Staatsgewalt verteilt sich damit auf **Legislative** (Gesetzgebung/Art. 70 f. GG), **Judikative** (Rechtsprechung/Art. 92 f. GG) und **Exekutive** (Verwaltung/Art. 62 f., 83 f. GG). Dabei ist die Legislative für die Rechtsetzung, also für den Erlass allgemeinverbindlicher Normen zuständig. Die Rechtsprechung sorgt für eine verbindliche Streitentscheidung. Besondere Schwierigkeiten bereitet allerdings die Aufgabenbeschreibung der Exekutive, da der gesamte Aufgabenbereich nur schwer abschließend zu erfassen ist. Zur Exekutive gehört daher alles, was nicht in den Aufgabenbereich von Legislative und Judikative gehört, insbesondere die Ausführung der Gesetze gegenüber dem Bürger.

Durch die Aufteilung der staatlichen Funktionen auf verschiedene Organe soll der Miss- 299
brauch der Macht durch eine Person oder eine Personengruppe verhindert werden. Somit wird der Schutz des Einzelnen durch die Teilhabe möglichst vieler Personen an der Machtausübung gewährleistet. Dieser Schutz wird durch die **gegenseitige Hemmung und Kontrolle** der Organe untereinander weiter verstärkt – deswegen wird die Gewaltenteilung auch nicht strikt durchgehalten, sie wird durch ein System von gegenseitigen Kontroll-, Begrenzungs- und Verflechtungsmechanismen („*checks and balances*“) durchbrochen.

ABB. 14: Gewaltenteilung

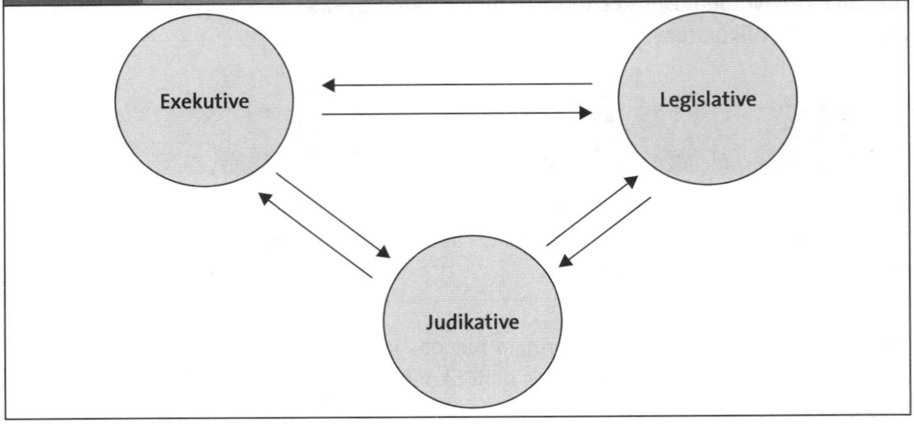

BEISPIELE für im GG angelegte Gewaltenverschränkungen:

- Erlass von Rechtsverordnungen durch Exekutive, Art. 80 Abs. 1 GG
- Legislative wählt die Spitzen der Exekutive, Art. 54, 63 GG
- BK als Organ der Exekutive vom Vertrauen der Legislative abhängig, Art. 67 f. GG
- Gegenzeichnung von Gesetzen durch die Exekutive, Art. 82 Abs. 2, 58 GG
- Wahl der Richter durch Legislative, Art. 94 f. GG
- Gesetzesinitiativrecht auch durch Exekutive, Art. 76 Abs. 1 GG
- Überprüfung von Gesetzen der Legislative durch Judikative

300 Diese Durchbrechungen sind gerade zur Gewährleistung der gegenseitigen Kontrolle notwendig und damit zulässig. Allerdings darf keine Gewalt durch eine andere in ihrem **Kernbereich** betroffen oder eingeschränkt werden. Dann führt die Durchbrechung der Gewaltenteilung gerade dazu, dass eine der Gewalten ihre Kernaufgabe nicht mehr wahrnehmen kann und die Gewaltenteilung nicht nur durchbrochen sondern, beseitigt wird. Dadurch würde dann wiederum gegen das Gewaltenteilungsprinzip verstoßen.

301 Soll die Gewaltenteilung mit diesem Ziel funktionieren, so muss sie auch durch eine personelle Trennung der Gewalten unterstützt werden. Denn die organisatorische und funktionale Gewaltenteilung kann leicht dadurch ausgehebelt werden, dass die Gewalten jeweils von den gleichen Personen wahrgenommen werden. So gilt neben der funktionalen Gewaltenteilung auch eine **personelle Gewaltenteilung**. Der Bundespräsident darf weder der Exekutive noch der Legislative angehören (Art. 55 Abs. 1 GG). Auch die Richter des Bundesverfassungsgerichts unterliegen solchen Beschränkungen (Art. 94 Abs. 1 Satz 3 GG). Für die Beamten der Exekutive gilt der Grundsatz der „**Inkompatibilität**“ von Amt und Mandat nach Art. 137 GG. Beamtinnen und Beamte müssen daher nach § 40 Abs. 1, Abs. 2 BBG aus ihrem Amt ausscheiden, wenn sie die Wahl zur oder zum Abgeordneten des Deutschen Bundestages, zum Europäischen Parlament oder zum Abgeordneten in einem Landesparlament annehmen.

302 Eine Ausnahme bilden diesbezüglich die Mitglieder der Exekutive, sofern sie der jeweiligen Regierung (Bund/Land) angehören. In der Regel sind Minister und auch deren Stellvertreter – die parlamentarischen Staatssekretäre – nicht nur Mitglieder der Exekutive,

sondern auch Mitglieder der Legislative, nämlich des jeweiligen Landtages bzw. des Bundestages. Diese Ausnahme von der personellen Gewaltenteilung ist aber allgemein zulässig, da eine Rückkopplung der jeweiligen Regierung an das Parlament notwendig ist, um für die Durchführung der Politik der Regierung die notwendigen Mehrheiten zu gewährleisten. Ansonsten wäre bei einer „Entfremdung" zwischen Parlament und Regierung die Gefahr einer gegenseitigen Blockadepolitik zu groß.

► **Rechtsbindung der Gewalten** 303

Das Recht stellt in einem Rechtsstaat das oberste Ordnungsprinzip dar. Damit wird die „Herrschaft des Rechts" und nicht die Herrschaft einer einzelnen Person oder Gruppe gewährleistet. Deswegen sieht Art. 20 Abs. 3 GG auch die **Rechtsbindung der Gewalten** vor: „Die Gesetzgebung ist an die verfassungsmäßige Ordnung, die vollziehende Gewalt und die Rechtsprechung sind an Gesetz und Recht gebunden." Die Legislative ist daher an die verfassungsmäßige Ordnung, die Judikative und Exekutive sind an das von der Legislative geschaffene Recht gebunden. Daraus leiten sich die Grundsätze **Vorrang der Verfassung, Vorrang des Gesetzes, Vorbehalt des Gesetzes** und die **Wesentlichkeitstheorie** ab. Die Bindung der Exekutive an Recht und Gesetz wird durch die beiden Grundsätze **Vorrang des Gesetzes** und **Vorbehalt des Gesetzes** konkretisiert und daher auch als **Gesetzmäßigkeit der Verwaltung** bezeichnet.

Der **Vorrang der Verfassung** besagt nach dem Wortlaut des Art. 20 Abs. 3 GG zunächst, 304
dass sich die Legislative nur an die verfassungsmäßige Ordnung zu halten hat. Judikative und Exekutive sind danach an Recht und Gesetz gebunden. Da die Gesetze aufgrund der Bindung der Legislative aber immer der verfassungsmäßigen Ordnung entsprechen müssen, haben aber auch diese beiden Gewalten ein Gesetz nur in dem Rahmen anzuwenden, den die Verfassung gestattet. Verletzungen des Grundgesetzes sind demnach für alle drei Gewalten unzulässig. Dabei müssen alle staatlichen Akte – insbesondere die Gesetze – die Grundsätze der Art. 1 und 20 GG und den Wesensgehalt der Grundrechte nach Art. 19 Abs. 2 GG beachten (vgl. Art. 79 Abs. 3 GG).

Der Grundsatz **Vorrang des Gesetzes** bedeutet wiederum, dass alle übrigen staatlichen 305
Maßnahmen nicht gegen höherrangige Rechtsnormen verstoßen dürfen. Dabei muss der Begriff der Gesetze jedoch etwas genauer betrachtet werden. Bei Gesetzen wird zwischen **formellen** und **materiellen Gesetzen** unterschieden. Unter formellen Gesetzen sind dabei die Gesetze zu verstehen, die im ordnungsgemäßen Gesetzgebungsverfahren nach Art. 76 f. GG (s. u. Gesetzgebungsverfahren Rn. 472 f.) zustande gekommen sind. Sie sind deswegen sowohl nach der äußeren Form (formell) als auch nach ihrem Inhalt (materielle) Gesetze. Daneben existieren aber auch rein materielle Gesetze. Sie sind der äußeren Form nach keine Gesetze, da sie nicht in dem dafür vorgesehenen Verfahren zustande gekommen sind, enthalten aber inhaltlich Regelungen mit Gesetzescharakter. Darunter fallen vor allem die Rechtsverordnungen nach Art. 80 GG. Sie stehen aber beim Vorrang des Gesetzes unterhalb der Gesetze, da nach Art. 80 GG Hauptvoraussetzung für den Erlass einer Rechtsverordnung eine entsprechende Ermächtigung in einem formellen Gesetz ist.

306 Beide Grundsätze Vorrang der Verfassung und Vorrang der (formellen) Gesetze ergeben zusammengenommen die **Normenhierarchie,** also die Rangordnung der Rechtssätze. Letzteres lässt sich am besten in Form einer Pyramide erklären. Demnach dürfen Rechtsnormen auf niedrigerer Pyramidenstufe(n) nicht gegen Rechtsnormen der höheren Pyramidenstufe(n) verstoßen. Schließlich dürfen die konkreten Einzelmaßnahmen der Exekutive (Verwaltung) wiederum nicht gegen Rechtsnormen verstoßen. So entsteht eine Rangfolge zwischen dem Grundgesetz und den einzelnen Rechtsnormen bis hin zur konkreten Einzelmaßnahme. Die Einordnung des internationalen Rechts in die Normenpyramide bereitet hingegen erhebliche Schwierigkeiten. In Bezug auf das EU-Recht gilt aber in fast allen in der Praxis auftauchenden Fällen in der Regel der Anwendungsvorrang des EU-Rechts vor nationalem Recht. Eine Einordnung des EU-Rechts oberhalb des von Art. 79 Abs. 3 GG geschütztem Verfassungskerns ist hingegen äußerst problematisch.

ABB. 15: Normenpyramide

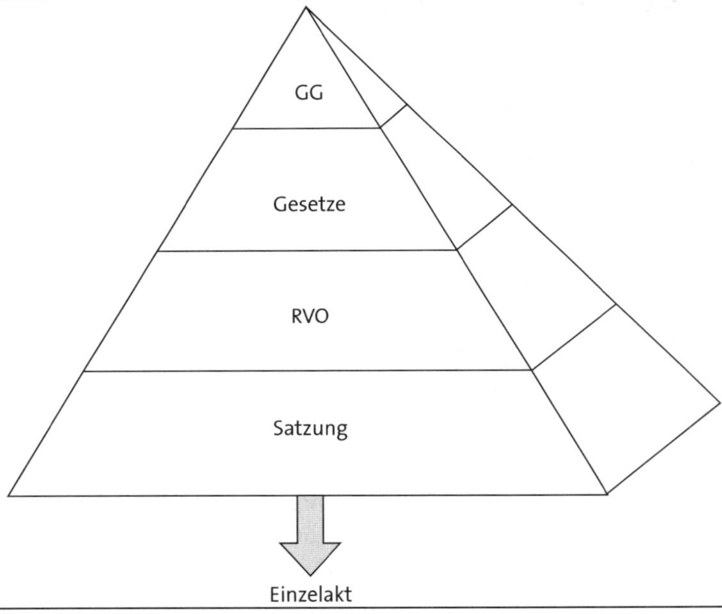

307 Da das Recht das oberste Ordnungsprinzip darstellt, darf die Exekutive grundsätzlich nur dann tätig werden, wenn das Handeln durch eine hinreichend bestimmte Ermächtigung des Gesetzgebers erlaubt ist. Es ist also dem Gesetz vorbehalten, die Exekutive zu verschiedenen Handlungen zu ermächtigen, weshalb dieser Grundsatz auch **Vorbehalt des Gesetzes** genannt wird. Dieser Grundsatz zwingt den Gesetzgeber dazu, die Handlungen der Exekutive durch Gesetze zu erlauben. Der Gesetzgeber muss sich also mit der Frage beschäftigen, inwieweit die Exekutive in die Rechte eines einzelnen Bürgers eingreifen darf. Durch die Festschreibung dieser Befugnisse in Gesetzen wird das Verhalten der Exekutive eingegrenzt und für den Bürger vorhersehbar. Schließlich wer-

den so auch die Eingriffe in die Freiheit der Bürger demokratisch legitimiert und damit durch die Legislative „ermächtigt". Deswegen spricht man in diesem Zusammenhang auch von einer **Ermächtigungsgrundlage** für staatliches Handeln. Folglich bedeutet der Vorbehalt des Gesetzes, dass die vollziehende Gewalt nur tätig werden darf, wenn ihr Handeln auf einer gesetzlichen Ermächtigung beruht.

Die Reichweite des Vorbehalts des Gesetzes war und ist jedoch umstritten. Dabei wur- 308
den und werden unterschiedliche Theorien wie die Lehre vom Totalvorbehalt, die klassische Vorbehaltslehre und von verschiedenen vermittelnden Theorien vertreten, wobei zwischen der Eingriffsverwaltung und der Leistungsverwaltung unterschieden wird.

Unter **Eingriffsverwaltung** ist dabei die Verwaltung zu verstehen, die durch ihre Tätig- 309
keit unmittelbar in grundrechtlich geschützte Freiheiten eingreift. Dies geschieht z. B. bei dem Verbot einer Versammlung, der Verweigerung einer Gaststättengenehmigung und bei jeder Form von freiheitsentziehenden Maßnahmen (zum modernen Eingriffsbegriff vgl. auch unten unter Grundrechte). Bei der Eingriffsverwaltung wird schon aufgrund der Beeinträchtigung von Grundrechten generell eine Ermächtigungsgrundlage aufgrund des Vorbehalts des Gesetzes notwendig. Dadurch soll die staatliche Handlung für den Bürger auf Basis der Ermächtigungsgrundlage berechenbar gemacht werden (vgl. dazu auch unter Rechtssicherheit Rn. 319 f.).

Bei der **Leistungsverwaltung** wird der Staat hingegen gewährend tätig, indem er dem 310
Bürger staatliche Leistungen z. B. in Form von Sozialhilfe zukommen lässt. Dabei werden grundsätzlich die Freiheiten der Bürger nicht begrenzt, sondern gerade geschützt oder sogar erweitert. In solchen Fällen scheint ein Vorbehalt des Gesetzes zunächst überflüssig, da ja keine Rechte von Bürgern beschnitten werden. Jedoch kann die Gewährung von Leistungen an eine Person eine Beeinträchtigung von Rechten einer anderen darstellen. Wird z. B. eine Subvention an ein Unternehmen ausgezahlt und einem direkten Konkurrenten verweigert, so stellt diese Leistung an das eine Unternehmen gleichzeitig eine Benachteiligung des anderen Unternehmens dar. Folglich müsste auch in diesen Fällen eine Ermächtigungsgrundlage für die staatliche Handlung gefordert werden. Daraus lässt sich bei der Leistungsverwaltung folgern:

- Stellt die Gewährung einer Leistung für den Empfänger etwas Positives dar und wird durch die Gewährung nicht in die Rechte anderer Personen eingegriffen, so genügt es, wenn die Mittel zur Gewährung der Leistung in einem Haushaltsplan ausgewiesen sind – insofern gilt der Vorbehalt des Gesetzes hier nicht (z. B. Sozialhilfe, Zuschüsse bei der Gebäudesanierung von selbst genutztem Eigentum).
- Stellt die Gewährung für den einen Bürger einen Vorteil dar, kann sie gleichzeitig jedoch einen Nachteil für einen anderen Bürger bedeuten. Dann bleibt es beim Vorbehalt des Gesetzes (z. B. Subventionen nur für ausgewählte Unternehmer).

Neben den Regelungen zum Vorbehalt des Gesetzes hat das Bundesverfassungsgericht 311
ergänzend die **Wesentlichkeitstheorie** entwickelt. Demnach muss der Gesetzgeber in Bezug auf eine Handlung der Exekutive die wesentlichen Entscheidungen selbst tref-

fen. Er kann wesentliche Entscheidungen nicht der Exekutive überlassen oder diese an die Exekutive z. B. im Wege der Ermächtigung zu einer Rechtsverordnung (Art. 80 GG) delegieren. Was wesentlich für das Handeln der Exekutive ist, muss anhand des Einzelfalles bestimmt werden. Anhaltspunkte dafür sind:

- Bedeutung der Frage für die Allgemeinheit
- Intensität des staatlichen Handelns
- Stärke des politischen Konfliktes
- Grad der Beeinträchtigung von Grundrechten

312 Im Ergebnis muss der Gesetzgeber der Exekutive alle für die jeweilige Handlungsentscheidung wichtigen Grundlagen vorgeben. Dabei spielt insbesondere das letzte Merkmal eine entscheidende Rolle. Greift ein Gesetz in Grundrechte ein, so muss der Gesetzgeber alle in Bezug auf diesen Eingriff entscheidenden Dinge selbst regeln, da es für den Eingriff ansonsten an der Legitimation fehlt. Die dargestellten Grundsätze gelten generell im Verhältnis zwischen Bürger und Staat und dabei auch im Rahmen von sog. **Sonderstatusverhältnissen**. Von diesen Sonderstatusverhältnissen sollte früher das Verhältnis z. B. zwischen dem Staat und seinen Beamten, zwischen Staat und Schülern und zwischen Staat und Gefängnisinsassen erfasst werden. Gemeint waren also Verhältnisse, in denen eine besondere und verstärkte Abhängigkeit der Betroffenen vom Staat bestand. Dabei wurde früher vertreten, dass im Rahmen dieser Verhältnisse die Grundsätze von Gesetzesvorbehalt und Wesentlichkeitstheorie zusammen mit den Grundrechten nur eingeschränkt gelten sollten. Inzwischen steht allerdings fest, dass Sonderstatusverhältnisse nicht anders zu behandeln sind, als das Verhältnis zwischen Staat und Bürger, so dass Vorrang und Vorbehalt des Gesetzes auch in dieser Beziehung gelten.

313 ► **Gewährleistung persönlicher Grundrechte**

Ein inhaltlich sehr bedeutsames Element des Rechtsstaatsprinzips ist die Pflicht des Staates zur **Gewährleistung persönlicher Grundrechte**. Dadurch soll staatliches Handeln begrenzt werden, um den einzelnen Bürgern persönliche Freiheitsrechte zu garantieren und die Gleichbehandlung sicher zu stellen. Konkretisiert wird diese Pflicht durch die Normen der Art. 1 Abs. 3, 19 Abs. 1, Abs. 2 und 79 Abs. 3 GG. Eine Auseinandersetzung mit der Funktion von Grundrechten findet erst im Art. 4 GG statt.

314 ► **Grundsatz der Verhältnismäßigkeit**

Aus dem Rechtsstaatsprinzip wird als Grundregel für jedes staatliche Handeln der wichtige **Grundsatz der Verhältnismäßigkeit** (= VHMK) abgeleitet. Das Rechtsstaatsprinzip verlangt vom Staat den weitest möglichen Schutz der Rechte jedes einzelnen Bürgers. Das bedeutet, dass Eingriffe in die Rechte eines Bürgers nur insoweit zulässig sind, als sie dem Schutz von wichtigen Allgemeinwohlinteressen dienen und dieser Schutz nicht auf anderem, einfacherem Wege erreicht werden kann. Somit muss der Staat nicht nur für jeden Eingriff in die Rechte eines Bürgers durch eine Maßnahme der Exekutive ein Gesetz schaffen (Vorbehalt des Gesetzes), das Gesetz muss darüber hinaus auch verhältnismäßig sein. Auch bei konkreten staatlichen Handlungen der Exekutive muss diese – insbesondere bei der Ermessensausübung – den Verhältnismäßigkeitsgrundsatz beachten. Der Verhältnismäßigkeitsgrundsatz soll also für einen vernünftigen Ausgleich zwischen dem Interesse der Allgemeinheit und den Rechten jedes Bürgers sorgen. Es soll verhindert werden, dass der Staat mit „Kanonen auf Spatzen" schießt.

Der Verhältnismäßigkeitsgrundsatz besteht aus den Elementen **Geeignetheit**, **Erforderlichkeit** und **Angemessenheit**. Jede staatliche Maßnahme muss die Voraussetzungen dieser drei Elemente erfüllen, ansonsten ist die Maßnahme nicht verhältnismäßig. Es wird also zwischen dem **Zweck**, den eine konkrete Maßnahme erreichen soll, und dessen **Bedeutung für die Allgemeinheit** auf der einen und den **beeinträchtigten Rechten** des Einzelnen auf der anderen Seite abgewogen: 315

- **Geeignetheit** 316

DEFINITION

„Eine **Maßnahme** ist **geeignet**, wenn der angestrebte Zweck durch die Maßnahme erreicht oder zumindest gefördert werden kann."

Der mit der Maßnahme bzw. dem Gesetz verfolgte Zweck muss also durch die vorgesehene Maßnahme überhaupt erreicht oder zumindest gefördert werden. Ist allerdings von Anfang an klar, dass die vorgesehene Maßnahme überhaupt keinen positiven Einfluss auf die Erreichung des Zweckes haben wird, ist die Maßnahme ungeeignet.

- **Erforderlichkeit** 317

DEFINITION

„Eine **Maßnahme** ist **erforderlich**, wenn zur Erreichung des angestrebten Zweckes kein zumindest gleich geeignetes milderes Mittel erkennbar ist."

Bei der Erforderlichkeit wird also überprüft, ob der angestrebte Zweck der Maßnahme nicht auch auf einem anderen Weg (= milderes Mittel) erreicht bzw. gefördert werden kann. Denn gibt es einen anderen Weg für die Exekutive, der für den Betroffenen schonender ist, weil in seine Rechte nicht so intensiv eingriffen wird, muss die Exekutive immer diesen Weg wählen. Dazu muss aber dieser einfachere Weg zur Zweckerreichung mindestens genauso geeignet sein, wie der ursprünglich vorgesehene Weg. Nur wenn ein einfacherer Weg erkennbar ist, der nicht so stark in die Rechte des Einzelnen eingreift, und nur wenn dieser Weg genauso geeignet ist wie der vorgesehene, ist die Maßnahme nicht erforderlich.

318 – **Angemessenheit**

DEFINITION

„Eine **Maßnahme** ist **angemessen**, wenn sie nicht zu einem Nachteil für die Rechte des Einzelnen führt, der zu dem erstrebten Zweck für die Allgemeinheit außer Verhältnis steht."

Bei der Prüfung der Angemessenheit (auch genannt Verhältnismäßigkeit im engeren Sinne) erfolgt abschließend die Prüfung des Zweck-Mittel-Verhältnisses. Das Bundesverfassungsgericht sagt an dieser Stelle häufig, dass eine Maßnahme den Einzelnen nicht „übermäßig belasten" und diese für ihn „nicht unzumutbar" sein darf. Es werden also – wie an einer Waage – das Allgemeinwohl, dass durch die Maßnahme geschützt werden soll und die Rechte des Betroffenen, in die durch die Maßnahme eingegriffen wird, einander gegenüber gestellt. Bei dieser Gegenüberstellung müssen die beiden „Waagschalen" genau untersucht werden:

- **Allgemeinwohl:**
  Auf der Seite des Allgemeinwohls muss die Bedeutung des Zweckes, der mit der Maßnahme verfolgt wird, dargestellt werden. Wie wichtig ist dieser Zweck für das Gemeinwohl? Wie dringend ist hier eine Handlung der Exekutive notwendig? Welche Gefahren würden entstehen, wenn die Maßnahme nicht vorgenommen würde?
- **Rechte des Einzelnen:**
  Auf der anderen Seite stellt sich die Frage, welche Rechtsgüter des Einzelnen durch diese Maßnahme beeinträchtigt werden. Wie wichtig sind diese Rechtsgüter für den Einzelnen? Wie intensiv bzw. wie tief wird in diese Rechte eingegriffen?

ABB. 16: Abwägung der Angemessenheit

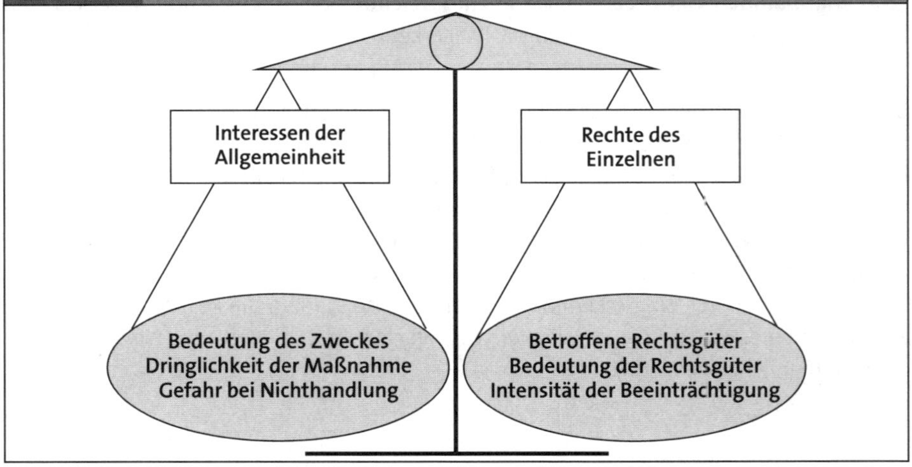

Nach dieser Gegenüberstellung der Waagschalen kann dann das eigentliche Abwiegen erfolgen. Nur wenn diese Abwägung zugunsten der Allgemeinwohlinteressen ausfällt, ist die Maßnahme angemessen.

► **Rechtssicherheit** 319

Weiteres wesentliches Merkmal des Rechtsstaatsprinzips ist die **Rechtssicherheit**. Wenn das Recht das oberste Ordnungsmerkmal sein soll, dann muss sich der Bürger auch auf das Recht verlassen können. Nur so kann gewährleistet werden, dass das Handeln des Staates für den Bürger vorhersehbar wird. Vor diesem Hintergrund sind dabei vor allem das **Bestimmtheitsgebot** und der **Vertrauensschutz** maßgebend.

Will der Bürger das staatliche Verhalten vorhersehen, so kann er dies nur aus den Gesetzen ableiten. Eine solche Ableitung kann aber nur dann funktionieren, wenn die Gesetze so klar formuliert sind, dass sich aus dem Wortlaut der Vorschrift ableiten lassen muss, wie der Staat in einer konkreten Situation reagieren wird. Deswegen muss der Wortlaut eines Gesetzes hinreichend bestimmt sein, weshalb man in diesem Zusammenhang vom **Bestimmtheitsgebot** spricht. Dieses Gebot gilt insbesondere bei verwaltungsrechtlichen Ermächtigungsgrundlagen und bei Strafgesetzen. Allerdings darf das Bestimmtheitsgebot nicht übersteigert werden. Gesetze müssen gerade viele verschiedene Situationen abdecken und trotz der Vielzahl dieser möglichen Situationen der Verwaltung in einigen Fällen auch einen gewissen Handlungsspielraum lassen. Deswegen dürfen die Rechtsnormen unbestimmte Rechtsbegriffe, Generalklauseln und insbesondere Ermessensentscheidungen vorsehen. Wie bestimmt eine Vorschrift im Einzelnen sein muss, um den Anforderungen der Rechtssicherheit zu genügen, hängt dabei vom zu regelnden Sachverhalt ab. Je intensiver eine Rechtsvorschrift die Rechte eines Bürgers beeinträchtigt, umso bestimmter muss sie sein. Daher müssen Strafgesetze wesentlich bestimmter sein, als z. B. Bestimmungen über die Zuständigkeit von Behörden. 320

Wenn ein Bürger das staatliche Verhalten aus einer Rechtsnorm ableitet, so muss er sich auch darauf verlassen können, dass eben diese Rechtsnorm auch ihre Gültigkeit behält. Deswegen genießt ein Bürger in Bezug auf die Gültigkeit von Rechtsakten auch **Vertrauensschutz**. Dieser aus dem Wesensmerkmal der Rechtssicherheit abgeleitete Vertrauensschutz erscheint an vielen verschiedenen Stellen, im Verwaltungsrecht insbesondere bei den §§ 48 und 49 VwVfG. 321

Der Vertrauensschutz steht aber im Gegensatz zu einer schnelllebigen Gesellschaft, deren Recht sich ständig den gesellschaftlichen, politischen und wirtschaftlichen Gegebenheiten anpassen muss. In diesem Zusammenhang taucht das Problem der **Rückwirkung** von Gesetzen auf. Dabei stellt sich die Frage, ob der Gesetzgeber eine Vorschrift mit Wirkung für die Vergangenheit ändern bzw. erlassen kann. Ein grundsätzliches Rückwirkungsverbot kennt nur das Strafrecht durch Art. 103 Abs. 2 GG. Demnach ist eine Handlung nur dann strafbar, wenn sie zum Zeitpunkt ihrer Begehung auch unter Strafe gestellt war. Demnach kann ein Gesetz nicht rückwirkend eine Handlung unter Strafe stellen. 322

Da sich ein solch ausdrückliches Verbot der Rückwirkung so jedoch nur im Strafrecht findet, kann es in anderen Rechtsbereichen grundsätzlich zu Rückwirkungen kommen. 323

Dies betrifft vor allem das Steuerrecht. Dabei muss jedoch zwischen echter und unechter Rückwirkung unterschieden werden.

324 Unter **echter Rückwirkung** ist zu verstehen, wenn ein Sachverhalt in der Vergangenheit angefangen hat und auch in der Vergangenheit abgeschlossen wurde und der Gesetzgeber für diesen Sachverhalt nachträglich Regelungen treffen will. Dabei wird es regelmäßig um eine Verschlechterung der Rechtsposition des Bürgers gehen.

BEISPIEL ▸ Das Einkommensteuerecht hat als Veranlagungszeitraum immer das Kalenderjahr als Grundlage. Damit „dauert" der Sachverhalt immer vom 1.1. eines Jahres bis zum 31.12. desselben Jahres. Ändert der Bund das Einkommensteuerrecht z. B. am 2.1.2017 mit Wirkung für den Veranlagungszeitraum 2016, so liegt eine echte Rückwirkung vor. Der Sachverhalt „Einkommensteuer 2016" hat zum Zeitpunkt des Inkrafttretens der Änderung bereits begonnen und ist auch schon abgeschlossen.

325 Eine echte Rückwirkung durch ein Gesetz ist grundsätzlich in allen Bereichen (und nicht nur im Strafrecht) unzulässig, da sie sich mit der Gedanken der Rechtssicherheit kaum vereinbaren lässt. Nur in ganz besonderen Ausnahmefällen kann eine echte Rückwirkung zulässig sein, wenn kein schutzwürdiges Vertrauen des Betroffenen besteht, weil dieser z. B. mit der Änderung rechnen musste oder wenn zwingende Gründe des Gemeinwohls ausnahmsweise dem Vertrauensschutz vorgehen. Es liegt ebenfalls kein schutzwürdiges Vertrauen des Betroffenen vor, wenn sich seine Situation durch die nachträgliche Änderung verbessert (z. B. rückwirkende Anhebung der Pendlerpauschale).

326 Unter **unechter Rückwirkung** wird ein Eingreifen des Gesetzgebers in Sachverhalte verstanden, die zwar in der Vergangenheit begonnen haben, aber noch nicht abgeschlossen sind.

BEISPIEL ▸ Im obigen Beispiel würde eine Rechtsänderung der Einkommensteuer am 1.2.2017 wirksam werden, die den Veranlagungszeitraum 2017 betrifft. Hierbei handelt es sich dann um eine unechte Rückwirkung, da der Sachverhalt „Einkommensteuer 2017" zwar in der Vergangenheit begonnen hat, jedoch zum Zeitpunkt der Änderung noch nicht abgeschlossen ist.

327 Die unechte Rückwirkung durch ein Gesetz ist im Gegensatz zur echten Rückwirkung in der Regel zulässig. Nur wenn in dem konkreten Einzelfall das Vertrauen des Bürgers auf den Fortbestand der Regelung vorgeht, kann auch eine unechte Rückwirkung unzulässig sein. Das setzt allerdings erhebliche und schwerwiegende Gründe für den Schutz des Betroffenen voraus.

328 ► **Effektiver Rechtsschutz**

Schließlich muss dem Recht als oberstes Ordnungsprinzip auch Geltung verschafft werden. Dies kann nur durch eine tatsächliche und rechtliche Kontrolle der Gewalten gewährleistet werden. Deswegen muss in einem Rechtsstaat ein **effektiver Rechtsschutz** vorhanden sein, der durch ein unabhängiges und mit Entscheidungskompetenzen ausgestattetes Richtergremium wahrgenommen wird. Im Grundgesetz wird dieser Rechtsschutz insbesondere durch die **Rechtsweggarantie** des Art. 19 Abs. 4 GG und die Verfassungsgerichtsbarkeit (Art. 93 i.V.m. dem BVerfGG) gewährleistet. Demnach steht jedem Bürger gegen hoheitliche Maßnahmen der Rechtsweg offen. Innerhalb des Rechtsschutzes spielen auch die Justizgrundrechte der Art. 101 und 103 GG zum Schutz des Bürgers eine wichtige Rolle:

- 101 GG: Anspruch auf gesetzlichen Richter
- 103 Abs. 1 GG: Anspruch auf rechtliches Gehör
- 103 Abs. 2 GG: *Nullem crimen/nulla poena sine lege* (Kein Verbrechen/keine Strafe ohne Gesetz)
- 103 Abs. 3 GG: Strafklageverbrauch (*ne bis in idem*)

4. Bundesstaat

LITERATUR

Ipsen, Staatsrecht I, 29. Aufl. 2017, S. 147 f.; *Katz*, Staatsrecht, 18. Aufl. 2010, S. 127 f.; *Korioth*, Staatsrecht I, 3. Aufl. 2016, S. 72 f.; *Schmidt*, Staatsorganisationsrecht, 18. Aufl. 2017, S. 27 f.; *Spallek*, Staatsrecht, 18. Aufl. 2010, S. 396 f.

Das nächste in Art. 20 GG – genauer in Art. 20 Abs. 1 GG – genannte Strukturprinzip 329
der Verfassung ist das **Bundesstaatsprinzip**. Der Bundesstaat bildet den Gegensatz zum Einheitsstaat. Kennzeichnend ist für dieses Prinzip daher die innere Gliederung des Bundesstaates auf einen Zentralstaat und mehrere Gliedstaaten, wobei die Gliedstaaten und der Zentralstaat Staatsqualität im Sinne der 3-Elementen-Lehre (s. o. Rn. 203 f.) haben. Dadurch soll nicht nur die staatliche Organisationsstruktur bestimmt werden, das Bundesstaatsprinzip verfolgt durch die notwendige Machtverteilung auch freiheitsschützende Ziele. Das Bundesstaatsprinzip besteht ebenfalls aus verschiedenen Wesensmerkmalen.

DEFINITION

Der **Bundesstaat** ist ein Staat, bei dem die Staatsgewalt auf einen Zentralstaat und mehrere Gliedstaaten aufgeteilt ist, wobei sowohl der Zentralstaat als auch die Gliedstaaten Staatsqualität haben.

Auch das Bundesstaatsprinzip wird durch mehrere Wesensmerkmale näher bestimmt:

► **Staatlichkeit von Bund und Ländern** 330

Kernelement eines Bundesstaates ist die gleichmäßige Aufteilung der Staatsgewalt auf zwei Ebenen, nämlich den Bund und die Länder. Ein Bundesstaat ist dabei kein loser Zusammenschluss souveräner Staaten aufgrund eines völkerrechtlichen Vertrages (= Staatenbund; die übergeordnete Ebene hat keine Staatsqualität). Er ist ebenfalls kein Zentralstaat, bei dem die gesamte Staatsgewalt auf der Ebene einer Zentrale konzentriert wird (= Einheitsstaat; die untergeordnete Ebene hat keine Staatsqualität). Bei einem Bundesstaat haben sich mehrere Staaten in der Weise zusammengeschlossen, dass sowohl der **Bund** als auch die **Länder Staatscharakter** haben. Im Sinne der 3-Elementen-Lehre bedeutet dies, dass sowohl die Länder als auch der Bund originäre Herrschaftsmacht haben und somit Staaten im Sinne dieser Lehre sind.

331 Dabei zeigt sich auch sogleich das grundsätzliche Problem eines Bundesstaates: Sollen sowohl der Bund als auch die Länder originäre Herrschaftsmacht besitzen, so bedarf es einer genauen Abgrenzung der Aufgabenbereiche, die entweder dem Bund oder dem Land zustehen. Diese Aufgabenverteilung übernimmt das Grundgesetz (siehe unter Kompetenzverteilung Rn. 337). In diesem Zusammenhang wird auch vom **zweigliedrigen Bundesstaatsbegriff** gesprochen. Die Verteilung der Kompetenzen erfolgt durch das Grundgesetz entweder auf das Land oder den Bund.

332 Wenn das Grundgesetz im Rahmen des zweigliedrigen Bundesstaatsbegriffes eine zwingende Aufteilung der Kompetenzen auf die Organe des Bundes bzw. der Organe der Länder vorsieht, stellt sich die Frage, ob damit die Existenz der Länder zwingend festgeschrieben wird, ob also die Länder in ihrer jetzigen Form einen **Existenzanspruch** aus dem Grundgesetz ableiten können. Dies würde bedeuten, dass die heutigen Landesgrenzen und die Aufteilung in 16 Bundesländer durch das Bundesstaatsprinzip festgeschrieben wären.

333 Das Grundgesetz legt jedoch in Art. 79 Abs. 3 lediglich fest, dass es einen Bund und Länder geben muss. Zur Einhaltung des Bundesstaatsprinzips reicht es aus, dass ein Bund und mindestens zwei Länder (teilweise werden auch drei oder mehr verlangt) existieren. Wie die Aufteilung der Länder jedoch aussieht, schreibt das Grundgesetz jedoch nicht vor. Das lässt sich bereits aus Art. 29 GG ableiten, nach dem eine Neuaufteilung der Länder jederzeit möglich ist. Weiterhin werden die aktuellen Bundesländer im Grundgesetz nur in der Präambel ausdrücklich aufgelistet. Die Präambel wird allerdings nicht vom Schutz des Art. 79 Abs. 3 GG erfasst und ist damit veränderbar. Es gibt daher keinen Anspruch der Länder, in ihrer jetzigen Form bestehen bleiben zu müssen.

334 Neben den Ländern garantiert das Grundgesetz in Art. 28 Abs. 2 auch die kommunale Selbstverwaltung durch die **Gemeinden**. Sie sind dabei Gebietskörperschaften, die sich um kommunale Angelegenheiten kümmern. Zwar garantiert Art. 28 Abs. 2 GG diese Zuständigkeit der Gemeinden für örtliche Angelegenheiten, jedoch sind die Gemeinden bei der Ausführung weitgehend auf Landes- bzw. Bundesrecht angewiesen. Daher spielen die Gemeinden weder bei der Staatlichkeit noch bei der Kompetenzverteilung zwischen Bund und Ländern eine Rolle.

335 ► **Homogenität**

Da die Länder in den ihnen nach dem Grundgesetz zugewiesenen Aufgabenbereichen originäre Herrschaftsmacht haben, haben sie vor allem das Recht, sich eine eigene Verfassung zu geben. Diese Vielfalt im Bundesstaat kann aber dann zu Problemen führen, wenn sich die einzelnen politischen Systeme in den Ländern zu stark voneinander unterscheiden. Denn unterscheiden sich die Länder in ihrer inneren Ausgestaltung und den grundsätzlichen Lebensbedingungen zu sehr voneinander, könnte das zu einer Auflösung des Bundesstaates von innen führen, weil eine gemeinsame Identifikationsbasis der Länder zueinander und damit zum Bundesstaat irgendwann nicht mehr vorhanden sein könnte.

Deswegen müssen die Abweichungen der Bundesländer voneinander begrenzt werden – es muss eine gewisse Homogenität der Länder untereinander gewährleistet sein. Diese Aufgabe hat Art. 28 Abs. 1 GG übernommen. Demnach muss jede verfassungsmäßige Ordnung eines Landes trotz dieser originären Herrschaftsmacht den Grundsätzen des republikanischen, demokratischen und sozialen Rechtsstaates i. S. des Grundgesetzes entsprechen. Das bedeutet im Ergebnis, dass sich auch die Länder an die Prinzipien von Republik, Demokratie, Rechts-, Bundes- und Sozialstaat halten müssen. Art. 28 Abs. 1 Satz 1 GG überträgt diese Prinzipien des Grundgesetzes auf die Länder. Außerdem schreibt Art. 28 Abs. 1 Satz 2 GG vor, dass in Ländern, Kreisen und Gemeinden Volksvertretungen existieren müssen, die aus Wahlen hervorgegangen sind, bei denen die Wahlrechtsgrundsätze des Art. 38 Abs. 1 Satz 1 GG gelten müssen. Art. 28 Abs. 1 GG gewährt durch diese Verbindung von Grundgesetz und den jeweiligen Landesverfassungen die **Homogenität** des Bundesstaates, weshalb dieser auch als **Homogenitätsklausel** bezeichnet wird. Für die Überwachung der Einhaltung der Homogenitätsklausel ist nach Art. 28 Abs. 3 GG der Bund verantwortlich. Ihm stehen dabei insbesondere die Gesetze (Bundesrecht bricht Landesrecht/Art. 31 GG) und das Mittel des Bundeszwanges (Art. 37 GG) zur Verfügung. Dabei ist jedoch zu beachten, dass die Länder nur den im Grundgesetz genannten Prinzipien „entsprechen" müssen. Damit findet eine leichte Abschwächung dieser Prinzipien bei der Übertragung auf die Landeseben statt. 336

► **Kompetenzverteilung** 337

Ein Bundesstaat benötigt aus den oben genannten Gründen eine genaue und nach Möglichkeit gleichmäßige Aufteilung der Aufgaben und Befugnisse zwischen dem Bund und den Ländern, also eine funktionierende **Kompetenzverteilung**. Das Grundgesetz hat sich dafür entschieden, die Aufgaben der staatlichen Gewaltausübung einzelnen Gewalten in Ländern und Bund zuzuweisen. Um dabei keine „Aufgabenlücke" entstehen zu lassen, wenn das Grundgesetz z. B. einen Aufgabenbereich vergessen hat, gilt dabei die Zuständigkeitsvermutung des Art. 30 GG. Demnach ist die Ausübung der staatlichen Befugnisse immer Aufgabe der Länder, es sei denn, dass das Grundgesetz diese Befugnis ausdrücklich dem Bund überträgt oder eine solche Übertragungsmöglichkeit in bestimmten Fällen ermöglicht. Findet sich also im Grundgesetz keine ausdrückliche Zuständigkeitsregelung, bleiben die Länder für die Erfüllung einer Aufgabe zuständig.

Diese Funktionsweise des Art. 30 GG findet sich insbesondere auch in den folgenden 338
Gebieten:

- Art. 70 f. GG: Gesetzgebung
- Art. 83 f. GG: Verwaltung bei Ausführung der Bundesgesetze
- Art. 92 f. GG: Rechtsprechung
- Art. 104a f. GG: Finanzwesen

Schließlich finden sich für den Bund ausdrückliche Zuständigkeitsregelungen für auswärtige Angelegenheiten in Art. 32 GG und in Art. 87a GG für die Streitkräfte.

339 ► **Einflussmöglichkeiten**

Um die Zusammengehörigkeit der Länder zu einem Bundesstaat zu fördern ist es neben Homogenität und Kompetenzverteilung auch notwendig, dass der Bund und die Gliedstaaten sich gegenseitig beeinflussen können. Dazu müssen wechselseitige **Einflussmöglichkeiten** zwischen Bund und Ländern vorhanden sein. So kann eine aktive Koordination und eine ständige Zusammenarbeit trotz der unterschiedlichen Kompetenzen gewährleistet werden. Durch die Verteilung der Macht auf Bund und Ländern und die angesprochenen Einflussmöglichkeiten verfolgt das Bundesstaatsprinzip auch freiheitsschützende Ziele. Diese Form der Aufteilung und der gegenseitigen Kontrolle von machtausübenden Organen ist bereits aus dem Rechtsstaatsprinzip (siehe Gewaltenteilung Rn. 298) bekannt. Dort erfolgt eine Aufteilung der Staatsmacht in die drei Gewalten. Das Bundesstaatsprinzip ergänzt mit der gleichen Zielrichtung dieses Prinzip durch die Aufteilung der Macht zwischen Bund und Ländern.

ABB. 17: Horizontale/Vertikale Gewaltenteilung

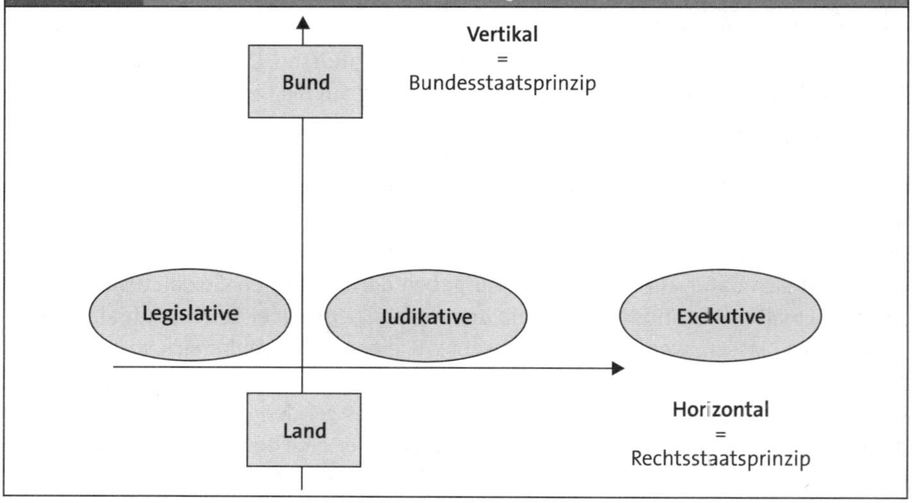

340 Zur Verwirklichung der vertikalen Gewaltenteilung haben Bund und Länder verschiedene gegenseitige Einwirkungsmöglichkeiten:

Bund → Länder

- Art. 28 GG: Gewährleistung der Homogenität
- Art. 29 GG: Neugliederung des Bundesgebietes
- Art. 37 GG: Bundeszwang
- Art. 84 GG: Verwaltungsaufsicht

Länder → Bund

- Art. 50 GG: Bundesrat

Die Einflussmöglichkeit der Länder auf den Bund wird durch den Bundesrat und dessen Mitwirkungsrechte insbesondere im Gesetzgebungsverfahren ausgeübt (siehe Bundesrat).

► **Bundestreue** 341

Eine bundesstaatliche Ordnung, die auf gegenseitige Ergänzung angewiesen ist, muss auch eine Rechtspflicht zur gegenseitigen Rücksichtnahme und Unterstützung haben. Diese wird als Pflicht zur **Bundestreue** bezeichnet. Dabei müssen sich die Länder bundesfreundlich und der Bund landesfreundlich verhalten. Dazu gehört insbesondere der Umstand, dass die Länder kein Austrittsrecht aus dem Bund haben.

Diese allgemeine Umschreibung der Pflicht zur Bundestreue hat das Bundesverfassungsgericht an verschiedenen Beispielen und verschiedenen Pflichten konkretisiert:

- Beachtung der Kompetenzen; bei der Ausübung der Kompetenzen gegenseitige Rücksichtnahme
- Verpflichtung zur Mitwirkung und gegenseitigen Hilfeleistung; ggf. im Streitfalle auch Pflicht zur Einigung
- Pflicht der Länder gegen bundesstaatsfeindliche Gemeinden vorzugehen
- Pflicht der Länder zur Beachtung von völkerrechtlichen Verträgen des Bundes

Abschließend bleibt zum Bundesstaatsprinzip noch festzuhalten, dass für die Regelun- 342
gen von Streitigkeiten zwischen Bund und Ländern das Bundesverfassungsgericht nach Art. 93 Abs. 1 Nr. 3 und 4 GG angerufen werden kann. Der Föderalismus, wie ihn das Grundgesetz vorsieht, ist immer wieder in die Diskussion geraten. Dabei wird häufig diskutiert, ob ein Zentralstaat nicht wesentlich mehr Vorteile hat.

5. Sozialstaat

LITERATUR

Albrecht/Küchenhoff, Staatsrecht, 3. Aufl. 2015, S. 79; *Katz*, Staatsrecht, 18. Aufl. 2010, S. 112 f.; *Korioth*, Staatsrecht I, 3. Aufl. 2016, S. 103 f.; *Spallek*, Staatsrecht, 18. Aufl. 2010 S. 391 f.

Das letzte verbleibende Strukturprinzip des Art. 20 Abs. 1 GG ist das **Sozialstaatsprinzip**. 343
Die Besonderheit des Sozialstaatsprinzips liegt in dem Umstand begründet, dass es sowohl ein Grundprinzip der Staatsstruktur als auch eine Staatszielbestimmung darstellt. Inhaltlich verpflichtet das Sozialstaatsprinzip alle staatliche Gewalt zur Herstellung und Erhaltung sozialer Gerechtigkeit und sozialer Sicherheit und hat damit genau diese zwei Wesensmerkmale.

DEFINITION

Das **Sozialstaatsprinzip** verpflichtet alle staatliche Gewalt zur Herstellung und zur Erhaltung sozialer Gerechtigkeit und sozialer Sicherheit.

344 ► **Soziale Gerechtigkeit**

Mit **sozialer Gerechtigkeit** ist ein Verteilungsprinzip gemeint. Durch die Umverteilung von finanziellen Mitteln und dem Schutz des Schwächeren soll gewährleistet werden, dass jeder Schicht der Bevölkerung eine wirtschaftliche und kulturelle Existenz auf angemessenem Niveau ermöglicht wird. Der Schutz des Schwächeren wird dabei insbesondere durch Gesetze im Bereich des Arbeitsrechts, Mietrechts und der Ausbildungsförderung gewährleistet.

345 ► **Soziale Sicherheit**

Soziale Sicherheit verlangt die Schaffung und Erhaltung von Einrichtungen zum Schutz vor sozialen Risiken. Für den Fall des Fehlens eigener Daseinsreserven soll also in Krisen, seien es Arbeitslosigkeit, Krankheit, Pflege oder Obdachlosigkeit, die notwendige Daseinshilfe gewährleistet werden. Dem sozialstaatlichen Ziel dieser Gewährleistung sind Gesetze zuzuordnen, die ein menschenwürdiges Dasein demjenigen gegenüber garantieren soll, die dazu aus eigener Kraft nicht in der Lage sind. Das zentrale Gesetzeswerk bilden diesbezüglich die Sozialgesetze (z. B. Sozialgesetzbuch – SGB).

346 Im Wesentlichen liegt es also in der Hand des Gesetzgebers, das Sozialstaatsprinzip durch Gesetze zu verwirklichen. Insoweit handelt es sich beim Sozialstaatsprinzip um eine Staatszielbestimmung, aus der sich für den Einzelnen keine Rechte ableiten lassen. Das Sozialstaatsprinzip enthält also den Auftrag an die Gewalten, im Rahmen ihres Aufgabenspektrums soziale Ziele zu berücksichtigen.

ABB. 18: Sozialstaatsprinzip als Staatszielbestimmung

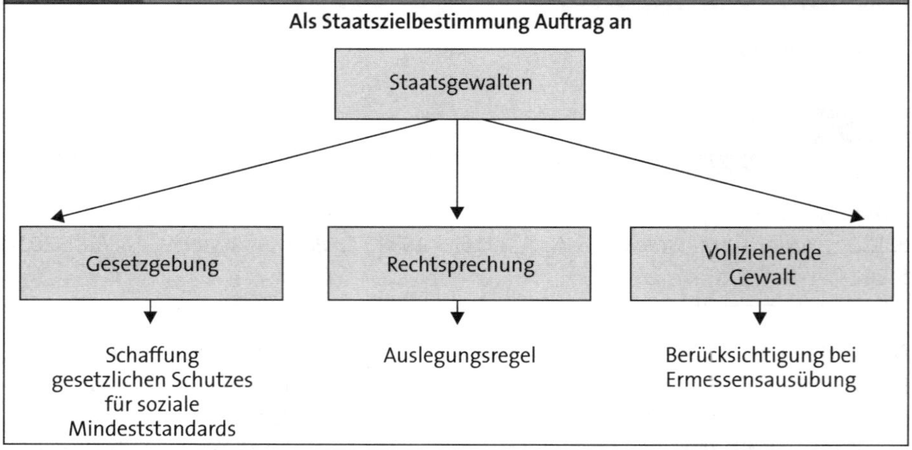

347 Eine Ausnahme bildet aber der Kern dieses Prinzips. Aus dem Sozialstaatsprinzip lässt sich i.V.m. Art. 1 Abs. 1 GG der Anspruch jedes Einzelnen auf ein menschenwürdiges Dasein und damit auf den Erhalt des **Existenzminimums** ableiten. Somit kann ein

Bürger auf die Schaffung von Gesetzen klagen, die ihm diese Möglichkeiten einräumen. Insoweit ist das Sozialstaatsprinzip mehr als bloße Staatszielbestimmung und damit in Bezug auf seinen Kern ein Grundprinzip der Staatsstruktur. Da diese soziale Grundsicherung aber heute durch das Bundessozialhilfegesetz (im SGB integriert) gewährleistet ist, dürfte ein Rückgriff auf das Sozialstaatsprinzip zur Begründung von Ansprüchen des Bürgers nicht mehr notwendig sein. Allerdings musste das Bundesverfassungsgericht sich bereits mit der Frage befassen, ob die Höhe dieser Sozialhilfe noch dem Anspruch auf ein menschenwürdiges Dasein gerecht wird.

Damit sind die Grundlagen der Grundprinzipien der Staatsstrukturen mit ihren Wesensmerkmalen dargestellt.

III. Die Verfassungsorgane

Neben den Grundprinzipien der Staatsstruktur enthält das Grundgesetz auch Organisations- und Verfahrensnormen, die die Ausübung der Staatsgewalt „organisieren". Diese Organisationsnormen bestimmen die fünf obersten Verfassungsorgane und regeln deren Zuständigkeitsbereiche und ihr Verhältnis zueinander durch die Normen des Grundgesetzes: 348

ABB. 19: Verfassungsorgane

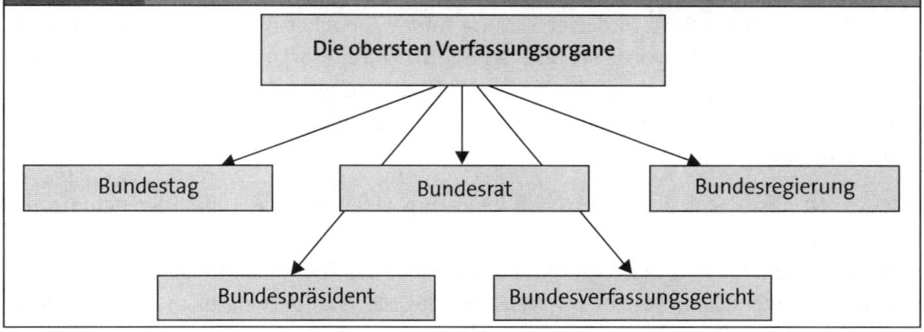

Die oben aufgeführten Verfassungsorgane sollen nachfolgend einer genaueren Betrachtung unterzogen werden. Daneben werden teilweise auch die Bundesversammlung (vgl. unter Bundespräsident Rn. 427 f.) und der Gemeinsame Ausschuss als Verfassungsorgane angesehen.

1. Der Bundestag

LITERATUR

Albrecht/Küchenhoff, Staatsrecht, 3. Aufl. 2015, S. 94 f.; *Katz*, Staatsrecht, 18. Aufl. 2010, S. 178 f.; *Schmidt*, Staatsorganisationsrecht, 18. Aufl. 2017, S. 162 f.; *Spallek*, Staatsrecht, 18. Aufl. 2010, S. 391 f.; *von Münch/Mager*, Staatsrecht I, 8. Aufl. 2016, S. 101 f.

349 Ausgehend von Art. 20 Abs. 2 GG wählt das Volk als Träger der Staatsgewalt den Bundestag. Dieser ist damit auf Bundesebene das einzige unmittelbar demokratisch legitimierte Staatsorgan. Als oberstes selbstständiges Staatsorgan regelt der Bundestag seine Angelegenheiten selbst und ist dabei keinerlei Weisungen oder gar einer Aufsicht unterworfen. Der Bundestag vertritt in seinen parlamentarischen Entscheidungen, insbesondere durch seine Gesetzesbeschlüsse, das Staatsvolk (sog. Prinzip der repräsentativen Demokratie). Bundestag und Bundesrat (plus gemeinsamer Ausschuss) bilden zusammen die obersten Verfassungsorgane der Legislative. Regelungen über den Bundestag finden sich insbesondere in den Art. 38 f. des Grundgesetzes.

a) Wahl und Zusammensetzung

350 Nach Art. 38 Abs. 1 Satz 1 GG werden die Abgeordneten des deutschen Bundestages unter Einhaltung der Wahlrechtsgrundsätze vom Volk gewählt. In der Regel besteht der Bundestag aus 598 Abgeordneten, wobei sich die Zahl durch Überhang- und Ausgleichsmandate noch erhöhen kann. Die Legislaturperiode des Bundestages beträgt gem. Art. 39 Abs. 1 GG in der Regel vier Jahre. Sie beginnt und endet nach Art. 39 Abs. 1 Satz 2 GG jeweils mit dem Zusammentritt des neuen Bundestages (und nicht etwa mit der Wahl).

351 Der erste Zusammentritt des Bundestages nach der Wahl wird auch als **konstituierende Sitzung** bezeichnet. Diese findet gem. Art. 39 Abs. 2 GG spätestens am dreißigsten Tage nach der Wahl statt. In dieser Sitzung findet zunächst die Wahl des Bundestagspräsidenten, seiner Stellvertreter und der Schriftführer statt (Art. 40 Abs. 1 Satz 1 GG). Danach gibt sich der Bundestag eine Geschäftsordnung (Art. 40 Abs. 1 Satz 2 GG). In der Regel wird in der konstituierenden Sitzung auch die Wahl des/der Bundeskanzler vorgenommen.

352 Aus Art. 40 Abs. 1 Satz 2 GG lässt sich weiterhin ableiten, dass sich jeder neu zusammengetretene Bundestag auch eine neue Geschäftsordnung (GOBT) gibt. Dies ist deswegen notwendig, weil der neue Bundestag nicht die Rechtsnachfolge des alten Bundestages antritt. Daher spricht man z. B. bei der 18. Wahlperiode auch vom 18. Deutschen Bundestag. Bezeichnet wird dieser Umstand auch als **Diskontinuität** des Bundestages, wobei zwischen personeller und sachlicher Diskontinuität unterschieden wird. Personelle Diskontinuität bedeutet, dass alle Abgeordneten des alten Bundestages mit Ablauf der Wahlperiode ihr Mandat verlieren. Im neuen Bundestag bedürfen somit alle Mitglieder des Parlaments eines neuen Mandats. Sachliche Diskontinuität bedeutet, dass mit der Beendigung der Legislaturperiode alle eingebrachten Gesetzesvorlagen, aber auch interne Regelungen und Entscheidungen (wie z. B. Anträge und Anfragen und die Geschäftsordnung selbst) keine Fortgeltung für den jeweils neuen Bundestag entfalten (§ 125 GOBT). Daher muss sich jeder neue Bundestag auch seine eigene Geschäftsordnung geben und frühere Vorlagen eventuell erneut einbringen und beraten.

b) Organe des Bundestages

353 Der Arbeitsalltag des Bundestages und seine Entscheidungsfindung werden durch die unterschiedlichen Organe des Bundestages bestimmt. Die bedeutendsten sind dabei:

► Bundestagspräsident 354

Der Bundestagspräsident wird als erste Amtshandlung des neuen Bundestages in der konstituierenden Sitzung gewählt (Art. 40 Abs. 1 GG). Traditionell wird der Bundestagspräsident von der stärksten Fraktion gestellt. Bis dahin wird die Sitzung vom ältesten Bundestagsmitglied geleitet. Die Amtszeit des Bundestagspräsidenten endet mit dem Zusammentritt des neu gewählten Bundestages. Seine letzte Amtshandlung ist die Einberufung des neuen Bundestages nach der Wahl.

Das Amt des Bundestagspräsidenten ist protokollarisch das zweithöchste Amt im Staat 355 nach dem des Bundespräsidenten, und das obwohl der eigentliche Vertreter des Bundespräsidenten nach Art. 57 GG der Bundesratspräsident ist. Der Bundestagspräsident vertritt den Bundestag nach innen und außen (§ 7 GOBT). Seine Hauptaufgaben umfassen:

- Ausübung von Hausrecht und Polizeigewalt im Bundestag (Art. 40 Abs. 2 GG, § 7 Abs. 2 GOBT)
- Gerechte und unparteiische Verhandlungsleitung (§ 7 Abs. 1 Satz 2 GOBT)
- Vorsitz bei den Sitzungen des Bundestages (§ 8 GOBT)
- Behördenleiter der Bundestagsverwaltung (§ 7 Abs. 4 GOBT)
- Abschluss bedeutender Verträge (§ 7 Abs. 3 GOBT)
- Vorsitz des Ältestenrates (§ 6 Abs. 1 GOBT)

► Bundestagspräsidium 356

Neben dem Bundestagspräsidenten werden auch verschiedene Stellvertreter gewählt. Traditionell wird wenigstens ein Stellvertreter aus jeder Fraktion gewählt. Sie bilden gemeinsam mit dem Bundestagspräsidenten das Präsidium (§ 5 GOBT).

► Ältestenrat 357

Der Ältestenrat besteht nach § 6 GOBT aus dem Präsidium und 23 weiteren von den Fraktionen zu benennenden Mitgliedern. Er unterstützt den Präsidenten bei der Wahrnehmung seiner Aufgaben. Seine Aufgaben umfassen u. a.:

- Verteilung der Sitze in den Ausschüssen und deren Vorsitz
- Terminplanungen für die Sitzungswochen
- Haushaltsplanung und Raumverteilung im Bundestag
- Streitschlichtungsorgan für die Fraktionen

► Fraktionen 358

Für die politische Ordnung und die bessere Organisation innerhalb des Bundestages finden sich die Abgeordneten zu Fraktionen zusammen. Fraktionen sind nach § 10 Abs. 1 GOBT Vereinigungen von mindestens 5 % der Mitglieder des Bundestages, die derselben Partei oder aber Parteien angehören, die die gleichen politischen Ziele verfolgen und in keinem Bundesland miteinander im Wettbewerb stehen. Eine Abweichung von diesem Grundsatz bedarf eines Bundestagsbeschlusses (§ 10 Abs. 1 Satz 2 GOBT). Obwohl die Fraktionen in der Wahrnehmung nach außen und im politischen Alltagsgeschehen eine wichtige Rolle einnehmen, nennt das Grundgesetz sie nur beiläufig in Art. 53a Abs. 1 Satz 2 GG. Genauere Bestimmungen über die Fraktionen und deren Aufgaben finden sich jedoch in den §§ 45 f. Abgeordnetengesetz. Danach wirken sie an der Erfüllung der Aufgaben des Deutschen Bundestags mit (§ 47 Abs. 1 AbgG), sind rechtsfähige Vereinigungen von Abgeordneten im Deutschen Bundestag und können klagen und verklagt werden (§ 46 Abs. 1, 2 AbgG).

359 Die Bedeutung der Fraktionen lässt sich vor allem an den durch die GOBT zugewiesenen Aufgaben erkennen:

- Besetzung der Ämter des Bundestagspräsidiums (traditionell)
- Zusammensetzung des Ältestenrates (§ 12 GOBT)
- Bestimmung der Ausschussvorsitzenden (§ 12 GOBT)
- Entsendung der Ausschussmitglieder (§ 57 Abs. 2 Satz 1 GOBT)
- Einbringung von Gesetzesvorlagen (§ 76 Abs. 1 GOBT)
- Einberufung des Vermittlungsausschusses (§ 89 GOBT)

360 ► **Ausschüsse**

Neben den Fraktionen spielen die verschiedenen Ausschüsse im Arbeitsalltag des Bundestages eine große Rolle. Da im großen Plenum des Bundestages nicht immer alle Detailfragen zu einzelnen Gesetzesvorhaben erörtert werden können, finden sich die jeweiligen Experten der Fraktionen in Ausschüssen zusammen. Die Ausschüsse bekommen dann die jeweiligen sie fachlich betreffenden Gesetzesvorlagen vom Plenum überwiesen, um Inhalte zu diskutieren und mögliche mehrheitsfähige Kompromissvorschläge im Vorfeld zu verhandeln. Der Ausschuss übergibt die Gesetzesvorlage nach diesen Vorberatungen dann mit Beschlussempfehlungen zurück an das Plenum.

361 Die Zusammensetzung der Ausschüsse richtet sich dabei gem. § 12 GOBT nach der Stärke der Fraktionen im Plenum. Die Fraktionen benennen auch die jeweiligen Ausschussmitglieder (§ 57 Abs. 2 Satz 1 GOBT). Dabei ist zu beachten, dass die Mitgliederzahl in den Ausschüssen frei bestimmt werden kann (§ 57 Abs. 1 GOBT), wobei grundsätzlich jeder Ausschuss ein verkleinertes Abbild des Parlaments widerspiegelt. Unterschieden wird allgemein zwischen folgenden Ausschüssen:

ABB. 20: Ausschüsse des Bundestags

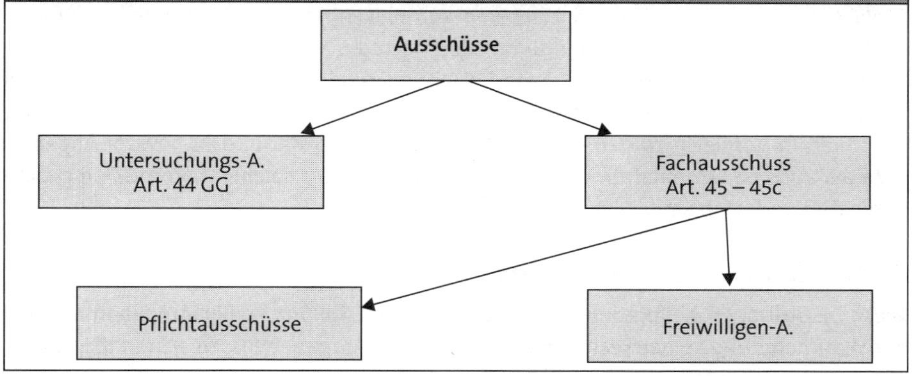

In den **Fachausschüssen** finden sich die jeweiligen Experten der Fraktionen zu einzelnen Themen zusammen. In der Regel ist jedem Ministerium ein Fachausschuss zugeordnet. Pflicht(fach)ausschüsse sind lediglich der Ausschuss für Angelegenheiten der Europäischen Union (Art. 45 GG), der Ausschuss für auswärtige Angelegenheiten (Art. 45a Abs. 1 1. Alt. GG), der Ausschuss für Verteidigung (Art. 45a Abs. 1 2. Alt. GG) und der Petitionsausschuss (Art. 45c GG). Letzterer befasst sich mit den von Bürgern nach Art. 17 GG an den Bundestag gerichteten Bitten und Beschwerden. Alle übrigen Ausschüsse sind sog. „Freiwillige Ausschüsse", weil ihre Existenz nicht zwingend vom Grundgesetz vorgeschrieben ist. 362

Neben den Fachausschüssen existieren auch die sog. **Untersuchungsausschüsse** nach Art. 44 GG. Im Gegensatz zu den Fachausschüssen befassen sich diese speziellen Ausschüsse mit der Aufklärung eng umgrenzter Sachverhalte und Fragestellungen (z. B. Parteispendenaffäre, Wahllügenausschuss usw.) aus dem Aufgabenbereich des Bundestages. Bei der Aufklärung der Sachverhalte kann sich der Untersuchungsausschuss der Instrumente der StPO zur Beweiserhebung bedienen. Den Abschluss eines Untersuchungsausschusses bildet ein Untersuchungsbericht (und damit keine Beschlussempfehlung). Wegen der großen öffentlichen Aufmerksamkeit wird ein Untersuchungsausschuss gern als politische Bühne benutzt. 363

Der Untersuchungsausschuss ist Ausdruck des Prinzips des Minderheitenschutzes und kann vom Bundestag einberufen werden. Beantragt dagegen ein Viertel der Mitglieder des Bundestages (vgl. zu diesem Begriff Art. 121 GG) die Einsetzung eines Untersuchungsausschusses, so ist der Bundestag nach Art. 44 Abs. 1 GG sogar zur Einsetzung verpflichtet. Da diese Vorschrift allerdings keine detaillierten Regelungen in Bezug auf Einberufung, Untersuchungsgegenstand, das Verfahren und die Beweiserhebung enthält, muss ergänzend das Gesetz zur Regelung des Rechts der Untersuchungsausschüsse des Deutschen Bundestages (PUAG) hinzugezogen werden. Die Vorschriften der StPO über die Beweiserhebung bleiben jedoch nach wie vor sinngemäß anwendbar, da Art. 44 Abs. 2 Satz 1 GG selbst nicht geändert wurde, was im Einzelfall zu einer Kollision zwischen den Vorschriften der StPO und des PUAG führen kann. Der Gesetzgeber bleibt aufgefordert, eine befriedigende Lösung herbeizuführen. 364

365 ► **Enquete-Kommission**

Schließlich existiert zur Vorbereitung von komplexen Sachverhalten und umfangreichen Sachentscheidungen für den Bundestag noch die Möglichkeit eine Enquete-Kommission einzusetzen (§ 56 Abs. 1 Satz 1 GOBT). Grundsätzlich handelt es sich dabei nicht um einen regulären Ausschuss (Enquete = „Untersuchung"). Die Besonderheit liegt hier im Vergleich zu den übrigen Ausschüssen aber darin, dass sowohl Abgeordnete als auch parlamentsfremde Sachverständige in einer solchen Kommission gleichberechtigt vertreten sind.

c) Aufgaben und Rechte des Bundestages

366 Diese Institutionen helfen dem Bundestag bei der Erfüllung seiner Aufgaben und bei der Wahrnehmung seiner Rechte. Seine vielfältigen Aufgaben lassen sich in die folgenden Bereiche unterteilen:

aa) Primär: Wahrnehmung der Gesetzgebungskompetenz (Art. 76 f. GG)

Als einzig direkt legitimiertes Staatsorgan des Bundes ist die Gesetzgebung die primäre Aufgabe des Bundestages.

bb) Wahlfunktionen

- ► Wahl des Bundestagspräsidenten (Art. 40 Abs. 1 GG)
- ► Wahl des Bundeskanzlers (Art. 63 GG)
- ► Wahl des Bundespräsidenten (Art. 54 GG); Mitwirkung
- ► Wahl der Bundesrichter (Art. 94 Abs. 1 GG); Mitwirkung
- ► Wahl des Wehrbeauftragten (Art. 45b GG)

cc) Kontrollfunktionen

- ► Wahlprüfung und Mandatsverlust (Art. 41 GG)
- ► Zitierrecht der Mitglieder der Bundesregierung (Art. 43 GG)
- ► Einsetzung von Untersuchungsausschüssen (Art. 44 GG)
- ► Anklage des Bundespräsidenten (Art. 61 GG)
- ► Bundeskanzler/konstruktives Misstrauensvotum (Art. 67 GG)
- ► Bundesrichter (Art. 98 Abs. 2 GG); Antrag an Bundesverfassungsgericht
- ► Feststellung des Haushaltsplanes (Art. 110 GG)
- ► Stellung großer und kleiner Anfragen an die Bundesregierung

dd) Sonstige Rechte/Funktionen

- ► Mitwirkung in EU-Angelegenheiten (Art. 23 GG)
- ► Einsetzung eines Petitionsausschusses (Art. 45c GG)
- ► Feststellung des Verteidigungsfalles (Art. 115a f. GG)
- ► Budgetrecht (Art. 110 GG)

d) Beschlussfassung

Hat der Bundestag nun durch Beratungen in den Ausschüssen einen Gesetzesentwurf 367
vorberaten, so gelangt dieser mit einer Beschlussempfehlung der verschiedenen Ausschüsse zur endgültigen Abstimmung wieder in das Plenum des Bundestages zurück. Welche **Mehrheiten** dann im Plenum für den Beschluss eines Gesetzes benötigt werden, kommt auf den jeweiligen zu beschließenden Akt an. Solange das Grundgesetz nicht ausdrücklich eine andere Mehrheit vorschreibt, beschließt der Bundestag mit einfacher Mehrheit (Art. 42 Abs. 2 GG). Daneben existieren noch die absolute Mehrheit und die einfache bzw. qualifizierte 2/3-Mehrheit:

ABB. 21: Mehrheit im Grundgesetz

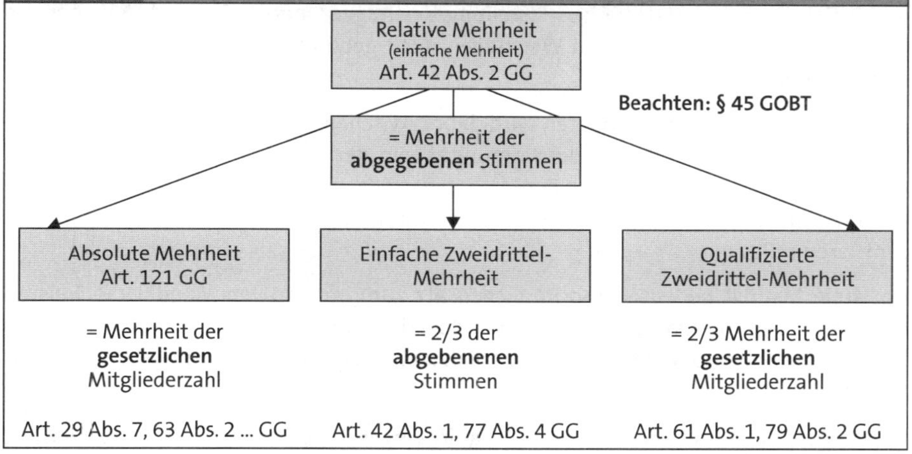

Allerdings ist noch zu klären, wie **Stimmenthaltungen** bzw. **ungültige Stimmen** bei den 368
einfachen Mehrheiten zu werten sind. Dabei werden diese Stimmen wie nicht abgegebene Stimmen gewertet. Bei einer einfachen Mehrheit werden schlicht gesagt mehr „ja"- als „nein"-Stimmen benötigt.

BEISPIEL ▸ Ein Gesetz erhält folgendes Abstimmungsergebnis: Ja – 285 Stimmen, Nein – 282 Stimmen und 11 Stimmenthaltungen. Da die 11 Stimmenthaltungen aus dem Ergebnis als nicht abgegebene Stimmen gewertet werden, ist die notwendige Mehrheit für das Gesetz erreicht.

Bei der absoluten bzw. der qualifizierten Mehrheit muss die entsprechende Anzahl der Ja-Stimmen umgerechnet auf die Mitglieder erreicht werden, weshalb Stimmenthaltungen und ungültige Stimmen nicht zur Erreichung der notwendigen „ja"-Stimmen beitragen und damit die gleiche Wirkung wie eine „nein"-Stimme haben.

Weiterhin ist zu beachten, dass der Bundestag nach § 45 Abs. 1 GOBT nur dann **be-** 369
schlussfähig ist, wenn mehr als die Hälfte seiner Mitglieder im Sitzungssaal anwesend sind, was in der Regel also mehr als 300 (je nach Anzahl der Überhangmandate auch mehr) Abgeordnete umfasst. Allerdings wird nach § 45 Abs. 2 GOBT eine eventuelle Beschlussunfähigkeit nur dann relevant, wenn vor Beginn einer Abstimmung die Beschlussfähigkeit von einer Fraktion oder von 5 % der Mitglieder des Bundestages bezweifelt wird. Werden solche Zweifel jedoch nicht unmittelbar **vor** der Abstimmung an-

gemeldet, so gilt der Bundestag als beschlussfähig. Eine Beschlussunfähigkeit kann im Nachhinein weder von einem Abgeordneten, noch von einem von dem verabschiedeten Gesetz betroffenen Bürger geltend gemacht werden.

370 Ein Beispiel für die Notwendigkeit einer qualifizierten 2/3-Mehrheit ist die **Änderung der Verfassung**. Sie ist aber nicht die einzige Voraussetzung, die zur Änderung der Verfassung notwendig ist (vgl. Art. 79 GG).

e) Rechtsstellung der Abgeordneten

371 Eine weitere Besonderheit des Bundestages ist das insbesondere aus den Erfahrungen der Weimarer Republik abgeleitete **freie Mandat**. Damit umschreibt Art. 38 Abs. 1 Satz 2 GG die grundsätzliche Rechtsstellung der Abgeordneten. Sie sind Vertreter des ganzen Volkes, an Aufträge und Weisungen nicht gebunden und nur ihrem Gewissen unterworfen.

372 Bei den Rechten von Abgeordneten wird dabei zwischen dem freien Mandat, dem gleichen Mandat, der Indemnität, der Immunität und den sonstigen Rechten unterschieden. Alle diese Rechte haben die Funktion, die größtmögliche Unabhängigkeit der Abgeordneten zu schützen, damit er sich bei Abstimmungen nur auf sein Gewissen konzentrieren muss.

373 Das **freie Mandat** bedeutet also im Gegensatz zum imperativen Mandat die Freistellung der Abgeordneten von jeglicher Fremdbestimmung. Als stärkster Ausdruck dieser Freiheit der Abgeordneten ist es diesen jederzeit möglich, auf ihr Bundestagsmandat zu verzichten.

374 Dieser **Verzicht** ist in § 46 Abs. 1 Nr. 4 BWahlG vorgesehen. Nach § 46 Abs. 3 BWahlG ist ein Verzicht eines Bundestagsabgeordneten auf sein Mandat nur dann wirksam, wenn er dies zur Niederschrift beim Bundestagspräsidenten oder bei einem deutschen Notar erklärt. Dadurch soll gewährleistet werden, dass dem Abgeordneten die Bedeutung seiner Entscheidung klar ist und dass diese Entscheidung auch seinem freien Willen entspricht.

375 Scheidet ein Abgeordneter aus dem Bundestag aus, so wird sein Platz nach § 48 BWahlG nachbesetzt. Demnach rückt die Person als neuer Abgeordneter für den ausgeschiedenen Vorgänger in den Bundestag nach, die auf der betroffenen Landesliste als nächste Person aufgeführt ist. Nach § 48 Abs. 1 Satz 2 BWahlG bleiben dabei aber Listenkandidaten unberücksichtigt, die nach der Wahl aus der Partei (z. B. durch ein Parteiausschlussverfahren nach § 10 Abs. 4 PartG) ausgeschieden sind.

376 Daneben existiert das **gleiche Mandat**. Der Begriff bezeichnet den Umstand, dass alle Abgeordneten den gleichen Rechtsstatus haben und damit die gleichen Rechte und Pflichten genießen.

377 Art. 46 Abs. 1 GG regelt weiterhin die **Indemnität** der Abgeordneten. Darunter ist ein Recht zu verstehen, das den Abgeordneten lebenslang vor jeder gerichtlichen, dienstlichen oder sonstigen Verfolgung wegen einer Äußerung oder Abstimmung im Bundestag schützt. Auf weitergehende Äußerungen im Anschluss an eine Plenardebatte z. B. gegenüber der Presse erstreckt sich die Indemnität damit jedoch nicht. Der Schutz be-

steht für den Abgeordneten sein Leben lang. Ausgenommen vom Schutz der Indemnität sind lediglich verleumderische Beleidigungen i. S. des § 187 StGB. Da dieses Recht dem Abgeordneten nicht genommen werden kann spricht man von einem **Abgeordnetenrecht**.

ABB. 22: Indemnität

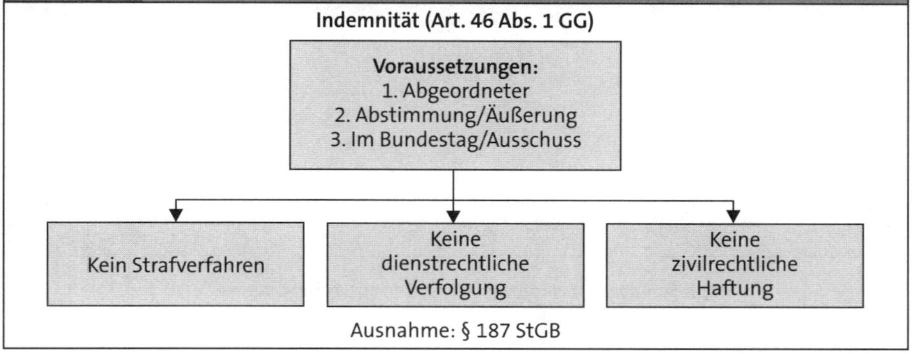

Daneben existiert für den Abgeordneten auch das Recht der **Immunität** nach Art. 46 378
Abs. 2 GG. Durch die Immunität soll die Arbeitsfähigkeit des Parlaments geschützt werden. Der Abgeordnete wird für die Dauer seiner Angehörigkeit zum Deutschen Bundestag bei Begehung einer mit Strafe bedrohten Handlung vor Strafverfolgung und Verhaftung geschützt, es sei denn, er wird bei Begehung der Tat oder im Laufe des folgenden Tages festgenommen. Dabei ist der auf die Tat folgende Wochentag bis 24:00 Uhr gemeint. Zusätzlich kann der Bundestag die Immunität eines Abgeordneten jederzeit aufheben. Da dieses Recht die Funktionsfähigkeit des Parlaments schützen soll, wird die Immunität auch als **Parlamentsrecht** bezeichnet. Der einzelne Angeordnete kann auf dieses Recht – im Gegensatz zum Parlament – auch nicht verzichten. Mittlerweile ist es allerdings üblich, dass der Bundestag per Delegation an den Immunitätsausschuss zu Beginn der Legislaturperiode eine generelle Genehmigung erteilt, so dass Plenarentscheidungen über die Aufhebung der Immunität eher die Ausnahme darstellen (vgl. § 107 Abs. 2 GOBT i.V .m. der Anlage 6).

ABB. 23: Immunität

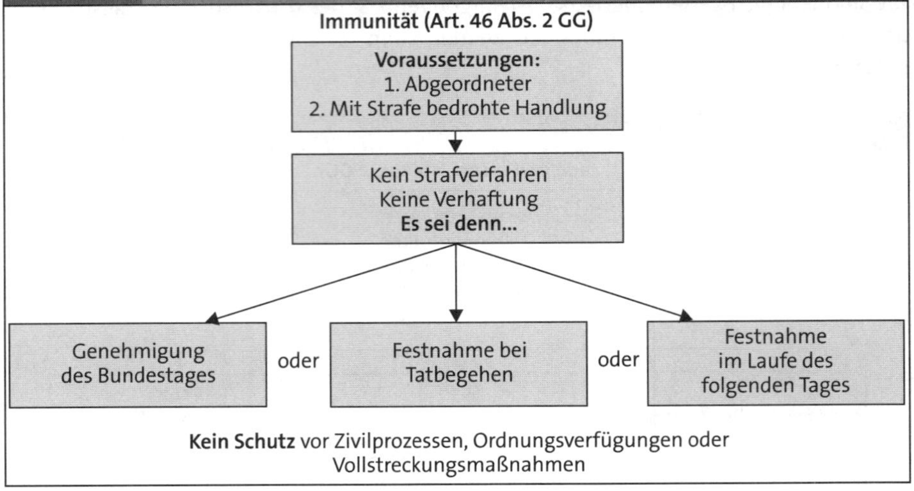

379 Außerdem stehen den Abgeordneten auch noch **sonstige Rechte** zu, die in den Art. 47 und 48 GG aufgelistet sind. Dabei ist insbesondere das Zeugnisverweigerungsrecht (Art. 47 GG) der Abgeordneten, der Anspruch der Abgeordneten auf Wahlurlaub (Art. 48 Abs. 1 GG) und der Kündigungsschutz für Abgeordnete (Art. 48 Abs. 2 Satz 2 GG) zu nennen. Besonders interessant für die Abgeordneten dürften die Rechte aus Art. 48 Abs. 3 GG sein, wonach jeder Abgeordnete die staatlichen Verkehrsmittel kostenlos benutzen darf und Anspruch auf eine seine Unabhängigkeit sichernde Entschädigung für seine Tätigkeit hat (sog. „Diäten"). Aus dem Begriff „Entschädigung" ist zu entnehmen, dass der Abgeordnete keine Gegenleistung erbringen muss, d. h. er schuldet keine Dienste. Weitere Detailfragen sind im **Abgeordnetengesetz** geregelt (§§ 11 f. AbgG).

380 Bei der Klärung von Streitfragen kann jeder Abgeordnete als anderer Beteiligter, der durch das Grundgesetz mit eigenen Rechten ausgestattet ist, das **Organstreitverfahren** nach Art. 93 Abs. 1 Nr. 1 GG, §§ 13 Nr. 5, 63 f. BVerfGG anstrengen, wenn er die Verletzung eines ihm durch das Grundgesetz übertragenen Rechtes behauptet. Regelmäßig handelt es sich dabei um den in Art. 38 Abs. 1 Satz 2 GG statuierten Grundsatz des freien Mandats.

ABB. 24: Freies Mandat

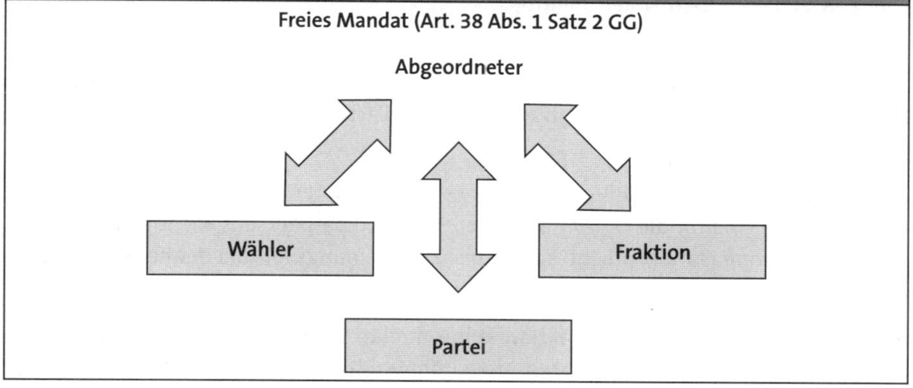

Trotz dieses weitreichenden Schutzes für die jeweiligen Abgeordneten dürfte in der Realität fraglich sein, ob die Abgeordneten in ihrer Entscheidung wirklich so frei und absolut ungebunden sind. Denn jeder Abgeordnete will von seinen Wählern wiedergewählt werden und jeder Abgeordnete gehört in der Regel einer Partei oder einer Fraktion an. Daher stellt sich die Frage, ob Wähler, Fraktion oder Partei das freie Mandat nicht beeinträchtigen können und wie mögliche Konflikte zu lösen sind. 381

Abgeordneter – Wähler 382

Im Verhältnis zwischen Wähler und Abgeordneten steht das freie Mandat über allen anderen Belangen. Das bedeutet, dass der Abgeordnete keinen Wahlauftrag mitgegeben bekommt und sich an Wahlversprechen nicht halten muss. Deswegen wird das Mandat eines Abgeordneten auch als „Generalvollmacht auf Zeit" bezeichnet.

Die einzige auch durch das freie Mandat nicht geschützte Sanktionsmöglichkeit des Wählers ist es daher, den Abgeordneten bei der nächsten Wahl nicht mehr seine Stimme zu geben.

Abgeordneter – Partei 383

Auch im Verhältnis eines Abgeordneten zu seiner Partei steht das freie Mandat über allem. Allerdings führt dies immer wieder zu erheblichen Spannungen. Den politischen Parteien obliegt nach Art. 21 GG die politische Willensbildung des Volkes. Aufgrund dieser Funktion sollen die Parteien Mehrheitsentscheidungen herbeiführen und interne Beschlüsse in konkrete Politik umsetzen (siehe dazu oben Parteien Rn. 280 f.). Dies wird allerdings dann problematisch, wenn der einzelne Abgeordnete nicht die gleiche Meinung vertritt, die die Partei z. B. durch einen Parteitagsbeschluss gefunden hat. Insofern entsteht ein Spannungsverhältnis zwischen dem Recht des Abgeordneten aus Art. 38 Abs. 1 Satz 2 GG und der Aufgabenpflicht der Parteien nach Art. 21 GG.

Im Ergebnis braucht sich der Abgeordnete aufgrund des freien Mandats an keinen Parteitagsbeschluss bei seinem Abstimmungsverhalten gebunden fühlen. Der Schutz des freien Mandats geht dabei sogar soweit, dass sein Mandat auch dann fortbesteht, wenn der Abgeordnete aufgrund der unterschiedlichen Meinungen aus der Partei ausgetreten oder sogar durch ein Verfahren nach § 10 Abs. 4 PartG aus der Partei ausgeschlossen wurde. Auch ein für diesen Fall vorher durch den Abgeordneten versprochener Mandatsverzicht wäre ungültig.

Die Partei hat somit keinen „Zugriff" auf das Mandat des Abgeordneten und kann ihn daher lediglich im Ausnahmefall nach § 10 Abs. 4 PartG aus der Partei ausschließen. Allerdings sind die Anforderungen an einen solchen Parteiausschluss sehr hoch.

384 **Abgeordneter – Fraktion**

Ähnlich verhält es sich beim Verhältnis eines Abgeordneten zu seiner jeweiligen Fraktion. Fraktionen sind für die Organisation der Parlamentsarbeit sehr wichtig (s. o. Fraktionen). Diese Organisationspflicht kann aber bei Meinungsverschiedenheiten mit dem Abgeordneten ebenfalls zu Spannungen führen.

Aber auch hier gilt, dass die Fraktion keine direkte Einwirkungsmöglichkeit auf den durch das freie Mandat geschützten Abgeordneten hat. Er braucht sich ebenso wenig wie an Parteitagsbeschlüsse auch an Fraktionsbeschlüsse bei seinem Abstimmungsverhalten nicht gebunden fühlen. In diesem Zusammenhang tauchen im politischen Sprachgebrauch auch die Begriffe Fraktionsdisziplin und Fraktionszwang auf. Fraktionsdisziplin fordert ein bestimmtes loyales Verhalten des einzelnen Abgeordneten bei bestimmten wichtigen Entscheidungen der Fraktion gegenüber, damit diese in der Öffentlichkeit und vor allem bei den Wählern den Eindruck von Harmonie und möglichst großer Geschlossenheit vermitteln. Um dieses einheitliche Auftreten zu erreichen, versucht die Fraktion auf den Meinungsbildungsprozess des Abgeordneten Einfluss zu nehmen. Wegen ihrer rechtlichen Unverbindlichkeit aufgrund des durch Art. 38 Abs. 1 Satz 2 GG garantierten freien Mandats wird die Fraktionsdisziplin allgemein als zulässig angesehen. Unzulässig hingegen ist der sog. Fraktionszwang, wenn also die Fraktion den Abgeordneten bei seiner Gewissensentscheidung unter Druck setzt, indem sie mit ihm Vereinbarungen (z. B. in Form eines Mandatsverlustes) für den Fall trifft, dass der Abgeordnete sich bei einer Abstimmung im Parlament gegenüber einem Fraktionsbeschluss Abrede widrig verhält. Der Fraktion bleibt in diesem Fall lediglich die (im Vergleich zum Parteiausschluss einfachere) Möglichkeit, den Abgeordneten aus der Fraktion auszuschließen.

In der Theorie steht das freie Mandat zum Schutz der Abgeordneten über allen anderen Belangen. In der Realität ist der einzelne Abgeordnete für sein Fortkommen sowohl auf die Partei als auch auf die Fraktion angewiesen und wird sich daher in der Regel beiden beugen.

f) Legislaturperiode

385 Nach Art. 39 Abs. 1 Satz 1 GG beträgt die Dauer der Legislaturperiode des Bundestages vier Jahre. Sie kann sich aber in den Fällen einer gescheiterten Kanzlerwahl (Art. 63 Abs. 4 Satz 3 GG) oder im Falle des Misslingens der Vertrauensfrage (Art. 68 Abs. 1 GG) entsprechend verkürzen (vgl. dazu unten unter Bundesregierung Rn. 398 f.). Neben diesen beiden Möglichkeiten hat das Grundgesetz keine weitere Möglichkeit zur Auflösung des Bundestages vorgesehen, was sich insbesondere aus den Erfahrungen der Weimarer Republik ableitet. Vor allem steht dem Bundestag **kein Selbstauflösungsrecht** zu.

2. Der Bundesrat

LITERATUR

Albrecht/Küchenhoff, 3. Aufl. 2015, S. 112 f.; *Ipsen*, Staatsrecht I, 29. Aufl. 2017, S. 97 f.; *Katz*, Staatsrecht, 18. Aufl. 2010, S. 195 f.; *Schmidt*, Staatsorganisationsrecht, 18. Aufl. 2017, S. 248 f.

Der Bundesrat ist das nächste Verfassungsorgan. Er ist das Organ, in dem die Länder 386
im Bund vertreten sind. Insofern wird der Bundesrat auch als institutionalisierte Mitwirkungsmöglichkeit der Länder auf Bundesebene bezeichnet. Obwohl er sich aus Vertretern der Länder zusammensetzt, ist der Bundesrat ein Bundesorgan. Dieser ist insbesondere für das Gesetzgebungsverfahren von großer Bedeutung. Nach Art. 50 GG wirken die Länder durch den Bundesrat bei der Gesetzgebung und Verwaltung des Bundes und in Angelegenheiten der europäischen Union mit. Vereinfacht gesagt wirken die Länder über den Bundesrat auf Bundesebene in Angelegenheiten mit, die die Interessen der Länder, insbesondere deren Eigenstaatlichkeit, betreffen.

Gelegentlich wird er als **zweite Kammer** der Gesetzgebung bezeichnet. Da die Mitwirkung dabei jedoch lediglich ein Beteiligungsrecht begründet, stellt er im Ergebnis jedoch keine selbstständige zweite Gesetzgebungskammer dar.

Regelungen über den Bundesrat finden sich vor allem in den Art. 50 f. des Grundgesetzes.

a) Zusammensetzung

Der Bundesrat besteht nicht aus frei gewählten Mitgliedern, sondern nach Art. 51 387
Abs. 1 GG aus den Mitgliedern der Regierungen der Länder. Jedes Land kann nach Art. 51 Abs. 3 GG so viele Mitglieder entsenden, wie ihm Stimmen zustehen. Die Stimmverteilung richtet sich dabei nach Art. 51 Abs. 2 GG nach der Einwohnerzahl der jeweiligen Länder, wobei die Länder je nach Größe drei bis sechs Stimmen haben. Die Benennung der Mitglieder erfolgt durch die Landesregierungen (§ 1 GO BR). Aktuell hat der Bundesrat 69 Stimmen und damit auch 69 Mitglieder.

Da der Bundesrat keiner Wahlperiode unterliegt wird er auch als **ewiges Organ** bezeich- 388
net. Durch Mehrheitsverschiebungen und Neuwahlen in den jeweiligen Bundesländern ändern sich jeweils nur die von dem betroffenen Land entsandten Mitglieder.

b) Organe des Bundesrates

Oberstes Organ des Bundesrates ist der **Bundesratspräsident**. Seine Aufgaben sind mit 389
denen des Bundestagspräsidenten vergleichbar. Im Wesentlichen obliegt ihm nach Art. 52 Abs. 2 GG die Einberufung und die Leitung der Sitzungen des Bundesrates. Der Bundesratspräsident wird nach Art. 52 Abs. 1 GG vom Bundesrat auf ein Jahr gewählt. Traditionsgemäß „wandert" die Wahl des Bundesratspräsidenten dabei jeweils vom be-

völkerungsstärksten bis zum bevölkerungsschwächsten Bundesland (nach dem sog. „**Königsteiner Abkommen**").

390 Vergleichbar mit dem Bundestag findet ein erheblicher Teil der politischen Arbeit in **Ausschüssen** statt. Nach Zuständigkeit, Bezeichnung und Arbeitsweise entsprechen sie den Ausschüssen des Bundestages. Die Fachausschüsse des Bundestages sind aber nicht mit dem **Gemeinsamen Ausschuss** nach Art. 53a GG zu verwechseln. Dieser ist kein Ausschuss des Bundesrates allein, sondern besteht zu 2/3 aus Mitgliedern des Bundestages und nur zu 1/3 aus Mitgliedern des Bundesrates. Seine Aufgaben beschränken sich aber auf den Verteidigungsfall (Art. 115a GG), weshalb der Gemeinsame Ausschuss ansonsten nicht benötigt wird.

Fraktionen finden sich aufgrund des Fehlens von Abgeordneten konsequenterweise nicht im Bundesrat.

c) Aufgaben und Rechte des Bundesrates

391 Ähnlich wie beim Bundestag lassen sich die Aufgaben und Rechte des Bundesrates wie unten aufgeführt aufteilen. Dabei gilt der Grundsatz, dass der Bundesrat immer dann mitwirken muss, wenn **Länderinteressen** durch Maßnahmen des Bundes betroffen sein könnten:

aa) Primär: Wahrnehmung der Gesetzgebungskompetenz (Art. 76 f. GG)

Dabei wird im Gesetzgebungsverfahren zwischen Zustimmungs- und Einspruchsgesetzen unterschieden.

- Mitwirkung bei der Steuergesetzgebung (Art. 105 Abs. 3 GG)

bb) Wahlfunktionen:

- Wahl des Bundesratspräsidenten (Art. 52 Abs. 1 GG)
- Wahl der Bundesrichter (Art. 94 Abs. 1 GG); Mitwirkung

cc) Kontrollfunktionen

- Zitierrecht (Art. 53 GG)
- Anklage des Bundespräsidenten (Art. 61 GG)
- Stellungnahme zum Haushaltsplan (Art. 110 Abs. 3 GG)

dd) Sonstige Rechte/Funktionen

- Mitwirkung in EU-Angelegenheiten (Art. 50 GG)
- Mitwirkung im Verteidigungsfall (Art. 53a GG)
- Zustimmung zum Bundeszwang (Art. 37 GG)
- Zustimmung zu Rechtsverordnungen (Art. 80 Abs. 2 GG)
- Zustimmung zu Maßnahmen der Bundesaufsicht (Art. 84 GG)
- Zustimmung zu Verwaltungsvorschriften (Art. 108 Abs. 7 GG)

d) Beschlussfassung des Bundesrates

Nach Art. 52 Abs. 3 Satz 1 GG fasst der Bundesrat seine Beschlüsse grundsätzlich mit der **absoluten Mehrheit** (= Mehrheit der möglichen Stimmen), es sei denn, dass das Grundgesetz andere Mehrheiten ausdrücklich vorschreibt. Bei 69 möglichen Stimmen bedeutet dies eine Mehrheit von mindestens 35 Stimmen. 392

Nach Art. 51 Abs. 3 Satz 2 GG können die Stimmen eines Landes nur **einheitlich** und nur durch anwesende Mitglieder des Bundesrates oder deren Vertreter abgegeben werden. Dadurch soll verhindert werden, dass ein Land unterschiedliche Stimmen abgeben kann, damit es zu einem nachvollziehbaren Stimmergebnis kommt. 393

Aus diesem Umstand wird auch abgeleitet, dass es ausreichend ist, wenn nur ein Mitglied oder ein Vertreter eines Landes bei der Abstimmung zugegen ist. Da die Stimmen sowieso nur einheitlich abgegeben werden können, kann auch ein einzelnes Mitglied des Landes für alle anderen Mitglieder abstimmen. Obwohl in keiner Vorschrift festgelegt, trägt die Verfahrenspraxis des Bundesrates dem Erfordernis einer einheitlichen Stimmabgabe dadurch Rechnung, dass für jedes Bundesland häufig nur jeweils ein Mitglied – der sog. „Stimmführer“ (in der Regel der Ministerpräsident) – abstimmt, so dass auf diese Weise ein uneinheitliches Stimmverhalten vermieden wird.

Erfolgt die Stimmabgabe jedoch nicht einheitlich und kann der Bundesratspräsident keine einheitliche Stimmabgabe feststellen, so muss er die Stimmen des betroffenen Bundeslandes als ungültig und damit als nicht zustimmend bewerten.

e) Rechtsstellung der Mitglieder

Anders als die Mitglieder des Bundestages unterliegen die Mitglieder des Bundesrates den **Weisungen** ihrer jeweiligen Landesregierung. Dies ergibt sich zum einen aus dem Umstand, dass die Mitglieder eines Landes ihre Stimmen nach Art. 51 Abs. 3 Satz 2 GG nur einheitlich abgeben können. Außerdem legt das Grundgesetz in Art. 77 Abs. 2 Satz 3 GG fest, dass die vom Bundesrat in den Vermittlungsausschuss entsendeten Mitglieder keinen Weisungen unterliegen. Daher ergibt sich aus dem Umkehrschluss ebenfalls, dass die Mitglieder des Bundesrates ansonsten an ihre Weisungen gebunden sind. 394

Insofern handelt es sich bei der Mitgliedschaft im Bundesrat nicht um ein freies, sondern um ein **imperatives Mandat**. Weisungsbefugt sind daher nach Art. 51 Abs. 3 GG die jeweiligen Landesregierungen und nicht die Länderparlamente.

Fraglich ist jedoch, welche Auswirkungen sich für einen Beschluss des Bundesrates ergeben, wenn sich ein Mitglied bei einer Abstimmung nicht an die Weisung hält, die ihm die zuständige Landesregierung erteilt hat. Der **Beschluss des Bundesrates** könnte dann **unwirksam** sein. 395

Eine Mindermeinung bejaht diese Frage. Demnach wäre ein Beschluss des Bundesrates unwirksam, wenn er durch ein der Weisung der Landesregierung zuwiderlaufendes Abstimmungsverhalten eines Mitgliedes zustande gekommen ist. Das Mandat des Bundesrates sei gerade ein imperatives Mandat und die Weisungsgebundenheit ergebe sich als wichtige Folge aus den Regelungen des Grundgesetzes und sei damit eine in 396 jedem Fall zu beachtende Verfahrensvorschrift. Daher müssten die Rechte der Landesregierungen geschützt werden, was nur durch eine Ungültigkeit der Stimmabgabe gewährleistet wäre. Ansonsten drohe auch eine Gefahr der Unterbrechung der Legitimationskette.

397 Die h. M. hält jedoch einen Beschluss des Bundesrates auch dann für wirksam, wenn eine einzelne Stimmabgabe gegen die Weisung der Landesregierung erfolgt. Die Auffassung stützt sich insbesondere darauf, dass im Bundesrat ja gerade nicht feststellbar sei, ob eine Weisung und wenn ja, welchen Inhalts, erfolgt sei. Durch eine nachträgliche Ungültigkeit des Beschlusses würde für das weitere Prozedere z. B. im Rahmen eines Gesetzgebungsverfahrens eine unzumutbare Rechtsunsicherheit geschaffen, weshalb der Beschluss in jedem Falle gültig bleiben müsse. Es sei ausschließlich ein internes Problem der jeweiligen Landesregierung, wenn sich ihre Vertreter nicht an Weisungen halten.

3. Die Bundesregierung

LITERATUR

Albrecht/Küchenhoff, Staatsrecht, 3. Aufl. 2015, S. 123 f.; *Ipsen*, Staatsrecht I, 29. Aufl. 2017, S. 118 f.; *Katz*, Staatsrecht, 18. Aufl. 2010, S. 208 f.; *Schmidt*, Staatsorganisationsrecht, 18. Aufl. 2017, S. 253 f.; *von Münch/Mager*, Staatsrecht I, 8. Aufl. 2016, S. 173 f.

398 Die Bundesregierung ist ein eigenständiges, von anderen Bundesorganen unabhängiges oberstes Verfassungsorgan und das höchste Organ der Exekutive in der Bundesrepublik. Nach Art. 62 GG besteht die Bundesregierung aus dem Bundeskanzler und den Bundesministern. Regelungen zur Bundesregierung finden sich insbesondere in den Art. 62 f. des Grundgesetzes. Dennoch ist nicht das Amt des Bundeskanzlers, sondern das des Bundespräsidenten das höchste Amt in Deutschland (siehe unter Bundespräsident Rn. 427 f.).

a) Bundeskanzler

399 Als Teil der Bundesregierung und Regierungschef steht der Bundeskanzler an der Spitze der Bundesregierung.

aa) Wahl des Bundeskanzlers

400 Die Wahl des Bundeskanzlers erfolgt in der Regel in der konstituierenden Sitzung des Bundestages. Das Wahlverfahren ist in Art. 63 GG und in § 4 GOBT geregelt.

401 Der neue Bundeskanzler wird dem Bundestag nach Art. 63 Abs. 1 GG vom **Bundespräsidenten** vorgeschlagen. Dabei steht es dem Bundespräsidenten frei, welchen Kandidaten er vorschlagen möchte. Er sollte sich jedoch daran orientieren, welcher Kandidat wahrscheinlich die dazu notwendigen Mehrheiten auf sich vereinigen kann. Der Bundestag stimmt dann ohne Aussprache über diesen Kandidaten ab. Gewählt ist dabei

nach Art. 63 Abs. 2 Satz 1 GG, wer die absolute Mehrheit der Stimmen erhält, also die Mehrheit der gesetzlichen Mitgliederzahl des Bundestages (Art. 121 GG). Nach Art. 63 Abs. 2 Satz 2 GG ist der Gewählte sodann vom Bundespräsidenten zum neuen Bundeskanzler zu ernennen.

Scheitert jedoch dieser erste Wahlgang, so folgen weitere Wahlgänge nach Art. 63 Abs. 3 GG. Da der einfach zu handhabende 1. Wahlgang offensichtlich gescheitert ist, geht das Vorschlagsrecht auf den Bundestag über und dieser kann nun bei den **Folgewahlgängen** in eine Aussprache eintreten und eigene Kandidaten aufstellen. Letzteres leitet sich aus Art. 63 Abs. 3 GG ab, da der Bundestag „einen Bundeskanzler" (und nicht nur einen vom Bundespräsidenten vorgeschlagenen Kandidaten) wählen kann. Dieser Wahlgang kann beliebig oft wiederholt werden. Kommt ein Kandidat dabei auf die notwendige absolute Mehrheit, so hat der Bundespräsident diesen Kandidaten zum Bundeskanzler zu ernennen. 402

Kommt eine solche Mehrheit jedoch innerhalb von 14 Tagen nach dem ersten Wahlgang nicht zustande, so schließt sich unmittelbar ein **Abschlusswahlgang** nach Art. 63 Abs. 4 GG an. Kommt einer der Kandidaten dabei auf die absolute Mehrheit, so ist dieser vom Bundespräsidenten zu ernennen. Verfehlen die Kandidaten diese Mehrheit jedoch, so kann der Bundespräsident binnen sieben Tagen entweder den Kandidaten mit der relativen Mehrheit ernennen, oder aber den Bundestag auflösen und damit Neuwahlen auslösen. 403

bb) Stellung des Bundeskanzlers

Zentrales Recht des Bundeskanzlers ist das aus Art. 64 Abs. 1 GG abgeleitete **Kabinettbildungsrecht**. Darunter fällt zum einen das Recht des Bundeskanzlers dem Bundespräsidenten die Minister vorzuschlagen, die von diesem sodann zu ernennen sind. Aus diesem Vorschlagsrecht wird aber ebenfalls abgeleitet, dass der Bundeskanzler selbst entscheiden kann, welche Ministerien mit welchem Geschäftsbereich er einrichten will. Er kann daher theoretisch den Zuschnitt und die Zahl der Ministerien so gestalten, wie er es für angemessen erachtet. Dabei hat er allerdings zu beachten, dass das Grundgesetz die folgenden Ministerien vorschreibt, an deren grundsätzlichem Bestand der Bundeskanzler nicht rütteln kann: Das Bundesministerium der Verteidigung (Art. 65 a GG), das Bundesministerium der Justiz (Art. 96 Abs. 2 Satz 4 GG) und das Bundesministerium der Finanzen (Art. 108 Abs. 3 Satz 2 GG). 404

Nach Art. 69 Abs. 1 GG bestimmt der Bundeskanzler auch seinen **Stellvertreter** aus der Riege der Bundesminister selbst. Dieser wird auch als **Vizekanzler** bezeichnet. Als Ausdruck der personellen Gewaltenteilung unterliegt der Bundeskanzler nach Art. 66 GG darüber hinaus besonderen Beschränkungen bei der Ausübung von weiteren Ämtern und Mandaten (Inkompatibilität – siehe unter Gewaltenteilung Rn. 298 f.). 405

cc) Amtszeit

Die Amtszeit des Bundeskanzlers beginnt mit der Wahl des entsprechenden Kandidaten durch den Bundestag und die Ernennung durch den Bundespräsidenten nach Art. 63 GG. Das Ende der Amtszeit ist in der Regel der Zeitpunkt des Zusammentritts 406 des neuen Bundestages nach Art. 69 Abs. 2 GG. Bis eine neue Regierung gewählt und im Amt ist, kann nach Art. 69 Abs. 3 GG auf Bitten des Bundespräsidenten die alte Regierungsmannschaft die Geschäfte fortführen.

407 Neben diesem regelmäßigen Ende der Amtszeit des Bundeskanzlers gibt es aber auch Möglichkeiten eines früheren Endes der Amtszeit: Tod oder Rücktritt des Bundeskanzlers, die **Vertrauensfrage** nach Art. 68 GG und das **konstruktive Misstrauensvotum** nach Art. 67 GG.

408 Aus den Erfahrungen der Weimarer Republik hat der Grundgesetzgeber enge Grenzen für eine Auflösung des Bundestages gezogen. Jedoch ist die Situation problematisch, wenn der regierende Bundeskanzler im Laufe seiner Amtszeit den Rückhalt bzw. das Vertrauen des Parlamentes z. B. durch einen Koalitionswechsel oder ihre Meinung ändernde Abgeordnete verliert. Damit der Bundeskanzler in einem solchen Falle nicht gezwungen ist, bis zum Ende der Legislaturperiode „durchzuregieren", hat das Grundgesetz dem Bundeskanzler eine Möglichkeit gegeben, in politisch schwierigen Situationen einen Ausweg zu finden. Er kann vom Parlament verlangen, dass dieses der Regierung das Vertrauen ausspricht – und damit die sog. **Vertrauensfrage** nach Art. 68 GG stellen.

409 In der Regel kann die Regierung die Vertrauensfrage mit einer konkreten Entscheidung über einen Gesetzentwurf verbinden. Die Zulässigkeit dieser Verknüpfung ergibt sich aus Art. 81 Abs. 1 Satz 2 GG.

410 Die formellen Voraussetzungen für eine gescheiterte Vertrauensfrage aus Art. 68 Abs. 1 GG sind:

1. **Antrag** des Bundeskanzlers an den Bundestag auf Aussprechen des Vertrauens

   (in der Regel i. V. m. einem Gesetzentwurf)
2. **Frist** zwischen Antrag und Abstimmung beträgt 48 Stunden (Art. 68 Abs. 2 GG)
3. **Keine absolute Mehrheit** für das Vertrauen (Art. 121 GG)
4. **Vorschlag** des Bundeskanzlers an den Bundespräsidenten zur Auflösung des Bundestages
5. **Kein** zwischenzeitliches **konstruktives Misstrauensvotum**

411 Eine Vertrauensfrage ist jedoch unzulässig, wenn sie nur deshalb gestellt wird, um eine Auflösung des Bundestages und damit vorzeitige Neuwahlen zu erreichen (sog. **unechte Vertrauensfrage**). Denn aus den Vorschriften der Art. 63 Abs. 4 Satz 3 und Art. 68 GG ergibt sich, dass das Parlament kein Selbstauflösungsrecht besitzt. Neben den unmittelbar aus Art. 68 Abs. 1 GG ableitbaren Voraussetzungen gibt es daher auch noch die ungeschriebene materielle Voraussetzung der **politisch instabilen Lage**. Diese Voraussetzung verlangt eine Situation, in der sich der Bundeskanzler und mit ihm die Bundesregierung nicht mehr auf stabile Mehrheiten im Parlament verlassen kann. Das bedeutet, dass die Mehrheitsverhältnisse im Bundestag sich so darstellen, dass der Bundeskanzler die Durchsetzung seiner politischen Vorstellungen nicht mehr dauerhaft gewährleistet sieht. Eine Überprüfung dieser Voraussetzung hat das Bundesverfassungsgericht bislang aber nur sehr zurückhaltend vorgenommen. Dabei obliegt es allein der

Einschätzung des Bundeskanzlers, ob eine solche instabile Lage auch tatsächlich besteht, wobei dieser einen weiten Einschätzungsspielraum hat. Da das Verfassungsgericht letzteren nur eingeschränkt überprüfen kann, dürfte nur im Ausnahmefall von einem Missbrauch des Instrumentes der Vertrauensfrage und folglich von einem verfassungswidrigen Verhalten des Bundeskanzlers auszugehen sein.

Sind diese Voraussetzungen gegeben, so **kann** der Bundespräsident binnen 21 Tagen 412 den Bundestag auflösen und damit Neuwahlen festsetzen. Mit dem Zusammentritt des neu gewählten Bundestages ist sodann nach Art. 69 Abs. 2 GG die Amtszeit des Bundeskanzlers beendet. Diese Entscheidung liegt allerdings im **Ermessen des Bundespräsidenten**. Das Verfassungsgericht hat ihm ebenfalls einen sehr weiten Ermessensspielraum bei der Entscheidung zugebilligt. In der Regel wird der Bundespräsident den Bundestag aber nach dem vorher Gesagten nur dann zulässig auflösen können, wenn die Lage nach seiner Einschätzung **politisch instabil** ist.

Wird die Vertrauensfrage jedoch mit einer konkreten Entscheidung über ein Gesetz ver- 413 bunden, so kann diese Feststellung problematisch werden. Denn für eine erfolgreiche Vertrauensfrage wird nach Art. 68 Abs. 1 GG eine **absolute Mehrheit** vorausgesetzt – für die Verabschiedung des Gesetzentwurfs reicht jedoch nach Art. 42 Abs. 2 GG eine **einfache Mehrheit** aus (streitig – a. A. *Ipsen*, der von einer Antragseinheit ausgeht, mit der der Bundeskanzler sein politisches Schicksal verbindet und für diesen Fall **jeweils** die absolute Mehrheit fordert). Da über beide Fragen jedoch in einem Wahlgang abgestimmt wird, kann die Situation entstehen, dass die einfache Mehrheit für den Gesetzentwurf vorhanden ist, die absolute Mehrheit für das Aussprechen des Vertrauens aber fehlt. In diesem Falle dürfte der Bundespräsident den Bundestag wohl nicht auflösen können, da in diesem Sonderfall gerade keine politisch instabile Lage gegeben ist.

Die Vertrauensfrage ist in der bisherigen Geschichte der Bundesrepublik Deutschland 414 bereits fünfmal gestellt worden. Zwei davon wurden bejaht; von den drei Vertrauensfragen, die verneint wurden, führten zwei zum Rechtsstreit vor dem Bundesverfassungsgericht mit der zuvor bereits erörterten Problematik der sog. „unechten Vertrauensfrage".

Die Amtszeit des/der Bundeskanzlers(in) kann aber auch ohne eine vorherige Auflösung 415 des Bundestages vorzeitig enden, wenn ein **konstruktives Misstrauensvotum** nach Art. 67 GG erfolgreich durchgeführt wurde. Auch nach dem Stellen der Vertrauensfrage würde ein solches die Auflösung des Bundestages verhindern (s. o. Rn. 410).

Auch bei diesem Instrument zeigen sich die Erfahrungen mit der Weimarer Verfassung. Im Gegensatz zur heutigen Regelung konnte ein Reichskanzler abgewählt werden, ohne einen neuen Kandidaten bestimmen zu müssen, weshalb dieses Misstrauensvotum auch als destruktiv bezeichnet wurde. Heute kann eine Abwahl des amtierenden Bundeskanzlers nach Art. 67 GG ausschließlich nur durch gleichzeitige Wahl eines neuen Kandidaten erfolgen.

Die Voraussetzungen dazu sind: 416

1. **Antrag** des Bundestages auf Wahl eines neuen Kandidaten (§ 97 GOBT beachten!)
2. **Frist** zwischen Antrag und Abstimmung beträgt 48 Stunden (Art. 67 Abs. 2 GG)

3. **Absolute Mehrheit** für den neuen Kandidaten (Art. 121 GG)
4. **Ersuchen** des Bundestages an Bundespräsidenten zur Entlassung des alten und Ernennung des neuen Bundeskanzlers

417 Beim konstruktiven Misstrauensvotum ist der Bundespräsident an die Entscheidung des Bundestages gebunden und muss den neuen Kandidaten als Bundeskanzler ernennen und damit denknotwendig den alten Bundeskanzler vorher entlassen. Das konstruktive Misstrauensvotum wurde bisher zweimal gestellt und führte nur einmal (nämlich 1982: Dr. Helmut Kohl als Nachfolger von Helmut Schmidt) zu einem Wechsel an der Spitze der Regierung.

418 Daneben endet die Amtszeit eines Bundeskanzlers auch durch dessen **Rücktritt**. Zwar hat das Grundgesetz dieses Ende der Amtszeit nicht ausdrücklich vorgesehen, jedoch kann niemand dazu „gezwungen" werden, dass Amt des Bundeskanzlers auszuüben. Der Bundespräsident ist verpflichtet, dieser Bitte zu entsprechen und entlässt in diesem Falle den Bundeskanzler. Mit Wirksamwerden des Rücktritts des Bundeskanzlers enden wiederum auch die Ämter der Bundesminister (Art. 69 Abs. 3 GG). Der Rücktritt führt anschließend zunächst zu einer Neuwahl des Bundeskanzlers auf Vorschlag des Bundespräsidenten nach Art. 63 GG. Erst wenn die Voraussetzungen des Art. 63 Abs. 4 GG erfüllt sind, kann dann der Rücktritt im Ergebnis zu einer Auflösung des Bundestages führen.

Bisher hat es in der Geschichte der Bundesrepublik drei Fälle eines Kanzlerrücktritts gegeben.

b) Bundesminister

419 Neben dem Bundeskanzler besteht die Bundesregierung nach Art. 62 GG auch aus den **Bundesministern**. Die Bundesminister bekleiden eine Doppelfunktion, indem sie zum einen an der Spitze eines Ministeriums und damit einer obersten Bundesbehörde stehen, zum anderen sind sie Mitglieder des Verfassungsorgans Bundesregierung. Die Auswahl der Bundesminister obliegt auf der Grundlage des Kabinettbildungsrechts dem Bundeskanzler. Nach Art. 64 Abs. 1 GG werden die durch den Bundeskanzler vorgeschlagenen Minister vom Bundespräsidenten ernannt. Dabei steht ein Minister jeweils einem Ministerium vor. Auch der Chef des Bundeskanzleramtes bekleidet das Amt eines Ministers (für besondere Aufgaben).

420 Aus dem Kabinettbildungsrecht leitet sich ebenfalls ab, dass der Bundeskanzler auch jederzeit die Entlassung eines Ministers verlangen kann. Auch ein Rücktritt bzw. der Tod eines Bundesministers führt zum Ende der Amtszeit. In allen übrigen Fällen ist die Amtszeit des Ministers untrennbar mit der Amtszeit des Bundeskanzlers nach Art. 69 Abs. 2 GG verbunden. Damit wird auch deutlich, dass allein der Bundeskanzler für die Regierung verantwortlich ist und diese gegenüber dem Bundestag vertritt. Der Bundestag selbst hat keinen direkten Einfluss auf die Minister. Anders als nach der Weimarer Verfassung ist folglich ein Misstrauensvotum des Parlaments gegenüber einem Minister nicht möglich.

c) Verhältnis Bundeskanzler/Bundesminister

Das Verhältnis des Bundeskanzlers zu den Bundesministern bei der Wahrnehmung der Aufgaben der Bundesregierung (s. u. Rn. 426) ist ebenfalls im Grundgesetz geregelt. Art. 65 GG legt dabei die **Richtlinienkompetenz**, das **Ressort**- und das **Kollegialprinzip** fest. 421

Art. 65 GG beschäftigt sich in Satz 1 zunächst mit der **Richtlinienkompetenz** des Bundeskanzlers. Demnach bestimmt der Bundeskanzler die Richtlinien der Politik und trägt dafür die Verantwortung. Unter Richtlinien sind dabei die grundlegenden politischen Leitentscheidungen zu verstehen. Satz 2 beschäftigt sich dann mit dem **Ressortprinzip** der Bundesminister, wonach jeder Bundesminister seinen Geschäftsbereich selbstständig und unter eigener Verantwortung leitet. Er ist demnach in seinem Ministerium eigenverantwortlich tätig. Man könnte daher auch sagen, dass der Bundeskanzler den Rahmen für die Politik vorgibt und dieser Rahmen durch die Minister auszufüllen ist. 422

Problematisch wird diese Trennung der Zuständigkeiten, wenn der „Rahmen", den der Bundeskanzler vorgibt so eng ist, dass dem einzelnen Minister gar kein eigener Entscheidungsspielraum mehr übrig bleibt. In diesem Falle spricht man auch von einer **Einzelanweisung**. Eine solche Einzelanweisung durch den Bundeskanzler ist jedoch in der Regel nicht zulässig, da ansonsten das Ressortprinzip verletzt würde. Da der Bundeskanzler aber die Verantwortung für die gesamte Regierung trägt, muss ihm allerdings u. U. ein situationsbedingtes Handeln in Form einer Entscheidung in Einzelfragen erlaubt sein, weshalb ihm in ganz besonderen Einzelfällen von herausragender Bedeutung für die Staatsleitung solche Einzelanweisungen zuzubilligen sind. In der Praxis wird ein Streit zwischen Kanzler und Ministern jedoch kaum vor dem Bundesverfassungsgericht ausgetragen werden, da der Bundeskanzler jederzeit die Möglichkeit hat Minister aus ihren Ämtern zu entfernen und im Streitfall dem Bundespräsidenten ihre Entlassung vorzuschlagen, ohne dass ihnen die Möglichkeit einer Gegenwehr bleibt. 423

Zusätzlich zu diesen beiden Abgrenzungsprinzipien der Kompetenzen innerhalb der Bundesregierung existiert das **Kollegialprinzip** nach Art. 65 Satz 3 GG. Das Kollegium der Bundesregierung (also Minister und Kanzler gemeinsam) entscheidet nach dem Wortlaut des Art. 65 Satz 3 GG im Falle von Meinungsverschiedenheiten innerhalb der Regierung und ist gegenüber den ersten beiden Prinzipien eher nachrangig. Der Hauptanwendungsbereich für das Kollegialprinzip ist jedoch immer dann gegeben, wenn das Grundgesetz von „Bundesregierung" spricht, wie z. B. in Art. 76 Abs. 1 GG, nach dem Gesetzesinitiativen auch durch „die Bundesregierung" eingebracht werden können. In solchen Fällen entscheidet dann die Bundesregierung nach dem Kollegialprinzip. Die genaueren Entscheidungsabläufe und die internen Angelegenheiten der Bundesregierung sind in einer nach Art. 65 Satz 4 GG erlassenen Geschäftsordnung der Bundesregierung (GO BReg) genauer geregelt. 424

d) Aufgaben der Bundesregierung

425 Als oberstes Exekutivorgan der Bundesrepublik Deutschland hat die Bundesregierung insbesondere Aufgaben im Bereich der Legislative und der Exekutive. Die Aufgabenfülle im Bereich der Exekutive ist dabei kaum erfassbar, da die Definition für Exekutive (= alles, was nicht Legislative oder Judikative ist) sehr weit gefasst ist.

426 Im Folgenden können daher nur die wichtigsten Aufgaben genannt werden, die das Grundgesetz der Bundesregierung als Kollegium zuordnet:

- Entscheidung über den Bundeszwang (Art. 37 GG)
- Initiativrecht bei der Einbringung von Gesetzesentwürfen (Art. 76 Abs. 1 GG)
- Anrufung des Vermittlungsausschusses (Art. 77 Abs. 2 Satz 4 GG)
- Recht zum Erlass von Rechtsverordnung (Art. 80 GG)
- Erlass von Verwaltungsvorschriften und Wahrnehmung von Aufsichtsbefugnissen (Art. 84, 85 GG)
- Anrufung des Bundesverfassungsgerichts (Art. 93 Abs. 1 Nr. 2–4 GG)
- Befugnisse im Bundeshaushalt (Art. 110 f. GG)

4. Der Bundespräsident

LITERATUR

Albrecht/Küchenhoff, Staatsrecht, 3. Aufl. 2015, S. 115 f.; *Katz*, Staatsrecht, 18. Aufl. 2010, S. 202 f.; *Schmidt*, Staatsorganisationsrecht, 18. Aufl. 2017, S. 267 f.; *von Münch/Mager*, Staatsrecht I, 8. Aufl. 2016, S. 158 f.

427 Das höchste Verfassungsorgan der Bundesrepublik Deutschland ist protokollarisch der Bundespräsident. Trotz dieser hervorgehobenen Stellung des Bundespräsidenten kann dieser keiner der drei Gewalten richtig zugeordnet werden, auch wenn der Schwerpunkt seiner Tätigkeit im Bereich der Exekutive liegt. Daher „schwebt" der Bundespräsident als nicht regierendes Staatsoberhaupt über den Gewalten. Regelungen über den Bundespräsidenten finden sich insbesondere in den Art. 54–61 GG.

a) Wahl des Bundespräsidenten

428 Nach Art. 54 Abs. 1 Satz 2 GG kann jeder Deutsche **Bundespräsident** werden, der das aktive und passive Wahlrecht zum Bundestag besitzt und das vierzigste Lebensjahr vollendet hat.

ABB. 25: Wahl des Bundespräsidenten

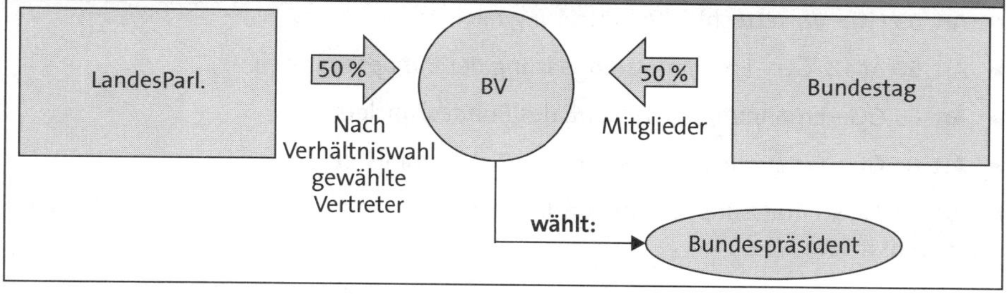

Gewählt wird er nach Art. 54 Abs. 1 Satz 1 GG von der **Bundesversammlung** in gehei- 429
mer Wahl ohne Aussprache. Die Bundesversammlung besteht nach Art. 54 Abs. 3 GG zur einen Hälfte aus allen Mitgliedern des Bundestages und zur anderen Hälfte aus einer gleichen Anzahl von Mitgliedern, die von den Volksvertretungen der Länder gewählt wurden (also von den Landesparlamenten). Die von den Landesparlamenten zu wählenden Mitglieder müssen nicht selbst den Landtagen angehören, was erklärt, warum die Landesparlamente häufig Prominente in die Bundesversammlung entsenden. Allerdings dürfen sie auch nicht Mitglieder des Bundestages sein, da ihre Stimme bei der Wahl des Bundespräsidenten ansonsten doppeltes Gewicht hätte.

Die Bundesversammlung tritt gem. Art. 54 Abs. 4 GG durch Einberufung des Bundes- 430
tagspräsidenten spätestens 30 Tage vor dem Ablauf der Amtszeit des Bundespräsidenten zusammen. Art. 54 Abs. 6 GG sieht maximal drei Wahlgänge vor. Gewählt ist, wer die absolute Mehrheit auf sich vereinen kann. In einem dritten Wahlgang kann auch eine einfache Mehrheit ausreichend sein.

Nach der Wahl legt der Bundespräsident vor den versammelten Mitgliedern des Bun- 431
destages und (diesmal) des Bundesrates seinen **Amtseid** nach Art. 56 GG ab. Danach hat er das Amt inne, denn ein „Ernennungsakt" scheidet deswegen aus, weil es kein höheres Verfassungsorgan als den Präsidenten gibt, das eine solche Ernennung aussprechen könnte.

Stellvertreter des Bundespräsidenten ist nach Art. 57 GG der Präsident des Bundesrates. 432
Auch der Bundespräsident unterliegt nach Art. 55 GG strengen Vorschriften über die **Inkompatibilität**, d. h. er muss alle anderen amtlichen und beruflichen Tätigkeiten aufgeben. Für den Bundespräsidenten gelten nach Art. 60 Abs. 4 GG die Vorschriften über die **Immunität** nach Art. 46 Abs. 2 – Abs. 4 GG sinngemäß. Somit darf er ähnlich einem Bundestagsabgeordneten nur mit Genehmigung des Bundestages wegen einer Straftat verfolgt oder verhaftet werden, es sei denn, dass er bei der Tatbegehung oder im Laufe des darauffolgenden Tages festgenommen wird.

b) Aufgaben und Funktion des Bundespräsidenten

Wie bereits dargestellt, lässt sich der Bundespräsident keiner Gewalt zuordnen. Dies 433
liegt daran, dass er in allen drei Gewalten verschiedene von der Verfassung zugewiesene **Aufgaben** wahrnimmt, wobei schon über die Zuordnung dieser Aufgaben zu den jeweiligen Gewalten gestritten werden kann:

Im Bereich der Exekutive:

- Art. 59 GG – Völkerrechtliche Vertretung nach Außen
- Art. 60 Abs. 1 GG – Ernennung/Entlassung der Bundesbeamten
- Art. 63 GG – Ernennung/Entlassung des Bundeskanzlers
- Art. 64 GG – Ernennung/Entlassung der Bundesminister
- Art. 67 GG – Entlassung des Bundeskanzlers bei erfolgreichem konstruktiven Misstrauensvotum

Im Bereich der Legislative:

- Art. 63 Abs. 4, 68 GG – Auflösung des Bundestages
- Art. 81 GG – Erklärung des Gesetzgebungsnotstands
- Art. 82 GG – Ausfertigung der Bundesgesetze
- Art. 82 GG – Prüfungsrecht bei Bundesgesetzen (s. u.)
- Art. 115a Abs. 3 GG – Verkündung des Verteidigungsfalles

Im Bereich der Judikative:

- Art. 60 Abs. 1 GG – Ernennung der Bundesrichter
- Art. 60 Abs. 2 GG – Ausübung des Begnadigungsrechtes

434 Bei der Wahrnehmung dieser Aufgaben ist der Bundespräsident aber bis auf wenige Ausnahmen an die **Gegenzeichnungspflicht** nach Art. 58 GG gebunden. Dies bedeutet, dass Anordnungen und Verfügungen des Bundespräsidenten zu ihrer Wirksamkeit der Gegenzeichnung des Bundeskanzlers oder des zuständigen Bundesministers bedürfen. Damit soll einerseits eine eigenständige Politik des Bundespräsidenten verhindert werden und andererseits bedeutet diese Regelung seine Freistellung von politischer Verantwortlichkeit, die durch die Gegenzeichnung auf den Bundeskanzler oder den zuständigen Minister übertragen wird. Eine ähnliche Regelung findet sich nach Abschluss des Gesetzgebungsverfahrens in Art. 82 GG. Auch hier findet sich eine vom Verfassungsgeber aufgrund der Erfahrungen in der Weimarer Republik für notwendig erachtete Begrenzung der Befugnisse des Bundespräsidenten.

435 Da die Zuordnung des Bundespräsidenten zu einer Gewalt aufgrund der Vielzahl der Aufgaben schwierig ist, wird die Bedeutung des Bundespräsidenten durch seine Funktionen deutlicher:

ABB. 26: Funktionen des Bundespräsidenten

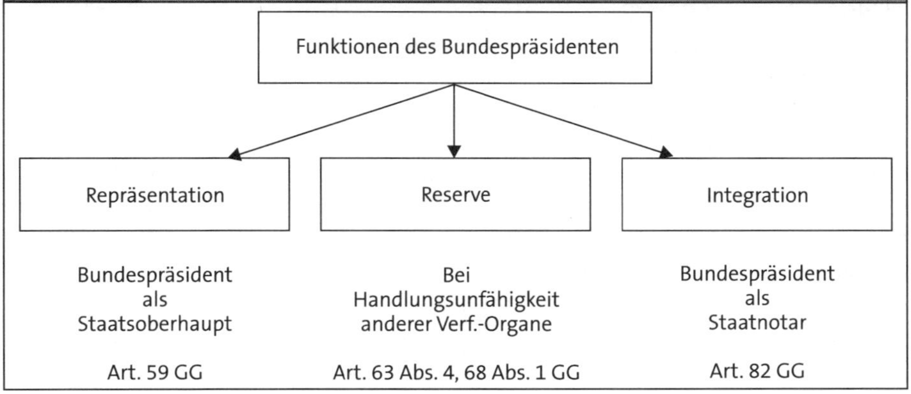

Der Bundespräsident hat demnach hauptsächlich eine Repräsentations-, eine Reserve- 436
und eine Integrationsfunktion. Als Staatsoberhaupt hat der Bundespräsident mit der völkerrechtlichen Vertretung der Bundesrepublik nach Außen hauptsächlich eine **Repräsentationsfunktion**. Er springt weiterhin bei der Handlungsunfähigkeit anderer Organe im Rahmen seiner **Reservefunktion** zur Seite, wenn der Bundestag z. B. trotz mehrerer Wahlgänge nicht in der Lage ist, sich auf einen Kandidaten zu einigen (Art. 63 Abs. 4 GG) oder etwa bei der Auflösung des Bundestages nach einer gescheiterten Vertrauensfrage im Rahmen des Art. 68 GG. Die **Integrationsfunktion** des Bundespräsidenten kommt dadurch zum Ausdruck, dass er z. B. am Ende eines Gesetzgebungsverfahrens als neutrale Kraft den staatlichen Willen nach außen bekundet, indem er das Gesetz abschließend für alle Staatsbürger ausfertigt, egal wie schwierig der vorangegangene Meinungsbildungsprozess dazu war.

c) Prüfungskompetenz bei Ausfertigung von Gesetzen

Eine der rechtlich umstrittensten Aufgaben des Bundespräsidenten ist die Frage, ob 437
ihm als Staatsnotar am Ende des Gesetzgebungsverfahrens (s. u. Rn. 472 f.) bezüglich der ihm vorgelegten Gesetze ein **Prüfungsrecht** bzw. eine **Prüfungskompetenz** zusteht.

Am Ende des Gesetzgebungsverfahrens muss der Bundespräsident als letzten Schritt 438
die Bundesgesetze nach Art. 82 GG ausfertigen (= „unterschreiben") und danach im Bundesgesetzblatt veröffentlichen. Vor diesen Schritten sind Bundesgesetze noch nicht in Kraft. Dabei entsteht die Frage, ob dieser letzte Akt des Bundespräsidenten nur symbolischer Natur ist oder ob dem Bundespräsidenten dabei auch das Recht zusteht, die Gesetzesvorlage auf ihre Vereinbarkeit mit dem Grundgesetz hin zu überprüfen. Dabei unterscheidet man zwischen einer formellen und einer materiellen Prüfungskompetenz.

Nach Art. 82 Abs. 1 Satz 1 GG werden die „nach den Vorschriften dieses Grundgesetzes 439
zustande gekommenen Gesetze vom Bundespräsidenten nach Gegenzeichnung ausgefertigt". Aus dem Wortlaut kann dabei unstrittig eine **formelle Prüfungskompetenz** bejaht werden. „Zustande gekommen" legt unproblematisch nahe, dass der Bundes-

präsident das Gesetz in formeller Hinsicht (Zuständigkeit, Verfahren und Form) prüfen kann.

440 Ob dem Bundespräsidenten auch eine **materielle** (also inhaltliche) **Prüfungskompetenz** zugebilligt werden kann, lässt sich aus diesem Wortlaut so jedoch nicht ableiten. Daher könnte es sein, dass der Bundespräsident einen Gesetzentwurf nicht daraufhin überprüfen dürfte, ob dieser z. B. einen Verstoß gegen Grundrechte beinhaltet. Letzteres kann aber im Ergebnis nicht richtig sein, da auch der Bundespräsident über Art. 1 Abs. 3 GG und Art. 20 Abs. 3 GG an die Verfassung und ausdrücklich auch an die Grundrechte gebunden ist. Es kann daher kaum verlangt werden, dass er gezwungen wäre „sehenden Auges" ein Gesetz, welches Grundrechte verletzt, auszufertigen und zu verkünden. Auch sein in Art. 56 GG festgelegter Amtseid lässt den gleichen Schluss zu.

441 Auf der anderen Seite liegt jedoch das Verwerfungsmonopol für verfassungswidrige Gesetze ausschließlich beim Bundesverfassungsgericht (s. u. Rn. 446 f.). Außerdem würde es die Macht des Bundespräsidenten erheblich vergrößern, wenn er als Einzelner aufgrund von verfassungsrechtlichen Bedenken ein Gesetz stoppen könnte. Ob ein solcher Machtzuwachs nach den Erfahrungen der Weimarer Republik gewollt oder gar sinnvoll ist, bleibt jedoch äußerst fraglich.

442 Diese „Patt-Situation" hat die herrschende Meinung mit der Beschränkung der Prüfungskompetenz des Bundespräsidenten durch das Instrument der **Evidenzkontrolle** gelöst. Demnach soll der Bundespräsident ein Gesetz nur dann aufgrund von materiellen Verfassungsbedenken aufhalten können, wenn es **evident**, d. h. zweifelsfrei und offenkundig gegen die Verfassung verstößt. Dadurch wird dem Bundesverfassungsgericht nicht zu viel von seiner Kernaufgabe genommen und der Bundespräsident nicht gezwungen, ein offensichtlich verfassungswidriges Gesetz verkünden zu müssen.

443 Ein politisches Prüfungsrecht von Gesetzen steht dem Bundespräsidenten nach allgemeiner Auffassung jedoch nicht zu. Von der oben beschriebenen materiellen Prüfungskompetenz hat der Bundespräsident bisher in vier Fällen Gebrauch gemacht.

ABB. 27: Prüfungskompetenz des Bundespräsidenten

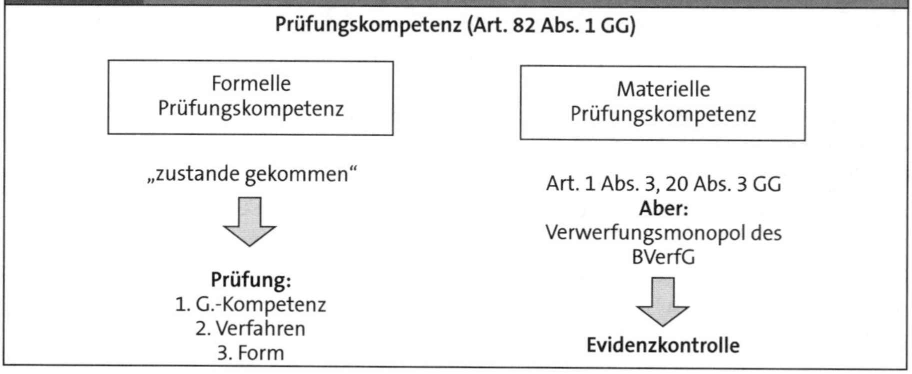

d) Amtszeit

Die Amtszeit des Bundespräsidenten beträgt nach Art. 54 Abs. 2 GG fünf Jahre. Der 444
Bundespräsident kann sich anschließend nur einmal unmittelbar zur **Wiederwahl** stellen. Dies bedeutet aber auch, dass der Bundespräsident theoretisch nach fünf Jahren Unterbrechung durch Aussetzen bei einer Amtszeit anschließend durchaus erneut für zehn Jahre in diesem Amt tätig sein kann.

Ein vorzeitiges Ende der Amtszeit kann außer durch Tod oder Rücktritt des Bundesprä- 445
sidenten nur im Wege der **Präsidentenklage** nach Art. 61 GG erfolgen. Dabei können Bundestag oder Bundesrat unter weiteren Voraussetzungen den Bundespräsidenten aufgrund einer vorsätzlichen Verletzung des Grundgesetzes oder eines anderen Bundesgesetzes vor dem Bundesverfassungsgericht anklagen. Die Anklage bedarf einer Mehrheit von zwei Dritteln ihrer gesetzlichen Mitgliederzahl. Als Rechtsfolge kann das Bundesverfassungsgericht nach Art. 61 Abs. 2 GG den Bundespräsidenten seines Amtes entheben, sofern die gegen ihn vorgebrachten Beschuldigungen bewiesen werden können. In der Geschichte der Bundesrepublik ist eine Anklage nach Art. 61 GG bislang allerdings noch nie erhoben worden.

5. Das Bundesverfassungsgericht

LITERATUR

Albrecht/Küchenhoff, 3. Aufl. 2015, S. 120 f.; *Dohr*, Staat/Verfassung/Politik, 21. Aufl. 2014, S. 336 f.; *Katz*, Staatsrecht, 18. Aufl. 2010, S. 269 f.; *Schmidt*, Staatsorganisationsrecht, 18. Aufl. 2017, S. 288 f.

Abschließend bleibt als letztes der fünf obersten Verfassungsorgane das Bundesverfas- 446
sungsgericht übrig. Regelungen über das Bundesverfassungsgericht finden sich insbesondere in den Art. 92 f. GG. Der Sitz des Bundesverfassungsgerichts befindet sich in Karlsruhe. Das Bundesverfassungsgericht besteht aus zwei **Senaten**, in denen jeweils acht Richter vertreten sind. Der Vorsitzende des zweiten Senats ist dabei gleichzeitig Präsident des Bundesverfassungsgerichtes; der Vorsitzende des ersten Senats ist sein Stellvertreter. Der erste Senat ist vorrangig für die Wahrung der Grundrechte und Verfassungsbeschwerden zuständig, während der zweite Senat eher die Funktion eines Staatsgerichtshofs ausübt, der mit Streitigkeiten zwischen Bund und Ländern sowie Konflikten zwischen den Staatsorganen betraut ist.

Die Richter des Bundesverfassungsgerichtes werden nach Art. 94 Abs. 1 Satz 2 GG 447
i. V. m. §§ 1 – 12 BVerfGG je zur Hälfte vom Bundesrat und zur Hälfte vom Bundestag gewählt. Dabei werden für jeden Senat drei Richter, die an den obersten Gerichten des Bundes tätig sind, sowie fünf weitere Richter gewählt. Für die Richter des Bundesverfassungsgerichts gelten dabei nach Art. 94 Abs. 1 Satz 3 GG die strengsten Vorschriften über die **Inkompatibilität**. Danach dürfen die Richter des Bundesverfassungsgerichts

weder dem Bundestag, dem Bundesrat, der Bundesregierung noch den entsprechenden Organen der Länder angehören.

448 Zentrale **Aufgabe** des Bundesverfassungsgerichts ist der Schutz der Verfassung. Es wacht als starkes unabhängiges Rechtsprechungsorgan über die Einhaltung der Verfassung. Insbesondere kann sich jedermann mit der Behauptung an das Verfassungsgericht wenden, in seinen Grundrechten verletzt zu sein.

449 Als höchstes Gericht innerhalb der Bundesrepublik kommt den **Urteilen** des Bundesverfassungsgerichts eine besondere Bedeutung zu (vgl. § 31 BVerfGG). Zum einen wirken sie unmittelbar nach der Verkündung durch das Gericht, da es keine Berufungs- oder Revisionsinstanz zu den Urteilen gibt (bezgl. des besonderen Verhältnisses des Bundesverfassungsgerichts zum EuGH bzw. zum EGMR vgl. Europarecht). Sie haben daher teilweise die Wirkung eines Gesetzes. Zum anderen binden die Urteile durch ihre unmittelbare Geltung alle Gewalten in Bund und Land.

450 Die wichtigsten Verfahren vor dem Bundesverfassungsgericht sind die Folgenden (jeweils i.V.m. § 13 BVerfGG):

- Organstreitverfahren – Art. 93 Abs. 1 Nr. 1 GG
  Hier streiten sich zwei Verfassungsorgane oder mit Rechten aus einer Geschäftsordnung ausgestatteten Organe miteinander um die Auslegung von Verfassungsrecht. Gegenstand der Prüfung ist somit ein eventueller Verstoß eines obersten Bundesorgans gegen durch das Grundgesetz übertragene Rechte und Pflichten.
- Abstrakte Normenkontrolle – Art. 93 Abs. 1 Nr. 2 GG
  Bei der abstrakten Normenkontrolle haben die Bundes- oder eine Landesregierung oder 1/4 der Mitglieder des Bundestages Zweifel an der Vereinbarkeit eines Gesetzes mit der Verfassung ohne dabei einen konkreten Einzelfall vor Augen zu haben.
- Konkrete Normenkontrolle – Art. 100 Abs. 1 GG
  Bei der konkreten Normenkontrolle hat ein Gericht Zweifel an der Vereinbarkeit eines Gesetzes mit der Verfassung. Dieses Gesetz spielt bei einem konkreten vom Gericht zu entscheidenden Einzelfall die entscheidende Rolle. Das Gericht setzt dabei sein Verfahren solange aus, bis das Verfassungsgericht über das Gesetz entschieden hat.
- Bund – Länder Streit – Art. 93 Abs. 1 Nr. 3 und 4 GG
  Dieses Verfahren kann der Bund oder ein Land anstrengen, sofern Meinungsverschiedenheiten über die Rechte und Pflichten, insbesondere die Ausführung von Bundesrecht durch die Länder und bei der Ausübung der Aufsicht des Bundes bestehen.
- Verfassungsbeschwerde – Art. 93 Abs. 1 Nr. 4a GG
  Das sowohl quantitativ als auch qualitativ bedeutsamste Verfahren ist die Verfassungsbeschwerde. Dabei kann sich jedermann (nicht nur Deutsche!) mit der Behauptung an das Gericht wenden, in seinen Grundrechten verletzt zu sein (vgl. unten).

Verfahren	Zuweisungsnorm	Verfahrensgegenstand	Entscheidung
Organstreit	Art. 93 Abs. 1 Nr. 1 GG, § 13 Nr. 5, §§ 63 – 67 BVerfGG	Verstoß gegen Rechte und Pflichten, die einem Organ nach dem Grundgesetz obliegen.	§ 76 BVerfGG: Feststellung, ob die Maßnahme oder Unterlassung eines Organs gegen das Grundgesetz verstößt.
Abstrakte Normenkontrolle	Art. 93 Abs. 1 Nr. 2 GG, § 13 Nr. 6, §§ 76 – 79 BVerfGG	Bundes-, Landesregierung oder 1/4 der Mitglieder des Bundestages halten Bundes- oder Landesrecht mit dem Grundgesetz oder dem sonstigen Bundesrecht für unvereinbar.	§ 78 BVerfGG: Norm wird für nichtig erklärt.
Konkrete Normenkontrolle	Art. 100 Abs. 1 GG, § 13 Nr. 11, §§ 80 – 82 BVerfGG	Gericht hält ein in einem Rechtsstreit entscheidungserhebliches (nachkonstitutionelles) Gesetz für unvereinbar mit dem Grundgesetz.	§ 82 Abs. 1 i. V. m. § 78 BVerfGG: Norm wird für nichtig erklärt.
Bund-Länder-Streit	Art. 93 Abs. 1 Nr. 3 GG, § 13 Nr. 7, §§ 68 – 70 BVerfGG	Bundes- oder Landesregierung streiten um Rechte und Pflichten des Bundes und der Länder.	§ 69 i. V. m. § 67 BVerfGG: Feststellung, ob die Maßnahme oder das Unterlassen gegen das Grundgesetz verstößt.
Verfassungsbeschwerde	Art. 93 Abs. 1 Nr. 4a GG, § 13 Nr. 8a, §§ 90 – 96 BVerfGG	„Jedermann" kann die Verletzung von Grundrechten durch die öffentliche Gewalt rügen.	§ 95 BVerfGG: Feststellung, welche Vorschrift des Grundgesetzes durch welchen Hoheitsakt verletzt wurde.

Neben diesen Verfahren sind weiterhin noch der vorläufige Rechtsschutz, das Parteiverbotsverfahren und die Präsidentenklage als wichtige Verfahren des Bundesverfassungsgerichts zu nennen. 451

Damit wäre die Darstellung der wichtigsten Verfassungsorgane und ihrer Aufgaben abgeschlossen.

IV. Die Gesetzgebung des Bundes

LITERATUR

Dohr, Staat/Verfassung/Politik, 21. Aufl. 2014, S. 382 f.; *Katz*, Staatsrecht, 18. Aufl. 2010, S. 221 f.; *Schmidt*, Staatsorganisationsrecht, 18. Aufl. 2017, S. 347 f.; *von Münch/Mager*, Staatsrecht I, 8. Aufl. 2016, S. 194 f.

452 Als letztes Kapitel des Staatsorganisationsrechts ist abschließend noch die Gesetzgebung auf Bundesebene näher zu betrachten. Gesetze sind das Kernstück einer rechtsstaatlichen Demokratie und damit „in Gesetzesform gegossener Staatswille".

453 Bei der Entstehung von formellen Gesetzen handelt es sich um ein Verfahren, welches die Komponenten Zuständigkeit, Verfahren und Form mit abweichenden Bezeichnungen enthält:

ABB. 28: Die Gesetzgebung des Bundes

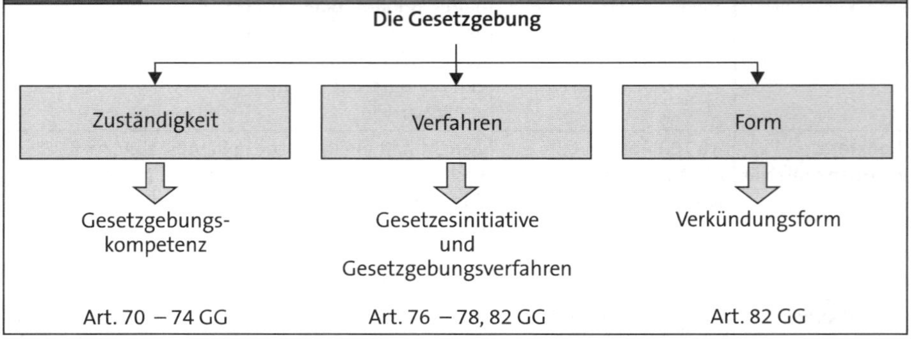

454 Im Rahmen der Gesetzgebung des Bundes werden dabei die **Gesetzgebungskompetenz**, das **Gesetzgebungsverfahren** und die **Verkündung** der Gesetze auf Bundesebene (formelle Gesetze) näher erläutert. Schließlich ist noch die Besonderheit des Erlasses von Rechtsnormen durch die Exekutive bedeutsam, da das Handeln der Verwaltung nicht selten durch diese sog. **Rechtsverordnungen** (materielle Gesetze) näher bestimmt wird (zur Unterscheidung formelle/materielle Gesetze vgl. oben unter Rechtsstaatsprinzip Rn. 305).

1. Gesetzgebungskompetenzen

455 Die **Gesetzgebungskompetenzen** beantworten die Frage, wer in der Bundesrepublik für den Erlass eines bestimmten Gesetzes zuständig ist. Dabei ist ausschließlich die Frage zu entscheiden, ob die Kompetenz den Ländern oder dem Bund zufällt (vgl. oben Bundesstaatsprinzip Rn. 337). Regelungen dazu finden sich in den Art. 70 f. GG und für die Steuergesetzgebung in Art. 105 GG. Das Bundesverfassungsgericht hat im Laufe der Zeit zu diesen ausdrücklich **geschriebenen** einige **ungeschriebene** Kompetenzen hinzugefügt.

456 Den Ausgangspunkt für die Prüfung bildet dabei Art. 70 Abs. 1 GG, der wie bereits Art. 30 GG grundsätzlich die Gesetzgebungskompetenz den Ländern zuweist, sofern das Grundgesetz nicht dem Bund diese überträgt. Diese Übertragung findet nach Art. 70 Abs. 2 GG entweder im Wege der **ausschließlichen** oder im Wege der **konkurrierenden Gesetzgebung** statt.

a) Ausschließliche Gesetzgebungskompetenz des Bundes

Die Einordnung der Bundesrepublik Deutschland als Bundesstaat setzt schon logisch voraus, dass bestimmte Themengebiete vernünftigerweise nur vom Bund geregelt werden können: die Staatsangehörigkeit, die Pflege der auswärtigen Beziehungen, die Klärung von Währungsfragen, der Luftverkehr usw. In diesen Bereichen hat der Bund nach Art. 71 GG die **ausschließliche Gesetzgebungskompetenz**. Die Länder können nur dann in diesen Bereichen selbst Regelungen treffen, wenn sie dazu durch ein Bundesgesetz ausdrücklich ermächtigt werden und dann auch nur in dem in der Ermächtigung vorgesehenen Umfang. Erlassen die Länder Gesetze ohne eine solche ausdrückliche Ermächtigung durch den Bundesgesetzgeber auf den Gebieten der ausschließlichen Kompetenz des Bundes, so sind diese Gesetze nichtig. 457

Regelungsbereiche, in denen der Bund ausschließlich tätig wird, finden sich zunächst in dem Katalog des Art. 73 GG (bzw. Art. 105 Abs. 1 GG für die Steuergesetzgebung). Dieser Katalog ist jedoch nicht abschließend, da sich auch an anderen Stellen im Grundgesetz ausdrückliche Kompetenzzuweisungen für den Bund finden, wie etwa in Art. 4 Abs. 3 GG für den Wehrdienst und die Kriegsdienstverweigerung, Art. 21 Abs. 3 GG für das Parteiengesetz und Art. 38 Abs. 3 GG für die Regelung der Bundestagswahlen. Diese Sonderzuweisungen sind regelmäßig an der Formulierung „Das Nähere regelt ein Bundesgesetz" zu erkennen. 458

Somit ergibt sich die ausschließliche Gesetzgebungskompetenz aus der **Normenkette**: Art. 70 Abs. 1, Abs. 2 1. Alt. 71 GG und zusätzlich der ausdrücklichen Kompetenznorm (i. d. R. Art. 73 GG). 459

b) Konkurrierende Gesetzgebungskompetenz

Obwohl der Name „**konkurrierende Gesetzgebung**" etwas anderes vermuten lässt, hat doch der Bund in diesem Falle in der Regel die Gesetzgebungskompetenz, auch wenn diese von Art. 72 GG teilweise an weitere Voraussetzungen geknüpft wird. 460

Im Gegensatz zur ausschließlichen Gesetzgebung können die Länder jedoch nach Art. 72 Abs. 1 GG selbst Gesetze erlassen, **solange** und **soweit** noch keine entsprechende bundesgesetzliche Regelung existiert. 461

BEISPIEL ▸ Nach Art. 74 Abs. 1 Nr. 20 GG unterliegt das Lebensmittelrecht der konkurrierenden Gesetzgebung.

Solange noch überhaupt kein Bundeslebensmittelgesetz oder vergleichbare Regelungen existieren, kann jedes Land sein eigenes Lebensmittelgesetz erlassen;

Soweit ein bereits erlassenes Bundesgesetz bestimmte Regelungsbereiche nicht beinhaltet, kann jedes Land wiederum seine eigenen Regelungen treffen. Enthält das Bundeslebensmittelgesetz z. B. zwar Regelungen über die Verfallsdauer oder die Hygiene- und Gesundheitsvorschriften bei der Aufzucht von Geflügel – nicht jedoch beim Fischfang, so kann jedes Bundesland sein eigenes Lebensmittelgesetz im Bereich Fischfang erlassen.

Erlässt ein Land jedoch Regelungen sofern und soweit der Bund bereits entsprechende Regelungen getroffen hat, so sind diese Landesgesetze nichtig. Deshalb spricht man dabei auch von der **Sperrwirkung** der Bundesgesetzgebung.

462 Von diesem Grundsatz bilden lediglich die in Art. 72 Abs. 3 GG genannten Bereiche Ausnahmen, da dort das System der **Abweichungsgesetzgebung** gilt.

463 Allerdings darf der Bund nur dann im Bereich der konkurrierenden Gesetzgebung tätig werden, wenn dies nach Art. 72 Abs. 2 GG auch **erforderlich** ist. Diese Tatbestandsvoraussetzung, die früher in allen Fällen zu prüfen war, ist jedoch seit 2006 deutlich eingeschränkt worden. Nunmehr muss die „Erforderlichkeit" nur noch geprüft werden, wenn es sich um eines der dort aufgezählten Themengebiete des Art. 74 Abs. 1 GG handelt (sog. „**Bedarfskompetenz**"). In diesen Fällen darf der Bund nur dann von der konkurrierenden Gesetzgebungskompetenz Gebrauch machen, wenn dies

- zur Herstellung gleichwertiger Lebensverhältnisse im Bundesgebiet oder
- zur Wahrung der Rechts- und Wirtschaftseinheit im gesamtstaatlichen Interesse

erforderlich ist. Die Erforderlichkeit von Bundesgesetzen ist dann gegeben, wenn ohne eine bundeseinheitliche Regelung erhebliche Beeinträchtigungen oder unzumutbare Behinderungen entstehen würden.

464 In allen anderen Fällen, also den in Art. 72 Abs. 2 GG nicht genannten Themengebieten, braucht die „Erforderlichkeit" nicht mehr geprüft werden; sie wird unwiderlegbar vermutet. Hierunter fallen die meisten bedeutsameren Kompetenztitel aus dem Katalog des Art. 74 I GG (sog. „**Kernkompetenz**").

465 Somit ergibt sich die konkurrierende Gesetzgebungskompetenz aus der **Normenkette**: Art. 70 Abs. 1, Abs. 2 2. Alt; 72 GG + der ausdrücklichen Kompetenznorm (i. d. R. Art. 74 GG).

c) Ausschließliche Gesetzgebungskompetenzen des Landes

466 Aus dieser Systematik ergibt sich die logische Folgerung, dass alle Themenbereiche, die im Grundgesetz nicht genannt sind, automatisch nach dem Grundsatz des Art. 70 Abs. 1 GG der Landesgesetzgebung unterliegen. Dies sind vor allem, abgesehen von dem Erlass des Landesverfassungsrechts, die bedeutenden Bereiche des Kultus-, Medien-, Kommunal-, Polizei- und Ordnungsrechtes und des Schulwesens. Gesetze des Bundes in diesen Bereichen sind nichtig.

ABB. 29: Übersicht (ohne Steuergesetzgebung)

Für Bundes- bzw. Landesgesetze gilt in Bezug auf deren Nichtigkeit je nach Einordnung der jeweiligen Kompetenznorm (KN) daher ...

	Bundesgesetze	**Landesgesetze**
Ausschließliche Gesetzgebung; Art. 70 Abs. 1, Abs. 2 1. Alt; 71 + KN	Ausschließlich gültig	Nichtig **Ausnahme**: Ausdrückliche Ermächtigung durch den Bund (Art. 71 GG)
Konkurrierende Gesetzgebung; Art. 70 Abs. 1, Abs. 2 2. Alt.; 72 + KN	Möglich Evt. Voraussetzungen von Art. 72 Abs. 2 beachten	Nichtig, sofern und soweit ein Bundesgesetz besteht **Ausnahme**: Art. 72 Abs. 3 GG Ansonsten gültig
Landesgesetzgebung Art. 70 Abs. 1 – ohne KN	Nichtig	Ausschließlich gültig

Sofern die Vorschriften über die Gesetzgebung Anwendung finden, ist ein Rückgriff auf die Regelungen des Art. 31 GG nicht notwendig, da die Regelungen zur Gesetzgebung dieser Vorschrift als lex specialis vorgehen. Ebenfalls ist bei diesen Regelungen zu beachten, dass sich bei Fragen der **Steuergesetzgebung** die Gesetzgebungskompetenzen nach den Art. 105 f. GG richten und somit wiederum lex specialis in Bezug auf die Art. 70 f. GG sind. 467

Für die Lösung eines konkreten Sachverhaltes empfiehlt sich, zunächst herauszufinden, ob sich die gesuchte Regelungsmaterie in Art. 73 bzw. 4 Abs. 3, 21 Abs. 3, 38 Abs. 3 GG etc. oder in Art. 74 GG oder in keiner der vorgenannten Vorschriften findet. Nur im Falle der konkurrierenden Gesetzgebung ist es dann im Fall einer Kollision zwischen Bundes- und Landesrecht eventuell noch notwendig, die Voraussetzungen des Art. 72 Abs. 2 GG zu prüfen. 468

d) Ungeschriebene Gesetzgebungskompetenzen

Aufgrund einiger problematischer Einzelfälle hat das Bundesverfassungsgericht die ausdrücklich im Grundgesetz genannten Gesetzgebungskompetenzen des Bundes um einige weitere **ungeschriebene Gesetzgebungskompetenzen** erweitert. Davon sollen hier die Zuständigkeiten kraft Sachzusammenhang und die Zuständigkeiten kraft Natur der Sache näher erläutert werden. 469

So nimmt das Gericht eine Zuständigkeit des Bundes **kraft Sachzusammenhang** an, wenn eine Frage, deren Regelung dem Bund in Art. 73 bzw. 74 GG zugewiesen wurde, nur dann umfassend abgearbeitet werden kann, wenn auch andere mit dieser Frage eng im Sachzusammenhang stehende Fragen anderer Regelungsbereiche mit abgearbeitet werden. So kann eine Regelung des Handwerksrechts (Konkurrierende Gesetzgebung; Art. 74 Abs. 1 Nr. 11 GG) im engen Sachzusammenhang mit den Besonderheiten der Altersvorsorge für Schornsteinfeger stehen und daher auch vom Bund geregelt werden, obwohl dieser für die Altersvorsorge an sich keine Zuständigkeit hat. 470

Kraft **Natur der Sache** kann der Bund über Fragen entscheiden, die schon von ihrer Natur her, also „begriffsnotwendig", sinnvoll nur vom Bund bearbeitet werden können, obwohl sich dazu kein entsprechender Kompetenztitel in Art. 73 bzw. 74 GG findet. Dies sind Fragen wie z. B. die Auswahl der Bundessymbole oder die Wahl des Regierungssitzes sowie die Festlegung von Nationalfeiertagen. 471

2. Gesetzgebungsverfahren auf Bundesebene

Das Gesetzgebungsverfahren beschreibt die Art und Weise bzw. den Verfahrensablauf, mit dem Gesetze in der Bundesrepublik Deutschland beschlossen werden. Das Verfahren kann in drei wesentliche Bereiche unterteilt werden: 472

- Gesetzesinitiative
- Beschlussverfahren von Bundestag und Bundesrat
- Verkündung des Gesetzes

Regelungen zu diesem Verfahren finden sich im Grundgesetz in Art. 76 – 78 und Art. 82 GG (vgl. auch das Schaubild „Gesetzgebungsverfahren“ auf der nachfolgenden Seite).

a) Gesetzesinitiative

473 Am Anfang eines jeden neu beschlossenen Gesetzes steht die **Gesetzesinitiative** – quasi der Anstoß zum Gesetzgebungsverfahren. Nach Art. 76 Abs. 1 GG kann eine solche Initiative durch die Bundesregierung, aus der Mitte des Bundestages oder durch den Bundesrat erfolgen. Bei Gesetzesvorlagen aus dem Bundestag muss also noch genauer festgelegt werden, wer unter der „Mitte des Bundestages“ zu verstehen ist. Dies legt der Bundestag in seiner Geschäftsordnung selbst fest und verlangt nach § 76 Abs. 1 GOBT, dass eine solche Initiative von einer Fraktion oder von mindestens 5 % der Mitglieder des Bundestages unterzeichnet sein muss, d. h. im letzten Fall spielt die Fraktionszugehörigkeit der einbringenden Abgeordneten keine Rolle.

474 Im Ergebnis landet eine Vorlage zu einem Gesetz nach der Initiative nach Art. 76 Abs. 1 GG immer beim Bundestag. Allerdings müssen – je nachdem von wem die Vorlage kommt – die in Art. 76 Abs. 2 bzw. Abs. 3 vorgesehenen **Stellungnahmen** eingeholt werden:

- Kommt die Gesetzesvorlage von der **Bundesregierung**, so muss der Bundesrat dazu zunächst in dem in Art. 76 Abs. 2 GG beschriebenen Verfahren Stellung nehmen.
- Kommt die Vorlage vom **Bundesrat** so gilt Vergleichbares für die Bundesregierung nach Art. 76 Abs. 3 GG.
- Nur von der Mitte des Bundestages eingebrachte Vorlagen können ohne Stellungnahme direkt von diesem weiter bearbeitet werden.

In der Praxis kommt ca. die Hälfte der Gesetzesinitiativen von der Bundesregierung.

b) Beschlussverfahren

475 Ist die Gesetzesvorlage nach diesem Vorgeplänkel dann beim Bundestag angekommen, so beginnt das eigentliche **Beschlussverfahren** (Art. 77 GG). Der Bundestag berät zunächst in regelmäßig drei Lesungen (§§ 78 f. GOBT) über die Vorlage, wobei zwischen den Lesungen zumeist die zuständigen Fachausschüsse mit der Vorlage beschäftigt werden und vor der zweiten Lesung eine Beschlussempfehlung abgeben. Die dritte Lesung endet mit der Schlussabstimmung. Der Bundestag hat die Gesetzesvorlage beschlossen, wenn nach Art. 77 Abs. 1, 42 Abs. 2 GG die Mehrheit der abgegebenen Stimmen sich für das Gesetz entscheidet, es sei denn, dass nach dem Grundgesetz besondere Mehrheiten notwendig sind.

476 Nach der Annahme im Bundestag wird die Gesetzesvorlage an den Bundesrat weitergeleitet. Die Ausgestaltung des Verfahrens vor dem Bundesrat ist aber entscheidend davon abhängig, ob es sich bei dem jeweiligen Gesetz um ein **Zustimmungs**- oder ein **Einspruchsgesetz** handelt.

477 In der Regel sind alle Gesetze sog. **Einspruchsgesetze**, sofern das Grundgesetz nicht ausdrücklich die Zustimmung des Bundesrates vorschreibt. Bei Einspruchsgesetzen kann der Bundesrat deren Zustandekommen im Ergebnis nicht verhindern. Zwar kann

er sich gegen das Gesetz aussprechen und eine Befassung des Vermittlungsausschusses (Art. 77 Abs. 2 GG) herbeiführen, jedoch kann der Bundestag am Ende den Einspruch des Bundesrates auch nach einem erfolglosen Vermittlungsversuch mit den entsprechenden Mehrheiten nach Art. 77 Abs. 4 GG überstimmen und die Vorlage damit verabschieden.

Schreibt das Grundgesetz aber ausdrücklich die Zustimmung des Bundesrates vor, so handelt es sich bei dem Gesetz um ein **Zustimmungsgesetz**. 478

BEISPIELE

- Art. 79 Abs. 2 GG,
- Art. 84 GG,
- Art. 85 GG,
- Art. 104a GG,
- Art. 105 GG.

Ist der Bundesrat mit einer zustimmungspflichtigen Gesetzesvorlage nicht einverstanden und kann auch der angerufene Vermittlungsausschuss keine Einigung von Bundestag und Bundesrat herbeiführen, so ist das Gesetz bei Verweigerung der Zustimmung endgültig nach Art. 77 Abs. 2a, 78 GG gescheitert.

ABB. 30: Verfahren der Gesetzgebung

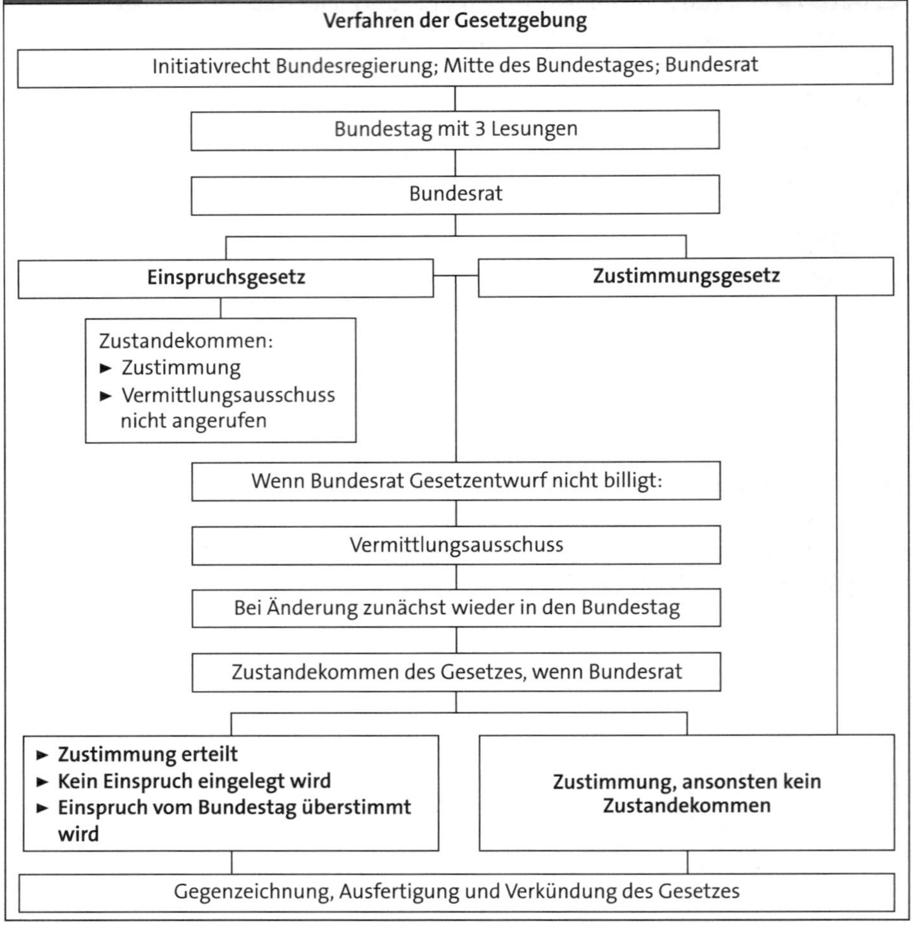

479 Ein wichtiges Instrument zur Beilegung von Meinungsverschiedenheiten während des Gesetzgebungsverfahrens ist der nach Art. 77 Abs. 2 GG benannte **Vermittlungsausschuss**. Er versucht einen vermittelnden Vorschlag zu erarbeiten. Der Vermittlungsausschuss besteht zur Hälfte aus Abgeordneten des Bundestages und zur Hälfte aus Abgesandten des Bundesrates und besteht insgesamt aus 32 Mitgliedern. Um eine wirkungsvolle Arbeit des Ausschusses zu gewährleisten, sind die Abgesandten des Bundesrates nicht – wie sonst üblich – an Weisungen gebunden (Art. 77 Abs. 2 Satz 3 GG). Der Ausschuss hat jedoch keine eigene Beschlussmöglichkeit. Handelt er also einen Kompromiss aus, welcher den vom Bundestag bereits verabschiedeten Entwurf ändert, so muss dieser sich erneut mit der Vorlage befassen, bevor wiederum der Bundesrat abstimmen kann, da es sich nicht mehr um den ursprünglichen Gesetzesentwurf handelt.

480 Positiv formuliert kommt also ein für die Vorlage „gutes Ende" des Beschlussverfahrens nach Art. 78 GG in nachfolgenden Fällen vor:

- wenn der Bundesrat bei einem Einspruchsgesetz nicht innerhalb einer Frist von drei Wochen den Vermittlungsausschuss (Art. 77 Abs. 2 GG) anruft;
- wenn der Bundesrat bei einem Einspruchsgesetz innerhalb der Frist des Art. 77 Abs. 3 GG keinen Einspruch einlegt oder ihn zurücknimmt;
- wenn der Bundestag bei einem Einspruchsgesetz den Einspruch des Bundesrates überstimmt;
- wenn der Bundesrat bei einem Einspruchs- oder Zustimmungsgesetz der Gesetzesvorlage zustimmt.

c) Verkündung von Gesetzen

Das Ende des Gesetzgebungsverfahrens nach Abschluss des Beschlussverfahrens bildet die **Gegenzeichnung** des Gesetzes durch die Bundesregierung und die Ausfertigung und die **Verkündung** der Gesetze durch den Bundespräsidenten. 481

Ist die Vorlage soweit beschlossen worden, so wird sie zunächst vom Bundeskanzler oder dem zuständigen Fachminister nach Art. 82 Abs. 1, 58 GG gegengezeichnet. Durch diese **Gegenzeichnung** soll die Bundesregierung am Ende des Gesetzgebungsverfahrens die politische Verantwortung für den entsprechenden Gesetzentwurf übernehmen, um diese Verantwortung klar von der Aufgabe der Verkündung durch den Bundespräsidenten abzugrenzen. 482

Der Bundespräsident ist schließlich für die **Ausfertigung** der Gesetze zuständig. Das bedeutet, dass er die Urschrift des Gesetzes herstellt, indem er das Gesetz unterschreibt und es damit zur Veröffentlichung im Bundesgesetzblatt freigibt. Dabei darf er keine inhaltlichen Änderungen vornehmen (zum **Prüfungsrecht des Bundespräsidenten** vgl. oben Bundespräsident Rn. 437 f.). 483

Erst mit der **Verkündung** im Bundesgesetzblatt wird das Gesetz wirksam. Es tritt entweder zu dem im Gesetz angegebenen Termin oder mangels einer solchen Bestimmung vierzehn Tage nach seiner Verkündung in Kraft (Art. 82 Abs. 2 GG). 484

§ 12 Grundrechte

I. Einleitung

LITERATUR

Albrecht/Küchenhoff, Staatsrecht, 3. Aufl. 2015, S. 209 f.; *Katz*, Staatsrecht, 18. Aufl. 2010, S. 280 f.; *Kingreen/Poscher*, Grundrechte Staatsrecht II, 33. Aufl. 2017, S. 1 f.; *Spallek*, Staatsrecht, 18. Aufl. 2010, S. 141 f.

Die Verfassung enthält neben den Grundprinzipien der Staatsstruktur und den Organisationsnormen auch eine Rechtsordnung für das Verhältnis der Bürger zu ihrem Staat. Diese „Rechtsordnung" wird durch die Grundrechte getragen und wesentlich bestimmt. 485

Daher werden sie auch häufig als Herzstück der Verfassung bezeichnet. Dieser Schluss drängt sich insbesondere durch die hervorgehobene Stellung der Grundrechte gerade im Unterschied zur Weimarer Verfassung auf: Im Grundgesetz stehen sie am Anfang und über den durch die Ewigkeitsklausel geschützten Art. 1 Abs. 3 GG ist die Ausübung aller staatlicher Gewalt an diese Grundrechte gebunden. Durch das Bundesverfassungsgericht und das Institut der Verfassungsbeschwerde wird die Einhaltung der Grundrechte jederzeit überwacht.

486 Ihre geschichtlichen Grundlagen haben die Grundrechte in Gesetzeswerken wird der englischen „Magna Charta“ (1215), dem ebenfalls aus England stammenden „Habeas Corpus“- Akt (1679) und dem „Bill of Rights“ (1689). Die erste einklagbare Grundrechteordnung wurde 1789 in den USA erlassen. Durch einen ebenfalls Bill of Rights genannten Gesetzesakt wurde die amerikanische Verfassung um zehn Anhänge (ten amendments) erweitert, die heute noch in Kraft sind. Zur gleichen Zeit wurden in der französischen Erklärung der Menschen- und Bürgerrechte zum ersten Mal Rechte wie Freiheit, Gleichheit, Meinungs- und Gedankenfreiheit niedergelegt.

487 Auf dem Gebiet der heutigen Bundesrepublik wurden Grundrechte erst in der Paulskirchenverfassung von 1848 festgelegt, jedoch gelangten die dort niedergelegten Rechte wie Berufs-, Meinungs- und Pressefreiheit, Religionsfreiheit, Versammlungsfreiheit und das Recht auf Eigentum mit der gesamten Paulskirchenverfassung nie vollständig zur Geltung. Erst die Weimarer Reichsverfassung von 1919 enthielt einen vollständigen Grundrechtekatalog in den Art. 114 f. WRV. Die geringe Bedeutung dieser Grundrechte wurde aber durch deren einfache Einschränkbarkeit durch Notverordnungen (Art. 48 WRV) und deren Ausprägung als reine Staatszielbestimmungen deutlich, was neben vielen anderen als eine der Ursachen für die Machtergreifung der Nationalsozialisten 1933 gilt.

488 Heute findet sich im Grundgesetz ein ausführlicher Katalog von Grundrechten. Dabei wird zwischen **Grundrechten** (formelle Grundrechte) und den Grundrechten gleichgestellte Rechte, den sog. **grundrechtsgleichen Rechten** (materielle Grundrechte) unterschieden. Diese Unterscheidung macht insbesondere Art. 93 Abs. 1 Nr. 4a GG deutlich, der die Einstiegsnorm der für die Einhaltung und Überwachung der Grundrechte so wichtigen **Verfassungsbeschwerde** ist.

ABB. 31: Verfassungsbeschwerde und Grundrechte

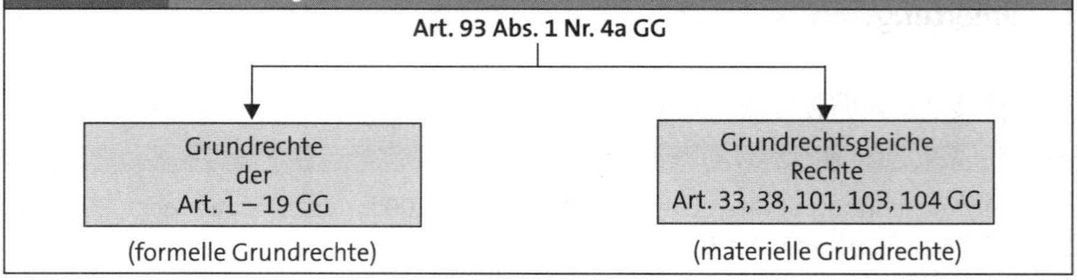

Insgesamt ergibt sich daher der nachfolgende Katalog der wesentlichen formellen und materiellen Grundrechte des GG: 489

Art. GG	Grundrecht(e)
1 Abs. 1	Menschenwürde
2 Abs. 1	Allgemeine Handlungsfreiheit
2 Abs. 2 Satz 1 1. Alt.	Recht auf Leben
2 Abs. 2 Satz 1 2. Alt.	Recht auf körperliche Unversehrtheit
2 Abs. 2	Freiheit der Person
1 Abs. 1 i. V. m. 2 Abs. 1	Allgemeines Persönlichkeitsrecht
3	Allgemeiner Gleichheitsgrundsatz und übrige Gleichheitsrechte
4 Abs. 1	Glaubens- und Gewissensfreiheit
4 Abs. 2	Freiheit der Religionsausübung
4 Abs. 3, 12a	Recht zur Kriegsdienstverweigerung
5	Meinungsfreiheit, Informationsfreiheit, Pressefreiheit, Rundfunk- und Filmfreiheit, Kunstfreiheit, Freiheit von Wissenschaft und Lehre
6	Schutz von Ehe und Familie
7	Recht zur Errichtung von Privatschulen
8 Abs. 1	Versammlungsfreiheit
9 Abs. 1	Vereinigungsfreiheit
10 Abs. 1	Brief-, Post- und Fernmeldegeheimnis
11 Abs. 1	Recht auf Freizügigkeit
12 Abs. 1	Freiheit der Berufswahl, Verbot der Zwangsarbeit
12 Abs. 2, Abs. 3	Verbot der Zwangsarbeit
13 Abs. 1	Unverletzlichkeit der Wohnung
14	Recht auf Eigentum
16	Verbot von Ausbürgerung und Auslieferung
16a	Recht auf politisches Asyl
17	Petitionsrecht
19 Abs. 4	Gebot des effektiven Rechtsschutzes
20 Abs. 4	Widerstandsrecht
33 Abs. 1	Staatsbürgerliche Rechte und Pflichten Ämtern
33 Abs. 2	Zugang zu öffentlichen Ämtern
38	Wahlrecht
101, 103, 104	Justizgrundrechte (vgl. oben Rechtsstaatsprinzip)

Die aufgelisteten Grundrechte werden wiederum in **Freiheitsrechte** wie z. B. Art. 14 (Eigentumsgarantie) und in **Gleichheitsrechte** wie z. B. Art. 3 (allgemeiner Gleichbehandlungsgrundsatz) unterteilt. 490

II. Funktionen der Grundrechte

LITERATUR

Albrecht/Küchenhoff, Staatsrecht, 3. Aufl. 2015, S. 213 f.; *Katz*, Staatsrecht, 18. Aufl. 2010, S. 292 f.; *Kingreen/Poscher*, Grundrechte Staatsrecht II, 33. Aufl. 2017, S. 30 f.; *Spallek*, Staatsrecht, 17. Aufl. 2006, S. 147 f.

491 Die für die Verfassung so wichtigen Grundrechte erfüllen viele verschiedene Funktionen. In ihren wichtigsten Funktionen sind die Grundrechte dabei vordergründig Freiheits-, Leistungs- und Gleichheitsrechte (*subjektiv-rechtlich*) und darüber hinaus auch Ausdruck einer objektiven Werteordnung und beinhalten Einrichtungsgarantien (*objektiv-rechtlich*).

ABB. 32: Funktionen der Grundrechte

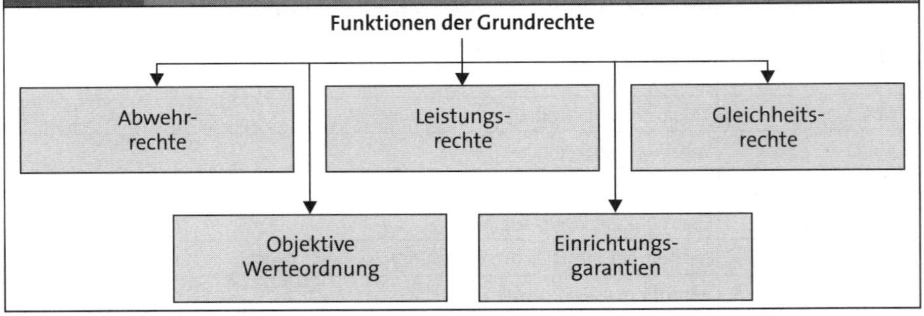

492 ► **Abwehrrechte**

Die offensichtliche und zugleich wichtigste Funktion der Grundrechte ist die Gewährleistung von **Freiheit**. Aus der Geschichte der Grundrechte folgt, dass diese dem Einzelnen einen Freiraum garantieren und ihn somit vor Zugriffen durch den Staat schützen sollen. Insoweit sind die Grundrechte eine konsequente Weiterentwicklung aus dem Prinzip des Rechtsstaates. Grundrechte sind daher in erster Linie **Abwehrrechte** des Einzelnen gegen den Staat. So schützt z. B. Art. 4 Abs. 1 GG vor einem Zugriff des Staates in religiöse Belange.

493 ► **Leistungsrechte**

Neben der freiheitsschützenden Funktion können Grundrechte aber auch Ansprüche des Bürgers an seinen Staat beinhalten. So kann der Staat in Einzelfällen auf Grundlage eines Grundrechtes verpflichtet sein, dem Bürger eine Leistung zukommen zu lassen, insoweit spricht man auch von der sozialen Funktion der Grundrechte bzw. von **Leistungsrechten** oder auch Teilhaberechten. Da aber viele Grundrechte nicht als Anspruchsgrundlagen formuliert sind, hat das Bundesverfassungsgericht einen solchen direkten Anspruch aus einem Grundrecht nur in einzelnen Fällen angenommen. Aus Art. 16a Abs. 1 GG hat es einen Anspruch auf Gewährleistung von Asyl abgeleitet. Ebenso hat das Gericht aus Art. 1 Abs. 1 GG i. V. m. dem Sozialstaatsprinzip des Art. 20 Abs. 1 GG einen Anspruch auf das Existenzminimum hergeleitet (vgl. oben Sozialstaatsprinzip Rn. 343 f.).

► **Gleichheitsrechte** 494

Gleichheitsrechte schützen den Einzelnen nicht direkt vor den Zugriffen durch den Staat. Sie sind aber in der Lage, den Zugriff des Staates zu relativieren. Gleichheitsrechte verlangen dabei vom Staat, dass dieser nicht ohne einen sachlichen Grund oder weitere Voraussetzungen die Rechte des einen stärker beschneidet als die Rechte eines anderen. Dadurch verhindern diese Grundrechte die Diskriminierung von einzelnen Bürgern oder Bevölkerungsgruppen. Deutlichster Anknüpfungspunkt für diese Funktion der Grundrechte ist der Art. 3 GG.

► **Grundrechte als objektive Werteordnung** 495

Die vorgenannten Funktionen der Grundrechte haben eher subjektiven Charakter, da sie Rechte des Einzelnen gegenüber dem Staat beinhalten. Grundrechte sind aber wesentlich mehr als nur Ansprüche oder Schutzrechte des Einzelnen. Sie enthalten einen Katalog von Grundwerten und Entscheidungen, die sich unsere Gesellschaft für ein funktionierendes Zusammenleben selbst gesetzt hat. Deshalb spricht man bei den Grundrechten auch von einer **objektiven Werteordnung**, an der sich alles Verhalten auszurichten hat. Die Wirkung dieser Werteordnung strahlt dabei so weit aus, dass durch sie auch Rechtsbeziehungen zwischen einzelnen Bürgern beeinflusst werden können. So kann es im Zivilrecht, insbesondere bei der Prüfung von § 138 BGB (Sittenwidrigkeit) oder von § 242 BGB (Treu und Glauben) häufig dazu kommen, dass unbestimmte Rechtsbegriffe – „im Lichte der Verfassung" – auszulegen sind. So kann aus einem zivilrechtlichen Vertrag kein Lohn für das Austragen eines fremden Kindes abgeleitet werden, da ein solcher Vertrag gegen die Menschenwürde verstößt und damit sittenwidrig und somit nach § 138 BGB nichtig ist.

► **Grundrechte als Einrichtungsgarantien** 496

Eine weitere objektive Funktion von Grundrechten bilden die sog. **Einrichtungsgarantien**. Sie verpflichten den Staat zur Erhaltung und zum Schutze bestimmter Institutionen, die durch die Grundrechte garantiert werden sollen. Der Staat ist beispielsweise aus Art. 6 GG dazu verpflichtet die Institutionen Ehe und Familie zu schützen und sie in ihrem Dasein zu unterstützen.

Bei all diesen Funktionen der Grundrechte wird ein Grundprinzip deutlich: Adressat für ein Grundrecht ist nahezu immer der Staat. Insofern spricht man auch vom Staat als **Grundrechtsadressaten**. Er ist für die Einhaltung, Überwachung und Gewährleistung des Grundrechtsschutzes verantwortlich. 497

III. Prüfung von Grundrechten

LITERATUR

Katz, Staatsrecht, 18. Aufl. 2010, S. 316 f.; *Kingreen/Poscher*, Grundrechte Staatsrecht II, 33. Aufl. 2017, S. 76 f.

498 Um diese Funktionen der Grundrechte zu gewährleisten muss es die Möglichkeit geben, die Verletzung eines Grundrechtes festzustellen und diese Verletzung auch vor einem Gericht geltend zu machen (vgl. Verfassungsbeschwerde Rn. 450). Zunächst soll nur die Prüfung von Freiheitsrechten betrachtet werden. Der juristischen Prüfung der Grundrechte liegt folgender Satz zugrunde:

– *„Ein Grundrecht ist verletzt, wenn ein Eingriff in den Schutzbereich des Grundrechts vorliegt, der nicht gerechtfertigt ist."* –

Daraus leitet sich das folgende Prüfungsschema ab, welches anschließend näher zu erläutern ist:

I. Eingriff in den Schutzbereich
  1) Schutzbereich
  2) Eingriff
II. Rechtfertigung

1. Eingriff in den Schutzbereich

499 Die erste Frage, die sich bei der Prüfung eines Grundrechts stellt ist somit, ob ein Eingriff in den Schutzbereich eines Grundrechts vorliegt.

a) Schutzbereich

500 Zunächst wird also die Frage gestellt, ob der Schutzbereich des Grundrechtes berührt (oder eröffnet) ist. Es ist somit zu klären, ob das entsprechende Grundrecht im zu prüfenden Einzelfall auch tatsächlich berührt ist. Dabei wird zwischen der Frage unterschieden, ob die im Fall betroffene Person(en) überhaupt Träger des entsprechenden Grundrechtes sein kann – **persönlicher Schutzbereich** – und ob das entsprechende Grundrecht inhaltlich bzw. sachlich – **sachlicher Schutzbereich** – betroffen ist.

aa) Persönlicher Schutzbereich

501 Im Rechtssystem der Bundesrepublik Deutschland wird zwischen natürlichen (dem einzelnen Menschen) und juristischen Personen (GmbH, AG, KG, KGaG, Körperschaften des öffentlichen Rechts ...) unterschieden. Somit stellt sich bei jedem Grundrecht die Frage, ob es auf die betroffene Person anwendbar ist.

502 **Natürliche Personen** sollen ja gerade vor dem Zugriff durch den Staat geschützt werden, weshalb Grundrechte auf natürliche Personen unproblematisch anwendbar sind.

Jedoch spielt die Nationalität der betroffenen Person bei einigen Grundrechten eine Rolle. Deswegen wird zwischen **Menschenrechten**, also Grundrechten die für „Jedermann" gelten, und **Deutschenrechten** (auch Bürgerrechte), also Grundrechten die nur für Menschen mit deutscher Staatsangehörigkeit gelten, unterschieden.

Problematischer gestaltet sich die Frage der Anwendung von Grundrechten auf **juristische Personen**. Dafür stellt Art. 19 Abs. 3 GG die Voraussetzungen auf, dass Grundrechte nur insoweit für inländische juristische Personen gelten, soweit diese ihrem Wesen nach auch auf juristische Personen angewendet werden können. Dies bedeutet zunächst, dass ausländische juristische Personen in keinem Falle Träger eines Grundrechtes sein können. Maßgeblich für die Beantwortung dieser Frage ist dabei, in welchem Land die juristische Person ihren Sitz bzw. ihr Hauptbetätigungsfeld hat. Schließlich muss das Grundrecht dem Wesen nach auf eine juristische Person anwendbar sein. Das Bundesverfassungsgericht belegt diese Frage mit dem Begriff der „**grundrechtstypischen Gefährdungslage**". Demnach stellt sich bei jedem Grundrecht die Frage, ob es ausschließlich an eine Eigenschaft einer natürlichen Person anknüpft oder ob auch eine juristische Person in Bezug auf das Grundrecht die gleiche Freiheitsbeschränkung durch den Staat befürchten muss. Offensichtlich kann das Recht der Menschenwürde aus Art. 1 Abs. 1 GG kaum auf juristische Personen anwendbar sein, da sie nicht in die Gefahr geraten können, dass der Staat ihre Menschenwürde beeinträchtigt. Gleiches gilt für das allgemeine Persönlichkeitsrecht (Art. 1 Abs. 1 i.V. m. Art. 2 Abs. 1), für die Unversehrtheit von Leben und körperlicher Unversehrtheit (Art. 2 Abs. 2 Satz 1 GG), für die Freiheit der Person (Art. 2 Abs. 2 Satz 2), für den Schutz von Ehe und Familie (Art. 6 Abs. 1 GG), für die Gleichberechtigung von Mann und Frau (Art. 3 Abs. 2 GG) sowie für das Asylrecht (Art. 16a Abs. 1 GG). 503

bb) Sachlicher Schutzbereich

Kann die im Falle betroffene Person Träger des entsprechenden Grundrechtes sein, so ist weiterhin zu prüfen, ob das entsprechende Grundrecht auch sachlich auf den Fall Anwendung findet. Es ist also zu klären, ob das Grundrecht gerade diese Fallkonstellation schützen will. Diese Frage kann allerdings nur in Zusammenhang mit den jeweiligen Grundrechten dargestellt werden (vgl. dazu unten Einzelne Grundrechte Rn. 519 f.). 504

b) Eingriff

Danach ist zu prüfen, ob das hier im Fall betroffene Grundrecht auch durch den Staat überhaupt beeinträchtigt wird. Man könnte auch formulieren: Es stellt sich die Frage, ob in dem vorliegenden Falle ein **Eingriff** in den Schutzbereich des Grundrechtes vorliegt. Früher wurde diese Frage für einzelne Handlungen breit diskutiert. Heute gilt aber der vom Bundesverfassungsgericht festgeschriebene moderne Eingriffsbegriff: 505

DEFINITION

Ein **Eingriff** ist jedes Handeln, welches ein Verhalten, das in den Schutzbereich eines Grundrechtes fällt, erschwert oder unmöglich macht (moderner Eingriffsbericht).

Sobald der Staat dem betroffenen Bürger ein Verhalten erschwert, das durch das Grundrecht geschützt wird, liegt ein Eingriff vor. Damit stellt jede auch noch so geringe Beeinträchtigung eines Grundrechts einen Eingriff in den Schutzbereich dar. Nur für absolute Bagatelleingriffe macht das Verfassungsgericht hiervon eine Ausnahme (z. B. Werbebeilagen in Tageszeitungen stellen keinen Eingriff in das allgemeine Persönlichkeitsrecht nach Art. 1 Abs. 1 i. V. m. Art. 2 Abs. 1 GG dar).

506 Allerdings könnte ein Eingriff dann unproblematisch sein, wenn der betroffene Bürger in Bezug auf das betroffene Grundrecht einen **Grundrechtsverzicht** erklärt hat. Das bedeutet, dass der betroffene Bürger dem Grundrechtseingriff zustimmt. Ein Grundrechtsverzicht kann dann wirksam sein, wenn der Betroffene freiwillig und rechtlich bindend auf sein Grundrecht verzichtet hat. Insbesondere die Freiwilligkeit dürfte dabei die häufig problematische Voraussetzung sein. Jedoch ist bei einzelnen Grundrechten fraglich, ob ein Verzicht überhaupt möglich ist, was wiederum im Folgenden bei den einzelnen Grundrechten zu erläutern wäre. Verzichtet ein Bürger jedoch wirksam und rechtlich bindend auf ein Grundrecht und ist dieser Verzicht bei dem betroffenen Grundrecht auch zulässig, so liegt in der staatlichen Maßnahme kein Eingriff.

2. Rechtfertigung

507 Der Eingriff in ein Grundrecht bedeutet nicht automatisch, dass das Grundrecht verletzt ist. Nur wenn der Eingriff nicht gerechtfertigt wird, liegt eine Grundrechtsverletzung vor und die vorgenommene Handlung bzw. das geplante Gesetz ist verfassungswidrig. Wie kann jetzt aber der Eingriff in ein Grundrecht gerechtfertigt werden? Grundrechte können schon logisch nicht ohne Grenzen gewährt werden. Denn wäre jedem alles erlaubt, würde es zu erheblichen Konflikten kommen. Deswegen kann (fast) jedes Grundrecht eingeschränkt werden. Insoweit spricht man auch von den Schranken eines Grundrechtes. Eine Begrenzung des Wirkungsbereiches einer solchen Schranke wird dann auch als Schranke der Schranke oder kurz als „Schranken-Schranke“ bezeichnet.

ABB. 33: Einschränkbarkeit von Grundrechten

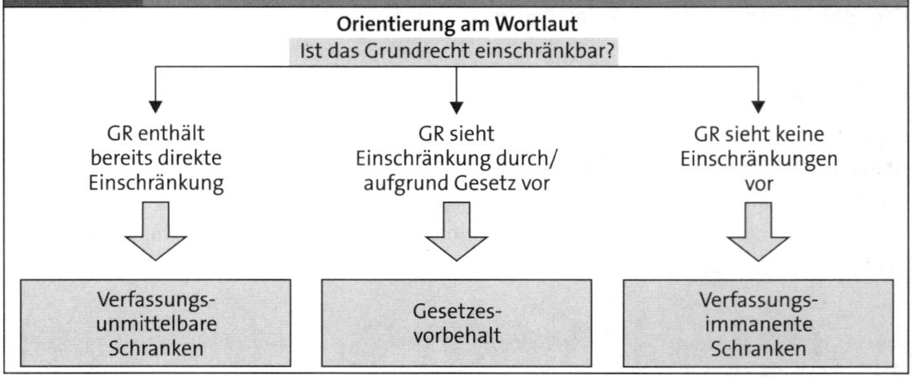

a) Verfassungsunmittelbare Schranken

Zum einen sehen Grundrechte bereits in ihrem Wortlaut vor, dass sie bestimmten Schranken (= Begrenzungen) unterliegen. So darf z. B. die in Art. 2 Abs. 1 GG erwähnte allgemeine Handlungsfreiheit nicht die Rechte anderer verletzen. Das bedeutet, dass der durch das Grundrecht gewährte Schutz dort zu Ende ist, wo die Rechte des anderen anfangen. Nimmt der Staat einen Eingriff in die allgemeine Handlungsfreiheit vor, um die Rechte eines anderen zu schützen, so würde er das Grundrecht in der unmittelbar in der Verfassung vorgesehenen Art und Weise zulässig beschränken – der Eingriff wäre also gerechtfertigt. Bei dieser Art der Grundrechtsbegrenzung spricht man auch von **verfassungsunmittelbaren Schranken**, weil sie im Wortlaut des Grundrechtes unmittelbar vorgesehen sind. 508

b) Verfassungsimmanente Schranken

Im Gegensatz dazu gibt es aber auch Grundrechte, die – wie z. B. Art. 4 Abs. 1 GG – überhaupt keine Einschränkungsmöglichkeiten vorsehen. Allerdings ist auch hier klar, dass die Religionsfreiheit nicht unbegrenzt gewährt werden kann. So darf ein Mord aus religiösen Motiven (Ehrenmord) nicht durch Art. 4 Abs. 1 GG geschützt werden. Sieht ein Grundrecht eben keine Schranke vor, so kann es wiederum nur durch andere Grundrechte oder sonstiges Verfassungsrecht begrenzt werden. Diese Art der Schranke bezieht sich also auf in der Verfassung enthaltene Schranken, weshalb diese Art der Einschränkung auch **verfassungsimmanente** (= der Verfassung innewohnende) **Schranke** genannt wird. In dem angesprochenen Beispielsfall würde der Art. 2 Abs. 2 Satz 1 1. Alt. GG (Recht auf Leben) die Ausübung des Art. 4 Abs. 1 GG begrenzen. Nähme der Staat also einen Eingriff in die Religionsfreiheit durch ein Verbot von religiös motivierten Morden vor, so wäre dieser Eingriff durch die verfassungsimmanente Schranke des Art. 2 Abs. 2 Satz 1 1. Alt. GG gerechtfertigt. 509

c) Gesetzesvorbehalt

Schließlich sehen einige Grundrechte vor, dass sie wie z. B. Art. 8 Abs. 2 GG durch oder aufgrund eines Gesetzes eingeschränkt werden dürfen. Der **Gesetzesvorbehalt** als Schranke ist die häufigste Möglichkeit, den Eingriff in ein Grundrecht zu rechtfertigen. In Fällen von Gesetzesvorbehalten kann durch die Einführung eines entsprechenden Gesetzes ein Grundrechtseingriff erfolgen oder möglich gemacht werden. Dies bedeutet im Umkehrschluss allerdings nicht, dass für Eingriffe in Grundrechte, die keinen Gesetzesvorbehalt enthalten, ein Gesetz zur Rechtfertigung des Eingriffs nicht erforderlich wäre. 510

Allerdings muss ein **Gesetz**, welches einen Grundrechtseingriff rechtfertigen soll, selbst verfassungsgemäß sein. Es darf daher weder **formell** noch **materiell** verfassungswidrig sein. Formell muss es somit ordnungsgemäß zustande gekommen sein. Materiell darf es nicht gegen andere Vorschriften der Verfassung verstoßen. Dabei muss das Gesetz insbesondere dem Verhältnismäßigkeitsgrundsatz entsprechen um nicht gegen das Rechtsstaatsprinzip zu verstoßen. 511

512 Bei der Prüfung der materiellen Verfassungsmäßigkeit von Gesetzen ergibt sich noch eine Besonderheit aus Art. 19 Abs. 2 GG. Nach der sog. **Wesensgehaltstheorie** darf ein auch ansonsten noch so verfassungsgemäßes Gesetz zur Rechtfertigung eines Grundrechtseingriffes im Ergebnis nicht dazu führen, dass der Wesensgehalt des Grundrechtes beeinträchtigt wird. Ein Eingriff in ein Grundrecht darf nicht in der Form erfolgen, dass für den Betroffenen von diesem Grundrecht gar nichts mehr übrig bleibt. So hat ein Strafgefangener, der zu lebenslanger Freiheitsstrafe mit anschließender Sicherungsverwahrung verurteilt wurde immer noch die Möglichkeit, dass die Notwendigkeit zu Sicherungsverwahrung wegfällt und er später wieder in den Genuss der Freiheit seiner Person nach Art. 2 Abs. 2 Satz 2 GG kommt.

513 Darüber hinaus darf auch die **einzelne Maßnahme**, die auf der Grundlage des Gesetzes erfolgt, nicht gegen verfassungsrechtliche Grundsätze verstoßen. Hier ist insbesondere zu prüfen, ob auch die Einzelmaßnahme mit dem im Rechtsstaatsprinzip verankerten Verhältnismäßigkeitsgrundsatz vereinbar ist. Im Ergebnis können also im Bereich der Rechtfertigung zwei Verhältnismäßigkeitsprüfungen vorzunehmen sein: Die erste in Bezug auf das Gesetz; die zweite in Bezug auf die Einzelmaßnahme. Im Ergebnis ergibt sich damit insgesamt für die Prüfung von Freiheitsrechten mit Gesetzesvorbehalt das folgende Prüfungsschema:

514

Prüfungsschema Freiheitsgrundrechte

Eingriffe in Grundrechte mit Gesetzesvorbehalt als Schranke
Ein Grundrecht ist verletzt, wenn ein Eingriff in den Schutzbereich eines Grundrechtes vorliegt, der nicht gerechtfertigt ist.

I. **Eingriff in den Schutzbereich**
Dann müsste ein Eingriff in den Schutzbereich vorliegen...

1) Schutzbereich
Dazu müsste der Schutzbereich von Grundrecht XY betroffen sein.

a) Persönlicher Schutzbereich
Dazu müsste der Betroffene auch Träger des Grundrechtes aus Art. XY sein.
Natürliche Person – Menschen- oder Bürgerrecht
Juristische Person – Art. 19 Abs. 3 GG

b) Sachlicher Schutzbereich
Dazu müsste das Grundrecht XY auf diesen Fall anwendbar sein.
Subsumtion unter konkretes Grundrecht

2) Eingriff
Weiterhin müsste ein Eingriff in den Schutzbereich vorliegen. Ein Eingriff ist jedes staatliche Handeln, welches ein Verhalten, das in den Schutzbereich eines Grundrechtes fällt, erschwert oder unmöglich macht...

II. **Rechtfertigung**
Das Grundrecht XY enthält allerdings einen Gesetzesvorbehalt, wodurch der Eingriff in den Schutzbereich hier gerechtfertigt werden kann.

1) Verfassungsmäßigkeit des Gesetzes
Dazu müsste das eingreifende Gesetz aber formell und materiell verfassungsgemäß sein.

a) Formelle Verfassungsmäßigkeit
Dazu müsste das Gesetz formell verfassungsgemäß zustande gekommen sein...

b) Materielle Verfassungsmäßigkeit
Weiterhin dürfte es nicht materiell gegen die Verfassung verstoßen...
Insbesondere muss der VHMK-Grundsatz des Rechtsstaatsprinzips gewährleistet sein...(Geeignetheit/Erforderlichkeit/Angemessenheit)
Auch darf Art. 19 Abs. 2 GG nicht verletzt sein. Dieser besagt, dass...

2) Verfassungsmäßigkeit der Einzelmaßnahme
Schließlich darf die einzelne Maßnahme nicht verfassungswidrig sein. Dazu darf sie insbesondere nicht gegen den VHMK-Grundsatz des Rechtsstaatsprinzips verstoßen...(Geeignetheit/Erforderlichkeit/Angemessenheit)

Dieses Prüfungsschema bezieht sich allerdings primär auf die Prüfung von Freiheitsrechten. Für die Gruppe der **Gleichheitsrechte** findet sich ein entsprechender Aufbau unten unter Rn. 642 f. 515

IV. Grundrechtskonkurrenzen

Eine **Grundrechtskonkurrenz** liegt immer dann vor, wenn sich ein Grundrechtsträger bei einem einheitlichen Sachverhalt auf verschiedene Grundrechte berufen kann, die alle nach ihrem Wortlaut anwendbar sind. So kann ein religiöser Umzug unter freiem Himmel sowohl unter das Grundrecht der Religionsfreiheit nach Art. 4 Abs. 2 GG als auch von der Versammlungsfreiheit nach Art. 8 Abs. 1 GG geschützt sein. In solchen Fällen muss diese Konkurrenz aufgelöst werden. 516

Erfüllt der Lebenssachverhalt sowohl den Tatbestand eines speziellen Grundrechtes als auch den eines allgemeinen Grundrechtes, geht das spezielle Grundrecht vor. Für religiös motivierte Veranstaltungen gilt Art. 4 Abs. 2 GG gegenüber der Versammlungsfreiheit als speziellere Norm. Im vorstehenden Beispiel ist der Eingriff in die Wegführung deshalb an Art. 4 Abs. 2 GG zu messen. 517

Erfüllt der Lebenssachverhalt dagegen die Voraussetzungen von zwei Grundrechten, von denen keines im Wege der Spezialität verdrängt wird, ist eine staatliche Maßnahme nach beiden Grundrechten zu bestimmen. Soll eine Versammlung wegen volksverhetzender Äußerungen aufgelöst werden, so sind in diesem Fall sowohl Art. 5 Abs. 1 GG (Meinungsfreiheit) als auch Art. 8 Abs. 1 GG (Versammlungsfreiheit) ihrem Schutzbereich nach anwendbar. Folglich ist der Eingriff im Hinblick auf seine Verfassungsmäßigkeit an den Schranken von Art. 5 GG und Art. 8 GG zu messen. 518

V. Einzelne Grundrechte

LITERATUR

Albrecht/Küchenhoff, Staatsrecht, 3. Aufl. 2015, S. 226 f.; *Hufen*, Staatsrecht II, 2011; *Katz*, Staatsrecht, 18. Aufl. 2010, S. 340 f.; *Lepa*, Der Inhalt der Grundrechte, 6. Aufl. 1996; *Manssen*, Staatsrecht II, 14. Aufl. 2017; *Kingreen/Poscher*, Grundrechte Staatsrecht II, 33. Aufl. 2017, S. 107 f.; *Sachs*, Kommentar zum Grundgesetz, 8. Aufl. 2018;

Schmidt, Grundrechte, 19. Aufl. 2016; *Sodann*, Kommentar zum Grundgesetz, 3. Aufl. 2015; *Spallek*, Staatsrecht, 18. Aufl. 2010, S. 184 f.

519 Um also eine Grundrechtsverletzung genau prüfen zu können, sind Kenntnisse der einzelnen Grundrechte unbedingt notwendig. Daher sollen einige Grundrechte im Folgenden genauer dargestellt werden.

1. Menschenwürde – Art. 1 Abs. 1 GG

520 Die Würde des Menschen ist unantastbar. So lautet der erste Satz der Verfassung nach der Präambel. Deshalb wird der Schutz der Menschenwürde auch als der „oberste Verfassungswert" angesehen und bildet die wichtigste Wertentscheidung der Verfassung. Nach den Gräueltaten des NS-Regimes ist durch die Voranstellung dieses Grundrechtes klargestellt, dass sich der Staat in keinem Falle über diese Würde hinwegsetzen darf.

521 ► **Personeller Schutzbereich**

Träger des Grundrechtes der Menschenwürde ist jede natürliche Person von der Geburt bis zum Tode. Teilweise hat das Bundesverfassungsgericht sowohl für das pränatale Stadium als auch einen über den Tod hinausgehenden Anspruch auf die Gewährung der Menschenwürde anerkannt, wenn eine Gefährdung für die Würde eines Menschen vor dessen Geburt bzw. nach dessen Tod eintreten kann. Juristische Personen fallen aufgrund der fehlenden grundrechtstypischen Gefährdungslage nicht unter den Schutz des Art. 1 Abs. 1 GG.

522 ► **Sachlicher Schutzbereich**

Im sachlichen Schutzbereich dieses Grundrechtes stellt sich das Problem, dass sich eine Definition für den Begriff der Menschenwürde nur schwer finden lässt. Dabei gibt es im Zusammenhang mit dem „finalen Rettungsschuss" und dem Abschuss von entführten Passagierflugzeugen immer wieder heftigen Streit um die Frage, ob die Menschenwürde überhaupt definiert bzw. ausgelegt werden darf oder kann.

523 Das Bundesverfassungsgericht versteht unter der Menschenwürde den sozialen Wert- und Achtungsanspruch eines Menschen, der ihm wegen seines Menschseins zusteht, ohne damit eine exakte Definition abzugeben. Verletzt ist die Menschenwürde jedenfalls dann, wenn in menschenverachtender Weise ein Mensch zum bloßen Objekt eines beliebigen staatlichen Verhaltens erniedrigt wird. Die Menschenwürde bietet damit Schutz vor Erniedrigung, Brandmarkung, Verfolgung und eben Schutz davor, zum bloßen Objekt degradiert zu werden. Verboten ist damit jede Behandlung des Menschen durch die öffentliche Gewalt, die dessen Subjektqualität, seinen Status als Rechtssubjekt, grundsätzlich in Frage stellt

► **Eingriff**

Entsprechend erfolgen Eingriffe in dieses Grundrecht, wenn Menschen durch staatliches Handeln zum bloßen Objekt herabgewürdigt werden. Ein solcher Eingriff wurde durch das Verfassungsgericht im Falle des Luftsicherheitsgesetzes auch dann angenommen, wenn der Staat zur Verhinderung von Anschlägen mit Unbeteiligten besetze Flugzeuge abschießen möchte. Durch einen solchen Abschuss würden diese Personen -

unabhängig vom verfolgten Schutzziel - zum bloßen Objekt einer staatlichen Abwehrmaßnahme herabgewürdigt.

► **Verzicht und Rechtfertigung** 524

Wegen der hohen Bedeutung dieses Schutzgutes ist ein Grundrechtsverzicht nicht möglich. Ein Mensch kann – auch nicht freiwillig – auf seine Würde verzichten. Würde man einen solchen Verzicht zulassen, könnte es dadurch zu einer Aushöhlung des Wertes der Menschenwürde kommen. Aus den gleichen Gründen kann ein Eingriff in den Schutzbereich nicht gerechtfertigt werden. Der Eingriff in den Schutzbereich der Menschenwürde ist damit **immer** verfassungswidrig, egal welche hohen Werte durch den Eingriff geschützt werden sollen.

2. Allgemeine Handlungsfreiheit – Art. 2 Abs. 1 GG

Der Art. 2 GG enthält gleich fünf Grundrechte. Das erste in Art. 2 Abs. 1 GG genannte Grundrecht, das Recht auf freie Entfaltung der Persönlichkeit – auch allgemeine Handlungsfreiheit genannt –, hat dabei eine ganz besondere Funktion. 525

► **Personeller Schutzbereich** 526

Träger des Grundrechtes der allgemeinen Handlungsfreiheit ist jede natürliche Person von der Geburt bis zum Tode. Im Gegensatz zu Art. 1 Abs. 1 GG endet dieser Schutz jedoch mit dem Tode. Auch juristische Personen können sich auf den Schutz aus Art. 2 Abs. 1 GG berufen.

► **Sachlicher Schutzbereich** 527

Die erste Besonderheit ist aber der Schutzbereich der allgemeinen Handlungsfreiheit. Ausweislich seines Wortlauts schützt Art. 2 Abs. 1 GG die freie Entfaltung der Persönlichkeit. Er schützt damit jedwede Handlungsmöglichkeit, die sich ein Mensch zur Selbstverwirklichung vorstellt. Man könnte auch sagen, dass jeder Mensch alles tun kann, worauf er gerade Lust hat.

Aufgrund dieser weiten Formulierung wird heute angenommen, dass der Art. 2 Abs. 1 GG eine Auffangfunktion hat. Das bedeutet, dass er immer dann angewendet wird, wenn es für die konkrete Handlung eines Einzelnen kein spezielleres Freiheitsrecht gibt. Sobald es ein solches gibt, scheidet eine Anwendung der allgemeinen Handlungsfreiheit aus. Deswegen wird Art. 2 Abs. 1 GG auch als das **Auffanggrundrecht** bezeichnet. Diese Auffangfunktion kommt insbesondere bei Eingriffen gegenüber Personen ohne deutsche Staatsangehörigkeit zum Tragen, wenn das speziellere Freiheitsgrundrecht lediglich Deutschen zusteht. Der Schutzbereich ist daher besonders großzügig und weit auszulegen. Gegenüber den anderen Freiheitsrechten ist das Grundrecht aus Art. 2 Abs. 1 GG also *lex generalis*. 528

► **Eingriff** 529

Durch diese Funktion als Auffanggrundrecht wird gewährleistet, dass jede Beschränkung der Freiheit einer Person als Eingriff in ein Grundrecht gewertet werden muss. Es gibt damit praktisch keinen „grundrechtsfreien" Raum, in dem der Staat tun und lassen kann, was er will. Dadurch existiert ein lückenloser Grundrechtsschutz der Bürger gegenüber staatlichen Eingriffen schützt.

530 ► **Rechtfertigung**

Da der Anwendungsbereich des Art. 2 Abs. 1 GG aufgrund dieser Funktion sehr weit ist, enthält Art. 2 Abs. 1 GG auch einen Katalog von Einschränkungen des Grundrechtes, womit Eingriffe „einfacher" gerechtfertigt werden können. Art. 2 Abs. 1 GG kann ausweislich des Wortlautes durch die **„verfassungsmäßige Ordnung"** eingeschränkt werden (*verfassungsunmittelbare Schranke*). Hier wird der Begriff der „verfassungsmäßigen Ordnung" ganz anders ausgelegt, als z. B. in Art. 20 Abs. 3 GG. Unter „verfassungsmäßiger Ordnung" ist dabei die Gesamtheit aller Rechtsnormen zu verstehen, die formell und materiell verfassungsgemäß sind. Damit kann die allgemeine Handlungsfreiheit durch jedes Gesetz und durch jedes von einem Gesetz gedeckte Verwaltungshandeln beeinträchtigt werden. Das entsprechende Gesetz muss aber formell und materiell verfassungsgemäß sein und das darauf beruhende Verwaltungshandeln darf ebenfalls nicht im Widerspruch zur Verfassung stehen. Ist beides gegeben, so ist der Eingriff in den Schutzbereich gerechtfertigt. Somit enthält Art. 2 Abs. 1 GG im Ergebnis eigentlich einen einfachen Gesetzesvorbehalt. Daneben sieht Art. 2 Abs. 1 GG noch die Einschränkbarkeit durch die Rechte anderer und die Sittengesetze vor. Diese Einschränkungen sind allerdings von nur geringer Bedeutung, da sich mittlerweile die Rechte anderer und die Sittengesetze aus der verfassungsmäßigen Ordnung ergeben.

3. Allgemeines Persönlichkeitsrecht – Art. 2 Abs. 1 i. V. m. Art. 1 Abs. 1 GG

531 Ein weiteres aus Art. 2 Abs. Abs. 1 GG abzuleitendes Grundrecht ist das allgemeine Persönlichkeitsrecht. Letzteres steht so nicht ausdrücklich im Grundgesetz. Bestimmte Entwicklungen unserer modernen Gesellschaft konnte der Verfassungsgeber auch nicht vorhersehen, wie z. B. die rasante technische Entwicklung der letzten Jahre. Allerdings muss durch diese Entwicklung die Persönlichkeitssphäre jedes Einzelnen vor neuartigen Persönlichkeitsgefährdungen geschützt werden. Folglich hat das Bundesverfassungsgericht aus einer Kombination der Art. 2 Abs. 1 GG und Art. 1 Abs. 1 GG das allgemeine Persönlichkeitsrecht entwickelt. Die genaue dogmatische Zuordnung des Grundrechtes ist jedoch umstritten. Einigkeit besteht hingegen darin, dass das Grundgesetz einen geschützten Kernbereich privater Lebensgestaltung fordert (aus welchem Artikel auch immer). Inhaltlich wird dieses so quasi neu erschaffene Grundrecht durch einzelne Konkretisierungen der Rechtsprechung, von denen die wichtigsten der **Schutz der engen persönlichen Lebenssphäre**, das **Recht auf Selbstdarstellung in der Öffentlichkeit**, die **informationelle Selbstbestimmung** und die **Vertraulichkeit und Integrität informationstechnischer Systeme** sind.

532 ► **Personeller Schutzbereich**

Träger des Grundrechtes ist jede natürliche Person von der Geburt bis zum Tode. Ob juristische Personen Träger dieses Grundrechtes sein können, ist je nach Konkretisierung des Grundrechts sehr umstritten.

► **Sachlicher Schutzbereich** 533

Der sachliche Schutzbereich des allgemeinen Persönlichkeitsrechts besteht aus verschiedenen Bereichen, die je nach Ausprägung bzw. Konkretisierung durch die Rechtsprechung unterschiedliche Anwendungsbereiche haben.

Der erste Bereich soll die **enge persönliche Lebenssphäre** schützen. Das bedeutet, dass jeder Mensch einen Anspruch auf eine unbeobachtete Privat- und Intimsphäre hat. Darunter fallen nicht nur die eigene Wohnung bzw. das eigene Haus, sondern auch vertrauliche Gespräche mit Anwälten, Ärzten und Pfarrern. Der Schutz reicht bis hin zur Vertraulichkeit eines Tagebuchs. 534

Neben dem Schutz der engen persönlichen Lebenssphäre beinhaltet das allgemeine Persönlichkeitsrecht auch das **Recht auf Selbstdarstellung**. Damit soll jeder Mensch selbst darüber bestimmen dürfen, wie er in der Öffentlichkeit dargestellt werden will. Damit verbunden ist das Recht am eigenen Bild, am eigenen Namen und am eigenen Wort. Ebenfalls damit verbunden ist der Schutz der persönlichen Ehre, der vor herabsetzenden oder gar verfälschten Darstellungen schützt. Diese Ausprägung des allgemeinen Persönlichkeitsrechts steht dabei häufig im Konflikt mit den Grundrechten aus Art. 5 GG. 535

Seit dem Volkszählungsurteil des Bundesverfassungsgerichtes ist ebenfalls das **Recht der informationellen Selbstbestimmung** Bestandteil des allgemeinen Persönlichkeitsrechts. Jeder Einzelne soll selbst bestimmen, wann und in welchem Umfange er personenbezogene Daten oder private Lebenssachverhalte von sich preisgibt. 536

In Erweiterung des Rechts auf informationelle Selbstbestimmung hat das Bundesverfassungsgericht das Grundrecht hinsichtlich der **Vertraulichkeit und Integrität informationstechnischer Systeme** erweitert. Sind personenbezogene Daten oder Informationen auf informationstechnischen Systemen (z. B. Computern oder Netzwerken) gespeichert, so müssen diese Daten vor dem Zugriff von Dritten geschützt werden. Damit wird das Recht der informationellen Selbstbestimmung konsequent weiterentwickelt. 537

► **Eingriff** 538

Das Vorliegen eines Eingriffs in die vorbeschriebenen Schutzbereiche hängt jeweils von der betroffenen Ausprägung des allgemeinen Persönlichkeitsrechtes ab. Er findet vor allen Dingen bei Erhebung, Speicherung und Weitergabe von personenbezogenen Daten statt. Aber auch das heimliche Anfertigen von Sprach-, Film- und Fotoaufnahmen und deren Verbreitung greifen in diese Rechte ein. Gibt der Betroffene aber seine **Einwilligung** (Grundrechtsverzicht) zu diesem Eingriff, so kann er sich freiwillig des Schutzes begeben. Dabei werden aber immer wieder die Anforderungen an die „Freiwilligkeit“ diskutiert. Im Ergebnis ist eine Einwilligung nur dann freiwillig und damit rechtsgültig, wenn der Betroffene über die Folgen des Verzichtes zuvor aufgeklärt wurde.

► **Rechtfertigung** 539

Das allgemeine Persönlichkeitsrecht kann auf dem gleichen Wege wie die allgemeine Handlungsfreiheit eingeschränkt werden. Allerdings ist bei der Rechtfertigung die Rechtsprechung des Bundesverfassungsgerichtes zu beachten. Grundsätzlich ist im Rahmen der Verhältnismäßigkeitsprüfung sehr streng zu Gunsten des Bürgers abzuwägen, sofern die Privatsphäre des Bürgers betroffen ist. Für Eingriffe in die Intimsphäre hat das Bundesverfassungsgericht aber festgelegt, dass eine Rechtfertigung in der Regel nicht möglich sei, da die Intimsphäre den Wesensgehalt des Grundrechtes ausmacht (Art. 19 Abs. 2 GG) und Eingriffe in die Intimsphäre nicht gerechtfertigt werden können.

4. Recht auf Leben und auf körperliche Unversehrtheit – Art. 2 Abs. 2 Satz 1 GG

540 Als nächstes folgen in Art. 2 Abs. 2 Satz 1 GG eigentlich zwei getrennte Grundrechte, nämlich das Grundrecht auf Leben (1. Alt.) und das Grundrecht auf körperliche Unversehrtheit (2. Alt.), die jedoch wegen ihrer Ähnlichkeit gemeinsam abgehandelt werden können.

541 ► **Personeller Schutzbereich**

Träger des Grundrechtes ist jede natürliche Person von der Geburt bis zum Tode. Juristische Personen können nicht Träger dieses Grundrechtes sein.

542 ► **Sachlicher Schutzbereich**

Der Schutz des Grundrechtes auf Leben bezieht sich auf die biologisch-physische Existenz. Er beginnt mit dem Anfang des Geburtsvorganges und endet mit dem Erlöschen sämtlicher Hirnfunktionen. Nicht geschützt ist nach h. M. aber die Entscheidung des Einzelnen über das Ende seines Lebens. Das bedeutet also, dass die Selbsttötung nicht vom Schutze des Art. 2 Abs. 2 Satz 1 1. Alt. umfasst ist. Diese Diskussion tritt in letzter Zeit insbesondere im Zusammenhang mit der Sterbehilfe für todkranke Menschen auf. Neben der reinen Schutzfunktion ist aus dem Grundrecht auf Leben auch die Aufgabe des Staates abzuleiten, jeden Grundrechtsträger vor Beeinträchtigungen von Dritten zu schützen, indem der Staat sich schützend vor das Grundrecht auf Leben stellt z. B. durch den Erlass von Strafgesetzen.

543 Der Schutz der körperlichen Unversehrtheit nach Art. 2 Abs. 2 Satz 1 2. Alt. GG bezieht sich sowohl auf jede biologisch-physiologische Beeinträchtigung des Körpers als auch auf das psychisch-seelische Wohlbefinden. Somit schützt Art. 2 Abs. 2 Satz 1 2. Alt. GG nicht nur vor Verletzungen, sondern auch vor „verletzungsfreien" Schmerzen, wie z. B. der psychischen Folter.

544 ► **Eingriff**

Eingriffe in beide Grundrechte kommen durch jede staatliche Maßnahme in Betracht. Das beginnt bei verpflichtenden Impfungen und endet beim Vollzug der Todesstrafe. Nur reine Bagatelleingriffe sollen hier unberücksichtigt bleiben, wie z. B. der Befehl eines Vorgesetzten an einen Soldaten, das Haupthaar auf eine vorschriftsmäßige Länge zu kürzen.

Ein Grundrechtsverzicht ist in Bezug auf das Grundrecht des Lebens ausgeschlossen. Beim Grundrecht der körperlichen Unversehrtheit kann der Betroffene jedoch jederzeit in einen Eingriff einwilligen, vorausgesetzt er wird über die möglichen Folgen ausreichend aufgeklärt.

► **Rechtfertigung** 545

Nach Art. 2 Abs. 2 Satz 3 GG sind die Grundrechte aus Art. 2 Abs. 2 Satz 1 GG aufgrund eines Gesetzes einschränkbar. Durch die hohe Bedeutung des Grundrechtes auf Leben und körperliche Unversehrtheit kann dies jedoch nur durch ein förmliches Gesetz geschehen. Dabei sind bei der Rechtfertigung von Eingriffen in diese Grundrechte die Art. 102 und 104 Abs. 1 Satz 2 GG besonders zu beachten. Demnach dürfen festgenommene Personen weder seelisch noch körperlich misshandelt werden. Insbesondere ist die in Art. 102 GG festgelegte Abschaffung der Todesstrafe zu beachten.

5. Freiheit der Person – Art. 2 Abs. 2 Satz 2 GG

Das letzte in Art. 2 GG genannte Grundrecht beschäftigt sich mit der Freiheit der Person. Dieses Grundrecht wird durch die Regelungen des Art. 104 GG erweitert bzw. ergänzt. Deswegen bilden die Art. 2 Abs. 2 Satz 2 GG und 104 GG ein einheitliches Grundrecht. 546

► **Personeller Schutzbereich** 547

Träger des Grundrechtes ist jede natürliche Person von der Geburt bis zum Tode. Juristische Personen können nicht Träger dieses Grundrechtes sein.

► **Sachlicher Schutzbereich** 548

Der Schutzbereich des Art. 2 Abs. 2 Satz 2 GG i. V. m. Art. 104 GG bezieht sich ausschließlich auf die körperliche Bewegungsfreiheit. Deshalb ist nur das Recht geschützt einen beliebigen Ort aufzusuchen oder ihn zu verlassen. Nicht geschützt hingegen ist das Recht, sich zu einem bestimmten Zeitpunkt an einem bestimmten Ort aufhalten zu müssen, so dass z. B. gerichtliche Vorladungen hier nicht den Schutzbereich betreffen. Dies wäre dann jedoch anders zu beurteilen, wenn die gerichtliche Vorladung mit körperlichem Zwang durchgesetzt wird. Nicht vom Schutz des Art. 2 Abs. 2 Satz 2 GG umfasst ist die Reisefreiheit, also die Bewegungsfreiheit außerhalb des Hoheitsgebietes der Bundesrepublik. Letztere fällt unter das Auffanggrundrecht des Art. 2 Abs. 1 GG.

► **Eingriff** 549

Als Eingriff in diese körperliche Bewegungsfreiheit kommt jede staatliche Freiheitsbeschränkung in Frage. Das beginnt beim kurzen Festhalten zur Durchführung einer körperlichen Durchsuchung und geht bis hin zur Freiheitsentziehung durch eine z. B. lebenslange Freiheitsstrafe. Auch die Schulpflicht kann einen Eingriff in die körperliche Bewegungsfreiheit darstellen, sofern diese zwangsweise durchgesetzt wird bzw. werden kann.

Bagatelleinschränkungen stellen jedoch keinen Eingriff dar, wie z. B. das kurzfristige Anhalten zur Feststellung der Personalien.

► **Rechtfertigung** 550

Bei der Rechtfertigung eines Eingriffes ist darauf zu achten, dass Art. 104 Abs. 1 GG und nicht Art. 2 Abs. 2 Satz 3 GG anzuwenden ist. Demnach ist die Rechtfertigung durch einen Gesetzesvorbehalt ausschließlich nur aufgrund eines förmlichen Gesetzes möglich. Das bedeutet, dass z. B. eine Rechtsverordnung zur Rechtfertigung eines Eingriffes nicht ausreichend ist. Jede vollständige Freiheitsentziehung kann wegen der Einschränkungen des Art. 104 Abs. 2–4 GG nur aufgrund einer richterlichen Anordnung erfolgen. Bei jeder nicht richterlich angeordneten Freiheitsentziehung ist die Anordnung unverzüglich einzuholen. Das bedeutet, dass Landes- und Bundespolizei oder der Zoll eine Festnahme ohne richterliche Anordnung im Regelfalle nur zu dem Zweck vornehmen dürfen, um unmittelbar eine entsprechende richterliche Anordnung einholen zu können.

6. Religionsfreiheit – Art. 4 GG

551 Nach Art. 4 GG sind verschiedene Freiheiten geschützt, nämlich die **Glaubensfreiheit**, die **Gewissensfreiheit**, die **Freiheit des religiösen und weltanschaulichen Bekenntnisses**, die **Freiheit der Religionsausübung** und das Recht auf **Kriegsdienstverweigerung**. Nach der Rechtsprechung des Bundesverfassungsgerichts enthält Art. 4 Abs. 1 und Art. 4 Abs. 2 GG ein einheitliches Grundrecht der Glaubensfreiheit und der Freiheit des weltanschaulichen Bekenntnisses und der Religionsausübung, da die Grenze zwischen diesen Freiheiten fließend und damit eine Trennung nicht möglich ist. Daneben steht der selbständige Grundrechtsschutz der Gewissensfreiheit, die in Art. 4 Abs. 1 GG als eigenständiges Grundrecht aufzufassen ist. Hinzu kommt das Recht auf Kriegsdienstverweigerung nach Art. 4 Abs. 3 GG. Art. 4 Abs. 1, Abs. 2 GG steht im Zusammenhang mit Art. 140 GG, der die sog. Kirchenrechtsartikel der Weimarer Reichsverfassung (Art. 136–139 und Art. 141 Weimarer Reichsverfassung) beinhaltet. Die Normen der Weimarer Reichsverfassung regeln das Verhältnis von Kirche und Staat.

552 ► **Personeller Schutzbereich**

Träger des Grundrechtes in allen Ausprägungen ist jede natürliche Person von der Geburt bis zum Tode. Damit kommen als Grundrechtsträger auch Kinder in Betracht, sofern sie religionsmündig sind. Die Frage der Religionsmündigkeit ist mit Blick auf Art. 6 Abs. 2 GG und Art. 7 Abs. 2 GG zu lösen. Damit wird die Grundrechtsberechtigung der Kinder zunächst vom elterlichen Erziehungsrecht überlagert.

553 Bei juristischen Personen ist nur die kollektive Ausübung der Glaubensfreiheit geschützt. Träger des Grundrechtes sind in diesem Falle nicht nur juristische Personen des Privatrechts unabhängig von ihrer Rechtsfähigkeit, sondern gerade auch die Religionsgesellschaften i. S. der Art. 140 GG i. V. m. Art. 137 WRV. Dies gilt auch für deren Untergliederungen, auch wenn letztere rechtlich verselbständigt sind. Sie fallen dann unter den persönlichen Schutzbereich, wenn ihr Zweck die Pflege oder Förderung eines Bekenntnisses oder die Erfüllung karitativer Aufgaben in Verwirklichung einer Grundforderung des religiösen Bekenntnisses ist. Eine Gemeinschaft, deren Ziel es ist, ausschließlich wirtschaftliche Zwecke zu verfolgen, unterfällt dagegen nicht dem persönlichen Schutzbereich. Dies ist z. B. bei sog. „Sekten" der Fall, für die die religiösen und weltanschaulichen Lehren nur als Vorwand für die Verfolgung wirtschaftlicher Zwecke dienen.

554 ► **Sachlicher Schutzbereich**

Zunächst ist der sachliche Schutzbereich des einheitlichen Grundrechts der **Glaubens- und Weltanschauungsfreiheit** nach Art. 4 Abs. 1 und 2 GG zu betrachten. Dieser beinhaltet die innere Freiheit, einen bestimmten Glauben zu haben oder nicht zu haben und die äußere Freiheit, diesen Glauben nach außen zu zeigen und nach diesem Glauben zu handeln (Glaubensverwirklichungsfreiheit). Gegenständlich bezieht sich die Religions- und Glaubensfreiheit – vereinfacht gesprochen – auf das Verständnis des Einzelnen von „Gott und der Welt", also auf das Rollenverständnis des Einzelnen in der Welt und sein Verhältnis zu höheren „Seinsebenen".

Die ebenfalls in Art. 4 Abs. 1 GG niedergelegte **Gewissensfreiheit** schützt die Freiheit ei- 555
nes Menschen, eine eigene, ernstliche und sittliche Entscheidung zu treffen, die ausgerichtet ist an den Kategorien von „Gut" und „Böse". Diese Entscheidung muss der Einzelne für sich als bindend und verpflichtend innerlich erfahren, so dass er gegen sie nicht ohne ernste Gewissensnot handeln könnte. Die Gewissensfreiheit schützt zum einen den inneren Prozess der Gewissensbildung und -entscheidung und zu anderen die durch die Gewissensentscheidung ausgelösten Verhaltensweisen.

Als Sonderfall der Glaubens- und Gewissensfreiheit gewährleistet Art. 4 Abs. 3 GG das 556
Recht auf Kriegsdienstverweigerung. Sachlich schützt das Grundrecht die Verweigerung des Kriegsdienstes mit der Waffe. Hierunter sind Tätigkeiten zu verstehen, wie z. B. bei einer Kriegshandlung einen anderen mit Waffen zu töten oder sich an der Waffenanwendung anderer unmittelbar zu beteiligen (z. B. durch logistische Unterstützung kämpfender Einheiten). Das Grundrecht gilt nicht nur für den Kriegsfall, sondern auch für die Ableistung des Wehrdienstes in Friedenszeiten. Seit der Aussetzung des verpflichtenden Wehr- bzw. Zivildienstes spielt das Grundrecht jedoch nur noch eine untergeordnete Rolle.

► **Eingriff** 557

Ein Eingriff in den Schutzbereich ist gegeben, wenn der Staat die geschützten Tätigkeiten regelt oder in anderer Weise faktisch und in erheblicher Weise beeinträchtigt, beispielsweise dadurch, dass er vor einer Religionsgemeinschaft warnt. Ebenfalls Eingriffscharakter hat die staatliche Förderung von Vereinigungen, deren Ziel darin besteht, bestimmte Religionsgesellschaften zu bekämpfen.

► **Rechtfertigung** 558

Aus dem Wortlaut von Art. 4 Abs. 1 und 2 GG ergeben sich keine geschriebenen Grundrechtsvorbehalte. Gleichwohl ist das Grundrecht nicht schrankenlos gewährleistet. Es gelten sog. verfassungsimmanente Schranken. Zu nennen sind einerseits kollidierende Grundrechte Dritter (z. B. aus Art. 2 GG oder aus Art. 4 GG selbst) und andere mit Verfassungsrang ausgestaltete Werte. Zu den Werten mit Verfassungsrang zählt unter anderem der Tierschutz aus Art. 20a GG, der z. B. im Rahmen einer Abwägung für die Erteilung einer Erlaubnis für das sog. Schächten eine Rolle spielen kann.

7. Kommunikationsgrundrecht – Art. 5 GG

Art. 5 GG beinhaltet verschiedene Grundrechte die in der Summe auch als Kommunika- 559
tionsgrundrechte bezeichnet werden können. Zum einen schützt Art. 5 Abs. 1 Satz 1 1. Alt. GG die **Meinungsfreiheit** des Einzelnen, d. h. das Recht, seine Meinung in Wort, Schrift und Bild frei zu äußern und zu verbreiten. Zum anderen wird über Art. 5 Abs. 1 Satz 1 2. Alt. GG die **Informationsfreiheit**, also die Freiheit, sich aus allgemein zugäng-

lichen Quellen zu bedienen, geschützt. Nach Art. 5 Abs. 1 Satz 2 1. Alt. GG wird die **Freiheit der Presse** gewährleistet und nach Art. 5 Abs. 1 Satz 2 2. Alt. GG die Freiheit der Berichterstattung in **Rundfunk und Film**. Hinzu treten schließlich die in Art. 5 Abs. 3 GG geregelte **Kunst- und Wissenschaftsfreiheit**.

ABB. 34: Grundrechte nach Art. 5 GG

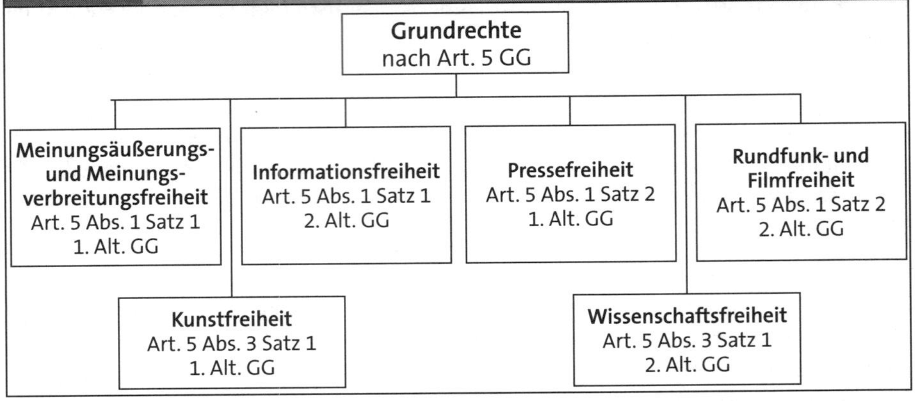

560 Nach Art. 5 Abs. 2 GG sind diese Grundrechte beschränkbar. Schranken sind die Vorschriften der allgemeinen Gesetze, die gesetzlichen Bestimmungen zum Schutze der Jugend und das Recht der persönlichen Ehre. Die Aussage in Art. 5 Abs. 1 Satz 3 GG, wonach eine Zensur nicht stattfindet, ist kein Grundrecht, sondern eine „Schranken-Schranke" (s. o. Rn. 507). Die in Art. 5 Abs. 3 GG enthalten Grundrechte der Freiheit der Kunst und Art. 5 Abs. 3 Satz 1 2. Alt. GG die Freiheit von Wissenschaft, Forschung und Lehre werden schrankenlos gewährt und können daher nur verfassungsimmanent eingeschränkt werden.

561 In Bezug auf mögliche Grundrechtskonkurrenzen bleibt festzuhalten, dass Art. 5 Abs. 1 GG *lex specialis* zu Art. 2 Abs. 1 GG (allgemeine Handlungsfreiheit) ist. Zu Art. 4 GG (Religionsfreiheit) ist Art. 5 Abs. 1 GG dagegen *lex generalis*. Gleiches gilt im Verhältnis zu Art. 5 Abs. 3 GG und zu Art. 9 Abs. 3 GG (Koalitionsfreiheit). Im Verhältnis zu Art. 8 Abs. 1 GG gilt, dass beide Grundrechte nebeneinander gelten können (vgl. hierzu auch die Ausführungen zu Art. 8 Rn. 585 f.).

a) Meinungsfreiheit – Art. 5 Abs. 1 Satz 1 1. Alt. GG

562 ► **Personeller Schutzbereich**

Dem Wortlaut der Vorschrift nach hat jeder das Recht, seine Meinung in Wort, Schrift und Bild frei zu äußern und zu verbreiten. „Jeder" bedeutet jeder Mensch, der unter den räumlichen Geltungsbereich des Grundgesetzes fällt. Folglich handelt es sich bei der Vorschrift um ein Menschenrecht. Über Art. 19 Abs. 3 GG gilt der Schutz auch für private inländische juristische Personen, zu denen auch Parteien gehören können.

563 ► **Sachlicher Schutzbereich**

Die durch Art. 5 GG geschützte Meinungsfreiheit dient nicht nur der Persönlichkeitsentfaltung des Einzelnen, sondern dient auch der für ein demokratisches Gemeinwesen notwendigen Vielschichtigkeit der Meinungen und damit dem demokratischen Prozess. Gegenstand des Schutzbereichs sind Meinungen. Auf sie bezieht sich die Freiheit der Äußerung und Verbreitung mittels der in der Vorschrift genannten Medien.

DEFINITION

Meinungen sind durch die subjektive Beziehung des Einzelnen zum Inhalt seiner Aussage geprägt. Für sie ist das Element der Stellungnahme und des Dafürhaltens kennzeichnend. Insofern lassen sie sich auch nicht als wahr oder unwahr erweisen.

Typischerweise ist ein Werturteil, also eine wertende Betrachtung von Tatsachen, Verhaltensweisen oder Verhältnissen, eine Meinung. Abzugrenzen von der Meinung ist die reine Tatsachenbehauptung. Sie ist für sich gesehen keine Meinungsäußerung. Im Unterschied zu den Meinungsäußerungen steht bei der Tatsachenbehauptung die objektive Beziehung zwischen der Äußerung und der Realität im Vordergrund. Insofern sind auch sie einer Überprüfung auf ihren Wahrheitsgehalt hin zugänglich. Reine Tatsachenbehauptungen fallen nicht unter den Schutzbereich der Norm.

Das Äußern in Wort, Schrift und Bild zählt zu den geschützten Formen der Meinungs- 564
kundgabe. Hierbei handelt es sich nach allgemeiner Meinung allerdings nur um eine beispielhafte Aufzählung der Formen einer Meinungskundgabe. Geschützt ist jede erdenkliche Form der Meinungskundgabe.

► **Eingriff** 565

Ein Eingriff in den Schutzbereich der Vorschrift wird durch jede Form staatlicher Gewalt vorgenommen, die die Meinungsäußerung oder die Meinungsverbreitung verbietet, verhindert oder aber gebietet. Das Verbot, vor einer größeren Menschenmenge mit einem Megaphon zu sprechen, ist ebenso ein Eingriff in den Schutzbereich wie das Übertönen der Meinungsäußerung oder das Abreißen einer politischen Plakette, die ein Schüler trägt, durch den Schulleiter.

b) Informationsfreiheit – Art. 5 Abs. 1 Satz 1 2. Alt. GG

Die Informationsfreiheit ist das jedermann zustehende Recht, sich aus allgemein zu- 566
gänglichen Quellen ungehindert zu unterrichten. Die Bedeutung dieses Grundrechts liegt darin, dass es jedem ermöglicht werden soll, sich umfassend und ungefiltert Informationen zu beschaffen, um sich eine Meinung bilden zu können und diese ggf. i. S. von Art. 5 Abs. 1 Satz 1 1. Alt. GG zu äußern oder zu verbreiten. Geschützt ist dabei das Recht, sich aus allgemein zugänglichen Quellen ungehindert zu unterrichten. Eine allgemein zugängliche Quelle ist dann gegeben, wenn sie technisch geeignet und bestimmt ist, der Allgemeinheit, d. h. einem individuell nicht bestimmbaren Personenkreis, Informationen zu verschaffen.

c) Pressefreiheit – Art. 5 Abs. 1 Satz 2 1. Alt. GG

567 ► **Personeller Schutzbereich**

Grundrechtsträger der Pressefreiheit sind alle im Pressewesen tätigen Personen und Unternehmen. Hierzu zählen neben Redakteuren letztlich auch die Angestellten des Verwaltungsbereichs eines Presseunternehmens. Der Autor eines Werkes dagegen wird nicht durch die Pressefreiheit geschützt, da diese erst nach Ablieferung des Manuskripts an das Presseunternehmen greift. Geschützt ist ein Autor aber über die Meinungsfreiheit nach Art. 5 Abs. 1 Satz 1 1. Alt. GG.

568 ► **Sachlicher Schutzbereich**

Art. 5 Abs. 1 Satz 2 1. Alt. GG umfasst den Grundsatz der Pressefreiheit. Eine frei von staatlichen Zensurmaßnahmen funktionierende Presse ist ein Wesenselement des freiheitlichen Staates und für eine moderne Demokratie unentbehrlich. Ihre Aufgabe ist es, der Bevölkerung umfassend Informationen zu ermöglichen, die Vielfalt der bestehenden Meinungen wiederzugeben und selbst Meinungen zu bilden und zu vertreten. Das setzt die Existenz einer relativ großen Anzahl selbstständiger und vom Staat unabhängiger sowie ihrer Tendenz, politischen Färbung oder weltanschaulichen Grundhaltung nach miteinander konkurrierender Presseerzeugnisse voraus. Die Pressefreiheit ist ihrer Funktion nach kein bloßes Abwehrrecht gegenüber staatlichen Eingriffsmaßnahmen. Sie ist gleichzeitig eine institutionelle Garantie. Für die Offenheit und Freiheit des politischen Wettbewerbs als Wesensmerkmal des Demokratieprinzips ist die Pressefreiheit wichtiger Bestandteil.

DEFINITION

Der Begriff der **Presse** umfasst alle zur Verbreitung an die Allgemeinheit bestimmten Druckerzeugnisse.

569 Damit fallen nicht nur Zeitungen und Zeitschriften unter den Schutzbereich, sondern auch Bücher, Flugblätter oder Handzettel. Darüber hinaus definieren die Landespressegesetze auch Ton- und Bildträger als Druckwerke, so dass z. B. auch Videokassetten, CDs oder DVDs vom Schutzbereich erfasst sind.

570 ► **Eingriff**

Die Pressefreiheit wird durch jede staatliche Maßnahme beeinträchtigt, die eine Unterbindung oder Verhinderung der Tätigkeit eines Presseorgans nach sich zieht. Die Beschlagnahme von Zeitungsausgaben zählt ebenso hierzu wie das Verbot einer Berufsausübung gegenüber einem Redakteur. Die Durchsuchung von Presseräumen stellt wegen der damit verbundenen Störung der redaktionellen Arbeit eine Beeinträchtigung der Pressefreiheit dar. Durch die Anordnung der Beschlagnahme von Datenträgern zum Zwecke der Auswertung ist den Ermittlungsbehörden darüber hinaus die Möglichkeit des Zugangs zu redaktionellem Datenmaterial eröffnet worden. Dies greift in besonderem Maße in die vom Grundrecht der Pressefreiheit umfasste Vertraulichkeit der Redaktionsarbeit ein, aber auch in ein etwaiges Vertrauensverhältnis zu Informanten.

d) Rundfunk- und Filmfreiheit – Art. 5 Abs. 1 Satz 2 2. Alt. GG

► **Personeller Schutzbereich** 571

Träger der Rundfunkfreiheit ist jede natürliche bzw. juristische Person oder Personenvereinigung, die in eigener Verantwortung Rundfunksendungen veranstaltet oder verbreitet. Gleiches gilt für Filmdarbietungen. Dabei ist entscheidend, dass es sich um vom Staat unabhängige öffentlich-rechtliche oder privatrechtliche Rundfunkanstalten (wie z. B. RTL oder SAT 1) handelt. Ansonsten ist es nicht möglich, sich auf ein Abwehrrecht zu berufen, das gegen den Staat gerichtet ist. Allein eine Beteiligung des Staates am Rundfunk – wie z. B. bei ARD und ZDF – reicht allerdings nicht aus, von einem staatlichen Rundfunk zu sprechen.

► **Sachlicher Schutzbereich** 572

Nach Art. 5 Abs. 1 Satz 2 2. Alt. GG ist die Rundfunk- und Filmfreiheit geschützt. Diese Freiheiten dienen der Gewährleistung freier individueller und öffentlicher Meinungsbildung.

DEFINITION

Als **Rundfunk** ist jede Form der Veranstaltung und Verbreitung von Darbietungen für die Allgemeinheit zu verstehen, die durch physikalische, insbesondere elektromagnetische Wellen verbreitet wird (Hörfunk und Fernsehen). Es ist unerheblich, ob die Übertragung drahtlos oder über Leitungen erfolgt.

Damit unterscheidet sich der technische Verbreitungsweg des Rundfunks von dem der Presseerzeugnisse ganz wesentlich. An die Allgemeinheit richtet sich eine Rundfunkübertragung schon dann, wenn sie ihrer Intention nach nicht von vornherein an einen bestimmten Personenkreis gerichtet war. Auch Pay-TV oder Kommunikationsdienste wie Bildschirmtext fallen unter den Schutzbereich der Rundfunkfreiheit.

Ob Angebote im Internet z. B. in Videoportalen ebenfalls unter den Rundfunkbegriff fal- 573
len, ist nicht abschließend geklärt. Der Rundfunkbegriff nach seinem derzeitigen Verständnis beinhaltet die Verbreitung von Darbietungen zur freien intellektuellen und öffentlichen Meinungsbildung. An diesem Merkmal werden viele Darbietungen im Internet wohl scheitern.

Die Filmfreiheit ist ebenfalls geschützt. Der Begriff „Film" wird folgendermaßen defi- 574
niert:

DEFINITION

Film ist ein Massenmedium, bei dem ein Bildträger in der Öffentlichkeit vorgeführt wird.

Eine Ausstrahlung eines Films im Fernsehen führt zur Zuordnung zum „Rundfunk". Sachlich geschützt ist damit jede Darbietung eines Films als Medium, die nicht an das Medium Rundfunk geknüpft ist.

575 Die Vorschrift schützt die Berichterstattung mit dem Medium des Rundfunks und des Films. Hierunter sind ausschließlich Tatsachenmeldungen oder Meinungsäußerungen zu verstehen. Meinungsäußerung kann dabei auch in Hörspielen, musikalischen Darbietungen, Übertragungen kabarettistischer Programme bis hinein in die szenische Gestaltung einer Darbietung erfolgen. Nicht unter den Schutzbereich fällt z. B. die Filmvorführung eines Actionfilms im Kino. Filmdarbietungen dieser Art können allerdings unter den Kunstbegriff fallen und somit durch die Kunstfreiheit geschützt sein. Deswegen hat die Filmfreiheit praktisch eine eher geringere Bedeutung.

576 ► **Eingriff**

Ein Eingriff in die Rundfunkfreiheit bzw. Filmfreiheit liegt vor, wenn der Staat durch eine Handlung die Rundfunkanstalten oder die Grundrechtsträger der Filmfreiheit in ihrer grundrechtlich geschützten Tätigkeit behindert.

e) Rechtfertigung – Art. 5 Abs. 2 GG

577 Die bisher beschriebenen Kommunikationsgrundrechte, die sich aus Art. 5 Abs. 1 GG ableiten, stehen unter einem Schrankenvorbehalt, der sich aus Art. 5 Abs. 2 GG ergibt (sog. Schrankentrias). Art. 5 Abs. 2 GG enthält damit eine mögliche **Rechtfertigung** für Eingriffe in die vorbezeichneten Grundrechte. Danach findet das Grundrecht seine Schranken in den Vorschriften der allgemeinen Gesetze, den gesetzlichen Bestimmungen zum Schutze der Jugend und dem Recht der persönlichen Ehre. Nach Ansicht des Bundesverfassungsgerichts ist ein allgemeines Gesetz eine Vorschrift, die nicht gezielt eine Meinung als solche verbietet, die sich nicht gegen die Äußerung der Meinung als solche richtet (also kein Sonderrecht ist), sondern allgemein dem Schutz eines anderen Rechtsguts oder eines Gemeinschaftswerts dient, der gegenüber der Betätigung der Meinungsfreiheit den Vorrang hat.

578 Die zweite Schranke bilden die gesetzlichen Bestimmungen zum Schutze der Jugend. Diese zielt darauf ab, eine ungestörte Entwicklung der Jugend zu gewährleisten. Auf diese Weise sollen der Jugend drohende Gefahren präventiv abgewehrt werden. Ein wichtiges einschränkendes Gesetz ist in diesem Zusammenhang das Jugendschutzgesetz, welches das „Gesetz über die Verbreitung jugendgefährdender Schriften und Medieninhalte" und „Gesetz zum Schutze der Jugend in der Öffentlichkeit" ersetzt hat. Dieses sieht vor allem schärfere Regelungen für gewaltverherrlichende Videofilme und Computerspiele vor. Daneben ist der Jugendschutz auch für die Rundfunkgesetzgebung ein tragendes Thema.

579 Die dritte Schranke ist schließlich das Recht der persönlichen Ehre. Aus Gründen des persönlichen Ehrschutzes darf in den Schutzbereich des Grundrechts aus Art. 5 Abs. 1 GG eingegriffen werden. Allerdings werden insoweit nur solche Ehrschutzvorschriften als legitime Schranke angesehen, die gesetzlich normiert sind. Der Begriff „Recht der persönlichen Ehre" ist daher i. S. einer gesetzlichen Normierung des Ehrschutzes zu verstehen. Gesetzliche Normierungen des Ehrschutzes finden sich in den §§ 185 ff. StGB i.V. m. §§ 374 ff. StPO wie, im Zivilrecht als Bestandteil des allgemeinen Persönlichkeitsrechts in den §§ 823 und 1004 BGB.

Eine Begrenzung der vorgenannten Schranken (= Schranken-Schranke) ist in Art. 5 Abs. 1 Satz 3 GG ist geregelt. Demnach darf eine Zensur nicht stattfinden. Ein beschränkendes Gesetz darf also keine Zensurwirkung haben. Unter Zensur ist allerdings nicht jede Form der Zensur zu verstehen, sondern nur die Vorzensur. Eine Vorzensur ist als ein Eingriff vor Herstellung oder Verbreitung eines Geisteswerkes zu verstehen. Damit ist z. B. jede vorherige behördliche Prüfung und Genehmigung des Werkes nicht gestattet. Eine Nachzensur ist dagegen im Rahmen der Schrankenregelungen nach Art. 5 Abs. 2 GG möglich. 580

ABB. 35: Schranken der Grundrechte

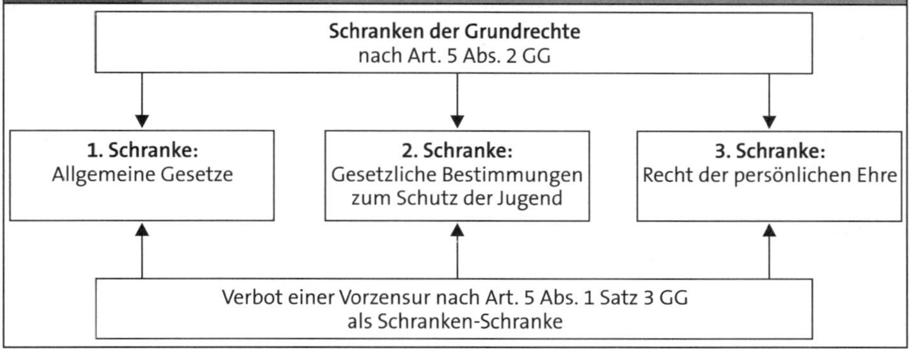

f) Wissenschafts- und Kunstfreiheit – Art. 5 Abs. 3 GG

Nach Art. 5 Abs. 3 Satz 1 GG sind Kunst und Wissenschaft, Forschung und Lehre frei. Allerdings sieht Satz 2 der Vorschrift vor, dass die Freiheit der Lehre nicht von der Treue zur Verfassung entbindet. Was dabei unter dem Begriff „Kunst“ zu verstehen ist, ist weder im Grundgesetz noch in anderen Vorschriften definiert. Letztendlich dürfte es auch kaum zu leisten sein, eine allgemein gültige Definition des Kunstbegriffs zu finden. 581

Zur Begriffsbestimmung wird auf Abgrenzungskriterien bzw. Aspekte künstlerischer Tätigkeit zurückgegriffen.

DEFINITION

Kunst ist/sind:

- Tätigkeiten und Objekte, die herkömmlich zu den Gegenständen der Kunst gerechnet werden, wie z. B. Musikdarbietungen, Theaterstücke, Malerei, Bildhauerei, Dichtung (formaler Begriffsansatz).
- Jeder Ausdruck in der Formensprache, der das Ergebnis einer freien schöpferischen Gestaltung ist, in der der Gestaltende seine Eindrücke, Erfahrungen und Erlebnisse unmittelbar zur Anschauung bringt (sog. materieller Kunstbegriff).
- Jede vielschichtige interpretationsfähige Darbietung (sog. offener Kunstbegriff).

Geschützt ist nicht nur der Bereich der künstlerischen Betätigung selbst, der sog. Werkbereich. Darüber hinaus ist ebenfalls die Darbietung und Verbreitung des Kunstwerkes, der sog. Wirkbereich, vom Schutz der Vorschrift umfasst.

582 Die Kunstfreiheit unterliegt keinen unmittelbaren Schranken. Dies bedeutet aber nicht, dass die Kunstfreiheit keinerlei Einschränkungen unterliegt. Auch hierbei sind die sog. mittelbaren oder verfassungsimmanenten Schranken, also die Grundrechte Dritter und andere Rechtsgüter von Verfassungsrang, zu beachten. Insoweit kommt auch hier dem Kinder- und Jugendschutz eine große Bedeutung zu. Nach Art. 2 Abs. 1 GG haben Kinder und Jugendliche einen Anspruch auf eine ungestörte Entwicklung ihrer Persönlichkeit.

583 Art. 5 Abs. 3 Satz 1 2. Alt. GG schützt schließlich die Freiheit von Wissenschaft, Forschung, und Lehre. Diese drei Freiheitsbereiche werden unter dem Begriff „Wissenschaftsfreiheit" zusammengefasst. Der Begriff „Wissenschaft" bildet zudem den Oberbegriff zu den Begriffen Forschung und Lehre. Letzte sind also nur Teilaspekte der Wissenschaft.

DEFINITION

Wissenschaft ist jede Tätigkeit, die nach Inhalt und Form als ernsthafter, planmäßiger Versuch zur Ermittlung der Wahrheit anzusehen ist (BVerfGE 35, S. 79 ff.).

584 Die Wissenschaftsfreiheit gibt dem einzelnen Wissenschaftler, aber auch einer wissenschaftlichen Einrichtung – als Träger des Grundrechts – das Recht, jede staatliche Einflussnahme abzuwehren. Obwohl auch die Wissenschaftsfreiheit keinem unmittelbaren Gesetzesvorbehalt unterliegt, ist auch die Wissenschaftsfreiheit nicht grenzenlos. Insofern gelten wiederum die mittelbaren oder verfassungsimmanenten Schranken. Grundrechte Dritter bzw. andere Rechtsgüter von Verfassungsrang sind von jedem Forscher zu berücksichtigen. Daher kann er sich bei seiner Tätigkeit, insbesondere bei etwaigen Versuchen, nicht über die Rechte der Mitmenschen auf Leben, Gesundheit oder Eigentum hinwegsetzen.

8. Versammlungsfreiheit – Art. 8 GG

585 Nach Art. 8 Abs. 1 GG haben alle Deutschen das Recht, sich ohne Anmeldung und Erlaubnis friedlich und ohne Waffen zu versammeln. Eine Einschränkung dieses Grundrechts sieht Abs. 2 der Vorschrift nur für den Fall vor, dass die Versammlung unter freiem Himmel stattfindet. Im Übrigen, also in geschlossenen Räumen, ist das Grundrecht folglich – von immanenten Schranken abgesehen – vorbehaltlos gewährleistet. Das Versammlungsgrundrecht verfolgt die Intention, das „Sich-Versammeln" als eine Form der Kommunikation zu gewährleisten. Eine Versammlung verfolgt häufig den Zweck, eine kollektive Meinung zu demonstrieren.

586 In Bezug auf die Grundrechtskonkurrenzen ist zu beachten, dass Art. 8 Abs. 1 GG das „Sich-Versammeln" zum Zwecke kollektiver Meinungsäußerung schützt. Dagegen geht

der Schutzzweck von Art. 5 Abs. 1 GG dahin, bestimmte Äußerungen und Meinungsinhalte vor staatlicher Einflussnahme zu schützen. So gesehen schützt Art. 8 Abs. 1 GG die Versammlung als Organisationsform von Meinungsäußerung, während Art. 5 Abs. 1 GG die Meinungsinhalte selbst schützt. Da bei einer Versammlung regelmäßig Meinungen kundgetan werden, stehen Art. 5 Abs. 1 GG und Art. 8 Abs. 1 GG in einem komplementären Verhältnis zueinander. Folglich ist jede staatliche Maßnahme, die auf die Meinungsäußerung dahingehend einwirkt, dass die gesamte Versammlung aufgelöst wird, nicht nur ein Eingriff in den Schutzbereich des Art. 5 Abs. 1 GG, sondern auch gleichzeitig in den der Versammlungsfreiheit nach Art. 8 Abs. 1 GG.

► **Personeller Schutzbereich** 587

Art. 8 Abs. 1 GG besagt, dass alle Deutschen das Recht haben, sich friedlich und waffenlos zu versammeln. Träger des Grundrechts sind daher Deutsche i. S. von Art. 116 GG. Die Beschränkung des persönlichen Schutzbereichs zieht es nach sich, dass ausländischen Mitbürgern das Grundrecht der Versammlungsfreiheit nach Art. 8 Abs. 1 GG grundsätzlich nicht als Abwehrrecht gegen staatliche Einflussnahme zusteht. Dies heißt allerdings nicht, dass Nichtdeutschen kein freies Versammlungsrecht gewährt würde, denn über die in Art. 2 Abs. 1 GG geschützte allgemeine Handlungsfreiheit ist die Versammlungsfreiheit dieser Personengruppe ebenfalls unter Schutz gestellt. Hinzu kommt, dass § 1 Abs. 1 VersammlG als einfaches Gesetzesrecht auch Ausländern ein Versammlungsrecht einräumt.

► **Sachlicher Schutzbereich** 588

Was unter einer Versammlung zu verstehen ist, wird allerdings sehr unterschiedlich beurteilt. Die nachfolgende Definition gibt die h. M. zu dieser Frage wieder, die sich auf die Rechtsprechung des Bundesverfassungsgerichts hierzu stützt.

DEFINITION

Eine **Versammlung** ist eine Zusammenkunft von mehreren, mindestens drei Personen, die einen gemeinsamen Zweck verfolgen, der der gemeinsamen Meinungsbildung und -äußerung dient. Der Schutz umfasst vielfältige Formen gemeinsamen Verhaltens bis hin zu nicht verbalen Ausdrucksformen und ist nicht auf Versammlungen beschränkt auf denen argumentiert und gestritten wird.

Dadurch, dass der gemeinsame Zweck auf Meinungsbildung bzw. Meinungsäußerung 589
gerichtet sein muss, fällt eine zufällige Ansammlung von Personen – z. B. ein Menschenauflauf bei einem Brand – nicht unter den Versammlungsbegriff. Aber auch aus einer solchen Ansammlung kann eine Versammlung werden, wenn sich eine solche nämlich spontan bildet, weil der Brandfall z. B. durch einen extremistischen Anschlag herbeigeführt wurde und sich deshalb eine Demonstration gegen Hass und Gewalt entwickelt.

Ob die Versammlung unter freiem Himmel oder in geschlossenen Räumen stattfindet 590
bzw. ob es sich um eine geschlossene oder öffentliche Versammlung handelt, ist dem Grunde nach unerheblich. Geschützt ist jede dieser Versammlungsformen. Die Unter-

scheidung zwischen Versammlungen unter freiem Himmel und in geschlossenen Räumen hat erst bei der Frage der Beschränkbarkeit des Grundrechts nach Art. 8 Abs. 2 GG Bedeutung. Unerheblich ist auch, ob die Versammlung ortsfest ist oder aber ortsungebunden abgehalten wird. Daher fallen auch sog. Demonstrationsumzüge unter den Schutzbereich von Art. 8 Abs. 1 GG.

591 Wie sich aus dem Wortlaut von Art. 8 Abs. 1 GG entnehmen lässt, sind nur solche Versammlungen geschützt, die **friedlich und ohne Waffen** abgehalten werden. Eine Versammlung ist friedlich, wenn sie keinen gewalttätigen Verlauf nimmt oder anstrebt (gleich lautende Begriffsbestimmung findet sich in § 5 Nr. 3 VersammlG). Dabei ist zu bemerken, dass das aggressiv gewalttätige Verhalten eines Versammlungsteilnehmers oder einzelner Versammlungsteilnehmer nicht geeignet ist, die Versammlung insgesamt als unfriedlich zu beurteilen. Eine Versammlung wird erst dann unfriedlich, wenn die Mehrzahl ihrer Teilnehmer sich gewaltsam präsentiert. Dabei wiederum reicht es aus, wenn sich einzelne Versammlungsteilnehmer unfriedlich verhalten und die Mehrzahl der übrigen sich mit diesem Verhalten solidarisch zeigt. Eine Sitzblockade ist als Form passiven Widerstands keine Gewalttätigkeit und fällt somit unter den von Art. 8 Abs. 1 GG gewährten Versammlungsschutz.

592 Weiterhin sind nur Versammlungen ohne Waffen geschützt. Waffen i. S. von Art. 8 Abs. 1 GG sind Gegenstände, die unter den Anwendungsbereich von § 1 WaffenG fallen, wie Pistolen, Schlagringe, chemische Kampfstoffe, aber auch solche Gegenstände, die geeignet sind, Verletzungen von Personen herbeizuführen oder Sachen zu beschädigen, sofern sie zu diesem Zweck mitgeführt werden (vgl. auch § 2 Abs. 3 VersammlG), wie z. B. ein Spazierstock oder Flaschen. Nicht unter den Waffenbegriff fallen Gegenstände, die nur dem Schutz eines Versammlungsteilnehmers dienen. Daher gehört ein Helm oder eine Gasmaske nicht zu den Waffen i. S. der Vorschrift. Allerdings können diese Gegenstände Indiz für einen beabsichtigten gewaltsamen Verlauf der Versammlung sein. Jedenfalls ist hinsichtlich vorgenannter Gegenstände § 17a VersammlG zu beachten, der solche Gegenstände als Vermummungsgegenstände verbietet (sog. Vermummungsverbot).

593 ► **Eingriff**

Ein Eingriff in den Schutzbereich liegt in jedem Verhalten, das die Versammlungsfreiheit beeinträchtigt. Hierzu zählen die Auflösung oder das Verbot einer Versammlung ebenso wie auch eine Behinderung der Teilnahme an einer Versammlung. Selbst die Anmelde- und Erlaubnispflichten gem. §§ 14, 15 VersammlG für Versammlungen, die unter freiem Himmel stattfinden, sind – für sich gesehen – ein Eingriff in den Schutzbereich. Wie im Folgenden noch aufgezeigt wird, sind Eingriffe dieser Art über Art. 8 Abs. 2 GG allerdings gerechtfertigt.

594 ► **Rechtfertigung**

Die Versammlungsfreiheit ist nicht schrankenlos gewährleistet. Die Rechtfertigungsmöglichkeiten für einen Eingriff ergeben sich aus Art. 8 Abs. 2 GG. Danach können durch Gesetz oder aufgrund eines Gesetzes Versammlungen unter freiem Himmel beschränkt werden. Eine Versammlung findet unter freiem Himmel statt, wenn sie nicht in geschlossenen, d. h. zumindest nach den Seiten hin abgeschlossenen Räumen veranstaltet wird. Beschränkungen der Versammlungsfreiheit sind in verschiedenen gesetzlichen Vorschriften enthalten, vor allem aber im Versammlungsgesetz, Bannmeilengesetz, den Polizei- und Ordnungsgesetze der Länder, aber auch Vorschriften, wie das Sonn- und Feiertagsgesetz, Straßen- und Wegegesetze und das Straßenverkehrsrecht.

Soweit es um die Beschränkung einer **Versammlung unter freiem Himmel** geht, ist das 595
Versammlungsgesetz in der Praxis von erheblicher Bedeutung. Nach § 14 VersammlG ist eine Versammlung unter freiem Himmel im Regelfall mindestens 48 Stunden vor deren Beginn anzumelden Eine weitere Vorschrift von Bedeutung ist § 15 VersammlG. Danach kann (= Ermessen) eine Versammlung unter den festgelegten Voraussetzungen aufgelöst werden. Bei der Ausübung des Ermessens hat die vollziehende Behörde das einschränkende Gesetz stets im Lichte der besonderen Bedeutung des Art. 8 Abs. 1 GG auszulegen. Mit anderen Worten: Die Auflösung einer Versammlung als Eingriff in die grundrechtlich geschützte Versammlungsfreiheit ist daher nur zum Schutz gleichgewichtiger oder höhergewichtiger anderer Rechtsgüter möglich, sofern keine anderen Möglichkeiten offen stehen.

Der Wortlaut von Art. 8 Abs. 2 GG stellt klar, dass **Versammlungen in geschlossenen** 596
Räumen nicht eingeschränkt werden können. Dass in diesem Fall das Grundrecht nicht eingeschränkt werden soll, wird mit dem verhältnismäßig geringen Gefahrenpotential begründet, das von solchen Versammlungen ausgeht. Dabei darf nicht außer Acht gelassen werden, dass auch eine Versammlung in geschlossenen Räumen nur dann grundrechtlichen Schutz genießt, wenn sie friedlich und ohne Waffen abgehalten wird. Allerdings kann sich eine Rechtfertigung für die Auflösung einer Versammlung in einem geschlossenen Raum aus verfassungsimmanenten Schranken ergeben, also aus Grundrechten Dritter oder anderen Werten mit Verfassungsrang. Dies ist so z. B. § 13 Abs. 1 Nr. 2 2. Alt. VersammlG einfachgesetzlich niedergelegt. Demnach kann eine Versammlung aufgelöst werden, wenn eine Verletzung von Personen auf der Versammlung droht.

9. Brief-, Post- und Fernmeldegeheimnis – Art. 10 GG

Das Brief-, Post- und Fernmeldegeheimnis soll jegliche unter Verwendung von Dienst- 597
leistungsunternehmen vermittelte private Kommunikation vor dem Zugriff durch den Staat schützen. Dabei sind sowohl der Vorgang der Kommunikation als auch ihr Inhalt geschützt.

► **Personeller Schutzbereich** 598

Träger des Grundrechtes ist jede natürliche Person von der Geburt bis zum Tode. Auch juristische Personen können Träger dieses Grundrechtes sein, da auch ihre Kommunikation mit anderen juristischen Personen oder Privatleuten vor dem Zugriff durch den Staat geschützt werden soll und somit die gleiche grundrechtstypische Gefährdungslage wie bei natürlichen Personen gegeben ist.

599 ► **Sachlicher Schutzbereich**

Das **Briefgeheimnis** schützt alle schriftlichen persönlichen Mitteilungen einer Person an eine andere Person. Wegen des weitergehenden Schutzes des Postgeheimnisses kommt dem Briefgeheimnis nur noch eine geringe Bedeutung zu.

600 Das **Postgeheimnis** schützt die komplette körperliche Nachrichtenübermittlung von Briefen, Päckchen und Paketen durch einen Postdienstleister. Dabei ist nicht nur der Inhalt der Nachricht bzw. des Pakets vom Schutz mit umfasst, sondern auch die Informationen über den Absender und den Adressaten sowie die gespeicherten Beförderungsdaten.

601 Das im Zeitalter moderner Kommunikationsmedien bedeutendste Schutzgut des Art. 10 GG ist das **Fernmeldegeheimnis**. Es ist quasi die moderne Variante des Brief- und Postgeheimnisses. Dadurch sollen alle persönlichen Mitteilungen, die per Telefon, Telefax, Handy, SMS, Email oder per Chat über das Internet verbreitet werden unter diesen Schutz fallen. Es umfasst damit die Übermittlung persönlicher Mitteilungen unter Einsatz technischer Hilfsmittel. Dabei gilt wie beim Postgeheimnis, dass sowohl der Inhalt als auch Informationen über den Absender und den Adressaten geschützt sind. Relevant wurde dieses Grundrecht daher zuletzt bei einer Entscheidung des Bundesverfassungsgerichtes zur Vorratsdatenspeicherung von Telekommunikationsdienstleistern.

602 Nicht geschützt sind unpersönliche Mitteilungen, also solche Mitteilungen, die sich an einen unbestimmten Adressatenkreis richten, wie z. B. Werbeblätter oder SPAM-Emails mit Werbeangeboten. Ebenfalls nicht unter den Schutz des Art. 10 GG fällt das Abhören von Gesprächen zwischen Personen in Wohnungen durch „Wanzen" (sog. Lauschangriff). Hier ist ausschließlich der Schutz des Art. 13 GG zu prüfen (vgl. unten Unverletzlichkeit der Wohnung Rn. 620 f.).

603 ► **Eingriff**

Ein Eingriff in dieses Grundrecht liegt immer dann vor, wenn der Staat selbst oder durch Instrumentalisierung der Post- bzw. Telekommuniktionsdienstleister geschützte Informationen erlangen will. Dies gilt insbesondere für geplante staatliche Überwachungsmaßnahmen im Rahmen der Strafverfolgung.

604 ► **Rechtfertigung**

Eingriffe in Art. 10 GG können nach Art. 10 Abs. 2 Satz 1 GG nur aufgrund eines Gesetzes erfolgen. Somit können Eingriffe durch Gesetz und durch Rechtsverordnung vorgenommen werden, solange das Gesetz bzw. der Verwaltungsakt verfassungsgemäß sind.

605 Eine besondere materielle Voraussetzung an eine Rechtfertigung durch Gesetz ergibt sich im Umkehrschluss aus Art. 10 Abs. 2 Satz 2 GG. Demnach besteht nach dem Ende der Maßnahme die Pflicht, dem Betroffenen den Eingriff mitzuteilen. Nur wenn der Eingriff den Schutz der Freiheitlich Demokratischen Grundordnung (z. B. bei Terrorfahndung) zum Ziel hat, tritt an die Stelle der Mitteilung an den Betroffenen die Mitteilung der Überwachung an ein von einer Volksvertretung bestelltes Organ, was im Falle des Bundes der Geheimdienstkontrollausschuss des Bundestages ist.

Im Übrigen sind an die Verhältnismäßigkeit-Prüfung im Rahmen der Rechtfertigung besonders hohe Ansprüche zu stellen. Aus dem Wortlaut des Art. 10 Abs. 1 GG –„... ist unverletzlich." – wird die überragende Bedeutung dieses Grundrechtes deutlich. Daher muss der Staat schon sehr bedeutende Gründe im Rahmen der Verhältnismäßigkeitsprüfung als Zweck geltend machen. 606

10. Berufsfreiheit – Art. 12 GG

Art. 12 GG enthält verschiedene Grundrechte. In Abs. 1 der Vorschrift wird das Recht garantiert, Beruf, Arbeitsplatz und Ausbildungsstätte frei zu wählen. Damit enthält der Art. 12 Abs. 1 GG aber nicht drei verschiedene Grundrechte. Vielmehr sind die drei vorgenannten Stationen eines Berufslebens so eng miteinander verknüpft, dass bei Art. 12 Abs. 1 GG von einem einheitlichen Grundrecht ausgegangen werden kann. Art. 12 Abs. 2 und 3 GG enthalten darüber hinaus weitere Grundrechte. Nach Abs. 2 der Vorschrift darf niemand zu einer bestimmten Arbeit gezwungen werden, außer im Rahmen einer herkömmlichen allgemeinen, für alle gleichen öffentlichen Dienstpflicht. Art. 12 Abs. 3 GG regelt, dass Zwangsarbeit nur bei einem gerichtlich angeordneten Freiheitsentzug zulässig ist. Hier soll jedoch ausschließlich das Grundrecht aus Art. 12 Abs. 1 GG dargestellt werden. 607

Zu Art. 2 Abs. 1 GG ist das Grundrecht nach Art. 12 GG das speziellere. Im Verhältnis zu Art. 12 Abs. 2 GG ist Art. 12 Abs. 1 GG ebenfalls lex specialis, wenn es um den Zwang einer beruflichen Tätigkeit innerhalb eines frei gewählten Berufs geht. Von besonderer Bedeutung ist das Verhältnis von Art. 12 Abs. 1 GG zu Art. 14 Abs. 1 GG. Differenziert wird insoweit danach, dass Art. 12 Abs. 1 GG den Erwerb, also die Betätigung zum Erwerb einer Position nach Art. 14 Abs. 1 GG schützt, derweil Art. 14 Abs. 1 GG das Erworbene unter grundrechtlichen Schutz stellt (Erwerbsschutz ↔ Bestandsschutz). Für die Berufe des öffentlichen Dienstes eröffnet Art. 33 GG die Möglichkeit zu Sonderregelungen, die darauf beruhen, dass in diesen Berufen staatliche Aufgaben wahrgenommen werden. Dabei verdrängt Art. 33 GG das Grundrecht der Berufsfreiheit nicht, sondern gibt die Möglichkeit, Regelungen zu schaffen, die wegen der Besonderheiten des öffentlichen Dienstrechts notwendig sind. 608

► **Personeller Schutzbereich** 609

Nach dem Wortlaut von Art. 12 Abs. 1 GG steht das Recht der Berufsfreiheit allen Deutschen zu. Damit ist diese Vorschrift ein Bürgerrecht, das voraussetzt, dass derjenige, der sich auf das Grundrecht beruft, Deutscher i. S. von Art. 116 GG ist. Darüber hinaus schützt Art. 12 Abs. 1 GG auch inländische privatrechtliche juristische Personen. Denn auch die juristischen Personen verfolgen Einzelinteressen, die auf den Erwerb gerichtet sind. Es ist daher sachgerecht, das Grundrecht auch auf diese juristischen Personen auszudehnen.

► **Sachlicher Schutzbereich** 610

Entgegen dem Wortlaut des Art. 12 Abs. 1 GG, der sowohl die Berufswahl (Satz 1) als auch die Berufsausübung (Satz 2) schützt, bildet Art. 12 GG nach allgemeiner Auffassung ein einheitliches Grundrecht der Berufsfreiheit, wobei hierunter auch bereits die

Ausbildungsfreiheit fällt. Die Annahme eines einheitlichen Grundrechts begründet sich daraus, dass beide Bereiche zwar theoretisch, nicht aber praktisch voneinander getrennt werden können und die Grenzen häufig fließend sind. Die Unterscheidung zwischen der Berufswahlfreiheit (also dem „Ob“) und der Berufsausübungsfreiheit (also der Frage nach dem „Wie“) spielt allerdings bei der Rechtfertigung von Eingriffen in die Berufsfreiheit eine Rolle. Der Schutzbereich umfasst demzufolge alle – und auch nur solche – berufs- und ausbildungsbezogenen Handlungen, worauf im Rahmen des Eingriffs noch näher eingegangen wird.

611 Der Berufsbegriff wird allgemein sehr weit formuliert; er umfasst jede auf eine gewisse Dauer angelegte, zur Schaffung und Erhaltung der Lebensgrundlage dienende Tätigkeit, die nicht sozial- oder gemeinschaftsschädlich ist; geschützt sind daher auch untypische berufliche Betätigungen, selbstständige und unselbstständige sowie Doppel- und Nebenberufe. Die Tätigkeit gilt auch als auf Dauer angelegt, wenn sie nur einen kürzeren Zeitraum umfasst. Damit fällt also ein Gelegenheitsjob ebenso unter den Schutzbereich der Norm wie ein Probearbeitsverhältnis. Allerdings darf sich die Tätigkeit nicht auf einen einmaligen Erwerbsakt beschränken.

612 Die Tätigkeit darf nicht sozial- oder gemeinschaftsschädlich sein. Dieses Merkmal ist allerdings in jüngster Zeit vermehrt in die Kritik geraten. Dadurch wird es nämlich dem Gesetzgeber möglich, aufgrund einfacher gesetzlicher Grundlage eine Aushöhlung der Berufsfreiheit zu schaffen. Diese Kritik ist durchaus nicht von der Hand zu weisen. Gleichwohl wird im Folgenden in Anlehnung an die höchstrichterliche Rechtsprechung dieses Merkmal beibehalten. Sozial- oder gemeinschaftsschädlich ist eine Tätigkeit, wenn sie von der Gemeinschaft als nicht hinnehmbar angesehen wird. Damit ist aber nicht gemeint, dass die Tätigkeit eine besondere soziale Wertigkeit aufweisen muss. Das wesentlichste Merkmal bei der Bestimmung der Berufsqualität ist, dass die Tätigkeit der Schaffung und Erhaltung der Lebensgrundlage dienen muss. Das ist der Fall, wenn die Tätigkeit rein objektiv zur Gewinnerzielung geeignet ist. Es spielt daher keine Rolle, wenn der Ausübende tatsächlich kein Geld verdient, z. B. wegen schlechter Konjunkturlage. Nur die Möglichkeit der Gewinnerzielung ist entscheidend.

DEFINITION

Beruf ist jede auf eine gewisse Dauer angelegte, zur Schaffung und Erhaltung der Lebensgrundlage dienende Tätigkeit, die nicht sozial- oder gemeinschaftsschädlich ist.

613 Die Berufsfreiheit umfasst auch die Freiheit zum Wettbewerb, die sich aus dem System der bestehenden Wirtschaftsordnung ergibt, die Gewerbefreiheit sowie die negative Berufsfreiheit, worunter die Freiheit zur Entscheidung, keinen Beruf zu wählen und von eigenem Vermögen zu leben, zu verstehen ist. In diesem Zusammenhang kann auch Art. 12 Abs. 3 GG gesehen werden, der aufgrund des Verbots der Zwangsarbeit eine Pflicht zum Arbeiten überhaupt verneint.

614 Neben dem Arbeitsplatz sind auch Ausbildungsstätten geschützt; solche sind z. B. Universitäten, weiterführende Schulen, Fachhochschulen oder Referendariatsstellen. Sind die Ausbildungsstätten öffentlich, so besteht für den einzelnen Bürger ein subjektiv-öf-

fentliches Recht auf Aufnahme, welches allerdings durch die bereitstehende Kapazität beschränkt ist.

► **Eingriff** 615

Ein Eingriff in Art. 12 Abs. 1 GG liegt grundsätzlich dann vor, wenn eine staatliche Maßnahme auf eine Berufsregelung abzielt oder sich unmittelbar auf eine berufliche Tätigkeit auswirkt bzw. wenn sie mittelbare Folgen mit erheblichem Gewicht hat und dabei einen konkreten Personenkreis in ihrer Berufsfreiheit betrifft. Die Regelung, wonach eine Person, die ein Einzelhandelsgeschäft betreiben will, einen Sachkundenachweis erbringen muss, ist unzweifelhaft ein Eingriff. Ebenfalls Eingriffscharakter hat die Verpackungsverordnung, die eine Pfanderhebungspflicht für Einweggetränke vorsieht.

► **Rechtfertigung** 616

Nach dem Gesetzesvorbehalt des Art. 12 Abs. 1 Satz 2 GG kann die Berufsausübung durch Gesetz oder aufgrund eines Gesetzes geregelt werden. Da Art. 12 Abs. 1 GG als einheitliches Grundrecht verstanden wird, ist der Gesetzesvorbehalt auch auf die Berufswahlfreiheit auszudehnen. Die Unterscheidung zwischen der Berufswahl- und der Berufsausübungsfreiheit ist hinsichtlich der Schrankenproblematik jedoch nicht ohne Bedeutung. Allgemein gilt, dass Eingriffe in die Berufswahlfreiheit strengeren Anforderungen unterworfen sind als Eingriffe in die Berufsausübung. Zu diesem Zweck wurde vom Bundesverfassungsgericht die sog. Drei-Stufen-Theorie (nach BVerfGE 7, S. 377) entwickelt, die auch auf die Ausbildungsfreiheit und die Freiheit der Wahl des Arbeitsplatzes übertragen werden kann. Die Drei-Stufen-Theorie sieht folgende Differenzierung vor:

1. Stufe: Berufsausübungsregelungen 617

Eine Berufsausübungsregelung liegt vor, wenn das „Wie“ der Tätigkeit, d. h. die Art und Weise der Berufsausübung geregelt wird. Ein Eingriff in die Berufsausübung ist verfassungsrechtlich gerechtfertigt, soweit vernünftige Gründe des Allgemeinwohls es zweckmäßig erscheinen lassen. Beispiele hierfür sind die Vorschriften über den Ladenschluss, die Heranziehung der Banken zur Einbehaltung und Abführung der Kapitalertragsteuer, Verpflichtung für Rechtsanwälte, vor Gericht in Robe zu erscheinen, Verbot der Verteidigung mehrerer Beschuldigter, Vertriebsverbote für jugendgefährdende Schriften.

2. Stufe: Subjektive Berufswahlregelungen 618

Berufswahlregelungen regeln das „Ob“ der Tätigkeit. Begrifflich sind Berufswahlregelungen also solche Vorschriften, die die Aufnahme des Berufs zum Gegenstand haben. Hinsichtlich solcher Berufswahlregelungen wird zwischen subjektiven (2. Stufe) und objektiven (3. Stufe) Berufswahlregelungen unterschieden. Subjektive Berufswahlregelungen knüpfen an die Person des Berufsbewerbers an, wie z. B. persönliche Eigenschaften oder Fähigkeiten. Auf der 2. Stufe sind subjektive Berufswahlregelungen zulässig, wenn sie dem Schutz wichtiger Gemeinschaftsgüter dienen. Regelungen über Altersgrenzen für Hebammen, die Überprüfung der Zuverlässigkeit einer Person, die ein Gewerbe betreiben will, das Erfordernis des Sachkundenachweises für den Betrieb eines Einzelhandelsgeschäfts, ebenso die Ablegung zweier Staatsexamina als Voraussetzung für bestimmte Berufsfelder sind Beispiele für objektive Berufswahlregelungen.

619 **3. Stufe: Objektive Berufswahlregelungen**

Eine objektive Berufswahlregelung liegt vor, wenn die Berufswahl an Voraussetzungen geknüpft ist, die nicht in der Person des Bewerbers liegen. Objektive Berufswahlregelungen sind verfassungsrechtlich nur zum Schutz überragend wichtiger Gemeinschaftsgüter gegen nachweisbare höchstwahrscheinlich schwere Gefahren zulässig. Auf der 3. Stufe sind demnach die höchsten Anforderungen an die Zulässigkeit einer den Schutzbereich der Berufsfreiheit einschränkenden Regelung zu stellen. Eine objektive Berufswahlregelung ist z. B. eine Regelung, die ein staatliches Monopol zum Betrieb von Spielbanken vorsieht, um das illegale Glücksspiel einzudämmen und die natürliche Spielleidenschaft vor strafbarer Ausbeutung zu schützen. Gleiches gilt, wenn die Veranstaltung von Sportwetten auf staatliche Einrichtungen beschränkt ist. Ist das staatliche Wettmonopol derart ausgestaltet, dass es eine effektive Suchtbekämpfung, die den Ausschluss privater Veranstalter rechtfertigen könnte, nicht sicherstellt, ist das Monopol mit dem Grundrecht der Berufsfreiheit unvereinbar.

ABB. 36: Drei-Stufen-Theorie

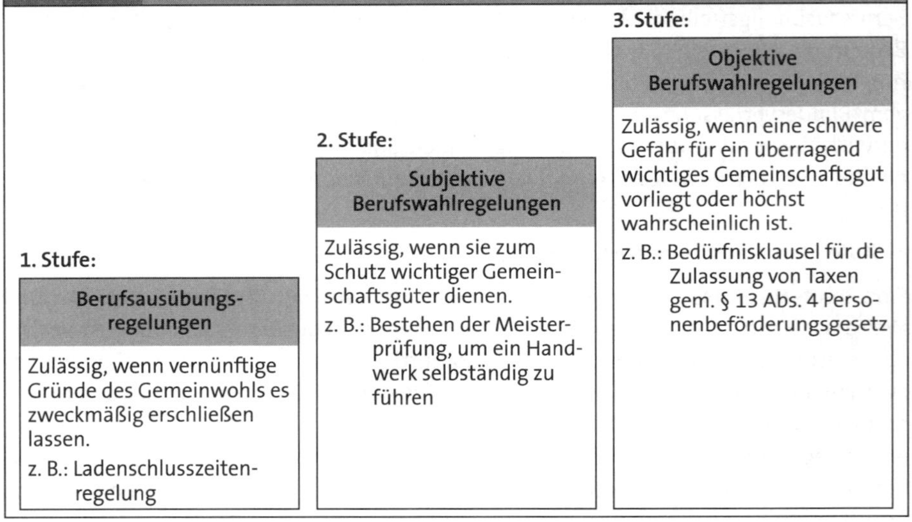

11. Unverletzlichkeit der Wohnung – Art. 13 GG

620 Der Art. 13 Abs. 1 GG bildet mit dem Grundrecht auf die Unverletzlichkeit der Wohnung die konsequente Ergänzung des allgemeinen Persönlichkeitsrechts und erweitert das Recht auf eine geschützte Privat- bzw. Intimsphäre auf die „eigenen vier Wände".

621 ► **Personeller Schutzbereich**

Träger des Grundrechtes ist jede natürliche Person von der Geburt bis zum Tode. Juristische Personen können ebenfalls Träger dieses Grundrechtes sein.

622 ► **Sachlicher Schutzbereich**

Durch Art. 13 Abs. 1 GG soll die Privatsphäre in der Wohnung geschützt werden. Deshalb ist der Begriff der Wohnung besonders weit auszulegen.

DEFINITION

Wohnung sind alle für den allgemeinen Zugang abgeschotteten Räumlichkeiten, die zur Stätte privaten Lebens und Wirkens gemacht worden sind und damit zum Aufenthalt von Menschen bestimmt und geeignet sind.

Dadurch fallen auch Keller, Hotelzimmer, Arbeits-, Werk- und Geschäftsräume unter den Begriff der Wohnung. Auch ein Dachboden kann zum Schutzbereich des Art. 13 Abs. 1 GG gehören, auch wenn dieser nicht unmittelbar zum Wohnen geeignet ist. Er ist aber als Nebenraum erkennbar untrennbar mit der geschützten Wohnung verbunden und fällt daher ebenfalls unter den Schutzbereich. Dem Publikumsverkehr zugängliche Räumlichkeiten fallen zumindest während der Ladenöffnungszeiten nicht unter den Schutzbereich des Art. 13 Abs. 1 GG, da sie in dieser Zeit nicht für den allgemeinen Zugang abgeschottet sind.

► **Eingriff** 623

Ein Eingriff in den Schutzbereich der Unverletzlichkeit der Wohnung liegt in jedem staatlichen Eindringen in Räumlichkeiten, die unter den Begriff der Wohnung fallen. Dabei ist es unerheblich, ob ein Beamter in Person in die Wohnung eintritt oder ob die Privatsphäre der Wohnung durch akustische oder optische Technik („Wanzen" bzw. Videoüberwachung) aufgehoben wird. Verzichtet der Betroffene jedoch auf den Schutz des Art. 13 GG, indem er z. B. ermittelnde Beamte auf dessen Bitten hin hereinlässt, so liegt in der Regel auf Grund des Grundrechtsverzichtes kein Eingriff vor.

► **Rechtfertigung** 624

Für die verfassungsrechtliche Rechtfertigung eines Eingriffs in das Grundrecht auf Unverletzlichkeit der Wohnung enthält Art. 13 GG in den Absätzen 2 bis 7 unterschiedliche Regelungen. Dabei soll hier lediglich auf die Rechtfertigungsanforderungen bei Durchsuchungen (Abs. 2) oder sonstigen Eingriffen und Beeinträchtigungen (Abs. 7) eingegangen werden. Die dazwischen liegenden Absätze 3 bis 6 beschäftigen sich mit der technischen Wohnraumüberwachung deren Voraussetzungen sich aus dem Wortlaut der Vorschriften ergeben. Bei den Rechtfertigungsmöglichkeiten des Art. 13 GG ist zunächst tatsächlich zu unterscheiden, ob es sich um eine Durchsuchung, eine technische Überwachung oder um eine sonstige Beeinträchtigung handelt.

ABB. 37: Rechtfertigung Art. 13

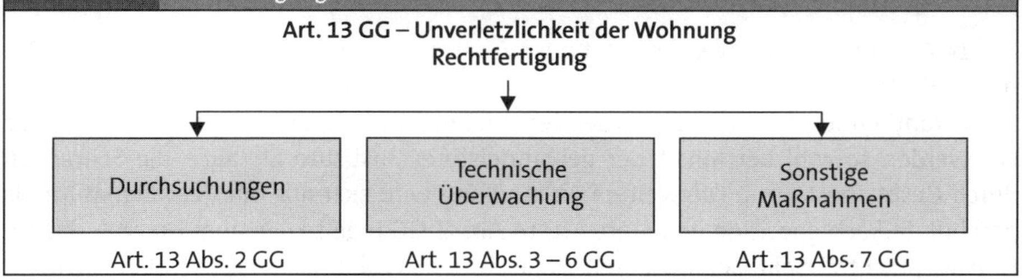

625 Eine besondere Rechtfertigungsmöglichkeit sieht der Art. 13 Abs. 2 GG im Falle von Durchsuchungen vor.

DEFINITION

Dabei ist unter **Durchsuchung** das ziel- und zweckgerichtete Suchen staatlicher Organe nach Sachen oder Personen in Räumen zu verstehen, bei denen der Inhaber letztere nicht von sich aus offenlegen oder herausgeben will.

Für solche Durchsuchungen sieht Art. 13 Abs. 2 GG einen formellen Gesetzesvorbehalt vor (– „... in den Gesetzen vorgesehenen" –), durch den eine Durchsuchung gerechtfertigt werden kann. Daher kann nur ein Gesetz (keine Rechtsverordnung) den Eingriff rechtfertigen. Jedoch stellt der Art. 13 Abs. 2 GG die besondere inhaltliche Anforderung an das Gesetz, dass die letztendliche Entscheidung über die Anordnung einer Durchsuchung dem Richter vorbehalten bleiben muss. Nur bei „Gefahr im Verzug" kann ausnahmsweise ein anderes Organ die Durchsuchung anordnen. Ein Gesetz welches diese inhaltlichen Vorgaben nicht beachtet, kann einen Eingriff nicht rechtfertigen.

626 Unter „**Gefahr im Verzug**" ist dabei eine Situation zu verstehen, bei der durch das Warten auf die Einholung eines richterlichen Durchsuchungsbeschlusses eine erhebliche Gefährdung des Fahndungserfolges zu befürchten ist. (In der aktuell gültigen Fassung der StPO können nach § 105 StPO i.V.m. § 152 GVG bei Gefahr im Verzug die Staatsanwaltschaft und die Ermittlungspersonen der Staatsanwaltschaft eine Durchsuchung anordnen.)

627 Alle **übrigen Eingriffe oder Beschränkungen** (mit Ausnahme der Durchsuchung und der technischen Überwachung) des Grundrechtes der Unverletzlichkeit der Wohnung können durch den Art. 13 Abs. 7 GG gerechtfertigt werden. Dabei ist zur Abwehr einer gemeinen Gefahr oder Lebensgefahr eine gesetzliche Grundlage zur Rechtfertigung nicht notwendig. Bei der Abwendung einer dringenden Gefahr für die öffentliche Sicherheit fordert Art. 13 Abs. 7 GG jedoch eine gesetzliche Grundlage.

12. Eigentum – Art. 14 GG

628 Art. 14 Abs. 1 Satz 1 GG gewährleistet ausdrücklich das Eigentum und das Erbrecht. Damit stellt das Grundgesetz das Eigentum an einer Sache und das Erbrecht als sog. Institutsgarantie unter Schutz. Aber dieses Recht ist nicht uferlos. Nach Art. 14 Abs. 1 Satz 2 GG werden sowohl der Inhalt der gewährleisteten Institute als auch die Schranken durch Gesetz bestimmt. Die weitere Abhandlung wird sich nur mit dem Eigentum als geschützte Rechtsposition befassen. Art. 14 Abs. 2 GG regelt kurz, aber präzise: „Eigentum verpflichtet. Sein Gebrauch soll zugleich dem Wohle der Allgemeinheit dienen." Damit ist zum Ausdruck gebracht, dass Eigentum auch einen sozialförderlichen Zweck erfüllen soll, z. B. ist hierdurch ein Waldeigentümer verpflichtet, eben zum Wohle der

Allgemeinheit, seinen Wald Spaziergängern frei zu halten (sog. Sozialpflichtigkeit/Sozialbindung des Eigentums). Die Frage, wann und unter welchen Voraussetzungen der Staat einem Bürger das Eigentum entziehen kann, also die Enteignung, ist in Art. 14 Abs. 3 GG geregelt.

Ein Konkurrenzverhältnis kann sich insbesondere zu Art. 12 GG ergeben. Wenn eine von 629
einem Eingriff betroffene Person geltend macht, dass durch eine staatliche Maßnahme das Recht am eingerichteten und ausgeübten Gewerbebetrieb beeinträchtigt ist, stellt sich die Frage, ob die Berufsfreiheit nach Art. 12 GG oder die Eigentumsgarantie nach Art. 14 GG betroffen ist. Nach der Rechtsprechung des Bundesverfassungsgerichts schützt Art. 14 GG das Erworbene und Art. 12 GG den Erwerb. Aus dieser Sichtweise heraus ist der eingerichtete und ausgeübte Gewerbebetrieb über Art. 14 GG geschützt, soweit es um das Ergebnis der beruflichen Betätigung geht. Über Art. 12 GG ergibt sich ein Schutz, soweit es um die Betätigung selbst geht.

► **Personeller Schutzbereich** 630

Träger des Grundrechtes ist jede natürliche Person von der Geburt bis zum Tode. Juristische Personen können ebenfalls Träger dieses Grundrechtes sein.

► **Sachlicher Schutzbereich** 631

Der Eigentumsbegriff nach Art. 14 GG ist nicht mit dem bürgerlich-rechtlichen Eigentumsbegriff identisch.

DEFINITION

Eigentum i. S. von Art. 14 GG sind alle vermögenswerten Rechte, die dem Berechtigten von der Rechtsordnung in der Weise zugeordnet werden, dass er die damit verbundenen Befugnisse nach eigenverantwortlicher Entscheidung zu seinem privaten Nutzen ausüben darf.

Ein vermögenswertes Recht in diesem Sinne ist das Sacheigentum an beweglichen Sachen oder Grundstücken nach bürgerlich-rechtlichem Rechtsverständnis. Ebenfalls als vermögenswerte Rechte werden angesehen:

- dingliche Rechte wie Hypotheken, Grundschulden oder Pfandrechte;
- Rechte eines Mieters oder Pächters auf Nutzung;
- Warenzeichen-, Urheber-, Patent- oder Markenrechte;
- die Rechte nach § 823 BGB;
- privatrechtliche Forderungen, soweit sie Vermögensrechte beinhalten; hierzu zählen auch Mitgliedschaftsrechte, z. B. an einer Aktiengesellschaft;
- auch subjektiv öffentlich-rechtliche Forderungsrechte, die Äquivalent eigener Leistung sind, wie z. B. Rentenzahlungen aus der Sozialversicherung, Ansprüche auf Arbeitslosengeld oder Kindergeldleistungen. Das Bundesverfassungsgericht hat auch den Anspruch auf Erstattung zu viel gezahlter Steuern als vermögenswertes Recht i. S. von Art. 14 GG angesehen;

- das Recht am eingerichteten und ausgeübten Gewerbebetrieb, soweit es um den Schutz des Bestehenden geht.

632 Nicht zum Eigentum i. S. von Art. 14 GG zu rechnen sind das Vermögen als solches, Erwerbserwartungen oder Aussichten auf einen geschützten Vermögenswert nach Art. 14 GG. Allerdings ist diese Frage in der verfassungsrechtlichen Literatur sehr umstritten.

633 ► **Eingriff**

Ein Eingriff in den Schutzbereich liegt vor, wenn eine staatliche Maßnahme dazu führt, dass der Schutzbereich der Norm berührt wird. Damit führt grundsätzlich jede Beschränkung von Nutzungs- und Verfügungsbefugnissen einer vermögenswerten Rechtsposition zu einem Eingriff in den Schutzbereich.

634 ► **Rechtfertigung**

Rechtstechnisch können Eingriffe in den Schutzbereich entweder durch eine Inhalts- bzw. Schrankenbestimmung nach Art. 14 Abs. 1 Satz 2 GG, also durch eine Beschränkung des Eigentums, oder durch eine Enteignung nach Art. 14 Abs. 3 GG, also durch eine Entziehung des Eigentums, erfolgen.

635 Eine Inhalts- bzw. Schrankenbestimmung i. S. von Art. 14 Abs. 1 Satz 2 GG liegt vor, wenn eine abstrakt generelle Regelung die Rechte und die Pflichten eines Eigentümers i. S. von Art. 14 Abs. 1 Satz 1 GG festlegt. Auf diese Weise kann der Gesetzgeber die Befugnisse eines Eigentümers rechtlich ausformen. Regelmäßig sind Inhalts- und Schrankenbestimmungen zugleich die Festlegung der nach Art. 14 Abs. 2 GG geregelten Sozialpflichtigkeit des Eigentums.

636 Ein Gesetz, das Inhalt und Schranken des Eigentums regelt, darf allerdings nicht so weit gehen, dass der Wesensgehalt der verfassungsrechtlich garantierten Wertentscheidung ausgehöhlt wird. Letztlich dürfen die Existenz und die Funktionsfähigkeit des Eigentums nicht zum bloßen Lippenbekenntnis verkommen. Daher ist insbesondere auch der Grundsatz der Verhältnismäßigkeit zu wahren. Sofern eine Inhalts- und Schrankenbestimmung im Einzelfall eine unzumutbare Härte für den Betroffenen bedeutet, kann deshalb eine staatliche Entschädigungsleistung erforderlich sein.

637 Die grundsätzliche Zulässigkeit der Enteignung ist in Art. 14 Abs. 3 GG geregelt.

DEFINITION

Eine **Enteignung** ist die zielgerichtete teilweise oder vollständige Entziehung konkret subjektiver Rechtspositionen, die durch Art. 14 Abs. 1 Satz 1 GG geschützt sind.

Da dies ein erheblicher, um nicht zu sagen der schwerwiegendste Eingriff in den Schutzbereich ist, wird die Enteignung an enge Voraussetzungen geknüpft, die in Art. 14 Abs. 3 GG niedergeschrieben sind.

638 Die Enteignung kann entweder durch Gesetz einem bestimmten Personenkreis eine nach Art. 14 GG geschützte Rechtsposition entziehen. Diese Form der Enteignung wird Legalenteignung genannt. Daneben kann die Enteignung aber auch aufgrund eines Ge-

setzes erfolgen. In diesem Fall, der auch Administrativenteignung genannt wird, ist ein behördlicher Vollzugsakt (Verwaltungsakt) erforderlich, der sich auf eine gesetzliche Grundlage zurückführen lassen muss.

Die Junktim Klausel nach Art. 14 Abs. 3 Satz 2 GG verlangt, dass das Gesetz, durch das oder aufgrund dessen die Enteignung vorgenommen wird, eine Klausel enthält, in der die Entschädigung für den Rechtsverlust normiert ist. Eine Enteignung ohne eine solche Junktim Klausel ist verfassungswidrig. Die Junktim Klausel muss insbesondere vorsehen, in welcher Art (Geld oder andere Leistung) und in welchem Umfang die Entschädigung zu leisten ist. 639

Die einschneidende Einschränkung der Zulässigkeit einer Enteignung ergibt sich aus Art. 14 Abs. 3 Satz 1 GG. Danach darf eine Enteignung nur zum Wohle der Allgemeinheit erfolgen. Unzulässig und damit verfassungswidrig ist also eine Enteignung, mit der ausschließlich fiskalische Interessen verfolgt werden. Auch eine Enteignung zugunsten Privater ist grundsätzlich verfassungswidrig. Dies gilt aber nicht ausnahmslos. 640

BEISPIEL ▸ Die Enteignung zugunsten eines Privaten ist zulässig, sofern dieser öffentliche Aufgaben wahrnimmt. Die Enteignung eines Grundstückseigentümers zugunsten der Stadtwerke GmbH wäre damit zulässig, sofern die Stadtwerke GmbH das Grundstück benötigt, um ein Heizkraftwerk zu erweitern, sofern dies aus Gründen geschieht, die mit einer geschlossenen Versorgung der Bevölkerung zusammenhängen. 641

Ebenso kann eine Enteignung, die aus strukturpolitischen Gemeinwohlaspekten heraus motiviert ist, zulässig sein. Insoweit sind aber hohe Anforderungen an die gesetzliche Regelung zu stellen, die im Falle BVerfGE 74, S. 264 ff. („Teststrecke Boxberg") nicht gegeben waren.

13. Allgemeiner Gleichbehandlungsgrundsatz – Art. 3 Abs. 1 GG

Schließlich ist der insbesondere für das Verwaltungshandeln bei Ermessensvorschriften wichtige allgemeine Gleichbehandlungsgrundsatz zu beachten. Letzterer findet sich in Art. 3 Abs. 1 GG. Neben diesem allgemeinen Gleichheitsgrundsatz finden sich noch weitere speziellere Gleichheitsgrundrechte in den Art. 3 Abs. 2 und Abs. 3, 6 Abs. 5, 33 und 38 GG. Hier soll aber nur der allgemeine Gleichheitsgrundsatz des Art. 3 Abs. 1 dargestellt werden. Sofern allerdings eines der spezielleren Grundrechte Anwendung findet, scheidet eine Prüfung des allgemeinen Gleichheitsgrundsatzes aus. 642

Die Besonderheit dieses Grundrechtes liegt darin, dass es nicht ohne weiteres in das übliche Prüfungsschema zur Prüfung von Freiheitsgrundrechten passt. Art. 3 Abs. 1 GG schreibt vor, dass wesentlich Gleiches gleich und wesentlich Ungleiches ungleich behandelt werden soll und versteckt dies in der Formulierung „Alle Menschen sind vor dem Gesetz gleich". Deshalb passt hier der erste Teil des Prüfungsschemas „Eingriff in den Schutzbereich" nicht und wird durch die Feststellung einer Gleich- bzw. Ungleichbehandlung ersetzt, deren Rechtfertigung anschließend zu überprüfen ist. Das gilt im übertragenen Sinne auch für die oben genannten spezielleren Gleichheitsgrundrechte. 643

I.	**Ungleich bzw. Gleichbehandlung**
II.	**Rechtfertigung**

644 ► **Ungleichbehandlung von wesentlich Gleichem**

Zu Beginn der Prüfung der Ungleichbehandlung ist zunächst festzuhalten, dass Träger des Grundrechtes jede natürliche Person oder juristische Person sein kann. Anschließend erfolgt die Feststellung einer Ungleichbehandlung in drei Schritten:

1. Feststellung der Behandlung der **ersten** Personengruppe
   Zunächst muss dargestellt werden, dass eine Personengruppe durch den Erlass eines Gesetzes oder durch die Anwendung eines Gesetzes in einer bestimmten Art und Weise behandelt wird.
2. Feststellung der Behandlung der **zweiten** Personengruppe
   Dann muss dargestellt werden, dass die entsprechend andere Personengruppe durch den Erlass eines Gesetzes oder durch die Anwendung eines Gesetzes in einer ganz anderen Art und Weise bzw. gar nicht behandelt wird.
3. Feststellung der **Vergleichbarkeit** beider Personengruppen
   Schließlich muss festgestellt werden, dass es sich bei beiden Sachverhalten um etwas „Gleiches" handelt. Dies ist immer dann der Fall, wenn beide Personengruppen durch einen gemeinsamen Bezugspunkt miteinander verbunden sind – wenn sie also unter einen gemeinsamen Oberbegriff zusammengefasst werden können.

645 Bei dieser Prüfung sind abschließend noch zwei Dinge zu beachten. Zum einen muss die „Behandlung" immer durch **denselben Träger der Hoheitsgewalt** ausgehen. Geht z. B. die Behandlung einer Personengruppe vom Bund, die der anderen vom Land aus, so kann schon deswegen keine Ungleichbehandlung festgestellt werden.

646 Schließlich ist noch der Grundsatz „**keine Gleichbehandlung im Unrecht**" zu beachten. Eine Person kann sich demnach nicht auf das Grundrecht der Gleichbehandlung berufen, wenn sie selbst eine rechtswidrige oder gar strafbare Handlung begeht und in Bezug auf diese Handlung den Art. 3 Abs. 1 GG geltend machen will.

647 ► **Gleichbehandlung von wesentlich Ungleichem**

Wird der allgemeine Gleichbehandlungsgrundsatz gerade in der anderen Richtung geltend gemacht, so verläuft die Prüfung nur mit dem Unterschied identisch, dass eine Vergleichbarkeit zwischen beiden Personengruppen nicht gegeben sein darf. Auch hierbei sind abschließend die oben genannten Grundsätze in Bezug auf den Träger und die Geltendmachung im Unrecht entsprechend zu beachten.

648 ► **Rechtfertigung**

Auch die Prüfung der Rechtfertigung folgt bei Art. 3 Abs. 1 GG nicht dem üblichen Schema. Erfolgt die Ungleichbehandlung durch ein Gesetz, so kann dieses Gesetz den Eingriff nur dann rechtfertigen, wenn das Gesetz selbst formell verfassungsgemäß zustande gekommen ist. Daher sind in diesen Fällen zunächst die Gesetzgebungskompetenz und das Gesetzgebungsverfahren zu prüfen. Für die anschließende Prüfung ist jedoch nicht die materielle Verfassungsmäßigkeit sondern die vom Bundesverfassungsgericht entwickelte „neue Formel" maßgeblich. Dabei unterscheidet das Verfassungsgericht bei der Prüfungsdichte, ob in dem Fall ein Eingriff von geringer oder ein Eingriff mit hoher Intensität vorliegt.

Eine Ungleichbehandlung von nur geringer Intensität nimmt das Verfassungsgericht immer dann an, wenn nur Sachverhalte ungleich behandelt werden oder der Staat Leistungen gewährt und dabei differenziert. In Einzelfällen hat das Gericht dies bei Subventionierung, bei Leistungsverwaltung, bei der Schaffung von Übergangsregelungen und rein technischen Regelungen angenommen. In diesen Fällen ist die Ungleichbehandlung bereits dann gerechtfertigt, wenn sich ein nachvollziehbarer sachlicher Grund für die Differenzierung finden lässt. Eingriffe mit lediglich geringer Intensität sind daher nur dann nicht gerechtfertigt, wenn die Differenzierung rein willkürlich erfolgt. 649

In allen übrigen Fällen mit höherer Intensität des Eingriffes ist dieser nur dann gerechtfertigt, wenn der Eingriff für den mit der Differenzierung verfolgten Zweck geeignet, erforderlich und angemessen ist. Anders ausgedrückt verlangt das Gericht in Fällen mit hoher Eingriffsintensität eine Verhältnismäßigkeitsprüfung. Solche Fälle hat das Gericht insbesondere dann angenommen, wenn Personen oder Personengruppen ungleich behandelt werden (Arbeiter und Angestellte, Männer und Frauen, Abiturienten und Real- bzw. Hauptschulabsolventen). Daneben ist auch immer dann ein Eingriff von hoher Intensität anzunehmen, wenn durch die Ungleichbehandlung auch andere Grundrechte betroffen sind. 650

V. Die Verfassungsbeschwerde

Zur Durchsetzung und Kontrolle der Grundrechte hat die Verfassung die Verfassungsbeschwerde eingeführt (vgl. dazu auch oben Rn. 450). Von dieser wird auch rege Gebrauch gemacht, so dass über 95 % aller beim Bundesverfassungsgericht vorgetragenen Klagen Verfassungsbeschwerden sind, von denen in der Regel jedoch weniger als 3 % erfolgreich sind. Der überwiegende Teil der Klagen ist schon nicht zulässig, da eine der folgenden Voraussetzungen nicht beachtet wurde. Regelungen über die Verfassungsbeschwerde finden sich in Art. 93 Abs. 1 Nr. 4a GG und in den §§ 13 Nr. 8a, 90 f. des BVerfGG. 651

Grundsätzlich kann sich jedermann mit der Behauptung an das Verfassungsgericht wenden, in seinen Grundrechten verletzt zu sein. Dabei ist die Einschaltung eines Anwaltes nur dann notwendig, wenn es im Verfahren zu einer mündlichen Verhandlung kommt. Nur in diesem Falle muss sich der Beschwerdeführer von einem Anwalt oder einem Hochschullehrer vertreten lassen. 652

Bei der Verfassungsbeschwerde ist ebenfalls zu beachten, dass nach § 90 Abs. 2 BVerfGG vor einer Befassung des Gerichtes der ansonsten vorgeschriebene (ordentliche) Rechtsweg zunächst auszuschöpfen ist. Im Falle von Steuerverwaltungsakten muss daher zunächst (sofern noch möglich) Einspruch eingelegt und anschließend vor dem Finanzgericht geklagt und ggf. noch vor dem Bundesfinanzhof Revision eingelegt worden sein, bevor das Verfassungsgericht eine Klage zur Entscheidung annimmt. Eine Ausnahme von diesem Grundsatz sieht § 90 Abs. 2 Satz 2 BVerfGG nur in den Fällen vor, die von besonderer allgemeiner Bedeutung sind oder bei denen ein schwerer unabwendbarer Nachteil zu erwarten ist, wenn zunächst der vorgeschriebene Rechtsweg beschritten werden soll. 653

654 Eine weitere Ausnahme besteht in den Fällen, in denen sich die Verfassungsbeschwerde nicht gegen einen Akt sondern gegen ein förmliches (formelles) Gesetz richtet, da für eine solche Vorgehensweise kein ordentlicher Rechtsweg vorgesehen ist.

Teil 3: Recht der Europäischen Union

§ 13 Grundlagen und Entwicklung der europäischen Integration

LITERATUR

Herdegen, Europarecht, 19. Aufl. 2017, §§ 1–4; *Jäkel*, Das Recht des Austritts aus der Europäischen Union – Zugleich zur Neuregelung des Austrittsrechts gem. Art. 50 EUV in der Fassung des Vertrags von Lissabon, Jura 2010, S. 87 ff.; *Oppermann/Classen/Nettesheim*, Europarecht, 7. Aufl. 2016, 1. Teil; *Schroeder*, Grundkurs Europarecht, 5. Aufl. 2017, § 2; *Streinz*, Europarecht, 10. Aufl. 2016, §§ 1 – 3.

I. Allgemeines

Der Begriff des Europarechts lässt sich in einem weiteren und einem engeren Sinn ver- 700
stehen.

Zum **Europarecht im weiteren Sinne** gehört das gesamte auf den Kontinent Europa bezogene regionale Völkerrecht, insbesondere das Recht der europäischen internationalen Organisationen.

Zum Europarecht **im engeren Sinne** gehört das Recht der Europäischen Union mit dem Vertrag über die Europäische Union (EUV) und dem Vertrag über die Arbeitsweise der Europäischen Union (AEUV) als Grundlagen der Europäischen Union (vgl. Art. 1 EUV). Dieses wird nachstehend eingehend erläutert und dargestellt.

II. Die Entwicklung des Europarechts im weiteren Sinne

Ideen und Motive für eine europäische Zusammenarbeit finden sich bereits seit dem 701
Mittelalter, erste Ansätze zu einer Europäischen Einigung in der Zeit nach dem Ersten Weltkrieg (Paneuropa-Bewegung). Aber erst unter dem Eindruck des Zweiten Weltkriegs wurden konkretere Pläne entwickelt, insbesondere zur Schaffung europäischer internationaler Organisationen. So formulierte *Winston Churchill* 1946 in Zürich die Idee der Bildung einer Art Vereinigter Staaten von Europa, deren maßgeblicher Ausgangspunkt ein Zusammengehen von Deutschland und Frankreich sein müsse. Rein praktisch wurden in der Folgezeit mehrere regionale internationale Organisationen im wirtschaftlichen, militärischen und politischen Bereich gegründet.

Im militärischen Bereich blieben seit dem Jahre 1948 betriebene Pläne zur Gründung 702
einer Europäischen Verteidigungsgemeinschaft (EVG) erfolglos, stattdessen wurde 1954 die Westeuropäische Union (WEU) als Verteidigungsallianz zwischen Frankreich,

Italien, Großbritannien, den Benelux-Staaten und der Bundesrepublik Deutschland gegründet. Die WEU wurde 2011 aufgelöst, da ihre Aufgaben mittlerweile im Rahmen einer Gemeinsamen Verteidigungspolitik von der EU übernommen worden sind.

Der 1960 als Alternative zur Zollunion der jetzigen Europäischen Union gegründeten Europäische Freihandelsassoziation (EFTA) gehören heute nur noch die Schweiz, Liechtenstein, Norwegen und Island an. Mit Ausnahme der Schweiz bilden die verbliebenen EFTA-Staaten mit der Europäischen Union den Europäischen Wirtschaftsraum (EWR).

Die seit 1948 bestehende Organisation für wirtschaftliche Zusammenarbeit in Europa (OEEC) – heute als Organisation für wirtschaftliche Zusammenarbeit und Entwicklung (OECD) weit über Europa hinaus gewachsen – verfolgt wirtschaftliche Zielsetzungen.

BEISPIEL ▸ OECD-Musterabkommen zur Vermeidung der Doppelbesteuerung

703 Als eine der wichtigsten Organisationen ist der 1949 gegründete Europarat besonders zu erwähnen. Dem Europarat gehören aktuell insgesamt 47 Mitgliedstaaten an (ausführliche Informationen unter *www.coe.int*). Sein Sitz liegt in Straßburg. Organe des Europarates sind das Ministerkomitee als Entscheidungsinstanz und die Beratende Versammlung. Jeder Mitgliedstaat wird im Ministerkomitee durch den jeweiligen Außenminister oder dessen Beauftragten vertreten. Die Beratende Versammlung, die sich selbst als Parlamentarische Versammlung bezeichnet, besteht aus von den nationalen Parlamenten ernannten Mitgliedern und hat nur eine beratende Funktion.

704 Aufgabe des Europarates ist es gem. seiner Satzung, „eine engere Verbindung zwischen seinen Mitgliedern zum Schutze und zur Förderung der Ideale und Grundsätze, die ihr gemeinsames Erbe bilden, herzustellen und ihren wirtschaftlichen und sozialen Fortschritt zu fördern“. In Erfüllung dieser Aufgaben bemüht sich der Europarat in den verschiedensten Bereichen um den Abschluss von vertraglich bindenden Konventionen. Als wichtigster Erfolg seiner Arbeit gilt die am 4.11.1950 in Rom unterzeichnete und am 3.9.1953 in Kraft getretene „**Europäische Konvention zum Schutz der Menschenrechte und Grundfreiheiten**“ (EMRK). Mit dieser Konvention wurden eine Reihe von Menschenrechten und Grundfreiheiten (z.B. Recht auf Leben, Recht auf Freiheit und Sicherheit, Religionsfreiheit, Presse- und Meinungsfreiheit) garantiert und ein besonderes Rechtsschutzverfahren geschaffen. Organ dieses Rechtsschutzverfahrens ist der **Europäische Gerichtshof für Menschenrechte** (EGMR). Die besondere Bedeutung der Europäischen Menschenrechtskonvention für die Europäische Union ergibt sich auch aus der ausdrücklichen Erwähnung in Art. 6 Abs. 2 und Abs. 3 des EUV.

III. Die Entwicklung des Europarechts im engeren Sinne

705 Die Geschichte des Europarechts im engeren Sinne kann anhand der maßgebenden Verträge zur Gründung und Änderung der früheren Europäischen Gemeinschaften und jetzigen Europäischen Union nachvollzogen werden.

1. Schuman-Plan

Ausgangspunkt für eine weitergehende Europäische Integration war der nach seinem 706
Autor, dem französischen Außenminister ***Robert Schuman,*** benannte Plan zur Zusammenlegung der französischen und deutschen Kohle- und Stahlproduktion. Dieser am 9. 5. 1950 (dem heutigen Europatag) vorgetragene Vorschlag sah vor, zur Schaffung eines dauerhaften Friedens und einer dauerhaften Grundlage der wirtschaftlichen Entwicklung als erste Etappe einer europäischen Föderation die deutsche und französische Kohle- und Stahlproduktion zusammenzulegen. In der maßgebenden Passage seiner Erklärung heißt es hierzu:

> ***Schuman*-Plan (Auszug)**:
> „... Die Zusammenlegung der Kohle- und Stahlproduktion wird unmittelbar die Grundlage gemeinsamer wirtschaftlicher Entwicklung schaffen als erste Etappe der europäischen Föderation.
>
> Die Solidarität der Produktion, die so entstehen wird, wird offenbaren, dass jeder Krieg zwischen Frankreich und Deutschland nicht nur undenkbar, sondern materiell unmöglich sein wird...
>
> Durch die Zusammenlegung der Grundproduktionen und die Errichtung einer neuen Hohen Behörde, an deren Entscheidung Frankreich, Deutschland und die Länder, die ihr angehören, gebunden sein werden, wird dieser Vorschlag die erste konkrete Grundlage bilden für eine europäische Föderation, die unerlässlich ist zur Bewahrung des Friedens...“

Das Besondere des Vorschlags war, dass, anders als bei den bisherigen Internationalen Organisationen, von der zu gründenden Gemeinschaft unmittelbar bindende Entscheidungen erlassen werden sollten. *Schuman* stellte sich somit eine internationale Organisationsform mit einer überstaatlichen Komponente, also eine supranationale Organisation vor. Die Entwicklung der Organisation zielte auf eine immer weiter gehende Integration der verschiedenen Wirtschaftsbereiche ab.

DEFINITION

Integration ist ein Prozess, in welchem aus einer Vielheit (z. B. der nationalen Märkte) eine Einheit hergestellt wird. Hierzu haben die Einzelstaaten der Europäischen Union sowohl legislative als auch exekutive Rechte auf gemeinsame Einrichtungen übertragen. Die von diesen vorgenommenen Handlungen bewirken z. B., dass die nationalen Wirtschaftsbereiche durch Vereinheitlichung der Rechtsgrundlagen zu einem einzigen gemeinsamen Markt zusammenwachsen.

2. Pariser Vertrag: EGKS

Am **18. 4. 1951** wurde die **Europäische Gemeinschaft für Kohle und Stahl** (EGKS), auch 707
Montanunion genannt, in Paris gegründet. Gründungsmitglieder waren die Bundesrepublik Deutschland, Italien, Frankreich und die drei Benelux-Staaten. Inhalt des Vertrages war der zollfreie Zugang zu den Kohle- und Stahlmärkten, Preis-, Wettbewerbs- und Subventionsregelungen sowie die Freizügigkeit der Facharbeiter des Montansektors. Im Rahmen dieses Vertrages verzichteten die Gründungsmitglieder erstmals auf

bestimmte Hoheitsrechte und übertrugen diese an eine supranationale europäische Organisation. Der am **23.7.1952** in Kraft getretene Vertrag wurde für eine Dauer von fünfzig Jahren geschlossen, so dass er am 23.7.2002 auslief.

3. Römische Verträge: EAG und EWG

708 Dieselben sechs Gründungsmitglieder (Europa der Sechs) schufen einige Jahre später zwei weitere Gemeinschaften, die **Europäische Atomgemeinschaft** (EAG), auch Euratom genannt und die **Europäische Wirtschaftsgemeinschaft** (EWG). Die entsprechenden Gründungsverträge wurden am **23.3.1957** in Rom unterzeichnet und traten am **1.1.1958** in Kraft.

Zielsetzung der bis heute bestehenden EAG ist die friedliche Nutzung der Kernenergie in Europa. Ziel der EWG war die Schaffung eines gemeinsamen Marktes, wozu die Schaffung einer Zollunion gehört. Bereits 1968 konnte mit der Vollendung der Zollunion für alle gewerblichen Waren eine wesentliche Etappe auf dem Weg zur Schaffung eines gemeinsamen Marktes verwirklicht werden. Voraussetzung dafür war die Einführung eines gemeinsamen Zolltarifs gegenüber Drittstaaten.

DEFINITION

Zollunion ist die Ersetzung von zwei oder mehr Zollgebieten durch ein einziges Zollgebiet, wobei zwischen diesen Gebieten die Zölle und beschränkenden Handelsvorschriften für annähernd den gesamten Handel beseitigt werden. Gegenüber sog. Drittländern, d. h. solchen, die nicht an der Zollunion teilnehmen, wenden die Mitglieder der Zollunion im Wesentlichen dieselben Zölle und Handelsvorschriften an.

4. Fusionsvertrag

709 Die drei rechtlich selbständigen Gemeinschaften EGKS, EAG und EWG hatten von Beginn an einen Gerichtshof und eine Beratende Versammlung (das heutige Europaparlament) als gemeinsame Organe. Durch einen Fusionsvertrag aus dem Jahre **1965** wurden auch die weiteren Organe der Gemeinschaften (Kommission und Rat) zusammengelegt.

5. Einheitliche Europäische Akte

710 Die am 28.2.1982 unterzeichnete Einheitliche Europäische Akte stellt die erste grundlegende Reform der Gründungsverträge, vor allem des damaligen EWG-Vertrags, dar. Sie trat nach Durchführung der einzelstaatlichen Ratifizierungsverfahren in den Mitgliedstaaten am **1.7.1987** in Kraft. Hauptpunkte waren die Erweiterung der Aufgaben der EWG im Hinblick auf Vorschriften über den wirtschaftlichen und sozialen Zusammenhalt, über Forschung, Technologie und Umweltschutz, die Stärkung der Rolle des Europäischen Parlaments durch Einführung des Verfahrens der Zusammenarbeit bei

der Gesetzgebung und die Betonung der Bedeutung des Binnenmarktes sowie die Verpflichtung, diesen bis 1993 zu verwirklichen. In der EEA wurde erstmals eine „Europäische Union" als Ziel vorgegeben.

6. Vertrag von Maastricht

Als eine konsequente Fortsetzung des Integrationsprozesses wurde am **7.2.1992** in dem niederländischen Ort Maastricht von den damals zwölf Mitgliedstaaten der Europäischen Gemeinschaft der **Vertrag über die Europäische Union** (EUV) unterzeichnet. Erst nach Referenden in Dänemark, Frankreich und Irland sowie einer gerichtlichen Überprüfung des Vertragswerks durch das BVerfG in Deutschland konnte der Vertrag am **1.11.1993** in Kraft treten. 711

Durch den Vertrag wurde eine Europäische Union auf der Grundlage der bestehenden Verträge gebildet. Der EUV bildete dabei gewissermaßen ein Dach, unter dem EGKS, EAG und die nunmehr in Europäische Gemeinschaft (EG) umbenannte EWG mit ihren vertraglichen Grundlagen bestehen blieben (sog. „Erste Säule" der Europäischen Union). Die zweite Säule der Europäischen Union bildete eine Gemeinsame Außen- und Sicherheitspolitik (GASP), die dritte Säule die Zusammenarbeit in den Bereichen Justiz und Inneres.

Bei den Politikbereichen der zweiten und dritten Säule handelte es sich – anders als bei den supranational ausgestalteten Politikbereichen der ersten Säule – um eine intergouvernementale Zusammenarbeit der Mitgliedstaaten ohne Übertragung von Hoheitsrechten auf die EG.

DEFINITIONEN

Intergouvernementale Zusammenarbeit = Zusammenarbeit der Mitgliedstaaten innerhalb einer internationalen Organisation ohne Übertragung von Hoheitsrechten.

Supranationalität = Übertragung von Hoheitsrechten von der nationalen Ebene auf eine supranationale Organisation, die nach dem Mehrheitsprinzip verbindliche Regelungen auch gegen den Willen einzelner Mitgliedstaaten schaffen kann, welche Vorrang vor dem nationalen Recht der Mitgliedstaaten haben.

Eine weitere Errungenschaft des Vertrags von Maastricht war die Schaffung einer **Wirtschafts- und Währungsunion** (WWU), die neben einer Koordinierung der Wirtschaftspolitik die schrittweise Einführung einer gemeinsamen Währung (die Einführung des Euro als Zahlungsmittel in bestimmten Mitgliedstaaten erfolgte am 1.1.2002) – und eines europäischen Zentralbanksystems vorsah. Schließlich wurde mit dem Vertrag von Maastricht eine **Unionsbürgerschaft** eingeführt. 712

7. Vertrag von Amsterdam

713 Mit dem Vertrag von Amsterdam (am 2.10.1997 in Amsterdam unterzeichnet, am **1.5.1999** in Kraft getreten) wurden Teile der dritten Säule (z.B. Einwanderungs- und Asylpolitik, Zusammenarbeit in Zivilsachen, Zollzusammenarbeit) in den Zuständigkeitsbereich der EG verlagert. Die dritte Säule reduzierte sich damit auf die polizeiliche und justizielle Zusammenarbeit in Strafsachen (PJZS). Zudem sah der Vertrag von Amsterdam institutionelle Änderungen vor. Insbesondere wurde die Rolle des Europäischen Parlaments gestärkt, das in mehr Regelungsbereichen durch ein Mitentscheidungsverfahren beteiligt wurde.

8. Vertrag von Nizza

714 Auf dem EU-Gipfel von Nizza wurde am **7.12.2000** die Charta der Grundrechte der Europäischen Union (s. u. Rn. 819 ff.) feierlich proklamiert.

Der auf dem Gipfel von Nizza verhandelte, und am **1.2.2003** in Kraft getretene Vertrag von Nizza brachte umfangreiche institutionelle Änderungen mit sich, um die EU im Hinblick auf die 2004 bevorstehende Osterweiterung handlungsfähig zu erhalten (Reform von Größe und Zusammensetzung der Organe, Ausweitung der qualifizierten Mehrheit bei Abstimmungen im Rat).

9. Gescheiterter Verfassungsvertrag

715 Ende des Jahres 2001 wurde ein Europäischer Konvent einberufen mit dem Auftrag, Vorschläge zu drei Anliegen zu unterbreiten: den Bürgern das europäische Projekt und die europäischen Organe näher zu bringen, das politische Leben und den europäischen politischen Raum in einer erweiterten Union zu strukturieren und die Union zu einem Stabilitätsfaktor und zu einem Vorbild in der neuen Weltordnung zu machen. Letztlich lief die Einberufung des Konvents auf die Festlegung einer „Europäischen Verfassung" hinaus, die in einer feierlichen Zeremonie am 29.10.2004 von den Regierungschefs der Mitgliedstaaten in Rom unterzeichnet wurde. Die Ratifizierung des Verfassungsvertrags scheiterte allerdings 2005 aufgrund von ablehnenden Volksabstimmungen in Frankreich und den Niederlanden.

10. Vertrag von Lissabon

716 Nach dem Scheitern des Verfassungsvertrags erteilte der Europäische Rat von Brüssel im Juni des Jahres 2007 einer Regierungskonferenz das Mandat, einen Reformvertrag zur Änderung der bestehenden Verträge auszuarbeiten. Entsprechende Vorgaben waren weitgehend dem Verfassungsvertrag entnommen, dessen inhaltliche Substanz, so weit wie möglich, in den neuen Reformvertrag übernommen werden sollte.

Als Ergebnis der Bemühungen unterzeichneten die Vertreter der damals 27 Mitgliedstaaten am 13.12.2007 den „Vertrag zur Änderung des Vertrags über die Europäische Union und des Vertrags zur Gründung der Europäischen Gemeinschaft" (Vertrag von Lissabon). Der Vertrag von Lissabon ist am **1.12.2009** in Kraft getreten und bildet die aktuelle Grundlage des Europarechts im engeren Sinne.

Anders als der Verfassungsvertrag, der die bestehenden Verträge vollständig ersetzen sollte, beinhaltet der Vertrag von Lissabon lediglich eine Änderung der vorhandenen Verträge. So gibt Art. 1 des Vertrags Änderungen des EUV vor und Art. 2 ändert den Vertrag über die Europäische Gemeinschaft (EGV), der nunmehr **„Vertrag über die Arbeitsweise der Europäischen Union"** (AEUV) heißt. Dies entspricht der Zusammenführung der Europäischen Gemeinschaft und der Europäischen Union zu einer **einheitlichen Europäischen Union**, die Rechtsnachfolgerin der früheren EG ist und über eine eigene Rechtspersönlichkeit verfügt. Der Vertrag von Lissabon löst durch Änderung und Zusammenführung des (alten) EUV und des EGV die komplexe Säulenstruktur des Vertrags von Maastricht auf (s. o. Rn. 711). Die frühere „3. Säule" (PJZS) wird dabei unionalisiert, d. h. in die supranationale Zuständigkeit der Union verlagert, und als „Raum der Freiheit, der Sicherheit und des Rechts" als ein Politikbereich der EU im AEUV geregelt. Die früherer „zweite Säule" (GASP) ist weiterhin im EUV geregelt und im Bereich intergouvernementaler Zusammenarbeit angesiedelt.

Die Europäische Atomgemeinschaft wird aus dem ehemaligen Dachverband der Europäischen Union ausgegliedert und besteht als unabhängige internationale Organisation fort. Für sie handeln dieselben Organe wie für die EU.

IV. Beitritt und Austritt von Mitgliedsstaaten

Die Europäische Union ist mittlerweile von sechs Gründungsmitgliedern auf 28 Mitgliedstaaten angewachsen. Kandidaten für einen **Beitritt** sind zurzeit: Albanien, Montenegro, die ehemalige jugoslawische Republik Mazedonien, Serbien und die Türkei. Das Beitrittsverfahren ist in Art. 49 EUV geregelt. Für einen Beitritt müssen die Kandidaten die sog. „Kopenhagener Kriterien" erfüllen. 717

HINWEIS:

Kopenhagener Kriterien

- **Politisches Kriterium:** Institutionelle Stabilität, demokratische und rechtsstaatliche Ordnung, Wahrung der Menschenrechte sowie Achtung und Schutz von Minderheiten.
- **Wirtschaftliches Kriterium:** Funktionsfähige Marktwirtschaft; Fähigkeit, dem Wettbewerbsdruck innerhalb des EU-Binnenmarktes standzuhalten.
- **Besitzstandskriterium:** Fähigkeit, die aus einer Mitgliedschaft erwachsenden Verpflichtungen zu erfüllen, einschließlich der Fähigkeit, die zum EU-Recht (dem „Besitzstand") gehörenden gemeinsamen Regeln, Normen und politischen Strategien wirksam umzusetzen, sowie Übernahme der Ziele der politischen Union sowie der Wirtschafts- und Währungsunion.

718 Die Möglichkeit eines freiwilligen und einseitigen **Austritts aus der Europäischen Union** wurde erstmals mit dem Vertrag von Lissabon in Art. 50 EUV geregelt. Der austrittswillige Mitgliedstaat muss dem Europäischen Rat seine Absicht mitteilen. Der Europäische Rat legt daraufhin Leitlinien für den Abschluss eines Abkommens über die Einzelheiten für den Austritt dieses Landes vor. Das Abkommen wird vom Rat im Namen der EU geschlossen. Er beschließt mit qualifizierter Mehrheit nach Zustimmung des Europäischen Parlaments. Die EU-Verträge finden auf das antragstellende Land ab dem Tag des Inkrafttretens des Austrittsabkommens oder spätestens zwei Jahre nach der Mitteilung der Austrittsabsicht keine Anwendung mehr. Die Möglichkeit eines **Ausschlusses aus der Europäischen Union** sehen die Verträge hingegen nicht vor.

Nachdem die Bürger des Vereinigten Königreichs am 23. 6. 2016 in einem Referendum mehrheitlich für einen Austritt aus der Europäischen Union votierten, hat das Vereinigte Königreich am 29. 3. 2017 durch eine entsprechende Mitteilung an den Europäischen Rat das Austrittsverfahren nach Art. 50 EUV eingeleitet.

ABB. 38:	Entwicklung der Europäischen Union
1951	Gründung der EGKS durch Frankreich, Italien, Deutschland, Belgien, Niederlande Luxemburg (Europa der Sechs)
1957	Gründung der EAG und EWG durch Frankreich, Italien, Deutschland, Belgien, Niederlande Luxemburg
1973	Beitritt des Vereinigten Königreichs, Irlands und Dänemarks (9 Mitgliedstaaten)
1981	Beitritt Griechenlands (10 Mitgliedstaaten)
1986	Beitritt Spaniens und Portugals (Europa der Zwölf)
1995	Beitritt Österreichs, Finnlands und Schwedens (15 Mitgliedstaaten)
2004	Beitritt Estlands, Lettlands, Litauens, Polens, der Slowakischen Republik, Sloweniens, der Tschechischen Republik, Ungarns, Zyperns und Maltas (25 Mitgliedstaaten)
2007	Beitritt Bulgariens und Rumäniens (Europa der 27)
2013	Beitritt Kroatiens (Europa der 28)
2017	Das Vereinigte Königreich initiiert den Austritt aus der Europäischen Union

§ 14 Grundlagen der Europäischen Union

LITERATUR

BVerfGE 123, 267 ff. – Lissabon-Vertrag; *Herdegen,* Europarecht, 19. Aufl. 2017, §§ 5, 6, 10; *Magiera,* Die Grundgesetzänderung von 1992 und die Europäische Union, Jura 1994, S. 1 ff.; *Mayer,* Der Vertrag von Lissabon im Überblick, JuS 2010, S. 189 ff.; *Oppermann/Classen/Nettesheim,* Europarecht, 7. Aufl. 2016, §§ 4, 10; *Schroeder,* Grundkurs Europarecht, 5. Aufl. 2017, §§ 4 f.; *Streinz,* Europarecht, 10. Aufl. 2016, § 3; *Terhechte,* Vorrang des Unionsrechts, JuS 2008, S. 403 ff.

I. Allgemeines und Rechtsnatur

Seit dem Vertrag von Lissabon bilden EUV und AEUV die Grundlage der Europäischen Union. Sie sind rechtlich gleichrangig, Art. 1 EUV. Als sog. Primärrecht (s. u. Rn. 817 f.) werden sie von den Mitgliedstaaten als „Herren der Verträge“ beschlossen und geändert, Art. 48 EUV. 719

Die Europäische Union verfügt über eine eigene Rechtspersönlichkeit, Art. 47 EUV, und ist damit Inhaberin von Rechten und Pflichten gegenüber ihren Mitgliedstaaten und dritten Staaten (Völkerrechtsfähigkeit). Auch im Verhältnis zu den Bürgern ist sie rechts- und geschäftsfähig, Art. 335 AEUV. 720

Die EU kann nicht als (Bundes-)Staat angesehen werden. Es gehört zu den sog. Hoheitsrechten eines Staates, dass dieser kraft seiner Souveränität das Recht hat, Gesetze in allen notwendig erscheinenden Bereichen zu erlassen. Die Hoheitsrechte stehen den Staaten grundsätzlich unbeschränkt zu, d. h. im Rahmen der jeweiligen Verfassung kann jeder Bereich durch die zuständigen Staatsorgane geregelt werden. 721

DEFINITION

Hoheitsrechte sind diejenigen Befugnisse, die jedem Staat kraft seiner Souveränität zur Erfüllung seiner nationalen Belange zustehen. Hierzu zählen u. a. das Recht, Gesetze zu erlassen, das Recht, Verstöße gegen Gesetze zu verfolgen und zu bestrafen, das Recht, sich gegen Angriffe von außen zu verteidigen, und das Recht, zur Finanzierung von Staatsausgaben Steuern zu erheben. Diese Hoheitsrechte stehen den Staaten grundsätzlich unbeschränkt zu, d. h., dass im Rahmen der Verfassung grundsätzlich jeder Bereich durch die zuständigen Staatsorgane geregelt werden kann.

Der souveräne Staat entscheidet, in welchen Bereichen er tätig werden will und in welchen nicht (sog. „Kompetenz-Kompetenz“). Wäre die Europäische Union in einem verfassungsrechtlichen Sinne staatlich, so würde ihr ebenfalls diese umfassende Machtfülle zustehen. Nach dem Prinzip der begrenzten Einzelermächtigung (s. u. Rn. 734) verfügt die EU aber gerade nicht über die „Kompetenz-Kompetenz“. Sie kann nur in den Bereichen tätig werden, in denen die Mitgliedstaaten ihr Kompetenzen übertragen haben, Art. 5 Abs. 2 EUV. Ebenfalls kann sie – anders als der Zentralstaat in einem Bundesstaat – nicht eigenständig ihre verfassungsrechtlichen Grundlagen ändern. Die Kompetenz zur Änderung der Verträge steht den Mitgliedstaaten zu.

Auch verfügt die EU nicht über ein eigenes Staatsvolk. Zwar sieht der EUV eine Unionsbürgerschaft vor (Art. 9 EUV), die in Art. 20 AEUV näher ausgestaltet ist, welche aber von der Staatsangehörigkeit eines Mitgliedstaats abhängig ist und die nationale Staatsangehörigkeit nicht ersetzt. Sie vermag daher kein einheitliches Staatsvolk zu schaffen. Die unmittelbare Ausübung der Staatsgewalt obliegt weiterhin den Mitgliedstaaten, denen somit die alleinige Personalhoheit zukommt. 722

Die Europäische Union ist aus diesen Gründen kein Bundesstaat, wie ihn z. B. die Vereinigten Staaten von Amerika darstellen. Für eine echte Staatlichkeit fehlt es an einem einheitlichen Staatsgebiet und der ausschließlichen Personalhoheit.

723 Sie ist aber mehr als nur ein Staatenbund i. S. eines auf Dauer angelegten Verbunds souveräner Staaten. Als supranationale Organisation verfügt sie in den Bereichen, in denen ihr Kompetenzen übertragen wurden, über eigene Hoheitsrechte und kann Rechtsetzungsakte treffen, die für Mitgliedstaaten und Bürger direkt verbindlich sind. Da in vielen Bereichen das Mehrheitsprinzip gilt, kann sie damit verbindliches Recht auch gegen den Willen einzelner Mitgliedstaaten setzen.

724 Das BVerfG hat in seiner Maastricht-Entscheidung die EU als **Staatenverbund** charakterisiert: „Der Unions-Vertrag begründet einen Staatenverbund zur Verwirklichung einer immer engeren Union der – staatlich organisierten – Völker Europas, keinen sich auf ein europäisches Staatsvolk stützenden Staat" (BVerfG, Urteil v. 12.10.1993 – 2 BvR 2134/92, 2 BvR 2159/92 – „Maastricht", Rn. 108).

II. Übertragung von Hoheitsrechten aus Sicht Deutschlands

725 Für die Gründung internationaler und supranationaler Organisationen ist der Abschluss völkerrechtlicher Verträgen notwendig. Die Befugnis zum Abschluss völkerrechtlicher Verträge hat gem. Art. 59 Abs. 1 GG der Bundespräsident. Eine inhaltliche Ermächtigung für die Teilnahme an supranationalen Organisationen stellt Art. 24 Abs. 1 GG dar: „Der Bund kann durch Gesetz Hoheitsrechte auf zwischenstaatliche Einrichtungen übertragen." Auf diese auch als „Integrationshebel" bezeichnete Norm stütze sich die Bundesrepublik bis zum Jahre 1992, um im Wege eines einfachen Gesetzes Kompetenzen auf zwischenstaatliche Einrichtungen, wie sie z. B. die Europäische Union darstellt, zu übertragen.

726 Im Vorfeld der Ratifizierung des Vertrags von Maastricht wurde bezweifelt, dass Art. 24 Abs. 1 GG als Ermächtigungsgrundlage für die beabsichtigt Ausweitung der Kompetenzen der (damaligen) Europäische Gemeinschaft – beispielsweise die Einführung einer Unionsbürgerschaft und die einer Wirtschafts- und Währungsunion – ausreichend sein könnte. Um hier Rechtsklarheit zu schaffen, wurde mit der erforderlichen Zweidrittelmehrheit (vgl. Art. 79 Abs. 2 GG) das Grundgesetz geändert und ein neuer Art. 23 GG eingefügt. Dieser regelt ausschließlich die Übertragung von Hoheitsrechten auf die EU. Im Gegensatz zu Art. 24 GG enthält Art. 23 GG zahlreiche direkte Vorgaben, die eine Übertragung von Hoheitsrechten auf die Europäische Union begrenzen. Er legt Verfahren und Inhalte fest, die bei der Übertragung von Hoheitsrechten auf die Europäische Union einzuhalten sind.

727 Gem. Art. 23 Abs. 1 Satz 1 1. Halbsatz GG wirkt die Bundesrepublik Deutschland zur Verwirklichung eines vereinten Europas an der Entwicklung der Europäischen Union mit. Die Bundesrepublik ist somit durch das Grundgesetz in gewissem Umfang zu einer Mitwirkung an der Europäischen Union verpflichtet (Grundsatz der Europarechtsfreundlichkeit des Grundgesetzes). Strukturelle Anforderungen stellt demgegenüber Art. 23 Abs. 1 Satz 1 2. Halbsatz GG auf. Danach muss die Europäische Union demokratischen, rechtsstaatlichen, sozialen und föderativen Grundsätzen Rechnung tragen. Außerdem muss die Europäische Union einen dem Grundgesetz vergleichbaren Grundrechtsschutz gewährleisten und dem Grundsatz der Subsidiarität verpflichtet sein.

Insofern wird die Bundesrepublik dazu verpflichtet, auf die Einhaltung der in Art. 23 GG genannten Vorgaben durch die Europäische Union hinzuarbeiten.

Die Übertragung von Hoheitsrechten erfolgt gem. Art. 23 Abs. 1 Satz 2 GG durch Gesetz mit Zustimmung des Bundesrats. Sofern aber das GG durch die Übertragung seinem Inhalt nach geändert oder ergänzt wird, bedarf es nach Art. 79 Abs. 2 GG der Zustimmung von zwei Dritteln der Mitglieder des Bundestags und zwei Dritteln der Stimmen der Mitglieder des Bundesrats. Die Ewigkeitsgarantie des Art. 79 Abs. 3 GG ist dabei zu beachten. 728

III. Grundprinzipien der Europäischen Union

1. Grundwerte und Ziele der Europäischen Union

Die Europäische Union ist gem. Art. 2 EUV eine Wertegemeinschaft: „Die Werte, auf die sich die Union gründet, sind die Achtung der Menschenwürde, Freiheit, Demokratie, Gleichheit, Rechtsstaatlichkeit und die Wahrung der Menschenrechte einschließlich der Rechte der Personen, die Minderheiten angehören. Diese Werte sind allen Mitgliedstaaten in einer Gesellschaft gemeinsam, die sich durch Pluralismus, Nichtdiskriminierung, Toleranz, Gerechtigkeit, Solidarität und die Gleichheit von Frauen und Männern auszeichnet." 729

In Art. 6 EUV wird die Charta der Grundrechte der Europäischen Union vom 7. 12. 2000 als rechtsverbindlich und den Verträgen gleichrangig anerkannt. Auch die Grundrechte, wie sie sich aus der EMRK (s. o. Rn. 704) ergeben, sind als allgemeine Grundsätze Teil des Unionsrechts. 730

In Art. 9 EUV ist der Gleichheitsgrundsatz niedergelegt: Die Union achtet in ihrem gesamten Handeln den Grundsatz der Gleichheit der Unionsbürger. Art. 18 AEUV verbietet im Anwendungsbereich der Verträge jede Diskriminierung aus Gründen der Staatsangehörigkeit. Dieses allgemeine Diskriminierungsverbot gilt nur vorbehaltlich besonderer Bestimmungen der Verträge, z. B. der speziellen Diskriminierungsverbote im Rahmen der Arbeitnehmerfreizügigkeit (s. u. Rn. 906 ff.). 731

Die Ziele der Union postuliert Art. 3 Abs. 1 EUV: Förderung des Friedens, der Werte der Union und des Wohlergehens der Unionsvölker. Weitere wichtige in Art. 3 niedergelegte Ziele der Union sind die Schaffung eines Raums der Freiheit, der Sicherheit und des Rechts ohne Binnengrenzen, in dem der freie Personenverkehr gewährleistet ist, die Errichtung eines Binnenmarkts sowie die Errichtung einer Wirtschafts- und Währungsunion. 732

2. Prinzip der loyalen Zusammenarbeit

Gem. Art. 4 Abs. 3 EUV achten und unterstützen sich die Mitgliedstaaten und die Union gegenseitig bei der Erfüllung der Ihnen nach den Verträgen zukommenden Aufgaben. Dadurch soll auch die größtmögliche Wirksamkeit des Unionsrechts (sog. Effektivitäts- 733 grundsatz, französisch: „*effet utile*") befördert werden. So sind die Mitgliedstaaten beispielsweise verpflichtet, das nationale Recht europarechtskonform auszulegen (vgl. oben Rn. 70 ff.).

3. Prinzip der begrenzten Einzelermächtigung

734 Art. 5 Abs. 1 Satz 1 EUV bestimmt, dass für die Abgrenzung der Zuständigkeiten der Union das Prinzip der begrenzten Einzelermächtigung gilt. Nach dem Grundsatz der begrenzten Einzelermächtigung wird die Union nur innerhalb der Grenzen der Zuständigkeiten tätig, die die Mitgliedstaaten ihr in den Verträgen zur Verwirklichung der darin niedergelegten Ziele übertragen haben. Alle der Union nicht in den Verträgen übertragenen Zuständigkeiten verbleiben bei den Mitgliedstaaten, Art. 5 Abs. 2 EUV. Präzisiert wird der Grundsatz durch die Regelungen zu den verschiedenen Arten von Gesetzgebungskompetenzen in Art. 2 ff. AEUV (s. u. Rn. 850 ff.).

DEFINITION

Nach dem **Prinzip der begrenzten Einzelermächtigung** ist die Europäische Union nicht berechtigt, verbindlich über ihre Zuständigkeiten selbst zu entscheiden. Sie bedarf zur Begründung verbindlicher Rechtsakte einer im primären Unionsrecht angesiedelten Kompetenznorm.

4. Subsidiaritätsprinzip und Verhältnismäßigkeitsprinzip

735 Für die Ausübung der der Union zugewiesenen Kompetenzen gelten gem. Art. 5 Abs. 1 Satz 2 EUV die Grundsätze der Subsidiarität und Verhältnismäßigkeit. Das Subsidiaritätsprinzip soll die Selbständigkeit der Mitgliedstaaten stärken und in den Fällen, in denen eine ausschließliche Zuständigkeit der Union nicht besteht, verhindern, dass die Europäische Union Rechtsbereiche an sich zieht, die eigentlich auch von den Mitgliedstaaten in eigener Zuständigkeit wahrgenommen werden könnten.

DEFINITION

Das **Subsidiaritätsprinzip** (Art. 5 Abs. 3 EUV) besagt, dass in den Bereichen, die nicht in die ausschließliche Zuständigkeit der Europäischen Union fallen, diese nur tätig wird, „sofern und soweit die Ziele der in Betracht gezogenen Maßnahmen von den Mitgliedstaaten weder auf zentraler noch auf regionaler oder lokaler Ebene ausreichend verwirklicht werden können, sondern vielmehr wegen ihres Umfangs oder ihrer Wirkungen auf Unionsebene besser zu verwirklichen sind".

736 Die Einhaltung des Subsidiaritätsprinzips wird durch die nationalen Parlamente gem. dem „Protokoll über die Anwendung der Grundsätze der Subsidiarität und Verhältnismäßigkeit" kontrolliert. Gem. Art. 4 des Protokolls hat die Kommission alle Entwürfe für

Gesetzgebungsakte den nationalen Parlamenten und den Unionsgesetzgebern mit einer Begründung zu Subsidiarität und Verhältnismäßigkeit (Art. 5 des Protokolls) gleichzeitig zuzuleiten. Die nationalen Parlamente haben dann acht Wochen Zeit, um eine Stellungnahme abzugeben (Art. 6 des Protokolls). Je nach Anzahl der rügenden Parlamente ist ein komplexes Verfahren einzuhalten, um die Einwendungen zu prüfen und ggf. auszuräumen. Eine gerichtliche Überprüfung der Einhaltung des Subsidiaritätsprinzips ist über den Gerichtshof der Europäischen Union möglich, Art. 8 des Protokolls, Art. 23 Abs. 1a GG.

Ergänzt wird das Subsidiaritätsprinzip durch den **Grundsatz der Verhältnismäßigkeit**. 737
Gem. Art. 5 Abs. 4 AEUV dürfen die Maßnahmen der Union inhaltlich und formal nicht über das zur Erreichen der Ziele der Verträge erforderliche Maß hinausgehen. Das Verhältnismäßigkeitsprinzip als Grundprinzip des Unionsrechts ist mit dem im deutschen Staats- und Verwaltungsrecht entwickelten Verhältnismäßigkeitsprinzip weitgehend vergleichbar.

IV. Verhältnis des nationalen Rechts zum Unionsrecht

1. Unionsrecht als eigenständige Rechtsordnung

Schon in einer seiner ersten Entscheidungen hat sich der Europäische Gerichtshof zum 738
Verhältnis des Unionsrechts zum nationalen Recht geäußert und dabei die Besonderheit des Unionsrechts und dessen Eigenständigkeit betont. Ausgangspunkt war folgender Fall:

FALL

In einem Gesetz aus dem Jahre 1962 hatte die Italienische Republik die Stromerzeugung verstaatlicht und zu diesem Zweck die juristische Person *E.N.E.L.* gegründet. Dieser wurden die Betriebsanlagen der Energieerzeugungsunternehmen übereignet. *Costa*, Aktionär einer von der Verstaatlichung betroffenen Gesellschaft, sah in der erfolgten Verstaatlichung und den zugrundeliegenden italienischen Gesetzen einen Verstoß gegen Vorschriften des damaligen EWG-Vertrags. Das italienische Gericht legte den Rechtsstreit dem Gerichtshof der Europäischen Union im Wege des Vorabentscheidungsverfahrens vor. Die italienische Regierung bestritt die Berechtigung des Gerichtshofes, in dieser Vorlagefrage zu entscheiden, da lediglich innerstaatliches Recht anzuwenden sei.

Der Gerichtshof nahm den Rechtsstreit zum Anlass, das grundsätzliche Verhältnis zwischen Europäischer Gemeinschaft und nationalem Recht zu definieren: „Zum Unterschied von gewöhnlichen internationalen Verträgen hat der EWG-Vertrag eine eigene Rechtsordnung geschaffen, die bei seinem Inkrafttreten in die Rechtsordnungen der Mitgliedstaaten aufgenommen worden und von ihren Gerichten anzuwenden ist. Denn durch die Gründung einer Gemeinschaft für unbegrenzte Zeit, die mit eigenen Organen, mit der Rechts- und Geschäftsfähigkeit, mit internationaler Handlungsfähigkeit und insbesondere mit echten, aus der Beschränkung der Zuständigkeit der Mitgliedstaaten oder der Übertragung von Hoheitsrechten auf die Mitgliedstaaten herrührenden Hoheitsrechten ausgestattet ist, haben die Mitgliedstaaten, wenn auch auf einem begrenzten Gebiet, ihre Souveränitätsrechte beschränkt und so einen Rechtskörper geschaffen, der für ihre Angehörigen und sie selbst verbindlich ist" (EuGH, Urteil v. 15.7.1964, Rs. C-6/64, EU:C:1964:66 – *Costa/E.N.E.L.*).

Durch die Übertragung der Hoheitsrechte in Teilbereichen ist neben die Nationalstaaten somit ein weiterer Gesetzgeber getreten, der im Rahmen des primären Unionsrechts durch die hierfür vorgesehenen Organe und Gesetzgebungsmechanismen unmittelbar verbindlich festlegt, was für die Betroffenen Recht und Gesetz ist.

2. Unmittelbare Wirkung des Unionsrechts

739 Eine Folge aus dieser besonderen Rechtsordnung ist u. a. die, dass es Rechtsakte der Union gibt, die unmittelbar, d. h. ohne Umsetzung durch die Mitgliedstaaten, für die Bürger der Mitgliedstaaten gelten. Diese unmittelbare Wirkung des Unionsrechts ist ein Aspekt der Supranationalität der Europäischen Union und unterscheidet diese von klassischen internationalen Organisationen. Denn diese haben zwar i. d. R. Organe, die von den Mitgliedstaaten unabhängige Entscheidungen treffen können. An die getroffenen Regelungen sind einzelne Bürger der Mitgliedstaaten aber erst dann gebunden, wenn die Akte der internationalen Organisation nach den vom nationalen Verfassungsrecht vorgesehenen Verfahren ordnungsgemäß in das nationale Recht umgesetzt worden sind.

740 Diese unmittelbare Wirkung des Unionsrechts wird in Art. 288 AEUV für Verordnungen ausdrücklich festgelegt (s. u. Rn. 830), gilt aber auch für viele Vorschriften des primären Unionsrechts:

FALL

Im Jahre 1960 führte die niederländische Firma *van Gend & Loos* Harnstoff-Formaldehyd aus Deutschland in die Niederlande ein. Aufgrund eines im März 1960 in Kraft getretenen Gesetzes erhob die niederländische Finanzverwaltung bei der Einfuhr einen Wertzoll von 8 %. Die betroffene Firma *van Gend & Loos* sah hierin einen Verstoß gegen den EWG-Vertrag. Das zur Entscheidung berufene nationale Gericht legte dem Gerichtshof der Europäischen Union im Vorabentscheidungsverfahren u. a. die Frage vor, ob Art. 12 EWG-Vertrag (heute Art. 30 AEUV), der das Verbot zwischen den Mitgliedstaaten statuierte, neue Ein- oder Ausfuhrzölle und/oder Abgaben gleicher Wirkung zu erheben, unmittelbare Wirkung haben kann. In seinem Urteil entschied der Gerichtshof, dass Art. 12 EWG-Vertrag unmittelbar anwendbares Recht ist, aus dem die einzelnen Marktbürger berechtigt werden (EuGH, Urteil v. 5.2.1963, Rs. C-26/62, EU:C:1963:1 – *van Gend & Loos*).

741 Allerdings kommt nicht allen Normen des primären Unionsrechts unmittelbare Wirkung zu. Nach der Rechtsprechung des EuGH müssen die Normen inhaltlich unbedingt und hinreichend bestimmt sein.

DEFINITION

Unmittelbare Wirkung/„Direktwirkung“: Normen des primären Unionsrechts verleihen dem Einzelnen Rechte bzw. legen ihm Pflichten auf, wenn sie

- inhaltlich unbedingt (d. h. von keinem weiteren Bedingungseintritt, insbesondere in Form einer innerstaatlichen Umsetzung abhängig) und
- hinreichend bestimmt sind (d. h. wenn Tatbestand und Rechtsfolge genau bestimmt werden können).

In dem Fall *van Gend & Loos* kam der Gerichtshof zu dem Ergebnis, dass Art. 12 EWG-Vertrag (Art. 30 AEUV) eine klare und uneingeschränkte Verpflichtung für die Mitgliedstaaten enthält, Einfuhrzölle nicht zu erheben. Die Vorschrift ist damit ebenso wie der heutige Art. 30 AEUV inhaltlich unbedingt und hinreichend bestimmt, so dass sie unmittelbar anwendbares Recht ist, auf das sich der Einzelne berufen kann. Vielen weiteren Normen des primären Unionsrechts, insbesondere den Grundfreiheiten (s. u. Rn. 869 ff.) kommt in diesem Sinne unmittelbare Wirkung zu.

3. Anwendungsvorrang des Unionsrechts

Die Normen des nationalen Rechts und des Unionsrechts stehen nicht isoliert nebeneinander. Eine unionsrechtliche Regelung geht dem nationalen Recht vor. Aus der Sicht des EuGH ist dieser Anwendungsvorrang des Unionsrechts absolut, d. h. er bezieht sich nicht nur auf einzelgesetzliche Regelungen, sondern auch auf entgegenstehendes Verfassungsrecht. 742

Aus der Sicht des deutschen BVerfG hat das Unionsrecht ebenfalls grundsätzlich Vorrang; dieser gilt jedoch nicht absolut. Der Anwendungsvorrang reicht nach Ansicht des BVerfG nur soweit, wie das Grundgesetz und die Zustimmungsgesetze zu den Verträgen die Übertragung von Hoheitsrechten erlauben oder vorsehen. So behält sich das BVerfG die Prüfung vor, ob Rechtsakte der europäischen Organe und Einrichtungen sich unter Wahrung des unionsrechtlichen Subsidiaritätsprinzips (Art. 5 Abs. 1 Satz 2 und Abs. 3 EUV) in den Grenzen der ihnen im Wege der begrenzten Einzelermächtigung eingeräumten Hoheitsrechte halten (sog. *„ultra-vires-Kontrolle“*). Zudem begrenzt Art. 23 Abs. 1 Satz 3 GG die Übertragung von Hoheitsrechten insofern, als das die in Art. 79 GG niedergelegten Grundsätze, insbesondere Art. 1 GG (Menschenwürde) und Art. 20 GG (Staatsstrukturprinzipien) gewahrt werden müssen. Das BVerfG behält sich dementsprechend auch vor, das Unionsrecht anhand der zentralen Werte der Verfassung zu überprüfen (sog. *„Identitätskontrolle“*) und in eng begrenzten Einzelfällen ggf. für unanwendbar zu erklären (vgl. BVerfG, Beschluss v. 15. 12. 2015 – 2 BvR 2735/14, NJW 2016, 1149 ff.). 743

Ein Widerspruch zwischen nationalem Recht und Unionsrecht führt nicht zur Nichtigkeit der nationalen Rechtsnorm. Das entgegenstehende nationale Recht ist lediglich unanwendbar, bleibt aber für rein nationale Sachverhalte wirksam. 744

BEISPIEL ▸ Die Anwendung des deutschen „Reinheitsgebots" auch für aus anderen Mitgliedstaaten eingeführtes Bier ist mit den unionsrechtlichen Bestimmungen über den grenzüberschreitenden Warenverkehr (Art. 34 AEUV) unvereinbar. Die unmittelbar anwendbaren Vorschriften über den freien Warenverkehr haben Vorrang und führen zur Nichtanwendung der nationalen Regelung. Für einen innerstaatlichen Sachverhalt behält das Reinheitsgebot seine Gültigkeit. An deutsche Bierbrauer werden damit strengere Anforderungen gestellt. Eine solche „Inländerdiskriminierung" ist aber zulässig.

§ 15 Institutionen der Europäischen Union

LITERATUR

Herdegen, Europarecht, 19. Aufl. 2017, § 7; *Oppermann/Classen/Nettesheim*, Europarecht, 7. Aufl. 2016, § 5; *Schroeder*, Grundkurs Europarecht, 5. Aufl. 2017, § 3; *Streinz*, Europarecht, 10. Aufl. 2016, § 4.

I. Allgemeines

745 Als juristische Person des öffentlichen Rechts benötigt die Europäische Union Organe, um die ihr übertragenen Aufgaben erfüllen zu können. Diese Organe sind es, die für die Europäische Union die notwendigen Handlungen vornehmen und die im Vertrag vorgesehenen Befugnisse ausüben. Damit verfügt die EU über einen sog. **institutionellen Rahmen**, der gem. Art. 13 Abs. 1 UA 1 EUV zum Zweck hat, den Werten der EU Geltung zu verschaffen und ihre Ziele zu verfolgen.

746 Die Organe der Europäischen Union sind in Art. 13 Abs. 1 UA 2 EUV abschließend aufgezählt. Organe der EU sind das Europäische Parlament, der Europäische Rat, die Europäische Kommission, der Gerichtshof der Europäischen Union, die Europäische Zentralbank und der Rechnungshof. Gem. Art. 13 Abs. 2 EUV handeln die Organe nur nach Maßgabe der ihnen in EUV und AEUV zugewiesenen Befugnisse (Prinzip der begrenzten Einzelermächtigung in Bezug auf die Organkompetenz). Die Zuweisung bestimmter Kompetenzen an die einzelnen Organe dient der Schaffung eines **institutionellen Gleichgewichts**, das der klassischen Gewaltenteilung in einem demokratischen Staat zwar nicht direkt vergleichbar, aber angenähert ist. Der Gerichtshof der Europäischen Union übt die rechtsprechende Gewalt (Judikative) aus. Legislativorgane sind Parlament und Rat, während die Kommission vor allem Exekutivbefugnisse ausübt. Die Organe sind dabei **zur loyalen Zusammenarbeit** verpflichtet.

747 Kein Organ, aber als Mitglied der Kommission wesentlicher Bestandteil eines solchen, ist der durch den Vertrag von Lissabon geschaffene **Hohe Vertreter für Außen- und Sicherheitspolitik**, Art. 18 EUV. Er wird vom Europäischen Rat ernannt und leitet die Gemeinsame Außen- und Sicherheitspolitik der Union (GASP). Zu diesem Bereich zählt auch die Gemeinsame Verteidigungspolitik der Union, Art. 42 Abs. 1 EUV. Der Hohe Ver-

treter führt den Vorsitz im Rat „Auswärtige Angelegenheiten" (Art. 18 und Art. 27 Abs. 1 EUV) und soll für die Kohärenz des auswärtigen Handelns der Union sorgen sowie zur Festigung der Gemeinsamen Außen- und Sicherheitspolitik beitragen. Ihm untersteht ein Europäischer Auswärtiger Dienst mit Vertretungen in Drittländern.

Neben den Organen werden in Art. 13 Abs. 4 EUV der **Wirtschafts- und Sozialausschuss** 748
sowie der **Ausschuss der Regionen** benannt. Die beiden Ausschüsse haben Parlament, Rat und Kommission mit beratender Aufgabe zu unterstützen. Sie werden als Neben- oder Hilfsorgane bezeichnet.

II. Das Europäische Parlament

1. Allgemeines und Entwicklung

Bereits die EGKS verfügte über eine sog. „Beratende Versammlung", die sich aus Mit- 749
gliedern der nationalen Parlamente zusammensetzte. Das Parlament hatte ursprünglich nur eine beratende Funktion für den Rat, entwickelte sich im Laufe der Zeit aber zu einem weitgehend gleichberechtigten Entscheidungsgremium. Seit 1979 wird das Europäische Parlament direkt gewählt. Der Sitz des Parlaments ist Straßburg, Ausschüsse und Fraktionen tagen aber in Brüssel.

Hauptaufgaben und Zusammensetzung des Europäischen Parlaments sind in Art. 14 EUV geregelt, weitere Bestimmungen finden sich in Art. 223 – 234 AEUV.

2. Zusammensetzung, Wahlverfahren und Amtszeit

Das Europäische Parlament setzt sich aus Vertretern der Unionsbürger zusammen, 750
Art. 10 Abs. 2, Art. 14 Abs. 1 EUV. Die Anzahl der Parlamentarier ist seit dem Vertrag von Lissabon auf 750 begrenzt, Art. 14 Abs. 2 EUV. Der Präsident kommt noch hinzu, so dass es maximal 751 Vertreter der Unionsbürgerinnen und -bürger gibt.

Die Mitglieder des Europäischen Parlaments werden gem. Art. 14 Abs. 3 EUV in all- 751
gemeiner, unmittelbarer, freier und geheimer Wahl für eine Amtszeit von fünf Jahren gewählt. Das Wahlverfahren richtet sich nach den jeweiligen einzelstaatlichen Wahlgesetzen (in Deutschland: Europawahlgesetz) in Übereinstimmung mit dem sog. Direktwahlakt (Beschluss und Akt zur Einführung allgemeiner unmittelbarer Wahlen der Mitglieder des Europäischen Parlaments vom 20. 9. 1976, ABl. Nr. L 278 S. 1, zuletzt geändert durch den Beschluss 2002/772 v. 25. 6. 2002, ABl. Nr. L 283 S. 1). Eine Einigung auf ein einheitliches Wahlrecht (vgl. Art. 223 Abs. 1 AEUV) ist bislang nicht gelungen. So gelten in den einzelnen Mitgliedstaaten beispielsweise unterschiedliche nationale Sperrklauseln. In Deutschland wurde die zuletzt geltende Sperrklausel von 3 % für verfassungswidrig erklärt, da sie gegen den nationalen Wahlrechtsgrundsatz der Gleichheit der Wahl verstieß.

Die Unionsbürger sind im Parlament degressiv proportional vertreten, Art. 14 Abs. 2 752
EUV. Jeder Mitgliedstaat, auch der Kleinste wie Malta mit ca. 400.000 Einwohnern, entsendet mindestens sechs Mitglieder, kein Staat aber mehr als 96 Delegierte. Daraus resultiert, dass die Verteilung der Parlamentssitze auf die Mitgliedstaaten nicht propor-

tional zur Bevölkerungszahl ist. Damit haben die Stimmen, die bei den Wahlen zum Europäischen Parlament abgegeben werden, unterschiedliches Gewicht: Während ein Parlamentarier aus Deutschland etwa 852.000 Deutsche vertritt, hat der maltesische Europaparlamentarier etwa 69.000 Malteser hinter sich. Da sich der Erfolgswert der Stimmen in den Mitgliedstaaten damit unterscheidet, ist der im Grundgesetz vorgesehene Wahlgrundsatz der Stimmengleichheit (vgl. Art. 38 Abs. 1 GG) nicht erfüllt, was das BVerfG im europäischen Kontext aber für zulässig erachtet.

753 Die Stellung der Parlamentarier ist in einem einheitlichen Abgeordnetenstatut des Europäischen Parlaments (AbgStatut, ABl. 2005, Nr. L 262 S. 1) geregelt. Weitere Regelungen zum Zusammentreten des Parlaments, zur Einberufung von außerordentlichen Sitzungen und zur Zusammensetzung des Präsidiums finden sich in der Geschäftsordnung des Europäischen Parlaments. Die Abgeordneten üben ihre Aufgaben nach dem Grundsatz des freien Mandats (vgl. Art. 2 AbgStatut) aus. Sie dürfen gem. Art. 7 des Direktwahlakts nicht Mitglieder der Regierung eines Mitgliedstaates oder Abgeordnete eines nationalen Parlaments sein oder eine Tätigkeit in den EU-Organen und Institutionen ausüben. Die Dauer des Abgeordnetenmandats korrespondiert mit der fünfjährigen Amtszeit der Kommission. Die Legislaturperiode beginnt mit der Eröffnungssitzung des neu gewählten Parlaments, d. h. am ersten Dienstag im Juli, der auf die üblicherweise im Mai/Juni stattfindenden Europawahlen folgt. Die Mitglieder des europäischen Parlaments schließen sich nicht nach einzelstaatlichen Gruppierungen geordnet zusammen, sondern in überstaatlichen Fraktionen. Der Zusammenschluss in Fraktionen stellt die europäische und damit von den Mitgliedstaaten unabhängige Bedeutung des Parlaments heraus.

3. Aufgaben und Befugnisse

754 Gem. Art. 14 Abs. 1 EUV ist das Europäische Parlament gemeinsam mit dem Rat **Gesetzgeber** und wirkt nach Maßgabe der Art. 289 ff. AEUV in unterschiedlicher Intensität am Gesetzgebungsverfahren mit. Durch den Vertrag von Lissabon wurde die Stellung des Europäischen Parlaments gestärkt, indem das Mitentscheidungsverfahren nach Art. 289 Abs. 1, Art. 294 AEUV als ordentliches Gesetzgebungsverfahren zum Regelverfahren gemacht wurde. In einigen bestimmten Fällen ist das Parlament aber nur durch Anhörungs- bzw. Zustimmungsrechte am Gesetzgebungsverfahren beteiligt.

755 Über ein eigenes Initiativrecht verfügt das Europäische Parlament im Gesetzgebungsverfahren nicht. Im Rahmen des indirekten Initiativrechts gem. Art. 225 AEUV kann das Parlament jedoch die Kommission zu Gesetzesinitiativen auffordern und die Kommission bei rechtswidriger Untätigkeit vor dem EuGH gem. Art. 265 AEUV verklagen (sog. **indirektes Initiativrecht**).

756 **Kontrollfunktionen** übt das Europäische Parlament gegenüber der Kommission aus. Ihm stehen bereits bei der Berufung der Kommission erhebliche Eingriffsmöglichkeiten zu. So wird der Präsident der Kommission vom Parlament gewählt (Art. 17 Abs. 7 UA 1 EUV). Die Ernennung der Kommission als Ganzes einschließlich des Präsidenten sowie die des Hohen Vertreters der Union für Außen- und Sicherheitspolitik bedarf gem. Art. 17 Abs. 7 UA 3 EUV der Zustimmung des Europäischen Parlaments. Die Kommission

ist dem Europäischen Parlament als Kollegium verantwortlich (Art. 17 Abs. 8 EUV). Das Parlament kann die Kommission mittels Misstrauensvotum gem. Art. 234 AEUV als Ganzes zur Amtsniederlegung zwingen.

Zu den Kontrollrechten des Europäischen Parlaments gehört auch die Einsetzung von 757 **Untersuchungsausschüssen** gem. Art. 226 AEUV. Ein Viertel der Mitglieder des Parlaments muss einen entsprechenden Beschluss treffen. Im Rahmen des Untersuchungsausschusses können behauptete Verstöße gegen das Unionsrecht oder Missstände bei dessen Anwendung untersucht werden. Der Untersuchungsausschuss endet mit der Vorlage eines Berichts.

Des Weiteren ist das Europäische Parlament an der **Haushaltsaufstellung** beteiligt. Der 758 Jahreshaushaltsplan der Union wird im Rahmen eines besonderen Rechtsetzungsverfahrens vom Europäischen Parlament und dem Rat festgelegt, vgl. Art. 314 AEUV.

Die **Zustimmung** des Europäischen Parlaments ist erforderlich für den Beitritt neuer 759 Mitgliedstaaten (Art. 49 EUV) und den Abschluss bestimmter völkerrechtlicher Verträge (Art. 218 Abs. 6 AEUV).

Klagebefugt ist das Europäische Parlament gem. Art. 263 AEUV (Nichtigkeitsklagen we- 760 gen nichtiger Handlungen des Rates, der Kommission, des Europäischen Rates und der Europäischen Zentralbank) und gem. Art. 265 AEUV (Untätigkeitsklagen bei rechtswidrigem Unterlassen einer Beschlussfassung durch ein anderes Organ).

Eine besondere Nähe für den Unionsbürger soll das gem. Art. 227 AEUV eingeräumte 761 **Petitionsrecht** beim Europäischen Parlament bieten. Darüber hinaus kann sich jeder Unionsbürger an den vom Europäischen Parlament ernannten **Bürgerbeauftragten** wenden, Art. 228 AEUV.

4. Beschlussfassung und Abstimmungsverfahren

Das Europäische Parlament beschließt grundsätzlich mit der Mehrheit der abgegebe- 762 nen Stimmen, soweit die Verträge nichts anderes vorsehen, Art. 231 AEUV. Einzelheiten zur Beschlussfähigkeit und zur Abstimmung enthält die Geschäftsordnung des Europäischen Parlaments. Eine Mehrheit der Mitglieder des Parlaments ist beispielsweise für die Zustimmung zum Beitritt neuer Mitgliedstaaten erforderlich, Art. 49 AEUV. Qualifizierte Mehrheitsregeln gelten auch für das Misstrauensvotum gegen die Kommission gem. Art. 234 AEUV: Zwei Drittel der abgegebenen Stimmen und Mehrheit der Mitglieder.

III. Der Europäische Rat

1. Allgemeines und Entwicklung

Der Europäische Rat hat sich historisch aus den Gipfeltreffen der Staats- und Regie- 763 rungschefs der Mitgliedstaaten entwickelt, die schon in den ersten Jahren der Europäischen Gemeinschaft die Notwendigkeit sahen, auf der höchsten politischen Ebene Leitlinien für die Politik der Gemeinschaft festzulegen. Diese Treffen wurden mit steigender Bedeutung der Europäischen Gemeinschaft immer häufiger notwendig, so dass man im Jahre 1974 beschloss, sich zweimal jährlich zu treffen. Eine vertragliche Grundlage erhielt der Europäische Rat durch die Einheitliche Europäische Akte (1987). Mit dem Vertrag von Lissabon ist der Europäische Rat gem. Art. 13 Abs. 1 2. Anstrich EUV zum Organ der EU geworden. Der Europäische Rat tagt mindestens zweimal pro Halbjahr in Brüssel. Möglich ist allerdings auch, dass Sondergipfel zu besonderen Themen einberufen werden.

764 Der Europäische Rat ist streng von dem Rat (in dem die einzelnen Vertreter der Mitgliedstaaten auf Ministerebene vertreten sind) und dem Europarat (eine internationale Organisation, s. o. Rn. 703) zu unterscheiden.

2. Zusammensetzung

765 Der Europäische Rat besteht gem. Art. 15 EUV aus den Staats- und Regierungschefs der Mitgliedstaaten (nicht zu verwechseln mit den Staatsoberhäuptern; in Deutschland hat gem. Art. 65 GG der Bundeskanzler die Richtlinienkompetenz und ist als Regierungschef damit Mitglied des Europäischen Rates). Weitere Mitglieder sind der Präsident des Europäischen Rates und der Präsident der Kommission. Der Hohe Vertreter der Union für Außen- und Sicherheitspolitik nimmt an der Arbeit des Europäischen Rates teil. Er ist selbst nicht Mitglied, kann aber im Rahmen der Teilnahme Einfluss auf die Arbeit im Europäischen Rat nehmen.

766 Der Europäische Rat hat gem. Art. 15 Abs. 5 EUV einen Präsidenten, den er mit qualifizierter Mehrheit für eine Amtszeit von zweieinhalb Jahren wählt. Dieser soll die Kontinuität der Arbeit dieses Organs sicherstellen und die Effektivität steigern. Eine Wiederwahl ist nur einmal zulässig. Sofern der Präsident sich schwerer Verfehlungen schuldig gemacht hat oder verhindert ist, das Amt auszuüben, kann der Europäische Rat ihn von seinem Amt entbinden, Art. 15 Abs. 3 EUV. Das Amt ist inkompatibel mit der Ausübung einzelstaatlicher Ämter, Art. 15 Abs. 6 UA 3 EUV. Die Aufgaben des Präsidenten des Europäischen Rates werden in Art. 15 Abs. 6 EUV konkretisiert. Der Präsident des Europäischen Rates führt danach den Vorsitz im Rat und nimmt die Außenvertretung der Union im Bereich der GASP wahr.

3. Aufgaben und Befugnisse

767 Der Europäische Rat ist das **oberste politische Gremium der EU**. Ihm obliegt es, Leitlinien, Ziele und Schwerpunkte der Politiken festzulegen. Trotz seiner Stellung als Organ darf und kann der Europäische Rat nicht gesetzgeberisch tätig werden, Art. 15 Abs. 1 EUV. Dennoch sind die Einflussnahmen, die er auf die Gesetzgebung hat, von großer Bedeutung. So ist beispielsweise der jeweilige Vertreter auf Ministerebene im Rat regelmäßig (in Deutschland durch die sog. Richtlinienkompetenz) an die von seinem jeweiligen Staats- und Regierungschefs gemachten Vorgaben gebunden. Damit werden die Rahmenbedingungen der gesetzgeberischen Akte der Europäischen Union durch den Europäischen Rat vorgegeben.

Besonders ausgestaltet sind die Kompetenzen des Europäischen Rates im Rahmen der **Gemeinsamen Außen- und Sicherheitspolitik**. Hier hat er gem. Art. 26 EUV die strategischen Interessen der Union zu bestimmen und die Ziele und Leitlinien der Gemeinsamen Außen- und Sicherheitspolitik festzulegen. Dies gilt auch bei Fragen mit verteidigungspolitischen Bezügen. Sofern internationale Entwicklungen es erfordern, beruft der Präsident des Europäischen Rates eine außerordentliche Tagung ein, um strategische Vorgaben für die Politik der Union festzulegen. Auch hier gilt, dass die vom Europäischen Rat gemachten Zielvorgaben vom Rat gem. Art. 26 Abs. 2 EUV in konkrete Maßnahmen zu fassen und mittels Festlegung und Durchführung von geeigneten Rechtsakten zu realisieren sind. 768

Der Europäische Rat hat das **Vorschlagsrecht** für den Kandidaten für das Amt des Kommissionspräsidenten (Art. 17 Abs. 7 EUV), ernennt die Mitglieder des Direktoriums der Europäischen Zentralbank gem. Art. 283 AEUV und den Hohen Vertreter der Union für Außen- und Sicherheitspolitik gem. Art. 18 EUV. Er beschließt gem. Art. 236 AEUV die verschiedenen Zusammensetzungen des Rates (s. u. Rn. 777) sowie den Vorsitz im Rat. 769

Eine weitere Aufgabe kommt dem Europäischen Rat im Zusammenwirken mit dem Europäischen Parlament bei bestimmten **Änderungen der Verträge** in einem vereinfachten Verfahren zu, vgl. hierzu Art. 48 Abs. 6 und 7 EUV. 770

Schließlich kann der Europäische Rat gem. Art. 7 EUV feststellen, dass eine schwerwiegende oder anhaltende Verletzung der in Art. 2 EUV genannten grundlegenden Werte der Union durch einen Mitgliedstaat vorliegt. Diesem Mitgliedstaat kann der Europäische Rat mit Zweidrittelmehrheit im äußersten Fall sogar das Stimmrecht im Rat entziehen. 771

4. Beschlussfassung

Der Europäische Rat entscheidet grundsätzlich im Konsens (Art. 15 Abs. 4 EUV), d. h. es wird solange verhandelt, bis kein Mitglied mehr Einwände erhebt. Im Anschluss an die Ratstreffen werden die Ergebnisse der Verhandlungen regelmäßig als sog. „Schlussfolgerungen" veröffentlicht. 772

Soweit die Verträge einstimmige Beschlüsse fordern (z. B. Art. 24 Abs. 1 UA 2 EUV für die GASP) steht eine Stimmenthaltung dem Zustandekommen der Einstimmigkeit nicht entgegen, vgl. Art. 235 Abs. 1 UA 3 AEUV. Der Präsident des Europäischen Rates und der Europäischen Kommission sind dabei nicht abstimmungsberechtigt, Art. 235 Abs. 1 UA 2 AEUV. Sofern für einen Beschluss eine qualifizierte Mehrheit gefordert wird (z. B. in Art. 17 Abs. 7 EUV beim Vorschlag eines Kandidaten für das Amt des Präsidenten der Kommission), gelten gem. Art. 235 Abs. 1 UA 2 AEUV die Mehrheitsregeln des Rates, Art. 16 Abs. 4 EUV bzw. Art. 238 Abs. 2 AEUV. 773

IV. Der Rat

1. Allgemeines

774 Das in den Verträgen nur als „Rat" bezeichnete Organ, das sich selbst „Rat der Europäischen Union" nennt, wird häufig auch als Ministerrat bezeichnet. Sein Sitz ist in Brüssel, er tagt drei Monate pro Jahr aber auch in Luxemburg. Im Rat ist jeder Mitgliedstaat der Europäischen Union mit einem Mitglied vertreten. Im Rahmen des institutionellen Gleichgewichts der Organe ist der Rat das Gremium, in dem die Mitgliedstaaten ihre nationalen Interessen vertreten. Die Ratsmitglieder sind an die Weisungen der nationalen Regierungen gebunden. Über die Rückkoppelung der Ratsmitglieder an die nationalen Regierungen, die ihrerseits den nationalen Parlamenten verantwortlich sind, ist der Rat mittelbar demokratisch legitimiert, Art. 10 Abs. 2 UA 2 EUV.

2. Zusammensetzung und Arbeitsweise

775 Gem. Art. 16 EUV besteht der Rat aus je einer vertretungsberechtigten Person jedes Mitgliedstaates auf Ministerebene, derzeit also aus 28 Mitgliedern. Dabei muss es sich nicht notwendig um Minister der Zentralregierung handeln. In den Rat können auch Minister der Bundesländer entsandt werden. Dies entspricht der gesteigerten Bedeutung, die dem föderalen Prinzip im Rahmen der Fortentwicklung der Europäischen Union zukommt (vgl. Art. 23 Abs. 6 GG).

776 Keine Mitglieder der Regierung sind nach nationalem Recht die parlamentarischen und beamteten Staatssekretäre (vgl. Art. 62 GG). Diese haben aber in den vergangenen Jahren regelmäßig an den Beschlussfassungen des Rates teilnehmen dürfen, so dass heute von einer gewohnheitsrechtlichen Anerkennung gesprochen werden kann. Demgegenüber sind andere mitgliedstaatliche Beamte einschließlich der ständigen Vertreter der Mitgliedstaaten nicht bei der Abstimmung zugelassen.

777 Der Rat tagt nach Art. 16 Abs. 6 EUV je nach behandeltem Sachgebiet in verschiedenen Zusammensetzungen mit den jeweiligen Fachministern. Durch den EUV vorgegeben sind der Rat „Allgemeine Angelegenheiten" und „Auswärtige Angelegenheiten". Die weiteren Zusammensetzungen werden gem. Art. 236 AEUV vom Europäischen Rat beschlossen.

ABB. 39: Ratsformationen

- Allgemeine Angelegenheiten
- Auswärtige Angelegenheiten
- Wirtschaft und Finanzen (ECOFIN)
- Justiz und Inneres
- Beschäftigung, Sozialpolitik, Gesundheit und Verbraucherschutz
- Wettbewerbsfähigkeit (Binnenmarkt, Industrie, Forschung und Raumfahrt)
- Verkehr, Telekommunikation und Energie
- Landwirtschaft und Fischerei
- Umwelt
- Bildung, Jugend, Kultur und Sport

Der Vorsitz im Rat wird gem. einem Rotationsprinzip jeweils für sechs Monate von den Vertretern eines Mitgliedstaates wahrgenommen (sog. „Ratspräsidentschaft"). Im Rat „Auswärtige Angelegenheit" führt allerdings der Hohe Vertreter für Außen- und Sicherheitspolitik den Vorsitz. Die Ratsformationen treffen sich mindestens zweimal halbjährlich, bestimmte Ratsformationen (z. B. Allgemeine Angelegenheiten, Wirtschaft und Finanzen) aber auch häufiger. Der Rat tagt öffentlich, wenn er über Gesetzgebungsakte berät oder abstimmt, Art. 16 Abs. 8 EUV. 778

Unterstützt wird der Rat durch den **Ausschuss der ständigen Vertreter**: Die Mitgliedstaaten entsenden nationale Beamte im Rang eines Botschafters als ständige Vertreter zur Europäischen Union. Diese ständige Vertretung soll als Bindeglied zwischen den nationalen Ministerien, der Kommission und dem Rat dienen. Sie gewährleistet den notwendigen Informationsfluss und die erforderliche Verzahnung der nationalen und europäischen Belange. Rechtlich sind Einrichtung und Aufgaben des Ausschusses der ständigen Vertreter in Art. 16 Abs. 7 EUV festgeschrieben. Seine Aufgabe ist es, die Arbeit des Rates vorzubereiten und die zu treffenden Maßnahmen bis zur Entscheidungsreife voranzutreiben. Es bleibt aber alleinige Zuständigkeit des Rates, die Entscheidungsvorlagen zu beschließen oder abzulehnen. 779

3. Aufgaben und Befugnisse

Der Rat ist in Kooperation mit dem Europäischen Parlament **Hauptrechtsetzungsorgan** der Union, Art. 16 Abs. 1 Satz 1 EUV. Ebenso wie das Parlament verfügt er nicht über ein eigenes Initiativrecht, kann aber gem. Art. 241 AEUV die Kommission auffordern, von ihrem Initiativrecht Gebrauch zu machen. Der Rat übt gemeinsam mit dem Europäischen Parlament gem. Art. 314 AEUV die **Haushaltsbefugnisse** aus. 780

Während der Europäische Rat die Leitlinien der Politik bestimmt, ist es Aufgabe des Rates, diese Politik nach Maßgabe der Verträge festzulegen und zu koordinieren, Art. 16 Abs. 1 Satz 2 EUV. Dem Rat **„Allgemeine Angelegenheiten"**, der für die Kohärenz der Ratsarbeit sorgen soll, kommt die Aufgabe zu, die Tagungen des Europäischen Rates vorzubereiten, Art. 16 Abs. 6 UA 2 EUV. Zu den Aufgaben des Rates gehört auch die Koordinierung der Wirtschaftspolitik der Mitgliedstaaten, Art. 121 AEUV. Aufgabe des Rates **„Auswärtige Angelegenheiten"** ist die Gestaltung des auswärtigen Handelns der Union. Der Rat ist zentrales Organ bei dem Verfahren zum Abschluss internationaler Übereinkünfte, vgl. Art. 218 AEUV. 781

Der Rat ernennt die Mitglieder des Wirtschafts- und Sozialausschusses (Art. 302 AEUV), des Ausschusses der Regionen (Art. 305 AEUV) sowie die Mitglieder des Rechnungshofes (Art. 286 Abs. 2 AEUV). 782

4. Beschlussfassung

Sofern nichts anderes vorgesehen ist, ist für die Beschlussfassung die qualifizierte Mehrheit erforderlich (Art. 16 Abs. 3 EUV). Im Regelfall gilt das Prinzip der **doppelt-qualifizierten Mehrheit**. Danach muss eine bestimmte Mehrheit der Mitglieder des Rates vorliegen und diese Mehrheit muss einen bestimmten Anteil an der Gesamtbevölke- 783 rung der Europäischen Union repräsentieren. Dementsprechend kombiniert die qualifizierte Mehrheit das Prinzip, das ein Mitgliedstaat jeweils eine gleichwertige Stimme im Rat hat, mit einem demographischen Element, das verhindert, dass ein Votum nicht hinreichend die Bevölkerung der Union repräsentiert.

784 Wann die qualifizierte Mehrheit erreicht ist, ist in Art. 16 Abs. 4 EUV und Art. 238 Abs. 2 AEUV geregelt. Die Mehrheitsregeln des Art. 16 Abs. 4 EUV gilt nur in den Fällen, in denen der Rat auf Vorschlag der Kommission oder des Hohen Vertreters der Union für Außen- und Sicherheitspolitik entscheidet (also z. B. im ordentlichen Gesetzgebungsverfahren, bei dem ein Vorschlag der Kommission Ausgangspunkt für eine Abstimmung im Rat ist). In diesem Fall ist eine qualifizierte Mehrheit erreicht, wenn 55 % der Mitglieder des Rates (bei zurzeit 28 Mitgliedern also 16 Mitglieder), die zusammen mindestens 65 % der Bevölkerung repräsentieren, für einen Beschluss stimmen. Beschießt der Rat nicht auf Vorschlag der Kommission, muss die Mehrheit der Mitglieder des Rates gem. Art. 238 Abs. 2 AEUV 72 % betragen (bei 28 Mitgliedern also 19 Mitglieder), die wiederum zusammen mindestens 65 % der Bevölkerung repräsentieren müssen.

BEISPIEL ▸ Stimmen die 24 kleineren Mitgliedstaaten für, und die vier bevölkerungsreichsten Staaten (Deutschland, Großbritannien, Frankreich, und Italien – zusammen ca. 54 % der Gesamtbevölkerung der Union) gegen einen Vorschlag, so ergeben sich gem. Art. 16 Abs. 4 EUV folgende Mehrheiten:

- Mindestanzahl an „Ja"-Stimmen der Ratsmitglieder (55 %): Mehrheit erreicht.
- Mindestanzahl an „Ja"-Stimmen bezogen auf die Bevölkerungsanteile (65 %): Mehrheit nicht erreicht.
- Im Ergebnis ist der Vorschlag damit abgelehnt.

785 Ergänzt wird das Prinzip der doppelt-qualifizierten Mehrheit durch die Vorschrift des Art. 16 Abs. 4 UA 2 EUV über die sog. **Sperrminorität**. Damit soll verhindert werden, dass die größten Mitgliedstaaten aufgrund des demographischen Elements Entscheidungen blockieren können.

BEISPIEL ▸ Stimmen die drei größten Mitgliedstaaten Deutschland, Großbritannien und Frankreich, die zusammen ca. 42 % der Gesamtbevölkerung repräsentieren, gegen einen Vorschlag, so wäre der Vorschlag eigentlich nicht zustande gekommen, da die Ja-Stimmen nur 58 % der Bevölkerung ausmachen. Art. 16 Abs. 4 UA 2 EUV fordert aber, dass für das Verhindern eines Beschlusses mindestens eine Sperrminorität (Blockademinderheit) von vier Mitgliedern des Rates erforderlich sind. Faktisch bedeutet dies, dass die größeren Staaten mindestens einen kleinen oder mittleren Mitgliedstaat überzeugen müssen, mit ihnen abzustimmen, um die Sperrminorität von vier Mitgliedern zu erreichen.

786 Bis zum 1. 4. 2017 bestand für die Mitgliedstaaten noch die Möglichkeit, gem. Art. 16 Abs. 5 EUV statt nach der doppelt-qualifizierten Mehrheit auf Antrag nach dem vor dem Vertrag von Lissabon im EGV vorgesehenen System der Stimmgewichtung abzustimmen (vgl. Art. 3 des Protokoll Nr. 36 über Übergangsbestimmungen).

HINWEIS

Ein Abstimmungsrechner, mit Hilfe dessen verschiedene Abstimmungsszenarien durchgespielt werden können, stellt der Rat unter *http://www.consilium.europa.eu/de/council-eu/voting-system/voting-calculator/* zur Verfügung.

Für einige besonders wichtige Regelungsmaterien wird in den Verträgen Einstimmigkeit gefordert (z. B. gem. Art. 49 EUV für die Aufnahme neuer Mitgliedstaaten oder gem. Art. 113 AEUV für die Harmonisierung der indirekten Steuern). Für diese Fälle sieht Art. 238 Abs. 4 AEUV vor, dass eine Stimmenthaltung dem Zustandekommen von Beschlüssen nicht entgegensteht. Bei einigen organisatorischen Beschlüssen genügt eine einfache Mehrheit, d. h. eine Mehrheit der Mitglieder (zurzeit 15 Mitglieder), Art. 238 Abs. 1 AEUV. 787

V. Die Kommission

1. Allgemeines

Das als Kommission bezeichnete Organ der Europäischen Union ist ein Kollegialorgan, das aus je einem Staatsangehörigen jedes Mitgliedstaates besteht. Die Kommission übt ihre Aufgaben in voller Unabhängigkeit von den Mitgliedstaaten aus und ist damit das supranationale Organ der EU. Ihr Sitz ist Brüssel. 788

Unter der EU-Kommission wird aber auch der gesamte dazugehörige Beamtenapparat verstanden. Als Institution verfügt die Kommission über ca. 33.000 Beschäftigte. Eine auf den ersten Blick riesige Zahl, die sich aber relativiert, wenn man bedenkt, dass die Kommission die zentrale europäische Einrichtung für weit über 500 Mio. Einwohner ist.

2. Zusammensetzung

Die Europäische Kommission besteht, der Anzahl der Mitgliedstaaten entsprechend, zurzeit noch aus 28 Kommissaren. Eigentlich sollte gem. Art. 17 Abs. 5 EUV die Anzahl der Kommissare ab dem 1. 11. 2014 auf zwei Drittel der bisherigen Anzahl reduziert werden. Der Vertragstext sieht allerdings eine Ausnahmeregelung vor: Der Europäische Rat kann gem. Art. 17 Abs. 5 EUV eine Änderung dieser Reduzierung einstimmig beschließen, wovon er auch Gebrauch gemacht hat. Sollte es in der Zukunft doch noch zu einer Verkleinerung der Kommission kommen, so wird ein System der strikt gleichberechtigten Rotation zwischen den Mitgliedstaaten eingeführt, welches dazu führen soll, dass alle Mitgliedstaaten in gleicher Art und Weise zum Zuge kommen werden. Hierbei sollen demographische und geographische Verhältnisse eine Rolle spielen. 789

Die Kommissionsmitglieder verpflichten sich, ihre Aufgabe völlig unabhängig von nationalen Regierungen, Parteien und Interessenverbänden allein im europäischen Interesse auszuüben. Sie dürfen daher Weisungen bei der Erfüllung ihrer Pflichten nicht entgegennehmen und müssen alles unterlassen, was ihrer an den Zielen der Union orientierten Aufgabe zuwiderlaufen könnte, vgl. Art. 17 Abs. 3 EUV und Art. 245 AEUV. 790

Die Arbeit der Kommission nach außen und innen kann stark von der Person des jeweiligen Präsidenten abhängig sein. Ihm kommt eine politische Führungsrolle innerhalb der Kommission zu. Er legt die Leitlinien fest, nach denen die Kommission ihre Aufgaben erfüllt, Art. 17 Abs. 6 EUV, und hat es damit in der Hand, durch Bildung von 791

Schwerpunkten in der Kommissionsarbeit die europäische Entwicklung maßgeblich zu prägen. Der Präsident der Kommission ist zudem nicht stimmberechtigtes Mitglied im Europäischen Rat.

792 Der Kandidat für das Amt des Präsidenten wird vom Europäischen Rat mit qualifizierter Mehrheit dem Parlament vorgeschlagen. Dabei ist das Ergebnis der vorherigen Wahl zum Europäischen Parlament zu berücksichtigen, Art. 17 Abs. 7 UA 1 Satz 1 EUV. Bei der Europawahl im Jahre 2014 haben die im Europäischen Parlament vertretenen Parteien daher erstmals „Spitzenkandidaten" für die Europawahl als Kandidaten für das Amt des Kommissionspräsidenten aufgestellt. Eine Bindung des Europäischen Rates an diese Spitzenkandidaten ist jedoch nicht rechtlicher, wohl aber faktisch-politischer Natur. Denn der Kandidat muss vom Europäischen Parlament mit der Mehrheit der Mitglieder gewählt werden, Art. 17 Abs. 7 UA 2 Satz 2 EUV. Nach seiner Wahl wählt der Präsident seinerseits die weiteren Kommissionsmitglieder aus den von den Mitgliedstaaten vorgeschlagenen Personen aus. Die endgültige Liste der designierten Kommissionsmitglieder wird durch den Rat in Einvernehmen mit dem gewählten Präsidenten aufgestellt. Die designierten Kommissionsmitglieder müssen sich vor den Ausschüssen des Parlaments einer Anhörung unterziehen. Die Kommission als Ganze unterliegt einem Zustimmungsvotum des Europäischen Parlaments, Art. 17 Abs. 7 UA 3 EUV und wird sodann vom Europäischen Rat mit qualifizierter Mehrheit ernannt.

793 Ist die Kommission einmal ernannt, können die Mitglieder nicht mehr durch die nationalen Regierungen abberufen werden, was deren Unabhängigkeit sichert. Diese ist aber dadurch abgeschwächt, dass die Kommissare für eine erneute Ernennung nach Ablauf ihrer fünfjährigen Amtszeit wieder von ihren Regierungen vorgeschlagen werden müssen. Der Präsident der Kommission kann einen Kommissar auffordern, sein Amt niederzulegen, Art. 17 Abs. 6 UA 2 EUV. Das Europäische Parlament ist mit Zweidrittelmehrheit gem. Art. 234 AEUV in der Lage, die Kommission insgesamt zur Niederlegung des Amtes zu zwingen. Darüber hinaus können einzelne Mitglieder der Kommission, die die Voraussetzungen für die Ausübung ihres Amtes nicht mehr erfüllen oder schwere Verfehlungen begangen haben, auf Antrag des Rates oder der Kommission durch den Gerichtshof ihres Amtes enthoben werden, Art. 247 AEUV.

794 Die Zuständigkeiten innerhalb der Kommission sind zwischen den Kommissaren nach Ressorts aufgeteilt. Welcher Kommissar für welche Bereiche zuständig ist, wird – vom Hohen Vertreter für Außen- und Sicherheitspolitik abgesehen – vom Kommissionspräsidenten festgelegt, vgl. Art. 248 AEUV. Der Präsident kann diese Aufgabenverteilung jederzeit verändern.

3. Aufgaben und Befugnisse

795 Die Aufgaben der Kommission sind in Art. 17 Abs. 1 EUV zusammengefasst. Die Kommission ist zentraler Akteur bei der Vorbereitung, Herstellung, Durchführung und Kontrolle von verbindlichen Entscheidungen der Union. Ihre Aufgabe ist es, die Interessen der Union zu fördern. Sie wird daher auch als „**Motor der Integration**" bezeichnet.

Das **Initiativmonopol** der Kommission ist in Art. 17 Abs. 2 EUV verankert: „Soweit in den Verträgen nichts anderes festgelegt ist, darf ein Gesetzgebungsakt der Union nur auf Vorschlag der Kommission erlassen werden." Dabei handelt es sich um die Berechtigung und Verpflichtung der Kommission, die notwendigen Gesetzesvorhaben einzuleiten, zu initiieren. 796

DEFINITION

Initiativmonopol: In der Europäischen Union liegt die Gesetzesinitiative allein bei der Kommission. Jede Rechtsnorm hat daher einen Vorschlag der Kommission zum Ausgangspunkt. Damit unterscheidet sich die Rechtslage erheblich von der Situation in Deutschland, wo das Recht zur Gesetzesinitiative verschiedenen Stellen (u. a. dem Bundestag) zusteht.

Die Kommission hat damit indirekt eine starke Stellung im Gesetzgebungsverfahren, ohne selbst Gesetzgeber zu sein. Sie legt Zeitpunkt, Inhalt, Art und Intensität der Rechtsetzung fest. Kommt die Kommission ihrer Verpflichtung insoweit nicht nach, so kann sie allerdings von Parlament oder Rat im Wege des indirekten Initiativrechts (vgl. Art. 225, Art. 241 AEUV) aufgefordert werden, geeignete Gesetzesvorschläge zu unterbreiten und bei Untätigkeit gem. Art. 265 AEUV im Klageverfahren vor dem EuGH hierzu gezwungen werden. Neben den formellen Gesetzesvorschlägen kann die Kommission – soweit es der Vertrag vorsieht oder sie es für notwendig erachtet – Empfehlungen und Stellungnahmen abgeben. Von dieser Möglichkeit macht sie, teilweise in Form von sog. Weiß- und Grünbüchern, in erheblichem Umfang Gebrauch. Zwar sind diese Handlungen lediglich unverbindliche Positionsdarlegungen, sie haben aber oftmals ganz erheblichen Einfluss auf die weitere Politik und Entscheidungsfindung im Rat. 797

Eine weitere besonders wichtige Aufgabe hat die Kommission als „**Hüterin der Verträge**". Die Kommission ist aufgrund der ausdrücklichen Anordnung in Art. 17 Abs. 1 EUV aufgerufen, für „die Anwendung der Verträge sowie der von den Organen kraft der Verträge erlassenen Maßnahmen und für die Überwachung der Anwendung des Unionsrechts unter der Kontrolle des Gerichtshofes der Europäischen Union zu sorgen". Zur Erfüllung dieser wichtigen Aufgabe sind ihr eine Reihe von **Kontroll- und Eingriffsbefugnisse** eingeräumt. So hat die Kommission beispielsweise auf der Basis verschiedener Rechtsgrundlagen im Einzelfall die Möglichkeit, gegen natürliche und juristische Personen Geldbußen oder Zwangsgelder zu verhängen. Besonders ausgeprägt sind dabei die Möglichkeiten der Kommission im Bereich des wettbewerbswidrigen Verhaltens von Unternehmen. Gem. Art. 101 und 102 AEUV sind wettbewerbswidrige Vereinbarung oder Beschlüsse von Unternehmen bzw. Vereinigungen und der Missbrauch einer marktbeherrschenden Stellung verboten. Diese Regelungen sollen jedem Unternehmen grundsätzlich die gleichen Marktbedingungen wie seinen Mitbewerbern garantieren. Bei Verstößen kann die Kommission gem. Art. 105 AEUV die betroffenen Unternehmen zu Beendigung des Verstoßes auffordern und dann in einem gestuften Verfahren 798

Geldbußen bzw. Zwangsgelder festsetzen. Zur Umsetzung dieser Verbote sind der Kommission im Sekundärrecht umfassende Ermittlungs- und Durchsetzungsbefugnisse eingeräumt.

BEISPIEL Die Kommission hat mehrfach Geldbußen gegen den Softwarehersteller Microsoft wegen Missbrauchs seiner Marktmacht in Bezug auf PC-Betriebssysteme verhängt.

799 Aber auch gegen Mitgliedstaaten vermag die Kommission effektiv vorzugehen. Insoweit steht ihr als eines der wichtigsten Mittel die Möglichkeit offen, Vertragsverletzungsklage zum Gerichtshof gem. Art. 258 AEUV zu erheben und im Verfahren die Verhängung eines Zwangsgeldes gem. Art. 260 Abs. 2 AEUV zu initiieren (s. u. Rn. 940 ff.).

Vereinzelt ist versucht worden, aus der sich aus Art. 17 Abs. 1 EUV ergebenden Aufgabe, eine Verpflichtung der Kommission zum Einschreiten abzuleiten.

FALL

Ein belgischer Bananengroßhändler versuchte, die Kommission mittels einer Klage vor dem Gerichtshof dazu zu zwingen, gegen eine, seiner Ansicht nach, mit dem Unionsrecht unvereinbare Regelung des französischen Marktes mit Bananen zu erheben. Der Gerichtshof lehnte eine solche Verpflichtung der Kommission ab. Er betonte, dass Art. 17 EUV nur ein Recht, nicht aber eine Pflicht der Kommission zum Einschreiten statuiere (EuGH, Urteil v. 14. 2. 1989, Rs. C-247/87, EU:C:1989:58 – *Star Fruit Company/ Kommission*).

Die Kommission übt ihre Kontrollfunktion auch gegenüber anderen Organen aus und kann ggf. Klage vor dem Gerichtshof der Europäischen Union erheben (Nichtigkeitsklage bzw. Untätigkeitsklage, s. u. Rn. 946 ff., 949 ff.).

800 Gem. Art. 17 Abs. 1 Satz 5 EUV übt die Kommission **Exekutiv- und Verwaltungsfunktionen** aus. Soweit das Unionsrecht ausnahmsweise nicht durch die Mitgliedstaaten, sondern durch die Union vollzogen wird – beispielsweise im Wettbewerbsrecht –, liegen die Befugnisse bei der Kommission. Ihr obliegt auch die Durchführung des Haushaltsplans gem. Art. 17 Abs. 1 Satz 4 EUV, Art. 317 AEUV.

801 In Gesetzgebungsakten können Rat und Parlament die Kommission ermächtigen, zur Durchführung des Unionsrechts Durchführungsrechtsakte zu erlassen und in begrenztem Umfang delegierte Rechtsakte zur Änderung und Ergänzung von Gesetzgebungsakten zu erlassen (vgl. unten Rn. 864 ff.). Daneben erlässt die Kommission häufig sog. „Leitlinien“, die eine einheitliche Anwendung und Auslegung des Unionsrechts sicherstellen sollen. Diese sind als Empfehlung gem. Art. 288 Abs. 5 AEUV nicht rechtsverbindlich.

802 Außerhalb des Bereiches der GASP vertritt die Kommission die EU nach außen und führt insbesondere die Verhandlungen für den Abschluss internationaler Verträge, Art. 218 Abs. 3 AEUV. Der Abschluss selbst ist aber Aufgabe des Rates.

4. Beschlussfassung und Arbeitsweise

Die Kommission ist ein Kollegialorgan, d. h. die einzelnen Mitglieder haben das gleiche Stimmrecht; Entscheidungen und Beschlüsse werden gemeinsam beraten und beschlossen. Der Kommissionspräsident ist *„primus inter pares"*, seine Stimme zählt wie die der Übrigen; ein Weisungsrecht gegenüber den anderen Kommissaren steht ihm nicht zu. Die Beschlüsse der Kommission werden mit der Mehrheit der Mitglieder gefasst, Art. 250 AEUV. 803

Die Aufgaben, die der Kommission nach dem Unionsrecht zukommen, können von den Kommissaren allein nicht erledigt werden. Daher gehört zu der Kommission im weiteren Sinne ein Beamtenapparat, gegliedert in mehr als 30 Generaldirektionen (z. B. Generaldirektionen BUDG (Haushalt), TAXUD (Steuern- und Zollunion), TRADE (Handel). Außerdem unterstehen der Kommission ein Generalsekretariat, ein juristischer Dienst, das Amt für Veröffentlichungen, weitere Ämter, spezielle Dienste und Agenturen. 804

VI. Der Gerichtshof der Europäischen Union

1. Allgemeines

Der Gerichtshof der Europäischen Union ist eines der in Art. 13 EUV genannten Hauptorgane der Union. Seine Aufgabe im institutionellen Gleichgewicht der Organe ist es, als judikatives Organ für die Wahrung des Rechts zu sorgen, Art. 19 Abs. 1 EUV. Seit Gründung der Europäischen Wirtschaftsgemeinschaft hat sich der Gerichtshof durch eine auf die dynamische Entwicklung der europäischen Integration ausgerichtete Rechtsprechung ausgezeichnet. Dabei half die Tatsache, dass der Gerichtshof die Entscheidungen nach dem Mehrheitsprinzip fällt und dabei allein seiner im Laufe des Rechtsstreits gewonnenen Überzeugung von Recht und Gerechtigkeit folgt. 805

Nach der Auflösung der Säulenstruktur der Europäischen Union durch den Vertrag von Lissabon erstreckt sich die Zuständigkeit des Gerichtshofes der Europäischen Union auf fast alle Politikbereiche der Union. Allerdings hat der Gerichtshof gem. Art. 276 AEUV im Bereich der Freiheit, Sicherheit und des Rechts nicht die Befugnis, die Überprüfung der Gültigkeit oder Verhältnismäßigkeit von nationalen Maßnahmen der Polizei oder anderen Strafverfolgungsbehörden vorzunehmen. Eine eingeschränkte Überprüfungskompetenz für den Gerichtshof besteht auch im Bereich der Gemeinsamen Außen- und Sicherheitspolitik, vgl. Art. 275 Abs. 1 AEUV. Hier sind die Bestimmungen, die die Gemeinsamen Außen- und Sicherheitspolitik betreffen, von der Überprüfungskompetenz (mit Ausnahme der in Art. 275 Abs. 2 AEUV genannten Fälle) ausgenommen. 806

Regelungen zum Gerichtshof der Europäischen Union finden sich in den Art. 251 – 281 AEUV, die durch eine Satzung (vgl. Art. 281 AEUV) und durch Verfahrensordnungen für den Gerichtshof, das Gericht und die Fachgerichte ergänzt werden. 807

2. Zusammensetzung und innere Struktur

Der Gerichtshof der Europäischen Union umfasst gem. Art. 19 Abs. 1 EUV den Gerichtshof (EuGH), das Gericht (EuG) und die Fachgerichte.

a) Der Gerichtshof

808 Der Gerichtshof besteht gem. Art. 19 Abs. 2 EUV aus einem Richter je Mitgliedstaat. Diese werden nicht gewählt, sondern von den Regierungen der Mitgliedstaaten im gegenseitigen Einvernehmen für die Dauer von sechs Jahren ernannt, Art. 253 AEUV. Aus ihrer Mitte wählen die Richter den Präsidenten des Gerichtshofs.

Gem. Art. 253 AEUV müssen die Richter

- jede Gewähr für ihre Unabhängigkeit bieten und
- die in ihren Mitgliedstaaten erforderlichen Voraussetzungen für die höchsten richterlichen Ämter haben oder Juristen von anerkannt hervorragender Befähigung sein.

Das Gericht tagt nur ausnahmsweise im Plenum mit allen 28 Richtern, sonst in Kammern mit drei oder fünf Richtern sowie einer großen Kammer mit 15 Richtern.

809 Unterstützt wird der Gerichtshof gem. Art. 252 AEUV von acht **Generalanwälten**. Deren Qualifikation und Ernennung entspricht derjenigen der Richter. Hauptaufgabe der Generalanwälte ist es, die Entscheidung des Gerichtshofes vorzubereiten, indem sie in völliger Unparteilichkeit und Unabhängigkeit begründete Schlussanträge zu den anhängigen Rechtsstreitigkeiten abgeben. Der Gerichtshof folgt in den allermeisten Fällen diesen Schlussanträgen. Die dort zu findenden rechtlichen Ausführungen sind regelmäßig geeignet, die oftmals sehr knapp gehaltene Entscheidung des Gerichtshofes verständlicher zu machen.

b) Das Gericht und die Fachgerichte

810 Aufgrund der gestiegenen Arbeitsbelastung durch eine immer weiter ansteigende Zahl von Verfahren vor dem Gerichtshof der Europäischen Union wurde im Jahr 1988 zur Entlastung des Gerichtshofs zusätzlich ein Gericht erster Instanz geschaffen.

Diese nunmehr einfach als **Gericht (EuG)** bezeichnete Einrichtung besteht aus mindestens einem Richter je Mitgliedstaat, Art. 19 Abs. 2 UA 2 EUV. Die genaue Anzahl der Richter wird gem. Art. 254 Abs. 1 AEUV in der Satzung des EuGH bestimmt und wird bis 2019 auf 2 Richter je Mitgliedstaat erhöht. Es gibt einen Präsidenten. Das Gericht besteht aus Kammern mit drei oder fünf Richtern sowie einer großen Kammer. Die Kompetenzen des Gerichts ergeben sich aus Art. 256 AEUV. Es ist grundsätzlich für Nichtigkeitsklagen gem. Art. 263 AEUV, Untätigkeitsklagen gem. Art. 265 AEUV und Schadensersatzklagen zuständig, sofern diese nicht durch die Satzung des Gerichtshofs dem Gerichtshof vorbehalten sind. Aus Art. 51 der Satzung des EuGH ergibt sich, dass das EuG nur für die Nichtigkeits- und Untätigkeitsklagen juristischer und natürlicher Personen zuständig ist, die Entscheidung über Klagen der Mitgliedstaaten oder der Unionsorgane aber dem EuGH vorbehalten ist. Gemäß Art. 50a der Satzung ist das EuG seit 2016 erstinstanzlich auch für Rechtsstreitigkeiten zwischen der Union und deren Bediensteten gem. Art. 270 AEUV zuständig.

Gegen Entscheidungen des EuG kann ein auf Rechtsfragen beschränktes Rechtsmittel zum EuGH eingelegt werden, Art. 256 Abs. 1 UA 2 AEUV.

Gemäß Art. 257 AEUV können **Fachgerichte** gebildet werden, die in erster Instanz für 811
Entscheidungen in speziellen Sachgebieten zuständig sind. Das Gericht für den öffentlichen Dienst der Europäischen Union, das im Jahr 2005 als erstes Fachgericht gebildet worden und für Streitsachen zwischen der Union und deren Bediensteten gem. Art. 270 AEUV zuständig war, wurde 2016 wieder aufgelöst und seine Zuständigkeit auf das EuG übertragen. Damit gibt es zurzeit kein Fachgericht mehr.

3. Aufgabe

Die Aufgaben des Gerichtshofes der Europäischen Union sind in Art. 19 Abs. 1 EUV all- 812
gemein umschrieben. Danach hat er für „die Wahrung des Rechts bei der Auslegung und Anwendung dieser Verträge" zu sorgen. In einer systematischen Auslegung unterliegt aber nicht nur das Primärrecht der Kontrolle des Gerichtshofs, sondern auch das Sekundärrecht (Verordnungen, Richtlinien und Beschlüsse). Vorschriften über die verschiedenen Verfahrensarten in Art. 258 ff. AEUV ergänzen den Art. 19 EUV. Sie legen fest, in welchen Bereichen und in welchen Verfahren der Gerichtshof durch Auslegung und Anwendung die Wahrung des Rechts zu sichern hat (siehe dazu im Einzelnen unten Rn. 938 ff.).

HINWEIS

Die gesamte Rechtsprechung des EuGH ist online in einer elektronischen Sammlung unter www.curia.europa.eu einsehbar. Der EUGH zitiert seine Entscheidungen seit Einstellung der Papierausgabe der amtlichen Sammlung nach dem sog. ECLI (European Case Law Identifier). Diese Zitierweise der EuGH-Rechtsprechung wird auch in den Fällen und Beispielen in diesem Buch verwendet. Eine detaillierte Erläuterung der Zitierweise findet sich hier: https://curia.europa.eu/jcms/jcms/P_126035/de/.

VII. Die Europäische Zentralbank

Die Europäische Zentralbank (EZB) gehört seit dem Inkrafttreten des Vertrags von Lissa- 813
bon zu den Organen. Sie besitzt Rechtspersönlichkeit und wird vom Rat und dem Direktorium geleitet.

Der **EZB-Rat** besteht gem. Art. 283 AEUV aus den Mitgliedern des Direktoriums der Europäischen Zentralbank und den Präsidenten der nationalen Zentralbanken, deren Währung der Euro ist. Der Präsident des Rates und ein Kommissionsmitglied können an den Sitzungen des EZB-Rates teilnehmen, haben aber kein Stimmrecht, vgl. Art. 284 Abs. 1 AEUV. Wichtigste Aufgabe des EZB-Rates ist es, die Geldpolitik der Union festzulegen und über die internationale Zusammenarbeit zu entscheiden. Er hat das ausschließliche Recht, die Ausgabe von Banknoten innerhalb der Union zu genehmigen.

Das **EZB-Direktorium** besteht gem. Art. 283 Abs. 2 AEUV aus dem Präsidenten, dem Vizepräsidenten und vier weiteren Mitgliedern, die von den Regierungen der Mitgliedstaaten auf der Ebene der Staats- und Regierungschefs in Zusammenarbeit mit Rat und Europäischen Parlament aus dem Kreis der von Experten einvernehmlich ausgewählt und für acht Jahre ernannt werden. Das Direktorium führt die Geldpolitik gem. den Richtlinien und Entscheidungen des EZB-Rates aus und erteilt hierzu den nationalen Zentralbanken die erforderlichen Weisungen. Die Europäische Zentralbank soll für die Sicherheit und Stabilität des Euro im Euroraum sorgen. Hierzu ist sie mit einer umfassenden Unabhängigkeit ausgestattet.

VIII. Der Rechnungshof

814 Der Rechnungshof setzt sich gem. Art. 285 Abs. 2 AEUV aus einem Staatsangehörigen je Mitgliedstaat zusammen. Die Mitglieder werden vom Rat nach Anhörung des Europäischen Parlaments einstimmig ernannt. Die Amtszeit beträgt grundsätzlich sechs Jahre, vgl. Art. 286 Abs. 2 AEUV. Eine Wiederwahl ist zulässig. Aus dem Kreis der Mitglieder wird ein Präsident gewählt. Die Tätigkeit hat unter Wahrung der vollen Unabhängigkeit allein zum Wohle der Union zu erfolgen.

Die Aufgabe des Rechnungshofes ist in Art. 285 AEUV allgemein umschrieben. Danach hat er – ähnlich wie im nationalen Recht der Bundesrechnungshof und die Landesrechnungshöfe – die Rechnungsprüfung der Union durchzuführen. Dies geschieht durch Aufstellung eines Jahresberichts über die Verwendung der Haushaltsmittel der Union. Dabei nimmt der Bericht u. a. zu den Fragen Stellung, ob die Mittel rechtmäßig und ordnungsgemäß verwendet wurden und ob diese Verwendungen auch wirtschaftlich waren, Art. 287 AEUV. Er hat die Verpflichtung, über alle Fälle von Unregelmäßigkeiten zu berichten. Der Bericht wird jeweils zum 30. 11. des Folgejahres erstellt, mit der Mehrheit der Mitglieder verabschiedet und muss im Amtsblatt der Europäischen Union veröffentlicht werden. Alle Organe und Institutionen der Europäischen Union unter Einbeziehung der Mitgliedstaaten sind dazu verpflichtet, den Rechnungshof zu unterstützen.

IX. Der Wirtschafts- und Sozialausschuss

815 Der Wirtschafts- und Sozialausschuss (WSA) ist, wie sich aus der abschließenden Aufzählung in Art. 13 Abs. 1 EUV ergibt, kein Organ des Unionsrechts. Aufgrund der in Art. 13 Abs. 4 EUV genannten Aufgabe, Parlament, Rat und Kommission mit beratender Stimme zu unterstützen, wird er als Neben- oder Hilfsorgan bezeichnet. Er setzt sich aus höchstens 350 Vertretern verschiedener Gesellschafts- und Wirtschaftsgruppen zusammen, Art. 301 AEUV.

Der WSA ist von Parlament, Rat oder Kommission in den in den Verträgen vorgesehenen Fällen verpflichtend anzuhören, Art. 304 AEUV. Seine Bedeutung ergibt sich daraus, dass in fast allen Gesetzgebungsverfahren des Unionsrechts eine Stellungnahme des WSA einzuholen ist. Auf diese Weise soll der Sachverstand der im WSA beteiligten Wirtschafts- und Gesellschaftsgruppen in das Gesetzgebungsverfahren einfließen können, wobei seine Stellungnahme für die Unionsorgane nicht bindend ist. In der Praxis wird diesen aber sehr große Bedeutung beigemessen. Wird ein Rechtsakt erlassen, ohne eine vorgeschriebene Anhörung durchzuführen, ist er wegen eines wesentlichen Verfahrensfehlers nach h. M. nichtig.

X. Der Ausschuss der Regionen

Durch den Ausschuss der Regionen sollen die Interessen der Bundesländer und Regio- 816
nen der Mitgliedstaaten durch Einbeziehung in den Entscheidungsfindungsprozess der rechtsetzenden Organe Berücksichtigung finden. Der Ausschuss der Regionen hat höchstens 350 Mitglieder, Art. 305 AEUV. Allerdings sind die Bereiche, in denen der Ausschuss der Regionen obligatorisch anzuhören ist, nicht so zahlreich wie die beim WSA. Seine Stellungnahmen sind für die Organe ebenfalls nicht bindend; eine vorgeschriebene, aber unterbliebene Anhörung führt zur Nichtigkeit des Rechtsaktes.

§ 16 Unionsrecht

LITERATUR

Frenz/Götzkes, Das ordentliche Gesetzgebungsverfahren nach dem Vertrag von Lissabon, Zeitschrift für Gesetzgebung 2010, S. 34 ff.; *Herdegen,* Europarecht, 19. Aufl. 2017, § 8; *Herrmann/Michel,* Die Wirkung von EU-Richtlinien, JuS 2009, S. 1065 ff.; *Oppermann/Classen/Nettesheim*, Europarecht, 7. Aufl. 2016, §§ 9–12, 17; *Schroeder*, Grundkurs Europarecht, 5. Aufl. 2017, §§ 6 – 8, 15; *Streinz*, Europarecht, 10. Aufl. 2016, §§ 5–7.

I. Primäres Unionsrecht

Das Unionsrecht als eigenständige Rechtsordnung besteht aus zwei Bereichen, dem 817
primären Unionsrecht und dem sekundären Unionsrecht. Das Primärrecht bestimmt den Rahmen, der die allgemeingültigen Vorgaben für das (einfachrechtliche) Handeln der Europäischen Union enthält. Im nationalen Recht geschieht dies durch die Vorgaben des Grundgesetzes: Das gesamte Handeln des Staates muss sich an dessen Vorgaben messen lassen. Verstößt eine Handlung der öffentlichen Gewalt gegen den dort gezogenen Rahmen, so ist die Handlung rechtswidrig und ggf. sogar nichtig. Im Europäischen Rahmen bildet das gültige Primärrecht diese Schranke.

1. Gründungsverträge

Wichtigster Bestandteil des primären Unionsrechts sind die zwischen den Mitgliedstaa- 818
ten geschlossenen Gründungsverträge einschließlich der dazu ergangenen Änderungs-

verträge (vgl. oben Rn. 703 ff.). Dementsprechend bilden heute der EUV und der AEUV die Grundelemente des primären Unionsrechts. Zum Primärrecht zählen auch die zu den Verträgen dazugehörigen Protokolle und Anhänge, Art. 51 EUV. Dabei enthalten die Protokolle Ausnahmen von vertraglichen Regelungen für einzelne Mitgliedstaaten und Konkretisierungen des Vertragstextes. In den beiden Anhängen sind bestimmte Waren aufgeführt, die zur Auslegung des Art. 38 AEUV notwendig sind (Anhang I) sowie verschiedene Länder gelistet, auf die der AEUV Anwendung findet (Anhang II).

2. Charta der Grundrechte

819 Ebenfalls zum Primärrecht zählt seit dem Inkrafttreten des Vertrags von Lissabon die Charta der Grundrechte der Europäischen Union vom 7. 12. 2000 (GRCh), die als rechtlich gleichrangig auf einer Stufe mit EUV und AEUV steht, Art. 6 Abs. 1 EUV.

820 Das Unionsrecht hat Anwendungsvorrang vor dem nationalen Recht, auch vor dem Verfassungsrecht einschließlich der dort verbürgten Grundrechte, so dass das Unionsrecht aus der Sicht des Gerichtshofes nicht an nationalen Grundrechten überprüft werden kann. Zunächst fehlte jedoch im Primär- und Sekundärrecht ein geschriebener Grundrechtskatalog, so dass der Gerichtshof die Grundrechte als allgemeine Rechtsgrundsätze des Unionsrechts entwickelte (s. u. Rn. 824 ff.). Mit der rechtsverbindlichen Charta der Grundrechte wurde der Grundrechtsschutz in der Union weiter aufgewertet. Die Charta ersetzt aber nicht die bisher als allgemeine Grundsätze hergeleiteten Grundrechte, sondern tritt neben diese, vgl. Art. 6 Abs. 3 EUV. Die als dritter Bestandteil des Unionsgrundrechtsschutzes beabsichtigte unmittelbare Bindung der Union an die Grundrechte der EMRK durch einen Beitritt der EU zur EMRK wurde bislang nicht realisiert, da der EuGH in einem Gutachten den Entwurf des Beitrittsabkommens als Verstoß gegen die Verträge angesehen hat (EuGH, Gutachten v. 18. 12. 2014, Gutachten 2/13, EU:C:2014:2454 – *EMRK II*).

821 Die Unionsgrundrechte verpflichten sowohl die Unionsorgane als auch die Mitgliedstaaten bei Durchführung des Unionsrechts, Art. 51 Abs. 1 GRCh. Die Bindung der Mitgliedstaaten betrifft dabei den Vollzug von Verordnungen und die Umsetzung von Richtlinien. Nach nicht unumstrittener Ansicht des Gerichtshofes unterliegen darüber hinaus alle Maßnahmen der Mitgliedstaaten, die im Anwendungsbereich des Unionsrechts liegen, der Bindung an die Unionsgrundrechte.

FALL

Gegen einen schwedischen Staatsbürger wurde ein Strafverfahren wegen Hinterziehung von Mehrwertsteuer eingeleitet, obwohl in einem Verwaltungsverfahren bereits eine Sanktion verhängt wurde. Im Wege der Vorabentscheidung wollte das zuständige schwedische Gericht vom EuGH wissen, ob darin ein Verstoß gegen das Verbot der Doppelbestrafung (Art. 50 GRCh) liegt. Der EuGH bejahte in diesem Zusammenhang die sich zunächst stellende Frage, ob in dem Sachverhalt überhaupt eine Bindung der nationalen Einrichtung an die Unionsgrundrechte gegeben sei, da die Anwendung der Normen des Steuerstrafrechts selbst keinen Vollzug von Unionsrecht darstellt. Der

EuGH stellte klar, dass die Bindung der Mitgliedstaaten nicht nur bei Vollzug und Umsetzung des Unionsrechts gegeben sei, sondern eine Durchführung von Unionsrecht i. S. des Art. 51 GRCh auch dann vorliegt, wenn das nationale Handeln im Anwendungsbereich des Unionsrechts liegt, was im vorliegenden Fall gegeben sei, da die europäische Mehrwertsteuer-Richtlinie die Mitgliedstaaten verpflichte, den Mehrwertsteuerbetrug zu bekämpfen (EuGH, Urteil v. 26. 2. 2013, Rs. C-617/10, EU:C:2013:105 – *Åkerberg Fransson*).

Die Prüfung der Verletzung der Unionsgrundrechte entspricht weitgehend den für die 822
nationalen Grundrechte entwickelten Grundsätzen – Schutzbereich, Eingriff, Rechtfertigung – so dass insofern auf die Ausführungen zu den Grundrechten des Grundgesetzes verwiesen werden kann (vgl. Rz. 498 ff.). Der Grundsatz der Verhältnismäßigkeit als Schranken-Schranke wird ausdrücklich in Art. 52 Abs. 1 Satz 2 GRCh. genannt.

HINWEIS 823

Ausgewählte Grundrechte der Grundrechtscharta

- Achtung der Menschenwürde, Art. 1 GRCh
- Recht auf Leben und körperliche Unversehrtheit, Art. 2 und 3 GRCh
- Achtung der Privatsphäre, der Wohnung und der Kommunikation, Art. 7 GRCh
- Schutz des Familienlebens und der Eheschließung, Art. 7 und 9 GRCh
- Gedanken-, Gewissens- und Religionsfreiheit, Art. 10 GRCh
- Meinungs- und Medienfreiheit, Art. 11 GRCh
- Vereinigungsfreiheit, Art. 12 GRCh
- Berufsfreiheit und unternehmerische Freiheit, Art. 15 und 16 GRCh
- Eigentumsrecht, Art. 17 GRCh
- Gleichheitsgrundsatz und Diskriminierungsverbot, Art. 20, 21, 23 GRCh
- Anspruch auf effektiven Rechtsschutz und auf einen fairen Prozess, Art. 47 GRCh
- Verbot der Rückwirkung von Strafgesetzen, Art. 49 GRCh
- Verbot der Doppelbestrafung, Art. 50 GRCh

3. Allgemeine Rechtsgrundsätze

Nicht immer gelingt es dem Gesetzgeber, alle wesentlichen Normen und Handlungs- 824
regelungen ausdrücklich niederzuschreiben. In vielen Rechtsbereichen sind daher ungeschriebene Rechtsbestimmungen enthalten. Diese werden im Bereich der Europäischen Union unter dem Begriff der „allgemeinen Rechtsgrundsätze" zusammengefasst. Die Existenz von allgemeinen Rechtsgrundsätzen findet in Art. 340 Abs. 2 AEUV seinen Niederschlag, in dem allgemeine Grundsätze der Amtshaftung ausdrücklich anerkannt werden. Besondere Bedeutung haben die allgemeinen Rechtsgrundsätze im Bereich des vom Gerichtshof entwickelten Grundrechtsschutzes. Seit dem Vertrag von Lissabon

stellt Art. 6 Abs. 3 EUV klar, dass die Grundrechte, wie sie in der EMRK gewährleistet sind und wie sie sich aus den gemeinsamen Verfassungsüberlieferungen der Mitgliedstaaten ergeben, als allgemeine Grundsätze Teil des Unionrechts sind. Diese sind neben der Grundrechtscharta weiterhin verbindlich.

825 Die allgemeinen Rechtsgrundsätze sind vom Gerichtshof der Europäischen Union im Rahmen seiner Aufgabe, die Auslegung und Anwendung des Unionsrechts zu sichern, entwickelt und ausgestaltet worden. Als allgemeine Rechtsgrundsätze des Unionsrechts hat der Gerichtshof beispielsweise bestimmte rechtsstaatliche Prinzipien wie den Grundsatz der Verhältnismäßigkeit, die Rechtsklarheit, die Rechtssicherheit oder das Recht des Einzelnen auf wirksamen gerichtlichen Rechtsschutz anerkannt. Außerdem zählt der Gerichtshof die allgemeinen Grundsätze ordentlicher Verwaltung, das Prinzip des Vertrauensschutzes, den Grundsatz „ne bis in idem" (Verbot der Doppelbestrafung) und den Grundsatz des rechtlichen Gehörs zu den allgemeinen Rechtsgrundsätzen.

826 Die allgemeinem Rechtsgrundsätze sind verfassungsrechtlicher Natur und auf Ebene des Primärrechts anzusiedeln, nehmen also am Vorrang des Primärrechts vor dem Sekundärrecht teil. Damit wird beispielsweise das Gebot des effektiven Rechtsschutzes der Disposition von Gesetzgebungsakten der Union entzogen. Des Weiteren sind allgemeine Rechtsgrundsätze i. d. R. unmittelbar anwendbar. Sie können ihrem Inhalt nach darauf abzielen, den Bürgern Ansprüche an die Hand zu geben.

II. Sekundäres Unionsrecht

827 Unter sekundärem Unionsrecht versteht man das Recht, welches durch die Organe der Union geschaffen wird. Die insoweit möglichen Handlungsformen listet Art. 288 AEUV auf, wonach „die Organe Verordnungen, Richtlinien, Beschlüsse, Empfehlungen und Stellungnahmen" annehmen. Das sekundäre Unionsrecht ist abgeleitetes Recht, d. h. Recht, welches aufgrund einer im primären Unionsrecht enthaltenen Ermächtigung geschaffen wird. Dies bedeutet zweierlei: Materiell geht das primäre Recht dem (abgeleiteten) sekundären Recht im Range vor, d. h. es können nur solche Verordnungen, Richtlinien und Beschlüsse rechtmäßig sein, die inhaltlich den Vorgaben des Primärrechts entsprechen. Und zweitens sind beim Erlass einer jeden Norm des sekundären Unionsrechts die Verfahrensvorschriften des Primärrechts einzuhalten.

BEISPIEL Eine Verordnung, in der das in Art. 18 AEUV genannte Diskriminierungsverbot für einen Teilbereich der Wirtschaft aufgehoben werden sollte, wäre – auch wenn sie formal ordnungsgemäß erlassen worden wäre – wegen des Verstoßes gegen das primäre Unionsrecht, also gegen den genannten Art. 18 AEUV, unwirksam (materieller Verstoß).

828 Ebenfalls dem sekundären Unionsrecht zuzuordnen sind die zahlreichen Verfahrens- und Geschäftsordnungen, die sich einzelne Organe der Europäischen Union gegeben haben.

1. Verordnungen

Gem. Art. 288 Abs. 2 AEUV hat die Verordnung allgemeine Geltung. Sie ist in allen ihren Teilen verbindlich und gilt unmittelbar in jedem Mitgliedstaat. Verordnungen sind mit den nationalen Gesetzen zu vergleichen. Sie richten sich an eine Vielzahl von Personen und haben normativen Charakter. Die Verordnung legt verbindlich fest, was für eine nicht näher begrenzte Zahl von Adressaten Recht sein soll. Dabei wird nicht ein einzelner konkreter Sachverhalt geregelt, sondern der Normbefehl wird abstrakt tatbestandlich umschrieben. Es handelt sich somit um abstrakt generelle Normen. 829

DEFINITION

Verordnungen richten sich an eine Vielzahl von Personen und haben normativen Charakter. Sie sind abstrakt generell und in allen Teilen verbindlich.

Verordnungen beanspruchen unmittelbare Geltung in jedem Mitgliedstaat, sie sind unmittelbar anwendbares Recht. Einer Umsetzung durch nationale Vorschriften bedarf es nicht. Das bedeutet, dass es keines weiteren Tätigwerdens der nationalen Parlamente oder sonstiger nationaler Gesetzgebungsorgane bedarf. Die Verordnung selbst regelt, was Recht sein soll. Sie hat Anwendungsvorrang vor entgegenstehendem nationalem Recht. 830

FALL

Durch die Verordnung (EWG) Nr. 1975/69 des Rates wurden die Mitgliedstaaten verpflichtet, innerhalb bestimmter Fristen Maßnahmen im Zusammenhang mit der Einführung einer Schlachtprämienregelung zu treffen. Italien hatte diese Fristen verstreichen lassen. Die Kommission klagte gegen dieses Verhalten im Vertragsverletzungsverfahren. Der Gerichtshof sah in dem Verhalten der Italienischen Republik einen Verstoß gegen die Anwendung des EGV und führte im Hinblick auf die Wirkung der Verordnung aus: „Verordnungen gelten als solche unmittelbar in jedem Mitgliedstaat und treten allein aufgrund ihrer Veröffentlichung im Amtsblatt der Gemeinschaften zu dem in ihnen oder andernfalls in dem im Vertrage genannten Zeitpunkt in Kraft. Es geht nicht an, dass ein Mitgliedstaat die Bestimmungen einer Verordnung der Gemeinschaft unvollständig anwendet…, gegen die er im Rechtsetzungsverfahren Vorbehalte angemeldet oder Einwände vorgebracht hat oder die nach seiner Auffassung gewissen nationalen Interessen zuwiderlaufen. Auch berechtigte Schwierigkeiten beim Vollzug eines Rechtsaktes der Gemeinschaft ermächtigen einen Mitgliedstaat nicht dazu, sich einseitig von der Beachtung seiner Verpflichtungen loszusagen…" (EuGH, Urteil v. 7. 2. 1973, Rs. C-39/72, EU:C:1973:13).

831 Manchmal ist es – trotz unmittelbarer Geltung einer Verordnung – erforderlich, dass die Mitgliedstaaten Durchführungsvorschriften erlassen, vgl. Art. 291 Abs. 1 AEUV. In diesen Fällen ist es aber nicht zulässig, dass die Mitgliedstaaten Maßnahmen erlassen, die eine Änderung der Tragweite der Verordnung oder eine Ergänzung ihrer Inhalte zum Gegenstand haben.

2. Richtlinien

a) Die Wirkungsweise einer Richtlinie

832 Die Richtlinie ist nach dem ausdrücklichen Wortlaut des Art. 288 Abs. 3 AEUV nicht an die einzelnen Unionsbürger, sondern immer an die Mitgliedstaaten gerichtet. Zulässig ist es auch, als Adressaten einer Richtlinie nur einige oder gar nur einen bestimmten Mitgliedstaat vorzusehen. Diesem oder diesen obliegt es dann, die in der Richtlinie festgelegten Ziele in der dort genannten Frist durch geeignete Maßnahmen zu erreichen. Die Mitgliedstaaten sind bei der Wahl der Form und Mittel zur Erreichung der gesetzten Ziele frei.

DEFINITION

Richtlinien richten sich an alle oder an bestimmte Mitgliedstaaten. Sie sind nur hinsichtlich des vorgegebenen Ziels verbindlich. Die Mitgliedstaaten müssen die Vorgaben in innerstaatliches Recht umwandeln, sind aber bei der Wahl der Form und der Mittel frei.

833 Bei der Umsetzung von Richtlinien durch die Mitgliedstaaten gib es einige zu beachtende Grundsätze. So ist immer dann, wenn die Richtlinie Rechte und Pflichten Einzelner begründet, die Umsetzung so vorzunehmen, dass der Einzelne aufgrund zwingender Vorschriften des nationalen Rechts in der Lage ist, diese ggf. vor den nationalen Gerichten einzuklagen. Eine bloße Anpassung der Verwaltungsvorschriften oder ein Rundschreiben an die zuständigen Verwaltungen ist nicht ausreichend, da sie jederzeit abänderbar und nicht geeignet sind, den Betroffenen die erforderliche Rechtssicherheit zu geben.

Während Verordnungen das Recht in den Mitgliedstaaten vereinheitlichen, ist die Zielrichtung der Richtlinie die Harmonisierung (Angleichung) der nationalen Vorschriften. Die Richtlinie ist im Grundsatz nicht direkt anwendbar. Geltung haben die nationalen Umsetzungsrechtsakte.

BEISPIEL Die Richtlinie 2006/112/EG v. 28. 9. 2006 über das gemeinsame Mehrwertsteuersystem enthält Vorgaben für die Struktur und Höhe der Mehrwertsteuersätze. Der normale Mehrwertsteuersatz muss mindestens 15 %, ein ermäßigter Mehrwertsteuersatz mindestens 5 % betragen. In Deutschland wurden diese Vorgaben der Richtlinie in § 12 UStG umgesetzt. Danach wurden die Steuersätze auf 19 % bzw. 7 % festgesetzt. In den Niederlanden beispielsweise beträgt die Höhe der Steuersätze 21 % bzw. 6 %.

Allerdings gibt es vereinzelt auch Richtlinien, die so detailliert und genau sind, dass von 834
dem nach der Grundkonzeption vorgesehenen Umsetzungsspielraum faktisch nichts mehr bei den Mitgliedstaaten verbleibt. Die Mitwirkung der Mitgliedstaaten kann sich daher im Einzelfall darauf beschränken, den Richtlinientext „abzuschreiben", um ihn auf diese Weise ganz oder nahezu unverändert in das nationale Recht zu übernehmen. Ein Beispiel hierfür ist die Richtlinie 2000/84/EG v. 19. 1. 2001 zur Regelung der Sommerzeit.

Bei der Anwendung der nationalen Umsetzungsakte ist bei Mehrdeutigkeit und Zwei- 835
felsfragen im Rahmen der Auslegung der nationalen Vorschrift deren Ursprung im Richtlinienrecht zu beachten: Das nationale Recht ist so auszulegen, dass es Sinn und Zweck der Richtlinie nachkommt (**Pflicht zur richtlinienkonformen Auslegung**).

b) Die unmittelbare Anwendbarkeit von Richtlinien

Einzelne Richtlinien können für die betroffenen Mitgliedstaaten durchaus erhebliche 836
(finanzielle) Auswirkungen haben. Es kann somit nicht verwundern, dass zahlreiche Richtlinien nicht oder nicht vollständig umgesetzt werden. Die Mitgliedstaaten lassen die vorgegebenen klaren Umsetzungsfristen verstreichen und unternehmen nichts.

BEISPIEL Mit der 1980 vom Rat verabschiedeten Trinkwasserrichtlinie wurden zur Gewährleistung der Qualität von Wasser für den menschlichen Gebrauch Grenzwerte für Nitrate und Pestizide festgelegt, die nur mit erheblichem technischen Aufwand eingehalten werden können. So dürfen in einem Liter Trinkwasser nur noch 0,1 Mikrogramm eines einzelnen und 0,5 Mikrogramm sämtlicher möglicher Rückstände von Pflanzenbehandlungsmitteln enthalten sein. Die Richtlinie wurde von der Bundesrepublik nicht rechtzeitig umgesetzt, weswegen sie von der Kommission im Vertragsverletzungsverfahren verklagt und vom Gerichtshof verurteilt wurde. Hintergrund für die nicht rechtzeitige und ordnungsgemäße Umsetzung waren die mit der notwendigen Umrüstung der Klärwerke verbundenen Kosten.

Es liegt auf der Hand, dass durch die Untätigkeit der Mitgliedstaaten eine effektive Um- 837
setzung des Unionsrechts gefährdet wird. Dieser möglichen Entwicklung ist der Gerichtshof mit seiner Rechtsprechung zur unmittelbaren Wirkung von Richtlinien entgegengetreten. Danach können einzelne Richtlinienvorschriften ausnahmsweise unmittelbare Wirkung haben, mit anderen Worten: Unter bestimmten vom Gerichtshof näher festgelegten Voraussetzungen vermag eine Richtlinie Rechte des einzelnen Bürgers zu begründen. Sie ist dann im Ergebnis einer Verordnung ähnlich.

FALL 838

Frau Marshall, Mitarbeiterin einer staatlichen Gesellschaft in Großbritannien, musste aufgrund einer in der Betriebsordnung dieser Einrichtung enthaltenen Klausel mit Erreichen der Altersgrenze, die zum Bezug einer Rente berechtigte, in den Ruhestand treten. Sie musste daher bereits mit 62 Jahren aus dem Erwerbsleben ausscheiden, obwohl sie aus finanziellen und persönlichen Gründen lieber bis zum 65. Lebensjahr gearbeitet hätte. Ihre männlichen Kollegen hingegen bezogen regelmäßig erst ab dem 65. Lebensjahr eine Rente. Diese Ungleichbehandlung widersprach dem Art. 5 Abs. 1 der Richtlinie zur „Verwirklichung des Grundsatzes der Gleichbehandlung von Männern und Frauen hinsichtlich des Zugangs der Beschäftigung…" aus dem Jahre 1976. Diese

Richtlinie war aber zum fraglichen Zeitpunkt noch nicht in das britische Recht umgesetzt. Somit schien die Entlassung in den Ruhestand von Frau Marshall nach dem nationalen britischen Recht in Ordnung zu sein, obwohl die (nichtumgesetzte) Richtlinie eine solche Ungleichbehandlung verbot.

Der Gerichtshof stellte unter Hinweis auf seine ständige Rechtsprechung klar, dass sich die Klägerin in diesem Fall ausnahmsweise direkt auf die nicht umgesetzte Richtlinie berufen kann und gab ihrer Klage statt: „Art. 5 Abs. 1 der Richtlinie 76/207 des Rates vom 9. 2. 1976... kann gegenüber einer als Arbeitgeber handelnden staatlichen Stelle in Anspruch genommen werden, um die Anwendung jeder nationalen Bestimmung, die nicht diesem Art. 5 Abs. 1 entspricht, auszuschließen" (EuGH, Urteil v. 26. 2. 1986, Rs. C-152/84, EU:C:1986:84 – *Marshall I*).

Der Gerichtshof stützt seine Rechtsprechung zur unmittelbaren Anwendbarkeit von Richtlinien auf die Erwägung, dass es mit der durch Art. 288 AEUV zuerkannten verbindlichen Wirkung der Richtlinie unvereinbar sei, es grundsätzlich auszuschließen, dass sich der Einzelne auf die dem Staat durch die Richtlinie auferlegte Verpflichtung berufen könnte. Durch die unmittelbare Anwendung soll vermieden werden, dass der Staat durch Nichtbeachtung des Unionsrechts Nutzen ziehen kann. Im Ergebnis wird so eine effektive und einheitliche Anwendung des Unionsrechts sichergestellt.

839 BEACHTE

Voraussetzungen für die unmittelbare Anwendbarkeit einer Richtlinie:

- Die in der Richtlinie gesetzte Frist zur Umsetzung muss abgelaufen sein, ohne dass der betreffende Staat die Richtlinie in ordnungsgemäßer Form umgesetzt hat. Dabei ist es unerheblich, aus welchem Grund die Umsetzung unterblieben oder unzureichend ist.
- Die Richtlinie muss inhaltlich unbedingt sein. Dies ist dann der Fall, wenn die Richtlinie weder mit einem Vorbehalt noch mit einer Bedingung versehen ist und ihrem Wesen nach keiner weiteren Maßnahme der Unionsorgane oder der Mitgliedstaaten bedarf. Soweit den Mitgliedstaaten ein Ermessens- oder Gestaltungsspielraum verbleibt, scheidet eine unmittelbare Anwendung somit aus.
- Die Richtlinie muss hinreichend genaue Regelungen enthalten. Davon ist dann auszugehen, wenn der Inhalt der Regelungen und der von ihr betroffene Personenkreis unzweideutig umschrieben sind. Die Verwendung unbestimmter Rechtsbegriffe schadet dabei nicht.

---

840 Folge einer unmittelbaren Wirkung ist, dass sich der Einzelne gegenüber mitgliedstaatlichen Behörden und Gerichten ausnahmsweise direkt auf die Richtlinie berufen und aus ihr Rechte ableiten kann. Dabei bedeutet „berufen" nicht etwa, dass es sich insoweit um eine Art Einrede handelt, die dem Einzelnen erst Rechte verleiht, wenn er sein Recht einfordert. Vielmehr ist die unmittelbar anwendbare Richtlinie Teil der von Amtes wegen zu beachtenden Rechtsordnung.

Die unmittelbare Wirkung gilt nur im Verhältnis Bürger zum Staat (sog. **vertikale Direktwirkung**). Eine unmittelbare Anwendung von nicht umgesetzten Richtlinien zu Lasten der Unionsbürger hat der Gerichtshof abgelehnt (**keine umgekehrt-vertikale Direktwirkung**). Im Fall einer nicht umgesetzten Richtlinie entstehen keine Verpflichtungen des Einzelnen. 841

FALL 842

Eine niederländische Firma vertrieb im August 1984 ein als „Mineralwasser" bezeichnetes Getränk, welches aus Leitungswasser und Kohlensäure bestand. Dies stand im Widerspruch zu der Richtlinie 80/777 zur Angleichung der Rechtsvorschriften der Mitgliedstaaten über die Gewinnung von und den Handel mit natürlichen Mineralwässern. Danach durfte nur besonderes, aus dem Boden gewonnenes und von den Behörden als Mineralwasser anerkanntes, unbehandeltes Wasser unter dieser Bezeichnung in den Verkehr gebracht werden. Der in der Richtlinie enthaltenen Verpflichtung zur Umsetzung bis zum Juli 1984 kamen die Niederlande erst 1985 nach. Dennoch nahmen die nationalen Behörden den Verstoß gegen die genannte Richtlinie zum Anlass, ein Strafverfahren gegen die das Mineralwasser vertreibende Firma einzuleiten. In einem Vorabentscheidungsverfahren entschied der Gerichtshof, dass eine Richtlinie nicht selbst Verpflichtungen für einen Einzelnen begründen kann und dass die Richtlinienbestimmungen daher als solche vor einem innerstaatlichen Gericht nicht gegenüber einer derartigen Person in Anspruch genommen werden können. Daher könne „eine innerstaatliche Behörde sich nicht zu Lasten eines Einzelnen auf eine Bestimmung einer Richtlinie berufen, deren Umsetzung in innerstaatliches Recht noch nicht erfolgt ist" (EuGH, Urteil v. 8.10.1987, Rs. C-80/86, EU:C:1987:431 – *Kolpinghuis Nijmegen BV*).

Eine unmittelbare Wirkung scheidet auch im Verhältnis zwischen Privaten aus (**keine horizontale Direktwirkung** von nicht umgesetzten Richtlinien): 843

FALL

Eine italienische Staatsangehörige schloss 1989 am Mailänder Hauptbahnhof mit einer Sprachenschule einen Vertrag über einen Englischkurs im Fernunterricht. Vier Tage später widerrief sie den Vertrag im Einklang mit der Richtlinie 85/577, die eine einwöchige Widerrufsfrist für außerhalb von Geschäftsräumen geschlossene Verträge vorsah. Allerdings war die Richtlinie trotz Fristablaufs noch nicht in italienisches Recht umgesetzt worden, und die Sprachschule klagte auf Zahlung. Das zuständige italienische Gericht legte dem EuGH im Wege des Vorabentscheidungsverfahrens die Frage vor, ob die nicht umgesetzte Richtlinie auch Rechtswirkungen zwischen Privaten habe. Der EuGH führte dazu aus, dass mit der unmittelbaren Wirkung einer Richtlinie verhindert werden soll, dass der Staat aus seiner Nichtbeachtung des Unionsrechts Nutzen ziehen kann. Eine Ausdehnung der unmittelbaren Wirkung auf den Bereich der Beziehungen zwischen den Bürgern hieße, der Union die Befugnis zuzuerkennen, mit unmittelbarer Wirkung zu Lasten der Bürger Verpflichtungen anzuordnen, obwohl sie dies nur dort darf, wo ihr die Befugnis zum Erlass von Verordnungen zugewiesen ist. Folglich kann der Verbraucher, wenn die Maßnahmen zur Umsetzung der Richtlinie nicht innerhalb der vorgesehenen Frist erlassen worden sind, ein Widerrufsrecht gegenüber dem Gewerbetreibenden, mit dem er einen Vertrag geschlossen hat, nicht auf die Richtlinie selbst stützen und vor einem nationalen Gericht geltend machen (EuGH, Urteil v. 14. 7. 1994, Rs. C-91/92, EU:C:1994:292 – *Faccini Dori*).

844 Sofern es im Falle einer Nichtumsetzung an den Voraussetzungen für eine unmittelbare Anwendung von Richtlinien fehlt, so z. B., wenn nach den Vorgaben der Richtlinie sich der Personenkreis nicht bestimmen lässt, auf den sich die darin getroffenen Regelungen beziehen oder wenn es sich um eine unmittelbare Anwendung zwischen Privaten handeln würde, ist es nach der Rechtsprechung des Gerichtshofes möglich, dass der Einzelne einen **Schadensersatzanspruch** gegen den Mitgliedstaat, der die Richtlinie nicht umgesetzt hat, geltend machen kann.

BEACHTE

Voraussetzungen eines Schadensersatzanspruchs wegen Nichtumsetzung einer Richtlinie:

- Die in der Richtlinie gesetzte Frist zur Umsetzung muss abgelaufen sein, ohne dass der betreffende Staat die Richtlinie in ordnungsgemäßer Form umgesetzt hat.
- Die Richtlinie verleiht dem Einzelnen Rechte.
- Die Richtlinie muss bezüglich der betreffenden Rechte des Einzelnen hinreichend genau sein.
- Dem Bürger ist aufgrund der Nichtumsetzung der Richtlinie unmittelbar kausal ein Schaden entstanden.

3. Beschlüsse

845 Beschlüsse gem. Art. 288 Abs. 4 AEUV sind als Mittel zur Regelung von Einzelfällen mit den Verwaltungsakten des nationalen Rechts vergleichbar. Der Beschluss kann sich an Einzelne oder an eine begrenzte Anzahl von Personen richten. Dies können namentlich benannte oder ausreichend deutlich in der Entscheidung bezeichnete natürliche oder juristische Personen sein, wobei es sich nicht selten um einzelne oder um alle Mitgliedstaaten handelt. In Abgrenzung zu unverbindlichen Äußerungen wie z. B. Empfehlungen und Stellungnahmen müssen die Beschlüsse erkennbar geeignet sein, Rechtswirkungen zu erzeugen. Maßgeblich zur Abgrenzung einer unverbindlichen Äußerung von einem Beschluss ist die Frage, ob die erlassende Behörde, bzw. das erlassende Organ, sich endgültig festlegen will.

DEFINITION

Beschlüsse sind an bestimmte Personen oder Mitgliedstaaten gerichtet. Sie sind in allen Teilen verbindlich.

Auch in den Fällen, in denen sich ein Beschluss formal ausschließlich an die Mitgliedstaaten richtet, hat der Gerichtshof eine gewisse **unmittelbare Wirkung** zugunsten der Bürger zugelassen. Unter Berufung darauf, dass die praktische Wirkung eines Beschlusses gegenüber einem Mitgliedstaat abgeschwächt würde, wenn sich dessen Angehörige nicht darauf berufen könnten, hat der Gerichtshof festgestellt, dass es zumindest denjenigen, die ein Interesse an der Erfüllung der Beschlüsse durch den Mitgliedstaat haben, möglich sein muss, sich unmittelbar auf diese zu berufen. 846

4. Empfehlungen und Stellungnahmen

Beide in Art. 288 Abs. 5 AEUV genannten Handlungsformen können verwendet werden, um einzelnen Rechtssubjekten oder den Mitgliedstaaten ein bestimmtes Verhalten nahe zu legen. Sie haben zwar keine verbindliche Wirkung, ihre Bedeutung darf gleichwohl nicht unterschätzt werden. 847

So gibt es verschiedene Verfahren (vgl. z. B. Art. 117 AEUV), bei denen die Abgabe einer Empfehlung oder Stellungnahme zu dem rechtlich vorgeschriebenen Ablauf gehört. Außerdem sind die Mitgliedstaaten über den in Art. 4 Abs. 3 EUV festgelegten Grundsatz der loyalen Zusammenarbeit gehalten, ihr Handeln soweit wie möglich an diesen unverbindlichen Äußerungen zu orientieren. Letztlich ist es möglich, dass auf Seiten des die Empfehlung oder Stellungnahme aussprechenden Organs eine gewisse Selbstbindung in dem Sinne eintritt, dass das Organ von der einmal geäußerten Ansicht nicht ohne sachlichen Grund wieder abweichen kann.

III. Rechtsetzung

Während das geschriebene Primärrecht durch völkerrechtlichen Vertragsschlusses begründet und im Wege des Vertragsänderungsverfahrens gem. Art. 48 EUV geändert werden kann, bedarf es für den Erlass des Sekundärrechts Regelungen zur Zuständigkeit und zum Verfahrensablauf. 848

1. Rechtsetzungskompetenz der Union

Die sog. Verbandskompetenz, d. h. die Befugnis für die Union, Recht zu setzen, ist nach dem Prinzip der begrenzten Einzelermächtigung, Art. 5 Abs. 1 Satz 1 und Abs. 2 EUV, begrenzt (siehe bereits oben Rn. 734). 849

a) Kompetenzarten

Die verschiedenen Arten der Kompetenzen der Union und ihr Verhältnis zur Kompetenz der Mitgliedstaaten ergeben sich aus den in Art. 2 AEUV geregelten Kompetenzkategorien. 850

851 Im Bereich der **ausschließlichen Zuständigkeit** kann nur die Union gesetzgeberisch tätig werden. Ausnahmsweise dürfen die Mitgliedstaaten tätig werden, wenn sie von der Europäischen Union hierzu ermächtigt werden oder wenn sie Rechtsakte der Union durchführen sollen, Art. 2 Abs. 1 AEUV. Die Bereiche, die in die ausschließliche Zuständigkeit der Union fallen, werden in Art. 3 AEUV aufgezählt.

HINWEIS

Ausschließliche Zuständigkeit der Union gem. Art. 2 Abs. 1, Art. 3 AEUV:

- Zollunion
- Festlegung der für das Funktionieren des Binnenmarkts erforderlichen Wettbewerbsregeln
- Währungspolitik für die Mitgliedstaaten, deren Währung der Euro ist
- Erhaltung der biologischen Meeresschätze im Rahmen der gemeinsamen Fischereipolitik
- gemeinsame Handelspolitik
- Abschluss internationaler Übereinkünfte gem. Art. 3 Abs. 2 AEUV

852 Bei **geteilter Zuständigkeit** können gem. Art. 2 Abs. 2 AEUV sowohl Union als auch Mitgliedstaaten Gesetze erlassen. Die Mitgliedstaaten sind aber grundsätzlich daran gehindert, ihre Kompetenz auszuüben, sofern und soweit die Union ihre Gesetzgebungskompetenz bereits wahrgenommen und nicht ausdrücklich entschieden hat, die Kompetenz nicht mehr auszuüben. In den in Art. 4 Abs. 3 und Abs. 4 AEUV genannten Bereichen besteht eine solche Sperrwirkung aber nicht.

Die geteilte Zuständigkeit ist der häufigste Anwendungsfall der Gesetzgebungskompetenz der Union. Bei ihrer Ausübung sind der Grundsatz der Subsidiarität, Art. 5 Abs. 3 AEUV und der Verhältnismäßigkeit, Art. 5 Abs. 4 AEUV zu beachten (vgl. oben Rn. 735 ff.).

HINWEIS

Geteilte Zuständigkeit der Union gem. Art. 2 Abs. 2, Art. 4 AEUV:

- Binnenmarkt
- Sozialpolitik hinsichtlich der in diesem Vertrag genannten Aspekte
- Wirtschaftlicher, sozialer und territorialer Zusammenhalt
- Landwirtschaft und Fischerei, ausgenommen die Erhaltung der biologischen Meeresschätze
- Umwelt
- Verbraucherschutz
- Verkehr

- transeuropäische Netze
- Energie
- Raum der Freiheit, der Sicherheit und des Rechts
- gemeinsame Sicherheitsanliegen im Bereich der öffentlichen Gesundheit hinsichtlich der in diesem Vertrag genannten Aspekte
- Forschung, technologische Entwicklung und Raumfahrt gem. Art. 4 Abs. 3 AEUV
- Entwicklungszusammenarbeit und humanitäre Hilfe gem. Art. 4 Abs. 3 AEUV

Schließlich gibt es Bereiche, in denen der Union nur eine **unterstützende Rechtsetzungskompetenz** zukommt, d. h. die Zuständigkeit liegt weiterhin bei den Mitgliedstaaten. Die Union kann aber Maßnahmen zur Unterstützung, Koordinierung oder Ergänzung der Maßnahmen der Mitgliedstaaten ergreifen, Art. 2 Abs. 5 AEUV. Auch hier gelten die Grundsätze der Subsidiarität und der Verhältnismäßigkeit als Begrenzung der Zuständigkeit der Union. 853

HINWEIS

Unterstützende Zuständigkeit der Union gem. Art. 2 Abs. 5, Art. 6 AEUV:

- Schutz und Verbesserung der menschlichen Gesundheit
- Industrie
- Kultur
- Tourismus
- allgemeine und berufliche Bildung, Jugend und Sport
- Katastrophenschutz
- Verwaltungszusammenarbeit

---

b) Kompetenznormen

Die in Art. 2 AEUV vorgegebenen Kompetenzkategorien stellen selbst keine Kompetenznormen im Sinne eines Kompetenzkatalogs dar. Dies ergibt sich ausdrücklich aus Art. 2 Abs. 6 AEUV, der klarstellt, dass sich der Umfang der Kompetenzen der Union und die Einzelheiten ihrer Ausübung aus den Bestimmungen der Verträge ergeben. Dementsprechend sind die eigentlichen Kompetenznormen für die einzelnen Politikbereiche über EUV und AEUV verteilt. Aus diesen Kompetenznormen ergeben sich Eingrenzungen und Vorgaben für die Ausübung der Kompetenz, die Organkompetenz innerhalb der EU (Benennung des für die Rechtsetzung zuständigen Organs) und Vorgaben für das Rechtsetzungsverfahren. Einige Kompetenznormen geben auch vor, welche Handlungsform – Verordnung oder Richtlinie – zu wählen ist. 854

BEISPIEL ▸ Der Verkehr gehört gem. Art. 4 Abs. 2 AEUV zur geteilten Zuständigkeit der Union. Eine entsprechende Kompetenznorm zum Erlass zweckdienlicher Maßnahmen zur Verfolgung einer gemeinsamen Verkehrspolitik findet sich in Art. 91 AEUV, der den genauen Umfang und Vorgaben für die Ausübung der Kompetenz gibt. Die Organkompetenz liegt gem. Art. 91 Abs. 1 AEUV bei Parlament und Rat, die im ordentlichen Gesetzgebungsverfahren nach Anhörung des Wirtschafts- und Sozialausschusses und des Ausschusses der Regionen tätig werden. Die Wahl der Handlungsform – Verordnung oder Richtlinie – ist nicht vorgegeben. Im Rahmen der Ausübung der geteilten Zuständigkeit sind sowohl der Grundsatz der Subsidiarität und der Grundsatz der Verhältnismäßigkeit zu beachten, Art. 5 Abs. 2 und 3 EUV.

c) Vertragsabrundungskompetenz – Art. 352 AEUV

855 Ergänzt werden die Zuständigkeitsregeln der Art. 2 ff. AEUV und die einzelnen Kompetenznormen durch die sog. Vertragsabrundungskompetenz gem. Art. 352 AEUV. Danach kann die Union im Rahmen der in den Verträgen festgelegten Politikbereiche unter bestimmten Voraussetzungen tätig werden, auch wenn eine entsprechende Kompetenz nicht ausdrücklich in den Verträgen geregelt ist. Eine Anwendung dieser Rechtsgrundlage ist nur dann zulässig, wenn

- eine ausdrückliche Ermächtigungsnorm im Vertrag nicht vorhanden ist,
- ein Tätigwerden der Union im Rahmen der in den Verträgen festgelegten Politikbereiche erforderlich ist, um eines der Ziele der Verträge zu erreichen (vgl. hierzu Art. 3 EUV),
- die Kommission zuvor die Parlamente im Verfahren des Art. 352 Abs. 2 AEUV im Hinblick auf die Subsidiaritätskontrolle unterrichtet hat,
- die Maßnahmen keine über die in den Verträgen vorgesehenen Harmonisierungen der Rechtsvorschriften in den Mitgliedstaaten bewirkt und
- die nach Art. 352 AEUV zu erlassenden Rechtsakte sich nicht auf die Ziele der Gemeinsamen Außen- und Sicherheitspolitik beziehen.

Durch die Bezugnahme auf die Ziele der Verträge ist sichergestellt, dass auch über Art. 352 AEUV keine von dem Regelungsbereich der Union losgelöste Materie geregelt werden kann. Ob eine Unionszuständigkeit in diesem Sinne vorliegt, kann vom Gerichtshof umfassend nachgeprüft werden. Das Verfahren gem. Art. 352 AEUV erfordert Einstimmigkeit im Rat und Zustimmung des Parlaments.

2. Rechtsetzungsverfahren

856 Das Rechtsetzungsverfahren der Europäischen Union ist nicht mit dem des nationalen Rechts zu vergleichen, was u. a. an der unterschiedlichen Funktion der in den Entscheidungsfindungsprozess eingebundenen Organe liegt. Zu unterscheiden sind dabei Gesetzgebungsakte einerseits und Rechtsetzungsakte ohne Gesetzescharakter andererseits.

a) Gesetzgebungsakte

Als Gesetzgebungsakte werden Rechtsakte bezeichnet, die in einem Gesetzgebungsver- 857
fahren zustande gekommen sind, Art. 289 Abs. 3 AEUV. Ein Gesetzgebungsakt darf grundsätzlich nur auf Initiative der Kommission erlassen werden, Art. 17 Abs. 2 EUV. Das Unionsrecht unterscheidet dabei zwischen dem ordentlichen Gesetzgebungsverfahren und dem besonderen Gesetzgebungsverfahren, vgl. Art. 289 Abs. 1 und Abs. 2 AEUV.

Das **ordentliche Gesetzgebungsverfahren nach Art. 289 Abs. 1 AEUV** besteht aus der 858
gemeinsamen Annahme eines Rechtsakts durch das Europäische Parlament und den Rat auf Vorschlag der Kommission und ist in Art. 294 AEUV geregelt. Es ist seit dem Vertrag von Lissabon das Regelverfahren zur allgemeinen Rechtsetzung in der Union. Das sog. **besondere Gesetzgebungsverfahren** kommt lediglich in Ausnahmefällen in Betracht, die gem. Art. 289 Abs. 2 AEUV ausdrücklich in den Verträgen vorgesehen sein müssen. Es sieht die Annahme eines Rechtsakts durch das Europäische Parlament unter Beteiligung des Rates oder – was häufiger der Fall ist – durch den Rat mit Beteiligung des Europäischen Parlaments vor.

HINWEIS 859

Das ordentliche Gesetzgebungsverfahren im Überblick

1. Vorschlag der Kommission (Art. 294 Abs. 2 AEUV)
2. Erste Lesung (Art. 294 Abs. 3 – 6 AEUV)
   - zunächst im Parlament, dann im Rat
   - ggf. Anhörung des WSA, Ausschuss der Regionen oder anderer Institutionen
3. Zweite Lesung (Art. 294 Abs. 7 – 9 AEUV)
   - innerhalb von jeweils drei Monaten zunächst im Parlament, dann im Rat
4. Vermittlungsverfahren (Art. 294 Abs. 10 – 12 AEUV)
   - kann innerhalb von sechs Wochen zu einem gemeinsamem Entwurf führen
5. Dritte Lesung (Art. 294 Abs. 13 AEUV)
   - Erlass des Rechtsaktes entsprechend dem gemeinsamem Entwurf innerhalb von sechs Wochen durch Parlament (mit einfacher Mehrheit) und Rat (mit qualifizierter Mehrheit)

Ausgangspunkt der Gesetzgebung ist ein **Vorschlag der Kommission**. Dieser wird 860
gleichzeitig dem Rat und dem Europäischen Parlament vorgelegt. Durch den Vorschlag wird der Inhalt des Gesetzgebungsverfahrens festgelegt; er muss inhaltlich so genau sein, dass er direkt angenommen werden kann.

Der Vorschlag wird in einer **ersten Lesung** umfassend durch Parlament und Rat beraten. Sofern sich Rat und Parlament dem Kommissionsvorschlag anschließen, oder der Rat eventuelle Änderungsvorschläge des Parlaments (sog. Standpunkt des Parlaments) billigt, ist gem. Art. 294 Abs. 4 AEUV der Rechtsakt bereits in dieser Phase erlassen. Andernfalls legt der Rat gem. Art. 294 Abs. 5 AEUV in der ersten Lesung einen eigenen Standpunkt fest, der Gegenstand der Beratungen in der zweiten Lesung ist.

Billigt das Parlament in der **zweiten Lesung** den Standpunkt des Rates aus der ersten Lesung oder äußert sich binnen drei Monaten nicht, so gilt der Rechtsakt als in der Fassung des Standpunkts des Rates als erlassen, Art. 294 Abs. 7 Buchst. a) AEUV.

Lehnt das Parlament den Standpunkt des Rates aus der ersten Lesung mit der Mehrheit seiner Mitglieder ab, so ist der Rechtsakt nicht zu Stande gekommen, Art. 294 Abs. 7 Buchst. b) AEUV.

Ändert das Parlament den Standpunkt des Rates aus der ersten Lesung mit der Mehrheit seiner Mitglieder ab, so kommt es zur zweiten Lesung im Rat, Art. 294 Abs. 7 Buchst. c) AEUV.

Billigt der Rat in zweiter Lesung alle Abänderungsvorschläge des Parlaments, so gilt der Rechtsakt als erlassen, Art. 294 Abs. 8 Buchst. a) AEUV. Sofern Änderungsvorschläge des Parlaments nicht vom Rat gebilligt werden, kommt es zu einer Zwischenphase zwischen zweiter und dritter Lesung, dem **Vermittlungsverfahren**, Art. 294 Abs. 8 Buchst. b) AEUV.

Wenn es in dem paritätisch von Rat und Parlament besetzten Vermittlungsausschuss binnen sechs Wochen zu einer Einigung auf einen gemeinsamen Entwurf kommt, folgt eine dritte Lesung in Rat und Parlament, andernfalls, d. h. beim Scheitern des Vermittlungsverfahrens, gilt der vorgeschlagene Rechtsakt als nicht erlassen, Art. 294 Abs. 12 AEUV.

In der **dritten Lesung** müssen sowohl das Parlament als auch der Rat den gemeinsamen Entwurf des Vermittlungsausschusses binnen sechs Wochen erlassen. Änderungen des Entwurfs sind nicht mehr möglich. Dabei ist im Parlament die Mehrheit der abgegebenen Stimmen und im Rat die qualifizierte Mehrheit erforderlich. Andernfalls ist das Gesetzgebungsverfahren gescheitert.

Einzelheiten zu den Phasen sind den Geschäftsordnungen der einzelnen Organe zu entnehmen. Die Beratungen des Rates über die Rechtsakte, die im ordentlichen Gesetzgebungsverfahren erlassen werden, sind öffentlich, vgl. Art. 16 Abs. 8 EUV.

861 Das **besondere Gesetzgebungsverfahren** ist in Art. 289 Abs. 2 AEUV geregelt. Es ist nur zulässig, wenn und soweit die Verträge es ausdrücklich vorsehen. In der Regel werden die Gesetzgebungsakte im besonderen Gesetzgebungsverfahren vom Rat erlassen. Die Zuständigkeit ergibt sich jeweils aus der einzelnen Kompetenznorm in den Verträgen, die auch vorgeben, ob im Rat das Einstimmigkeits- oder das Mehrheitsprinzip gilt. Ausgangspunkt auch für das besondere Gesetzgebungsverfahren ist ein Gesetzesvorschlag der Kommission, Art. 17 Abs. 2 EUV. Sofern der Rat von diesem Vorschlag abweichen will, ist gem. Art. 293 AEUV Einstimmigkeit erforderlich.

BEISPIEL ▸ Gem. Art. 113 AEUV erlässt der Rat in einem besonderen Gesetzgebungsverfahren einstimmig Vorschriften zur Harmonisierung der indirekten Steuern.

Die Mitwirkung des Parlaments am besonderen Gesetzgebungsverfahren ergibt sich dabei aus der jeweiligen Kompetenznorm. Nach Intensität der Beteiligung lassen sich das Anhörungs- und das Zustimmungsverfahren unterscheiden. 862

BEISPIEL ▸ **Anhörungsverfahren:**

Art. 113 AEUV sieht bloß eine Anhörung des Parlaments vor. Dies ist die schwächste Form der Beteiligung. Der Rat ist bei seiner Beschlussfassung nicht an eine evtl. ergangene Stellungnahme des Parlaments gebunden. In den Fällen, in denen die Verträge eine zwingende Anhörung des Parlaments vorsehen, führt eine unterbliebene Anhörung als wesentlicher Formfehler zur Nichtigkeit des Rechtsakts (vgl. Art. 263 AEUV).

Sofern die Kompetenznorm die Zustimmung des Parlaments fordert, so äußert sich das Parlament in einer einzigen Abstimmung zu dem Rechtsakt. Eine Möglichkeit, Änderungsvorschläge zu machen, besteht anders als im ordentlichen Gesetzgebungsverfahren nicht. Stimmt das Parlament dem Rechtsakt nicht zu, so ist dieser nicht zustande gekommen. 863

BEISPIEL ▸ **Zustimmungsverfahren:**

Gem. Art. 19 AEUV beschließt der Rat gem. einem besonderen Gesetzgebungsverfahren nach Zustimmung des Europäischen Parlaments einstimmig über bestimmte Antidiskriminierungsmaßnahmen.

b) Rechtsakte ohne Gesetzescharakter

Rechtsakte ohne Gesetzgebungscharakter sind im Umkehrschluss zu Art. 289 Abs. 3 AEUV alle Rechtsakte i. S. des Art. 288 AEUV, die nicht in einem Gesetzgebungsverfahren gem. Art. 289 Abs. 1 und Abs. 2 AEUV angenommen werden. Hierzu zählen insbesondere die delegierte Rechtsetzung und die Durchführungsrechtsetzung durch die Kommission, die zum Teil als **Tertiärrecht** bezeichnet werden. 864

Gem. Art. 290 AEUV kann der Kommission in Gesetzgebungsakten die Befugnis zum Erlass **delegierter Rechtsakte** übertragen werden. Sie wird dadurch ermächtigt, Rechtsakte ohne Gesetzescharakter mit allgemeiner Geltung zur Ergänzung oder Änderung des betreffenden Gesetzgebungsakts zu erlassen. Im Gesetzgebungsakt müssen Ziel, Inhalt, Geltungsbereich und Dauer der Befugnisübertragung ausdrücklich festgelegt werden. Wesentliche Aspekte des Gesetzgebungsakts dürfen nach Art. 290 AEUV nicht an die Kommission delegiert werden. Gem. Art. 290 Abs. 3 AEUV enthält der Titel des delegierten Rechtsakts das Wort „delegiert". Die Bedingungen, unter denen die Übertragung erfolgt, insbesondere die Möglichkeit von Parlament oder Rat, die Befugnisübertragung zu widerrufen bzw. das Inkrafttreten des delegierten Rechtsakts davon abhängig zu machen, dass Parlament oder Rat keine Einwände erheben, werden im Gesetzgebungsakt festgelegt. 865

BEISPIEL ▸ Im vom Parlament und Rat als Gesetzgebungsakt erlassenen Unionszollkodex (UZK – VO (EU) Nr. 952/2013) regelt Art. 22 Abs. 5 UZK, dass eine von den Zollbehörden erlassene Entscheidung grundsätzlich unbefristet gültig ist. Art. 24 UZK überträgt der Kommission die Befugnis, die Fälle zu regeln, in denen eine Entscheidung nicht unbefristet gültig ist. Art. 294 UZK regelt die genauen Bedingungen der Befugnisübertragung. Aufgrund dieser und vieler weiterer Befugnisübertragungen im UZK hat die Kommission die „Delegierte Verordnung (EU) Nr. 2015/2446 zur Ergänzung der Verordnung (EU) Nr. 952/2013 des Europäischen Parlaments und des Rates mit Einzelheiten zur Präzisierung von Bestimmungen des Zollkodex" erlassen. Diese delegierte Verordnung regelt abweichend zu Art. 22 Abs. 5 des Unionszollkodex beispielsweise, dass bestimmte Arten von begünstigenden Entscheidungen (sog. Bewilligungen) maximal fünf Jahre gültig sind.

866 Weiterhin kann der Kommission zur Durchführung der verbindlichen Rechtsakte der Union in dem betreffenden Rechtsakt die Befugnis übertragen werden, sog. **Durchführungsrechtsakte** zu erlassen, Art. 291 Abs. 2 AEUV. Grundsätzlich ist der Erlass von Vorschriften zur Durchführung des Unionsrechts zwar Aufgabe der Mitgliedstaaten, Art. 291 Abs. 1 AEUV. Die Übertragung von Durchführungsbefugnissen gem. Art. 291 Abs. 2 AEUV rechtfertigt sich aber dann, wenn es einheitlicher Bedingungen für die Durchführung der Rechtsakte der Union bedarf. Gem. Art. 291 Abs. 3 AEUV sind die Mitgliedstaaten durch Kontrollbefugnisse am Erlass von Durchführungsvorschriften beteiligt. Dies erfolgt durch spezielle Ausschüsse nach einem Verfahren, dass in der Verordnung VO (EU) Nr. 182/2011 festgelegt ist (sog. „Komitologieverfahren").

BEISPIEL Der oben erwähnte Unionszollkodex enthält vielfach die Übertragung von Durchführungsbefugnissen auf die Kommission. Beim Erlass der Durchführungsverordnungen sind die Mitgliedstaaten durch Vertreter im „Ausschuss für den Zollkodex" beteiligt, vgl. Art. 285 UZK. Aufgrund der Übertragungen von Durchführungsbefugnissen im UZK hat die Kommission die „Durchführungsverordnung (EU) Nr. 2015/2447 mit Einzelheiten zur Umsetzung von Bestimmungen der Verordnung (EU) Nr. 952/2013 des Europäischen Parlaments und des Rates zur Festlegung des Zollkodex der Union" erlassen.

c) Form, Veröffentlichung und Inkrafttreten der Rechtsakte

867 Rechtsakte der Union sind gem. Art. 296 Abs. 2 AEUV zu begründen. Dies geschieht bei Verordnungen und Richtlinien in der Regel durch die vorangestellten sog. Erwägungsgründe. Sowohl eine fehlende oder fehlerhafte Begründung als auch die fehlende Bezugnahme auf Vorschläge und Stellungnahmen können als Verletzung wesentlicher Formvorschriften Gründe für eine Nichtigkeitsklage sein (vgl. unten Rn. 948).

Gesetzgebungsakte, die nach dem ordentlichen Gesetzgebungsverfahren erlassen wurden, werden vom Präsident des Europäischen Parlaments und vom Präsident des Rates unterzeichnet. Die in einem besonderen Gesetzgebungsverfahren angenommenen Rechtsakte werden vom Präsidenten des Organs unterzeichnet, welches sie erlassen hat. Gesetzgebungsakte werden immer im Amtsblatt der Europäischen Union veröffentlicht. Sie treten, sofern der Gesetzgebungsakt keinen anderen Zeitpunkt festlegt, am zwanzigsten Tag nach ihrer Veröffentlichung in Kraft, Art. 297 Abs. 1 AEUV.

Als Rechtsakte ohne Gesetzescharakter erlassene Verordnungen und Richtlinien sowie Beschlüsse, die sich nicht an einen bestimmten Adressaten richten, sind ebenfalls vom Präsidenten des erlassenden Organs zu unterzeichnen, werden im Amtsblatt veröffentlicht und treten in der Regel am zwanzigsten Tag nach der Veröffentlichung in Kraft, Art. 297 Abs. 2 AEUV. Beschlüsse, die an einen bestimmten Adressaten gerichtet sind, werden dem Adressaten bekannt gegeben und dadurch wirksam.

IV. Vollzug

Das Unionsrecht wird nur ausnahmsweise von den Organen der Europäischen Union 868
selbst vollzogen (sog. **unionsunmittelbarer Vollzug**). Ein Beispiel hierfür ist insbesondere das Wettbewerbsrecht, Art. 101 ff. AEUV, in dessen Rahmen die Kommission selbst als Wettbewerbsaufsichtsbehörde tätig wird und für Private rechtsverbindlich Beschlüsse gem. Art. 288 Abs. 4 AEUV erlassen kann (z. B. Verhängung von Bußgeldern).

Im Regelfall wird das Unionsrecht aber durch die Mitgliedstaaten vollzogen. Dabei ist zu unterscheiden, ob die Mitgliedstaaten unmittelbar geltendes Unionsrecht anwenden (**unmittelbarer mitgliedstaatlicher Vollzug**) oder nationales Recht anwenden, das unionsrechtliche Richtlinien umsetzt (**mittelbarer mitgliedstaatlicher Vollzug**). Die Mitgliedstaaten ergreifen gem. Art. 4 Abs. 3 EUV alle erforderlichen Maßnahmen zur Durchführung des Unionsrechts. Sofern das Unionsrecht keine eigenen Verfahrensregelungen enthält, wie z. B. der Zollkodex der Union (VO (EU) Nr. 952/2013) in den Art. 22 ff. UZK, wenden die Mitgliedstaaten die Verfahrensvorschriften des innerstaatlichen Rechts an, Art. 291 Abs. 1 AEUV, also in Deutschland beispielsweise das Verwaltungsverfahrensgesetz oder die Abgabenordnung. Um eine einheitliche Anwendung des Unionsrechts in den Mitgliedstaaten zu gewährleisten, gelten dabei folgende Beschränkungen:

- Das nationale Verfahrensrecht darf beim Vollzug des Unionsrechts nicht ungünstiger sein als in rein national gelagerten Fällen (Diskriminierungsverbot).
- Die Vorschriften des nationalen Rechts dürfen nicht dazu führen, dass die Verwirklichung der unionsrechtlichen Regelungen praktisch unmöglich gemacht wird („Effektivitätsgrundsatz").

BEISPIEL Die nationale Vorschrift zum Vertrauensschutz gem. § 48 Abs. 2 Satz 2 VwVfG findet auf die Rückforderung unionsrechtswidrig geleisteter staatlicher Subventionen (Beihilfen) nur eingeschränkt Anwendung.

Beim Vollzug des Unionsrechts sind die Mitgliedstaaten an die Unionsgrundrechte gebunden (s. o. Rn. 821).

§ 17 Grundfreiheiten in der Europäischen Union

LITERATUR

Brigola, Art. 35 AEUV von Groenveld bis New Valmar - Abschied eines Fremdkörpers im Gebäude des freien Warenverkehrs, EuZW 2017, S. 5 ff.; *Cremer*, Die Grundfreiheiten des Europäischen Unionsrechts, Jura 2015, S. 39 ff.; *Dietz/Streinz*, Das Marktzugangskriterium in der Dogmatik der Grundfreiheiten, EuR 2015, S. 50 ff.; *Herdegen*, Europarecht,

19. Aufl. 2017, §§ 14 – 18; *Kenntner*, Grundfälle zur Warenverkehrsfreiheit, JuS 2004, S. 22 ff; *Oppermann/Classen/Nettesheim*, Europarecht, 7. Aufl. 2016, § 22; *Ruffert*, Die Grundfreiheiten im Recht der Europäischen Union, JuS 2009, 97 ff.; *Schroeder*, Grundkurs Europarecht, 5. Aufl. 2017, § 14; *Streinz*, Europarecht, 10. Aufl. 2016, § 11; *Streinz*, Europarecht: Maßnahme zur Bekämpfung des Alkoholkonsums als gerechtfertigtes Handelshemmnis, JuS 2016, S. 949 ff.

I. Binnenmarkt und Grundfreiheiten

869 Die Errichtung eines Binnenmarktes ist eines der zentralen Themen der Europäischen Union, Art. 3 Abs. 3 EUV. Der Binnenmarkt umfasst gem. Art. 26 Abs. 2 AEUV einen Raum ohne Binnengrenzen, in dem der freie Verkehr von Waren, Personen, Dienstleistungen und Kapital gewährleistet ist. Im Titel III des AEUV finden sich dementsprechend Regelungen, die dem Unionsbürger Rechte einräumen, die ihn bei der wirtschaftlichen Betätigung im Binnenmarkt vor beeinträchtigenden Maßnahmen schützen.

BEACHTE

Die Grundfreiheiten lassen sich wie folgt systematisieren:

- Freiheit des Warenverkehrs, Art. 28 ff. AEUV
- Freiheit des Personenverkehrs mit den Ausprägungen Arbeitnehmerfreizügigkeit, Art. 45 ff. AEUV und Niederlassungsfreiheit, Art. 49 ff. AEUV
- Freiheit des Dienstleistungsverkehrs, Art. 56 ff. AEUV
- Freiheit des Kapital- und Zahlungsverkehrs, Art. 63 ff. AEUV

II. Allgemeine Grundsätze der Grundfreiheiten

1. Unmittelbare Anwendbarkeit

870 Die Grundfreiheiten stellen **unmittelbar anwendbares Recht** dar. Die Grundfreiheiten sind zudem **grundrechtsähnlich ausgestaltete Rechte der Unionsbürger**. Sie verleihen subjektive Rechte, d. h. der Einzelne kann sich auf die Grundfreiheit berufen und vor nationalen Gerichten geltend machen, dass eine nationale Vorschrift, die gegen eine Grundfreiheit des AEUV verstößt, nicht angewandt wird.

BEISPIEL In dem oben genannten Fall der Firma *van Gend & Loos* (s. o. Rn. 740) hat es der Gerichtshof zugelassen, dass sich die Firma direkt auf Art. 30 AEUV berufen kann. Art. 30 AEUV erzeugt unmittelbare Wirkungen und begründet individuelle Rechte der Einzelnen, welche die staatlichen Gerichte zu beachten haben.

2. Gemeinsame Strukturen

Die verschiedenen Grundfreiheiten weisen in ihrer Struktur viele Gemeinsamkeiten auf. Insofern spricht man von einer Konvergenz der Grundfreiheiten. So ist der Prüfungsaufbau der Grundfreiheiten im Wesentlichen gleich: 871

Prüfungsschema Grundfreiheiten

I. **Anwendbarkeit der Grundfreiheit**
- Keine vorrangige Harmonisierung im Sekundärrecht

II. **Anwendungsbereich der Grundfreiheit eröffnet**
- persönlich/sachlich
- grenzüberschreitender Bezug
- keine Bereichsausnahme

III. **Beeinträchtigung der Grundfreiheit**
- (i. d. R. staatliche) Beschränkungsmaßnahme

IV. **Rechtfertigung**
- Rechtfertigungsgründe (geschriebene/ungeschriebene)
- Schranken-Schranken (insbesondere Grundsatz der Verhältnismäßigkeit)

a) Anwendbarkeit der Grundfreiheiten

Die einzelne Grundfreiheit ist nur **anwendbar**, wenn die Union nicht von ihrer Kompetenz zur Harmonisierung im Binnenmarkt Gebrauch gemacht (vgl. Art. 114 AEUV) und eine abschließende Regelung im Sekundärrecht getroffen hat, an der nationale Vorschriften gemessen werden müssen. 872

b) Anwendungsbereich der Grundfreiheiten

Vom **persönlichen Anwendungsbereich** der Grundfreiheiten sind alle Unionsbürger erfasst, vgl. Art. 45 Abs. 2 AEUV für die Arbeitnehmerfreizügigkeit, Art. 49 Abs. 1 AEUV für die Niederlassungsfreiheit, Art. 56 Abs. 1 AEUV für die Dienstleistungsfreiheit. Auf die Waren- und Kapitalverkehrsfreiheit können sich auch Angehörige von Drittstaaten berufen. 873

Der **sachliche Anwendungsbereich** ergibt sich aus der jeweiligen Grundfreiheit. Die Warenverkehrsfreiheit gilt z. B. für Waren gem. Art. 28 Abs. 2 AEUV, bei der Arbeitnehmerfreizügigkeit ist eine abhängige Beschäftigung gefordert.

Erforderlich ist weiterhin immer ein **grenzüberschreitender Bezug**. Rein innerstaatliche Sachverhalte fallen nicht in den Anwendungsbereich der Grundfreiheiten. Die nationale Vorschrift bleibt auf innerstaatliche Sachverhalte und auf Sachverhalte, die nur einen Bezug zu Drittländern aufweisen, anwendbar. Daraus folgt, dass Inländer durch nationale Vorschriften schlechter gestellt werden können als Unionsbürger anderer Mitgliedstaaten (sog. **Inländerdiskriminierung**, vgl. auch oben Rn. 744). 874

Für einige Grundfreiheiten gibt es sog. **Bereichsausnahmen**, so z. B. im Rahmen der Arbeitnehmerfreizügigkeit für den öffentlichen Dienst, Art. 45 Abs. 4 AEUV.

c) Vorliegen einer Beeinträchtigung der Grundfreiheit

875 Eine Beeinträchtigung der Grundfreiheiten stellen jedenfalls alle (offenen oder versteckten) Diskriminierungen dar, also Situationen, in denen Personen oder Waren aus einem anderen Mitgliedstaat schlechter behandelt werden als vergleichbare inländische Sachverhalte (sog. **Diskriminierungsverbot**). Eine offene Diskriminierung liegt vor, wenn die Ungleichbehandlung direkt an die Staatsangehörigkeit oder Herkunft einer Person oder Ware anknüpft. Eine versteckte Diskriminierung liegt vor, wenn die Ungleichbehandlung sich aus Kriterien ergibt, von denen Waren oder Personen aus anderen Mitgliedstaaten typischerweise häufiger oder stärker betroffen sind.

876 Die Grundfreiheiten beinhalten darüber hinaus auch ein **Beschränkungsverbot**. Auch unterschiedslos geltende Maßnahmen, die also nicht diskriminierend sind, können eine Beeinträchtigung einer Grundfreiheit darstellen.

BEACHTE

Eine Beeinträchtigung der Grundfreiheit stellen alle Maßnahmen dar, die geeignet sind, die Ausübung der Grundfreiheiten zu behindern oder weniger attraktiv zu machen.

877 Verpflichtete der Grundfreiheiten sind zunächst die Mitgliedstaaten, so dass eine Beeinträchtigung jedenfalls bei **staatlichen Maßnahmen** vorliegt. Eine solche kann auch in einem rein faktischen Handeln oder einem pflichtwidrigen Unterlassen liegen. Es genügt, wenn die Maßnahme einem Träger öffentlicher Gewalt zuzuordnen ist. Zu den möglicherweise zu beanstandenden Maßnahmen gehören alle Gesetze, Verordnungen und Satzungen. Ausreichend sind aber auch verbindliche Auflagen und Weisungen zuständiger Behörden, Aufforderungen der zuständigen Ministerien sowie Verwaltungsvorschriften oder eine benachteiligende Verwaltungspraxis.

BEISPIELE Die irische Regierung führte ein Programm zur Förderung irischer Produkte durch. Dazu gehörte auch eine Werbekampagne, in der die Verbraucher aufgefordert wurden, nur irische Produkte zu kaufen („*Buy Irish*"). Der Gerichtshof sah die Kampagne als eine faktische Maßnahme an, die Einfuhren von Waren aus anderen Mitgliedstaaten beeinträchtigen kann und daher dem Verbot des Art. 34 AEUV unterfällt (EuGH, Urteil v. 24. 11. 982, Rs. C-249/81, EU:C:1982:402 – *Buy Irish*).

Französische Behörden unterließen es systematisch, gegen Gewalttaten von Protestbewegungen französischer Bauern einzuschreiten, die sich gegen landwirtschaftliche Erzeugnisse anderer Mitgliedstaaten richteten (Blockade von Lkw, Zerstörung von Produkten, Bedrohungen von Supermärkten). Die Beeinträchtigung des interunionalen Handels wurde hier direkt durch die protestierenden Bauern, also Private gesetzt. Der Gerichtshof sah aber dennoch eine relevante staatliche Maßnahme an. Die Grundfreiheiten verpflichten die Mitgliedstaaten dazu, alle erforderlichen und geeigneten Maßnahmen zu ergreifen, um in ihrem Gebiet die Beachtung der Grundfreiheiten sicherzustellen (EuGH, Urteil v. 9. 12. 1997, Rs. C-265/95, EU:C:1997:595).

878 Ob auch **Privatpersonen** durch die Grundfreiheiten gebunden werden (sog. horizontale Wirkung der Grundfreiheiten) ist strittig. Für den Bereich der Personen- und Arbeitnehmerfreizügigkeit wurde dies vom Gerichtshof bejaht, für die Warenverkehrsfreiheit hingegen abgelehnt.

BEISPIEL ► Ein belgischer Profifußballer erlitt aufgrund der von dem privatrechtlich organisierten Europäischen Fußballverband UEFA aufgestellten Transferregelungen einen finanziellen Schaden, da sein Wechsel von einem belgischen zu einem französischen Fußballclub aufgrund der Regelungen verhindert worden ist. Die Transferregel sah die Zahlung einer Ablösesumme auch nach einem Auslaufen eines Vertrages vor. Der Gerichtshof nahm einen Verstoß gegen die Arbeitnehmerfreizügigkeit an und begründetet dies damit, dass Art. 45 AEUV nicht nur für staatliche Maßnahmen, sondern auch für von Sportverbänden aufgestellte kollektive Regelungen für die Ausübung einer unselbständigen Tätigkeit durch einen Berufssportler gilt, die Arbeitnehmerfreizügigkeit also auch Privaten gegenüber geltend gemacht werden kann. Die Transferregel selbst, die unterschiedslos für inländische und ausländische Fußballspieler galt, sah der Gerichtshof als unzulässige Beschränkung der Arbeitnehmerfreizügigkeit an (EuGH, Urteil v. 15. 12. 1995, Rs. C-415/93, EU:C:1995:463 – *Bosman*).

d) Rechtfertigung

Mitgliedstaatliche Beschränkungsmaßnahmen können durch im AEUV ausdrücklich geregelte oder sog. ungeschriebene, vom Gerichtshof entwickelte Rechtfertigungsgründe gerechtfertigt sein. **Geschriebene Rechtfertigungsgründe** als Schranken der Grundfreiheiten finden sich in Art. 36 AEUV für die Warenverkehrsfreiheit, in Art. 45 Abs. 3 AEUV für die Arbeitnehmerfreizügigkeit, in Art. 52 Abs. 1 AEUV für die Niederlassungsfreiheit, in Art. 62 AEUV i.V. m. Art. 52 Abs. 1 AEUV für die Dienstleistungsfreiheit und in Art. 65 Abs. 1 AEUV für die Kapitalverkehrsfreiheit. 879

Ungeschriebene Rechtfertigungsgründe hat der Gerichtshof zunächst anhand der Warenverkehrsfreiheit als immanente Schranken der Grundfreiheit entwickelt (s. u. Rn. 902 f.) und später auch auf die anderen Grundfreiheiten ausgedehnt. Danach können mittelbare Diskriminierungen und bloße Beschränkungen der Grundfreiheiten aufgrund zwingender Erfordernisse des Allgemeininteresses gerechtfertigt sein. Eine Rechtfertigung unmittelbarer diskriminierender Maßnahmen ist hingegen nur durch ausdrücklich geregelte, geschriebene Rechtfertigungsgründe möglich. 880

BEACHTE

Neben den ausdrücklich verankerten Rechtfertigungsgründen gibt es auch ungeschriebene Rechtfertigungsgründe, nach denen die Beschränkung einer Grundfreiheit aus zwingenden Erfordernissen des Allgemeininteresses gerechtfertigt sein kann. Diese ungeschriebenen Rechtfertigungsgründe greifen aber nicht bei diskriminierenden Maßnahmen.

Allein das Vorliegen eines geschriebenen oder ungeschriebenen Rechtfertigungsgrunds kann die Beeinträchtigung einer Grundfreiheit noch nicht rechtfertigen. So ist nach der Rechtsprechung des EuGH insbesondere das **Verhältnismäßigkeitsprinzip** zu beachten. 881

BEACHTE

Eine mitgliedstaatliche Beeinträchtigung einer Grundfreiheit kann nur dann durch einen geschriebenen oder ungeschriebenen Rechtfertigungsgrund gerechtfertigt sein,

wenn sie verhältnismäßig ist. Eine Maßnahme ist verhältnismäßig, wenn sie geeignet und erforderlich ist.
Geeignet ist eine Maßnahme, wenn die Verwirklichung des mit der Regelung verfolgten Ziels gewährleistet wird.
Erforderlich ist die Maßnahme, wenn sie nicht über das hinausgeht, was zur Erreichung dieses Ziels erforderlich ist. Dabei ist zu prüfen, ob das Ziel nicht mit einer weniger belastenden Maßnahme erreicht werden kann (milderes Mittel).

Den Schwerpunkt der Verhältnismäßigkeitsprüfung legt der Gerichtshof regelmäßig auf die Prüfung der Erforderlichkeit einer Maßnahme, zu einer Angemessenheitsprüfung im Sinne einer Güterabwägung – wie in der Verhältnismäßigkeitsprüfung des nationalen deutschen Staats-und Verwaltungsrecht üblich – kommt der Gerichtshof in der Regel nicht mehr.

III. Warenverkehrsfreiheit

882 Zentrales Element des Binnenmarkts ist die Freiheit des Warenverkehrs. Art. 28 AEUV legt fest, dass die Union eine Zollunion umfasst, und leitet als maßgebliche Norm den Titel II des 3. Teils des AEUV „Der freie Warenverkehr" ein. Einzelne Regelungen zur Einrichtung der Zollunion finden sich dann in dem Kapitel 1 „Die Zollunion". Kapitel 2 enthält Vorschriften über das „Verbot von mengenmäßigen Beschränkungen zwischen den Mitgliedstaaten". Sonderregeln zum freien Warenverkehr ergeben sich gem. Art. 38 ff. AEUV für den Bereich der Landwirtschaft und Fischerei im Rahmen einer Gemeinsamen Agrarpolitik.

1. Sachlicher Anwendungsbereich: Begriff der Ware

883 Der sachliche Anwendungsbereich beider Regelungsbereiche bezieht sich gem. Art. 28 Abs. 2 AEUV auf Waren, die aus den Mitgliedstaaten stammen sowie auf Drittlandswaren, die sich in den Mitgliedstaaten im freien Verkehr befinden.

Der Gerichtshof hat den Begriff der Ware wie folgt definiert:

DEFINITION

Waren sind körperliche Gegenstände, die über eine Grenze verbracht werden und daher Gegenstand von Handelsgeschäften sein können. Hierzu gehören – trotz fehlender Verkörperung – auch der elektrische Strom und Gas. Nicht unter den Warenbegriff fallen hingegen gesetzliche Zahlungsmittel, die den Vorschriften über den Kapital- und Zahlungsverkehr unterliegen.

---

884 Nur handelbare Waren unterliegen der Freiheit des Warenverkehrs. Umgekehrt heißt das, dass Gegenstände, für die es keinen legalen Markt gibt (z. B. Falschgeld und Drogen) nicht in den Anwendungsbereich der Warenverkehrsfreiheit fallen. Abfälle hingegen sind als Waren anzusehen, da sie grundsätzlich Gegenstand von Handelsgeschäften sein können.

Der AEUV definiert nicht, wann eine Ware aus den Mitgliedstaaten stammt. Nach den zollrechtlichen Vorschriften sind dies die sog. Unionswaren, die vollständig in der Union gewonnen oder hergestellt, oder nur aus solchen Waren und im freien Verkehr befindlichen Waren hergestellt wurden (vgl. Art. 5 Nr. 23 a) und c) UZK). Waren, die sich im freien Verkehr eines Mitgliedsstaats befinden, sind gem. Art. 29 AEUV die Drittlandswaren, für die die Einfuhrförmlichkeiten erfüllt und die vorgeschriebenen Zölle und Abgaben erhoben wurden (Unionswaren gem. Art. 5 Nr. 23 b) UZK). Die erforderlichen Einfuhrförmlichkeiten und die Erhebung der Zölle sind wiederum im Unionszollkodex geregelt. Waren, die sich nicht im freien Verkehr befinden (sog. Nicht-Unionswaren gem. Art. 5 Nr. 24 UZK) nehmen nicht am freien Warenverkehr teil, sondern unterliegen vielmehr der zollamtlichen Überwachung gem. Art. 134 UZK. 885

2. Die Zollunion

Die Belastung der Warenverkehrsströme mit Abgaben und die Durchführung von Kontrollen stellen Handelshemmnisse dar, welche den freien Warenaustausch beeinträchtigen und erschweren. Im Rahmen einer Zollunion ist es unzulässig, Ein- und Ausfuhrzölle und Abgaben gleicher Wirkung zu erheben. Außerdem ist ein gemeinsamer Zolltarif gegenüber dritten Ländern, also solchen, die nicht an der Zollunion partizipieren, notwendig. 886

BEACHTE

Eine Zollunion besteht aus zwei Elementen:

- dem Verbot der Ein- und Ausfuhrzölle und Abgaben gleicher Wirkung zwischen den Mitgliedstaaten sowie
- dem Gebot der Einführung eines gemeinsamen Zolltarifs.

Das letzte Element fehlt bei der sog. Freihandelszone, die nur das Verbot des Erhebens von Ein- und Ausfuhrzöllen zwischen den Mitgliedstaaten umfasst. Damit erheben Staaten, die sich zu einer Freihandelszone zusammengeschlossen haben, bei dem Warenaustausch untereinander für aus diesen Staaten stammende sog. Ursprungswaren keine Abgaben; gegenüber Drittländern besteht aber ein unterschiedlich hoher Zollsatz.

BEISPIEL ▸ Länder A, B und C haben eine Freihandelszone eingerichtet. Waren aus A können nun ohne Abgabenbelastung nach B, Waren aus dem Land B ohne Abgabenbelastung in das Land C usw. exportiert werden. Wird aber Ware aus einem Land außerhalb der Freihandelszone (Land X) in das Land A eingeführt, so kann es sein, dass hierfür Abgaben in Höhe von 10 % zu erheben sind, während die gleiche Einfuhr in das Land B zur Erhebung eines Zolls von z. B. 5 % führen würde. Die Drittlandsware ist innerhalb der Freihandelszone nicht frei handelbar, sondern im Prinzip erneut zu verzollen, wenn sie vom Land A in das Land B exportiert wird. In einer Zollunion gilt hingegen ein einheitlicher Zolltarif: Gleichgültig in welches Land die Ware aus dem Land X eingeführt wird, es ist stets ein und derselbe Zoll zu entrichten, also z. B. von 5 % des Warenwerts. Befindet sich die Ware nach Entrichtung der Abgaben im freien Verkehr, kann sie ohne Erhebung weiterer Zölle innerhalb der Zollunion gehandelt werden.

Die Zollunion ist schon seit 1968 verwirklicht, das gesamte Zollrecht unionsrechtlich geregelt. Neben einem gemeinsamen Zolltarif gibt es gemeinsame und einheitliche zollrechtliche Vorschriften. Diese sind in dem bereits angesprochenen Zollkodex der Union und einer hierzu ergangenen delegierten Verordnung und einer Durchführungsverordnung niedergelegt (s. o. Rn. 865 f.).

3. Verbot der Zölle und Abgaben gleicher Wirkung

887 Art. 30 AEUV enthält das Verbot, Ein- und/oder Ausfuhrzölle zwischen den Mitgliedstaaten zu erheben.

DEFINITION

Zölle: Abgaben, die als solche bezeichnet sind und mit denen die Waren bei der Einfuhr oder der Ausfuhr belastet werden, ohne dass eine Abgabe für gleichartige inländische Waren besteht.

Abgaben zollgleicher Wirkung: Alle nicht als Zölle bezeichneten finanziellen Belastungen, die ein- oder ausgeführten Waren wegen ihres Grenzübertritts einseitig und ohne Gegenleistung auferlegt werden.

Der Begriff des Zolls ist also formal zu verstehen. Zölle müssen als solche ausdrücklich bezeichnet werden. Der Begriff der Abgaben gleicher Wirkung ist hingegen schwieriger zu fassen. Die tatsächliche Bezeichnung ist gleichgültig. Es kommt auch nicht darauf an, ob die Abgabe zugunsten des Staates erhoben wird oder ob sie eine diskriminierende oder protektionistische Wirkung hat. Gebühren für Zollabfertigung oder Erteilung von Einfuhrgenehmigungen sind damit jedenfalls unzulässig.

888 FALL

Nach belgischen Bestimmungen musste für Geflügelfleisch, welches zur Einfuhr aus anderen Mitgliedstaaten vorgesehen war, neben dem Zeugnis eines aus diesem Mitgliedstaat stammenden und dort anerkannten und zugelassenen Tierarztes eine obligatorische Gesundheitskontrolle bei der Einfuhr des Geflügelfleischs treten. Die Kosten für diese Untersuchung wurden den Importeuren und/oder Eigentümern auferlegt. Demgegenüber bestand für belgische Produzenten nur die Verpflichtung zur Durchführung einer behördlichen Untersuchung. Die Kommission sah hierin einen Verstoß gegen Art. 30 AEUV und erhob Klage.

Der Gerichtshof gab dem Vorbringen der Kommission grundsätzlich Recht. Das Verbot des Art. 30 AEUV, zwischen den Mitgliedstaaten Zölle und Abgaben gleicher Wirkung zu erheben, lasse keine Unterscheidung nach dem Zweck der finanziellen Belastungen zu, deren Beseitigung es vorsieht, und umfasse daher auch die Gebühren für gesundheitliche Kontrollen bei der Wareneinfuhr. Etwas anderes könne nur dann gelten, wenn die finanziellen Belastungen Teil einer allgemeinen inländischen Gebührenregelung wären, die systematisch einheimische und eingeführte Erzeugnisse nach denselben

Merkmalen erfassen oder das Entgelt für einen dem Importeur tatsächlich geleisteten Dienst darstellen würden. Dies sei hier nicht der Fall (EuGH, Urteil v. 20.03.1984, Rs. C-314/82, EU:C:1984:118).

Keine Abgabe gleicher Wirkung wie ein Zoll liegt demnach vor, wenn bei einer an den Grenzübertritt geknüpften Gebühr für eine Kontrolle 889

- die erhobenen Gebühren Entgelt für tatsächlich geleistete Dienste darstellen,
- die Kontrollen für inländische Erzeugnisse in gleicher Weise und zu gleichen Kosten gelten,
- sie den Warenverkehr (zumindest indirekt) begünstigen, da sie die Wirkung weitergehender Maßnahmen, die u.U. nach Art. 36 AEUV zulässig wären, verhindern bzw. aufheben.

Ebenfalls keine Abgaben gleicher Wirkung sind die Steuern i.S. des Art. 110 AEUV (z.B. die Biersteuer als Verbrauchsteuer), die zwar an den Grenzübertritt der Ware anknüpfen, aber Bestandteil einer allgemeinen inländischen Abgabenregelung sind, die einheimische und eingeführte Erzeugnisse systematisch nach denselben Merkmalen erfasst.

Art. 30 AEUV enthält keine geschriebenen Rechtfertigungsgründe. Das Verbot von Zöllen und Abgaben gleicher Wirkung gilt absolut. 890

4. Verbot mengenmäßiger Beschränkungen

Die durch Art. 28, 30 AEUV bewirkte Beseitigung von Handelsschranken, die auf der Belastung von Waren mit Abgaben gleich welcher Art fußen, deckt aber nur einen wesentlichen Teilaspekt möglicher Handelshemmnisse ab. Ein weiterer wichtiger Bereich ist der der mengenmäßigen Beschränkungen und Maßnahmen gleicher Wirkung. Denn es liegt auf der Hand, dass die Freiheit des Warenverkehrs auch dadurch beeinträchtigt werden kann, dass man die Einfuhr bestimmter Waren aus anderen Mitgliedstaaten kontingentiert oder gar ganz verbietet. Art. 34 AEUV enthält daher das grundsätzliche Verbot mengenmäßiger Beschränkungen sowie Maßnahmen gleicher Wirkung. Damit korrespondiert auf der Ausfuhrseite das in Art. 35 AEUV angeordnete Verbot von Ausfuhrbeschränkungen. Flankierend greift Art. 37 AEUV, der als speziellere Norm zu Art. 34 und 35 AEUV staatliche Handelsmonopole mit diskriminierender Wirkung verbietet. 891

a) Einfuhrbeschränkungen

Der Wortlaut der Art. 34 1. Alt. AEUV verbietet alle Kontingentierungen. Das sind solche staatlichen Maßnahmen, die mittels einer Rechtsvorschrift das Verbringen von Waren aus oder in einen Mitgliedstaat der Menge nach begrenzen (Kontingent). Nicht ausdrücklich genannt, aber von Art. 34 AEUV als noch deutlich weitergehende Maßnahme mit umfasst, sind alle staatlichen Regelungen, die das Verbringen von Waren völlig untersagen (sog. „Null-Menge"). 892

Den mangels gesetzlicher Vorgaben auszulegenden Begriff der „Maßnahmen gleicher Wirkung" i.S. des Art. 34 2. Alt. AEUV hat der Gerichtshof in der bekannten *Dassonville*-Formel wie folgt konkretisiert: 893

DEFINITION

Maßnahmen gleicher Wirkung wie mengenmäßige Einfuhrbeschränkungen sind alle Maßnahmen der Mitgliedstaaten, die geeignet sind, den Handel in der Union unmittelbar oder mittelbar, tatsächlich oder potenziell zu behindern.

FALL

In einem Rechtsstreit aus dem Jahre 2000 hatte der Gerichtshof im Rahmen einer Klage nach Art. 258 AEUV über die Rechtmäßigkeit des in Deutschland vergebenen CMA-Gütesiegels zu entscheiden. Durch das „Gesetz über die Errichtung eines zentralen Fonds zur Absatzförderung der deutschen Land- und Ernährungswirtschaft (Absatzfondsgesetz)" vom 26. 6. 1969 wurde ein Fonds errichtet, der u. a. die Aufgabe hatte, den Absatz und die Verwertung von Erzeugnissen der deutschen Land- und Ernährungswirtschaft durch Erschließung und Pflege von Märkten im In- und Ausland zu fördern. Hierzu wurde über eine Centrale-Marketinggesellschaft ein Gütezeichen für bestimmte deutsche Produkte vergeben (CMA-Gütezeichen). Der Gerichtshof stellt in seinem Urteil fest, dass Art. 34 AEUV das Verbot jeder Regelung oder sonstiger Maßnahme der Mitgliedstaaten, die geeignet ist, den unionsinternen Handel unmittelbar oder mittelbar, tatsächlich oder potenziell zu behindern, bezweckt. In dem CMA-Gütezeichen sah er eine potenzielle Beschränkung des freien Warenverkehrs. Diese Einschätzung werde auch nicht durch den Umstand relativiert, dass die Verwendung des CMA-Gütezeichens fakultativ war. Aus diesem Grunde stellte der Gerichtshof fest, dass Deutschland durch die Vergabe des Gütezeichens gegen die Verpflichtung aus Art. 34 AEUV verstoßen habe (EuGH, Urteil v. 5. 11. 2002, Rs. C-325/00, EU:C:2002:633 – *CMA-Gütesiegel*).

894 Eine Maßnahme gleicher Wirkung i. S. des Art. 34 AEUV liegt auf jeden Fall dann vor, wenn Waren allein aufgrund ihrer Herkunft in einem anderen Mitgliedstaat benachteiligt werden. Dies gilt sowohl für offene, also auch für versteckte Diskriminierungen. Die Warenverkehrsfreiheit enthält demnach ein **Diskriminierungsverbot** (vgl. oben Rn. 875).

895 Nach der Rechtsprechung des EuGH kann eine Maßnahme gleicher Wirkung auch dann vorliegen, wenn die Maßnahme unterschiedslos auf inländische und eingeführte Waren Anwendung findet. Dies rechtfertigt sich daraus, dass nicht etwa der Diskriminierungsgedanke, sondern der der Beschränkung des Handels im Vordergrund steht. Die Warenverkehrsfreiheit umfasst demnach auch ein **Beschränkungsverbot** (vgl. oben Rn. 876).

BEISPIEL ▸ Eine Rechtsvorschrift eines Mitgliedstaats sieht vor, dass Margarine nur in Würfelform verpackt verkauft werden darf. Diese Regelung gilt unterschiedslos sowohl für inländische als auch für importierte Margarine. Durch die vorgeschriebene Verpackungsform wird die Einfuhr von Margarine aus anderen Mitgliedsstaaten nicht vollständig verboten. Jedoch ist die Regelung geeignet, den Vertrieb importierter Margarine zu erschweren, weil dadurch Hersteller anderer Mitgliedstaaten gezwungen sind, ihre Erzeugnisse für die Vermarktung in dem betreffenden Staat gesondert zu verpacken, wodurch zusätzliche Kosten entstehen. Die Regelung stellt damit eine Behinderung des Handels im Sinne der „*Dassonville*"-Formel dar.

Das sehr weit gefasste Beschränkungsverbot der *„Dassonville“*-Formel führte dazu, dass 896
immer mehr innerstaatliche Regelungen mit dem Argument, diese würden den Handel in der Union potenziell beschränken, vor dem Gerichtshof angegriffen wurden.

BEISPIEL ▸ Ein Verkaufsverbot am Sonntag führt dazu, dass insgesamt weniger Waren verkauft werden, u. a. auch solche, die aus anderen Mitgliedstaaten stammen und stellt damit potenziell eine Behinderung des Handels in der Union dar.

Der Gerichtshof schränkte die Anwendung der *„Dassonville“*-Formel in der Rechtsache 897
„Keck“ dahingehend ein, dass nationale Bestimmungen, die **bestimmte Verkaufsmodalitäten** beschränken oder verbieten, keine Maßnahmen gleicher Wirkung darstellen. Voraussetzung ist allerdings, dass die Verkaufsmodalitäten für alle betroffenen Wirtschaftsteilnehmer gelten und den Absatz der inländischen wie ausländischen Erzeugnisse rechtlich wie tatsächlich in gleicher Weise berühren. Der Gerichtshof begründete dies damit, dass solche Regelungen den Marktzugang für ausländische Produkte nicht stärker versperren oder behindern als für inländische Produkte (EuGH, Urteil v. 24. 11. 1993, verbundene Rs. C-267/91, C-268/91, EU:C:1993:905 – *Keck*).

In Abgrenzung zu den Verkaufsmodalitäten stellen sog. **produktbezogene Regelungen**, die beispielsweise die Zusammensetzung, Bezeichnung, Form, Aufmachung, Etikettierung oder Verpackung betreffen, hingegen eine Beschränkung der Warenverkehrsfreiheit dar.

Die nach der *„Keck“*-Rechtsprechung vorzunehmende Unterscheidung zwischen unter- 898
schiedslos wirkenden Verkaufsmodalitäten und den produktbezogenen Regelungen führte vielfach zu Abgrenzungsschwierigkeiten, insbesondere bei Nutzungsbeschränkungen. In seinen neuesten Urteilen verzichtet der EuGH auf die Abgrenzungskriterien i. S. der *Keck*-Rechtsprechung und nimmt stattdessen eine abgestufte Prüfung vor, um die weite *„Dassonville“*-Formel einzugrenzen (EuGH, Urteil v. 26. 4. 2012, Rs. C-456/10, EU:C:2012:241 – *ANETT*, Rn. 32 – 37).

BEACHTE

Nach der „Drei-Stufen-Prüfung“ des EuGH sind ausgehend von der *„Dassonville“*-Formel als Maßnahmen gleicher Wirkung anzusehen:

1. Maßnahmen, mit denen bezweckt oder bewirkt wird, Waren aus anderen Mitgliedstaaten weniger günstig zu behandeln (Diskriminierungsverbot).
2. Hemmnisse für in anderen Mitgliedsstaaten rechtmäßig hergestellte und in den Verkehr gebrachte Erzeugnisse durch Vorschriften über die Voraussetzungen, denen die Waren entsprechen müssen, selbst wenn diese Vorschriften unterschiedslos für alle Erzeugnisse gelten (Grundsatz der gegenseitigen Anerkennung).
3. Jede sonstige Maßnahme, die den Zugang zum Markt eines Mitgliedstaats für Erzeugnisse aus anderen Mitgliedstaaten erschwert (Marktzugangsbeschränkung).

Nur wenn alle drei Kriterien abgelehnt werden können, liegt keine rechtfertigungsbedürftige Maßnahme gleicher Wirkung vor.

FALL

Ein schottisches Gesetz über Mindestpreise für Alkohol in Schottland aus dem Jahr 2012 sieht vor, dass ein Mindestpreis pro Alkoholeinheit festzulegen ist, der beim Verkauf alkoholischer Getränke im Einzelhandel zu beachten ist. Im Wege des Vorabentscheidungsverfahrens wurde der Gerichtshof mit der Frage befasst, ob die Mindestpreisregelung einen Verstoß gegen Art. 34 AEUV darstellt.

Der EuGH bekräftigt zunächst die Definition der Maßnahme gleicher Wirkung gem. der „*Dassonville*"-Formel und führt sodann aus, dass die im Ausgangsverfahren streitige Regelung allein deshalb, weil sie verhindert, dass sich niedrigere Gestehungskosten (Herstellungskosten) eingeführter Erzeugnisse im Endverkaufspreis niederschlagen können, geeignet ist, alkoholhaltigen Getränken, die in anderen Mitgliedstaaten als dem Vereinigten Königreich und Nordirland rechtmäßig vertrieben werden, den Zugang zum britischen Markt zu erschweren, und somit eine Maßnahme mit gleicher Wirkung wie eine mengenmäßige Beschränkung i. S. von Art. 34 AEUV darstellt (EuGH, Urteil v. 23. 12. 2015, Rs. C-333/14, EU:C:2015:845 – *Scotch Whisky Association*, Rn. 32). An der angegebenen Stelle nimmt der Gerichtshof ausdrücklich auf die Schlussanträge des Generalanwalts Bezug, der ausführlich die Drei-Stufen-Prüfung referiert (Schlussanträge GA Bot, Rs. C-333/14, EU:C:2015:527, Rn. 58 – 60).

b) Rechtfertigung von Beeinträchtigungen gem. Art. 36 AEUV

899 Das grundsätzliche Verbot des Art. 34 AEUV unterliegt den Einschränkungen des Art. 36 AEUV, d. h. mengenmäßige Einfuhrbeschränkungen und Maßnahmen gleicher Wirkung sind dann zulässig, wenn einer der dort genannten Ausnahmetatbestände greift. Die Tatbestandsmerkmale des Art. 36 AEUV hat der Gerichtshof unionsrechtlich definiert und durch eine enge Interpretation den Anwendungsbereich der Norm erheblich eingeschränkt. So soll z. B. der Bereich „Öffentliche Sicherheit" nur dann berührt sein, wenn grundlegende Interessen des Staates, wie z. B. die Aufrechterhaltung wesentlicher öffentlicher Dienstleistungen oder das sichere und wirksame Funktionieren des Staates, in Frage stehen. Der Bereich der „Öffentlichen Ordnung" soll dann betroffen sein, wenn hoheitlich festgelegte Grundregeln, die wesentliche Interessen des Staates betreffen, berührt werden. Als „Öffentliche Sittlichkeit" ist der Inbegriff der Moralvorstellungen einer bestimmten Gesellschaft zu einer bestimmten Zeit zu verstehen. Als weitere Rechtfertigungsgründe nennt Art. 36 AEUV die Maßnahmen zum „Schutz der Gesundheit und des Lebens von Menschen, Tieren und Pflanzen". Viele nationale Regelungen, die den freien Warenverkehr beeinträchtigen, werden auf dieses Tatbestandsmerkmal gestützt. Zu denken ist hier an gesundheits- und tierseuchenrechtliche Regelungen und an Maßnahmen der Produktsicherheit. Weitere Schutzgüter sind das nationale Kulturgut von künstlerischem, geschichtlichem oder archäologischem Wert (relevant insbesondere für die Rechtfertigung von Ausfuhrverboten) sowie der Schutz des gewerblichen und kommerziellen Eigentums (z. B. Patente, Warenzeichen-, Urheberrechte).

Würde man ohne weitere Prüfung alle nach Art. 36 AEUV möglichen Einschränkungen 900
der Warenverkehrsfreiheit zulassen, so wäre der Schutz des Art. 34 AEUV nicht sehr viel wert. So könnten z. B. gegenüber Waren, die aus anderen Mitgliedstaaten stammen, andere Maßstäbe angelegt werden als an solche, die im Inland produziert wurden.

BEISPIEL ▸ Der Import und Verkauf von pornographischen Schriften, welche aus anderen Mitgliedstaaten stammen, wird unter Berufung auf die öffentliche Sittlichkeit versagt. Solche Schriften seien anstößig und unsittlich. Gleichzeitig aber dürfen in dem betreffenden Mitgliedstaat selbst solche Schriften unter Hinweis auf die Pressefreiheit produziert und vertrieben werden.

Um solche Konsequenzen zu vermeiden, enthält Art. 36 AEUV selbst zwei wichtige Be- 901
schränkungen einer möglichen Rechtfertigung (Schranken-Schranken): Die auf die dort genannten Umstände gestützten Einfuhrverbote und -beschränkungen sind nur unter der Voraussetzung zulässig, dass sie weder ein Mittel zur willkürlichen Diskriminierung noch eine verschleierte Beschränkung des Handels zwischen den Mitgliedstaaten darstellen.

Während die erste Einschränkung (kein Mittel der willkürlichen Diskriminierung) das hier gebrachte Beispiel betrifft und die angeführte Beschränkung der Einfuhr pornographischer Schriften unzulässig macht, bezieht sich das zweite Merkmal – zusammen mit der Tatsache, dass nach dem Wortlaut des Art. 36 AEUV nur die aus den dort genannten Gründen „gerechtfertigten" Maßnahmen zulässig sind – auf den Verhältnismäßigkeitsgrundsatz (s. o. Rn. 881).

c) Ungeschriebene Rechtfertigungsgründe

Der Gerichtshof musste allerdings erkennen, dass aufgrund der restriktiven Auslegung 902
des Art. 36 AEUV anerkennenswerte Gründe für nationale Regelungen, die sich faktisch auf die Freiheit des Warenverkehrs auswirken, bei der weiten Auslegung des Begriffs der unzulässigen Maßnahmen gleicher Wirkung Art. 34 AEUV, unberücksichtigt bleiben müssten. Er entwickelte daher den Grundsatz, dass nicht diskriminierende Maßnahmen aufgrund zwingender Erfordernisse als immanente Schranken der Warenverkehrsfreiheit gerechtfertigt sein können.

FALL

Eine deutsche Firma beantragte bei der zuständigen Behörde die Genehmigung, aus Frankreich den Likör *„Cassis de Dijon"* einführen zu dürfen. Dieser wurde in Frankreich mit einem Alkoholgehalt von 15 – 20 % hergestellt. Die Genehmigung wurde verweigert, weil dieser Likör nach den damals geltenden Bestimmungen nicht verkehrsfähig war, da nach deutschem Recht ein Likör mindestens 25 % Alkohol aufweisen musste. Der Gerichtshof erkannte an, dass grundsätzlich auch andere Gründe wie die in Art. 36 AEUV genannten, z. B. solche des Verbraucherschutzes, eine nationale Regelung rechtfertigen können. So könne aufgrund der bestehenden Gesetzeslage der deutsche Konsument durchaus die Erwartung haben, dass das Likörgetränk mindestens 25 % Alkohol aufweise. Dennoch hat er die Verweigerung der Genehmigung als rechtswidrig eingestuft, weil es zur Erreichung des Ziels, die Verbraucher vor einer irreführenden Bezeichnung zu schützen, ausreichend sei, die Ware deutlich zu etikettieren (EuGH, Urteil v. 20. 2. 1979, Rs. C-120/78, EU:C:1979:42 – *Cassis de Dijon*).

903 Die im Zusammenhang mit dem Fall vom Gerichtshof getroffenen Ausführungen sind für die Warenverkehrsfreiheit prägend und lassen sich in der sog. „*Cassis*-Formel" wie folgt zusammenfassen:

> *Cassis*-Formel:
> Solange es keine unionsrechtliche Regelung über die Herstellung und Vermarktung von bestimmten Waren gibt, ist es Sache der Mitgliedstaaten, solche Vorschriften zu erlassen. Hemmnisse für den Binnenhandel in der Union müssen insoweit hingenommen werden. Dies aber nur, soweit diese Bestimmungen notwendig sind, um zwingenden Erfordernissen z. B. aus Gründen einer wirksamen steuerlichen Kontrolle, der Lauterkeit des Handelsverkehrs und des Verbraucherschutzes gerecht zu werden.

Als zwingende Erfordernisse des Allgemeininteresses sind mittlerweile durch den EuGH weiterhin anerkannt: Umweltschutz, Sicherheit des Straßenverkehrs, Erhalt der Medienvielfalt, Grundrechte Dritter (z. B. Versammlungsfreiheit, Meinungsfreiheit).

Auch eine Beschränkung der Warenverkehrsfreiheit durch einen ungeschriebenen Rechtfertigungsgrund ist nur gerechtfertigt, wenn sie verhältnismäßig („notwendig" i. S. der *Cassis*-Formel) ist. So wird ein Verkaufsverbot aus Gründen des Verbraucherschutzes in der Regel nicht erforderlich und damit unverhältnismäßig sein, wenn eine angemessene Etikettierung der Ware für die Belange des Verbraucherschutzes ausreichend ist.

904 **Prüfungsschema Verstoß gegen die Warenverkehrsfreiheit Art. 34 AEUV**

I. Anwendbarkeit der Grundfreiheit
- keine abschließende Regelung im Sekundärrecht

II. Anwendungsbereich der Grundfreiheit
- Ware gem. Art. 28 Abs. 2 AEUV, Art. 29 AEUV
- grenzüberschreitender Sachverhalt

III. Beeinträchtigung der Grundfreiheit
- Staatliche Maßnahme (keine Handelsbeschränkung durch Private)
- Mengenmäßige Einfuhrbeschränkung (Kontingent, „Null-Menge")
- Maßnahme gleicher Wirkung
  - Dassonville-Formel: unmittelbare oder mittelbare, tatsächliche oder potenzielle Behinderung des Handels in der Union
  - Drei-Stufen-Prüfung
    1) Diskriminierende Maßnahmen
    2) Unterschiedslos geltende Regelungen bzgl. der Verkehrsfähigkeit von Waren: Grundsatz der gegenseitigen Anerkennung
    3) Jede sonstige Maßnahme, die den Marktzugang behindert

IV. Rechtfertigung
1. Rechtfertigung nach Art. 36 AEUV
   - Vorliegen eines geschriebenen Rechtfertigungsgrunds, Art. 36 Satz 1
   - Keine willkürliche Diskriminierung/verschleierte Beschränkung des Handels, Art. 36 Satz 2
   - Beachtung des Grundsatzes der Verhältnismäßigkeit
2. Ungeschriebene Rechtfertigungsgründe: zwingende Erfordernisse i. S. der *Cassis*-Formel
   - Nur bei diskriminierungsfreien Beschränkungen
   - Vorliegen eines zwingenden Erfordernisses
   - Beachtung des Grundsatzes der Verhältnismäßigkeit

d) Ausfuhrbeschränkungen

Das Verbot mengenmäßiger Ausfuhrbeschränkungen und Maßnahmen gleicher Wirkung in Art. 35 AEUV ist das Gegenstück zum Verbot von Einfuhrbeschränkungen in Art. 34 AEUV. Der Begriff der Maßnahmen gleicher Wirkung wird vom EuGH aber enger ausgelegt als auf der Einfuhrseite und als Diskriminierungsverbot angesehen, sodass eine Ungleichbehandlung zwischen den Waren, die einen Mitgliedsstaat verlassen und den Waren, die für den inländischen Absatz vorgesehen sind, erforderlich ist. Er definierte als Maßnahmen gleicher Wirkung zunächst nur solche Maßnahmen, die die Ausfuhrströme in spezifischer Weise beschränken und damit zu einer Ungleichbehandlung des Binnenhandels und des Außenhandels eines Mitgliedstaats führen, sodass die inländische Produktion oder der nationale Binnenmarkt einen besonderen Vorteil erlangt (EuGH, Urteil v. 8. 11. 1979, Rs. C-15/79, EU:C:1979:253 – *Groenveld*) und erweiterte die Definition mittlerweile auch auf faktische Ungleichbehandlungen. Danach liegt eine unzulässige Ausfuhrbeschränkung auch dann vor, wenn eine für alle im Inland tätigen Wirtschaftsteilnehmer geltende nationale Maßnahme tatsächlich die Ausfuhren stärker betrifft als den Absatz der Waren auf dem inländischen Markt (EuGH, Urteil v. 16. 12. 2008, Rs. C-205/07, EU:C:2008:730 – *Gysbrechts und Santurel Inter*). 905

BEISPIELE ▸ Nach einer spanischen Regelung zur Vergabe von Ursprungsbezeichnungen dürfen nur solche Weine die Bezeichnung *„denomincación de origen calificada"* tragen, die in ihrem Anbaugebiet in Spanien direkt in Flaschen abgefüllt werden. Die Vorschrift hat zur Folge, dass Wein in Fässern oder Containern nicht mit der Ursprungsbezeichnung exportiert und in anderen Mitgliedstaaten unter Vergabe der Ursprungszeichnung in Flaschen abgefüllt werden darf. Die Regelung schafft unterschiedliche Bedingungen für den Binnenhandel mit Wein innerhalb Spaniens und für den Außenhandel mit Wein und beschränkt die Ausfuhrströme daher in spezifischer Weise (EuGH, Urteil v. 16. 5. 2000, Rs. C-388/95, EU:C:2000:244).

Eine Regelung der flämischen Gemeinschaft in Belgien, nach der alle Rechnungen für Warenlieferungen in niederländischer Sprache zu erstellen sind, trifft Ausfuhren tatsächlich härter als Vermarktungen innerhalb Belgiens und stellt damit eine unter das Verbot des Art. 35 AEUV fallende Ungleichbehandlung dar (EuGH, Urteil v. 21. 6. 2016, Rs. C-15/15, EU:C:2016:464 – *New Valmar*).

Ausfuhrbeschränkungen können gem. Art. 36 Satz 1 AEUV gerechtfertigt sein, im Fall der geschützten Ursprungsbezeichnung für spanischen Wein beispielsweise unter dem Gesichtspunkt des gewerblichen und kommerziellen Eigentums. Eine Übertragbarkeit der ungeschriebenen Rechtfertigungsgründe der *Cassis*-Formel ist umstritten.

IV. Personenverkehrsfreiheiten

906 Die Freiheit des Personenverkehrs gehört zu den vier grundlegenden Freiheiten, die ein Binnenmarkt beinhaltet (vgl. Art. 26 Abs. 2 AEUV) und umfasst die Arbeitnehmerfreizügigkeit sowie die Niederlassungsfreiheit zum Zwecke der Ausübung von selbständiger Erwerbstätigkeit. Unabhängig von einer wirtschaftlichen Betätigung gewährt das allgemeine Freizügigkeitsrecht gem. Art. 21 AEUV allen Unionsbürgern das Recht, sich im Hoheitsgebiet der Mitgliedstaaten frei zu bewegen und aufzuhalten. Die allgemeine Personenverkehrsfreizügigkeit steht aber unter dem Vorbehalt vertraglicher und sekundärrechtlich geregelter Vorschriften. Die Personenverkehrsfreiheiten sind unmittelbar anwendbares Recht und verleihen den Betroffenen subjektive Rechte.

1. Anwendungsbereich der Personenverkehrsfreiheiten

907 Der persönliche Anwendungsbereich erstreckt sich grundsätzlich auf alle Staatsangehörigen eines Mitgliedstaates und in gewissem Umfang auf deren Familienmitglieder. Dies auch dann, wenn der Staatsangehörige in einem Gebiet wohnt, welches nicht zum Hoheitsgebiet der Europäischen Union gehört.

BEISPIEL Ein französischer Staatsangehöriger, der in einem der überseeischen Departements wohnt und lebt, kann sich auf die Freizügigkeit der Arbeitnehmer berufen, wenn er z. B. in Berlin oder Madrid arbeiten möchte. Angehörige von Drittstaaten können sich demgegenüber nicht auf die Freiheiten berufen, selbst wenn sie schon längere Zeit in der Europäischen Union gelebt haben.

a) Anwendungsbereich der Arbeitnehmerfreizügigkeit

908 Die Freizügigkeit der Arbeitnehmer (Art. 45 ff. AEUV) gilt für alle Personen, die in einem weisungsgebundenen Abhängigkeitsverhältnis stehen. Sie betrifft daher all diejenigen, die für einen anderen Arbeit verrichten und dafür Lohn oder Gehalt beziehen. Eine Arbeitnehmertätigkeit liegt selbst dann vor, wenn die Tätigkeit wegen ihres künstlerischen oder sportlichen Charakters grundsätzlich nicht dem Bereich der Wirtschaft zugeordnet wird.

BEISPIEL In der Rechtssache *Bosman* (vgl. auch oben Rn. 878) hatte der Gerichtshof über die Zulässigkeit von Transferregelungen und der Ausländerklauseln im Profifußball zu entscheiden. Er betonte dabei ausdrücklich, dass Art. 45 ff. AEUV auf Betätigungen im Rahmen des Profifußballsports anzuwenden sind, soweit diese eine wirtschaftliche Betätigung darstellen und die Fußballprofis oder Halbprofis eine unselbständige Tätigkeit ausüben oder entgeltliche Dienstleistungen erbringen (EuGH, Urteil v. 15. 12. 1995, Rs. C-415/93, EU:C:1995:463 – *Bosman*).

Neben den Arbeitnehmern können sich auch Arbeitgeber, selbst als juristische Person, nach der Rechtsprechung des Gerichtshofes (Urteil v. 7. 5. 1998, Rs. C-350/96, EU:C:1998:205) auf die unmittelbare Anwendung des Art. 45 AEUV berufen.

b) Anwendungsbereich der Niederlassungsfreiheit

In Abgrenzung zur Arbeitnehmerfreizügigkeit bezieht sich die Niederlassungsfreiheit (Art. 49 ff. AEUV) auf den Bereich der selbständig Erwerbstätigen, d. h. also auf jene Personen, die auf eigene Kosten und auf eigenes (unternehmerisches) Risiko hin handeln. Erfasst sind nicht nur natürliche, sondern nach Maßgabe des Art. 54 AEUV auch juristische Personen. 909

c) Grenzüberschreitender Bezug

Sachverhalte, die nur einen Bezug zu Drittstaaten haben, fallen nicht unter die Personenverkehrsfreiheiten. Ebenso sind die Personenverkehrsfreiheiten bei reinen Inlandssachverhalten nicht anwendbar. 910

BEACHTE

Inländerdiskriminierung: Bei Sachverhalten, die sich ausschließlich innerhalb eines Mitgliedstaates abspielen, wie etwa im Fall eines Angehörigen eines Mitgliedstaates, der niemals in einem anderen Mitgliedstaat gewohnt oder gearbeitet hat, greifen die Verbürgungen der Personenverkehrsfreiheit grundsätzlich nicht.

d) Bereichsausnahmen: Öffentliche Verwaltung und Ausübung öffentlicher Gewalt

Gem. Art. 45 Abs. 4 AEUV finden die Vorschriften des Art. 45 AEUV keine Anwendung auf die Beschäftigung in der öffentlichen Verwaltung. Damit sind diejenigen Stellen vom Anwendungsbereich der ersten drei Absätze des Art. 45 AEUV auszunehmen, die eine unmittelbare oder mittelbare Teilnahme an der Ausübung hoheitlicher Befugnisse und an der Wahrung solcher Aufgaben mit sich bringen, die auf die Wahrung der allgemeinen Belange des Staates oder anderer Körperschaften gerichtet sind. Denn nach der Rechtsprechung des Gerichtshofes setzt die Beschäftigung auf derartigen Stellen ein Verhältnis besonderer Verbundenheit des jeweiligen Stelleninhabers zum Staat sowie eine auf der Staatsangehörigkeit beruhende Gegenseitigkeit von Rechten und Pflichten voraus. 911

Um eine einheitliche Anwendung der Regelungen über die Freizügigkeit dennoch gewährleisten zu können, hat der Gerichtshof den Begriff der öffentlichen Verwaltung unionsrechtlich definiert. 912

FALL

Eine britische Staatsangehörige, die nach Abschluss ihres Studiums (Lehramt Sekundarstufe II) in Freiburg im Frühjahr 1979 erfolgreich die erste Staatsprüfung für das Lehramt abgelegt hatte, beantragte bei dem zuständigen Amt die Übernahme in den Referendardienst des Landes Baden-Württemberg. Dies wurde ihr im Hinblick auf das damals geltende Beamtenrecht verweigert, wonach grundsätzlich nur deutsche Staatsangehörige i. S. von Art. 116 GG in ein Beamtenverhältnis treten dürfen.

Im Vorabentscheidungsverfahren hat der Gerichtshof entschieden, dass ein Referendar Arbeitnehmer i. S. des Art. 45 AEUV ist. Das Argument der Bundesrepublik Deutschland, dass es sich insoweit um „öffentliche Verwaltung" handele, hat er damit zurückgewiesen, dass es auf den Inhalt der Tätigkeit, nicht aber auf die formale Ausgestaltung derselben ankomme: Die Freizügigkeit der Arbeitnehmer sei eines der Grundprinzipien der Union. Dies verbiete es, dass der Begriff des Arbeitnehmers i. S. von Art. 45 AEUV nach dem nationalen Recht unterschiedlich ausgelegt werden könne. Daher müsse der Begriff unionsrechtlich definiert werden, wobei eine weite Auslegung erforderlich sei. Dabei komme es für die Bestimmung, ob eine Tätigkeit der öffentlichen Verwaltung zuzurechnen ist, nicht darauf an, ob ein Arbeits- oder vielleicht ein Beamtenverhältnis (faktisch) begründet wird. Ausgenommen von Art. 45 Abs. 4 AEUV sind vielmehr nur diejenigen Stellen, „die eine unmittelbare oder mittelbare Teilnahme an der Ausübung hoheitlicher Befugnisse und an der Wahrnehmung solcher Aufgaben mit sich bringen, die auf die Wahrung der allgemeinen Belange des Staates oder anderer öffentlicher Körperschaften gerichtet sind...". Diese Voraussetzungen seien bei einer Referendarin nicht erfüllt, so dass die Nichtzulassung der Klägerin zum Referendardienst gegen das Gemeinschaftsrecht verstoßen hat (EuGH, Urteil v. 3. 7. 1986, Rs. C-66/85, EU:C:1986:284 – *Lawrie-Blum*).

BEACHTE

913 Öffentliche Verwaltung: Für die Frage, was unter „öffentlicher Verwaltung" zu verstehen ist, ist allein auf die Art der ausgeübten Beschäftigung, nicht aber auf die Rechtsnatur des Beschäftigungsverhältnisses (z. B. Beamter/Angestellter) abzustellen. Der Begriff betrifft daher nur die Kernbereiche hoheitlichen Handelns, z. B. die Polizei, die Rechtspflege, die Steuerverwaltung etc.

914 Die Rechtsprechung des Gerichtshofes zur Auslegung des Begriffs der öffentlichen Verwaltung führte dazu, dass der für die Einstellung eines Beamten in den Bundesdienst einschlägige § 7 des Bundesbeamtengesetzes (BBG) neu gefasst wurde. Er lautet in Abs. 1: *„In das Beamtenverhältnis darf nur berufen werden, wer*

1. *Deutscher i. S. des Art. 116 GG ist oder die Staatsangehörigkeit eines anderen Mitgliedstaates der Europäischen Union besitzt ..."*

Und in Abs. 2 heißt es:

2. *„Wenn die Aufgaben es erfordern, darf nur ein Deutscher ... in ein Beamtenverhältnis berufen werden."*

915 Für den Bereich der Niederlassungsfreiheit bestimmt Art. 51 AEUV, dass diese auf Tätigkeiten, die dauernd oder zeitweise mit der Ausübung öffentlicher Gewalt – also der konkreten Ausübung hoheitlicher Gewalt – verbunden sind, keine Anwendung findet. Die Tätigkeit eines Notars in Deutschland fällt nach der Rechtsprechung des Gerichtshofs nicht hierunter.

2. Beeinträchtigungen der Personenverkehrsfreiheiten

Die Freizügigkeit der Arbeitnehmer und die Niederlassungsfreiheit sind von der jeweili- 916
gen Zielsetzung her unterschiedlich ausgestaltet. Dies drückt sich in den konkreten Verbürgungen der Freiheiten aus, die in beiden Bereichen durch zahlreiche sekundärrechtliche Vorschriften näher konkretisiert worden sind.

a) Arbeitnehmerfreizügigkeit

Das Kernrecht der Arbeitnehmer enthält Art. 45 Abs. 2 AEUV und beinhaltet „die Ab- 917
schaffung jeder auf der Staatsangehörigkeit beruhenden unterschiedlichen Behandlung der Arbeitnehmer der Mitgliedstaaten in Bezug auf Beschäftigung, Entlohnung und sonstige Arbeitsbedingungen". Nach dem Wortlaut der Vorschrift sind damit Diskriminierungen aufgrund der Staatsangehörigkeit erfasst.

FALL

Ein Fußballtrainer, der die belgische Staatsangehörigkeit besitzt, will als Trainer einer französischen Profifußballmannschaft arbeiten. Die erforderliche Lizenz hat er ordnungsgemäß in Belgien erworben. Die französische Regierung weigert sich, ihn als Fußballtrainer anzuerkennen und in Frankreich arbeiten zu lassen. Sie begründet dies damit, dass es hierfür des Besitzes einer französischen Lizenz oder eines als gleichwertig anerkannten ausländischen Diploms bedürfe. Eine belgische Lizenz sei zwar vergleichbar, könne aber in diesem Fall nicht anerkannt werden, da es in Frankreich eine ausreichende Anzahl qualifizierter Fußballtrainer gebe.

Die Verweigerung der Anerkennung des in Belgien erworbenen Diploms und die darauf beruhende Verweigerung der Arbeitserlaubnis verstoßen gegen das Diskriminierungsverbot des Art. 45 AEUV. Denn der Grund für die Nichtanerkennung des Diploms liegt allein in der Staatsangehörigkeit des belgischen Trainers begründet. Er wird gegenüber inländischen Trainern ungleich behandelt. Eine Rechtfertigung gem. Art. 45 Abs. 3 AEUV aus Gründen der öffentlichen Ordnung, Sicherheit und Gesundheit ist nicht ersichtlich. Die Maßnahme ist rechtswidrig (vgl. EuGH, Urteil v. 15. 10. 1987, Rs. C-222/86, EU:C:1987:442 – *Heylens*).

Mittlerweile hat der EuGH anerkannt, dass auch die Arbeitnehmerfreizügigkeit ein Beschränkungsverbot enthält. Damit stellen alle Maßnahmen, die den Staatsangehörigen eines Mitgliedsstaats daran hindern oder abhalten, sein Herkunftsland zu verlassen, um von seinem Recht auf Freizügigkeit Gebrauch zu machen, Beeinträchtigungen dar, auch wenn sie unabhängig von der Staatsangehörigkeit der betroffenen Arbeitnehmer Anwendung finden (EuGH, Urteil v. 15. 12. 1995, Rs. C-415/93, EU:C:1995:463 – *Bosman*, vgl. das Beispiel oben unter Rn. 878). In Übertragung der Drei-Stufen-Prüfung bei der Warenverkehrsfreiheit wird man aber solche nichtdiskriminierenden Maßnahmen, die den Zugang zum Arbeitsmarkt nicht erschweren, nicht als Beschränkungen ansehen können, beispielsweise nichtdiskriminierende Berufsausübungsregelungen wie z. B. Arbeitszeitregelungen.

918 Ergänzt wird die Arbeitnehmerfreizügigkeit durch Art. 45 Abs. 3 AEUV, der die Möglichkeit des freien Zugangs zum Arbeitsmarkt innerhalb der Europäischen Union und die ungestörte Ausübung des Berufs gewährleisten soll.

BEACHTE

Art. 45 Abs. 3 AEUV gewährleistet folgende Begleitrechte der Arbeitnehmerfreizügigkeit:

Jeder Arbeitnehmer kann

- sich um tatsächlich angebotene Stellen bewerben,
- sich zu diesem Zwecke im Hoheitsgebiet der Mitgliedstaaten frei bewegen,
- sich in diesen nach den dort geltenden Bestimmungen aufhalten,
- nach den dort geltenden Bestimmungen eine Beschäftigung ausüben und
- unter bestimmten (im Sekundärrecht näher geregelten) Bedingungen auch nach Ablauf des Arbeitsverhältnisses weiter dort bleiben.

b) Niederlassungsfreiheit

919 Art. 49 AEUV soll garantieren, dass hinsichtlich der Niederlassung die Vergünstigung der Inländerbehandlung allen Staatsangehörigen zukommt, die sich in einem anderen Mitgliedstaat niederlassen möchten, um dort eine selbständige Erwerbstätigkeit auszuüben. Dies gilt auch dann, wenn dort nur eine Zweitniederlassung eröffnet werden soll.

Die Niederlassungsfreiheit unterliegt grundsätzlich den Bestimmungen des Aufnahmestaates für seine eigenen Staatsangehörigen, vgl. Art. 49 AEUV. Das bedeutet, dass die Aufnahme und Ausübung selbständiger Tätigkeiten durch solche Rechts- und Verwaltungsvorschriften zur Organisation, Befähigung, zu Standespflichten, Verantwortlichkeit, Haftung etc. näher ausgestaltet werden, die im Allgemeininteresse gerechtfertigt sind. Wenn die Aufnahme oder Ausübung einer spezifischen Tätigkeit im Mitgliedstaat derartigen Bestimmungen unterliegt, muss der Angehörige eines anderen Mitgliedstaates, der diese Tätigkeit ausüben will, die Voraussetzungen grundsätzlich ebenso erfüllen.

BEISPIEL ▸ Nach nationalem (deutschem) Recht ist das Führen einer Gaststätte von der Erteilung einer Erlaubnis nach dem Gaststättengesetz abhängig. Wenn ein EU-Ausländer in Deutschland eine Gaststätte eröffnen will, muss er eine solche Genehmigung einholen.

920 Grundsätzlich darf eine staatliche Maßnahme nicht zu einer Diskriminierung führen. Dies ist immer dann der Fall, wenn sich aus den nationalen Rechtsvorschriften eine Benachteiligung der Staatsangehörigen anderer Mitgliedstaaten, die sich niederlassen wollen, ergibt.

FALL

Nach dem italienischen Recht ist die Tätigkeit eines Wertpapiermaklers besonders zugelassenen Gesellschaften vorbehalten. Diese müssen ihren Sitz zwingend in Italien haben. Die Kommission sah hierin einen Verstoß gegen Art. 49 AEUV und erhob nach erfolgloser Durchführung des Vorverfahrens Vertragsverletzungsklage. Der Gerichtshof hat der Klage stattgegeben und u. a. ausgeführt, dass Art. 49 AEUV jede Diskriminierung der Staatsangehörigen, die sich aus nationalen Rechtsvorschriften ergeben, verbietet. Dies seien insbesondere all diejenigen Normen, die die Staatsangehörigen der anderen Mitgliedstaaten tatsächlich oder rechtlich gegenüber einem Staatsangehörigen des Niederlassungsmitgliedstaates, der sich in derselben Lage befindet, benachteiligen. Eine solche Benachteiligung sei aber durch die italienische Regelung gegeben. So seien die Makler anderer Mitgliedstaaten gehindert, sich der Niederlassungsformen wie Zweigniederlassung oder Geschäftsstelle zu bedienen. Da sie insoweit die Kosten einer Firmenneugründung in Italien tragen müssten, die für italienische Makler nicht entstehen würden, seien sie benachteiligt (vgl. EuGH, Urteil v. 6. 6. 1996, Rs. C-101/94, EU:C:1996:221).

Der Gerichtshof hat auch die Niederlassungsfreiheit von einem Diskriminierungsverbot zu einem Beschränkungsverbot weiterentwickelt, so dass nicht nur diskriminierende, sondern auch unterschiedslos geltende Maßnahmen als Beschränkung der Niederlassungsfreiheit angesehen werden können. 921

BEISPIEL ▸ Ein bei einem deutschen Gericht zugelassener Rechtsanwalt, der sich im Besitz der erforderlichen französischen Diplome befindet, beantragt seine Zulassung als Rechtsanwalt bei der Rechtsanwaltskammer Paris. Seine deutsche Kanzlei möchte er beibehalten. Die nationalen französischen Regelungen schreiben vor, dass Zulassungsvoraussetzung für aus- wie inländische Rechtsanwälte ist, dass diese nur eine Kanzlei (im Bereich des jeweiligen Gerichts, hier in Paris) betreiben dürfen. Da die Rechtsanwälte aus anderen Mitgliedstaaten ebenso von dieser Regelung betroffen sind wie französische, liegt ein Verstoß gegen den Grundsatz der Inländergleichbehandlung nicht vor. Art. 49 AEUV steht nach Ansicht des Gerichtshofs aber auch nicht diskriminierenden Maßnahmen entgegen, die geeignet sind, die Ausübung der Niederlassungsfreiheit zu behindern oder weniger attraktiv zu machen.

3. Rechtfertigung von Beeinträchtigungen

a) Schranken der Arbeitnehmerfreizügigkeit gem. Art. 45 Abs. 3 AEUV

Die Freiheit des Personenverkehrs kann, wenn dies aus Gründen der öffentlichen Ordnung, Sicherheit und Gesundheit gerechtfertigt ist, beschränkt werden. Um zu verhindern, dass die Mitgliedstaaten hierin ein willkommenes Instrumentarium sehen, die durch Art. 45 AEUV gewährleisteten Freiheiten faktisch auszuschließen, hat der Gerichtshof stets betont, dass die in den Schrankenbestimmungen verwendeten Begriffe unionsrechtlich zu interpretieren und eng auszulegen sind. 922

b) Schranken der Niederlassungsfreiheit gem. Art. 52 AEUV

923 Auch die Niederlassungsfreiheit wird durch zahlreiche Vorschriften und Normen eingeschränkt. So berühren gem. Art. 52 AEUV die dort zu findenden Normen nicht „die Rechts- und Verwaltungsvorschriften, die eine Sonderregelung für Ausländer vorsehen und aus Gründen der öffentlichen Ordnung, Sicherheit und Gesundheit gerechtfertigt sind".

c) Zwingende Erfordernisse des Allgemeininteresses

924 In Fortführung der *Cassis*-Rechtsprechung hat der Gerichtshof anerkannt, dass eine unterschiedslos geltende Beschränkung der Personenverkehrsfreiheiten aus zwingenden Gründen des Allgemeininteresses gerechtfertigt sein kann.

d) Schranken-Schranken

925 Die beschränkenden Maßnahmen müssen jeweils verhältnismäßig, d. h. zur Verfolgung des jeweiligen Ziels geeignet und erforderlich sein (vgl. oben Rn. 881).

V. Dienstleistungsfreiheit

1. Allgemeines

926 Nach Art. 56 Abs. 1 Satz 1 AEUV betrifft die Dienstleistungsfreiheit den „freien Dienstleistungsverkehr innerhalb der Union für Angehörige der Mitgliedstaaten, die in einem anderen Mitgliedstaat als demjenigen des Leistungsempfängers ansässig sind". Damit ergänzt diese die Niederlassungsfreiheit und Freizügigkeit der Arbeitnehmer dahingehend, dass eine erwerbswirtschaftliche Tätigkeit auch ohne Wohnsitzverlagerung nach dem Grundsatz der Inländergleichbehandlung (vgl. Art. 57 Abs. 3 AEUV) ermöglicht wird. Vereinfacht ausgedrückt soll durch die Dienstleistungsfreiheit erreicht werden, dass der einzelne Marktbürger in seinem Mitgliedstaat die Angebote aller Dienstleistungsunternehmen in der Union zu den (rechtlichen) Bedingungen seines Staates erhält. Dadurch wird die Wettbewerbssituation zugunsten der Verbraucher ausgeweitet.

2. Anwendungsbereich der Dienstleistungsfreiheit

a) Persönlicher Anwendungsbereich

927 Der persönliche Anwendungsbereich erstreckt sich auf alle natürlichen Personen, die in einem Mitgliedstaat ansässig sind. Der Dienstleistungserbringer muss dabei die Staatsangehörigkeit eines Mitgliedstaats besitzen. Gem. Art. 62 AEUV i.V.m. Art. 54 AEUV werden auch juristische Personen mit Sitz in der Union vom Anwendungsbereich erfasst.

b) Sachlicher Anwendungsbereich

Dienstleistungen sind gem. Art. 57 UA 1 AEUV alle Leistungen, die in der Regel gegen Entgelt erbracht werden, sofern sie nicht der Warenverkehrs-, Personenverkehrs- oder Kapitalverkehrsfreiheit unterliegen. Die Dienstleistungsfreiheit ist damit subsidiär zu den anderen Grundfreiheiten (Auffangtatbestand) und muss von diesen abgegrenzt werden. Im Gegensatz zur Warenverkehrsfreiheit ist Gegenstand der Dienstleistungsfreiheit nicht ein körperlicher Gegenstand, sondern eine Leistung oder ein Erfolg. In Abgrenzung zur Arbeitnehmerfreizügigkeit werden nur selbständige Tätigkeiten erfasst. Der Begriff der Niederlassung bezieht sich auf eine dauerhafte wirtschaftliche Integration im Aufnahmestaat, während die Dienstleistungsfreiheit von ihrem vorübergehenden grenzüberschreitenden Charakter geprägt ist. Eine nicht abschließende Aufzählung von Dienstleistungen findet sich in Art. 57 Abs. 2 AEUV. 928

c) Grenzüberschreitender Bezug

Die Dienstleistungsfreiheit erfasst gem. Art. 56 AEUV all diejenigen Fälle, in denen sich der Leistende zum Zwecke der Leistungserbringung in einen anderen Mitgliedstaat begibt (**aktive Dienstleistungsfreiheit**) 929

BEISPIEL ▸ Die Firma X mit Sitz in Deutschland montiert in Frankreich für die dort ansässige Gesellschaft Y einen Messestand.

Daneben gibt es nach der Rechtsprechung auch die ebenfalls dem Schutz der Art. 56 ff. AEUV unterliegende **passive Dienstleistungsfreiheit**. Diese ist immer dann betroffen, wenn sich ein Leistungsempfänger zum Leistungserbringer begibt und dabei eine mitgliedstaatliche Grenze überschreitet.

BEISPIEL ▸ Ein niederländischer Staatsangehöriger begibt sich nach Aachen zu einem deutschen Arzt in Behandlung.

Geschützt werden auch sog. **Korrespondenzdienstleistungen**, bei denen Leistungserbringer und Leistungsempfänger in ihrem jeweiligen Mitgliedsstaat bleiben und nur die Dienstleistung die Grenze überschreitet.

BEISPIEL ▸ Ein deutscher Staatsangehöriger nimmt übers Internet an einer in Großbritannien angebotenen Sportwette teil.

d) Bereichsausnahme – Art. 62 AEUV i. V. m. Art. 51 AEUV

Die Ausübung hoheitlicher Gewalt ist vom Anwendungsbereich der Dienstleistungsfreiheit ausgenommen. 930

3. Beeinträchtigungen der Dienstleistungsfreiheit

Der Wortlaut des Art. 56 AEUV formuliert die Dienstleistungsfreiheit ausdrücklich als Beschränkungsverbot. Für den vorübergehenden Aufenthalt zwecks Leistungserbringung im anderen Mitgliedsstaat enthält Art. 57 Abs. 3 AEUV daneben ein Gebot der In- 931 ländergleichbehandlung. Wie die anderen Grundfreiheiten auch, ist die Dienstleistungsfreiheit dahingehend auszulegen, dass neben diskriminierenden Maßnahmen auch unterschiedslos wirkende nationale Maßnahmen eine Beschränkung darstellen können, wenn sie geeignet sind, die grenzüberschreitende Leistung von Diensten zu behindern.

BEISPIEL Unionsbürger werden faktisch daran gehindert, ärztliche Leistungen in einem anderen Mitgliedstaat in Anspruch zu nehmen, wenn die Kostenerstattung durch die Krankenversicherung im Heimatstaat von einer vorherigen Zustimmung abhängig gemacht wird.

932 FALL

Durch die RL 77/249/EWG wurde die tatsächliche Ausübung des Dienstleistungsverkehrs für Rechtsanwälte erleichtert. Der Art. 5 der RL sieht vor, dass ein Mitgliedstaat es den dienstleistungserbringenden Rechtsanwälten zur Auflage machen darf, dass sie nur im Einvernehmen mit einem bei dem angerufenen Gericht zugelassenen Rechtsanwalt handeln dürfen. Deutschland setzte diese Richtlinie in der Weise um, dass ein Einvernehmen auch in Verfahren vor den Gerichten herbeizuführen war, in denen ansonsten kein Anwaltszwang besteht (z. B. bei den Verfahren vor den Amts- oder Verwaltungsgerichten). Der Gerichtshof sah in dieser Maßnahme einen Verstoß gegen die Dienstleistungsfreiheit und begründete dies damit, dass Art. 5 der Richtlinie i. S. des Art. 57 AEUV dahingehend auszulegen sei, dass nur solche Maßnahmen, die im Allgemeininteresse liegen würden, zulässig seien. Eine Erstreckung auf die Fälle, in denen nach deutschem Recht kein Anwaltszwang bestehe, sei nicht durch das Allgemeininteresse gedeckt. Weiter kann man auch dahin argumentieren, dass die hierdurch regelmäßig notwendige Beauftragung zweier Anwälte auch bei Angelegenheiten mit geringem Streitwert die Dienstleistungsfreiheit ausgehöhlt hätte (EuGH, Urteil v. 25. 2. 1988, Rs. C-427/85, EU:C:1988:98).

4. Rechtfertigung von Beeinträchtigungen

933 Die Dienstleistungsfreiheit steht gem. Art. 62 AEUV unter dem Vorbehalt, dass die für die Niederlassungsfreiheit geltenden Normen der Art. 51 – 54 AEUV auf die Dienstleistungsfreiheit entsprechend anzuwenden sind. Dementsprechend gilt die Dienstleistungsfreiheit nur vorbehaltlich des Art. 52 AEUV, der Sonderregeln für Ausländer zulässt, die „aus Gründen der öffentlichen Ordnung, Sicherheit oder Gesundheit gerechtfertigt sind" und den freien Dienstleistungsverkehr reglementieren. Eine Rechtfertigung nichtdiskriminierender Maßnahmen ist daneben aus zwingenden Gründen des Allgemeininteresses möglich.

VI. Kapital- und Zahlungsverkehrsfreiheit

1. Allgemeines

Der Binnenmarkt kann dann nicht realisiert werden, wenn nationale Beschränkungen des Geldverkehrs die tatsächliche Abwicklung der geschäftlichen Transaktionen erschweren oder gar unmöglich machen. Denn regelmäßig werden die Waren gegen ein gewisses Entgelt veräußert oder überlassen, so dass ein hohes Interesse der beteiligten Parteien daran besteht, die geschuldeten Beträge sicher, einfach und möglichst kostengünstig transferieren zu können. Auch die Freiheit des Kapital- und Zahlungsverkehrs gehört daher zu den grundlegenden Verbürgungen des AEUV. 934

2. Anwendungsbereich

Nach Art. 63 Abs. 1 AEUV sind grundsätzlich (d. h. im Rahmen der Bestimmungen des Kapitels 4 des Titels 4 AEUV) „alle Beschränkungen des Kapitalverkehrs zwischen den Mitgliedstaaten sowie zwischen den Mitgliedstaaten und dritten Ländern verboten". Eine gleich lautende Bestimmung findet sich in Art. 63 Abs. 2 AEUV für den Zahlungsverkehr. 935

DEFINITION

Die Unterscheidung zwischen **Kapital- und Zahlungsverkehr** besteht in der Einseitigkeit der Geldtransaktion: Kapitalverkehr ist die einseitige Wertübertragung von einem Staat in den anderen, während Zahlungsverkehr ein Gegenseitigkeitsverhältnis voraussetzt.

BEISPIELE ▸ Ein Deutscher transferiert 500.000 € zu Anlagezwecken nach Luxemburg (Kapitalverkehr); ein deutscher Unternehmer zahlt seine Rechnung an einen französischen Konzern (Zahlungsverkehr).

3. Beeinträchtigungen der Kapital- und Zahlungsverkehrsfreiheit

Art. 63 AEUV verbietet ausdrücklich jegliche Beschränkung der Kapital- und Zahlungsverkehrsfreiheit. 936

4. Rechtfertigung von Beeinträchtigungen

Die Art. 64 ff. AEUV enthalten Schranken der Freiheit des Kapital- und Zahlungsverkehrs. So sind gem. Art. 65 AEUV einzelstaatliche Bestimmungen zulässig, die gewisse Bereiche des Steuerrechts betreffen. Außerdem sind Meldeverfahren für den Kapitalverkehr „zwecks administrativer oder statistischer Informationen" zulässig, sofern diese unerlässlich sind. Allerdings stellt Art. 65 Abs. 3 AEUV ausdrücklich klar, dass diese Maßnahmen und Verfahren „weder ein Mittel zur willkürlichen Diskriminierung noch eine verschleierte Beschränkung des freien Kapital- und Zahlungsverkehrs" sein dürfen. Damit soll – wie bei den anderen Freiheiten auch – den sonst vielleicht zu erwartenden Versuchen einiger Mitgliedstaaten, protektionistische Tendenzen über den Ausnahmetatbestand des Art. 65 AEUV zu realisieren, der Boden entzogen werden. 937

§ 18 Rechtsschutz in der Europäischen Union

LITERATUR

Böhm, Rechtsschutz im Europarecht, JA 2009, S. 679; *Erichsen/Weiß*, System des europäischen Rechtsschutzes, Jura 1990, S. 528 ff., 586 ff.; *Herdegen*, Europarecht, 19. Aufl. 2017, § 9; *Oppermann/Classen/Nettesheim*, Europarecht, 7. Aufl. 2016, § 13; *Schroeder*, Grundkurs Europarecht, 5. Aufl. 2017, § 9; *Streinz*, Europarecht, 10. Aufl. 2016, § 8; *Thiele*, Das Rechtsschutzsystem nach dem Vertrag von Lissabon – (K)ein Schritt nach vorn?, EuR 2010, S. 30 ff.

I. Allgemeines

938 Aufgabe des EuGH ist gem. Art. 19 EUV die Sicherung des Rechts bei Auslegung und Anwendung der Verträge. Zur Erfüllung dieser Aufgabe regelt der AEUV abschließend verschiedene Verfahrensarten, im Rahmen derer der Gerichtshof der Europäischen Union Rechtsschutz gewährleisten kann.

ABB. 40: Entscheidungskompetenzen des Gerichtshofes

- Kontrolle vertragskonformen Verhaltens der Mitgliedstaaten im Vertragsverletzungsverfahren (Art. 258 ff. AEUV)
- Rechtskontrolle der Organtätigkeiten durch
  - Nichtigkeitsklage (Art. 263 ff. AEUV),
  - Untätigkeitsklage (Art. 265 AEUV),
  - Amtshaftungsklage (Art. 268 , 340 AEUV),
  - präventive Gutachten (Art. 218 Abs. 11 AEUV)
  - Beamtenklage (Art. 270 AEUV).
- Auslegung des Unionsrechts im Rahmen eines Vorabentscheidungsverfahrens (Art. 267 AEUV).

939 Der Gerichtshof erfüllt dabei unterschiedliche Funktionen, die national von verschiedenen Gerichtszweigen ausgeübt werden:

- Er ist Verfassungsgericht, soweit es um die Klärung von Rechten und Pflichten der Organe untereinander sowie um die Rechtsverhältnisse zwischen den Mitgliedstaaten und der Europäischen Union geht. Hierzu ist auch der Bereich der Normenkontrolle zu rechnen, d. h. die Verfahren, in denen der Gerichtshof die Vereinbarkeit der von den Organen getroffenen Rechtsakte mit dem primären Unionsrecht überprüft. Außerdem wird man den Bereich, in welchem der Gerichtshof über die nach dem Unionsrecht gegebenen Grundrechtsgewährleistungen zu entscheiden hat, ebenfalls dem verfassungsrechtlichen Gebiet zuordnen können.
- Er ist Verwaltungsgericht, wenn er über Klagen von natürlichen oder juristischen Personen gegen die sie betreffenden Maßnahmen der Europäischen Union sowie Klagen der europäischen Bediensteten aus dem Dienstverhältnis zu entscheiden hat.

- Er ist Zivilgericht, wenn es um die Feststellung einer außervertraglichen Haftung und die Prüfung von Ansprüchen auf Schadensersatz, z. B. aus Amtspflichtverletzungen, geht.

Im Folgenden werden nur einige wichtige Verfahrensarten, nämlich Vertragsverletzungsverfahren, Nichtigkeitsklage, Untätigkeitsklage und Vorabentscheidungsverfahren im Überblick dargestellt.

II. Vertragsverletzungsverfahren, Art. 258 AEUV

Kernaufgaben der Kommission ist es, für die Anwendung der Verträge und für die von den Organen getroffenen Bestimmungen Sorge zu tragen. Dies macht sie zur „Hüterin der Verträge“. Um ihrer Aufgabe wirkungsvoll nachgehen zu können und ein geeignetes Mittel zur Durchsetzung des Unionsrechts gegenüber den Mitgliedstaaten zu haben, weist Art. 258 AEUV der Kommission eine Klagemöglichkeit im sog. Vertragsverletzungsverfahren zu. 940

1. Vorverfahren

Nach dem AEUV ist das Vertragsverletzungsverfahren grundsätzlich zweistufig aufgebaut: Gelangt die Kommission zu der Auffassung, dass ein Mitgliedstaat seine Verpflichtungen verletzt hat, so ist sie vor der Klageerhebung gem. Art. 258 AEUV verpflichtet, ein Vorverfahren durchzuführen, in dem sie dem Staat Gelegenheit gibt, sich zu dem angeblichen Verstoß zu äußern. Sinn und Zweck des Vorverfahrens ist es, dass zunächst auf außergerichtlichem Wege eine Streitbeilegung erzielt werden soll. In der Praxis hat es sich aus diesem Grunde eingebürgert, dass noch vor Einleitung eines förmlichen Verfahrens im Wege bi- oder multilateraler Gespräche eine Lösung des Problems gesucht wird. 941

a) Mahnschreiben

Alle wesentlichen rechtlichen und tatsächlichen Überlegungen der Kommission sind dem betroffenen Staat in einem sog. „Mahnschreiben“ mitzuteilen. Durch das Mahnschreiben wird der Streitgegenstand des späteren Prozesses in dem Sinne konkretisiert, dass der Kreis der rechtlichen Vorwürfe festgelegt wird. Im Mahnschreiben wird regelmäßig bereits eine erste angemessene Frist zur Stellungnahme gesetzt. Gerichtet ist das Mahnschreiben über die ständige Vertretung an die betreffende Regierung. 942

b) Begründete Stellungnahme

Nach Ablauf der in dem Mahnschreiben gesetzten Frist gibt die Kommission eine „begründete Stellungnahme“ ab, sofern der Mitgliedstaat sich nicht, oder aus Sicht der Kommission unzureichend, geäußert hat und die Kommission immer noch von dem Pflichtenverstoß überzeugt ist. Die begründete Stellungnahme ist schriftlich zu fertigen und muss eine zusammenhängende detaillierte Begründung des von der Kommission gerügten Vertragsverstoßes enthalten. Dabei darf sie nicht über das in dem Mahn- 943 schreiben bereits gerügte Verhalten hinausgehen. Inhaltlich handelt es sich bei der begründeten Stellungnahme um eine auf der Grundlage des Mahnschreibens erstellte, formalisierte Zusammenfassung des Sach- und Streitstands. Von tragender Bedeutung ist die dem Mitgliedstaat (nochmals) einzuräumende Frist zur Beseitigung des gerügten Zustands, die letztmalig Gelegenheit zum Einlenken geben soll. Eine Mindestdauer besteht nicht. Sie muss aber so bemessen sein, dass der Mitgliedstaat bei gutem Willen und unter Einsatz aller Möglichkeiten in der Lage ist, seine Pflichten vor Fristablauf zu erfüllen.

2. Das Klageverfahren

944 Nach Abschluss des Vorverfahrens entscheidet die Kommission sodann unter Berücksichtigung der vom Mitgliedstaat abgegebenen Stellungnahme, ob sie Klage erheben will. Dies geschieht dann, wenn sie weiterhin von einem Vertragsverstoß ausgeht, der Mitgliedstaat also trotz Fristablaufs die Vertragsverletzung nicht beseitigt hat.

Kommt der Gerichtshof im Rahmen der Prüfung der Begründetheit der Klage zu dem Ergebnis, dass der Mitgliedstaat tatsächlich eine Verpflichtung aus den Verträgen verletzt hat, so wird dies im Urteil durch den Gerichtshof festgestellt. Gem. Art. 260 Abs. 1 AEUV muss der Mitgliedstaat dann alle Maßnahmen ergreifen, um die festgestellte Vertragsverletzung zu beseitigen. Trifft der Mitgliedstaat nach Auffassung der Kommission nicht alle erforderlichen Maßnahmen, so kann die Kommission erneut den Gerichtshof anrufen. Dieser kann bei Feststellung einer fortbestehenden Vertragsverletzung nunmehr als Sanktion einen Pauschalbetrag oder ein Zwangsgeld gegen den Mitgliedstaat verhängen, Art. 260 Abs. 2 AEUV.

BEISPIEL Im Jahre 1998 (Rs. C-301/95, EU:C:1998:493) verurteilte der Gerichtshof die Bundesrepublik Deutschland aufgrund der Feststellung, dass Deutschland seinen Verpflichtungen aus der Richtlinie über Umweltverträglichkeitsprüfungen (RL 85/337/EWG) nicht nachgekommen sei. Da die deutschen Umsetzungsvorschriften aber auch nach diesem Urteil ganze Klassen von Projekten des Anhangs II der EU-Richtlinie von der UVP-Pflicht ausgenommen hatten, reichte die Europäische Kommission beim Gerichtshof erneut Klage gegen Deutschland wegen mangelnder Umsetzung der UVP-Richtlinie ein (Abl. 2001 C 28, S. 13). Für den Fall einer erneuten Verurteilung drohte die Kommission mit der Erhebung eines täglichen Zwangsgeldes von 237.600 €.

3. Vertragsverletzungsverfahren durch Mitgliedstaaten – Art. 259 AEUV

945 Andere Mitgliedstaaten können in einem von der Kommission geführten Verfahren Stellungnahmen zum Streitgegenstand abgeben. Darüber hinaus ist auch den Mitgliedstaaten selbst gem. Art. 259 AEUV wegen angeblicher Vertragsverletzungen eines anderen Mitgliedstaates eine Klagemöglichkeit eröffnet. Unterschiede zu dem Verfahren der Kommission ergeben sich im Wesentlichen im Rahmen des Vorverfahrens. So muss, bevor die Mitgliedstaaten eine Klage einleiten, als zwingende Voraussetzung gem. Art. 259 Abs. 2 AEUV sich die Kommission mit dem angeblichen Vertragsverstoß befassen. Sie soll als eine Art Schiedsrichter eine neutrale Stellungnahme abgeben mit

dem Ziel, dass die Mitgliedstaaten ihre Position noch einmal kritisch überdenken und ggf. ändern können. Von diesen Besonderheiten abgesehen, sind die beiden Verfahren (Vertragsverletzungsklage der Kommission/Vertragsverletzungsverfahren durch einen Mitgliedstaat) im Wesentlichen gleich.

III. Die Nichtigkeitsklage gem. Art. 263 AEUV

Im Rahmen der Nichtigkeitsklage kontrolliert der Gerichtshof die Rechtmäßigkeit von Gesetzgebungsakten – also gem. Art. 289 Abs. 3 AEUV im ordentlichen Gesetzgebungsverfahren zustande gekommener Verordnungen und Richtlinien sowie anderer verbindlichen Handlungen der Unionsorgane und sonstiger Einrichtungen der Union – mit Ausnahme von Empfehlungen und Stellungnahmen. 946

Befugt, Klage zu erheben sind nach Art. 263 Abs. 2 AEUV die Mitgliedstaaten, das Europäische Parlament, der Rat oder die Kommission unabhängig davon, ob sie durch die angegriffene Handlung in eigenen Rechten betroffen sind (privilegierte Kläger). 947

Klagen des Rechnungshofs, der EZB und des Ausschusses der Regionen sind gem. Art. 263 Abs. 3 AEUV nur zulässig, soweit es um die Wahrung eigener Rechte geht (teilprivilegierte Kläger).

Natürliche und juristische Personen sind im Wege einer individuellen Nichtigkeitsklage vor dem Gericht (EuG, vgl. Art. 256 AEUV) gem. Art. 263 Abs. 4 AEUV nur in bestimmten Fällen klagebefugt (nicht privilegierte Kläger):

- Sie sind Adressaten einer an sie gerichteten Handlung, z. B. eines Beschlusses der Kommission, mit dem ein Bußgeld verhängt wurde.
- Sie sind durch eine sonstige Handlung unmittelbar und individuell betroffen.
- Ein Rechtsakt mit Verordnungscharakter betrifft sie individuell ohne weitere Durchführungsrechtsakte.

Die Nichtigkeitsklage ist gem. Art. 263 Abs. 2 AEUV begründet, wenn die angegriffene Handlung aufgrund von Unzuständigkeit, Verletzung wesentlicher Formvorschriften, Verletzung der Verträge oder einer bei ihrer Durchführung anzuwendenden Rechtsnorm oder wegen Ermessensnichtgebrauchs rechtswidrig ist. 948

- Unzuständigkeit kann sich aus der Unzuständigkeit des handelnden Organs, aber auch einer Unzuständigkeit der Union für die Regelungsmaterie oder einem Verstoß gegen das Subsidiaritätsprinzip ergeben.
- Wesentliche Formvorschriften sind verletzt, wenn sich ihre Verletzung auf den Inhalt der Handlung auswirken kann, wie eine fehlende Beteiligung eines anderen Organs, beispielsweise eine fehlende Anhörung des Parlaments, ein Verstoß gegen die Abstimmungsregeln oder eine fehlende Begründung des Rechtsakts.
- Verletzung der Verträge oder des Sekundärrechts liegt vor, wenn die betroffene Handlung materiell gegen höherrangiges Primär- oder Sekundärrecht verstößt.
- Ermessensmissbrauch ist die absichtliche Verfolgung eines nicht durch die Ermächtigungsnorm abgedeckten Ziels bei Erlass der angegriffenen Handlung.

Wenn die Klage begründet ist, erklärt der Gerichtshof die angefochtene Handlung für nichtig, Art. 264 Abs. 1 AEUV.

IV. Die Untätigkeitsklage gem. Art. 265 AEUV

949 Unterlässt es das Europäische Parlament, der Europäische Rat, der Rat, die Kommission, die Europäische Zentralbank, eine andere Einrichtung oder sonstige Stelle der Union unter Verletzung der Verträge, einen Beschluss zu fassen, so können die Mitgliedstaaten und die anderen Organe der Union beim Gerichtshof Klage auf Feststellung dieser Vertragsverletzung erheben, Art. 265 Abs. 1 AEUV. Der Begriff Beschluss ist in diesem Zusammenhang nicht auf den Beschluss i. S. des Art. 288 Abs. 4 AEUV beschränkt, sondern weit zu verstehen. Hiervon sind auch Verordnungen, Richtlinien oder sonstige Maßnahmen, die hinreichend konkret sind, so dass sie gem. Art. 266 AEUV vollzogen werden können, gemeint, z. B. Stellungnahmen gem. Art. 288 Abs. 5 AEUV oder ein Gesetzesvorschlag seitens der Kommission gem. Art. 294 Abs. 2 AEUV.

Gem. Art. 265 Abs. 3 AEUV können auch juristische oder natürliche Personen vor dem Gericht (EuG, vgl. Art. 256 AEUV) Untätigkeitsklage erheben, wenn ein Organ oder eine sonstige Stelle es unterlassen hat, einen beantragten Beschluss an sie zu richten. Hiervon sind vor allem Beschlüsse i. S. des Art. 288 Abs. 4 AEUV erfasst, da diese an bestimmte Adressaten gerichtet sein können.

950 Die Klage ist nur zulässig, wenn das betreffende Organ, die betreffende Einrichtung oder sonstige Stelle zuvor aufgefordert worden ist, tätig zu werden. Wurde innerhalb von zwei Monaten nach dieser Aufforderung nicht Stellung genommen, so kann die Klage innerhalb einer weiteren Frist von zwei Monaten erhoben werden, Art. 265 Abs. 2 AEUV. Sofern aber bereits ein Antrag abgelehnt wurde, ist gegen die Ablehnung des Antrags eine Nichtigkeitsklage gem. Art. 263 AEUV zu erheben.

951 Die Untätigkeitsklage ist begründet, wenn das verklagte Organ aufgrund primären oder sekundären Unionsrechts verpflichtet ist, die beantragte Handlung vorzunehmen. Gem. Art. 266 AEUV muss das verurteilte Organ die sich aus dem Urteil des EuGH ergebenden Maßnahmen ergreifen.

V. Das Vorabentscheidungsverfahren gem. Art. 267 AEUV

1. Allgemeines

952 Grundsätzlich sind es die nationalen Gerichte, die das Unionsrecht in eigener Zuständigkeit und Unabhängigkeit auszulegen und anzuwenden haben. Hierdurch entsteht die Gefahr abweichender oder sich widersprechender Auslegungen des Unionsrechts durch die Gerichte der verschiedenen Mitgliedstaaten, was die Integration erheblich erschweren würde. Dieser Gefahr soll das Vorabentscheidungsverfahren des Art. 267 AEUV begegnen. Hierbei handelt es sich um ein Verfahren der unmittelbaren gerichtlichen Zusammenarbeit, in dem der Gerichtshof auf Vorlage der nationalen Gerichte einheitlich und letztverbindlich über die Auslegung und Anwendung des Unionsrechts in den Mitgliedstaaten entscheidet.

2. Vorlagegegenstand

Art. 267 Abs. 1 AEUV legt die zulässigen Vorlagegenstände fest. Dies ist gem. Art. 267 Abs. 1 Buchst. a) AEUV die Auslegung der Verträge, also des primären Unionsrechts. Gem. Art. 267 Abs. 1 Buchst. b) AEUV ist auch die Gültigkeit oder Auslegung der Handlungen der Organe möglicher Vorlagegenstand. Damit kann der EuGH das gesamte sekundäre Unionsrecht, Verordnungen, Richtlinien, einschließlich unverbindlicher Stellungnahmen und Empfehlungen anhand höherrangiger Normen des Unionsrechts überprüfen und auslegen. Nationales Recht ist nicht vorlagefähig, wohl aber eine abstrakt formulierte Vorlagefrage, ob eine nationale Bestimmung mit dem Unionsrecht vereinbar ist. 953

BEISPIELE ▸ Vorlagefrage, ob die Regelung des Art. 34 AEUV dahingehend auszulegen ist, dass eine bestimmte nationale Vorschrift eine nicht gerechtfertigte Maßnahme gleicher Wirkung darstellt.

Vorlagefrage, wie eine Richtlinie bei Zweifelsfragen der Anwendung oder Auslegung des die Richtlinie umsetzenden nationalen Gesetzes auszulegen ist, z. B. Auslegung der Richtlinie 2011/83/EU v. 25. 10. 2011 über die Rechte der Verbraucher bei Zweifelsfragen am Bestehen eines Widerrufsrecht nach dem die Richtlinie in nationales Recht umsetzenden § 312g des Bürgerlichen Gesetzbuchs (BGB).

Der Gerichtshof befindet nur über solche Vorlagefragen, die das nationale Gericht für den Erlass seines Urteils für erforderlich hält. Aus Sicht des vorlegenden Gerichts muss die Vorlagefrage also **entscheidungserheblich** sein. Rein hypothetische Anfragen sind damit nicht zulässig. 954

3. Vorlageberechtigung und Vorlageverpflichtung

Vorlageberechtigt nach Art. 267 AEUV sind nur „Gerichte" der Mitgliedstaaten. Der unionsrechtlich zu interpretierende Begriff des Gerichts setzt voraus, dass der Spruchkörper sich aus unabhängigen, nicht weisungsgebundenen Mitgliedern zusammensetzt, nach nationalem Recht als streitentscheidende Institution vorgesehen und ordnungsgemäß gebildet worden ist. Außerdem muss die betreffende Einrichtung rechtsstaatlichen Verfahrensregelungen unterliegen, nach Rechtsnormen und nicht etwa aufgrund von Billigkeitserwägungen entscheiden und Entscheidungen treffen, denen die nationalstaatliche Verfahrensordnung bindende Kraft beimisst. Die nationalen deutschen Gerichte erfüllen diese Voraussetzungen, für Schiedsgerichte ist dies umstritten. 955

In Deutschland gibt es einen differenzierten Instanzenzug, d. h. es gibt grundsätzlich gegen jedes Urteil die Möglichkeit einer weiteren gerichtlichen Überprüfung. Hier unterscheidet Art. 267 AEUV dahingehend, dass nach dessen Abs. 2 alle nationalen Gerichte, gleich welcher Instanz, zur Vorlage berechtigt sind. Diese Berechtigung darf nicht durch nationale Vorschriften ausgeschlossen oder erschwert werden. Darüber hinaus begründet Art. 267 Abs. 3 AEUV eine Vorlageverpflichtung für einzelstaatliche Gerichte, deren Entscheidungen selbst nicht mehr mit Rechtsmitteln des innerstaatlichen Rechts angefochten werden können, d. h. diese Gerichte müssen in den in Art. 267 AEUV genannten Fällen den Rechtsstreit dem Gerichtshof vorlegen. 956

BEISPIEL ▸ Klagt ein deutscher Importeur gegen einen Einfuhrabgabenbescheid vor dem zuständigen Finanzgericht und stellt sich im Rahmen der Klage die Frage, wie eine bestimmte Norm des Unionszollkodex VO (EU) Nr. 952/2013 ausgelegt werden muss, so kann das Finanzgericht die Frage dem Gerichtshof vorlegen. Der Bundesfinanzhof als letztinstanzliches Gericht muss hingegen vorlegen.

BEACHTE

Alle nationalen Gerichte können im Rahmen des Art. 267 AEUV dem Gerichtshof Verfahren zur Vorabentscheidung vorlegen; zur Vorlage verpflichtet sind diejenigen Gerichte, deren Entscheidungen mit Rechtsmitteln nicht mehr angefochten werden können.

957 Eine Vorlagepflicht besteht jedoch nicht,

- wenn eine gleichlautende Vorlagefrage vom EuGH bereits entschieden wurde oder
- die Rechtsfrage z. B. aufgrund früherer Rechtsprechung des EuGH eindeutig zu beantworten ist.

958 Sofern es um die **Gültigkeit eines Rechtsakts** der Union geht (Art. 267 Abs. 1 Buchst. b) AEUV), sind alle Gerichte – auch die unterinstanzlichen – zur Vorlage an den EuGH verpflichtet. Die nationalen Gerichte haben wegen des Vorrangs des Unionsrechts grundsätzlich das primäre und sekundäre Unionsrecht zu beachten. Im Einzelfall kann das zur Entscheidung berufene Gericht allerdings zu der Auffassung gelangen, dass sekundäres Unionsrecht (z. B. eine Verordnung) nicht mit höherrangigen Normen des Unionsrechts (z. B. einer Grundfreiheit des primären Unionsrechts oder einem Grundrecht der Grundrechtscharta) übereinstimmt. In diesem Fall hat das nationale Gericht keine Verwerfungskompetenz, darf also nicht selbst über die Wirksamkeit des infrage stehenden Unionsrechtsakts entscheiden. Letztlich ist allein der Gerichtshof zur Wahrung des Unionsrechts berechtigt. Daher kann die Unvereinbarkeit einer Norm des Unionsrechts mit anderen Vorschriften des Unionsrechts auch nur von ihm festgestellt werden.

4. Verfahren

959 Das Vorabentscheidungsverfahren weist einige Besonderheiten auf. So gelangt der Rechtsstreit nicht etwa durch das Betreiben einer Partei, sondern auf Vorlage des nationalen Gerichts an den Gerichtshof. In der Regel geschieht dies in der Form, dass ein Vorlageersuchen unmittelbar durch das vorlegende Gericht an den Gerichtshof gesandt wird. Der Rechtsstreit wird zugleich mit dem Vorlageersuchen ausgesetzt, d. h. bis zur Entscheidung der Sache durch den Gerichtshof (national) nicht weiter betrieben.

960 Das Verfahren ist nicht kontradiktorisch, das bedeutet in diesem Zusammenhang, dass alle Beteiligten zur gleichen Zeit Gelegenheit erhalten, innerhalb von zwei Monaten Schriftsätze einzureichen oder schriftliche Erklärungen abzugeben. Beteiligte sind die Parteien des Ausgangsverfahrens, die Mitgliedstaaten, Rat und Kommission, wobei allein das letztgenannte Unionsorgan sich an allen Vorabentscheidungsersuchen beteiligt. Alle anderen schalten sich je nach Bedarf und eigener Betroffenheit in das Verfahren ein.

Abgeschlossen wird das Verfahren durch ein Urteil, welches sofort rechtskräftig wird. Das Urteil bindet im Ausgangsverfahren sowohl das vorlegende Gericht als auch alle anderen mit der Sache befassten Gerichte (Wirkung *inter partes*). 961

BEISPIEL ▸ Legt das erstinstanzliche Finanzgericht vor, so ist auch der in zweiter Instanz u.U. zuständige Bundesfinanzhof an die Entscheidung des Gerichtshofes gebunden.

Die Bindungswirkung besteht darin, dass das zuständige Gericht bei der Entscheidung des Rechtsstreits die Rechtsauffassungen des Gerichtshofes zu den vorgelegten Streitfragen berücksichtigen muss. Kommt der Gerichtshof z.B. zu dem Ergebnis, dass eine Norm mit dem Unionsrecht nicht vereinbar ist, so darf das vorlegende Gericht diese Norm nicht mehr anwenden.

Eine Bindungswirkung über das konkrete Verfahren hinaus (Wirkung *erga omnes*) besteht nicht. Wobei sich jedoch in der Tendenz eine Art faktische Bindungswirkung auch für andere Verfahren gegeben ist, da sich die nationalen Gerichte in der Regel der vom Gerichtshof getroffenen Auslegung anschließen. 962

§ 19 Übungsfall zum Europarecht

I. Sachverhalte

1. Wahl des Kommissionspräsidenten

Im Jahre 01 muss die Kommission der Europäischen Union neu gewählt werden. Zu diesem Zwecke kommen im Juli des betreffenden Jahres die Außenminister der Mitgliedstaaten im Rat zu einer ersten Abstimmung über den möglichen Kommissionspräsidenten zusammen. Der deutsche Vertreter schlägt als Präsidenten den verdienten Politiker W. vor. Dieser gehört einer politischen Partei an, die der nach dem Ergebnis der im Mai desselben Jahres vorangegangenen Europawahl stärksten Fraktion des Europäischen Parlaments angehört. Als „Spitzenkandidat" dieser Fraktion zur Europawahl war W. jedoch nicht nominiert. 963

Bei der Abstimmung stimmen insgesamt 18 der 28 vertretenen Mitgliedstaaten, die zusammen 73 % der Bevölkerung der Union ausmachen, für den Vorschlag. Daraufhin erklärt der Vorsitzende des Rates den Beschluss für angenommen und leitet ihn an das Europäische Parlament weiter.

Das Europäische Parlament verweigert allerdings seine Zustimmung zu dem Kandidaten, da dieser sich wiederholt für eine stufenweise Rückführung der Kompetenzen der EU auf einen von ihm nicht näher definierten Kernbereich ausgesprochen hat. Außerdem sei W. seit Jahren intensiv als Lobbyist für ein Energieversorgungsunternehmen aufgetreten und hat in dieser Funktion mehrfach politische Vorhaben der EU bekämpft. Sein Motto war es dabei stets, dass man „den Bürokraten in Brüssel die Stirn bieten" müsse. Schließlich sei auch nicht W., sondern der ehemalige luxemburgische Premierminister K „Spitzenkandidat" der stärksten Fraktion des Europaparlaments gewesen.

Aufgaben

1. War die Benennung des Herrn W. als Kandidat für das Amt des Präsidenten der Kommission verfahrensmäßig in Ordnung?
2. Was spricht inhaltlich für die Verweigerung der Zustimmung durch das Europäische Parlament? Berücksichtigen Sie bei Ihrer Argumentation die Rolle, die der Kommission und ihren Mitgliedern im Rahmen der EU-Verträge zukommt!

964 **2. Farbige Windschutzscheiben**

In Portugal bestimmt Art. 2 eines Gesetzes folgendes: „*Die Befestigung von farbigen Folien an den Scheiben von Personen- oder Güterkraftfahrzeugen, mit Ausnahme von vorschriftsmäßigen Aufklebern, ist verboten.*"

Die EU-Kommission hält die Regelung für unvereinbar mit dem geltenden Unionsrecht. Dies begründet sie damit, dass das Verbot den Import von außerhalb von Portugal für die Befestigung an Scheiben von Kfz produzierten farbigen Folien verhindert. Ein Zugang zum portugiesischen Markt sei für ausländische Hersteller und Händler nahezu unmöglich. Auch sei das Verbot unverhältnismäßig.

Die Republik Portugal ist der Ansicht, dass nur dann ein Verstoß gegen das Unionsrecht vorliege, wenn jede denkbare Verwendung eines Erzeugnisses verboten werde. Man könne auch in Portugal farbige Folien verwenden, man dürfe sie nur nicht an den Scheiben von Kraftfahrzeugen befestigen. Das Verbot solle es den zuständigen Behörden ermöglichen, den Innenraum von Kraftfahrzeugen rasch von außen einzusehen, ohne diese anhalten zu müssen. Dies diene der Kontrolle der Anschnallpflicht und der Identifizierung eventueller Straftäter. Das Verbot sei daher zur Verbrechensbekämpfung und zur Gewährleistung der Sicherheit des Straßenverkehrs notwendig.

Anmerkung: Eine unionsrechtliche Harmonisierungsvorschrift besteht lediglich für getönte Originalscheiben von Kraftahrzeugen. Getönte Originalscheiben, die nicht völlig undurchsichtig sind, sind demnach auch in Portugal zulässig.

Aufgabe

Verstößt die portugiesische Vorschrift gegen das Unionsrecht?

II. Lösungen

1. Wahl des Kommissionspräsidenten

965 **Zu Frage 1:**

Gem. Art. 17 Abs. 7 UA 1 EUV schlägt der Europäische Rat dem Europäischen Parlament einen Kandidaten für das Amt des Präsidenten der Kommission unter Berücksichtigung des Ergebnisses der Wahlen zum Europäischen Parlament vor. Hier sind die Außenminister im Rat gem. Art. 16 Abs. 2 EUV zusammengekommen. Dies ist nicht das nach Art. 17 Abs. 7 EUV vorgesehene Organ und daher nicht zur Benennung befugt.

Darüber hinaus ist der Beschluss gem. Art. 17 Abs. 7 UA 1 EUV mit qualifizierter Mehrheit zu treffen. Diese ist gem. Art. 235 Abs. 1 UA 2 AEUV i. V. m. Art. 16 Abs. 4, 238 Abs. 2 AEUV erreicht, wenn eine Mehrheit von 72 % der Mitglieder des Europäischen Rates vorliegt, sofern die von diesen vertretenen Mitgliedstaaten mindestens 65 % der Bevölkerung der Union ausmachen (sog. „doppelt-qualifizierte Mehrheit"). Für die Beschlussfassung greift hier nicht Art. 16 Abs. 4 EUV, sondern die erschwerten Bedingungen des Art. 238 Abs. 2 AEUV, da der Beschluss nicht auf Vorschlag der Kommission zustande gekommen ist.

Neben der Vertretung einer qualifizierten Mehrheit der Bevölkerung der Union von 65 % (hier gegeben), wäre somit eine qualifizierte Mehrheit von 72 % der Stimmen erforderlich. Diese wurde hier bei 18 von 28 (statt 21 von 28) mit „Ja" stimmenden Staaten verfehlt, so dass auch aus diesem Grund das Verfahren nicht ordnungsgemäß i. S. von Art. 17 Abs. 7 EUV war.

Zu Frage 2: 966

Die Kommission ist das zentrale Organ der EU für die Weiterentwicklung der EU. Als sog. „Motor der Integration" ist es Kernaufgabe der Kommission, die begonnene Integration weiter voran zu treiben (vgl. Art. 17 Abs. 1 EUV). Dies zeigt sich u. a. daran, dass das Initiativmonopol zur Gesetzgebung ausschließlich bei der Kommission liegt (vgl. Art. 17 Abs. 2 EUV, 294 Abs. 2 AEUV). Auch wenn die Kommission vom Rat oder dem EP zu einer Gesetzesinitiative gedrängt werden kann, gibt dieses Recht der Kommission die Möglichkeit über Art, Umfang und vor allem Geschwindigkeit der europäischen Rechtsentwicklung mit zu entscheiden (vgl. z. B. Art. 225 AEUV).

Auf Grund der kritischen Äußerung des Kandidaten W., die Kompetenzen der EU zurückführen zu wollen, ist nicht davon auszugehen, dass er dieses Amt in vollem Umfang ausfüllen wird. Es ist zweifelhaft, dass er allein zum Wohle der Union handeln wird (vgl. Art. 17 Abs. 3 EUV, Art. 245 AEUV).

Auch die in Art. 17 Abs. 3 EUV geforderte volle Gewähr für die Unabhängigkeit der Mitglieder der Kommission erscheint auf Grund der Lobbyarbeit und der gemachten Äußerungen zweifelhaft.

Dass W. nicht als „Spitzenkandidat" für die Europawahl nominiert war, dürfte hingegen unschädlich sein. Der Europäische Rat soll nach Art. 17 Abs. 7 EUV das Ergebnis der Europawahl berücksichtigen. Dies ist mit dem Vorschlag eines Mitglieds einer Partei, die in der stärksten Fraktion des Europäischen Parlaments vertreten ist, auch geschehen. Die Funktion eines „Spitzenkandidaten" sehen die Verträge aber nicht vor, so dass der Europäische Rat an evtl. „Spitzenkandidaturen" zumindest rechtlich nicht gebunden ist. Eine faktische Bindung kann sich dabei aber aufgrund einer möglichen Ablehnung eines Kandidaten, der nicht als „Spitzenkandidat" zur Europawahl angetreten ist, durch das Europäische Parlament ergeben.

2. Farbige Windschutzscheiben

967 Die portugiesische Regelung könnte einen Verstoß gegen die Warenverkehrsfreiheit gem. Art. 34 AEUV darstellen.

I. Anwendbarkeit der Warenverkehrsfreiheit

Die Grundfreiheit müsste anwendbar sein. Mangels einer Harmonisierung der Vorschriften über das Anbringen von farbigen Folien an Kraftfahrzeugen ist dies der Fall.

II. Anwendungsbereich der Warenverkehrsfreiheit

Der Anwendungsbereich der Warenverkehrsfreiheit müsste eröffnet sein. Bei den Folien müsste es sich um Waren i. S. des Art. 28 Abs. 2 AEUV handeln. Eine Ware ist eine bewegliche Sache, die einen Geldwert hat und Gegenstand von Handelsgeschäften sein kann. Diese Voraussetzungen treffen für Folien zu. Die Warenverkehrsfreiheit gilt gem. Art. 28 Abs. 2 AEUV nur für Waren, die aus den Mitgliedstaaten stammen oder sich im freien Verkehr eines Mitgliedstaats befinden. Von der portugiesischen Vorschrift sind in den anderen Mitgliedstaaten hergestellte Folien betroffen.

Es muss ein grenzüberschreitender Sachverhalt vorliegen. Das in Art. 2 des Gesetzes geregelte Verbot gilt nicht nur für in Portugal hergestellte Folien, sondern auch für solche, die im europäischen Ausland hergestellt worden sind. Mithin liegt ein grenzüberschreitender Sachverhalt vor.

Der Schutzbereich der Warenverkehrsfreiheit ist somit eröffnet.

III. Beeinträchtigung der Warenverkehrsfreiheit

Die portugiesische Regelung könnte die Freiheit des Warenverkehrs beeinträchtigen.

Das ist dann der Fall, wenn aufgrund einer staatlichen Maßnahme eine mengenmäßige Einfuhrbeschränkung oder eine Maßnahme gleicher Wirkung i. S. des Art. 34 AEUV vorliegt.

1. Bei dem portugiesischen Gesetz handelt es sich um eine staatliche Maßnahme.

2. Eine mengenmäßige Einfuhrbeschränkung liegt nicht vor. Der Handel mit den Folien wird nicht vollständig verboten („Null-Menge") oder mengenmäßig kontingentiert. Es ist weiterhin erlaubt, farbige Folien zu importieren. Vielmehr wird nur deren Verwendung begrenzt.

3. Es könnte eine Maßnahme gleicher Wirkung vorliegen. Darunter ist jede Handelsregelung der Mitgliedstaaten zu verstehen, die geeignet ist, den Handel in der Union unmittelbar oder mittelbar, tatsächlich oder potenziell zu behindern (*Dassonville*-Formel). Diese weite Formel hat der EuGH bislang mit der in der *Keck*-Rechtsprechung angelegten Unterscheidung zwischen Verkaufsmodalitäten und produktbezogenen Regelungen eingegrenzt. Eine Maßnahme gleicher Wirkung liegt danach nicht vor, wenn lediglich Verkaufsmodalitäten geregelt werden, solange diese für alle Wirtschaftsteilnehmer rechtlich oder tatsächlich unterschiedslos gelten. Bei einer Nutzungsbeschränkung wie vorliegend ist jedoch fraglich, ob es sich um eine Verkaufsmodalität oder eine produktbezogene Regelung handelt.

In seiner neueren Rechtsprechung differenziert der EuGH nunmehr nicht mehr zwischen Verkaufsmodalitäten und produktbezogenen Regelungen. Um festzustellen, ob eine Maßnahme gleicher Wirkung im Sinne der *Dassonville*-Formel vorliegt, unterzieht der EuGH die betreffende Regelung vielmehr einem dreistufigen Test: Auf einer ersten Stufe ist zu prüfen, ob eine Diskriminierung vorliegt, also ob die Regelung auf Inlands- und Importprodukte unterschiedlich anwendbar ist. Wirkt die Maßnahme unterschiedslos, ist auf einer zweiten Stufe zu prüfen, ob es sich um ein Hemmnis für in anderen Mitgliedstaaten rechtmäßig hergestellte und in den Verkehr gebrachte Erzeugnisse durch Vorschriften über die Voraussetzungen, denen die Waren entsprechen müssen, handelt. Handelt es sich nicht um einen derartigen Verstoß gegen die gegenseitige Anerkennung ist auf der letzten Stufe zu prüfen, ob es sich bei der Regelung um ein Hindernis handelt, das den Markzugang erschwert.

(1) Das Verbot, farbige Folien auf Kfz anzubringen, gilt unterschiedslos für Inlands- und Importprodukte und differenziert nicht nach der Herkunft und stellt damit keine offene oder versteckte Diskriminierung dar.

(2) Die Folien sind in anderen Staaten rechtmäßig hergestellt und auf den Markt gebracht worden. Die portugiesische Regelung führt aber nicht dazu, dass diese Folien in Portugal nicht verkehrsfähig wären, weil sie besondere Voraussetzungen, denen die Folien entsprechen müssten, aufstellt. Sie dürfen lediglich nicht an Scheiben von Kfz befestigt werden.

(3) Die portugiesische Regelung könnte aber den Marktzugang behindern. Das Verbot verhindert die Verwendung von für Kfz bestimmten farbigen Folien in Portugal. Dies behindert den Verkauf in Portugal in starkem Maße, zumal diese Folien nur von geringem Nutzen sind, wenn man sie nicht bestimmungsgemäß verwenden darf. Potenzielle Interessenten, Händler oder Privatpersonen, haben in dem Wissen, dass es verboten ist, solche Folien an der Windschutzscheibe und den Scheiben bei den Sitzen der Kraftfahrzeuginsassen zu befestigen, praktisch kein Interesse daran, sie zu kaufen. Die Regelung behindert damit den Marktzugang.

Damit stellt sie eine Maßnahme gleicher Wirkung wie eine mengenmäßige Beschränkung dar. Eine Beschränkung der Warenverkehrsfreiheit liegt vor.

IV. Rechtfertigung

1. Eine unzulässige Beschränkung liegt dann nicht vor, wenn ein geschriebener oder ungeschriebener Rechtfertigungsgrund eingreift.

Als geschriebener Rechtfertigungsgrund kommt die in Art. 36 Satz 1 AEUV genannte öffentliche Sicherheit in Betracht. Unter öffentlicher Sicherheit versteht der EuGH nur solche grundlegenden Interessen des Staates, die wesentlich für seine Existenz sind, wie das sichere und wirksame Funktionieren des Staates. Verbrechensbekämpfung ist in diesem Sinne ein Teilaspekt der öffentlichen Sicherheit. Das Funktionieren des Staates ist aber noch nicht dadurch gefährdet, das Straftäter aufgrund von farbigen Scheiben nicht direkt bei einer Polizeikontrolle erkannt werden. Eine Rechtfertigung aufgrund des geschriebenen Rechtfertigungsgrund der öffentlichen Sicherheit kommt damit nicht in Betracht.

Neben den geschriebenen Rechtfertigungsgründen erkennt der EuGH für unterschiedslos geltende Beeinträchtigung auch zwingende Erfordernisse des Gemeinwohls als immanente Schranken der Warenverkehrsfreiheit und damit ungeschriebene Rechtfertigungsgründe an (*Cassis de Dijon*-Formel).

Im vorliegenden Fall betreffen die von der Portugiesischen Republik geltend gemachten Rechtfertigungsgründe zum einen die Verbrechensbekämpfung und zum anderen die Kontrolle der Beachtung der Pflicht, den Sicherheitsgurt anzulegen, die in den Bereich der Sicherheit des Straßenverkehrs fällt. Die Verbrechensbekämpfung und die Sicherheit des Straßenverkehrs können zwingende Gründe des Gemeinwohls im Sinne der *Cassis*-Formel sein, die eine Behinderung des freien Warenverkehrs rechtfertigen können.

2. Das Verbot müsste dazu aber verhältnismäßig, d. h. geeignet und erforderlich zur Verwirklichung der verfolgten Ziele sein.

a) Das Verbot müsste geeignet sein. Geeignet ist eine Maßnahme, wenn die Verwirklichung des mit der Regelung verfolgten Ziels gewährleistet wird. Das Verbot farbiger Scheiben soll die unmittelbare Kontrolle des Innenraums von Kraftfahrzeugen durch eine einfache Beobachtung von außen ermöglichen. Es ist damit geeignet, die Ziele der Verbrechensbekämpfung und der Sicherheit des Straßenverkehrs zu erreichen.

b) Das Verbot müsste weiterhin zur Erreichung der verfolgten Ziele erforderlich sein, d. h., dass es zur Erreichung dieser Ziele keine anderen, weniger einschneidenden Maßnahmen geben darf.

Die fragliche Sichtkontrolle ist nur eines von mehreren den zuständigen Behörden zur Verfügung stehenden Mitteln, um Verbrechen und Verstöße gegen die Pflicht, den Sicherheitsgurt anzulegen, zu bekämpfen. Denn da Portugal den Vertrieb von Kfz mit getönten Scheiben zulässt, die ebenfalls eine Sichtkontrolle des Fahrzeuginnenraums von außen verhindern, ist davon auszugehen, dass den portugiesischen Behörden andere Methoden zur Verfügung stehen müssen, Straftäter und solche Personen zu identifizieren, die eventuell gegen die Pflicht, den Sicherheitsgurt anzulegen, verstoßen haben.

Außerdem gibt es ein großes Sortiment an farbigen Folien, das von transparenten bis zu praktisch undurchsichtigen Folien reicht. Daher ist zumindest bei einigen Folien, nämlich denjenigen, die einen ausreichenden Grad an Transparenz aufweisen, die gewünschte Sichtkontrolle des Innenraums von Kraftfahrzeugen möglich. Eine Regelung, die nur stark tönende bzw. praktische undurchsichtige Folien betrifft, wäre damit weniger einschneidend als ein Totalverbot von farbigen Folien.

Die portugiesische Regelung übersteigt daher das Maß des für die Erreichung der angestrebten Ziele Erforderlichen. Sie ist daher unverhältnismäßig.

Die Beschränkung der Warenverkehrsfreiheit ist somit nicht gerechtfertigt.

Die Regelung in Art. 2 des portugiesischen Gesetzes verstößt gegen die Warenverkehrsfreiheit nach Art. 34 AEUV.

Teil 4: Allgemeines Verwaltungsrecht

§ 20 Begriff und Funktionen der Verwaltung

LITERATUR

Ehlers/Pünder, Allgemeines Verwaltungsrecht, 15. Aufl. 2015, § 1; *Hofmann/Gerke/Hildebrandt, Allgemeines Verwaltungsrecht,* 11. Aufl. 2016, 1. Abschn.; *Maurer/Waldhoff,* Allgemeines Verwaltungsrecht, 19. Aufl. 2017, § 1; *Wolff/Bachof/Stober/Kluth,* Verwaltungsrecht, Band I , 13. Aufl. 2017, §§ 2, 3.

I. Begriff 1000

Am Beginn einer Darstellung des Verwaltungsrechts hat eine Beschreibung seines Gegenstands zu stehen. Es muss – soweit möglich – geklärt werden, was mit dem Begriff „Verwaltung" eigentlich gemeint ist. Hierüber ist viel geschrieben worden. Allerdings ist es bis heute nicht gelungen, eine alle Seiten zufrieden stellende Definition zu finden. Dies mag zum einen daran liegen, dass Aufgaben und Funktionen der Verwaltung seit dem 17. Jahrhundert mannigfaltige Änderungen erfahren haben. Es sei nur auf die Entwicklung vom Polizeistaat über den liberalen zum heutigen sozialen Rechtsstaat mit seiner durch die Bindung an die Grundrechte geprägten und gekennzeichneten Verwaltung hingewiesen. Zum anderen liegt es am Gegenstand selbst, der sich, wie *Forsthoff* treffend charakterisiert, zwar beschreiben, nicht aber definieren lässt.

Es würde der Zielsetzung dieses Buches widersprechen, die teilweise kontrovers geführte Diskussion auch nur in den Grundzügen darzustellen. Stattdessen soll eine knappe, auf das Wesentliche beschränkte Eingrenzung vorgenommen werden.

1. Abgrenzung von öffentlicher und privater Verwaltung

Verwaltung umfasst weite Bereiche unseres gesamten Lebens. Sowohl auf öffentlicher 1001
als auch auf privater und wirtschaftlicher Ebene wird verwaltet. Wenn im Folgenden der Begriff „Verwaltung" verwendet wird, ist damit allein die sog. **öffentliche Verwaltung** gemeint, also die Tätigkeit, die sich mit der Verwaltung des Staates befasst. Private und wirtschaftliche Verwaltung scheiden somit aus.

BEISPIELE ▸ Nicht zur öffentlichen Verwaltung gehören die Verwaltung des eigenen (d. h. privaten) Vermögens, die Verwaltung eines Mietshauses oder die Verwaltung einer Firma.

2. Stellung der öffentlichen Verwaltung im System der Staatsgewalten

1002 Nach Art. 20 Abs. 2 Satz 2 GG unterscheidet man drei Staatsgewalten:

- die Gesetzgebung (= Legislative),
- die vollziehende Gewalt (= Exekutive) und
- die Rechtsprechung (= Judikative).

Die Exekutive wird von der Regierung und der öffentlichen Verwaltung gebildet (s. u. Rn. 1014 f.). Öffentliche Verwaltung lässt sich somit negativ abgrenzen. Sie ist als Teil der vollziehenden Gewalt die Staatstätigkeit, die weder zur Gesetzgebung noch zur Rechtsprechung gehört.

1003 Diese negative Abgrenzung leidet allerdings unter dem Nachteil, keine Vorstellung davon zu vermitteln, wie Verwaltungstätigkeit positiv beschrieben werden kann. Erst eine solche positive Definition macht aber den Begriff „Verwaltung" wirklich verständlich und soll deshalb im Folgenden dargestellt werden.

3. Verwaltung im organisatorischen und im materiellen Sinn

1004 Versucht man eine positive Beschreibung des Gegenstands, muss zunächst zwischen **Verwaltung im organisatorischen Sinn** und **Verwaltung im materiellen Sinn** unterschieden werden.

1005 Ersteres ist das, was umgangssprachlich zumeist gemeint ist, wenn von Verwaltung gesprochen wird. Es handelt sich um die „Verwaltungs**organisation**, die aus der Gesamtheit der Verwaltungsträger, Verwaltungsorgane und sonstigen Verwaltungseinrichtungen besteht". Davon erfasst werden etwa Behörden wie die Ministerien des Bundes und der Länder, die Bezirksregierungen, die Generalzolldirektion, aber auch eigenständige juristische Personen des öffentlichen Rechts wie die Gemeinden oder berufsständische Körperschaften.

BEISPIEL Wenn die „Verwaltung" die Müllgebühren erhöht, die „Verwaltung" eine Diskothek schließt oder die „Verwaltung" ein neues Schwimmbad baut, wird damit die Organisation (hier: die Körperschaft Gemeinde vertreten durch ihre Behörde – den Bürgermeister) bezeichnet.

1006 Greift man die eingangs gestellte Frage nach einer positiven Begriffsbestimmung auf, lässt sich feststellen, dass auch eine organisatorische Verwaltungsdefinition keine vollständige Antwort liefert. Sie erfasst allein den Apparat, aber nicht das, was er tut. Um diese Lücke zu schließen, wird die Entwicklung einer positiven Definition allgemein unter dem Stichwort „Verwaltung im materiellen Sinn" versucht.

1007 Verwaltung im materiellen Sinn stellt auf die Staatstätigkeit ab, „die die Wahrnehmung der Verwaltungsangelegenheiten zum Gegenstand hat". Es geht also nicht um die Organisation, sondern um eine Beschreibung ihrer Tätigkeitsbereiche. Eine solche Beschreibung fällt nicht leicht. Sie lässt sich in Anlehnung an *Wolff/Bachof/Stober* vielleicht am ehesten definieren als „die gesetzlich gebundene, unmittelbar leistende oder eingreifende, gestaltende oder teilplanende Wahrnehmung von Angelegenheiten des Gemeinwesens durch dafür besonders bestellte Organe".

Diese gerade dem Anfänger schwer zugängliche Definition wird verständlicher, wenn man sie typischen Merkmalen der Verwaltung gegenüberstellt. Verwaltung ist zunächst einmal *Sozialgestaltung*. Sie regelt das soziale Zusammenleben der Menschen im öffentlichen Interesse. Dabei kann die Verwaltung **aktive, in die Zukunft gerichtete Gestaltung** sein. Sie vollzieht die Gesetze und wird außerdem schöpferisch tätig, indem sie aus eigener Initiative und nach eigenen Vorstellungen im Rahmen des rechtlich Zulässigen das (soziale) Zusammenleben im Staat beeinflusst.

BEISPIEL ▸ Die Verwaltung kann durch öffentliche Subventionen bestimmte kulturelle Einrichtungen, etwa städtische Theater, fördern. Sie kann aber auch die ihr zur Verfügung stehenden Gelder für den Bau eines Fußballstadions nutzen. Ihre rechtliche Grenze findet diese Form von Gestaltung des öffentlichen Lebens darin, dass es z. B. nicht zu einem vollständigen Niedergang der städtischen Theater kommen darf.

Letztendlich trifft die Verwaltung **konkrete** Maßnahmen zur Regelung von Einzelfällen 1008
und zur Verwirklichung bestimmter Vorhaben.

BEISPIELE ▸

- Das Finanzamt (oder das Hauptzollamt) erlässt einen Steuerbescheid.
- Der Bürgermeister schließt einen Gewerbebetrieb wegen Unzuverlässigkeit des Gewerbetreibenden.
- Die zuständigen Behörden erlauben den Bau eines Atomkraftwerks.

Die aufgezeigten typischen Merkmale der Verwaltung finden sich häufig gemeinsam 1009
in den Handlungen der Verwaltungsrechtsträger wieder.

BEISPIEL ▸ Die zuständige Behörde gewährt Subventionen für mehrere vom Konkurs bedrohte landwirtschaftliche Betriebe.

Es handelt sich um Sozialgestaltung, da den begünstigten Landwirten ein Überleben ermöglicht wird. Dies geschieht im öffentlichen Interesse, weil eine funktionierende Landwirtschaft dem Staat im Gesamten zugutekommt. Dagegen müssen die Individualinteressen von Importeuren landwirtschaftlicher Produkte zurücktreten. Da die landwirtschaftlichen Betriebe auch in Zukunft erhalten bleiben sollen, handelt es sich auch um aktive in die Zukunft gerichtete Gestaltung. Die Auszahlung der Gelder ist letzten Endes für den begünstigten Landwirt eine konkrete Maßnahme zur Regelung seines Einzelfalls.

II. Abgrenzung zu Gesetzgebung, Rechtsprechung und dem Handeln von Regierungsorganen

1. Verwaltung und Gesetzgebung/Rechtsprechung

Wie bereits angesprochen, umfasst die Exekutive alles das, was nicht zu Gesetzgebung 1010
oder Rechtsprechung gehört. Während die Gesetzgebung grundsätzlich abstrakt-generelle Regelungen, nämlich die Gesetze, erlässt, ist es wesentliche Aufgabe der öffentlichen Verwaltung, diese in konkret-individuelle Regelungen umzusetzen (s. u. Rn. 1369 ff.). Die Rechtsprechung schließlich befasst sich mit der Kontrolle der Tätigkeiten der anderen Gewalten.

1011 Die scheinbar eindeutige Trennung der drei Gewalten wird immer wieder durchbrochen. Dies ist beispielsweise der Fall, wenn die Verwaltung abstrakt-generelle Regelungen in Form von Rechtsverordnungen erlässt (vgl. Art. 80 GG) und damit Gesetzgebungsaufgaben wahrnimmt.

BEISPIELE

- Die Straßenverkehrsordnung ist vom für den Straßenverkehr zuständigen Bundesministerium mit Zustimmung des Bundesrates erlassen worden, wozu diese durch § 6 Abs. 1 StVG vom Gesetzgeber ermächtigt wurden.
- Den Gemeinden ist es erlaubt, ihre eigenen Angelegenheiten durch Satzungen zu regeln (§ 7 GO NRW).

1012 Umgekehrt führen aber auch Gesetzgebungsorgane oder die Rechtsprechung Verwaltungsaufgaben durch.

BEISPIELE

- Der Bundestagspräsident ernennt einen Beamten.
- Der Gerichtspräsident erteilt einem Assessor die Zulassung als Rechtsanwalt.
- Die Gerichte führen das Handels-, Vereins- und Güterrechtsregister sowie das Grundbuch.

1013 Demgegenüber kann die Verwaltung keine Rechtsprechungsaufgaben wahrnehmen, da sich dies angesichts der unabdingbaren Unabhängigkeit der Richter nicht mit einer hierarchisch gegliederten Verwaltung vereinbaren lässt.

2. Verwaltung und Regierung

1014 Eine letzte Abgrenzung ist gegenüber dem Handeln von Regierungsorganen, also dem anderen Teil der Exekutive, vorzunehmen. Regierungshandlungen sind die Maßnahmen der politischen Staatsführung. Die Festlegung der Richtlinien der Politik oder das Handeln gegenüber anderen Staaten gehören damit nicht zur Verwaltung. In diesen Fällen nehmen die Regierungsorgane (z. B. die Bundesminister) Aufgaben der Regierungsgewalt (sog. Gubernative) wahr. Die Entscheidungen der Gubernative sind i. d. R. gerichtsfreie Hoheitsakte. Nur ausnahmsweise ist eine verfassungsgerichtliche Nachprüfung möglich.

1015 Aber auch Regierungsorgane können Verwaltungsaufgaben wahrnehmen. Dies ist etwa der Fall, wenn ein Minister Weisungen an untergeordnete Behörden erteilt.

BEISPIEL Das Bundesministerium der Finanzen erlässt eine Dienstvorschrift an die Generalzolldirektion und alle Hauptzollämter, mittels der die gemeinschaftsrechtlichen Regelungen für die Einfuhr von Waren konkretisiert werden.

III. Tätigkeitsbereiche der Verwaltung

1016 Die Verwaltung nimmt eine unüberschaubare Vielzahl unterschiedlicher Tätigkeitsbereiche wahr, die den materiellen Verwaltungsbegriff weiter konkretisieren. Im Folgenden sollen einige besonders typische Beispiele aufgeführt werden.

1. Ordnungsverwaltung

Zur Ordnungsverwaltung zählt in erster Linie das sog. Polizei- und Ordnungsrecht. Die Ordnungsbehörden haben insbesondere die Aufgabe, Gefahren für die öffentliche Sicherheit oder Ordnung abzuwehren (vgl. § 1 Abs. 1 OBG NRW). Schutzgüter der öffentlichen **Sicherheit** sind der Staat und seine Einrichtungen, aber auch Individualrechtsgüter (z. B. Gesundheit, Ehre, Freiheit, Vermögen) sowie das gesamte geschriebene Recht. Dagegen beinhaltet die öffentliche **Ordnung** die Gesamtheit der ungeschriebenen Ordnungsvorstellungen, deren Beachtung nach mehrheitlicher Anschauung unerlässliche Voraussetzung des Zusammenlebens ist. Die öffentliche Ordnung ist gleichsam Auffangtatbestand für Maßnahmen, die nicht unter die öffentliche Sicherheit fallen. Angesichts der bestehenden gesetzlichen Regelungsdichte kommt sie jedoch nur sehr selten zur Anwendung. 1017

BEISPIELE ▸ **Öffentliche Sicherheit:** Ein Polizist regelt den Straßenverkehr. Die zuständige Behörde ordnet den Abriss eines einsturzgefährdeten Hauses an. Vom Eigentümer eines bissigen Hundes verlangt sie, dass der Hund außerhalb der Wohnung einen Maulkorb tragen muss.

Öffentliche Ordnung: Gegen Rechtsradikale, die sich in einem Kurort regelmäßig auf einem öffentlichen Platz treffen und dadurch die Inhaber umliegender Geschäfte stören, wird ein Platzverweis ausgesprochen.

An diesen Beispielen wird deutlich, dass Ordnungsverwaltung in den meisten Fällen zugleich **Eingriffsverwaltung** ist. Durch die zum Schutz der Allgemeinheit getroffenen Maßnahmen wird (zulässig) in die Rechte des Einzelnen (insbesondere Grundrechte) eingegriffen.

2. Leistungs- und Lenkungsverwaltung

Die Leistungsverwaltung ist Ausprägung des Sozialstaatsprinzips und sichert bzw. verbessert die Lebensbedingungen der Bürger. Hierzu gehört zunächst die **Daseinsvorsorge**, mittels der die Einrichtungen für die Allgemeinheit geschaffen und unterhalten werden, auf die der Bürger zwingend angewiesen ist. Die Leistungsverwaltung erfasst außerdem den Bereich der **sozialen Sicherung** des Einzelnen. 1018

BEISPIELE ▸ **Daseinsvorsorge:** Der Bau von Straßen; die Einrichtung von Schulen, Universitäten, Krankenhäusern und Kindergärten; Umweltschutz durch Immissionsschutz (z. B. Lärmbekämpfung, Luftreinhaltung), Schutz und Pflege der Landschaft, Reinhaltung des Wassers usw.

Soziale Sicherung: Die Gewährung von Sozialhilfe oder Studienbeihilfen, aber auch die Leistungen der Sozialversicherung.

Von der Leistungsverwaltung werden darüber hinaus Förderungen weiterer **gesellschafts-, sozial-, wirtschafts- oder kulturpolitischer Ziele** erfasst. 1019

BEISPIELE ▸ Zahlung von Eigenheimzulage an einen Bauherrn, Fördermittel für einen Film, Subventionszahlungen an einen Landwirt.

Von der Leistungsverwaltung zu unterscheiden ist die **Lenkungsverwaltung**, mit der ganze Verwaltungsbereiche gefördert werden sollen (z. B. Wirtschaftslenkung).

BEISPIELE ▸ Subventionen für die Landwirtschaft, Maßnahmen der Raumordnung, die Bundesbankverwaltung.

Lenkung kann durch (insbesondere finanzielle) Förderung, aber auch durch Kontrolle betrieben werden.

BEACHTE

Subventionen für die Landwirtschaft stellen als Ganzes Lenkungsverwaltung dar. Die konkrete Auszahlung einer Subvention an den einzelnen Unternehmer gehört dagegen nicht mehr zur Lenkungsverwaltung. Hier handelt es sich vielmehr um Leistungsverwaltung.

3. Abgabenverwaltung

1020 Mittels der Abgabenverwaltung erhalten der Staat und seine Organe die zur Erfüllung ihrer Aufgaben erforderlichen **finanziellen** Mittel. Dies sind in erster Linie Steuern, Gebühren, Beiträge, aber auch Zölle und Sonderabgaben.

BEISPIELE ▸ Die Erhebung von Steuern, des Solidaritätsbeitrages, von Kreisumlagen, von Erschließungsbeiträgen.

4. Bedarfsverwaltung

1021 Im Wege der Bedarfsverwaltung werden der Verwaltung die für die Erfüllung ihrer Aufgaben erforderlichen **persönlichen** und **sachlichen** Mittel bereitgestellt.

BEISPIELE ▸ Verwaltung der bundeseigenen Liegenschaften durch die Bundesvermögensverwaltung, Einstellung von Beamten, Kauf von Büromaterial.

IV. Abgrenzungen der einzelnen Tätigkeitsbereiche

1022 Die genannten Tätigkeitsbereiche können nicht immer zweifelsfrei auseinandergehalten werden. Vielmehr kommt es in vielen Fällen zu Überschneidungen. So ist die durch einen Steuerbescheid erfolgte Aufforderung, Zoll für eingeführte Waren zu bezahlen, zum einen Abgabenverwaltung, zum anderen aber auch Eingriffsverwaltung. Maßnahmen des Umweltschutzes gehören sowohl zur Gefahrenabwehr (Ordnungsverwaltung), dienen aber auch zur Verbesserung der Lebensbedingungen (Lenkungsverwaltung). Mit ihnen kann außerdem ein Eingriff in die Rechte des einzelnen Bürgers verbunden sein (Eingriffsverwaltung).

§ 21 Rechtsquellen des Verwaltungsrechts

LITERATUR

Schweickhardt/Vondung/Zimmermann-Kreher (Hrsg.), Allgemeines Verwaltungsrecht, 10. Aufl. 2017, Teil I Kapitel 2B; *Hofmann/Gerke/Hildebrandt*, Allgemeines Verwaltungsrecht, 11. Aufl. 2016, 3. Abschn.; *Maurer/Waldhoff*, Allgemeines Verwaltungsrecht, 19. Aufl. 2017, § 4; *Wolff/Bachof/Stober/Kluth*, Verwaltungsrecht, Band I, 13. Aufl. 2017, §§ 24 – 28.

Das Handeln der Verwaltung wird von einer Vielzahl unterschiedlicher Rechtsquellen 1023
geregelt. Hierzu zählen das geschriebene Recht in Form der Verfassung, der Gesetze, der Rechtsverordnungen, der Satzungen und in gewissen Grenzen auch der (internen) Verwaltungsvorschriften (sog. Rechtserkenntnisquellen). Daneben kommt in seltenen Fällen auch ungeschriebenes Recht in Form des Gewohnheitsrechts zur Anwendung.

I. Verfassungen

Verfassungen regeln die rechtliche Grundordnung unseres Staates. Neben dem Grund- 1024
gesetz gibt es auf Landesebene weitere (Landes-)Verfassungen. Die Verfassungen regeln den Aufbau und die Organisation der Staatsgewalt, die Kompetenzen der Staatsorgane, allgemeine rechtsstaatliche Grundsätze sowie die individuellen Rechte der Bürger gegen den Staat (Grundrechte).

II. Gesetze

Gesetze sind geschriebene Rechtsquellen. Sie sind die bedeutsamste Rechtsgrundlage 1025
des Verwaltungsrechts.

Definiert werden Gesetze allgemein als von den Gesetzgebungsorganen in einem verfassungsrechtlich vorgeschriebenen Verfahren erlassene Rechtsnormen. Es werden allgemeinverbindliche Regelungen getroffen, die sowohl das Verhältnis der Bürger untereinander als auch das Verhältnis Bürger-Staat betreffen.

Mit dem Erlass von Gesetzen ist die Legislative befasst. Sie hat die Möglichkeit, durch die von ihr geschaffenen Gesetze die Tätigkeit der Verwaltung zu regeln. Diese ist an die von der Legislative geschaffenen Gesetzesvorgaben gebunden.

III. Rechtsverordnungen

Die Rechtsverordnungen sind das Rechtsetzungsinstrument der Verwaltung. Sie unter- 1026
scheiden sich für die betroffenen Bürger in ihrer Wirkung nicht von Gesetzen. Vielmehr handelt es sich auch bei ihnen um in gleicher Weise verbindliche abstrakt-generelle Regelungen. Dies bedeutet, dass ein unbestimmter Personenkreis (= generell) betroffen

ist und eine unbestimmte Anzahl von Sachverhalten (= abstrakt) geregelt wird. Damit wird die Abgrenzung zu den Verwaltungsakten deutlich, die konkret-individuelle Regelungen (eines Einzelfalls) sind (s. u. Rn. 1162 ff.).

Einziger Unterschied zwischen Gesetzen und Rechtsverordnungen ist der Normgeber. Gesetze erlässt die Legislative, Rechtsverordnungen die Exekutive.

1027 Das Recht zum Erlass von Rechtsverordnungen steht der Exekutive nicht schrankenlos zu. Sie muss vielmehr durch Gesetz dazu ermächtigt werden. Gem. Art. 80 GG müssen Inhalt, Zweck und Ausmaß der erteilten Ermächtigung im Ermächtigungsgesetz festgeschrieben sein. Derartige Verordnungsermächtigungen gibt es sowohl auf Bundes- als auch auf Landesebene. Für Letztere ergibt sich die Anwendbarkeit der Grundsätze des Art. 80 GG aus der Homogenitätsklausel des Art. 28 Abs. 1 GG.

BEISPIEL Das Straßenverkehrsgesetz wurde vom Bundestag verabschiedet. In § 6 Abs. 1 StVG wird die Verwaltung, nämlich das Bundesministerium für Verkehr, Bau- und Wohnungswesen, ermächtigt (mit Zustimmung des Bundesrates), Rechtsverordnungen zu erlassen. Dies ist in Form der Straßenverkehrsordnung und der Straßenverkehrszulassungsordnung geschehen. Auch wenn der Normgeber unterschiedlich ist, die Bindungswirkung von StVG, StVO und StVZO ist für die Verkehrsteilnehmer die gleiche.

1028 Nicht jeder Rechtsträger der öffentlichen Verwaltung ist befugt, Rechtsverordnungen zu erlassen. Dieses Recht steht vielmehr allein der Bundesregierung, einem Bundesministerium oder den Landesregierungen zu. Weitere Einschränkungen ergeben sich aus Art. 80 Abs. 1 und 2 GG. Auf Landesebene besteht die Besonderheit, dass auch Gemeinden, also Teile der mittelbaren Staatsverwaltung (siehe hierzu Rn. 1043 ff.), zum Erlass von Rechtsverordnungen befugt sind.

BEISPIEL In Nordrhein-Westfalen können nach den §§ 25 ff. OBG NRW die Gemeinden Rechtsverordnungen auf dem Gebiet des Ordnungsrechts erlassen.

Grund für das Regelungsinstrument der Rechtsverordnung ist die damit verbundene Entlastung des Gesetzgebers. Darüber hinaus können im Interesse der Allgemeinheit notwendige Rechtsanpassungen zügiger vorgenommen werden, da der Erlass einer Rechtsverordnung nicht an ein langwieriges Rechtsetzungsverfahren gekoppelt ist. Die wesentlichen Entscheidungen bleiben dennoch dem Gesetzgeber vorbehalten. Der Verwaltung obliegt hingegen deren konkrete Ausgestaltung.

IV. Satzungen

1029 Unter Satzungen versteht man Rechtsnormen, die von einer juristischen Person des öffentlichen Rechts zur Regelung ihrer Angelegenheiten erlassen werden. Satzungsgeber ist also – hier liegt der Unterschied zu Gesetz und Rechtsverordnung – nicht unmittelbar der Staat, sondern die von ihm (zusätzlich) geschaffenen Rechtsträger der mittelbaren Staatsverwaltung. Auch bei den Satzungen handelt es sich um abstrakt-generelle Regelungen, die den Bürger in gleicher Weise wie Gesetz und Rechtsverordnung binden.

BEISPIELE

- Satzungen bundesunmittelbarer Rechtsträger wie die Satzung der Bundesversicherungsanstalt für Angestellte.
- Satzungen auf Landesebene wie die Gemeindesatzungen (Satzungen über die Benutzung gemeindlicher Einrichtungen, der Bebauungsplan usw.).

Ebenso wie die Rechtsverordnungen sind auch die Satzungen abgeleitete Rechtsquellen. Eine spezielle gesetzliche Ermächtigung, wie sie Art. 80 Abs. 1 GG für Rechtsverordnungen vorsieht, ist allerdings nicht erforderlich (im Einzelnen streitig). Diese ergibt sich z. B. für Gemeinden vielmehr unmittelbar aus Art. 28 Abs. 2 GG (sog. Satzungsautonomie).

Der Sinn der Satzungsautonomie ist ähnlich dem der Rechtsverordnungen. Die selb- 1030
ständigen Rechtsträger der mittelbaren Staatsverwaltung können manche Aufgaben sachgerechter lösen als der allgemeine Gesetzgeber. Es können sachliche und örtliche Besonderheiten berücksichtigt werden. Unterstaatliche gesellschaftliche Kräfte werden mobilisiert. Daneben kommt es zu einer Entlastung des Gesetzgebers.

V. Verwaltungsvorschriften (interne Verwaltungsnormen)

Die Verwaltungsvorschriften (andere Begriffe: Richtlinien, Dienstanweisungen, Dienst- 1031
vorschriften, Erlasse) sind keine echten Rechtsquellen. Sie haben grundsätzlich allein verwaltungsinternen Charakter und werden von der Verwaltung zur Regelung ihrer eigenen Angelegenheiten erlassen. Verwaltungsvorschriften binden i. d. R. nur den handelnden Amtsträger. Oft wird durch sie das der Verwaltung vom Gesetzgeber eingeräumte Ermessen ausgeübt oder unbestimmte Rechtsbegriffe ausgelegt.

BEISPIEL Dienstvorschrift des Bundesministeriums der Finanzen zur Entstehung einer Zollschuld (s. Vorschriftensammlung Bundesfinanzverwaltung Z 0901).

Nur ausnahmsweise kann sich ein Bürger auf eine Verwaltungsvorschrift berufen. Aus 1032
Art. 3 GG ergibt sich die Pflicht der Verwaltung, gleiche Fälle gleich zu behandeln. Legt sich die Verwaltung für bestimmte Fälle auf eine bestimmte Rechtsfolge fest, darf sie in anderen, gleich gelagerten Fällen nicht anders entscheiden (sog. **Selbstbindung der Verwaltung**).

BEISPIEL Immer dann, wenn die Verwaltung einen ihr eingeräumten Ermessensspielraum in einer Verwaltungsvorschrift festgehalten hat, ist sie an diese Festlegung gebunden.

Eine Grenze findet die Selbstbindung allerdings in den Fällen, in denen die Verwaltung 1033
zu Unrecht eine bestimmte Entscheidung getroffen hat. Auf zu Unrecht ergangene und damit rechtswidrige Entscheidungen kann sich ein Dritter nicht berufen. Es gibt **keine Gleichheit im Unrecht**, anders ausgedrückt: Es gibt keinen Anspruch auf Fehlerwiederholung (s. u. Rn. 1090).

BEISPIEL Erteilt die zuständige Verwaltungsbehörde unter Verstoß gegen die einschlägigen baurechtlichen Bestimmungen eine Baugenehmigung und erlaubt sie damit die Bebauung eines Grundstücks, kann sich ein Dritter hierauf nicht berufen. Er erhält keine Baugenehmigung, auch wenn sein Fall gleich gelagert ist. Der Gleichheitsgrundsatz findet in diesem Fall keine Anwendung.

VI. Gewohnheitsrecht

1034 Das Gewohnheitsrecht erfasst die ungeschriebenen Rechtsquellen. Es hat in den vergangenen Jahrzehnten seine Bedeutung allerdings weitgehend eingebüßt. Da die wesentlichen Regelungen nahezu ausnahmslos schriftlich fixiert sind, spielt es auch im Verwaltungsrecht nur noch eine untergeordnete Rolle.

BEISPIELE

- Aufopferungsanspruch eines Bürgers, der zugunsten des Allgemeinwohls ein Sonderopfer erbracht hat. Ihm stehen Entschädigungsleistungen zu.
- Das Recht der Gemeindemitglieder zur Wasserentnahme aus einem gemeindlichen Heilbrunnen ist ein örtlich begrenztes Gewohnheitsrecht (sog. Observanz).
- Verpflichtung der Rechtsanwälte, vor den Gerichten die Amtstracht zu tragen.
- Früher: Züchtigungsrecht des Lehrers.

VII. Völkerrecht und Europäisches Gemeinschaftsrecht

1035 Verwaltung und Bürger sind an das Völkerrecht nicht unmittelbar gebunden. Eine Bindung entsteht vielmehr erst dann, wenn der Staat durch einen sog. Transformationsakt dem Völkerrecht unmittelbare Geltung verschafft hat.

Etwas anderes gilt nur im Bereich des Europäischen Gemeinschaftsrechts. Gem. Art. 288 AEUV gehen EU-Verordnungen dem nationalen Recht vor. Es bedarf keines Umsetzungsaktes mehr.

1036 Die Bedeutung des Gemeinschaftsrechts für die Verwaltung hat in den letzten Jahren zugenommen, da immer mehr Bereiche für die gesamte Europäische Union harmonisiert werden. Trotzdem befindet sich ein europäisches Verwaltungsrecht erst in den Anfängen seiner Entwicklung.

BEISPIELE Das Zollrecht ist einer der wenigen Bereiche der öffentlichen Verwaltung, der fast vollständig harmonisiert ist. Die wesentlichen Regelungen sind in EU-Verordnungen, nämlich im Unionszollkodex und ergänzenden Durchführungsverordnung, enthalten. Diese beinhalten in weiten Teilen reines Verwaltungsrecht. Beispiele hierfür sind die Regelungen zur Zollschuldentstehung (Art. 77 ff. UZK) und zur Rücknahme und Widerruf getroffener Verwaltungsentscheidungen (Art. 27 f. UZK).

Weitere harmonisierte Verwaltungsregelungen enthalten z. B. die Produktpiraterieverordnung oder die Artenschutzverordnung. Während die Produktpiraterieverordnung Regelungen zum grenzüberschreitenden Verkehr mit gefälschten Waren enthält, erfasst die Artenschutzverordnung den Handel mit von der Ausrottung bedrohten wildlebenden Tieren und Pflanzen.

VIII. Normenhierarchie

Die vorgestellten Rechtsnormen stehen in einer festen Rangordnung. Höherrangige Normen gehen Normen, die auf einer niedrigeren Rangstufe stehen, vor. Dies lässt sich in folgender Normenpyramide darstellen: 1037

ABB. 41: Normenhierarchie

Das ungeschriebene Gewohnheitsrecht kann auf jeder Ebene vorkommen.

Die Darstellung macht das Zusammenspiel von Normen des Bundes und der Länder deutlich. Sowohl auf Bundes- wie auf Landesebene gibt es Verfassungen, Gesetze, Rechtsverordnungen und Satzungen. Die Rechtsquellen des Bundes gehen denen der Länder gem. Art. 31 GG vor („Bundesrecht bricht Landesrecht").

IX. Allgemeines und besonderes Verwaltungsrecht

Das Verwaltungsrecht besteht zum einen aus dem allgemeinen und zum anderen aus dem besonderen Verwaltungsrecht.

1. Allgemeines Verwaltungsrecht

Das allgemeine Verwaltungsrecht umfasst die Regeln und Rechtsinstitute, die für alle Bereiche der Verwaltung gelten. Es handelt sich – ähnlich wie im Bürgerlichen Recht und im Strafrecht – um den „**Allgemeinen Teil**" eines Rechtsgebiets. Anders als im BGB und im StGB ist dieser „Allgemeine Teil" nicht im gleichen Gesetz wie der „Besondere Teil" geregelt. Vielmehr wurde hierfür 1976 ein eigenes Gesetz geschaffen, das Verwaltungsverfahrensgesetz des Bundes. Die von ihm behandelten Rechtsgebiete gelten für das gesamte Verwaltungsrecht, sofern für einzelne Bereiche keine besonderen Bestimmungen getroffen werden. 1038

BEISPIELE

- Die Voraussetzungen eines Verwaltungsaktes ergeben sich aus § 35 Satz 1 VwVfG.
- Wie ein Verwaltungsverfahren durchzuführen ist, regeln allgemein die §§ 9 ff. VwVfG.

Neben dem Verwaltungsverfahrensgesetz des Bundes haben die Länder in weiten Teilen gleichlautende Verwaltungsverfahrensgesetze erlassen, die für die Tätigkeit der Landesbehörden bei der Ausführung von dem Landesrecht gelten.

HINWEIS

Sofern im Folgenden auf das Verwaltungsverfahrensgesetz verwiesen wird, ist allein das Verwaltungsverfahrensgesetz des Bundes gemeint. I. d. R. ergeben sich aber keine Unterschiede zu den landesgesetzlichen Regelungen. Die durch das Genehmigungsverfahrensbeschleunigungsgesetz vom 1. 11. 1996 im VwVfG des Bundes vorgenommenen Änderungen wurden von den VwVfGen der Länder mittlerweile übernommen.

2. Besonderes Verwaltungsrecht

1039 Vom besonderen Verwaltungsrecht wird das spezielle (besondere) Recht der einzelnen Tätigkeitsbereiche der Verwaltung erfasst. Es beinhaltet z. B. das Polizei- und Ordnungsrecht, das Baurecht, das Beamtenrecht, das Gewerberecht, das Straßenrecht, das Schulrecht, aber auch allgemein wenig bekannte Bereiche wie das Zollrecht und das Artenschutzrecht. Die einzelnen Bereiche haben jeweils ihre eigenen (besonderen) Gesetze.

BEISPIEL Die besonderen Gesetze des Baurechts sind u. a. das Baugesetzbuch, die Landesbauordnung und die Baunutzungsverordnung.

BEISPIEL zur Abgrenzung von allgemeinem und besonderem Verwaltungsrecht

In welchen Fällen eine Baugenehmigung erteilt werden muss, richtet sich nach dem besonderen Verwaltungsrecht, nämlich dem Baurecht. Ob es sich bei der Baugenehmigung um einen Verwaltungsakt handelt, ist dagegen eine Frage des allgemeinen Verwaltungsrechts.

§ 22 Verwaltungsorganisation

LITERATUR

Hofmann/Gerke/Hildebrandt, Allgemeines Verwaltungsrecht, 11. Aufl. 2016, 2. Abschn.; *Maurer/Waldhoff*, Allgemeines Verwaltungsrecht, 19. Aufl. 2017, 6. Teil; *Suckow/Weidemann*, Allgemeines Verwaltungsrecht und Verwaltungsrechtsschutz, 17. Aufl. 2018, Kapitel 2.

I. Träger öffentlicher Verwaltung

1040 Nachdem der Begriff Verwaltung definiert und die Tätigkeitsbereiche dieser Verwaltung (= Verwaltung im materiellen Sinn) dargestellt worden sind, muss nun die Frage geklärt werden, wem die Ausübung dieser Tätigkeitsbereiche übertragen wurde, d. h.

wer Träger der genannten Rechte und Pflichten ist (= Verwaltung im organisatorischen Sinn). Anders ausgedrückt: Es muss nicht nur geklärt werden, was und wie verwaltet wird, sondern auch, wer dazu berechtigt und verpflichtet ist.

Aufgrund des im Grundgesetz festgelegten föderativen Prinzips sind grundsätzlich der Bund und die Länder für die Wahrnehmung der Verwaltungsaufgaben zuständig (= unmittelbare Staatsverwaltung). Bund und Länder allein wären mit dieser Aufgabe aber überfordert. Sie könnten beispielsweise nicht immer bürgernah „vor Ort" entscheiden. Aus diesem Grund wurde eine Reihe von Aufgaben auf weitere juristische Personen des öffentlichen Rechts abgewälzt (= mittelbare Staatsverwaltung).

Das bedeutsamste Beispiel hierfür sind die Gemeinden und Gemeindeverbände. Das 1041
Grundgesetz sieht vor, dass Gemeinden und Gemeindeverbände alle Angelegenheiten der örtlichen Gemeinschaft in eigener Verantwortung regeln dürfen (sog. Selbstverwaltungsrecht des Art. 28 Abs. 2 GG).

ABB. 42: Träger öffentlicher Verwaltung

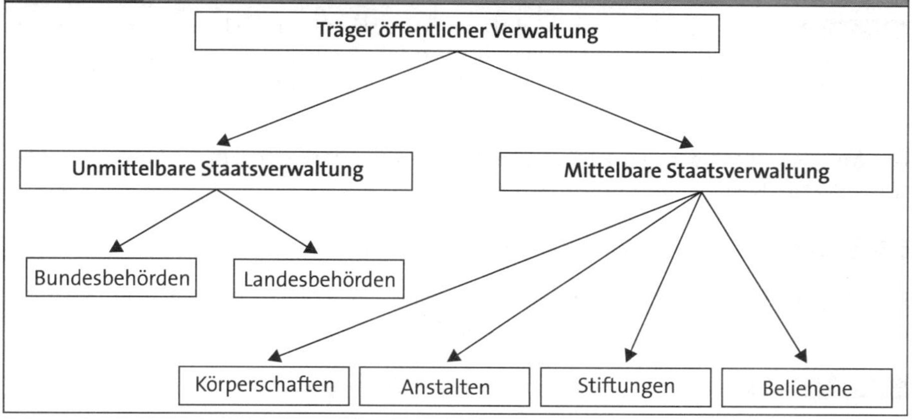

Darüber hinaus wurde eine Vielzahl weiterer – i. d. R. juristischer Personen – geschaffen 1042
und mit der Ausübung hoheitlicher Befugnisse betraut. Es handelt sich um die Körperschaften, Anstalten und Stiftungen des öffentlichen Rechts sowie um die Beliehenen. Diese Träger der öffentlichen Verwaltung sind zumeist rechtsfähig, können also klagen und verklagt werden. Außerdem besitzen sie privatrechtliche Rechte und können somit auch in den Formen des Privatrechts handeln.

1. Körperschaften des öffentlichen Rechts

Körperschaften des öffentlichen Rechts sind i. d. R. rechtsfähige Organisationen, die aus 1043
Mitgliedern bestehen. Sie sind vom Wechsel dieser Mitglieder unabhängig. Körperschaften des öffentlichen Rechts werden durch Hoheitsakt geschaffen und erfüllen hoheitliche Aufgaben.

BEISPIEL Die Rechtsanwaltskammern sind Körperschaften des öffentlichen Rechts (§ 62 Abs. 1 BRAO). Ihre Mitglieder sind Rechtsanwälte (§ 60 Abs. 1 BRAO). Auch beim Ausscheiden eines oder mehrerer Mitglieder bleibt die Rechtsanwaltskammer bestehen. Die hoheitliche Aufgabe der Rechtsanwaltskammern besteht u. a. in der Überwachung der den Rechtsanwälten obliegenden standesrechtlichen Pflichten.

1044 Man unterscheidet verschiedene Arten von Körperschaften. So handelt es sich um **Gebietskörperschaften**, wenn die Mitglieder innerhalb des räumlichen Bezirks der Körperschaft ihren Wohnsitz (natürliche Personen) oder ihren Sitz (juristische Personen) haben.

BEISPIELE Bundesrepublik Deutschland, Bundesländer, Kreise und Gemeindeverbände, Gemeinden. Ein deutscher Staatsbürger, der in Münster wohnt, ist Mitglied der Stadt Münster, des Bundeslandes Nordrhein-Westfalen und der Bundesrepublik Deutschland.

1045 Daneben gibt es die **Personalkörperschaften**. Bei ihnen knüpft die Mitgliedschaft an bestimmte Eigenschaften an. Hierfür kommt in erster Linie die Zugehörigkeit zu einem bestimmten Beruf in Frage.

BEISPIELE Ärztekammern, Rechtsanwaltskammern, Universitäten und Fachhochschulen. Umstritten ist die Einordnung der Fachhochschulen für öffentliche Verwaltung, da diese nicht rechtsfähig sind. Es handelt sich bei ihnen deshalb i. S. der o. g. Definition um nichtrechtsfähige Körperschaften.

1046 Die Mitgliedschaft bei den **Realkörperschaften** orientiert sich am Grundstückseigentum oder am Besitz eines Wirtschaftsbetriebs.

BEISPIELE Industrie- und Handelskammern, Jagdgenossenschaften.

Die Mitglieder von **Verbandskörperschaften** sind ausschließlich juristische Personen, die gemeinsam einen öffentlichen Zweck verfolgen.

BEISPIEL Kommunaler Zweckverband zur Abfall- oder Abwasserentsorgung, Wasserverbände.

1047 Bei manchen öffentlich-rechtlichen Körperschaften besteht eine Zwangsmitgliedschaft. So ist nach § 21 Abs. 1 GO NRW der Einwohner einer Gemeinde zwingend Gemeindemitglied. Pflichtmitgliedschaften bestehen des Weiteren bei den Industrie- und Handelskammern und anderen berufsständischen Organisationen (z. B. Ärztekammern, Rechtsanwaltskammern).

1048 Öffentlich-rechtliche Körperschaften dienen in erster Linie hoheitlichen Zwecken und sind deshalb mit entsprechenden Kompetenzen ausgestattet. Sie können Satzungen beschließen, Verwaltungsakte erlassen und letztere ggf. mit Zwangsmitteln durchsetzen. Die interne Willensbildung erfolgt von unten nach oben. Den Mitgliedern stehen demokratische Mitbestimmungsrechte zu, wenn sie z. B. ihren Vorstand wählen. Sie haben darüber hinaus die Möglichkeit, die Tätigkeit des gewählten Vorstands zu überwachen.

BEISPIEL Gemeindemitglieder bestimmen durch Wahl die Ratsmitglieder. Die Mitglieder der Rechtsanwaltskammer bestimmen die Satzung, nach der sich die Organe der Körperschaft bei der Erfüllung ihrer Aufgaben richten müssen.

In manchen Fällen lassen sich Körperschaften nicht ausschließlich einer der vorgenannten Arten zuordnen. So enthält die Bundesrepublik Deutschland nicht nur Elemente einer Gebiets-, sondern auch einer Personalkörperschaft. Der Wohnsitz in der Bundesrepublik reicht nämlich zum Erlangen der deutschen Staatsbürgerschaft nicht aus. 1049

2. Anstalten des öffentlichen Rechts

Auch bei Anstalten des öffentlichen Rechts handelt es sich um rechtlich oder organisatorisch selbständige staatliche Einrichtungen. Sie nehmen auf Dauer hoheitliche Aufgaben wahr. Hierzu werden sie mit den erforderlichen sachlichen und persönlichen Mitteln ausgestattet. 1050

BEISPIELE ▸ Sparkassen, Rundfunk- und Fernsehanstalten (Ausnahme Deutschlandradio als Körperschaft des öffentlichen Rechts), Zentralstelle für die Vergabe von Studienplätzen, Deutscher Wetterdienst, Kreditanstalt für Wiederaufbau, Studentenwerke, Bundesinstitut für Risikobewertung sind rechtsfähige Anstalten des öffentlichen Rechts. Dagegen sind Schulen, Museen, Strafvollzugsanstalten, Krankenhäuser, Altenheime, Kindergärten unselbständige Anstalten. Sie können nicht klagen und verklagt werden. Sie sind vielmehr Teil eines Verwaltungsträgers.

Nicht immer einfach ist die Unterscheidung von Anstalten und Körperschaften. Beiden gemeinsam ist, dass sie öffentliche Aufgaben wahrnehmen. Allerdings haben Anstalten i. d. R. keine Mitglieder. Stattdessen spricht man von **Benutzern**. Diese Benutzer verfügen anders als Mitglieder über keine demokratischen Mitwirkungsrechte bei der Erfüllung der Aufgaben. Sie können die Anstalt nur in Anspruch nehmen, d. h. benutzen. 1051

BEISPIELE ▸ Radiohörer haben keine Möglichkeit, Einfluss auf das Radioprogramm zu nehmen. Sparkassen-Kunden können zwar ein Konto eröffnen oder erhalten einen Kredit eingeräumt, sie haben jedoch keinen Einfluss auf die Geschäftspolitik.

3. Stiftungen des öffentlichen Rechts

Ebenso wie die übrigen Verwaltungsträger nehmen auch die Stiftungen hoheitliche Aufgaben wahr. Hierzu werden sie mit eigener Rechtsfähigkeit ausgestattet. Zweck einer Stiftung ist es, mit Hilfe eines vom Stifter zur Verfügung gestellten Vermögens einen von diesem festgelegten Zweck zu erfüllen. Öffentlich-rechtliche Stiftungen werden durch staatlichen Hoheitsakt geschaffen. 1052

BEISPIELE ▸ Stiftung „Preußischer Kulturbesitz“, Studienstiftung des deutschen Volkes, Stiftung „Hilfswerk für behinderte Kinder“ (sog. Conterganstiftung). Die Stiftung Warentest ist laut ihrer Satzung eine Stiftung privaten Rechts.

Zum besseren Verständnis ist auch hier die Abgrenzung zu den anderen Verwaltungsträgern dienlich. Stiftungen haben im Gegensatz zu den Körperschaften keine Mitglieder und im Gegensatz zu den Anstalten keine Benutzer. Stattdessen spricht man bei den Stiftungen von Nutznießern. Diesen kommt die Stiftung zwar zugute. Das Ob und Wie der Gewährung sowie die Auswahl der zu Begünstigenden liegt aber allein im Ermessen der Verwaltenden. Es handelt sich hier um einen im Vergleich zu den Körperschaften und Anstalten deutlich schwächeren Grad einer Berechtigung. 1053

4. Beliehene

1054 Auch Privatpersonen können Verwaltungsträger sein. Dies ist der Fall, wenn sie mit hoheitlichen Befugnissen ausgestattet werden, die sie selbständig und im eigenen Namen wahrnehmen. Man bezeichnet solche Personen als Beliehene.

BEISPIELE

- Bezirksschornsteinfeger bei der Feuerstättenschau, Brandverhütungsschau oder der Bauabnahme;
- staatlich anerkannte Ersatzschulen, wenn sie Prüfungen abhalten und Zeugnisse erteilen;
- staatlich anerkannte Sachverständige des TÜV und der DEKRA bei Erteilung der Prüfplakette (vgl. § 29 Abs. 2 Satz 2 StVZO);
- die Toll Collect GmbH ist als Beliehene mit der Erhebung und Überwachung der Lkw-Maut in Deutschland beauftragt;
- Notare;
- Schiffskapitäne haben nach § 121 Abs. 2 SeeArbG für die Ordnung und Sicherheit an Bord zu sorgen. Sie können die notwendigen Maßnahmen treffen und sind somit Beliehene.

Mit der Beleihung von Privatpersonen entlastet sich die Verwaltung selbst. Sie bedient sich der Kenntnisse anderer und kann dadurch Kosten sparen.

1055 Nicht zu den Beliehenen zählen die sog. **Verwaltungshelfer**, die keine selbständigen Verwaltungsaufgaben wahrnehmen. Es handelt sich vielmehr um unselbständige Hilfstätigkeiten, die der beauftragenden Behörde zuzurechnen sind. Der Verwaltungshelfer ist gegenüber der Behörde aus diesem Grund weisungsgebunden.

BEISPIELE

- Schülerlotsen;
- ein Arzt, wenn er im Auftrag der Polizeibehörde Blutproben entnimmt;
- Angehörige des Freiwilligen Polizeidienstes.

1056 Abzugrenzen ist die Beleihung auch von der **Inpflichtnahme Privater**. In diesen Fällen werden Verwaltungsaufgaben auf Privatpersonen übertragen. Hoheitliche Befugnisse werden allerdings nicht eingeräumt.

BEISPIELE

- Reinigungs- und Streupflicht der Straßenanlieger;
- Betriebsbeauftragter für Immissionsschutz (§§ 53 ff. BImSchG).

5. Abgrenzung von Verwaltungsträgern und Behörden

1057 Die juristischen Personen des öffentlichen Rechts sind nicht von sich aus handlungsfähig. Ebenso wie die juristischen Personen des Privatrechts benötigen sie Organe, die die erforderlichen Handlungen für sie vornehmen. Ein Verwaltungsträger hat zumeist mehrere Organe, die arbeitsteilig die übertragenen Aufgaben wahrnehmen.

BEISPIEL Organe einer Gemeinde (Körperschaft des öffentlichen Rechts) sind z. B. der Rat und der Bürgermeister.

Diejenigen Organe, die mit **Außenzuständigkeit** für die Vornahme konkreter (Rechts-)Handlungen gegenüber Bürgern ausgestattet sind, bezeichnet man als Behörden. Sie sind also der handelnde Teil eines Verwaltungsträgers.

BEISPIELE Das nach außen gegenüber dem Bürger handelnde Organ und damit die Behörde der Stadt Köln ist der Oberbürgermeister.

Behörde einer Rechtsanwaltskammer ist der Vorstand.

Da aber auch eine Behörde nicht selbständig Handlungen vornehmen kann, benötigt sie Menschen, die die Verwaltungsaufgaben tatsächlich ausführen. Diese natürlichen Personen werden als Organwalter bezeichnet.

BEISPIEL Ein Sachbearbeiter des Oberbürgermeisters M-Stadt erlässt gegenüber einem Bürger einen Verwaltungsakt. Er ist Organwalter und handelt im Auftrag der Behörde Oberbürgermeister. Der Oberbürgermeister wiederum ist Organ der Stadt M. Ein weiteres Organ der Stadt M ist der Stadtrat.

FALL

Die Träger öffentlicher Verwaltung

Sachverhalt

Bürger A möchte in der kreisfreien Stadt M (Baden-Württemberg) eine Gaststätte betreiben. Wer darf die hierzu erforderliche Erlaubnis erteilen?

Lösung

Es ist zunächst zu klären, welche juristische Person Träger des Rechts, Gaststättenerlaubnisse zu erteilen, ist. Das Gaststättengesetz bestimmt in §§ 2, 4 GastG, wer eine Erlaubnis zum Betreiben einer Gaststätte erhalten kann. Es sagt allerdings nichts darüber aus, wer für die Erteilung zuständig ist. Dies regelt vielmehr die GastVO BW. Sie bestimmt in § 1 GastVO BW, dass die Ausführung des Gaststättengesetzes, also auch die Erteilung einer Erlaubnis, u. a. den unteren Verwaltungsbehörden obliegt.

Wer untere Verwaltungsbehörde ist, wird nicht in der GastVO BW geregelt. Dies lässt sich vielmehr dem Landesverwaltungsgesetz BW entnehmen. Nach § 15 Abs. 1 Nr. 2 dieses Gesetzes nehmen die Aufgaben der unteren Landesbehörden in den Stadtkreisen die Gemeinden wahr. Im vorliegenden Fall ist daher die Stadt M als juristische Person des öffentlichen Rechts für die Erteilung einer Gaststättenerlaubnis der zuständige Rechtsträger.

Für diesen Rechtsträger handelt die zuständige Behörde. Im Fall einer kreisfreien Stadt ist dies der Oberbürgermeister oder die Oberbürgermeisterin.

II. Aufbau der Verwaltung

Wie bereits dargestellt, kann der Staat seine Aufgaben sowohl durch eigene staatliche 1058
Organe als auch durch zusätzlich geschaffene Verwaltungsträger erledigen. Im ersten Fall spricht man von unmittelbarer, im zweiten Fall von mittelbarer Staatsverwaltung.

1. Unmittelbare Staatsverwaltung

1059 Unmittelbare Staatsverwaltung wird sowohl auf Bundes- als auch auf Landesebene ausgeübt. Die jeweiligen Verwaltungseinheiten sind hierarchisch gegliedert. Untere Behörden sind gegenüber höherstehenden weisungsgebunden. Zumeist existiert ein dreistufiger Aufbau, der untere, mittlere und obere bzw. oberste Behörden unterscheidet.

a) Bundesverwaltung

In den durch das Grundgesetz festgelegten Grenzen darf der Bund Verwaltungsaufgaben wahrnehmen (vgl. Art. 86 – 90, 108, 120a GG). Die Ausübung dieser hoheitlichen Tätigkeiten erfolgt durch die nachfolgenden Bundesbehörden.

Die **obersten Bundesbehörden** sind keiner anderen Behörde untergeordnet. Ihnen folgen die weisungsgebundenen **oberen Bundesbehörden**, die häufig über keinen eigenen Verwaltungsunterbau verfügen.

BEISPIELE Oberste Bundesbehörden sind die Bundesministerien sowie das Bundespräsidialamt und das Bundeskanzleramt, aber auch der Bundesrechnungshof und das Presse- und Informationsamt der Bundesregierung.

Um obere Bundesbehörden handelt es sich beim Bundeskartellamt, Bundesverwaltungsamt, Bundespolizeipräsidium, Bundesnachrichtendienst, Bundeskriminalamt, Statistischen Bundesamt, Bundesamt für Familie und zivilgesellschaftliche Aufgaben, Bundesamt für Verfassungsschutz sowie beim Bundesamt für Naturschutz. Sie sind jeweils einem Ministerium unterstellt. Ihre örtliche Zuständigkeit erstreckt sich auf die gesamte Bundesrepublik Deutschland.

Neu gegliedert wurde am 1. 1. 2016 die Bundesfinanzverwaltung. Dem Bundesfinanzministerium (oberste Bundesbehörde) wurde als Bundesoberbehörde die Generalzolldirektion zugeordnet. Diese ersetzt die bisherigen fünf Bundesfinanzdirektionen.

1060 Auf zweiter Stufe stehen die **Bundesmittelbehörden**, die einer obersten oder oberen Bundesbehörde unterstehen. Sie sind örtlich nur für Teile des Bundesgebiets zuständig.

BEISPIELE Die Generaldirektion Wasserstraßen und Schifffahrt mit ihren sieben Außenstellen ist eine Mittelbehörde. Sie ist dem Bundesministerium für Verkehr und digitale Infrastruktur (oberste Bundesbehörde) unterstellt. Hier werden die überwiegend politisch-strategischen, administrativ-strategischen sowie politisch-operativen Aufgaben wahrgenommen.

Die Generaldirektion Wasserstraßen und Schifffahrt und ihre Außenstellen üben primär regionale, konzeptionelle, koordinierende sowie dienst- und fachaufsichtliche Aufgaben aus.

1061 An unterster Stelle stehen die unteren Bundesbehörden.

BEISPIELE Der Generaldirektion Wasserstraßen und Schifffahrt sind 39 Wasserstraßen- und Schifffahrtsämtern sowie den sieben Wasserstraßen-Neubauämtern zugeordnet, welche die ausführenden Aufgaben wahrnehmen.

Früher: Die Kreiswehrersatzämter (untere Bundesbehörden) unterstanden den Wehrbereichsverwaltungen (Bundesmittelbehörden). Die Aufgaben der bisherigen Wehrbereichsverwaltungen wurden überwiegend den beiden neuen Bundesoberbehörden Bundesamt für das Personalmanagement der Bundeswehr und Bundesamt für Infrastruktur, Umweltschutz und Dienstleistungen der Bundeswehr übertragen.

Der Bund macht von der Möglichkeit des dreistufigen Verwaltungsaufbaus allerdings immer seltener Gebrauch. So wurde im Bereich der Bundeszollverwaltung durch die Einrichtung einer Bundesoberbehörde (Generalzolldirektion) und der Abschaffung der

Mittelbehörden (Bundesfinanzdirektionen) der dreistufige Behördenaufbau im Rahmen der unmittelbaren Staatsverwaltung abgeschafft.

b) Landesverwaltung

Der Großteil staatlicher Verwaltung ist Sache der Länder. Nach Art. 30 GG sind sie es, 1062
die mit der Ausübung staatlicher Befugnisse und der Erfüllung staatlicher Aufgaben grundsätzlich betraut sind. Nur im o. g. vom Grundgesetz festgelegten Rahmen darf der Bund eigene Verwaltungstätigkeiten ausüben.

Auch innerhalb der Landesverwaltung wird zwischen obersten und oberen Landesbehörden, Landesmittelbehörden und untere Landesbehörden unterschieden. Sie stehen in einem den Bundesbehörden vergleichbaren hierarchischen Aufbau zueinander.

BEISPIELE für Nordrhein-Westfalen:

- Oberste Landesbehörden: Landesregierung, Ministerpräsident und Landesministerien (§ 3 LOG NRW).
- Obere Landesbehörden: Landesamt für Besoldung und Versorgung, Landeskriminalamt. Landesamt für Natur, Umwelt und Verbraucherschutz, Rechenzentrum der Finanzverwaltung, Landesamt für Finanzen (§ 6 LOG NRW).
- Landesmittelbehörden: Bezirksregierungen, aber auch die Oberfinanzdirektionen, die seit 2008 keine Bundesbehörden, sondern nur noch Landesbehörden sind (§ 7 Abs. 2 LOG NRW).
- Untere Landesbehörden: u. a. Landrätinnen und Landräte, Kreispolizeibehörden, Direktorinnen und Direktoren der Landschaftsverbände, Schulämter und Finanzämter (§ 9 LOG NRW).

2. Mittelbare Staatsverwaltung

Die mittelbare Staatsverwaltung ist den obersten Bundes- oder Landesbehörden nicht 1063
unmittelbar unterstellt. Sie besitzt vielmehr in rechtlich festgelegten Grenzen Selbständigkeit. Durchgeführt wird die mittelbare Staatsverwaltung von den zuvor beschriebenen Körperschaften, Anstalten und Stiftungen des öffentlichen Rechts (sog. Mittler). Man betraut diese Rechtsträger mit solchen hoheitlichen Aufgaben, die nur sehr schwer zentral – d. h. unmittelbar – ausgeführt werden können. Stattdessen macht man sich das Spezialwissen der Rechtsträger der mittelbaren Staatsverwaltung zunutze. Die Interessen der Bürger können orts- und sachnäher wahrgenommen werden. Die Bürger werden nicht von einer fernen Instanz verwaltet. Darüber hinaus wird die (unmittelbare) Staatsverwaltung entlastet.

HINWEIS

Aus diesem Gedanken heraus, versucht im Übrigen auch die Europäische Union unter dem Stichwort der Subsidiarität mehr Bürgernähe und Transparenz zu erreichen.

Wichtigste Erscheinungsform der mittelbaren Staatsverwaltung sind die Gemeinden. 1064
Den Bürgern wird die Möglichkeit gegeben, die Angelegenheiten der örtlichen Gemein-

schaft (sog. **Selbstverwaltungsaufgaben**) in eigener Verantwortung zu regeln. Dadurch sollen zum einen „das Verantwortungsbewusstsein und die Einsatzbereitschaft der Bürger für das Gemeinwohl in dem überschaubaren und deshalb in seinen Dimensionen relativ leicht erfassbaren Gemeindebereich aktiviert und zum anderen die Interessen und besonderen Orts- und Sachkenntnisse der Bürger bezüglich der Gemeindeangelegenheiten genutzt werden".

BEISPIELE

- Gebietshoheit, d. h. das Recht, im Gemeindegebiet die Hoheitsgewalt auszuüben.
- Organisationshoheit, also das Recht, die interne Organisation auszugestalten (z. B. durch Einrichtung von Ämtern, Bildung von Zweckverbänden).
- Planungshoheit, insbesondere auf dem Gebiet des Bauplanungsrechts.
- Personalhoheit als die Befugnis zur Auswahl, Einstellung, Beförderung und Entlassung von Beamten, Angestellten und Arbeitern der Gemeinde.

1065 Die Selbständigkeit der mittelbaren Staatsverwaltung wird durch Aufsichtsrechte des Staates eingeschränkt. Man unterscheidet **Fach- und Rechtsaufsicht**. Während bei der Fachaufsicht Recht- und Zweckmäßigkeit getroffener Entscheidungen überprüft werden, gilt dies bei der Rechtsaufsicht nur für die Rechtmäßigkeit.

Im Rahmen der kommunalen Selbstverwaltung übt der Staat lediglich Rechtsaufsicht aus. In anderen Fällen hat er darüber hinaus das Recht zur Fachaufsicht. Dies gilt beispielsweise für Auftrags- und Weisungsangelegenheiten.

§ 23 Grundsätze des Verwaltungshandelns

LITERATUR

Hofmann/Gerke/Hildebrandt, Allgemeines Verwaltungsrecht, 11. Aufl. 2016, 3., 6. Abschn.; *Schweickhardt/Vondung* (Hrsg.), Allgemeines Verwaltungsrecht, 9. Aufl. 2010, Teil 2 Kapitel 4; *Suckow/Weidemann*, Allgemeines Verwaltungsrecht und Verwaltungsrechtsschutz, 17. Aufl. 2018, Kapitel 3.

Es gibt einige Grundsätze des Verwaltungshandelns, die von der Verwaltung in fast allen Fällen ihres Tätigwerdens berücksichtigt werden müssen. Diese allgemeinen Grundsätze sollen im Folgenden erläutert werden.

I. Grundsatz der Recht- und Gesetzmäßigkeit

1066 Die vollziehende Gewalt (Regierung und Verwaltung) ist nach Art. 20 Abs. 3 GG an Recht und Gesetz gebunden. Dies beinhaltet zweierlei:

Zum einen darf die Verwaltung gegen kein Gesetz verstoßen (sog. Vorrang des Gesetzes), zum anderen bedarf sie für jedes Tätigwerden grundsätzlich einer Ermächtigungsgrundlage (sog. Vorbehalt des Gesetzes).

1. Vorrang des Gesetzes

Die Verwaltung muss bei allen ihren Handlungen die Gesetze beachten. Anders ausgedrückt bedeutet dies, dass die geltenden Gesetze Vorrang vor dem Verwaltungshandeln haben. Letzteres muss die Gesetze berücksichtigen, anderenfalls wäre es rechtswidrig. 1067

Rechtswidrigkeit führt aber nicht immer dazu, dass Verwaltungshandeln ohne jede rechtliche Auswirkungen bliebe. In manchen Fällen kann vielmehr auch rechtswidriges Handeln in vollem Umfang wirksam sein.

BEISPIELE ▸ Rechtswidrige Verwaltungsakte sind aus Gründen der Rechtssicherheit i. d. R. wirksam. Sie müssen ausdrücklich angefochten und aufgehoben werden, damit sie keine Rechtswirkungen entfalten. Nur in Ausnahmefällen, wenn sie an besonders schwerwiegenden Fehlern leiden, sind rechtswidrige Verwaltungsakte nichtig und haben damit keinerlei Rechtswirkungen (vgl. § 44 VwVfG).

Rechtswidrige Rechtsverordnungen sind dagegen in allen Fällen nichtig. Gleiches gilt für die meisten rechtswidrigen Satzungen (Ausnahme: §§ 214–216 BauGB).

2. Vorbehalt des Gesetzes

Nach dem Vorbehalt des Gesetzes muss die Verwaltung zu grundsätzlich allen Handlungen durch ein förmliches Gesetz ermächtigt werden. Das Fehlen einer solchen Ermächtigungsgrundlage führt zur Rechtswidrigkeit des Verwaltungshandelns. 1068

Vorrang und Vorbehalt des Gesetzes lassen sich wie folgt abgrenzen: Das bloße Fehlen einer Ermächtigungsgrundlage für eine getroffene Verwaltungsmaßnahme verstößt für sich genommen nicht gegen den Vorrang des Gesetzes, denn ein Gesetz, gegen das verstoßen werden könnte, fehlt gerade. Allerdings wird unter Umständen der Vorbehalt des Gesetzes nicht beachtet.

BEISPIEL ▸ Wenn für eine Subventionsgewährung kein Gesetz existiert, kann die Subventionierung eines Unternehmers nicht gegen den Vorrang des Gesetzes verstoßen. Möglicherweise ist aber das Vorbehaltsprinzip betroffen, weil es an einer gesetzlichen Ermächtigungsgrundlage fehlt.

a) Eingriffsverwaltung

Die Reichweite des Gesetzesvorbehaltes, d. h. die Frage, welche Hoheitsakte einer gesetzlichen Grundlage bedürfen, ist im Einzelnen umstritten. Einigkeit besteht allerdings insoweit, als **Eingriffe in Freiheit und Eigentum** des Bürgers einer gesetzlichen Grundlage bedürfen. Bei derartigen Eingriffen ist zumindest der Schutzbereich des Art. 2 Abs. 1 GG betroffen. Dieses Grundrecht garantiert nämlich die freie Entfaltung der Persönlichkeit und damit jegliche Handlungsfreiheit, in die nur aufgrund eines Gesetzes eingegriffen werden darf. Ausnahmen gelten allerdings im Bereich der sog. Sonderrechtsverhältnisse (s. u. Rn. 1076 ff.). 1069

b) Leistungsverwaltung

1070 Im Bereich der Leistungsverwaltung gehen die Meinungen, inwieweit der Gesetzesvorbehalt greift, auseinander. Der Streit hat heute allerdings weitgehend an Bedeutung verloren, da die meisten Bereiche mittlerweile gesetzlich geregelt sind und sich die Frage damit nicht stellt, ob das Fehlen einer gesetzlichen Ermächtigungsgrundlage gegen den Vorbehalt des Gesetzes verstößt.

BEISPIELE

- Ausbildungsförderung im Bundesausbildungsförderungsgesetz,
- Sozialhilfe im Sozialgesetzbuch XII,
- Wohngeld im Wohngeldgesetz.

1071 Anders ist dies aber weiterhin bei der Gewährung von Subventionen und ähnlichen Leistungen des Staates an Privatpersonen.

1072 Nach der überwiegenden Auffassung von Literatur und Rechtsprechung bedürfen Subventionen keiner (materiell-)gesetzlichen Grundlage. Es genügt vielmehr jede andere parlamentarische Willensäußerung, insbesondere die etatmäßige Bereitstellung der für Subventionen erforderlichen Mittel. Dies bedeutet, dass die Ausweisung der Gelder im Haushaltsplan und eine hinreichend klare Beschreibung der Zweckbestimmung ausreichen.

1073 Ein Teil der Lehre verlangt dagegen auch für die Leistungsverwaltung eine Anwendung des Gesetzesvorbehaltes (Lehre vom sog. Totalvorbehalt). Dies wird unter anderem damit begründet, dass die Teilhabe an staatlichen Leistungen heute eine immense Bedeutung gewonnen habe und dem Rechtsstaatsprinzip deshalb nur dann ausreichend Rechnung getragen werde, wenn die Gewährung von Leistungen an eine klare gesetzliche Grundlage gebunden werde. Die bloße Bereitstellung der Mittel im Haushaltsplan reiche nicht aus. Ausnahmen seien allenfalls für Notfälle möglich.

BEISPIEL Um Hochwasseropfern schnelle Hilfe gewähren zu können, ist es allerdings auch nach der Lehre vom Totalvorbehalt ausnahmsweise zulässig, ohne gesetzliche Regelung Unterstützungszahlungen zu leisten.

1074 Dagegen lässt sich einwenden, dass auch nach der h. M. die Gewährung von Leistungen nicht unkontrolliert erfolgt. Dies ergibt sich bereits aus der Notwendigkeit der etatmäßigen Bereitstellung der Mittel im Haushaltsplan. Darüber hinaus schützt der Gleichheitsgrundsatz nach Art. 3 GG vor Willkür, da er die Verwaltung verpflichtet, gleiche Fälle gleich zu behandeln.

BEISPIEL Wird dem Unternehmer A, der in wirtschaftlichen Schwierigkeiten steckt, ein zinsgünstiges Darlehen gewährt, hat sein Konkurrent B Anspruch auf die Gewährung der gleichen Vergünstigung, wenn auf ihn die Voraussetzungen für eine Darlehensgewährung ebenfalls zutreffen.

Im Übrigen hat der Gesetzgeber jederzeit die Möglichkeit, aus eigenem Antrieb gesetzliche Regelungen für die Vergabe staatlicher Leistungen zu treffen und damit einer möglichen Willkür bzw. Missbrauch vorzubeugen.

c) Ausdehnung des Gesetzesvorbehaltes durch die Wesentlichkeitstheorie

In den zurückliegenden Jahren hat der Gesetzesvorbehalt eine gewisse Ausdehnung erfahren. Das Bundesverfassungsgericht hat aus dem Demokratie- und Rechtsstaatsprinzip die sog. **Wesentlichkeitstheorie** abgeleitet. Danach muss die Entscheidung aller grundsätzlichen (wesentlichen) Fragen, die den Bürger unmittelbar betreffen, durch förmliches Gesetz erfolgen. Wesentlich ist eine Maßnahme nicht nur bei Eingriffen in Grundrechte. Darüber hinaus können weitere belastende Entscheidungen, aber auch Teile der Leistungsverwaltung wesentlich sein. 1075

BEISPIELE Die Nutzung der Kernspaltung für die Energiegewinnung muss vom Gesetzgeber geregelt werden. Umstritten ist, ob die Rechtschreibreform auf ein Gesetz gestützt werden muss, was nach Auffassung des Bundesverfassungsgerichts nicht erforderlich ist.

Die Errichtung und der Betrieb gentechnischer Anlagen muss durch Gesetz zugelassen werden.

d) Sonderrechtsverhältnisse (früher: besondere Gewaltverhältnisse)

Manchmal bestehen zwischen Bürger und Staat besonders enge Beziehungen, die besondere Regelungen notwendig machen. Hierzu zählen das Schulverhältnis, das Beamtenverhältnis, das Strafgefangenenverhältnis und sonstige Anstaltsverhältnisse sowie das Wehr- und Zivildienstverhältnis. Derartige Rechtsbeziehungen zwischen Bürger und Staat wurden früher „besondere Gewaltverhältnisse" genannt. Heute spricht man – zurückhaltender – von „besonderem Pflichtverhältnis", „Sonderstatusverhältnis" oder von „Sonderrechtsverhältnissen". 1076

Die frühere Lehre sah den in einem besonderen Gewaltverhältnis stehenden Bürger als Teil der Verwaltung an. Aus diesem Grund sollten Grundrechte und auch der Gesetzesvorbehalt keine Anwendung finden. Die Verwaltung konnte die Rechtsbeziehung zu den Betroffenen durch eigene Bestimmungen regeln. Einer gesetzlichen Ermächtigung bedurfte es nicht. 1077

Nachdem an dieser Auffassung, die Grundrechtseingriffe allein aufgrund einer (verwaltungsinternen) Dienstanweisung ermöglichte, verstärkt Kritik geübt wurde, hat das Bundesverfassungsgericht in seiner sog. Strafgefangenenentscheidung festgestellt, dass Grundrechte auch im Strafvollzug gelten und nur durch ein formelles Gesetz eingeschränkt werden dürfen. Die bloße Rechtfertigung durch das besondere Gewaltverhältnis ist nach dieser Entscheidung nicht weiter zulässig. 1078

BEISPIEL **Die Strafgefangenenentscheidung:**

Ein Strafgefangener schrieb einen Brief, der beleidigende Äußerungen gegen den Leiter der Strafvollzugsanstalt enthielt. Der Brief wurde kontrolliert und nicht weitergeleitet. Kontrolle und Anhalten des Briefes wurden auf die Dienst- und Vollzugsordnung der Anstalt geschützt.

Der Strafgefangene klagte gegen diese Maßnahmen. Ihm wurde vom Bundesverfassungsgericht Recht gegeben. Das Gericht stellte fest, dass es für die Maßnahme der Anstalt einer gesetzlichen Grundlage bedürfe. Eine Verwaltungsvorschrift reiche nicht aus. Die danach erforderlich gesetzliche Grundlage ist ausschließend erlassen worden. Es handelt sich um das Strafvollzugsgesetz vom 16. 3. 1976.

In der Folgezeit wurde die Strafvollzugsentscheidung auf weitere Bereiche der Sonderrechtsverhältnisse ausgedehnt. Insbesondere das Schulwesen war hiervon betroffen, da es überwiegend durch Ministerialerlasse geregelt worden war. Auch in diesem Be- 1079 reich müssen nun die wesentlichen Entscheidungen, also insbesondere jeder Grundrechtseingriff, durch Gesetz geregelt werden. Heute treffen die Schulgesetze der Länder i.V.m. den Allgemeinen Schulordnungen entsprechende Regelungen.

BEISPIELE ▸ Wesentlicher Eingriffe

- Die Regelung von Schulstrafen,
- Sexualkundeunterricht für Minderjährige,
- Versetzungsregelungen,
- aber auch die Schulentlassung wegen unzureichender Leistungen.

1080 Nur die unwesentlichen Eingriffe dürfen weiterhin durch von der Verwaltung selbst gesetzte Regelungen (z.B. Dienstvorschriften, (Ministerial-)Erlasse) erfolgen.

BEISPIELE ▸ Unwesentliche Eingriffe

- Einführung der Fünf-Tage-Schulwoche,
- Modalitäten des Prüfungsverfahrens, die auf die Prüfungsentscheidung selbst keinen unmittelbaren Einfluss haben (wie etwa Ort und Zeitpunkt einer Prüfung).

II. Grundsatz der Verhältnismäßigkeit

1. Begriff

1081 Beim Grundsatz der Verhältnismäßigkeit handelt es sich um ein allgemeines Rechtsprinzip. Er betrifft jegliches staatliches Handeln. Von besonderer Bedeutung ist er häufig beim Erlass belastender Verwaltungsakte. Man leitet den Grundsatz der Verhältnismäßigkeit aus dem Rechtsstaatsprinzip und, soweit der Schutzbereich von Grundrechten betroffen ist, auch aus dem Wesen der Grundrechte selbst her. Diese dürfen nach Auffassung des Bundesverfassungsgerichts als Ausdruck des allgemeinen Freiheitsanspruchs des Bürgers gegenüber dem Staat von der öffentlichen Gewalt jeweils nur soweit beschränkt werden, als es zum Schutz öffentlicher Interessen unerlässlich ist. Aus diesem Grund hat der Gesetzgeber in einer Reihe von Fällen den Verhältnismäßigkeitsgrundsatz spezialgesetzlich (ausdrücklich) geregelt.

BEISPIELE ▸

- § 15 OBG NRW, § 2 PolG NRW, die bei Maßnahmen der Ordnungs- und Polizeibehörden die Beachtung des Grundsatzes der Verhältnismäßigkeit vorschreiben.
- § 35 Abs. 1 GewO, nach dem die Gewerbeuntersagung zum Schutze der Allgemeinheit oder der im Betrieb Beschäftigten „erforderlich“ sein muss. Mit dem Begriff der Erforderlichkeit wird der Grundsatz der Verhältnismäßigkeit ausdrücklich im Gesetz festgeschrieben.
- § 9 Abs. 2 VwVG, wonach Zwangsmittel in einem angemessenen Verhältnis zum verfolgten Zweck stehen müssen. Dabei ist das Zwangsmittel möglichst so zu bestimmen, dass der Betroffene und die Allgemeinheit am wenigsten beeinträchtigt werden.
- § 16 Abs. 1 Nr. 1 BDSG, nach dem die Übermittlung personenbezogener Daten an Stellen außerhalb des öffentlichen Bereichs „erforderlich“ sein muss.

Er ist darüber hinaus bei allen Ermessensvorschriften zu berücksichtigen.

BEISPIELE

- Nach § 14 Abs. 1 OBG NRW „kann" die zuständige Ordnungsbehörde bei Gefahren für die öffentliche Sicherheit oder Ordnung die notwendigen Maßnahmen treffen.
- Gem. § 10 Abs. 1 ZollVG können Bedienstete der Zollverwaltung Personen anhalten und kontrollieren.

Der Verhältnismäßigkeitsgrundsatz soll notwendige Grundrechtseingriffe des Staates 1082
auf das unbedingt erforderliche Minimum beschränken. Der Bürger soll möglichst wenig in seinen Rechten eingeschränkt werden. Die Folgen des Eingriffs müssen in einem ausgewogenen Verhältnis zum verfolgten Zweck stehen. Um dies zu gewährleisten, wird der Grundsatz nach allgemeiner Auffassung in dreifacher Hinsicht gegliedert. Man unterscheidet die Geeignetheit, die Erforderlichkeit (= Notwendigkeit) und die Angemessenheit (= Verhältnismäßigkeit im engeren Sinne).

a) Geeignetheit

Das Mittel, also der Eingriff in die Rechte des Bürgers, muss geeignet sein, den verfolg- 1083
ten Zweck zu erreichen. Ungeeignete Mittel sind nicht verhältnismäßig.

BEISPIEL A ist Eigentümer eines Hundes, der bei Spaziergängen mehrfach Passanten angesprungen hat. In einem Fall wurde ein Fußgänger leicht verletzt. Die zuständige Behörde fordert A deshalb auf, den Hund bei jedem Verlassen der Wohnung anzuleinen.

Das Anleinen ist dazu geeignet, das Anspringen zu verhindern. Dagegen würde es sich beim Anlegen eines Maulkorbs um ein ungeeignetes und damit unverhältnismäßiges Mittel handeln.

b) Erforderlichkeit (= Notwendigkeit)

Erforderlich ist eine Maßnahme dann, wenn es keine milderen Mittel gibt, um den an- 1084
gestrebten Zweck zu erreichen. Von mehreren geeigneten Mitteln muss immer das am wenigsten belastende ausgewählt werden.

BEISPIEL Im vorgenannten Beispiel wäre auch das Verbot, den Hund auszuführen, ein geeignetes Mittel. Es wäre aber nicht erforderlich, da A stärker belastet würde als beim bloßen Anleinen des Hundes. Ein derartiges Verbot wäre somit unverhältnismäßig.

c) Angemessenheit (= Verhältnismäßigkeit im engeren Sinne)

Angemessenheit bedeutet, dass der durch den Eingriff hervorgerufene Nachteil nicht 1085
schwerer wiegen darf als der in der Zweckerreichung liegende Vorteil. Der Nachteil darf nicht außer Verhältnis zum beabsichtigten Erfolg stehen. Je schwerwiegender ein Eingriff ist, umso wichtiger muss der verfolgte Zweck sein.

BEISPIEL Im vorliegenden Fall muss A in Kauf nehmen, dass er den Hund nicht mehr frei umherlaufen lassen kann (= Nachteil). Dagegen steht der Schutz der Passanten, die von dem Hund nicht mehr angesprungen und deshalb auch nicht mehr verletzt werden können (= Vorteil). Da die Unversehrtheit der Passanten höher anzusiedeln ist als die Beeinträchtigung des A, ist die Maßnahme angemessen und damit auch verhältnismäßig.

Unverhältnismäßig wäre es, den Hund einschläfern zu lassen. Diese (geeignete) Maßnahme wäre darüber hinaus bereits nicht erforderlich, da mildere Mittel zur Verfügung stehen.

2. Anwendungsregeln

1086 Die Prüfung der Verhältnismäßigkeit einer Maßnahme muss immer in der vorgestellten Reihenfolge (geeignet, erforderlich, angemessen) erfolgen. Ungeeignete Maßnahmen können niemals erforderlich oder angemessen, nicht erforderliche Handlungen können nie angemessen sein.

Die Verhältnismäßigkeit eines Hoheitsaktes muss nicht nur beachtet werden, wenn dies ausdrücklich gesetzlich geregelt ist. Vielmehr ist sie auch dann zu berücksichtigen, wenn ein belastender Eingriff auf eine Ermächtigungsgrundlage gestützt wird, deren Rechtsfolge der Behörde Ermessen einräumt. Ermessensvorschriften geben der Behörde nämlich das Recht, unter verschiedenen Handlungsalternativen auszuwählen. Damit dieses Recht nicht missbraucht wird, müssen die Maßnahmen verhältnismäßig sein. Ist dies nicht der Fall, sind sie rechtswidrig und können, sofern nicht sogar Nichtigkeit vorliegt, aufgehoben werden.

FALL

Das Haus des A ist baufällig und droht einzustürzen. Eine Sanierung würde 100.000 € kosten. Für einen Abriss müsste A 80.000 € bezahlen. Zugleich entstünde ein Wertverlust des Grundbesitzes i. H. von 60.000 €. Welche Maßnahme darf die zuständige Behörde treffen?

Sowohl Abriss als auch Renovierung sind geeignet, die durch einen Einsturz des Hauses drohenden Gefahren zu verhindern. Allerdings ist die Renovierung die allein erforderliche Maßnahme, da sie insgesamt 100.000 € kosten würde. Der Abriss für 80.000 € würde zusätzlich zu einem Wertverlust von 60.000 € führen und A daher mit insgesamt 140.000 € belasten. Er ist deshalb nicht erforderlich.

Die Renovierung ist auch angemessen, da der verfolgte Zweck (Schutz von Leib und Leben der Bewohner) gegenüber den finanziellen Kosten der Vorrang einzuräumen ist.

Die Behörde darf von A die Renovierung des Hauses verlangen.

III. Gleichheitsgrundsatz

1. Begriff

1087 Nach Art. 3 Abs. 1 GG sind alle Menschen vor dem Gesetz gleich. An diesen Grundsatz ist die Verwaltung durch Art. 1 Abs. 3 GG bei allen ihren Handlungen gebunden. Sie muss Gleiches gleich und Ungleiches ungleich behandeln. Eine unterschiedliche Anwendung des Rechts darf nicht willkürlich erfolgen (sog. **Willkürverbot**), sondern muss durch sachliche Gründe gerechtfertigt sein. Lässt sich für eine Ungleichbehandlung ein vernünftiger und einleuchtender Grund nicht finden, ist das staatliche Handeln willkürlich und damit rechtswidrig.

Die Verwaltung muss den Gleichheitsgrundsatz sowohl beim Erlass von Rechtsverordnungen als auch bei der Anwendung und dem Vollzug von Gesetzen beachten. Besondere Bedeutung gewinnt der Gleichheitsgrundsatz, wenn der Verwaltung durch eine Rechtsvorschrift Ermessen oder ein Beurteilungsspielraum eingeräumt wird. In gleich gelagerten Fällen muss sie ihr Ermessen oder ihren Beurteilungsspielraum auch gleich ausüben.

Selbst in Fällen, in denen die Verwaltung keiner Ermächtigungsgrundlage bedarf, greift der Gleichheitsgrundsatz. Die Verwaltung hat zwar die Freiheit zu entscheiden, ob und wie sie tätig werden will. Die Anwendung des Gleichheitsgrundsatzes schränkt diese Freiheit jedoch wieder ein, da er dazu zwingt, gleich gelagerte Fälle gleich zu entscheiden.

2. Selbstbindung der Verwaltung

Die Ermessensausübung kann zu einer **Selbstbindung der Verwaltung** führen. Von einer 1088
einheitlichen, wiederholt erfolgten Verwaltungspraxis kann nicht ohne weiteres abgewichen werden. Die Verwaltung muss vielmehr in gleich gelagerten Folgefällen die gleiche Entscheidung treffen.

BEISPIELE In einem Wochenendhausgebiet genehmigt die zuständige Behörde dem Eigentümer E den Bau einer Garage. Die Entscheidung hierüber steht in ihrem Ermessen. In der Folgezeit erhalten auch die Eigentümer F und G entsprechende Baugenehmigungen. Stellt nun H, der gleichfalls Eigentümer eines Wochenendhauses ist, einen Antrag auf den Bau einer Garage, muss die Baubehörde diesen Antrag wegen des Gleichheitsgrundsatzes positiv bescheiden, obwohl die Ermessensnorm auch eine Versagung als Rechtsfolge zulassen würde.

Werden dem Unternehmer U Subventionen aufgrund verwaltungsinterner Vergaberichtlinien gewährt, muss auch der Unternehmer W wegen Art. 3 Abs. 1 GG die gleichen Subventionsleistungen erhalten, wenn er ebenfalls die Vergaberichtlinien erfüllt.

Zu einer Selbstbindung der Verwaltung kommt es häufig durch den Erlass von eigentlich rein verwaltungsinternen Dienstanweisungen. Legt sich die Verwaltung mittels einer solchen Dienstanweisung dahingehend fest, wie sie das ihr in einer Rechtsvorschrift eingeräumte Ermessen ausübt, können sich betroffene Bürger auf diese Dienstanweisung berufen. Die verwaltungsinterne Dienstanweisung erlangt somit mittelbar rechtliche Außenwirkung.

Die sich aus dem Gleichheitsgrundsatz ergebende Selbstbindung der Verwaltung be- 1089
deutet allerdings nicht, dass von den getroffenen Entscheidungen niemals abgewichen werden kann. Dies ist vielmehr möglich, wenn es durch einen sachlichen Grund gerechtfertigt ist. Des Weiteren muss die Aufgabe einer gängigen Praxis ausdrücklich angekündigt werden, was durch den Erlass einer neuen Dienstanweisung geschehen kann.

Hat die Verwaltung den Zeitraum der Geltung einer Dienstanweisung von vornherein beschränkt, ist ein späteres Abweichen grundsätzlich uneingeschränkt möglich.

BEISPIELE Eine Subvention wird davon abhängig gemacht, dass Anträge bis zum 30. 6. gestellt werden müssen.

3. Keine Gleichheit im Unrecht

1090 Ihre Grenze findet die Selbstbindung dann, wenn die Verwaltungsvorschrift und die darauf gestützte Praxis gegen Gesetze verstoßen. In diesen Fällen kann sich der Bürger nicht darauf berufen, dass in anderen gleich gelagerten Fällen die von ihm gewünschte Entscheidung getroffen wurde. Es gibt **keine Gleichheit im Unrecht**, oder anders ausgedrückt, es gibt keinen Anspruch auf Fehlerwiederholung. Die Verwaltung kann deshalb uneingeschränkt von ihrer Verwaltungspraxis abweichen. Sie muss sogar abweichen, da sie durch Art. 20 Abs. 3 GG an Recht und Gesetz gebunden ist (sog. Vorrang des Gesetzes).

BEISPIEL Wurde im o. g. Beispiel der Garagenbau unter Verstoß gegen das Baurecht genehmigt, darf die Verwaltung dem Eigentümer H keine Baugenehmigung erteilen. Eine andere Frage ist, ob sie von den anderen Eigentümern den Abriss der Garagen verlangen kann. Hierfür spielt die Frage des Vertrauensschutzes im konkreten Fall die entscheidende Rolle.

IV. Grundsatz von Treu und Glauben

1091 Neben den vorgestellten gesetzlich festgeschriebenen allgemeinen Grundsätzen des Verwaltungshandelns hat sich der für die gesamte Rechtsordnung geltende Grundsatz von Treu und Glauben herausgebildet. Er ist für das öffentliche Recht nicht ausdrücklich normiert. Sein Grundgedanke findet sich jedoch in unterschiedlichen Vorschriften wieder.

BEISPIELE

- Rücknahme und Widerruf von Verwaltungsakten (§§ 48, 49 VwVfG),
- Zusicherung (§ 38 VwVfG).

Darüber hinaus greift man auf § 242 BGB als allgemeinen Rechtsgedanken zurück.

Eine Darstellung und Eingrenzung des Grundsatzes fällt schwer, da er mangels gesetzlicher Regelungen im konkreten Einzelfall als letzter „Rettungsanker" herangezogen wird. Es lassen sich aber zumindest einige typische Beispiele nennen, an denen eine Grundsystematik erkennbar wird.

Treu und Glauben verbieten es der Verwaltung, (extrem) widersprüchlich zu handeln (sog. **Verbot widersprüchlichen Verhaltens**).

BEISPIEL Die Bedingungen einer öffentlichen Ausschreibung dürfen nachträglich nicht zum Nachteil früherer Bewerber geändert werden.

1092 Es gilt das **Verbot des Missbrauchs von Rechtsvorschriften**.

BEISPIEL Soll ein Landschaftsschutzgebiet in ein Gewerbegebiet umgewandelt werden, können im Landschaftsschutzgebiet Informationsstände aufgebaut und Handzettel verteilt werden. Es wäre ein Missbrauch von Rechtsvorschriften, wenn die Behörde dies wegen Verstoßes gegen landschaftsschützende Normen untersagen würde.

1093 Weiterhin werden **verwaltungsrechtliche Betreuungspflichten** anerkannt. Diese sind zwar verschiedentlich gesetzlich geregelt (§ 25 VwVfG, § 89 AO), jedoch wird über den Anwendungsbereich der genannten Vorschriften hinaus der Kreis der Betreuungspflichten erweitert.

BEISPIEL Die Verwaltung ist verpflichtet, den Bürger in einem Verwaltungsverfahren über seine tatsächlichen und rechtlichen Möglichkeiten jedenfalls dann aufzuklären, wenn der Bürger über die erforderliche besondere Sachkenntnis nicht verfügen kann.

Auch im Gemeinschaftsrecht finden sich derartige verwaltungsrechtliche Betreuungs- 1094
pflichten. So schreibt beispielsweise Art. 33 UZK vor, dass die Zollbehörden unter den dort genannten Voraussetzungen verbindliche Auskünfte über bestimmte zollrechtliche Fragen erteilen müssen.

Schließlich erfasst der Grundsatz von Treu und Glauben auch die **Verwirkung** und das 1095
Verbot der Ausnutzung einer unredlich erlangten Rechtsstellung.

BEISPIELE Ein Recht kann verwirkt sein, wenn es trotz Veranlassung längere Zeit nicht mehr ausgeübt worden ist und sich aus den Umständen entnehmen lässt, dass der Berechtigte von seinem Recht keinen Gebrauch mehr machen wird.

Zieht eine Behörde ein Verwaltungsverfahren unnötig in die Länge und tritt dann eine für den Bürger ungünstige Rechtsstellung ein, kann sie sich auf die neue Rechtslage nicht berufen.

V. Ermessen

LITERATUR

Kment/Vorwalter: Beurteilungsspielraum und Ermessen, JuS 2015, 193 ff.; *Peine*, Allgemeines Verwaltungsrecht, 11. Aufl. 2015, § 4 Abschn. I; *Suckow/Weidemann*, Allgemeines Verwaltungsrecht und Verwaltungsrechtsschutz, 17. Aufl. 2018, Abschn. 4.5.

1. Abgrenzung gebundene Verwaltung und Ermessensverwaltung

Eine Rechtsnorm besteht zumeist aus zwei Teilen, nämlich aus Tatbestand und Rechts- 1096
folge. Im Tatbestand werden die Voraussetzungen genannt, die vorliegen müssen, damit die vorgegebene Rechtsfolge eintritt. Diese Rechtsfolge kann zwingend vorgeschrieben sein (sog. **gebundene Verwaltung**). Erkennbar wird dies an Begriffen wie „ist", „sind", „muss". Man spricht dann von sog. **Muss-Bestimmungen**.

BEISPIELE

- Nach § 15 Abs. 4 VersammlG ist eine verbotene Versammlung, wenn sie im Freien stattfindet, aufzulösen.
- Gem. § 31 Abs. 2 Handwerksordnung ist nach einer Gesellenprüfung ein Zeugnis auszustellen.
- Die Ausübung eines Gewerbes ist gem. § 35 Abs. 1 GewO bei Unzuverlässigkeit des Gewerbetreibenden zu untersagen, sofern dies zum Schutze der Allgemeinheit oder der im Betrieb Beschäftigten erforderlich ist. In diesem Fall wird eine gebundene Entscheidung mit einer ausdrücklichen Prüfung der Verhältnismäßigkeit verbunden.

In anderen Fällen wird die Verwaltung nicht auf eine bestimmte Entscheidung fest- 1097
gelegt. Der Gesetzgeber lässt ihr vielmehr die Auswahl zwischen mehreren Handlungsalternativen (sog. **Ermessensspielraum**).

BEISPIELE

- Nach § 14 Abs. 1 OBG können die Ordnungsbehörden bei Gefahren für die öffentliche Sicherheit oder Ordnung die erforderlichen Maßnahmen treffen.
- Ein rechtswidriger Verwaltungsakt kann gem. § 48 Abs. 1 VwVfG zurückgenommen werden.
- Ausnahmen und Befreiungen vom Bebauungsplan können unter den Voraussetzungen des § 31 Abs. 1 BauGB zugelassen werden.

Das Ermessen ermöglicht es der Behörde angesichts der Vielgestaltigkeit der Lebenssachverhalte, den Umständen des konkreten Falls gerecht zu werden. Es dient der Einzelfallgerechtigkeit, welche der Gesetzgeber selbst nicht erreichen kann, da es ihm nicht möglich ist, bei Erlass eines Gesetzes alle Einzelumstände zu kennen und zu berücksichtigen.

2. Entschließungs- und Auswahlermessen

1098 Das Ermessen kann sich darauf beschränken, dass der Verwaltung ein Spielraum nur für die Frage zusteht, ob sie tätig wird oder ob sie eine Maßnahme unterlässt (sog. **Entschließungsermessen**). Manchmal hat die Behörde aber auch das Recht, zwischen verschiedenen zulässigen Maßnahmen im Falle des Tätigwerdens auszuwählen (sog. **Auswahlermessen**). Liegt ein solches Auswahlermessen vor, wird der Verwaltung i. d. R. auch Entschließungsermessen eingeräumt.

BEISPIELE Eine nicht angemeldete Versammlung kann gem. § 15 Abs. 2 VersammlG aufgelöst werden. Es handelt sich um reines Entschließungsermessen. Die Behörde kann allein entscheiden, ob sie tätig wird oder nicht. Eine weitere Auswahl zwischen verschiedenen Maßnahmen kann nicht erfolgen.

Bei Vorliegen der Voraussetzungen des § 14 Abs. 1 OBG NRW kann die Ordnungsbehörde entscheiden, ob sie eingreifen möchte, und auch, wie dies geschehen soll (= Entschließungs- und Auswahlermessen).

BEACHTE

Ermessen gehört stets zur Rechtsfolge einer Vorschrift. Nur dann, wenn der Tatbestand der jeweiligen Norm vorliegt, steht der Verwaltung ein Ermessensspielraum zu. Fehlt auch nur ein Tatbestandsmerkmal, können Ermessensüberlegungen keine Rolle mehr spielen.

3. Gesetzestechnische Ermächtigungen für eine Ermessensentscheidung

Allein der Gesetzgeber ist berechtigt, der Verwaltung Ermessen einzuräumen. Dabei bedient er sich unterschiedlicher Begriffe. Am häufigsten wird die Formulierung „kann" gebraucht. Ermessensnormen werden deshalb als „Kann-Vorschriften" bezeichnet. Daneben erfolgt die Ermessensermächtigung aber auch durch Ausdrücke wie „darf", „ist befugt" oder „ist ermächtigt". Manchmal wird sogar ausdrücklich von „Ermessen" gesprochen. 1099

BEISPIEL Ein rechtmäßiger begünstigender Verwaltungsakt „darf" nach § 49 Abs. 2 VwVfG unter bestimmten Voraussetzungen widerrufen werden.

Etwas problematisch ist die Einordnung sog. **Sollvorschriften**. Man erkennt sie an Formulierungen wie „die Behörde soll...", „... hat i. d. R. ..." oder „...ist grundsätzlich ...". Es kann dahingestellt bleiben, ob man in diesen Fällen von einem sog. eingeschränkten Ermessen (= gebundenem Ermessen) spricht oder aber eine Ermessensvorschrift gänzlich verneint. Einigkeit besteht jedenfalls insoweit, dass die Verwaltung im Regelfall an die im Gesetz ausdrücklich genannte Rechtsfolge gebunden ist. Nur in Ausnahmefällen, wenn atypische Umstände vorliegen, ist es der Verwaltung erlaubt, von der vorgeschriebenen Regel abzuweichen. 1100

BEISPIEL Nach § 15 Abs. 2 SGB XII soll Sozialhilfe auch nach Beseitigung einer Notlage geleistet werden, wenn dies geboten ist, um die Wirksamkeit der zuvor erbrachten Leistung zu sichern.

4. Fehlerhafte Ermessensausübung

Die Verwaltung kann das ihr eingeräumte Ermessen nicht unbeschränkt ausüben. Vielmehr hat sie, wie es auch in § 40 VwVfG seinen Niederschlag gefunden hat, ihr Ermessen entsprechend dem Zweck der Ermächtigung auszuüben und die gesetzlichen Grenzen des Ermessens einzuhalten. Bei Verstößen gegen diese Grundsätze ist die Ermessensausübung fehlerhaft und damit rechtswidrig. Die Verwaltungsgerichte können dies im Rahmen des § 114 VwGO kontrollieren. Das Gericht prüft in diesem Fall, „ob der Verwaltungsakt oder die Ablehnung oder Unterlassung deshalb rechtswidrig ist, weil die gesetzlichen Grenzen des Ermessens überschritten sind oder von dem Ermessen in einer dem Zweck der Ermächtigung nicht entsprechenden Weise Gebrauch gemacht ist". 1101

BEACHTE

Die Verwaltungsbehörde hat gem. § 114 Satz 2 VwGO die Möglichkeit, ihre Ermessenserwägungen hinsichtlich des Verwaltungsaktes auch noch im verwaltungsgerichtlichen Verfahren zu ergänzen.

Die Verwaltungsgerichte dürfen das Ermessen jedoch nicht an Stelle der Verwaltung ausüben und auch nicht die Zweckmäßigkeit der Ermessensentscheidung überprüfen. Letzteres ist nach § 68 Abs. 1 VwGO nur innerhalb des Widerspruchsverfahrens im Wege einer Verwaltungsselbstkontrolle möglich. 1102

BEISPIEL Es können mehrere Maßnahmen rechtmäßig sein. Die Frage, welche die zweckmäßigste ist, soll allein von der Verwaltung entschieden werden. Sie ist der gerichtlichen Überprüfung entzogen.

1103 Üblicherweise werden drei Arten von Ermessensfehlern unterschieden, auf die es aber – was noch einmal betont werden soll – erst ankommt, wenn die Tatbestandsvoraussetzungen der Ermessensvorschrift tatsächlich vorliegen.

Ermessensfehler sind:

- Ermessensüberschreitung,
- Ermessensnichtgebrauch (= Ermessensmangel oder Ermessensunterschreitung),
- Ermessensmissbrauch (= Ermessensfehlgebrauch).

a) Ermessensüberschreitung

1104 Eine Ermessensüberschreitung liegt vor, wenn die gesetzlichen Grenzen des Ermessens nicht eingehalten werden. Die Verwaltung trifft eine Entscheidung, die nicht mehr von der Rechtsfolge der Ermessensnorm, d. h. vom Ermessensrahmen, erfasst wird.

BEISPIEL § 11 Abs. 3 VwVG des Bundes lässt Zwangsgelder i. H. von bis zu 25.000 € zu. Ein Zwangsgeld von 30.000 € würde die zulässige Rechtsfolge überschreiten und wäre daher eine Ermessensüberschreitung.

1105 Die rechtlichen Grenzen des Ermessens ergeben sich nicht immer aus der Ermessensvorschrift selbst. Vielmehr können sich Grenzen auch aus anderen Gesetzen – insbesondere den Grundrechten und dem Rechtsstaatsprinzip – ergeben. Ermessensüberschreitung liegt deshalb auch bei Verstößen gegen den **Grundsatz der Verhältnismäßigkeit** vor. Ermessensnormen lassen nämlich als Rechtsfolge nur verhältnismäßige Maßnahmen zu. Ist eine solche unverhältnismäßig, also nicht geeignet, erforderlich und angemessen, werden die Grenzen der Rechtsfolge überschritten.

1106 Gleiches gilt in den Fällen der sog. **Selbstbindung der Verwaltung** (Art. 3 GG). Hat sich die Verwaltung auf eine bestimmte Ermessensausübung festgelegt und damit die ihr zustehenden Rechtsfolgen eingeschränkt, überschreitet sie bei Verstößen die Grenzen des Ermessens.

BEACHTE

Nach anderer Auffassung werden Verstöße gegen den Grundsatz der Verhältnismäßigkeit oder die Selbstbindung der Verwaltung zum Ermessensmissbrauch gerechnet. Es handelt sich um ein rein dogmatisches Problem. Die unterschiedlichen Auffassungen kommen zu einheitlichen Ergebnissen.

BEISPIELE

- Die wiederholte, „routinemäßige" Verlängerung einer Aufenthaltserlaubnis kann das Ermessen für die erneute Verlängerung einschränken.

- Als Selbstbindung des Entschließungsermessens kann die Festlegung von Sanierungszielwerten nach dem Gesetz zum Schutz vor schädlichen Bodenveränderungen und zur Sanierung von Altlasten verstanden werden.

b) Ermessensunterschreitung bzw. -nichtgebrauch

Eine Ermessensunterschreitung bzw. -nichtgebrauch ist anzunehmen, wenn die Behör- 1107
de ihr Ermessen überhaupt nicht ausübt oder den ihr zustehenden Ermessensrahmen nicht ausschöpft. Die Verwaltung ist nämlich bei Ermessensregelungen verpflichtet, dieses Ermessen auch auszuüben. Unterlässt sie es, liegt ein Ermessensfehler vor, und die Entscheidung ist rechtswidrig.

BEISPIEL ▸ Der zuständige Beamte ist der Auffassung, er müsse eine gebundene Entscheidung treffen. Tatsächlich handelt es sich aber um eine Ermessensvorschrift. Diese fehlerhafte Auffassung führt dazu, dass nicht geprüft wird, ob ein Einschreiten angebracht ist oder nicht. Das Ermessen wird nicht ausgeübt. Es handelt sich um Ermessensunterschreitung.

In der Praxis kommt es häufig dann zu einer Ermessensunterschreitung, wenn das Ermessen in einer Vorschrift übersehen wird und sich die Behörde deshalb irrtümlich für gebunden hält. Gleiches gilt, wenn fälschlicherweise die Zuständigkeit einer anderen Behörde angenommen und deshalb die beantragte Entscheidung versagt wird.

c) Ermessensmissbrauch

Um Ermessensmissbrauch handelt es sich, wenn eine Behörde von dem Ermessen in 1108
einer dem Zweck der Ermächtigung nicht entsprechenden Weise Gebrauch macht. Der Ermessensfehler lässt sich hier nicht einem Vergleich der zulässigen und der angeordneten Rechtsfolge entnehmen. Vielmehr ist **auf dem Weg zur Ermessensentscheidung** ein Fehler gemacht worden. Es werden sachfremde Gesichtspunkte berücksichtigt. Dies kann selbst dann rechtswidrig sein, wenn die getroffene Entscheidung im Ergebnis nicht zu beanstanden ist.

BEISPIELE ▸

- Persönliche, religiöse oder parteipolitische Motive beeinflussen die Ermessensentscheidung, wenn wegen eines Verwandtschaftsverhältnisses oder der Parteizugehörigkeit eine dem Bürger negative oder aber auch positive Entscheidung getroffen wird.
- Es wird eine bestimmte Entscheidung getroffen, um der Behörde zu Einnahmen zu verhelfen.
- Der Erlass eines Verwaltungsaktes wird davon abhängig gemacht, dass der Bürger Gegenleistungen erbringt, die in keinem Zusammenhang mit der beantragten Maßnahme stehen.

Auch Tatsachenfehler können zu Ermessensmissbrauch führen. Dies ist der Fall, wenn die Behörde **bei ihren Ermessenserwägungen** von unzutreffenden tatsächlichen Feststellungen ausgeht oder der Sachverhalt bewusst unrichtig ermittelt wird. Bezieht sich ein Tatsachenfehler aber auf eine Tatbestandsvoraussetzung, liegen die Voraussetzungen der Norm nicht vor. Auf die Rechtsfolge Ermessen kommt es dann nicht mehr an.

HINWEIS

Tatsachenfehler bei den Ermessenserwägungen werden nach anderer Auffassung als Ermessensüberschreitung verstanden.

d) Ermessensreduzierung auf Null (Ermessensschrumpfung)

1109 Trotz bestehendem Ermessen kann es vorkommen, dass die Verwaltung eine ganz bestimmte Entscheidung treffen muss. Es handelt sich um die Ausnahmefälle der Ermessensreduzierung auf Null, bei der nur eine einzige Handlungsalternative rechtmäßig ist. Wird eine andere Entscheidung getroffen, wird das Ermessen fehlerhaft ausgeübt.

Wann eine Ermessensschrumpfung angenommen werden kann, ist stets eine Frage des Einzelfalls. Sie wird bejaht, wenn andernfalls erhebliche Gefahren für wesentliche Rechtsgüter drohen würden. Aus diesem Grund kommt sie vor allem im Gefahrenabwehrrecht vor. Dort kann sich aus Art. 2 Abs. 2 Satz 1 GG i.V.m. den entsprechenden polizei- und sicherheitsrechtlichen Vorschriften eine polizeiliche Schutz- und Handlungspflicht ergeben.

BEISPIEL Die Polizei- und Ordnungsbehörden haben im Allgemeinen nach den jeweiligen Polizei- und Ordnungsbehördengesetzen hinsichtlich ihres Tätigwerdens freies Ermessen. Sie müssen aber tätig werden und rettende Maßnahmen einleiten, wenn konkrete Lebensgefahr besteht.

Insbesondere im Zusammenhang mit Grundrechtseingriffen und sonstigen Verfassungsgrundsätzen kommt es häufig zu einer Ermessensreduzierung auf null.

BEISPIELE Die Selbstbindung der Verwaltung gebietet eine Gleichbehandlung der betroffenen Bürger und führt somit zur Ermessensreduzierung auf Null.

Bei der Einstellung und Beförderung von Beamten ist nach dem Prinzip der Bestenauslese zu verfahren. Es muss immer der am besten qualifizierte Bewerber eingestellt oder befördert werden. Ermessen besteht nur bei der Auswahl aus gleich qualifizierten Personen.

HINWEIS

Begehrt ein Antragsteller einen bestimmten im Ermessen der Behörde stehenden Verwaltungsakt, hat er grundsätzlich nur einen Anspruch auf ermessensfehlerfreie Entscheidung. Im Fall der Ermessensreduzierung auf Null wandelt sich der Anspruch auf ermessensfehlerfreie Entscheidung in einen Anspruch auf Erlass des begehrten Verwaltungsaktes selbst um. In diesem Fall kann in einem verwaltungsgerichtlichen Verfahren die beklagte Behörde verpflichtet werden, trotz im Gesetz eingeräumten Ermessensspielraums die vom Kläger begehrte Entscheidung zu treffen. Die Verwaltung ist somit gebunden.

Letztendlich muss die Frage, ob eine Ermessensreduzierung auf Null vorliegt, am zu entscheidenden Einzelfall ausgerichtet werden. Sie ist jedenfalls dann zu bejahen, wenn eine andere Entscheidung „schlechthin unerträglich“ wäre.

VI. Unbestimmter Rechtsbegriff und Beurteilungsspielraum

LITERATUR

Hofmann/Gerke/*Hildebrandt*, Allgemeines Verwaltungsrecht, 11. Aufl. 2016, 6. Abschn., 4. Kap.; *Kment/Vorwalter*, Beurteilungsspielraum und Ermessen, JuS 2015, 193 ff.; *Peine*, Allgemeines Verwaltungsrecht, 11. Aufl. 2015, § 4 Abschn. II; *Suckow/Weidemann*, Allgemeines Verwaltungsrecht und Verwaltungsrechtsschutz, 17. Aufl. 2018, Kap. 4.6.

1. Bedeutung des unbestimmten Rechtsbegriffs und die Abgrenzung zu den bestimmten Rechtsbegriffen

Rechtsvorschriften enthalten auf ihrer Tatbestandsseite bestimmte und unbestimmte 1110
Rechtsbegriffe. Haben die Rechtsbegriffe einen eindeutigen und klar abgrenzbaren Inhalt, bezeichnet man sie als **bestimmte Rechtsbegriffe**.

BEISPIELE

- Zeitangaben wie die Monatsfristen in §§ 70 Abs. 1, 74 Abs. 1 VwGO;
- Zahlenangaben wie die Abstandsflächen in §§ 35 Abs. 1, 40 ff. NachbG NRW;
- Begriffe, die das Gesetz selbst eindeutig festlegt: Volljährigkeit, Eigentum.

Von **unbestimmten Rechtsbegriffen** spricht man dagegen, wenn der Inhalt mehrdeutig ist und deshalb ausgelegt werden muss. Der Gesetzgeber ist auf die Verwendung dieser Begriffe angewiesen, da er nicht alle Sachverhalte, die ein Gesetz regeln soll, voraussehen kann. Selbst wenn dies möglich wäre, würde ein Gesetz, das auf die Verwendung unbestimmter Rechtsbegriffe verzichtet, durch die ausdrückliche Benennung aller möglichen Sachverhalte unverständlich und damit nur unter Schwierigkeiten anwendbar.

BEISPIELE

- „Unzuverlässigkeit“ des Gewerbetreibenden nach §§ 30 Abs. 1 Nr. 1, 35 Abs. 1 Satz 1, 57 GewO.
- „Ungeeignetheit“ zum Führen von Kraftfahrzeugen (§ 3 Abs. 1 StVG);
- „Öffentliche Sicherheit oder Ordnung“ i. S. des § 14 Abs. 1 OBG;
- „Wehrdienstfähig“ nach § 12 Abs. 1 Nr. 1 WPflG;
- „Wichtiger Grund“ oder „unabweisbarer Grund“ nach § 7 Abs. 3 BAföG.

Die Abgrenzung zwischen bestimmten und unbestimmten Rechtsbegriffen ist im Übrigen fließend.

2. Auslegung unbestimmter Rechtsbegriffe

Der Sinngehalt eines unbestimmten Rechtsbegriffs muss durch Auslegung ermittelt 1111
werden. Diese hat unabhängig vom jeweiligen Sachverhalt zu erfolgen.

Insgesamt haben sich vier unterschiedliche Auslegungsmethoden herausgebildet, die im konkreten Fall gemeinsam zur Auslegung verwendet werden können und eventuell sogar müssen. Eine Auslegung hat sich zunächst am **Wortlaut** zu orientieren. Führt die Wortlautinterpretation zu keinen eindeutigen Ergebnissen, ist die **systematische Auslegung** heranzuziehen. Es wird nach dem Wortsinn im Zusammenhang mit dem gesamten Gesetz und der gesamten Rechtsordnung gesucht. Des Weiteren kann die **historische Interpretation** helfen, bei der die Entstehungsgeschichte des Begriffs untersucht und nach dem Willen des Gesetzgebers gefragt wird. Hierzu kann beispielsweise auf Sitzungsberichte des gesetzgebenden Organs zurückgegriffen werden. Schließlich lässt sich der Bedeutungsinhalt eines Rechtsbegriffs auch **teleologisch** klären, indem man nach dem Ziel und Zweck der Rechtsvorschrift fragt. Dabei ist der Auslegung der Vorzug zu geben, die den vom Gesetzgeber verfolgten Normzweck am besten erfüllt (zu weiteren Einzelheiten s. o. Rn. 32 ff.).

3. Unterscheidung zwischen unbestimmtem Rechtsbegriff und Ermessen

1112 Die Auslegung unbestimmter Rechtsbegriffe und die Ermessensausübung werden häufig miteinander verwechselt. Dabei ist die Unterscheidung leicht zu treffen. Während unbestimmte Rechtsbegriffe regelmäßig auf der Tatbestandsseite einer Rechtsvorschrift stehen, findet sich das Ermessen immer (!) auf der Rechtsfolgenseite wieder. Es kann erst angewendet werden, wenn die Tatbestandsvoraussetzungen vorliegen.

1113 Auslegung und Anwendung unbestimmter Rechtsbegriffe sind grundsätzlich durch die Gerichte in vollem Umfang überprüfbar. Das gilt jedoch nicht für die Kontrolle von Ermessensentscheidungen. Hier dürfen die Verwaltungsgerichte die Entscheidungen der Verwaltung nur auf Ermessensfehler hin überprüfen. Liegt ein solcher nicht vor, steht es der zuständigen Behörde frei, zu entscheiden, welche Rechtsfolge sie wählt.

BEISPIEL ▸ Nach § 14 Abs. 1 OBG können die Ordnungsbehörden bei Gefahren für die öffentliche Sicherheit oder Ordnung die notwendigen Maßnahmen treffen.

Die Auslegung der unbestimmten Rechtsbegriffe öffentliche Sicherheit und öffentliche Ordnung kann durch die Gerichte in vollem Umfang überprüft werden. Die Gerichte legen sich auf eine bestimmte Auslegung fest und wenden diese auf den zu entscheidenden Fall an. Für die Ermessensausübung ist eine Kontrolle hingegen nur im Rahmen des § 114 VwGO erlaubt. Auch wenn die Gerichte einen Ermessensfehler feststellen, dürfen sie i. d. R. keine eigene Entscheidung treffen, sondern müssen die Sache an die zuständige Behörde für eine erneute Ermessensausübung zurückverweisen (Ausnahme: Ermessensreduzierung auf null).

4. Beurteilungsspielraum

1114 Der o. g. Grundsatz, nach dem die Auslegung unbestimmter Rechtsbegriffe von den Gerichten in vollem Umfang überprüfbar ist, wird durch die Lehre vom Beurteilungsspielraum eingeschränkt. Rechtsprechung und Lehre räumen der Verwaltungsbehörde in bestimmten Fällen einen Beurteilungsspielraum ein, d. h. einen Bereich eigener, gerichtlich nicht weiter überprüfbarer Wertung und Entscheidung. Ähnlich wie bei Ermessensfehlern können die Verwaltungsgerichte nur die Grenzen dieses Bereichs überprüfen. Werden diese Grenzen nicht überschritten, ist die Entscheidung der Verwaltung hinzunehmen.

Ein Beurteilungsspielraum besteht nur für die wenigsten unbestimmten Rechtsbegriffe. Er wird nach ganz überwiegender Auffassung nur dann anerkannt, wenn es sich um Wertentscheidungen der Verwaltung handelt, die aufgrund der besonderen, einmaligen Konstellation der Entscheidungsfindung oder aus sonstigen Gründen nicht nachvollzogen werden können. Derartige Wertentscheidungen werden in folgenden Fällen angenommen:

- Prüfungsentscheidungen und prüfungsähnliche Entscheidungen,
- beamtenrechtliche Beurteilungen,
- Prognoseentscheidungen und Risikobewertungen,
- Ausschussentscheidungen wertender Art.
- In ganz seltenen Fällen wird ein Beurteilungsspielraum gesetzlich normiert. Dies ist etwa der Fall bei § 71 Abs. 5 Satz 2 GWB: „Die Würdigung der gesamtwirtschaftlichen Lage und Entwicklung ist hierbei der Nachprüfung des Gerichts entzogen."

a) Prüfungsentscheidungen und prüfungsähnliche Entscheidungen

Derartige Entscheidungen sind für die Gerichte nicht nachvollziehbar und damit auch nicht überprüfbar, da sie auf einer längeren Beobachtung (z. B. eines Schülers) oder auf der Einmaligkeit der nicht rekonstruierbaren Prüfungssituation (z. B. einer mündlichen Prüfung) beruhen. 1115

BEISPIELE

- **Prüfungsentscheidungen**: Noten im Abitur oder in der Zwischenprüfung bzw. Laufbahnprüfung eines Beamtenanwärters, Noten in juristischen Staatsexamen;
- **Prüfungsähnliche Entscheidungen**: Versetzung eines Schülers in die nächsthöhere Klasse.

b) Beamtenrechtliche Beurteilungen

Beamtenrechtliche Beurteilungen fallen ebenso in den Beurteilungsspielraum der Verwaltung wie die Beurteilung von Richtern oder Soldaten. Hier liegt die fehlende Nachvollziehbarkeit der Gerichte darin begründet, dass es sich um unvertretbare persönlichkeitsbezogene Werturteile handelt. 1116

BEISPIELE

- Dienstliche Beurteilung eines Beamten, Richters, Soldaten durch seinen Vorgesetzten;
- Beurteilung der Eignung, Befähigung und fachlichen Leistung bei der Einstellung eines Beamten;
- Beurteilung der Bewährung eines Beamten auf Probe.

c) Prognoseentscheidungen und Risikobewertungen

1117 Für Prognoseentscheidungen und Risikobewertungen, die in erster Linie auf den Gebieten des Umweltrechts und des Wirtschaftsrechts zu treffen sind, gilt ebenfalls der Beurteilungsspielraum.

BEISPIELE

- In welchem Umfang Taxen neu zugelassen werden können, ohne die Funktionsfähigkeit des örtlichen Taxengewerbes zu bedrohen (vgl. § 13 Abs. 4 PBefG), ist eine gerichtlich nicht überprüfbare Prognoseentscheidung.
- Risikobewertungen sind bei der Vorsorge gegen Gefahren durch den Betrieb von Kernkraftwerken vorzunehmen.

d) Ausschussentscheidungen wertender Art

1118 Letztlich gilt der Beurteilungsspielraum auch für Entscheidungen wertender Art, die durch weisungsfreie, mit Sachverständigen oder Interessenvertretern besetzte Ausschüsse getroffen werden.

BEISPIELE

- Beurteilung der Qualität eines Weines durch eine unabhängige Weinprüfungskommission.
- Zuerkennung eines Filmprädikats durch eine Filmbewertungsstelle.
- Entscheidung über die Eintragung in die Architektenliste durch unabhängigen Sachverständigenausschuss
- Entscheidung über die Zulassung als Rechtsanwalt beim Bundesgerichtshof.

e) Überprüfbarkeit des Beurteilungsspielraums durch die Gerichte

1119 Handelt es sich um eine Entscheidung, bei der der Behörde ein Beurteilungsspielraum zusteht, ist diese grundsätzlich einer gerichtlichen Überprüfung entzogen. Ähnlich wie bei Ermessensentscheidungen wird aber allgemein eine verwaltungsgerichtliche Kontrolle in engen Grenzen anerkannt. Hierzu haben sich folgende Fallkonstellationen herausgebildet:

- Das Verfahren wurde nicht ordnungsgemäß durchgeführt, d. h. es wurde gegen Verfahrensvorschriften verstoßen.
- Der Entscheidung wurden falsche Tatsachen zugrunde gelegt.
- Es wurde der Gleichheitsgrundsatz des Art. 3 GG verletzt.
- Es waren sachfremde (willkürliche) Erwägungen für die getroffene Entscheidung ausschlaggebend.
- Allgemein anerkannte Bewertungsmaßstäbe oder Beurteilungsrichtlinien wurden nicht beachtet.

BEISPIELE

- Prüfer verwechselt die Aufgabenstellung (Tatsachenfehler).
- Es wird ein Fehler doppelt bewertet.
- Prüfer fragt in einer juristischen Staatsprüfung: „Wie heißt die Hauptstadt von Mali?“ Es wird das Kürzel „BRD“ beanstandet (sachfremde Erwägungen).

Liegt einer der genannten Fehler vor, war die Entscheidung der Verwaltung trotz Vorliegen eines Beurteilungsspielraums rechtswidrig und kann deshalb durch die Gerichte aufgehoben werden. Das Gericht darf aber i. d. R. keine eigene Entscheidung in der Sache selbst treffen. Es muss die endgültige Entscheidung – ähnlich wie bei Ermessensentscheidungen – den zuständigen Behörden überlassen und die Sache an sie zurückverweisen. Die Behörden müssen anschließend eine neue Entscheidung treffen, die den früheren Fehler vermeidet. Im Ergebnis kann dies dazu führen, dass trotzdem die gleiche Entscheidung erneut getroffen wird.

Ausnahmsweise kann ein Fall der **Schrumpfung des Beurteilungsspielraums auf Null** 1120
vorliegen. Hier ist – auch unter Berücksichtigung des Beurteilungsspielraums – nur noch eine einzige Entscheidung möglich. Das Gericht kann die begehrte Rechtsfolge unmittelbar selbst aussprechen.

BEISPIEL Rechenfehler bei der Ermittlung der Endnote einer aus mehreren Teilen (schriftlich und mündlich) bestehenden Prüfung.

f) Besonderheiten des Beurteilungs-(Bewertungs-)Spielraums im Prüfungsrecht

Der Beurteilungsspielraum im Bereich des Prüfungsrechts hat durch die Rechtspre- 1121
chung des Bundesverfassungsgerichts wesentliche Änderungen erfahren. Früher wurde die gerichtliche Beurteilungskontrolle in den o. g. engen Grenzen ausgeübt. Die Behauptung eines Prüflings, es sei eine richtige Antwort zu Unrecht als falsch bewertet worden, wurde deshalb durch die Gerichte nicht überprüft. Dies gilt aufgrund zweier grundlegender Entscheidungen des Bundesverfassungsgerichts aus dem Jahre 1991 nicht mehr. Vielmehr kann bei Prüfungen, die für den Zugang zu einem Beruf von Bedeutung sind, auch eine fachwissenschaftliche Richtigkeitskontrolle stattfinden. Eine mit guten Gründen versehene Stellungnahme in einer umstrittenen Fachfrage darf nicht als falsch gewertet werden, „nur“ weil ein Prüfungsgremium anderer Auffassung ist. Vertretbare Auffassungen sind vielmehr als richtig zu bewerten. Geschieht dies nicht, können die Verwaltungsgerichte die Entscheidung der Prüfer aufheben.

ABB. 43: Der Aufbau von Rechtsnormen

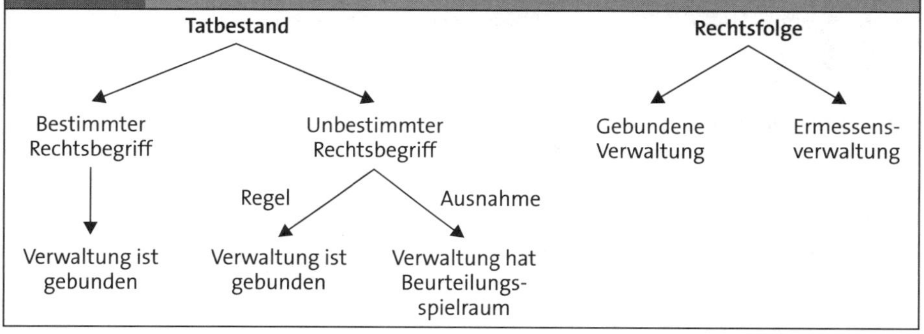

§ 24 Handlungsformen der Verwaltung

LITERATUR

Erichsen, in: Erichsen/Ehlers (Hrsg.), Allgemeines Verwaltungsrecht, 14. Aufl. 2010, §§ 11 – 32; *Maurer/Waldhoff*, Allgemeines Verwaltungsrecht, 19. Aufl. 2017, §§ 9, 13 – 18; *Suckow/Weidemann*, Allgemeines Verwaltungsrecht und Verwaltungsrechtsschutz, 17. Aufl. 2018, Kapitel 4.

Die Verwaltung kann sich bei der Erfüllung ihrer Aufgaben unterschiedlicher Handlungsformen gegenüber dem Bürger bedienen. Sie kann eigene Rechtsnormen schaffen (I.). Im hoheitlichen Bereich ist es ihr erlaubt, sich der Handlungsform des Verwaltungsaktes zu bedienen (II.). Daneben besteht die Möglichkeit, Rechtsfolgen per Verwaltungsvertrag herbeizuführen (III.). Weitere Handlungsformen stellen die schlichte Hoheitsverwaltung (IV.) und privatrechtliches Handeln (V.) dar.

I. Verwaltungsrechtsnormen

1122 Die Rechtsnormen der Verwaltung sind Rechtsverordnungen und Satzungen. Beides sind abstrakt-generelle Regelungen, die den Bürger ebenso wie Gesetze binden (s. o. Rn. 1025).

Weitere Regelungen kann die Verwaltung in ihren eigenen Angelegenheiten treffen (sog. verwaltungsinterne Regelungen). Hierdurch werden i. d. R. allein die eigenen Amtsträger gebunden. Nur in Ausnahmefällen entfalten sich über Art. 3 GG Bindungswirkungen gegenüber dem Bürger. Aus diesem Grund handelt es sich nicht um echte Verwaltungsrechtsnormen (siehe Rn. 1031 ff.).

II. Verwaltungsakt

LITERATUR

Barczak, Typologie des Verwaltungsakts, JuS 2018, 238; *Hofmann/Gerke/Hildebrandt*, Allgemeines Verwaltungsrecht, 11. Aufl. 2016, 5. – 8. Abschn.; *Maurer/Waldhoff*, Allgemeines Verwaltungsrecht, 19. Aufl. 2017, § 9; *Voßkuhle/Kaufhold*, Grundwissen – Öffentliches Recht: Der Verwaltungsakt, JuS 2011, 34; *Wolff/Bachof/Stober/Kluth*, Verwaltungsrecht, Band I , 13. Aufl. 2017, §§ 45 f.

1. Allgemeines

a) Begriff

Verwaltungsakt ist gem. § 35 Satz 1 VwVfG jede hoheitliche Maßnahme, die eine Behörde zur Regelung eines Einzelfalls auf dem Gebiet des öffentlichen Rechts trifft und die auf unmittelbare Rechtswirkung nach außen gerichtet ist. 1123

BEISPIELE

- Erteilung einer Gaststättenerlaubnis,
- Verbot einer Versammlung,
- Rotzeichen einer Ampel,
- Verfügung der Ordnungsbehörde, einem bissigen Hund beim Verlassen der Wohnung einen Maulkorb anzulegen,
- Baugenehmigung.

Die Definition gilt im Grunde auch für Steuerbescheide. Allerdings trifft insoweit die Abgabenordnung in § 118 Satz 1 eine eigene (wortgleiche) Regelung.

§ 31 Satz 1 SGB X regelt den Verwaltungsakt (ebenfalls wortgleich) für den Bereich des Sozialrechts.

Daneben definiert § 35 Satz 2 VwVfG aus unterschiedlichen Gründen weitere Maßnahmen als Verwaltungsakte (siehe Rn. 1162 ff.).

Es gibt eine Vielzahl unterschiedlicher Verwaltungsakte, die alle die o. g. Merkmale aufweisen müssen. Fehlt eines der Merkmale, handelt es sich nicht um einen Verwaltungsakt.

Der Gesetzgeber und die Verwaltungspraxis bedienen sich statt des Begriffs Verwaltungsakt häufig anderer Formulierungen, wie etwa Bescheid, Verfügung, Genehmigung, Auflage, Gebot, Verbot, Gestattung oder auch Feststellung.

b) Funktionen

Ein Verwaltungsakt weist im Wesentlichen folgende Funktionen auf: 1124

- Umsetzungs- und Konkretisierungsfunktion
- Klarstellungsfunktion
- Titel- und Vollstreckungsfunktion
- Verwaltungsverfahrensfunktion

aa) Umsetzungs- und Konkretisierungsfunktion

Mittels des Verwaltungsaktes wendet die Verwaltung ein abstrakt generelles Gesetz auf einen Einzelfall an. Erst ab Wirksamwerden des Verwaltungsaktes ergeben sich bindende Rechtsfolgen, die für die betroffenen Bürger belastend aber auch begünstigend sein können. 1125

BEISPIEL Der 18-jährige B erhält vom zuständigen Kreiswehrersatzamt einen Einberufungsbescheid zum 2. 1. des Folgejahres für das X-Bataillon in Sennestadt. Das (abstrakt-generelle) Gesetz ist das Wehrpflichtgesetz. Die (individuelle) Pflicht des B, (konkret) an einem bestimmten Ort zu einem festgelegten Zeitpunkt Wehrdienst zu leisten, entsteht erst durch Erlass und Wirksamwerden des Einberufungsbescheids. Ohne Einberufungsbescheid wäre B nicht verpflichtet am 2. 1. in Sennestadt zu erscheinen. Erst die Umsetzung des Gesetzes durch den Verwaltungsakt lässt eine derartige Verpflichtung entstehen.

bb) Klarstellungsfunktion

1126 Ein Verwaltungsakt schafft für Bürger und Verwaltung Rechtssicherheit und Rechtsklarheit, weil sich beide Seiten auf den Inhalt des Verwaltungsaktes verlassen können. Es kommt sogar dann zu einer Rechtsbindung, wenn der Verwaltungsakt rechtswidrig ist. Obwohl die Entscheidung der Behörde falsch gewesen und dies den Beteiligten eventuell auch bekannt ist, bleibt der Verwaltungsakt grundsätzlich wirksam. Nur in Ausnahmefällen darf er aufgehoben werden.

Etwas Anderes gilt nur, wenn es sich um einen offensichtlichen und besonders schwerwiegenden Fehler handelt und der Verwaltungsakt damit nichtig ist, oder falls der Beteiligte rechtzeitig und erfolgreich Rechtsbehelfe einlegt. In diesen Fällen treten keinerlei Rechtswirkungen ein.

BEISPIEL Eine Baugenehmigung berechtigt den Bauherrn, in dem beschriebenen Umfang zu bauen. Er kann sich im Regelfall darauf verlassen, dass die Verwaltung ihre Entscheidung nicht nachträglich ändert.

cc) Titel- und Vollstreckungsfunktion

1127 Der Verwaltungsakt stellt des Weiteren einen Vollstreckungstitel dar. Aus ihm kann – ähnlich wie aus einem Urteil – vollstreckt werden (sog. Eingriffsverwaltung). Damit bevorzugt der Gesetzgeber die Verwaltung gegenüber Privaten, die sich keine eigenen Vollstreckungstitel schaffen können, sondern hierfür im Regelfall die Gerichte bemühen müssen, die dann einen Vollstreckungstitel (Urteil, Vollstreckungsbescheid, Mahnbescheid) erlassen dürfen.

BEISPIEL Ein Steuerbescheid (= Verwaltungsakt auf dem Gebiet des Steuerrechts) kann, wenn der Betroffene keinen Einspruch einlegt, zwangsweise durch einen Gerichtsvollzieher durchgesetzt werden. Als Vollstreckungsmaßnahme kommt z. B. eine Gehaltspfändung in Betracht.

dd) Verwaltungsverfahrensfunktion

1128 Letztendlich hat der Verwaltungsakt die Funktion, dass er ein laufendes Verwaltungsverfahren abschließt (§ 9 VwVfG). Es eröffnen sich dadurch im Anschluss spezifische Rechtsschutzmöglichkeiten, wie beispielsweise das Widerspruchsverfahren (§ 68 VwGO), die Anfechtungs- oder die Verpflichtungsklage (§ 42 Abs. 1 VwGO).

c) Arten

1129 Man unterscheidet eine Vielzahl unterschiedlicher Arten von Verwaltungsakten. Im Folgenden seien nur die Wichtigsten genannt.

aa) Befehlende, gestaltende und feststellende Verwaltungsakte

Befehlende Verwaltungsakte verpflichten den Betroffenen zu einem bestimmten Verhalten. Dies kann in einem Tun, Dulden oder Unterlassen bestehen. **Gestaltende Verwaltungsakte** dagegen begründen, ändern oder beenden ein Rechtsverhältnis. **Feststellende Verwaltungsakte** stellen das Recht oder die Eigenschaft einer Person fest. 1130

BEISPIELE **Befehlende Verwaltungsakte:** Das Gebot, ein Einsturzgefährdetes Haus abzureißen; die Untersagung der weiteren Gewerbeausübung wegen Unzuverlässigkeit; der Steuerbescheid.

Gestaltende Verwaltungsakte: Die Beamtenernennung oder -entlassung; die Einbürgerung eines Ausländers; die Baugenehmigung.

Feststellende Verwaltungsakte: Die Feststellung der deutschen Staatsangehörigkeit; die Feststellung des Besoldungsdienstalters eines Beamten, die Feststellung des Grades einer Schwerbehinderung, die Feststellung der Anerkennung als Kriegsdienstverweigerer.

bb) Begünstigende und belastende Verwaltungsakte

Ein **begünstigender Verwaltungsakt** begründet oder bestätigt ein Recht oder einen rechtlich erheblichen Vorteil. Dagegen greift der **belastende Verwaltungsakt** in die Rechte des Bürgers ein. 1131

BEISPIELE **Begünstigende Verwaltungsakte:** Die Erteilung einer Gaststättenerlaubnis, die Beamtenernennung, die Bewilligung von Arbeitslosengeld.

Belastende Verwaltungsakte: Die Untersagung eines Gewerbebetriebs, das Parkverbot an bestimmten Straßenstrecken, das Versammlungsverbot.

cc) Verwaltungsakte mit Drittwirkung

Verwaltungsakte entfalten grundsätzlich nur Rechtswirkungen zwischen der erlassenden Behörde und dem Adressaten. Anders ist dies bei den **Verwaltungsakten mit Drittwirkung**. Hier ist nicht nur der Adressat, sondern darüber hinaus eine weitere (dritte) Person zumindest mittelbar betroffen. 1132

BEISPIELE

- Die Gewährung einer Subvention ist nicht nur begünstigender Verwaltungsakt gegenüber dem Antragsteller, sondern Verwaltungsakt mit Drittwirkung, wenn die wirtschaftlichen Interessen eines Konkurrenten beeinträchtigt werden.
- Die Genehmigung zum Betreiben einer Gaststätte erfolgt zum Nachteil der in ihrer Nachtruhe gestörten Nachbarn.

dd) Verwaltungsakte mit Dauerwirkung

Viele Verwaltungsakte erschöpfen sich nicht in einer einmaligen Befolgung, Vollziehung oder Rechtsgestaltung. Ihre Rechtswirkung erstreckt sich vielmehr über einen längeren Zeitraum. Man spricht in diesen Fällen von **Verwaltungsakten mit Dauerwirkung**. 1133

BEISPIELE

- Gewerbeerlaubnis,
- Beamtenernennung,
- Widmung einer Straße,
- Verkehrszeichen.

ee) Vorläufige Verwaltungsakte

1134 Sie ermöglichen Behörden ohne vollständige Prüfung der Sach- und Rechtslage schnell Entscheidungen gegenüber dem Bürger zu treffen, ohne an deren materielle Bestandskraft gebunden zu sein.

BEISPIELE

- Steuerfestsetzung unter dem Vorbehalt der Nachprüfung (§ 164 AO),
- vorläufige Steuerfestsetzung (§ 165 AO),
- siehe aber auch § 11 Abs. 1 GastG, § 20 Abs. 1 PBefG, § 74 Abs. 3 VwVfG.

ff) Mischformen

1135 Die meisten Verwaltungsakte gehören nicht nur einer, sondern mehreren der vorgenannten Kategorien an.

BEISPIEL Die Beamtenernennung ist sowohl ein begünstigender als auch ein belastender Verwaltungsakt, da sie neben der Gewährung von Rechten dem Beamten auch Pflichten auferlegt. Zudem handelt es sich um einen Dauerverwaltungsakt mit rechtsgestaltender Wirkung.

2. Begriffsmerkmale des Verwaltungsaktes im Einzelnen

a) Verfügung, Entscheidung oder andere (hoheitliche) Maßnahme

1136 Maßnahme ist der Oberbegriff zu Verfügung und Entscheidung. Sie wird definiert als jede Handlung mit Erklärungswert. Erfasst werden nicht nur mündliche oder schriftliche Erklärungen, sondern darüber hinaus jedes Verhalten, mit dem die Verwaltung etwas erklärt. Dies kann ein Zeichen oder eine Körperbewegung sein.

BEISPIELE

- Handzeichen eines Polizeibeamten, mit dem ein Pkw-Fahrer zum Anhalten aufgefordert wird.
- Verkehrszeichen, die ein bestimmtes Verhalten im Straßenverkehr gebieten.

Bloße Realakte sind keine Maßnahmen, da ihnen ein Erklärungsinhalt fehlt.

BEISPIEL Das Auf- oder Abschließen der Eingangstür eines Behördengebäudes ist ein Realakt ohne jeden Erklärungswert.

BEACHTE

Dem Merkmal Maßnahme kommt bei der Prüfung der Frage, ob ein Verwaltungsakt vorliegt, i. d. R. keine eigenständige Bedeutung zu, da jede Regelung zugleich eine Maßnahme darstellt und damit die eigenständige Prüfung des Merkmals Maßnahme überflüssig macht.

b) Behörde

Eine Behörde ist nach § 1 Abs. 4 VwVfG (des Bundes) „jede Stelle, die Aufgaben der öffentlichen Verwaltung wahrnimmt“. Der Begriff ist weit auszulegen. Es kommt nicht darauf an, ob eine Stelle in den staatlichen Verwaltungsapparat eingegliedert ist. Entscheidend ist vielmehr allein ihre Funktion. Aus diesem Grund können auch organisatorisch selbständige Instanzen, die nicht zur Verwaltung gehören, Behörden sein. Dies gilt beispielsweise für Verfassungsorgane (Bundespräsident, Bundestag) oder Rechtsprechungsorgane (Gerichtspräsident), wenn sie Verwaltungsaufgaben wahrnehmen. 1137

BEISPIELE

- Erteilt der Gerichtspräsident einem Rechtsanwalt die Zulassung, nimmt er Aufgaben der öffentlichen Verwaltung wahr und handelt damit als (Verwaltungs-)Behörde, obwohl er grundsätzlich der Judikative zuzurechnen ist. Dagegen ist das Aussprechen eines Urteils klassische Rechtsprechungsaufgabe.
- Die Entfernung eines Störers aus dem Bundestag führt der Bundestagspräsident, der eigentlich der Legislative zuzurechnen ist, als Behörde durch. Er nimmt nämlich seine sich aus Art. 40 GG ergebende Polizeigewalt – also eine Aufgabe der öffentlichen Verwaltung – wahr.
- Bei der Ernennung oder Entlassung eines Bundesministers durch den Bundeskanzler gem. Art. 64 Abs. 1 GG handelt es sich um einen Regierungsakt und nicht um Verwaltungstätigkeit. Gleiches gilt für den Erlass einer Richtlinie der Politik nach Art. 65 GG. Wird dagegen vom Minister ein Beamter ernannt oder entlassen, handelt der Minister als Behörde und mittels eines Verwaltungsaktes.

Einen Sonderfall stellt der sog. **Beliehene** dar. Bei ihm handelt es sich um eine Privatperson, der hoheitliche Aufgaben übertragen worden sind. Nach dem o. g. (funktionalen) Behördenbegriff wird der Beliehene in diesen Fällen als Behörde tätig, da er selbständig und auch im eigenen Namen eine öffentliche Aufgabe erfüllt. Aus diesem Grund können verwaltungsgerichtliche Klagen unmittelbar gegen ihn gerichtet werden. 1138

BEACHTE

Von einer Behörde ist ihr Rechtsträger zu unterscheiden. Diesem werden bestimmte Rechte durch die jeweiligen Gesetze ausdrücklich zugewiesen. Die Behörde ist dagegen das handelnde Organ eines Rechtsträgers (z. B.: Einer Gemeinde steht das Recht zu, Baugenehmigungen zu erteilen. Ausgesprochen wird eine Baugenehmigung durch die Behörde der Gemeinde, etwa dem Bürgermeister.).

c) Auf dem Gebiet des öffentlichen Rechts

Mittels des Merkmals „öffentliches Recht“ wird die Abgrenzung zum Privatrecht, zum Verfassungsrecht und zum Völkerrecht vorgenommen. Gemeint ist, wie sich aus § 1 VwVfG ergibt, ausschließlich das Verwaltungsrecht. Damit wird zugleich der Begriff „hoheitlich“ erfasst, der immer dann gegeben ist, wenn eine Maßnahme dem öffentlichen Recht zuzuordnen ist. 1139

Entscheidend für die Abgrenzung ist, ob eine Maßnahme „kraft" bzw. „aufgrund" öffentlichen Rechts eingetreten ist. Es müssen verwaltungsrechtliche Normen die Rechtsfolge herbeigeführt haben. Unerheblich ist, ob die Wirkung der Maßnahme „auf dem Gebiet" des öffentlichen Rechts eintritt. Insoweit ist der vom Gesetzgeber gewählte Begriff missverständlich.

BEISPIEL Die Zustimmung der Agentur für Arbeit zu Massenentlassungen nach § 18 Abs. 1 KündSchG entfaltet ihre Wirkung zwar auf dem Gebiet des Privatrechts. Die Ermächtigungsgrundlage ist aber dem öffentlichen Recht zuzuordnen. Die Maßnahme wurde somit aufgrund öffentlichen Rechts erlassen. Derartige Regelungen bezeichnet man als privatrechtsgestaltende Verwaltungsakte.

Um festzustellen, ob ein Sachverhalt nach öffentlichem Recht zu beurteilen ist, muss die dem Handeln der Behörde zugrundeliegende Rechtsvorschrift festgestellt werden. Anschließend ist zu prüfen, ob diese Norm öffentlich-rechtlichen Charakter hat.

Hierzu haben sich im Wesentlichen drei Abgrenzungstheorien herausgebildet.

aa) Interessentheorie

1140 Die Interessentheorie hat ihre Wurzeln im römischen Recht. Sie orientiert sich an der Interessenlage der jeweiligen Rechtssätze. Während es sich beim Privatrecht (z. B. dem BGB) um den Individualinteressen dienende Rechtsnormen handelt, richten sich öffentliche Normen (z. B. das VwVfG) am öffentlichen Interesse aus.

Die Theorie zeigt Schwächen, wenn die zugrundeliegenden Vorschriften sowohl privaten als auch öffentlichen Interessen dienen. Selbst „klassisches" Privatrecht folgt nämlich nicht nur privaten Interessen. So dient das Bürgerliche Gesetzbuch von seiner Gesamtkonzeption her auch dem öffentlichen Wohl, da es zu Rechtssicherheit und Rechtsklarheit führt. In manchen Vorschriften wird darüber hinaus ein sozialer und damit öffentlicher Charakter deutlich.

BEISPIEL Die Mietrechtsvorschriften (§§ 535 ff. BGB) versuchen einen gerechten Ausgleich zwischen Mieter und Vermieter zu schaffen, indem sie dem Vermieter nur unter ganz bestimmten Voraussetzungen (Eigenbedarf, mietvertragswidriger Gebrauch) ein Kündigungsrecht zusprechen. Dadurch wird ein sozialer Ausgleich geschaffen, der in erster Linie im öffentlichen Interesse liegt.

bb) Subjektions- oder Subordinationstheorie

1141 Nach dieser Theorie ist eine Rechtsvorschrift dann dem öffentlichen Recht zuzurechnen, wenn zwischen den Beteiligten (also Staat und Bürger) ein Verhältnis der Über- und Unterordnung besteht. Kennzeichnend für das öffentliche Recht ist, dass eine Behörde ihre Maßnahmen einseitig festlegen kann und der Adressat daran gebunden ist.

BEISPIELE

- Polizei- und Ordnungsbehörden können ihre auf das Polizeigesetz oder Ordnungsbehördengesetz gestützten Maßnahmen auch gegen den Willen der Betroffenen einseitig festlegen und durchsetzen.
- Die durch Steuerbescheid festgesetzte Steuernachzahlung erfolgt einseitig und lässt sich im Wege der Verwaltungsvollstreckung ohne Einschaltung eines Gerichts durchsetzen.

Zum Privatrecht gehören nach der Subjektionstheorie dagegen die Rechtssätze, die auf Gleichordnung beruhen.

BEISPIEL Insbesondere Verträge (siehe hierzu §§ 145 ff., 433 ff., 535 ff. BGB) beruhen auf dem Prinzip der Gleichordnung zwischen den Vertragsparteien und sind damit privatrechtlich.

Auch die Subjektionstheorie vermag nicht alle Sachverhalte überzeugend zu lösen. Dies gilt insbesondere dann, wenn es um Leistungspflichten des Staates geht, auf die der Bürger einen Anspruch hat. In diesen Fällen liegt ein Über- bzw. Unterordnungsverhältnis nicht vor. Trotzdem stammt die Anspruchsgrundlage aus dem öffentlichen Recht. Außerdem sehen auch klassische öffentlich-rechtliche Gesetze wie das Verwaltungsverfassungsgesetz gleichrangige Rechtsverhältnisse vor.

BEISPIEL Beim verwaltungsrechtlichen Vertrag nach §§ 54 ff. VwVfG nehmen die Beteiligten gleichrangige Rechtspositionen ein. Dennoch handelt es sich beim Verwaltungsverfassungsgesetz um öffentliches Recht.

Schwächen offenbart diese Theorie des Weiteren dann, wenn privatrechtliche Gesetze Über- und Unterordnungsverhältnisse enthalten.

BEISPIELE Die Direktionsbefugnis des Arbeitgebers gegenüber dem Arbeitnehmer nach § 611 BGB stellt zwar ein Über- und Unterordnungsverhältnis dar, ist aber dennoch dem Privatrecht zuzuordnen.

Das elterliche Sorgerecht (vgl. §§ 1626 ff. BGB) berechtigt die Eltern, auch gegen den Willen der Kinder einseitig Entscheidungen zu treffen. Gleichwohl handelt es sich nicht um öffentliches Recht, sondern um Privatrecht.

cc) Sonderrechtstheorie oder neuere Subjektstheorie

Die Sonderrechtstheorie besagt, dass die Rechtssätze, die auf der einen Seite ausschließlich einen Träger hoheitlicher Gewalt berechtigen oder verpflichten, dem öffentlichen Recht zuzuordnen sind. Sie bezeichnet das öffentliche Recht als das Sonderrecht des Staates, während das Privatrecht ein „Jedermannsrecht“ darstellt, da hiervon nicht nur der Staat, sondern jedermann Gebrauch machen kann. 1142

BEISPIELE Von den Vorschriften des BGB können sowohl Bürger als auch die Verwaltung Gebrauch machen. Es handelt sich um Privatrecht.

Die Anwendung der Normen des Polizei- und Ordnungsrechts oder des Steuerrechts obliegt dagegen allein den zuständigen Behörden. Es handelt sich um öffentliches Recht.

Die Sonderrechtstheorie stellt die praktikabelste der Abgrenzungstheorien dar, da sie sowohl die Fälle der Eingriffs- als auch die der Leistungsverwaltung zufriedenstellend löst. Aus diesem Grunde wird sie von einem Großteil der Lehre vertreten. Die anderen Theorien sowie einige an dieser Stelle nicht genannte Hilfstheorien (z. B. Sachzusammenhangstheorie, Traditionstheorie) sind aber nicht unanwendbar. Auf sie sollte jedoch nur dann zurückgegriffen werden, wenn die Sonderrechtstheorie zu keinem schlüssigen Ergebnis führt.

Im Übrigen ist eine Abgrenzung zwischen öffentlichem und privatem Recht zumeist unproblematisch. Der Charakter eines Gesetzes lässt sich nämlich i. d. R. einfach feststellen. Schwierigkeiten entstehen vielmehr, weil zweifelhaft ist, welche Rechtsnorm auf den zu entscheidenden Fall anzuwenden ist. 1143

BEISPIEL Gegen einen störenden Besucher eines Verwaltungsgebäudes kann ein **Hausverbot** ausgesprochen werden. Problematisch ist, welche Rechtsnorm den zuständigen Behördenleiter hierzu berechtigt. Diese kann sich aus privatrechtlichen Besitz und Eigentumsverhältnissen der §§ 859 f., 903, 1004 BGB ergeben, aber auch aufgrund der öffentlich-rechtlichen Sachherrschaft.

Um eine sinnvolle Differenzierung treffen zu können, unterscheidet die Rechtsprechung nach dem Zweck des Besuchs. Hat der Besucher das Gebäude zur Wahrnehmung öffentlich-rechtlicher Angelegenheiten (z. B. Ausstellung eines Personalausweises, Ummeldung eines Kfz) betreten, handele es sich um öffentliches Recht. Geschah der Besuch zur Erledigung privatrechtlicher Geschäfte (z. B. ein Berufsfotograf im Standesamt), liege privates Recht vor.

Nach wohl herrschender Auffassung sollte dagegen auf den **Zweck des Hausverbots** abgestellt werden. Sofern das Hausverbot der Sicherung der Erfüllung öffentlich-rechtlicher Aufgaben diene, handelt es sich einheitlich um öffentliches Recht. Auf den **Zweck des Besuchs** kommt es dabei nicht an.

Prüfungsreihenfolge beim Merkmal öffentliches Recht

1. Feststellung der Vorschrift, nach der der Sachverhalt zu entscheiden ist.
2. Prüfung der Rechtsnorm anhand der Abgrenzungstheorien zum öffentlichen Recht.

dd) Sonderfall zweistufige Rechtsverhältnisse

1144 Heftig umstritten ist die Zuordnung zu öffentlichem oder privatem Recht für den Teil der Leistungsverwaltung, bei dem es um die Vergabe von Subventionen oder die Benutzung öffentlicher Einrichtungen geht.

BEISPIELE

- Unternehmer U erhält zur Sanierung seines Betriebs ein zinsloses Darlehen.
- A erhält die Erlaubnis, in einer Schule eine kommerzielle Diashow vorzuführen.

1145 Der auf den ersten Blick einheitliche Sachverhalt wird von der h. M. aufgespalten. Man unterscheidet nach der sog. **Zweistufentheorie** zwei Fragestellungen. Zunächst müsse geklärt werden, ob der Antragsteller zum geförderten bzw. begünstigten Personenkreis gehört (1. Stufe). Anschließend würde geregelt, wie Auszahlung und Rückzahlung des Darlehens zu erfolgen haben (2. Stufe). Die erste Stufe sei nach öffentlichem Recht zu beurteilen. Bei der Bewilligungserteilung handele es sich deshalb um einen Verwaltungsakt. Die Ausgestaltung des Rechtsverhältnisses geschehe dagegen nach Privatrecht. Es handele sich um einen privaten Vertrag (z. B. Darlehensvertrag).

BEISPIEL Die Bewilligung des Darlehens im o. g. Beispiel ist öffentlich-rechtlich und erfolgt durch Verwaltungsakt (1. Stufe = „ob“). Die Abwicklung (z. B. Rückzahlungsmodalitäten, Sicherheiten) geschieht privatrechtlich mittels eines Darlehensvertrages (2. Stufe = „wie“).

Die Zweistufentheorie hat Auswirkungen insbesondere auf den Rechtsweg. Während bei Streitigkeiten bezüglich der 1. Stufe die Verwaltungsgerichte angerufen werden müssen, entscheiden die Zivilgerichte über Streitigkeiten aus den abgeschlossenen (Privat-)Verträgen.

Da die Zweistufentheorie ein einheitliches Lebensverhältnis in zwei Rechtsverhältnisse 1146
(künstlich) trennt und sich hieraus Abgrenzungsschwierigkeiten zwischen den beiden Stufen ergeben können, ist sie in die Kritik geraten. Im Schrifttum wird deshalb versucht, das gesamte Rechtsverhältnis entweder einheitlich als Verwaltungsakt, als Verwaltungsvertrag oder als privatrechtlichen Vertrag einzuordnen. Ob damit allerdings in praktischer Hinsicht Verbesserungen erzielt werden können, bleibt fraglich.

FALL

Die Abgrenzung von öffentlichem und privatem Recht

Sachverhalt

A möchte eine Gaststätte eröffnen. Er beantragt und erhält eine Gaststättenerlaubnis (1). Anschließend mietet A entsprechende Räumlichkeiten (2) und schließt mit einer Brauerei einen Vertrag über den Einkauf von Getränken (3). Wenige Wochen später mietet die Stadtverwaltung einen Saal der Gaststätte für die alljährliche Weihnachtsfeier (4). Da in der Folgezeit in der Gaststätte mehrfach mit Rauschgift gehandelt wird, entzieht die zuständige Behörde A nach wenigen Monaten die Gaststättenerlaubnis (5).

Ordnen Sie bitte die sechs Sachverhaltsalternativen dem öffentlichen Recht oder dem Privatrecht zu!

Lösung

(1) Die Erteilung einer Gaststättenerlaubnis (= Sachverhalt) erfolgt aufgrund von § 4 GastG. Zur Ausführung des Gaststättengesetzes sind nach § 1 Abs. 1 GastVO BW die unteren Landesbehörden zuständig. Es handelt sich nach der Sonderrechtstheorie um öffentliches Recht, da auf der einen Seite ausschließlich ein Träger hoheitlicher Gewalt berechtigt und verpflichtet ist.

(2) Das Mieten von Räumlichkeiten stellt einen Mietvertrag nach § 535 BGB dar. Dieser Norm kann sich jedermann bedienen. Es handelt sich somit um Privatrecht.

(3) Der Vertrag über die Lieferung von Getränken ist ein Kaufvertrag nach § 433 BGB. Es liegt Privatrecht vor.

(4) Auch hier handelt es sich um einen Mietvertrag und damit um Privatrecht. Zwar steht auf der einen Seite, nämlich als Mieter, eine Behörde, dies führt aber nicht dazu, dass öffentliches Recht vorliegt. Auch die Verwaltung kann sich der Normen des Privatrechts bedienen.

(5) Zur Rücknahme der Gaststättenerlaubnis ist gem. § 15 GastG i.V.m. § 1 Abs. 1 GastVO BW allein die zuständige Behörde berechtigt. Damit handelt es sich um öffentliches Recht.

d) Regelung

aa) Begriff

1147 Um eine Regelung handelt es sich, wenn die Maßnahme nach dem Willen der Behörde darauf gerichtet ist, einseitig und mit dem Anspruch auf Verbindlichkeit eine unmittelbare Rechtswirkung zu erzeugen. Eine Rechtswirkung ist dann anzunehmen, wenn Rechte und/oder Pflichten begründet, geändert, aufgehoben, verbindlich festgestellt oder verneint werden.

bb) Behördenwille

1148 Die Rechtsfolge muss aufgrund Behördenwillens eintreten. Sie darf sich nicht als bloßer Rechtsreflex oder kraft Gesetzes ergeben.

BEISPIEL Die falsche Auskunft einer Behörde kann zwar Rechtsfolgen (z. B. Amtshaftungsansprüche gem. § 839 BGB, Art. 34 GG) auslösen, stellt aber keine Regelung dar, weil die Herbeiführung einer Rechtsfolge nicht gewollt war. Die Rechtsfolge ergibt sich vielmehr kraft Gesetzes.

cc) Einseitigkeit der Maßnahme

1149 Da die Rechtsfolge einseitig und mit dem Anspruch auf Verbindlichkeit erfolgen muss, kann ein öffentlich-rechtlicher Vertrag, der zweiseitig ist, kein Verwaltungsakt sein.

Auch rechtsgeschäftliche Willenserklärungen im Rahmen verwaltungsrechtlicher Schuldverhältnisse sind keine Regelungen, da die Rechtsfolge zwar aufgrund Behördenwillens eintritt, es jedoch an der erforderlichen Verbindlichkeit fehlt. Sind nämlich die gesetzlichen Voraussetzungen nicht erfüllt, tritt die gewünschte Rechtsfolge nicht ein. Regelungen in Form eines Verwaltungsaktes sind hingegen auch dann verbindlich, wenn die Voraussetzungen für ihren Erlass nicht vorliegen.

BEISPIEL Eine Behörde kann bei öffentlich-rechtlichen Forderungen die Aufrechnung erklären. Liegen die Voraussetzungen der §§ 387 ff. BGB nicht vor, tritt die gewünschte Rechtsfolge nicht ein. Die gegenseitigen Forderungen erlöschen nicht. Es handelt sich bei der Aufrechnung somit nicht um eine Regelung.

Nimmt die Behörde eine Gewerbeerlaubnis zurück, obwohl die behauptete Unzuverlässigkeit des Gewerbetreibenden nicht vorliegt und es damit an den Voraussetzungen des § 35 GewO fehlt, tritt die Rechtsfolge trotz bestehender Rechtswidrigkeit ein, sofern der Betroffene keine Rechtsbehelfe einlegt. Die Maßnahme ist daher eine Regelung.

dd) Unmittelbarkeit der Rechtswirkung

1150 Es muss eine unmittelbare Rechtswirkung erzeugt werden. Dies ist dann nicht der Fall, wenn es sich um bloße Auskünfte, Belehrungen, Hinweise auf eine bestehende Gesetzeslage, gutachtliche Stellungnahmen usw. handelt. Selbst wenn die Behörde es wollte, können keine Rechtsfolgen eintreten.

BEISPIEL Eine Auskunft (z. B. über die Voraussetzungen für die Aufnahme eines Gewerbebetriebs) stellt eine rein informative Mitteilung über tatsächliche Umstände oder rechtliche Verhältnisse dar. Eventuelle Rechtsfolgen ergeben sich allenfalls mittelbar und im Übrigen auch nicht aufgrund Behördenwillens.

ee) Abgrenzungsfragen

(1) Ablehnung eines Verwaltungsaktes

Bei der Ablehnung eines Verwaltungsaktes ist der Regelungscharakter nicht ohne Weiteres erkennbar. Die Behörde weigert sich, eine vom Antragsteller gewünschte Rechtsfolge zu erzeugen. Trotzdem nimmt man in diesen Fällen eine Regelung an, wenn die Vornahme des beantragten Verwaltungsaktes eine Regelung wäre. 1151

BEISPIEL Die Ablehnung einer Baugenehmigung ist deshalb eine Regelung, weil ihre Erteilung eine Regelung darstellt. Sie erlaubt dem Bauherrn nämlich, die beschriebene Baumaßnahme durchzuführen.

(2) Rein tatsächliche Verwaltungshandlungen (sog. Realakte)

Sie stellen keine Regelungen dar. Oft handelt es sich noch nicht einmal um eine Maßnahme. Aber selbst dann, wenn sie Rechtsfolgen nach sich ziehen, tritt diese Wirkung unabhängig vom Behördenwillen, eventuell sogar gegen den Willen der Behörde ein. 1152

BEISPIELE

- Der aus einem städtischen Schlachthof dringende Geruch und Lärm ist keine Maßnahme. Eventuelle Rechtsfolgen, die durch die Belästigung der Nachbarn entstehen, treten nicht aufgrund des Behördenwillens ein.
- Die Eintragung in das Verkehrszentralregister stellt zwar eine Maßnahme dar. Sie selbst löst beim Betroffenen keine Rechtsfolge aus, die auf den Willen der Behörde zurückgeht. Es wird lediglich eine Tatsachengrundlage zur Vorbereitung weiterer Entscheidungen geschaffen.
- Weitere Realakte: Glückwunschadressen, bloße Mitteilungen, Belehrungen, Warnungen.

(3) Vorbereitungsakte

Schwierig ist häufig die Abgrenzung zu den sog. Vorbereitungsakten, also den Handlungen der Behörden, die der späteren Entscheidung vorausgehen. In diesen Fällen liegt dann keine Regelung vor, wenn eine abschließende Entscheidung noch fehlt. 1153

BEISPIELE

- Stellungnahmen, Berichte und Gutachten, die die endgültige Entscheidung vorbereiten, haben keinen Regelungscharakter.
- Auch bei Ladungen zu mündlichen oder schriftlichen Prüfungen eines Staatsexamens oder einer Laufbahnprüfung fehlt es am Vorliegen einer Regelung.
- Einzelnoten von Klassenarbeiten oder Abiturarbeiten mangelt es an der Regelungswirkung, sofern die Einzelnote für den Zugang zu einem Studienfach keine Bedeutung hat.
- Die Mitwirkung anderer Behörden vor Erlass eines Verwaltungsaktes (bei sog. mehrstufigen Verwaltungsakten) stellt i. d. R. eine bloße Vorbereitungshandlung dar.

Derartige Vorbereitungsakte können nicht selbständig angefochten werden. Es muss vielmehr die endgültige Entscheidung abgewartet werden. Rechtsbehelfe sind dann gegen diesen Verwaltungsakt zu richten.

In manchen Fällen wird jedoch auch bei vorbereitenden Maßnahmen ausnahmsweise eine Regelung bejaht. So kann gegen eine vorbereitende Anordnung vorgegangen werden, wenn die Maßnahme von der Behörde selbständig durchgesetzt werden könnte.

BEISPIEL Die Anordnung, sich zur Musterung vorzustellen, kann nach § 44 Abs. 2, § 17 WPflG durch das Kreiswehrersatzamt selbständig durchgesetzt werden. Sie ist deshalb ein Verwaltungsakt. Das Ergebnis der Musterung, das ebenfalls Verwaltungsaktsqualität hat, braucht nicht abgewartet zu werden.

Enthalten vorbereitende Maßnahmen materiell-rechtliche **Teilentscheidungen**, wird also die Gesamtentscheidung in verschiedene Einzelentscheidungen gesplittet, handelt es sich bei jeder Teilentscheidung um Verwaltungsakte. Es wird nämlich über einzelne Elemente bzw. Vorfragen **endgültig** entschieden.

BEISPIEL Im bauordnungsrechtlichen Vorbescheid nach § 71 BauO NRW wird über die Baulandsqualität eines Grundstücks vorab entschieden. Es handelt sich um eine endgültige Entscheidung mit Regelungscharakter, auch wenn sich weitere Verwaltungsakte anschließen.

Auch **vorläufige Verwaltungsakte** (sog. **Vorbescheide**), die i. d. R. unwirksam werden, wenn nicht innerhalb einer Frist die endgültige Genehmigung beantragt wird, enthalten eine Regelung.

BEISPIELE

- Vorläufige Erlaubnis zur Übernahme eines bestehenden Gaststättenbetriebs nach § 11 GastG,
- einstweilige Erlaubnis nach § 20 PBefG,
- vorläufige Steuerfestsetzung nach § 165 AO.

(4) Zusage und Zusicherung

1154 Fraglich ist, ob die Zusage eine Regelung enthält und damit, sofern die anderen Voraussetzungen des § 35 Satz 1 VwVfG vorliegen, einen Verwaltungsakt darstellt.

Die Zusage ist das verbindliche Versprechen einer Behörde, eine bestimmte Maßnahme vorzunehmen oder zu unterlassen. Bezieht sie sich auf einen Verwaltungsakt, spricht man von einer Zusicherung (§ 38 Abs. 1 Satz 1 VwVfG). In diesem Fall bedarf es zu ihrer Wirksamkeit der Schriftform.

BEISPIELE

- Bei der Zusage, eine Baugenehmigung zu erteilen, handelt es sich um eine Zusicherung.
- Die Zusage, eine Auskunft zu geben, ist dagegen keine Zusicherung, da der Auskunft der Regelungscharakter fehlt.
- Das bloße Inaussichtstellen eines Verwaltungsaktes stellt keine (verbindliche) Zusage und damit auch keine Zusicherung dar.

Die wohl überwiegende Meinung bejaht den Regelungscharakter jedenfalls für die **Zusicherung**, da einseitig eine Verpflichtung der Behörde begründet werden soll. Der Streit hat heute an Bedeutung verloren, seitdem § 38 Abs. 2 VwVfG wesentliche Vorschriften über den Verwaltungsakt für anwendbar erklärt. Die Vorschrift stellt für die

Zusicherung im Unterschied zu den anderen Verwaltungsakten in § 38 Abs. 3 VwVfG klar, dass bei Änderung der Sach- und Rechtslage die Behörde an die Zusicherung nicht mehr gebunden ist, wenn sie bei Kenntnis der Änderung die Zusicherung nicht gegeben hätte oder nicht hätte geben dürfen. Auf die bei rechtmäßigen, begünstigenden Verwaltungsakten notwendigen Widerrufsvoraussetzungen des § 49 Abs. 2 Nr. 3 – 5 VwVfG (siehe Rn. 1251 f.) kommt es nicht an. Es kann auch nicht nach § 49 Abs. 6 VwVfG Schadensersatz verlangt werden. Die Zusicherung ist eben noch nicht der begehrte Verwaltungsakt.

(5) Zweitbescheid und wiederholende Verfügung

Ein Zweitbescheid, durch den die Behörde aufgrund erneuter sachlicher Überprüfung 1155
eines unanfechtbaren Verwaltungsaktes eine eventuell andere Regelung trifft, ist ein Verwaltungsakt. Etwas Anderes gilt allerdings dann, wenn die Behörde ohne eine derartige erneute sachliche Überprüfung den ursprünglichen Verwaltungsakt in vollem Umfang bestätigt. Es handelt sich dann um eine wiederholende Verfügung, die keine neue, eigenständige Regelung enthält, sofern allein auf die frühere Regelung Bezug genommen wird.

BEISPIEL A soll aufgrund eines bestandskräftigen Verwaltungsaktes sein baufälliges Haus abreißen. Er beantragt die Aufhebung des Bescheides, was die Behörde unter Hinweis auf ihre frühere Entscheidung jedoch ablehnt (= wiederholende Verfügung).

e) Außenwirkung

aa) Begriff

Nach § 35 Satz 1 VwVfG muss die von einer Behörde getroffene Regelung auf unmittel- 1156
bare Rechtswirkung nach außen gerichtet sein. Dies bedeutet, dass die Rechtsfolgen einer Regelung nach dem Willen der Behörde gegenüber einer außerhalb der Verwaltung stehenden (natürlichen oder juristischen) Person eintreten sollen. Damit wird verwaltungs**internen** Maßnahmen i. d. R. die Verwaltungsaktsqualität abgesprochen.

BEISPIELE

- Entwurf eines Verwaltungsaktes;
- Weisung des Vorgesetzten an einen Beamten, einen Verwaltungsakt zu erlassen.

Unerheblich ist, ob die Rechtsfolgen eine außerhalb der Verwaltung stehende Person (bereits) tatsächlich treffen. Es reicht vielmehr aus, dass die Maßnahme ihrem objektiven Sinngehalt nach dazu bestimmt ist, Außenwirkung zu entfalten. Es kommt allein auf den Willen der handelnden Behörde an.

BEISPIEL Die Verfügung, ein baufälliges Haus bis zum 30. 6. abzureißen, entfaltet bereits mit der Bekanntgabe am 3. 4. Außenwirkung.

Fehlende Außenwirkung bedeutet allerdings nicht zwingend, dass dem Betroffenen keinerlei Rechtsschutz zusteht. Er kann vielmehr u. U. auf die Rechtsbehelfe zurückgreifen, die einen Verwaltungsakt nicht voraussetzen (z. B. die allgemeine Leistungsklage). Voraussetzung ist allerdings, dass ein Bedürfnis nach Rechtsschutz besteht, was zumeist nicht der Fall ist.

bb) Abgrenzungsfälle

1157 In den meisten Fällen kann die Außenwirkung problemlos bejaht werden.

BEISPIELE

- Die Versagung einer Gewerbeerlaubnis trifft den außerhalb der handelnden Verwaltung stehenden Antragsteller.
- Die Erteilung einer Baugenehmigung begünstigt den Bauherrn, der kein Teil der Verwaltung ist.

Abgrenzungsschwierigkeiten ergeben sich aber in den folgenden Fällen:

(1) Innerdienstliche Weisungen bzw. Maßnahmen

1158 Sie richtet ein Dienstvorgesetzter an nachgeordnete Behörden oder an seine Bediensteten. Diese sind verpflichtet, den Anordnungen nachzukommen, soweit sie ihre dienstliche Stellung oder Tätigkeit betreffen.

BEISPIELE

- Die Anordnung eines Referenten an seinen Sachbearbeiter, in einem laufenden Verwaltungsverfahren eine bestimmte Entscheidung zu treffen.
- Der Regierungspräsident weist die Verwaltung einer in seinem Regierungsbezirk liegenden Stadt an, ein auf dem Dach eines Gebäudes angebrachtes Kunstwerk entfernen zu lassen, da bei Sturm ein Abstürzen droht.

In beiden Fällen handelt es sich um verwaltungsinterne Maßnahmen. Etwas Anderes gilt erst dann, wenn der o. g. Sachbearbeiter dem betroffenen Bürger die Entscheidung mitteilt oder die Stadt den Eigentümer des Hauses zum Abbau des Kunstwerkes auffordert. Mit der Mitteilung der Entscheidung tritt die Außenwirkung der Maßnahme ein, da ab diesem Moment außerhalb der Verwaltung stehende Personen betroffen sind.

Um keine innerdienstlichen Maßnahmen handelt es sich jedoch, wenn ein Beamter nicht in seiner Eigenschaft als Amtswalter, also als Teil der Verwaltung, sondern als selbständige Rechtsperson (in persönlicher Hinsicht) betroffen ist. In diesem Fall steht er außerhalb der Verwaltung.

BEISPIELE

- Beamter A wird vom Hauptzollamt Münster an das Hauptzollamt Lörrach versetzt.
- Beamter B wird vom Oberinspektor zum Amtmann befördert.
- C wird zum Beamten ernannt, Beamter D wird aus dem Beamtenverhältnis entlassen.
- Ein Beamtenanwärter besteht die Laufbahnprüfung nicht.

1159 Zur Unterscheidung zwischen innerdienstlicher Weisung und Verwaltungsakt hat sich die folgende Faustformel herausgebildet. Gilt eine Anordnung auch für einen Urlaubsvertreter oder Amtsnachfolger, handelt es sich um eine innerdienstliche Maßnahme. Außenwirkung liegt (und damit i. d. R. ein Verwaltungsakt) dagegen vor, wenn die Maßnahme für einen Vertreter oder Nachfolger keine Rechtswirkungen entfaltet.

BEISPIELE

- Die Festsetzung des Besoldungsdienstalters trifft nur den jeweiligen Beamten selbst. Es handelt sich um einen Verwaltungsakt.
- Die Weisung, ein anderes Dienstzimmer zu benutzen, würde auch einen Amtsnachfolger treffen. Es liegt eine verwaltungsinterne, innerdienstliche Maßnahme vor.

Sehr umstritten war und ist zum Teil noch die Umsetzung eines Beamten, also die Zuweisung eines anderen Aufgabenbereichs (eines anderen Amtes) innerhalb derselben Behörde. 1160

BEISPIEL Dem bei einem Hauptzollamt tätigen Zollamtsrat A wird statt des Sachgebietes „Vollstreckung" das Sachgebiet „Strafsachen" beim gleichen Hauptzollamt übertragen.

Es sollte der Auffassung des Bundesverwaltungsgerichts gefolgt werden, nach der die Umsetzung kein Verwaltungsakt ist, da sie sich ihrem objektiven Sinngehalt nach auf die Funktionsfähigkeit der Verwaltung beschränkt und nicht über die Organisationseinheit hinausgeht, der der Beamte angehört. Der betroffene Beamte erhält in diesen Fällen Rechtsschutz nicht über eine Anfechtungsklage, sondern über eine allgemeine Leistungsklage, die einen Verwaltungsakt nicht voraussetzt.

Im Hinblick auf die Rechtsstellung von Richtern, Soldaten, Schülern, Strafgefangenen und anderen zwangsweise Untergebrachten bestehen ähnliche Probleme. Früher ordnete man alle diese Fälle dem sog. „besonderen Gewaltverhältnis" zu. Heute wird meist vom „Sonderverhältnis", „Sonderrechtsverhältnis" oder „Sonderstatusverhältnis" gesprochen.

(2) Maßnahmen zwischen Behörden

Maßnahmen, deren Rechtswirkungen sich ausschließlich zwischen Behörden **desselben Rechtsträgers** entfalten, sind keine Verwaltungsakte. Ihnen fehlt die Außenwirkung. Anders ist dies, wenn die Rechtswirkungen zwischen Behörden unterschiedlicher Rechtsträger eintreten. 1161

BEISPIELE

- Die Generalzolldirektion ordnet gegenüber dem nachgeordneten Hauptzollamt Köln an, in einem Verfahren eine bestimmte Entscheidung zu treffen. Es handelt sich um unterschiedliche Behörden. Beide sind jedoch demselben Rechtsträger, nämlich der Bundesrepublik Deutschland, zuzuordnen. Es liegt keine Außenwirkung vor. Gleiches gilt im Übrigen für alle Weisungen von Bundesministerien an ihre im Rahmen der unmittelbaren Staatsverwaltung nachgeordneten Behörden.
- Der Regierungspräsident Münster weist die (kreisfreie) Stadt Münster an, zusätzliche Kindergärten einzurichten. Die Maßnahme betrifft den (Selbstverwaltungs-)Bereich eines anderen Rechtsträgers. Hinter dem Regierungspräsidenten stehender Rechtsträger ist das Bundesland Nordrhein-Westfalen. Die Stadt Münster ist dagegen als eigenständige Selbstverwaltungskörperschaft ihr eigener Rechtsträger. Es liegt Außenwirkung und auch ein Verwaltungsakt vor.

Etwas Anderes gilt jedoch dann, wenn die Gemeinde staatliche Aufgaben im sog. „übertragenen Wirkungskreis" erfüllt (z. B. Meldewesen, Wohnungsbauförderung). Hier wird die Gemeinde nicht als eigener Rechtsträger tätig. Sie ist vielmehr unmittelbar als „verlängerter Arm des Staates" betroffen, so dass Anweisungen verwaltungsintern bleiben.

f) Einzelfall

aa) Begriff

1162 Schließlich muss eine hoheitliche Maßnahme, um als Verwaltungsakt gelten zu können, einen Einzelfall darstellen. Der Einzelfall ist eine konkret-individuelle Regelung, d. h. eine Maßnahme, die einen konkreten Sachverhalt für einen individuellen Adressaten regelt.

Dieses Merkmal grenzt den Verwaltungsakt von der Rechtsnorm ab. Im Gegensatz zum Verwaltungsakt ist eine Rechtsnorm nicht konkret-individuell, sondern vielmehr abstrakt-generell. Sie betrifft somit im Regelfall eine unbestimmte Vielzahl von Sachverhalten (= abstrakt) und Adressaten (= generell).

BEISPIELE

- Fußballspieler D erhält die deutsche Staatsbürgerschaft. Es ist nur ein Adressat betroffen. Es wird nur ein Sachverhalt, nämlich die Staatsbürgerschaft von D, geregelt. Also handelt es sich um eine konkret-individuelle Regelung und damit um einen Einzelfall.
- Gleiches gilt für die Ernennung eines Beamten, die Erteilung einer Gewerbeerlaubnis oder eine Baugenehmigung.
- Gemeinde G verlangt von allen Benutzern des Schwimmbads, beim Baden eine Badekappe zu tragen. Von dieser Regelung wird eine unbestimmte Vielzahl von Adressaten (generell) betroffen, denn die Benutzer des Schwimmbads sind bei Erlass der Regelung nicht bekannt. Darüber hinaus handelt es sich um eine unbestimmte Vielzahl von Sachverhalten (abstrakt), da man heute nicht wissen kann, wer an welchen Tagen und für welchen Zeitraum das Schwimmbad benutzen wird. Es liegt eine Rechtsnorm in Form einer Satzung vor, sofern das Anstaltsbenutzungsverhältnis nicht privatrechtlich ausgestaltet wurde.
- Der Bebauungsplan einer Gemeinde ist ebenfalls abstrakt-generell und damit eine Satzung.

Die Unterscheidung ist deshalb von Bedeutung, weil die Verwaltung sowohl Verwaltungsakte als auch Rechtsnormen (in Form von Rechtsverordnungen und Satzungen) erlassen kann. Für beide Handlungsformen werden unterschiedliche Voraussetzungen an Verfahren, Form und Wirksamkeit gestellt. Auch der Rechtsschutz ist verschieden. Er ist bei Rechtsnormen weniger stark ausgebaut. Während bei Verwaltungsakten der Rechtsweg immer gegeben ist, kann gegen belastende Rechtsverordnungen und Satzungen nur unter eingeschränkten Voraussetzungen mit der Normenkontrollklage vorgegangen werden (vgl. § 47 Abs. 1 VwGO).

Konkret-individuelle Verwaltungsakte stellen meist eine Konkretisierung abstrakt-genereller Rechtsnormen dar. Die „allgemeine" Rechtsnorm bedarf einer Präzisierung für den Einzelfall. Das Gesetz legt die Voraussetzungen „allgemein" fest, unter denen die zuständige Behörde konkrete Maßnahmen treffen darf.

Die Unterscheidung in konkret-individuell und abstrakt-generell lässt sich nicht immer ohne Weiteres durchführen. Da ein Sachverhalt konkret oder abstrakt, der Adressatenkreis individuell oder generell sein kann, ergeben sich vier mögliche Konstellationen.

Dies sind:

- konkret-individuell,
- abstrakt-generell,
- konkret-generell und
- abstrakt-individuell.

Während die Begriffspaare konkret-individuell (= „klassischer" Verwaltungsakt) und abstrakt-generell (= „klassische" Rechtsnorm), wie geschildert, einzuordnen sind, war dies bei den Mischformen abstrakt-individuell und konkret-generell lange Zeit umstritten.

Im Folgenden sollen die vier unterschiedlichen Alternativen unter Berücksichtigung ihrer Besonderheiten vorgestellt werden.

bb) Konkret-individuelle Regelung

Es ist nicht zwingend erforderlich, dass Adressat der Regelung nur eine einzige Person ist. Auch Maßnahmen gegenüber Personengemeinschaften sind konkret-individuell. 1163

BEISPIELE

- Eigentümergemeinschaft,
- Erbengemeinschaft.

cc) Abstrakt-generelle Regelung

Bei abstrakt-generellen Regelungen handelt es sich immer um Rechtsnormen. 1164

BEISPIELE

- Satzung: Bebauungsplan;
- Rechtsverordnung: Gaststättenverordnung, Straßenverkehrsordnung, Straßenverkehrszulassungsordnung.

dd) Abstrakt-individuelle Regelung

Die abstrakt-individuelle Regelung ist die erste Mischform, die nicht in das klassische Grundschema der Abgrenzung von Verwaltungsakt und Rechtsnorm passt. Es gibt zwar einen individuellen Adressaten, jedoch wird für diesen eine Vielzahl von abstrakten Sachverhalten geregelt. Trotzdem handelt es sich um einen Verwaltungsakt. 1165

Dieses Ergebnis geht vornehmlich auf einen vom OVG Münster entschiedenen Fall zurück (OVG E 16, S. 289 ff.). Das Gericht hatte über eine Anordnung zu entscheiden, die es einem Kraftwerksbetreiber gebot, bei Gefahr von Glatteisbildung wegen der von den Kühltürmen austretenden Wasserdämpfe die umliegenden Straßen zu streuen. Hier handelt es sich zwar um einen einzelnen Adressaten, jedoch liegt eine abstrakte Regelung vor, da sie im Zeitpunkt des Erlasses für eine nicht vorhersehbare unbestimmte Vielzahl von Fällen gedacht ist. 1166

Derartige Konstellationen ergeben sich immer dann, wenn eine Regelung eine gewisse Dauerwirkung entfaltet und nur bei Hinzutreten weiterer Umstände eine Handlungspflicht auferlegt wird.

BEISPIELE

- Verfügung, einem bissigen Hund bei Verlassen der Wohnung einen Maulkorb anzulegen.
- Anordnung, in einen Versammlungssaal nicht mehr als 100 Personen gleichzeitig einzulassen.

In diesen Fällen steht zum Zeitpunkt des Erlasses des Verwaltungsaktes noch nicht fest, wann und wie häufig der zu regelnde Sachverhalt eintritt. Es ist nicht bekannt, wie oft der Hund ausgeführt oder der Versammlungsraum vermietet wird. Man nimmt trotzdem einen Verwaltungsakt an, da jedes andere Ergebnis unpraktikabel wäre. Würde es sich nämlich um eine Rechtsnorm handeln, müssten deren komplizierten Erlassvoraussetzungen beachtet werden.

ee) Konkret-generelle Regelung (sog. Allgemeinverfügung)

1167 Bei der Allgemeinverfügung liegt zwar ein einziger Sachverhalt vor, jedoch wird hiervon ein Personenkreis betroffen, der sich nicht ohne Weiteres bestimmen lässt. Damit enthält die Allgemeinverfügung Elemente des Verwaltungsaktes (konkret), aber auch der Rechtsnorm (generell). Aus diesem Grund waren der Begriff der Allgemeinverfügung und ihre rechtliche Einordnung lange Zeit umstritten. Der Gesetzgeber hat durch § 35 Satz 2 VwVfG den unterschiedlichen Auffassungen weitgehend ein Ende gesetzt, indem er bestimmte Fälle der Allgemeinverfügung als Verwaltungsakt bezeichnet. Nach § 35 Satz 2 VwVfG sind drei Arten zu unterscheiden.

(1) Adressatenbezogene Allgemeinverfügung

1168 Sie ist ein Verwaltungsakt, der sich an einen nach allgemeinen Merkmalen bestimmten oder bestimmbaren Personenkreis richtet (§ 35 Satz 2 1. Alt. VwVfG). Bestimmt ist ein Personenkreis, wenn bei Erlass einer Regelung die Adressaten feststehen.

BEISPIEL Die Aufforderung der Polizei, ein einsturzgefährdetes Haus zu verlassen, ist eine Allgemeinverfügung, da sie sich nicht an eine individuelle Person richtet, sondern an alle diejenigen, die sich zum Zeitpunkt der Anordnung im Haus befinden.

Es gibt Stimmen im Schrifttum, die diese Fälle nicht der Allgemeinverfügung, sondern der konkret-individuellen Regelung zuordnen wollen. Es handele sich um eine sog. **Sammelverfügung**, bei der es allein darauf ankomme, ob der Adressatenkreis zum Zeitpunkt seines Erlasses objektiv feststehe oder nicht, ob er geschlossen oder noch offen und erweiterungsfähig sei. Wenn – wie im o. g. Fall – der Adressatenkreis bei Erlass der Maßnahme zumindest feststehe, handele es sich um keinen Fall des § 35 Satz 2 1. Alt. VwVfG.

Folgt man dieser Auffassung, ergibt sich für die vom Gesetzgeber vorgegebene Alternative „bestimmter Personenkreis" kein eigenständiger Anwendungsbereich. Der Begriff „individuell" wird ohne Not ausgeweitet. Aus diesem Grund sollte man die genannten Fälle als Allgemeinverfügungen verstehen.

1169 Schwieriger sind die Sachverhalte zu beurteilen, in denen der Adressatenkreis bei Erlass der Regelung noch nicht feststeht.

BEISPIELE

- Die zuständige Behörde verbietet die Teilnahme an einer für den folgenden Tag geplanten Demonstration.
- Es wird ein Verbot an alle Groß- und Einzelhändler ausgesprochen, keinen Endiviensalat in von Typhus betroffenen Städten und Kreisen zu verkaufen (sog. Endiviensalat-Entscheidung des Bundesverwaltungsgerichts).

In beiden Fällen handelt es sich nicht um einen bestimmten Adressatenkreis. Am Vortag der Demonstration ist noch unbekannt, wer an der Demonstration teilnehmen wird. Auch am Demonstrationstag kann man sich noch zur Teilnahme entschließen. Im Endiviensalat-Fall konnten nicht alle Händler wissen, ob ihre Stadt oder ihr Kreis vom Typhus betroffen war. Dies konnte sich jederzeit ändern.

Es stellt sich somit die Frage, ob in diesen Fällen noch von einem bestimmbaren Personenkreis gesprochen werden kann. Eine praktikable Lösung ist bis heute nicht gefunden worden. Die Meinungen, in welchem Umfang Unsicherheiten akzeptiert werden müssen, gehen auseinander. Zur Konkretisierung des Personenkreises werden die Zeitdauer der Regelung, der räumliche Geltungsbereich, der Grad der inhaltlichen Differenziertheit und Komplexität, die Auswirkungen und die Vollzugsfähigkeit und -bedürftigkeit herangezogen.

BEISPIELE Das Verbot einer geplanten Demonstration kann dann in Form einer Allgemeinverfügung ausgesprochen werden, wenn der Zeitpunkt in naher Zukunft liegt. Dies wäre etwa bei bis zu drei Tagen der Fall. Soll die Demonstration später stattfinden, hätte dies Auswirkungen auf den Personenkreis, da die Zahl der Unentschlossenen erheblich höher liegen dürfte.

Auch im Endiviensalat-Fall sprach das Bundesverwaltungsgericht von einer partiellen und ausscheidbaren Unbestimmtheit. Es handele sich um keinen gedachten, abstrakten Fall einer Regelung, sondern es läge eine konkrete Gefahr in Gestalt der konkret auftretenden Epidemie vor. Damit zog das Gericht die Tatsache, dass es sich um einen konkreten Sachverhalt handelte, dazu heran, auch den Adressatenkreis als bestimmbar anzunehmen.

Diese weite Begriffsauslegung ist für die Verwaltungspraxis erforderlich. Andernfalls stünde nämlich in vielen Fällen der Verwaltung das Instrument des Verwaltungsaktes nicht mehr zur Verfügung. Es müsste stattdessen der langwierige Weg über eine Rechtsverordnung gegangen werden. Ein schnelles, flexibles Eingreifen, das insbesondere in Notfällen erforderlich ist, wäre dann nicht mehr möglich. Schon aus Gründen der Praktikabilität ist die vorgenommene Begriffsausweitung deshalb erforderlich.

(2) Sachbezogene (dingliche) Allgemeinverfügung

Eine Allgemeinverfügung ist nach § 35 Satz 2 2. Alt. VwVfG auch dann ein Verwaltungsakt, wenn sie die öffentlich-rechtliche Eigenschaft einer Sache betrifft. Deren Eigenschaften werden verliehen, entzogen oder geändert. Außerdem kann die Sache öffentlich-rechtlichen Bindungen (z. B. Nutzungsbeschränkungen) unterworfen werden. Im Gegensatz zu den anderen Formen der Allgemeinverfügung ist also die Sache selbst betroffen. Ihre „Änderung" gilt für einen bei Erlass völlig unbestimmten Personenkreis. 1170

BEISPIELE

- Widmung einer Straße: Durch den gegenüber der Allgemeinheit wirkenden Widmungsakt (= Allgemeinverfügung) erhält eine Verkehrsfläche die Eigenschaft einer öffentlich-rechtlichen Straße (vgl. § 2 BFernStrG). Damit verbunden ist mittelbar das Recht für jedermann, die Straße im Rahmen des sog. Gemeingebrauchs ungehindert benutzen zu dürfen (vgl. § 7 Abs. 1 BFernStrG).

- Änderung eines Straßennamens: Zunächst wird die Sache selbst gegenüber der Allgemeinheit in ihrer Rechtsstellung geändert. Dies führt mittelbar dazu, dass sich die Adresse der Anwohner ändert.

(3) Benutzungsregelung

1171 Die Benutzungsregelung nach § 35 Satz 2 3. Alt. VwVfG betrifft die Benutzung einer Sache durch die Allgemeinheit. Im Gegensatz zur sachbezogenen Allgemeinverfügung sind nicht die Eigenschaften einer Sache, sondern ihre Benutzung betroffen.

BEISPIELE Verkehrszeichen in Form von Verkehrsschildern (vgl. §§ 41 f. StVO, sog. Vorschriftszeichen): Wegen der Unbestimmtheit des Adressatenkreises war die Rechtsnatur der Verkehrsschilder (Rechtsverordnung oder Verwaltungsakt) lange Zeit umstritten. Mit der gesetzlichen Regelung wurde dieser Streit endgültig entschieden.

Verkehrszeichen regeln die Benutzung öffentlich-rechtlicher Straßen, indem sie etwa das Parken an bestimmten Stellen verbieten. Die Eigenschaft der Sache selbst ist hiervon nicht betroffen. Die Straße, an der das Verkehrsschild steht, bleibt von der Regelung vollkommen unberührt. Allein ihre Benutzung wird geregelt.

Soll aus einer Privatstraße eine für jedermann zu benutzende Straße gemacht werden, muss zunächst eine Widmung zur öffentlich-rechtlichen Straße erfolgen (= sachbezogene Allgemeinverfügung). Ist dies geschehen, kann die Benutzung durch entsprechende Maßnahmen (z. B. mittels Verkehrsschildern als Einbahnstraße) geregelt werden (= Benutzungsregelung).

Die Benutzung von öffentlichen Einrichtungen (Anstalten, Bibliotheken, Museen usw.) kann ebenfalls durch Allgemeinverfügung geregelt werden. Dies geschieht allerdings relativ selten. Insbesondere bei Anstalten regelt die Verwaltung die Benutzung meist in Form einer Satzung (z. B.: Satzung über die Benutzung der städtischen Badeanstalt).

ABB. 44: Verwaltungsakt

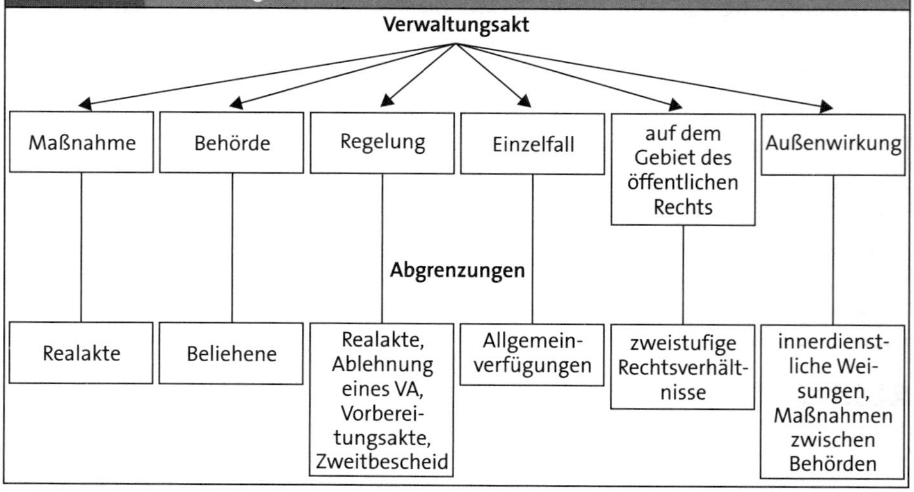

FALL

Der Verwaltungsakt

Sachverhalt

Autofahrer A muss an einer Ampel anhalten, da diese „Rot“ zeigt. Während er wartet, drängt sich ihm die Frage auf, ob er gegenwärtig Adressat eines Verwaltungsaktes ist. Ist dies der Fall? Prüfen Sie bitte jedes einzelne Verwaltungsaktsmerkmal gründlich!

Lösung

Es liegt dann ein Verwaltungsakt vor, wenn die Voraussetzungen des § 35 VwVfG erfüllt sind.

1. Es muss sich um eine Maßnahme handeln. Dies ist jedes Handeln mit Erklärungswert. Die Erklärung kann in Form eines (verständlichen) Zeichens erfolgen.

   Mittels der „roten“ Ampel wird dem Autofahrer erklärt, dass er, solange das Zeichen rot bleibt, nicht weiterfahren darf. Dies ergibt sich aus § 37 Abs. 2 StVO (sog. Wechsellichtzeichen). Es liegt somit eine Maßnahme vor.

2. Weiterhin muss eine Behörde gehandelt haben. Nach § 1 Abs. 4 VwVfG ist dies jede Stelle, die Aufgaben der öffentlichen Verwaltung wahrnimmt. An der Ampelanlage lässt sich nicht erkennen, ob eine Behörde tätig geworden ist. Dies könnte sich aber aus den Gesamtumständen ergeben. Nach § 44 Abs. 1 StVO sind die Straßenverkehrsbehörden zur Ausführung der Straßenverkehrsordnung (sachlich) zuständig. Es kann davon ausgegangen werden, dass der zuständige Amtsträger gehandelt hat. Dies ist eine Behörde.

3. Die Maßnahme muss auf dem Gebiet des öffentlichen Rechts erfolgen. Für die Abgrenzung von öffentlichem und privatem Recht könnte auf die Sonderrechtstheorie zurückgegriffen werden. Ein Eingehen auf die verschiedenen Abgrenzungstheorien ist nur erforderlich, wenn die Sonderrechtstheorie zu keinem eindeutigen Ergebnis führt.

   Nach der Sonderrechtstheorie handelt es sich um öffentliches Recht, wenn der zugrundeliegende Sachverhalt nach Rechtssätzen zu entscheiden ist, die auf der einen Seite ausschließlich einen Träger hoheitlicher Gewalt berechtigen oder verpflichten.

   Die streitentscheidenden Normen ergeben sich aus der StVO. Wie unter 2. festgestellt, sind zum Aufstellen einer Ampelanlage allein die Straßenverkehrsbehörden berechtigt. Damit steht auf der einen Seite zwingend ein Träger hoheitlicher Gewalt.

   Es handelt sich somit um öffentliches Recht.

4. § 35 VwVfG verlangt weiterhin das Vorliegen einer Regelung. Eine Regelung liegt vor, wenn die Maßnahme nach dem Willen der Behörde darauf gerichtet ist, einseitig und mit dem Anspruch auf Verbindlichkeit eine unmittelbare Rechtswirkung zu erzeugen.

Unmittelbare Rechtswirkung ist Pflicht des Autofahrers, vor der Ampel anzuhalten. Die Rechtswirkung ist verbindlich.

Dies ist von der Behörde auch gewollt und tritt allein aufgrund ihres Willens ein. Es handelt sich somit um eine Regelung.

5. Die Regelung muss Außenwirkung entfalten, d. h. die Rechtsfolgen sollen gegenüber einer außerhalb der handelnden Verwaltung stehenden Person eintreten.

   Der Autofahrer steht außerhalb der Verwaltung. Auch Außenwirkung liegt somit vor.

6. Letztlich muss es sich um einen Einzelfall handeln. Die Regelung muss konkret-individuell sein, also einen konkreten Sachverhalt betreffen und einen individuellen Adressaten haben.

   Hier wird für einen bestimmten Zeitraum, nämlich solange die Ampel „Rot" zeigt, das Weiterfahren verboten. Es handelt sich damit um einen konkreten Sachverhalt.

   Adressat der Regelung ist allerdings nicht nur A, sondern auch die vor und hinter ihm stehenden Autofahrer sowie weitere eventuell noch heranfahrende Verkehrsteilnehmer. Es handelt sich daher nicht um einen individuellen Adressaten, sondern um einen generellen Adressatenkreis. Eine konkret individuelle Regelung i. S. des § 35 Satz 1 VwVfG liegt nicht vor.

   In Frage kommt deshalb ein Verwaltungsakt in Form einer Allgemeinverfügung, hier einer adressatenbezogenen Allgemeinverfügung nach § 35 Satz 2 1. Alt. VwVfG.

   Dann müsste die Regelung an einen nach allgemeinen Merkmalen bestimmten oder bestimmbaren Personenkreis gerichtet sein. Der von der Regelung betroffene Personenkreis erfasst alle Verkehrsteilnehmer, die zum fraglichen Zeitpunkt auf die Ampelanlage zufahren. Dieser Personenkreis steht bei Erlass der Maßnahme, also in dem Moment, in dem die Ampelanlage auf „Rot" umschaltet, noch nicht fest. Es können nämlich auch nach dem Umschalten weitere Verkehrsteilnehmer auf die Ampel zufahren. Der Adressatenkreis ist also nicht bestimmt. Er könnte jedoch bestimmbar sein. Das Merkmal der Bestimmbarkeit verlangt aus Gründen der Praktikabilität nicht, dass der Personenkreis bei Erlass der Regelung abschließend feststeht. Geringfügige Unsicherheiten werden vielmehr in Kauf genommen. Da die Regelung nur von kurzer Dauer und auch der räumliche Geltungsbereich beschränkt ist, kann die Unbestimmtheit hinsichtlich des betroffenen Personenkreises hingenommen werden. Es handelt sich um einen bestimmbaren Personenkreis und damit um eine adressatenbezogene Allgemeinverfügung.

   Hinweis

   Eine Ampelanlage produziert durch jeden Zeichenwechsel einen „neuen" Verwaltungsakt. Sie ist keine Benutzungsregelung, da durch die in kurzen Zeitabständen wechselnden Regelungen der Adressatenkreis bestimmbar wird. Bei einer Benutzungsregelung ist der Kreis der Benutzer dagegen vollkommen unbestimmt („Allgemeinheit").

7. Da alle Voraussetzungen des § 35 VwVfG vorliegen, handelt es sich bei der auf „Rot“ geschalteten Ampelanlage um einen Verwaltungsakt in Form der adressatenbezogenen Allgemeinverfügung.

3. Bekanntgabe von Verwaltungsakten

LITERATUR

Beaucamp, Rechtsfragen der Bekanntgabe nach § 41 VwVfG, JA 2016, 436 ff.; *Detterbeck*, Allgemeines Verwaltungsrecht, 16. Aufl. 2018, Rn. 551 ff., 581 ff.; *Voßkuhle/Kaufhold*, Grundwissen – Öffentliches Recht: Der Verwaltungsakt, JuS 2011, 34 ff.

a) Begriff und Bedeutung

Der Verwaltungsakt ist gem. § 41 Abs. 1 Satz 1 VwVfG demjenigen Beteiligten bekannt 1172
zu geben, für den er bestimmt ist oder der von ihm betroffen wird. Erst durch die Bekanntgabe erlangt ein Verwaltungsakt seine rechtliche Existenz und wird gegenüber dem Adressaten oder etwaigen Betroffenen **wirksam** (vgl. § 43 Abs. 1 Satz 1 VwVfG). Eine Ausnahme stellt allerdings § 42a VwVfG dar, der nach Ablauf einer Frist i. d. R. drei Monaten eine beantragte Genehmigung auch ohne Bekanntgabe fingiert. Ab dem Zeitpunkt der Bekanntgabe sind die Beteiligten an die Regelungen des Verwaltungsakts gebunden. Eine rechtswidrige Bekanntgabe führt – im Gegensatz zu anderen Rechtswidrigkeitsgründen – dazu, dass der Verwaltungsakt wirkungslos bleibt.

Die Bekanntgabe lässt sich definieren als der auf dem Willen der Behörde beruhende 1173
Vorgang, welcher dem Betroffenen die Kenntnisnahme ermöglicht.

BEISPIELE

- Eine Baugenehmigung wird gegenüber dem Nachbarn, der Betroffener, aber nicht Adressat des Verwaltungsaktes ist, erst im Moment der Bekanntgabe wirksam. Solange dies nicht der Fall ist, treten in Bezug auf den Nachbarn keine Rechtswirkungen ein. Etwas Anderes kann sich allerdings aus Treu und Glauben ergeben, wenn mit dem Bau bereits begonnen wurde.
- Fußgänger F sieht, dass die Ampel „Rot“ zeigt. Der Verwaltungsakt ist bekannt gegeben worden.

Von besonderer Bedeutung ist die Bekanntgabe für den Beginn von Rechtsbehelfsfristen.

BEISPIEL Die Frist zur Einlegung eines Widerspruchs gegen einen Verwaltungsakt beträgt einen Monat nach Bekanntgabe (§ 70 Abs. 1 Satz 1 VwGO).

Die Bekanntgabe muss mit Wissen und Wollen der Behörde erfolgen, d. h. sie muss amtlich veranlasst sein. Eine zufällige Kenntnisnahme genügt nicht.

b) Form der Bekanntgabe

1174 Ein Verwaltungsakt kann förmlich oder nichtförmlich (= formlos) bekannt gegeben werden.

aa) Förmliche Bekanntgabe

1175 Eine förmliche Bekanntgabe muss nur dann erfolgen, wenn dies von einem Gesetz ausdrücklich vorgeschrieben wird. Die Bekanntgabe muss dann (förmlich) mittels Zustellung geschehen.

BEISPIELE

- Widerspruchsbescheid (§ 73 Abs. 3 Satz 1 VwGO);
- Einberufungsbescheid (§§ 21, 44 Abs. 1 Satz 1 WPflG).

Auf welche Art und Weise eine vorgeschriebene Zustellung erfolgen muss, ist für Bundesbehörden, bundesunmittelbare Körperschaften und Anstalten des öffentlichen Rechts durch das Verwaltungszustellungsgesetz (VwZG) vom 3. 7. 1952 vorgeschrieben. Ähnliche Bestimmungen finden sich auch in den Zustellungsgesetzen der Länder wieder.

Die wichtigsten Zustellungsarten sind:

- Zustellung durch die Post mit Zustellungsurkunde (§ 3 VwZG);
- Zustellung durch die Post mittels Einschreiben (§ 4 VwZG);
- Zustellung durch die Behörde gegen Empfangsbekenntnis; elektronische Zustellung (§ 5 VwZG);
- Elektronische Zustellung gegen Abholbestätigung über De-Mail-Dienste (§ 5a VwZG);
- öffentliche Zustellung (§ 10 VwZG).

Sinn dieser förmlichen Zustellungsarten ist es, die Bekanntgabe des Verwaltungsaktes auch dann nachweisen zu können, wenn der Adressat den Zugang bestreitet. Aus diesen Gründen gehen viele Behörden dazu über, selbst in den Fällen, in denen eine förmliche Bekanntgabe nicht vorgeschrieben ist, zuzustellen.

bb) Formlose Bekanntgabe

1176 Ist die förmliche Bekanntgabe nicht vorgeschrieben, kann die Zustellung formlos erfolgen. Die Behörde hat die freie Wahl, auf welche Art und Weise sie den Verwaltungsakt bekannt geben will. Dies kann mündlich, schriftlich (durch einfachen Brief) oder mittels konkludenter Handlungen geschehen.

Möglich ist auch eine öffentliche Bekanntgabe, wie sie insbesondere bei Allgemeinverfügungen verwendet wird.

BEISPIELE

- Das Verbot einer in zwei Tagen geplanten Demonstration wird über die Massenmedien bekannt gegeben.
- Durch das Aufstellen eines Verkehrsschildes werden die Benutzungsregelungen für eine Straße bekannt gegeben.

Die öffentliche Bekanntgabe eines schriftlichen Verwaltungsaktes hat die Erfordernisse des § 41 Abs. 4 VwVfG zu berücksichtigen. Der verfügende Teil muss ortsüblich bekannt gegeben werden. Was ortsüblich ist, kann sich aus Vorschriften des Landesrechts oder aus Gemeindesatzungen ergeben.

cc) Zeitpunkt der Bekanntgabe

Das Verwaltungsverfahrensgesetz regelt den Zeitpunkt der Bekanntgabe nicht. Die 1177
überwiegende Meinung wendet deshalb § 130 Abs. 1 BGB analog an. Ein Verwaltungsakt ist danach mit seinem Zugang beim Adressaten bekannt gegeben.

Der Zugang ist erfolgt, wenn der Verwaltungsakt so in den Machtbereich des Empfängers gelangt ist, dass der Empfänger unter normalen Umständen von ihm Kenntnis nehmen kann. Auf die tatsächliche Kenntnisnahme kommt es nicht an. Ein Verwaltungsakt ist nämlich empfangs-, aber nicht annahmebedürftig.

BEISPIEL ▸ Wirft der Empfänger einen schriftlichen Verwaltungsakt ungelesen weg, so ist der Zugang gleichwohl erfolgt.

Von diesem Grundsatz gibt es eine wichtige Ausnahme. Nach § 41 Abs. 2 VwVfG gilt 1178
ein schriftlicher Verwaltungsakt, der durch die Post im Geltungsbereich dieses Gesetzes übermittelt wird, mit dem dritten Tage nach der Aufgabe zur Post als bekannt gegeben (Fiktion der Bekanntgabe). Dies gilt allerdings nicht, wenn der Verwaltungsakt erst zu einem späteren Zeitpunkt oder überhaupt nicht zugeht.

BEISPIELE ▸

- ► Der Verwaltungsakt wird am 12. 1. zur Post aufgegeben. Am 17. 1. wird er vom Briefträger in den Briefkasten geworfen. Der Zugang erfolgte nicht am 15. 1., sondern am 17. 1.
- ► Die Aufgabe zur Post erfolgt am 11. 2. Der Brief wird am 12. 2. in den Briefkasten geworfen. Der Zugang gilt erst am 14. 2. als erfolgt.

Für die Fiktion des Zugangs nach § 41 Abs. 2 VwVfG spielt es nach überwiegender Meinung keine Rolle, wenn der fiktive Zugangstag ein Samstag, Sonntag oder gesetzlicher Feiertag ist. Hiermit ist für den Empfänger nämlich kein Nachteil verbunden.

dd) Äußere und innere Wirksamkeit

Da die rechtlichen Folgen mancher Verwaltungsakte nach dem Willen der erlassenden 1179
Behörde erst einige Zeit nach dem Zugang eintreten sollen, unterscheidet man zwischen äußerer und innerer Wirksamkeit. Mit Eintritt der äußeren Wirksamkeit beginnt die rechtliche Existenz des Verwaltungsakts. Die Rechtsbehelfsfristen beginnen zu laufen. Die von der Verwaltung gewünschten Rechtsfolgen entfaltet der Verwaltungsakt aber erst mit seiner inneren Wirksamkeit.

BEISPIELE ▸

- ► Das Betreiben einer Gaststätte wird G mit am 1. 2. zugegangenen schriftlichem Verwaltungsakt zum 1. 3. gestattet. Zum Zeitpunkt des Zugangs am 1. 2. ist die äußere Wirksamkeit eingetreten. Der Verwaltungsakt ist rechtlich existent. Am 1. 3. tritt die innere Wirksamkeit hinzu. Der Verwaltungsakt entfaltet die gewünschten Rechtswirkungen.
- ► Der Wehrpflichtige W wird mit am 10. 4. zugestellten Bescheid (äußere Wirksamkeit) zum 1. 7. (innere Wirksamkeit) einberufen. Die Rechtsbehelfsfrist beginnt am 11. 4. zu laufen.

In den meisten Fällen fällt das Eintreten von äußerer und innerer Wirksamkeit aber nicht auseinander.

BEISPIEL Mit am 15.6. bekannt gegebenem Bescheid wird A die beantragte Baugenehmigung erteilt. A kann mit dem Bau sofort beginnen.

4. Nebenbestimmungen zu Verwaltungsakten

LITERATUR

Hufen/Bickenbach, Der Rechtsschutz gegen Nebenbestimmungen zum Verwaltungsakt, JuS 2004, 867 ff. u. 966 ff., *Maurer/Waldhoff,* Allgemeines Verwaltungsrecht, 19. Aufl. 2017, § 12; *Stelkens,* in: Stelkens/Bonk/Sachs, Verwaltungsverfahrensgesetz, 9. Aufl. 2018, § 36, *Voßkuhle/Kaiser,* Grundwissen – Öffentliches Recht: Nebenbestimmungen, JuS 2012, 699 ff.

Verwaltungsakte können unter bestimmten Voraussetzungen mit Nebenbestimmungen versehen werden. Dabei wird die Hauptregelung eines Verwaltungsaktes durch eine zusätzliche Bestimmung ergänzt oder beschränkt.

1180 In der Verwaltungspraxis haben Nebenbestimmungen eine große Bedeutung. Sie geben der Verwaltung die Möglichkeit, eine Regelung den besonderen Verhältnissen des konkreten Falles anzupassen. Dadurch kann im Extremfall die vollständige Versagung einer Genehmigung verhindert werden, was etwa zum Schutze der Allgemeinheit ansonsten notwendig gewesen wäre.

Die wichtigsten Nebenbestimmungen sind in § 36 VwVfG ausdrücklich geregelt. Es handelt sich um Befristung, Bedingung, Widerrufsvorbehalt, Auflage und Auflagenvorbehalt.

a) Nebenbestimmungen zu gebundenen Verwaltungsakten

1181 Nach § 36 Abs. 1 VwVfG dürfen gebundene Verwaltungsakte nur mit Nebenbestimmungen versehen werden, wenn sie durch Rechtsvorschriften zugelassen sind oder wenn sie sicherstellen sollen, dass die gesetzlichen Voraussetzungen des Verwaltungsaktes erfüllt sind.

BEISPIELE

- Eine Gaststättenerlaubnis muss bei Vorliegen der Voraussetzungen erteilt werden. Sie kann jedoch gem. § 5 GastG mit der Auflage verbunden werden, bestimmte unerlässliche bauliche Veränderungen noch vorzunehmen.
- Die gebundene Bewilligung laufender Zahlungen wird mit der auflösenden Bedingung versehen, in bestimmten Zeitabständen eine Lebensbescheinigung vorzulegen. Hier soll sichergestellt werden, dass die gesetzlichen Voraussetzungen des Verwaltungsaktes erfüllt sind.
- Ein Verwaltungsakt wird unter der auflösenden Bedingung ausgesprochen, dass sich anlässlich einer noch durchzuführenden Prüfung das Fehlen wesentlicher Anspruchsvoraussetzungen nicht herausstellt.

b) Nebenbestimmungen bei in das Ermessen der Behörde gestellten Verwaltungsakten

Die Vorschrift des § 36 Abs. 2 VwVfG legt die Voraussetzungen fest, unter denen Verwaltungsakten, die nach pflichtgemäßem Ermessen erlassen werden dürfen, eine Nebenbestimmung beigefügt werden darf. Gemeint sind sowohl das Entschließungs- als auch das Auswahlermessen. 1182

Die Hinzufügung einer Nebenbestimmung steht ebenfalls im Ermessen der Behörde. Sie muss die gesetzlichen Grenzen des Ermessens einhalten. Hierbei ist der Grundsatz der Verhältnismäßigkeit von besonderer Bedeutung. Die Verwaltung muss die am wenigsten beeinträchtigende Nebenbestimmung auswählen (vgl. hierzu die Abgrenzung Bedingung und Auflage unter Rn. 1187 ff.).

aa) Befristung

Nach der Legaldefinition des § 36 Abs. 2 Nr. 1 VwVfG handelt es sich bei einer Befristung um eine Bestimmung, nach der eine Vergünstigung oder Belastung zu einem bestimmten Zeitpunkt beginnt, endet oder für einen bestimmten Zeitraum gilt. Die Befristung bestimmt also den zeitlichen Geltungsbereich eines Verwaltungsaktes, seine innere Wirksamkeit. 1183

Man unterscheidet aufschiebende und auflösende Befristungen. **Aufschiebend** ist eine Befristung, wenn die innere Wirksamkeit des Verwaltungsaktes erst mit Eintritt der Frist erfolgt. Die äußere Wirksamkeit und damit die Bindung von Behörde und Adressaten sind bereits seit der Bekanntgabe gegeben. 1184

BEISPIEL Die Genehmigung zum Betreiben einer Gaststätte geht A am 28. 3. zu (äußere Wirksamkeit). Erlaubt wird ihm die Tätigkeit ab dem 1. 6. (innere Wirksamkeit).

Endet die Wirksamkeit eines Verwaltungsaktes zu einem bestimmten Zeitpunkt, ist die Befristung auflösend.

BEISPIELE

- Aufenthaltserlaubnis bis zum 31. 12.,
- Verlängerung der Sperrfrist für eine Gaststätte bis zum 31. 3.,
- Gültigkeit eines Ausweises bis zum 30. 6.

Für die Berechnung von Tages-, Wochen-, Monats- oder Jahresfristen gilt § 31 VwVfG.

bb) Bedingung

Nach § 36 Abs. 2 Nr. 2 VwVfG ist die Bedingung eine Bestimmung, nach der der Eintritt oder der Wegfall einer Begünstigung oder Belastung von dem ungewissen Eintritt eines zukünftigen Ereignisses abhängt. Im Gegensatz zur Befristung ist der Eintritt des Ereignisses nicht sicher. 1185

Es werden aufschiebende und auflösende Bedingungen unterschieden. Bei der **aufschiebenden** Bedingung tritt die innere Wirksamkeit erst mit Bedingungseintritt ein. Dagegen endet mit Eintritt der **auflösenden** Bedingung die (innere und äußere) Wirksamkeit des Verwaltungsaktes. 1186

BEISPIELE **Auflösende Bedingung:** Bewilligung einer Sozialleistung unter der Bedingung, dass das Verfahren des Versorgungsamtes zur Feststellung der Schwerbehinderteneigenschaft führt.

Aufschiebende Bedingung: Baugenehmigung unter der Bedingung, dass zuvor vom Bauherrn Kfz-Einstellplätze geschaffen werden.

Das letztgenannte Beispiel zeigt, dass es keine Rolle spielt, ob der Eintritt des Ereignisses vom Willen eines der Beteiligten abhängig ist. Sein Eintritt bleibt ungewiss.

cc) Auflage

1187 Bei der Auflage handelt es sich um eine Bestimmung, die dem Begünstigten ein Tun, Dulden oder Unterlassen vorschreibt. Gem. § 36 Abs. 2 Nr. 4 VwVfG kann nur ein begünstigender Verwaltungsakt mit einer Auflage verbunden werden.

Schon dem Wortlaut des Gesetzes lässt sich entnehmen, dass die Auflage keine bloße Ergänzung eines (Haupt-)Verwaltungsaktes darstellt, sondern dass sie eine eigenständige Regelung enthält.

BEISPIELE

- Baugenehmigung (= Grundverwaltungsakt) mit der Auflage, die Außenwände in einer bestimmten Farbe zu verklinkern;
- Abbruchgenehmigung (= Grundverwaltungsakt) mit der Auflage, eine Abstandssumme i. H. von 50.000 € zur Förderung des sozialen Wohnungsbaus zu zahlen.

1188 Die Auflage ist nach herrschender Meinung ein **eigenständiger** Verwaltungsakt, der allerdings vom Bestand des Grundverwaltungsaktes abhängig ist (sog. Akzessorietät der Auflage). Fällt der Grundverwaltungsakt weg, ist die Auflage ohne rechtliche Wirkung.

1189 Die Selbständigkeit der Auflage hat Konsequenzen für den Rechtsschutz und muss deshalb sorgfältig von den unselbständigen Nebenbestimmungen Befristung und Bedingung abgegrenzt werden. Deren Nichterfüllung führt nämlich dazu, dass der Grundverwaltungsakt „automatisch" unwirksam ist. Dagegen bleibt der Verwaltungsakt, dem die Auflage zugefügt wird, auch bei Nichterfüllung der Auflage wirksam. Allerdings hat die Behörde das Recht, die Auflage selbständig zwangsweise (etwa durch Zwangsgeld, Ersatzvornahme, unmittelbaren Zwang) durchzusetzen. Als *ultima ratio* ist es darüber hinaus der Behörde erlaubt, die Erlaubnis nach § 49 Abs. 2 Nr. 2 VwVfG zu widerrufen. Dabei ist der Grundsatz der Verhältnismäßigkeit zu berücksichtigen.

BEISPIEL Verklinkert der Bauherr B im vorgenannten Beispiel sein Haus nicht in der verlangten Farbe, kann und muss die Behörde zunächst versuchen, die Auflage durch Auferlegung eines Zwangsgeldes oder andere Zwangsmaßnahmen durchzusetzen. Die Baugenehmigung bleibt wirksam. Erst wenn die Zwangsmaßnahmen scheitern, ist die Behörde berechtigt, die Baugenehmigung zu widerrufen und damit deren Unwirksamkeit herbeizuführen.

Die wegen der unterschiedlichen Rechtsfolgen sehr wichtige Abgrenzung ist insbesondere im Hinblick auf die Bedingung oft sehr schwierig. Denn auch eine Bedingung verlangt vom Betroffenen häufig ein Tun, Dulden oder Unterlassen. Im Einzelfall kommt es auf das an, was die Behörde mit der Nebenbestimmung bezweckt. Wollte sie, dass bei Nichterfüllung der Nebenbestimmung der Grundverwaltungsakt bestehen bleibt, handelt es sich um eine Auflage; wollte sie es nicht, liegt eine Bedingung vor.

BEISPIELE ▸ Eine Gaststättenerlaubnis wird mit der Nebenbestimmung versehen, dass zusätzlich zu den vorhandenen acht Toiletten zwei weitere einzurichten sind. Hier handelt es sich um eine Auflage und nicht um eine aufschiebende Bedingung. Der Ausbau der Toiletten ist nicht von so großer Bedeutung, als dass der Betrieb der Gaststätte bei Nichterfüllung der Nebenbestimmung verhindert werden müsste.

Etwas Anderes würde gelten, wenn zusätzliche Fluchtwege eingerichtet werden sollen. Wegen der möglichen Gefahren für Leib und Leben der Besucher ist diese Nebenbestimmung so wichtig, dass die Gaststättenerlaubnis erst mit Erfüllen der (aufschiebenden) Bedingung wirksam werden darf.

dd) Widerrufsvorbehalt

Die Verwaltung kann sich den Widerruf des Verwaltungsaktes vorbehalten (§ 36 Abs. 2 Nr. 3 VwVfG). In diesem Fall hat sie das Recht, den Verwaltungsakt unter bestimmten Umständen nach § 49 Abs. 2 Nr. 1 VwVfG zu widerrufen. Dazu ist allerdings erforderlich, dass die im Verwaltungsakt selbst oder in Rechtsvorschriften näher bezeichneten Umstände auch tatsächlich vorliegen. Ist dies der Fall, dürfen der Behörde außerdem keine Ermessensfehler bei Ausübung des Widerrufs unterlaufen. 1190

BEISPIEL ▸ A darf ein Straßencafé betreiben, solange die Verkehrsverhältnisse dies zulassen. Ein Widerruf darf nur ausgesprochen werden, wenn sich die Verkehrsverhältnisse tatsächlich entscheidend ändern. Ist dies der Fall, steht es im Ermessen der Verwaltung zu widerrufen. Erfolgt der Widerruf, darf für die Entscheidung nicht ausschlaggebend gewesen sein, dass A gegen die Verwaltung in einer anderen Angelegenheit einen Rechtsstreit führt. Der Widerruf wäre wegen Ermessensmissbrauchs rechtswidrig.

Auch beim Widerrufsvorbehalt handelt es sich um eine unselbständige Nebenbestimmung.

ee) Auflagenvorbehalt

Ein Verwaltungsakt kann nach § 36 Abs. 2 Nr. 5 VwVfG mit dem Vorbehalt der nachträglichen Aufnahme, Änderung oder Ergänzung durch eine Auflage verbunden werden. Die Verwaltung muss für den Erlass dieses nachträglichen belastenden Verwaltungsaktes eine Ermächtigungsgrundlage besitzen. Eine derartige Vorgehensweise ist erforderlich, wenn bei Erlass des Grundverwaltungsaktes noch nicht absehbar ist, wie sich die Sachlage nach Erlass entwickeln wird. Die Verwaltung hat so die Möglichkeit, den Verwaltungsakt **nachträglich** den Gegebenheiten anzupassen, ohne ihn gleich widerrufen zu müssen. 1191

BEISPIEL ▸ Dem Gastwirt G wird genehmigt, einen Biergarten zu betreiben. Dies geschieht aber unter dem Vorbehalt nachträglicher Lärmschutzauflagen, sofern sich deren Erforderlichkeit herausstellt.

ff) Sonderfälle

(1) Inhaltsbestimmungen, -beschränkungen und Teilgenehmigungen

Hier handelt es sich nicht um Nebenbestimmungen. Vielmehr wird der erlassende Verwaltungsakt in seinem Regelungsumfang beschrieben (Inhaltsbestimmung und Inhaltsbeschränkung). Bei der Teilgenehmigung wird zusätzlich noch mitgeteilt, in welchem Umfang einem Antrag nicht entsprochen wurde. 1192

BEISPIEL Die Erlaubnis zum Umbau und Betrieb einer Tankstelle wird mit der Maßgabe erteilt, dass beim Betanken von Kfz freiwerdende Kohlenwasserdämpfe durch ein Gasrückführungssystem in den Vorratstank zurückzuführen sind. Es handelt sich um eine Inhaltsbestimmung der Genehmigung.

(2) Modifizierende Auflage (besser sog. „modifizierende Genehmigung")

1193 Auch die modifizierende Auflage ist keine Nebenbestimmung. Der Begriff ist sehr missverständlich, denn sie ist keine Auflage i. S. des § 36 Abs. 2 Nr. 4 VwVfG, da sie die Hauptregelung nicht mit einer zusätzlichen Leistungspflicht versieht. Stattdessen wird etwas Anderes gewährt, als ursprünglich beantragt wurde. Es handelt sich um die Ablehnung eines Antrags, verbunden mit dem Vorschlag zu einer neuen Regelung. Diese neue (andere) Regelung wird von der Verwaltung vorab genehmigt. Aus diesem Grund wird in der Literatur auch nicht von „modifizierender Auflage", sondern von „modifizierender Genehmigung" gesprochen.

BEISPIELE

- A beantragt eine Baugenehmigung zum Bau eines Hauses mit Satteldach. Die zuständige Baubehörde genehmigt den Bau eines ansonsten gleichen Hauses mit einem Flachdach. Es handelt sich nicht um eine „normale" Auflage, da der Bau eines Hauses mit Satteldach in vollem Umfang abgelehnt wurde. Vielmehr wird von der Verwaltung der Vorschlag zu einem (etwas) anderen Bauvorhaben gemacht. Die Genehmigung für dieses Bauvorhaben wird zugleich erteilt, ohne dass A dies ausdrücklich beantragen muss.
- A, der umziehen möchte, beantragt die Erlaubnis, am 12. 6. für die Zeit von 10 – 16 Uhr an seiner alten Wohnung ein Parkverbotsschild aufstellen zu dürfen. Die zuständige Behörde genehmigt ihm dies, allerdings wegen einer in der Nähe am Abend stattfindenden Großveranstaltung „nur" für die Zeit von 7 – 13 Uhr. Die beantragte Erlaubnis wird abgelehnt, eine andere Erlaubnis, von der A ohne weiteren Antrag Gebrauch machen kann, dagegen vorab erteilt.

c) Rechtsschutz gegen belastende Nebenbestimmungen zu begünstigenden Verwaltungsakten

1194 Der Rechtsschutz gegen Nebenbestimmungen war und ist im Einzelnen sehr umstritten. Sogar die Rechtsprechung des Bundesverwaltungsgerichts ist nicht immer einheitlich gewesen. Letztendlich geht es um die Frage, ob eine belastende Nebenbestimmung isoliert mit einer Anfechtungsklage angefochten werden kann oder ob eine Verpflichtungsklage auf Erlass eines nebenbestimmungsfreien Verwaltungsaktes erforderlich ist. Im Anschluss an eine Entscheidung des Bundesverwaltungsgerichts aus dem Jahr 2000 hat sich die Auffassung durchgesetzt, dass grundsätzlich (also im Regelfall) mit der Anfechtungsklage gegen jede Art von Nebenbestimmung vorzugehen ist. Ausnahmen ergeben sich allenfalls für (sehr seltene) Fälle, in denen eine isolierte Aufhebbarkeit offensichtlich ausscheidet (sog. fehlende prozessuale Teilbarkeit von Hauptverwaltungsakt und Nebenbestimmung).

Folgt man dem Bundesverwaltungsgericht und der überwiegenden Meinung in der Literatur kann wie folgt differenziert werden:

aa) Rechtsschutz gegen Auflagen und Auflagenvorbehalte

Die „echte“ Auflage i. S. des § 36 Abs. 2 Nr. 4 VwVfG ist vom Hauptverwaltungsakt ohne Weiteres trennbar, da sie eine eigene Sachregelung enthält und selbständig vollstreckbar ist. Sie ist isoliert anfechtbar. Auch gegen einen Auflagenvorbehalt nach § 36 Abs. 2 Nr. 5 VwVfG kann man sich mittels einer Anfechtungsklage wehren. 1195

Etwas Anderes gilt für die modifizierende Auflage (sog. modifizierende „Genehmigungen“), die gar keine Nebenbestimmung darstellt (s. o. Rn. 1193). Hier muss der Kläger mittels der Verpflichtungsklage versuchen, sein Klageziel zu erreichen.

bb) Rechtsschutz gegen Bedingungen, Befristungen und Widerrufsvorbehalte

Bedingungen, Befristungen und Widerrufsvorbehalte sind isoliert anfechtbar. Die Anfechtungsklage ist die richtige Klageart. Ob die Klage letzten Endes zur isolierten Aufhebung der Nebenbestimmung führt, hängt davon ab, ob der begünstigende Verwaltungsakt ohne die Nebenbestimmung sinnvoller- und rechtmäßigerweise bestehen bleiben kann. Diese Frage muss das Gericht im Rahmen des Verfahrens prüfen (und zwar in der Begründetheit). 1196

cc) Rechtsschutz gegen Inhaltsbestimmungen

Da Inhaltsbestimmungen, keine Nebenbestimmungen i. S. des § 36 VwVfG darstellen (s. o. Rn. 1192), kommt es auf den geschilderten Meinungsstreit gar nicht an. Eine isolierte Anfechtung ist nicht möglich. Vielmehr muss mittels einer Verpflichtungsklage vorgegangen werden. 1197

Es sei noch einmal ausdrücklich darauf hingewiesen, dass der Rechtsschutz gegen Nebenbestimmungen auch nach der o. g. Entscheidung des BVerwG in den Einzelheiten immer noch nicht endgültig geklärt ist. Es würde der Zielsetzung dieses Buches widersprechen, den Meinungsstand im Detail aufzuzeigen. Insoweit sei auf die o. g. weiterführende Literatur verwiesen.

5. Fehlerhafte Verwaltungsakte

LITERATUR

Detterbeck, Allgemeines Verwaltungsrecht, 16. Aufl. 2018, Rn. 611 ff.; *Erichsen,* in: Erichsen/Ehlers (Hrsg.), Allgemeines Verwaltungsrecht, 14. Aufl. 2010, § 15; *Sachs,* in: Stelkens/Bonk/Sachs, Verwaltungsverfahrensgesetz, 9. Auflage 2018, § 44.

a) Rechtmäßigkeitsvoraussetzungen und Fehlerfolgen

Die Verwaltung ist gem. Art. 20 Abs. 3 GG an Gesetz und Recht gebunden. Rechtmäßig handelt sie, wenn beim Erlass eines Verwaltungsaktes folgende Voraussetzungen eingehalten werden: 1198

Formelle Voraussetzungen:

- Zuständigkeit der Erlassbehörde: sachlich, örtlich, instanziell;
- Einhaltung des vorgeschriebenen Verfahrens: vgl. die allgemeinen Verfahrensgrundsätze der §§ 9 – 30 VwVfG, von denen die Anhörung (§ 28 VwVfG) und die Begründung (§ 39 VwVfG) von besonderer Bedeutung sind. Es können aber auch Spezialvorschriften zur Anwendung kommen;
- Beachtung der vorgeschriebenen Form (z. B. § 37 VwVfG, § 20 OBG NRW, § 10 BBG).

Materielle Voraussetzungen:

- Vorliegen der Voraussetzungen einer gesetzlichen Ermächtigungsgrundlage (Vorbehalt des Gesetzes), die verfassungsgemäß sein muss;
- pflichtgemäße Ermessensausübung;
- Einhaltung des Verhältnismäßigkeitsgrundsatzes (Geeignetheit, Erforderlichkeit und Angemessenheit der Maßnahme);
- Beachtung des Bestimmtheitsgrundsatzes (§ 37 Abs. 1 VwVfG);
- keine tatsächliche oder rechtliche Unmöglichkeit;
- Vereinbarkeit mit höherrangigem Recht (insbesondere mit den Grundrechten).

Verstößt die Verwaltung bei Erlass eines Verwaltungsaktes gegen eine der vorgenannten Rechtmäßigkeitsvoraussetzungen, ist der Verwaltungsakt fehlerhaft.

1199 Die Folgen der Fehlerhaftigkeit sind nicht immer gleich. Es wird folgendermaßen unterschieden:

- Schwere Fehler führen zur Nichtigkeit (§ 44 VwVfG). Der Verwaltungsakt entfaltet keine innere Wirksamkeit.
- Leichtere Fehler haben die bloße Aufhebbarkeit zur Folge. Der Verwaltungsakt wird zunächst in vollem Umfang wirksam, kann aber vernichtet werden. Unter bestimmten Voraussetzungen können diese Fehler nach den §§ 45, 46 VwVfG geheilt werden.
- Offensichtliche Fehler im Willensausdruck haben weder die Nichtigkeit noch die Aufhebbarkeit zur Folge. Sie können gem. § 42 VwVfG jederzeit berichtigt werden.

b) Nicht- und Scheinverwaltungsakte, Nichtakte

1200 Abzugrenzen von der Prüfung der Rechtmäßigkeit von Verwaltungsakten sind die Nicht- oder Scheinverwaltungsakte sowie die sog. Nichtakte. In diesen Fällen ist kein Verwaltungsakt erlassen worden.

Nicht- oder Scheinverwaltungsakte werden der Verwaltung nicht zugerechnet. Es handelt sich nur scheinbar um Regelungen einer Behörde. Sie sind weder für Verwaltung noch für den Bürger in irgendeiner Weise relevant.

BEISPIEL ▸ Amtsanmaßung durch eine Zivilperson („falscher“ Polizist).

Um Nichtakte handelt es sich, wenn eine Regelung wegen einer Verletzung von Bekanntgabevorschriften rechtlich nicht existent ist. Dem Nichtakt fehlt sowohl die innere als auch die äußere Wirksamkeit. Er gleicht in seiner rechtlichen Unwirksamkeit dem nichtigen Verwaltungsakt.

BEISPIELE

- Ein Verwaltungsakt erreicht den Adressaten nicht.
- Einen Sonderfall des Nichtaktes regelte früher § 6 Abs. 2 BBG (alte Fassung). Entsprach die Ernennungsurkunde eines Beamten nicht der vorgeschriebenen Form, so lag eine Ernennung nicht vor. Die Maßnahme blieb ohne jede rechtliche Wirkung. Heute bestimmt § 13 Abs. 1 Nr. 1 BBG, dass eine fehlerhafte Ernennungsurkunde (siehe § 10 Abs. 2 BBG) zur Nichtigkeit führt. Das Gesetz kennt den Nichtakt nicht mehr.

c) Nichtige Verwaltungsakte

Nichtige Verwaltungsakte entfalten zwar äußere, aber keine innere Wirksamkeit. Sie brauchen nicht beachtet zu werden. Der Gesetzgeber hat die Nichtigkeit in § 44 VwVfG geregelt. Dabei beschreibt er in Abs. 1 der Vorschrift ganz allgemein die Fehler, die zur Nichtigkeit eines Verwaltungsaktes führen (sog. Generalklausel der Nichtigkeit). In Abs. 2 werden anschließend spezielle Nichtigkeitsgründe genannt, die unabhängig von Abs. 1 immer zur Nichtigkeit führen. In Abs. 3 wird die Generalklausel wieder eingeschränkt. Der Gesetzgeber stellt klar, dass in diesen Fällen Abs. 1 nicht zur Anwendung kommen darf. 1201

Prüfungsreihenfolge Nichtigkeit des Verwaltungsaktes

1. Liegt ein Fall des § 44 Abs. 2 VwVfG vor? Wenn nein:
2. Liegt ein Fall des § 44 Abs. 3 VwVfG vor? Wenn nein:
3. Greift § 44 Abs. 1 VwVfG (Generalklausel)?

aa) Nichtigkeitsgründe des § 44 Abs. 2 VwVfG

Ohne Rücksicht auf das Vorliegen der Voraussetzungen des Abs. 1 regelt § 44 Abs. 2 Nr. 1 – 6 VwVfG spezielle Nichtigkeitsgründe. 1202

(1) Nichterkennbarkeit der erlassenden Behörde (Nr. 1)

Die erlassende Behörde ist nicht erkennbar, wenn sich auch durch Auslegung nicht ermitteln lässt, wer den Verwaltungsakt erlassen hat. 1203

(2) Fehlende Aushändigung einer Urkunde (Nr. 2)

Die Aushändigung einer Urkunde ist beispielsweise für eine Einbürgerung vorgeschrieben (§ 16 StAG). Die Ernennung eines Beamten wird i. d. R. erst mit Aushändigung der Ernennungsurkunde wirksam (§ 10 Abs. 2 BBG). 1204

(3) Qualifizierte örtliche Unzuständigkeit (Nr. 3)

Gemeint ist nur eine Unzuständigkeit, die sich auf unbewegliches Vermögen oder ein ortsgebundenes Recht oder Rechtsverhältnis bezieht. 1205

BEISPIEL Erteilung einer Baugenehmigung im Stadtgebiet Münster durch den Bürgermeister der Stadt Coesfeld.

(4) Tatsächliche Unausführbarkeit, sog. tatsächliche Unmöglichkeit (Nr. 4)

Die verlangte Handlung kann niemand ausführen. 1206

BEISPIEL ▸ Es soll ein bereits verendetes und anschließend verbranntes Tier geimpft werden.

Tatsächliche Unmöglichkeit liegt auch vor, wenn die verlangte Leistung nur mit so großen Schwierigkeiten erfüllt werden könnte, dass niemand sie vernünftigerweise in Betracht ziehen würde. Die bloß subjektive Unmöglichkeit des Adressaten (sog. Unvermögen) reicht allerdings nicht aus.

(5) Rechtswidrige Tat (Nr. 5)

1207 Verlangt der Verwaltungsakt die Verwirklichung einer Straftat oder einer Ordnungswidrigkeit, ist er nichtig. Erfasst werden allerdings nur Verstöße gegen deutsches Recht.

BEISPIEL ▸ Die Behörde verlangt vom Mieter den Abriss des gemieteten Hauses. Es würde sich um eine Sachbeschädigung nach § 303 StGB handeln.

(6) Verstoß gegen die guten Sitten (Nr. 6)

1208 Ausreichend ist, wenn sich die Sittenwidrigkeit aus Inhalt und Zweck des Verwaltungsaktes ergibt. Ein verwerfliches Handeln der Behörde selbst ist nicht erforderlich.

BEISPIELE ▸

- Baurechtlicher Vorbescheid, der von einer kostenlosen Grundstücksabtretung abhängig gemacht wird.
- Die Behörde erlaubt die Durchführung einer Peep-Show (str.).

bb) Nichtigkeitsunerhebliche Fehler nach § 44 Abs. 3 VwVfG

1209 Die von § 44 Abs. 3 Nr. 1 – 4 VwVfG erfassten Fehler führen nicht zur Nichtigkeit eines Verwaltungsaktes. Der Verwaltungsakt ist wegen seiner Rechtswidrigkeit aber grundsätzlich aufhebbar (s. u. Rn. 1216).

(1) Einfache örtliche Unzuständigkeit (Nr. 1)

1210 Sofern es sich nicht um einen Fall des § 44 Abs. 2 Nr. 3 VwVfG handelt, führt ein Verstoß gegen die örtliche Zuständigkeit nicht zur Nichtigkeit, sondern nur zur Anfechtung.

(2) Mitwirkung ausgeschlossener Personen (Nr. 2)

1211 Wirkt eine der in § 20 Abs. 1 Nr. 2 – 6 VwVfG genannten Personen am Verwaltungsakt mit, führt dies nur zur Aufhebbarkeit. Entscheidet der Beteiligte selbst (§ 20 Abs. 1 Nr. 1 VwVfG), ist dagegen i. d. R. Nichtigkeit nach § 44 Abs. 1 VwVfG die Folge.

(3) Fehlen der Mitwirkung eines Ausschusses oder einer Behörde (Nr. 3, 4)

1212 Ist die erforderliche Mitwirkung eines Ausschusses oder einer anderen Behörde unterblieben, tritt ebenfalls keine Nichtigkeit ein.

cc) Schwerwiegende und offenkundige Fehler nach § 44 Abs. 1 VwVfG

Liegt kein Nichtigkeitsgrund i. S. des § 44 Abs. 2 VwVfG vor und scheidet der Fehler auch nicht gem. § 44 Abs. 3 VwVfG als Nichtigkeitsgrund aus, muss die Generalklausel des § 44 Abs. 1 VwVfG geprüft werden. Danach ist ein Verwaltungsakt nichtig, wenn er an einem besonders schwerwiegenden Fehler leidet und dies bei verständiger Würdigung aller in Betracht kommenden Umstände offenkundig ist. 1213

(1) Schwerwiegende Fehler

Nach der Rechtsprechung des Bundesverwaltungsgerichts ist ein Rechtsfehler besonders schwerwiegend, wenn er mit der Rechtsordnung unter keinen Umständen vereinbar sein kann, weil er tragenden Verfassungsprinzipien oder den der Rechtsordnung immanenten Wertvorstellungen widerspricht. Bloße Gesetzlosigkeit reicht nicht aus. 1214

BEISPIELE

- Verhängung einer Freiheitsstrafe durch die Ordnungsbehörde.
- Die Einbürgerung eines Deutschen (eindeutige rechtliche Unmöglichkeit).
- Ein Beamter wird auf seinen mündlichen Antrag entlassen, obwohl er keinen (schriftformgerechten) Entlassungsantrag gestellt hat.
- Völlig unsinnige oder unbestimmte Verwaltungsakte.

(2) Offenkundige Fehler

Offenkundig ist ein Fehler, wenn er für einen unvoreingenommenen verständigen Durchschnittsbeobachter ohne Weiteres erkennbar ist. Man spricht in diesem Zusammenhang davon, dass der Verwaltungsakt den Fehler gleichsam „auf der Stirn" tragen muss. Dies ist in den vorgenannten Beispielen der Fall. 1215

d) Aufhebbare (vernichtbare) Verwaltungsakte

Fehler, die keine Nichtigkeit des Verwaltungsaktes zur Folge haben, kommen in der Praxis weitaus häufiger vor. Sie führen – abgesehen von einigen bedeutsamen Ausnahmen (s. u. Rn. 1225) – (nur) zur Aufhebbarkeit des Verwaltungsaktes. Es handelt sich um Verstöße gegen die o. g. Rechtmäßigkeitsvoraussetzungen (s. o. Rn. 1198 ff.). Diese sollen im Folgenden verdeutlicht werden. 1216

aa) Rechtswidrigkeit aus formellen Gründen

(1) Zuständigkeit

Die handelnde Behörde muss sachlich, örtlich und instanziell zuständig gewesen sein. Die für diese Frage entscheidenden Normen lassen sich i. d. R. aus dem Gesetz (oder sonstigem Rechtsnormenkomplex), das die Ermächtigungsgrundlage enthält, entnehmen. 1217

(a) Sachliche Zuständigkeit

1218 Sie regelt die Frage, ob der richtige (= zuständige) Verwaltungsträger gehandelt hat und ob der richtige (= zuständige) Teil dieses Verwaltungsträgers tätig geworden ist.

BEISPIEL Sachlich zuständig für die Durchführung von Maßnahmen der Ordnungsverwaltung ist grundsätzlich die Gemeinde (= Verwaltungsträger). Für die Gemeinde muss das richtige Organ handeln. Dies kann z. B. der Bürgermeister sein. Handelt stattdessen der Rat der Gemeinde, liegt ein Verstoß gegen die sachliche Zuständigkeit vor.

(b) Örtliche Zuständigkeit

1219 Es kann sein, dass mehrere Organe eines Verwaltungsträgers die gleiche sachliche Zuständigkeit besitzen. In diesem Fall ist zumeist der räumliche Geltungsbereich der jeweiligen Organe beschränkt. Wird ein Organ im fremden (örtlichen) Zuständigkeitsbereich tätig, war die Maßnahme formell rechtswidrig.

BEISPIEL Es gibt eine Vielzahl von Polizeibehörden in Nordrhein-Westfalen (§ 7 POG). Örtlich zuständig ist die Polizeibehörde, in deren Bezirk sich der Fall ereignet.

BEACHTE

Ein Verstoß gegen die örtliche Zuständigkeit in Fällen, die sich auf unbewegliches Vermögen oder ein ortsgebundenes Recht oder Rechtsverhältnis beziehen, führt gem. § 44 Abs. 2 Nr. 3 VwVfG zur Nichtigkeit eines Verwaltungsaktes.

(c) Instanzielle Zuständigkeit

1220 Behörden stehen häufig in einem Über- und Unterordnungsverhältnis (Landesregierung, Bezirksregierungen, Oberbürgermeister; siehe die jeweiligen Landesorganisationsgesetze). Es muss die richtige Instanz handeln.

BEISPIEL Für den Erlass einer Baugenehmigung in Köln sind die Landesregierung und die Bezirksregierung nicht die richtige Instanz und damit instanziell nicht zuständig. Sachlich und instanziell zuständig ist vielmehr der Oberbürgermeister der Stadt Köln als untere Bauaufsichtsbehörde (vgl. § 62 BauO NRW).

(2) Form und Begründung

1221 Es gilt der Grundsatz der Formfreiheit nach § 37 Abs. 2 VwVfG. Danach kann ein Verwaltungsakt schriftlich, mündlich oder in anderer Weise erlassen werden.

Für schriftliche Verwaltungsakte gelten die zusätzlichen Formerfordernisse des § 37 Abs. 3 VwVfG. Er muss die erlassende Behörde erkennen lassen und die Unterschrift oder Namenswiedergabe des Behördenleiters, seines Vertreters oder seines Beauftragten enthalten. Ausnahmen regelt § 37 Abs. 4 VwVfG.

Sofern die Verwaltung einen schriftlichen Verwaltungsakt erlässt oder eine Regelung schriftlich bestätigt, muss der Verwaltungsakt gem. § 39 Abs. 1 VwVfG regelmäßig begründet werden. Eine Begründung ist unter den Voraussetzungen des § 39 Abs. 2 VwVfG entbehrlich.

BEISPIEL Ein Verkehrszeichen braucht als Allgemeinverfügung gem. § 39 Abs. 2 Nr. 5 VwVfG nur öffentlich bekannt gegeben zu werden. Eine Begründung ist nicht erforderlich.

Die Begründung kann im Übrigen gem. § 45 Abs. 1 Nr. 2 VwVfG auch nachträglich erfolgen. Dies ist bis zum Abschluss des verwaltungsgerichtlichen Verfahrens möglich (§ 45 Abs. 2 VwVfG).

HINWEIS

Dies bedeutet, dass die Begründung im Widerspruchsbescheid und sogar in einer Klageerwiderung den Formverstoß des Ausgangsbescheids heilt. Der Fehler kann nicht mehr mit Erfolg geltend gemacht werden.

Abweichend von den Formvorschriften des Verwaltungsverfahrensgesetzes existieren spezialgesetzliche Bestimmungen, die eigene Regelungen enthalten.

BEISPIELE

- § 20 OBG NRW, der in bestimmten Fällen die Schriftlichkeit einer Ordnungsverfügung vorschreibt;
- §§ 69 Abs. 2, 74 VwVfG, § 10 Abs. 7 BImSchG.

(3) Verfahren

Bei der Durchführung des Verwaltungsverfahrens müssen die in den §§ 9 ff. VwVfG geregelten Bestimmungen eingehalten werden. 1222

BEISPIELE

- Der Beteiligte muss gem. § 28 VwVfG angehört werden.
- Nach § 29 VwVfG hat der Beteiligte das Recht auf Akteneinsicht.

Weitere Regelungen hinsichtlich des Verwaltungsverfahrens finden sich wiederum in Spezialgesetzen.

BEISPIELE

- Anhörung der IHK vor einer Gewerbeuntersagung nach § 35 Abs. 4 GewO;
- Mitwirkung anderer Behörden nach § 4 BauGB.

Häufiger Verstoß gegen Verfahrensvorschriften ist das Unterbleiben einer Anhörung 1223
nach § 28 Abs. 1 VwVfG, sofern nicht gem. § 28 Abs. 2 VwVfG von einer Anhörung abgesehen werden kann.

BEISPIEL Wenn gem. § 4 BauGB die Anhörung zu einem Zeitverlust führt und die in der Sache gebotenen Maßnahmen deshalb zu spät kommen, kann von einer Anhörung § 28 Abs. 2 Nr. 1 1. Alt. VwVfG abgesehen werden.

Eine Anhörung muss sogar unterbleiben, wenn ihr ein zwingendes öffentliches Interesse entgegensteht (§ 28 Abs. 3 VwVfG).

In der Praxis führt eine zunächst unterbliebene Anhörung i. d. R. nicht zur Rechtswidrigkeit des Verwaltungsaktes. Nach § 45 Abs. 1 Nr. 3, 2 VwVfG kann sie nämlich – ebenso wie eine fehlende Begründung – bis zum Abschluss der letzten Tatsacheninstanz eines verwaltungsgerichtlichen Verfahrens nachgeholt werden.

HINWEIS

Legt der Betroffene Widerspruch gegen den Verwaltungsakt ein, ist regelmäßig davon auszugehen, dass damit die notwendige Anhörung nachgeholt wurde. Anders ist dies aber, wenn im Widerspruchsverfahren neue, bisher nicht erörterte, sachliche Gesichtspunkte auftauchen.

(4) Bekanntgabe

1224 Wird ein Verwaltungsakt nicht nach § 41 VwVfG bekannt gemacht, ist er formell rechtswidrig, im Unterschied zu den anderen Verfahrensfehlern aber grundsätzlich unwirksam. Man kann die jeweilige Maßnahme als Nichtakt bezeichnen.

Die Heilung von Zustellungsmängeln ist nur in seltenen Fällen möglich. Dies ist etwa der Fall, wenn die Behörde nachweisen kann, dass das zuzustellende Dokument dem Empfangsberechtigten tatsächlich zugegangen ist (§ 8 VwZG). Ab diesem Zugang gilt das Dokument als zugestellt.

BEISPIEL ► Der Empfangsberechtigte räumt ein, das eigentlich fehlerhaft zugestellte Dokument doch zu einem bestimmten Zeitpunkt erhalten zu haben.

(5) Unbeachtlichkeit von Verfahrens- und Formfehlern

1225 Nicht jeder Verfahrens- oder Formfehler lässt eine Aufhebung des Verwaltungsaktes zu. Vielmehr ist § 46 VwVfG zu berücksichtigen. Danach kann die Aufhebung eines bloß rechtswidrigen Verwaltungsaktes nicht allein deshalb begehrt werden, weil er unter Verletzung von Vorschriften über das Verfahren, die Form oder die örtliche Zuständigkeit zustande gekommen ist. Nach der durch das Gesetz zur Beschleunigung von Genehmigungsverfahren vom 12. 9. 1996 vorgenommene Änderung bleibt der Verwaltungsakt trotz Vorliegens eines der genannten Fehler bestehen, wenn offensichtlich ist, dass die Verletzung die Entscheidung in der Sache nicht beeinflusst hat. Der Gesetzgeber möchte dadurch nach Möglichkeit ausschließen, dass Rechtsbehelfe lediglich auf formelle Verstöße gestützt werden können.

Die Vorschrift hat folgende Konsequenzen:

- Gebundene Entscheidungen, die materiell rechtmäßig sind, können nicht aufgehoben werden.

BEISPIEL ► Wenn ein Gewerbetreibender unzuverlässig ist, muss ihm nach § 35 Abs. 1 GewO die Ausübung des Gewerbes untersagt werden. Unterläuft der zuständigen Behörde im Versagungsverfahren ein Verfahrensfehler, wird der Verwaltungsakt dennoch nicht aufgehoben.

- Gleiches gilt im Fall der Ermessensreduzierung auf Null.

- Zu einem anderen Ergebnis kommt man bei freien Ermessensentscheidungen. Hier ist nicht auszuschließen, dass die Behörde bei Beachtung des Verfahrensrechts zu einer anderen Entscheidung gekommen wäre. Ein Verfahrens-, Form- oder Zuständigkeitsfehler führt jedoch dann nicht zur Aufhebung der Entscheidung, wenn die Verletzung die Entscheidung in der Sache offensichtlich nicht beeinflusst hat.

BEISPIEL ► Dies kann der Fall sein, wenn ein befangener Amtsträger (§ 20 Abs. 1 Nr. 2 – 5 VwVfG) die Entscheidung getroffen hat.

- Gleiches gilt im Rahmen eines der Behörde vom Gesetz eingeräumten Beurteilungsspielraums.

§ 46 VwVfG ist aber nicht in allen Verwaltungsverfahren anwendbar. Wenn spezielle Rechtsvorschriften ausdrücklich oder nach ihrem Sinn und Zweck die Fehlerfolgen abschließend regeln, kommt es auf § 46 VwVfG nicht an.

BEISPIEL ► § 214 BauGB regelt die Verletzung von Verfahrens- und Formvorschriften bei der Aufstellung des Flächennutzungsplans und der Satzungen abschließend.

Hinsichtlich weiterer Verfahrensregelungen sei auf die obigen Ausführungen verwiesen (3) Verfahren.

bb) Rechtswidrigkeit aus materiellen Gründen

Die Verwaltung benötigt für grundsätzlich jede ihrer Handlungen eine Ermächtigungsgrundlage (sog. Vorbehalt des Gesetzes). Fehlt eine solche Norm oder ist sie rechtswidrig (z. B. nicht verfassungsgemäß), ist der Verwaltungsakt rechtswidrig. 1226

(1) Voraussetzungen der Ermächtigungsgrundlage

Ist eine rechtmäßige Ermächtigungsgrundlage vorhanden, muss im Rahmen der Überprüfung der materiellen Rechtmäßigkeit festgestellt werden, ob ihre Voraussetzungen vorliegen. Liegt eines der dort genannten Merkmale nicht vor, ist der Verwaltungsakt materiell rechtswidrig. 1227

(2) Bestimmtheit

Ein Verwaltungsakt kann auch rechtswidrig sein, weil er nicht hinreichend bestimmt ist (§ 37 Abs. 1 VwVfG). Nach Auffassung des Bundesverwaltungsgerichts setzt das Erfordernis der Bestimmtheit zum einen voraus, dass der Adressat in die Lage versetzt werden muss, zu erkennen, was von ihm gefordert wird. Zum anderen muss der Verwaltungsakt geeignete Grundlage für Maßnahmen zu einer zwangsweisen Durchsetzung sein können. 1228

BEISPIEL ► Wird vom Inhaber einer Gaststätte verlangt, diese so zu betreiben, dass kein unzumutbarer Lärm entsteht, ist dies unbestimmt und damit rechtswidrig. Notwendig wäre es gewesen, einen Schallpegel anzugeben, der nicht überschritten werden darf.

(3) Rechtliche Unmöglichkeit

Auch rechtliche Unmöglichkeit führt zur materiellen Rechtswidrigkeit. 1229

BEISPIEL Vom Vermieter eines Hauses wird der Abriss verlangt. Ein solcher Abriss würde einen Verstoß gegen den Mietvertrag darstellen, da dem Vermieter aufgrund der Abrissverfügung kein fristloses Kündigungsrecht zusteht. Der Verwaltungsakt verlangt daher rechtlich Unmögliches und ist deshalb rechtswidrig. Erforderlich wäre eine Duldungsverfügung an den Mieter gewesen.

Die tatsächliche Unmöglichkeit führt sogar zur Nichtigkeit eines Verwaltungsaktes. In diesem Fall würde eine Feststellungsklage ausreichen.

(4) Verhältnismäßigkeit

1230 Ein Verwaltungsakt ist des Weiteren rechtswidrig, wenn gegen den Grundsatz der Verhältnismäßigkeit verstoßen wird (s. o. Rn. 1123 ff.). Dieser Grundsatz ist bei Ermessensentscheidungen immer zu beachten. Bei gebundener Verwaltung ist er dagegen nur dann zu berücksichtigen, wenn der Gesetzgeber die Verhältnismäßigkeitsprüfung ausdrücklich vorgeschrieben hat.

BEISPIEL Nach § 35 Abs. 1 GewO darf ein Gewerbe wegen Unzuverlässigkeit nur dann untersagt werden, wenn dies zum Schutze der Allgemeinheit oder der im Betrieb Beschäftigten **erforderlich** ist. Hiermit wurde die Verhältnismäßigkeitsprüfung im Gesetz festgeschrieben, obwohl es sich bei § 35 Abs. 1 GewO um gebundene Verwaltung handelt („ist … zu untersagen").

(5) Ermessen

1231 Ermessensentscheidungen sind bei Vorliegen eines Ermessensfehlers (siehe Rn. 1278 ff.) materiell rechtswidrig. Entsprechend der Neufassung des § 114 VwGO ist zu berücksichtigen, dass die Verwaltungsbehörde ihre Ermessenserwägungen hinsichtlich des Verwaltungsaktes auch noch im verwaltungsgerichtlichen Verfahren ergänzen kann (§ 114 Satz 2 VwGO).

cc) Nicht zur Rechtswidrigkeit führende Fehler

(1) Offenbare Unrichtigkeiten

1232 Neben den Fehlern, die wegen §§ 45 f. VwVfG nicht zur Rechtswidrigkeit führen, bleiben auch offenbare Unrichtigkeiten gem. § 42 VwVfG folgenlos. Nach dieser Vorschrift kann die Behörde Schreibfehler, Rechenfehler und ähnliche offenbare Unrichtigkeiten in einem Verwaltungsakt jederzeit berichtigen. Der Fehler muss allerdings „ins Auge springen".

BEISPIEL Die Behörde berechnet mehrere einzelne Gebühren richtig. Bei der Addition der Einzelbeträge setzt sie jedoch ein Komma falsch.

(2) Umdeutung

1233 In sehr seltenen Fällen ist eine Umdeutung nach § 47 VwVfG möglich. Der Verwaltungsakt, in den umgedeutet wird, muss allerdings in dem fehlerhaften Verwaltungsakt quasi bereits enthalten sein.

MERKE

Eine fehlende oder fehlerhafte Rechtsbehelfsbelehrung führt nicht zur Rechtswidrigkeit eines Verwaltungsaktes. Vielmehr verlängert sich stattdessen die Monatsfrist zur Einlegung des Widerspruchs in eine Jahresfrist (§ 58 Abs. 2 VwGO).

6. Aufhebung von Verwaltungsakten

LITERATUR

Detterbeck, Allgemeines Verwaltungsrecht, 16. Aufl. 2018, Rn. 673 ff.; *Erichsen*, in: Erichsen/Ehlers (Hrsg.), Allgemeines Verwaltungsrecht, 14. Aufl. 2010, § 20; *Martini*, Die Aufhebung von Verwaltungsakten nach §§ 48 ff. VwVfG – Rücknahmefrist (§ 48 IV VwVfG), JA 2017, 838 ff., *Maurer/Waldhoff*, Allgemeines Verwaltungsrecht, 19. Aufl. 2017, § 11, *Sachs*, in: Stelkens/Bonk/Sachs, Verwaltungsverfahrensgesetz, 9. Aufl. 2018, §§ 48, 49; *Sasse*, Das Wiederaufgreifen des Verfahrens gemäß § 51 VwVfG, Jura 2009, S. 493 ff.

a) Bestandskraft

Nachdem ein Verwaltungsakt wirksam geworden ist, stellt sich die Frage, ab welchem 1234
Zeitpunkt diese Wirksamkeit von Dauer und der Verwaltungsakt damit bestandskräftig ist. Bestandskraft tritt mit der Unanfechtbarkeit eines nicht nichtigen Verwaltungsaktes ein. Bürger und Verwaltung können mit Eintritt der Bestandskraft sicher sein, dass sich an der Rechtslage – von Ausnahmen abgesehen – nichts mehr ändern wird.

Allgemein wird zwischen formeller und materieller Bestandskraft unterschieden. Die Begriffe schließen sich nicht gegenseitig aus. Vielmehr tritt die materielle Bestandskraft häufig zeitgleich mit der formellen Bestandskraft ein.

Formelle Bestandskraft bedeutet, dass der Verwaltungsakt nicht mehr anfechtbar ist. 1235
Es können, selbst wenn der Verwaltungsakt rechtswidrig sein sollte, weder Widerspruch noch Klage erfolgreich erhoben werden.

Die **materielle Bestandskraft** legt fest, in welchem Umfang die getroffene Regelung 1236
gilt. Vom festgelegten Umfang dürfen weder Bürger noch Verwaltung abweichen.

BEISPIEL A wird am 1. 7. aufgefordert, seinem Schäferhund bei jedem Verlassen der Wohnung einen Maulkorb anzulegen. Mit Ablauf der Widerspruchsfrist tritt am 2. 8. die formelle Bestandskraft ein. Zugleich ist A wegen der materiellen Bestandskraft verpflichtet, den Maulkorb bei jedem Ausführen des Hundes anzulegen. Er ist dagegen nicht verpflichtet, den Hund jeweils anzuleinen. Dies wird von der materiellen Bestandskraft nicht erfasst.

b) Aufhebbarkeit bestandskräftiger Verwaltungsakte

Unter bestimmten Voraussetzungen kann die Verwaltung trotz formeller und materiel- 1237
ler Bestandskraft eines Verwaltungsaktes ihre Entscheidung aufheben. Dies kann durch

Rücknahme und Widerruf nach den §§ 48, 49 VwVfG oder mittels eines Wiederaufgreifens des Verfahrens nach § 51 VwVfG geschehen. Darüber hinaus gibt es Spezialregelungen in § 35 GewO, § 15 GastG, §§ 44 ff. SGB X, § 22 OBG, § 172 AO. Derartige Normen finden sich mittlerweile auch im Gemeinschaftsrecht. So können sog. begünstigende Entscheidungen nach Art. 27 f. UZK zurückgenommen oder widerrufen werden.

BEISPIEL ▸ Die Bewilligung zum Betreiben eines Zolllagers wird aufgehoben, weil sich der Lagerinhaber als unzuverlässig erweist.

Die allgemeinen Regelungen des Verwaltungsverfahrensgesetzes sind nur dann anzuwenden, wenn die spezielleren Regelungen nicht greifen.

BEISPIEL ▸ Die Aufhebung einer Gaststättenerlaubnis, weil der ursprünglich zuverlässige Gastwirt mit Kokain gehandelt hat, muss unter den Voraussetzungen des § 15 GastG erfolgen.

Verwaltung und Bürger sollen sich grundsätzlich auf das Bestehen bleiben des Verwaltungsaktes verlassen können. Da durch die Aufhebung eines bestandskräftigen Verwaltungsaktes diese Klarstellungsfunktion aber durchbrochen wird, darf sie nicht beliebig erfolgen. Es sind vielmehr die öffentlichen und privaten Interessen der Beteiligten zu berücksichtigen. Für den Ausgleich der unterschiedlichen Interessen kommt es darauf an, ob die getroffene Entscheidung begünstigend oder belastend, rechtswidrig oder rechtmäßig gewesen ist. Es ergeben sich die folgenden Fallkonstellationen, die unterschiedliche Aufhebungsvoraussetzungen erforderlich machen:

- Rechtmäßiger und begünstigender Verwaltungsakt
- Rechtmäßiger und belastender Verwaltungsakt
- Rechtswidriger und begünstigender Verwaltungsakt
- Rechtswidriger und belastender Verwaltungsakt

Der Gesetzgeber hat in den §§ 48, 49 VwVfG versucht, einen gerechten Ausgleich der Interessen von Verwaltung und Bürgern zu finden. Er regelt in § 48 VwVfG die Rücknahme von rechtswidrigen und in § 49 VwVfG den Widerruf von rechtmäßigen Verwaltungsakten.

c) Rücknahme rechtswidriger Verwaltungsakte nach § 48 VwVfG

aa) Rechtswidrig belastende Verwaltungsakte

1238 Der betroffene Bürger hat i. d. R. kein Interesse, die Regelung eines rechtswidrigen und belastenden Verwaltungsaktes beizubehalten. Aus diesem Grund lässt es § 48 Abs. 1 VwVfG zu, dass die Verwaltung jeden rechtswidrigen Verwaltungsakt, auch nachdem er unanfechtbar geworden ist, ohne weitere Voraussetzungen zurücknehmen **kann**. Die in das Ermessen der Behörde gestellte Rücknahme kann ganz oder teilweise mit Wirkung für die Zukunft oder Vergangenheit geschehen.

BEISPIEL ▸ A soll aufgrund eines bestandskräftigen Bescheides einen kranken und deshalb umsturzgefährdeten Baum fällen. Es stellt sich nachträglich heraus, dass der Baum weder krank noch umsturzgefährdet ist. Damit kann die zuständige Behörde die Verfügung aufheben. Ihr grundsätzlich freies Rücknahmeermessen dürfte in diesem Fall sogar auf Null reduziert sein.

Bei der Rücknahme spielt es keine Rolle, ob der Verwaltungsakt bereits bestandskräftig ist. Unabhängig davon, ob der Bürger Widerspruch oder Klage eingereicht hat, kann die Verwaltung den Bescheid aus eigenem Antrieb zurücknehmen.

bb) Rechtswidrig begünstigende Verwaltungsakte

Die Aufhebung eines rechtswidrig begünstigenden Verwaltungsaktes ist im Vergleich 1239
zur Rücknahme eines rechtswidrig belastenden Verwaltungsaktes nur unter erschwerten Voraussetzungen möglich, da das Vertrauen des Begünstigten zu berücksichtigen ist.

Der Gesetzgeber hat dem Gesichtspunkt des Vertrauens durch § 48 Abs. 1 Satz 2, Abs. 2, 3, 4 VwVfG Rechnung getragen. Ein Verwaltungsakt, der ein Recht oder einen rechtlich erheblichen Vorteil begründet, darf nur unter Einschränkungen zurückgenommen werden. Dabei ist zwischen Geldleistungen sowie teilbaren Sachleistungen (§ 48 Abs. 2 VwVfG) und anderen, d. h. immateriellen Verwaltungsakten (§ 48 Abs. 3 VwVfG) zu unterscheiden.

(1) Geld- und teilbare Sachleistungen

Geldleistungen und teilbare Sachleistungen dürfen nicht zurückgenommen werden, 1240
wenn der Begünstigte auf den Bestand des Verwaltungsaktes vertraut hat und sein Vertrauen unter Abwägung mit dem öffentlichen Interesse an einer Rücknahme schutzwürdig ist.

(a) In welchen Fällen die Abwägung zugunsten des öffentlichen Interesses ausgeht, ist in § 48 Abs. 2 Satz 3 VwVfG beispielhaft festgelegt. Der Vertrauensschutz des Begünstigten tritt zurück, wenn der Begünstigte

1. den Verwaltungsakt durch arglistige Täuschung, Drohung oder Bestechung er- 1241
   wirkt hat;
2. den Verwaltungsakt durch Angaben erwirkt hat, die in wesentlicher Beziehung unrichtig oder unvollständig waren;
3. die Rechtswidrigkeit kannte oder infolge grober Fahrlässigkeit nicht kannte.

Es leuchtet ein, dass in diesen Fällen eine Rücknahme erfolgen kann. Ein schutzwürdiges Vertrauen ist nicht zu erkennen. Dies ändert allerdings nichts daran, dass die Behörde gem. § 48 Abs. 1 VwVfG eine Ermessensentscheidung zu treffen hat. Sie muss also, auch wenn die Voraussetzungen des § 48 Abs. 2 VwVfG vorliegen, ermessensfehlerfrei entscheiden. Dabei ist der Grundsatz der Verhältnismäßigkeit zu beachten.

(b) Der Gesetzgeber hat des Weiteren den umgekehrten Fall geregelt, in dem das Vertrauen des Adressaten regelmäßig schutzwürdig ist. Wenn keiner der o. g. Ausschlussfälle vorliegt, bestimmt § 48 Abs. 2 Satz 2 VwVfG, dass der Verwaltungsakt nicht zurückgenommen werden darf, wenn der Begünstigte gewährte Leistungen verbraucht oder eine Vermögensdisposition getroffen hat, die er nicht mehr oder nur unter unzumutbaren Nachteilen rückgängig machen kann.

1242 (c) Bei jeder Rücknahme eines Verwaltungsaktes ist die Frage zu klären, ob sie nur für die Zukunft oder auch für die Vergangenheit gilt. § 48 Abs. 2 Satz 4 VwVfG schreibt vor, dass nur in den Fällen des Satzes 3, wenn also der Verwaltungsakt mit unlauteren Mitteln herbeigeführt wurde, die Rücknahme i. d. R. mit Wirkung für die Vergangenheit zu erfolgen hat.

1243 (d) Wird ein Verwaltungsakt mit Wirkung für die Vergangenheit zurückgenommen, muss in einem weiteren Schritt geklärt werden, in welcher Weise die **Erstattung zu viel gezahlter Leistungen** erfolgen muss. Dies ist im Verwaltungsverfahrensgesetz in § 49a ausdrücklich geregelt. Für den Umfang der Erstattung mit Ausnahme der Verzinsung gelten gem. § 49a Abs. 2 VwVfG die §§ 812 ff. BGB entsprechend. Da die Verwaltung eine Leistung ohne Rechtsgrund gewährt hat bzw. der ursprüngliche Rechtsgrund später weggefallen ist, sind die gewährten Leistungen im Regelfall zurückzugeben. Auf den Wegfall der Bereicherung kann sich der Beteiligte nicht berufen, soweit er die Umstände kannte oder infolge grober Fahrlässigkeit nicht kannte, die zur Rücknahme geführt haben (§ 49a Abs. 2 VwVfG). Der zu erstattende Betrag ist nach § 49a Abs. 3, 4 VwVfG zu verzinsen. Da Erstattungs- und Zinsanspruch öffentlich-rechtlicher Natur sind, ist bei Streitigkeiten der Verwaltungsrechtsweg nach § 40 Abs. 1 VwGO gegeben.

(2) Sonstige rechtswidrig begünstigende Verwaltungsakte

1244 Rechtswidrige und begünstigende Verwaltungsakte, die keine Geld- oder teilbare Sachleistung sind und deshalb nicht unter § 48 Abs. 2 VwVfG fallen, können gem. § 48 Abs. 3 VwVfG zurückgenommen werden.

BEISPIELE

- Erteilung einer Baugenehmigung unter Verstoß gegen den Bebauungsplan;
- Aufenthaltserlaubnis für einen Ausländer, ohne dass deren Voraussetzungen vorliegen;
- Erteilung der Doktorwürde, obwohl die Arbeit von einem Dritten geschrieben wurde.

An besondere Voraussetzungen ist die Rücknahme in diesen Fällen nicht geknüpft (Grundsatz der freien Rücknehmbarkeit). Ausreichend ist vielmehr, dass es sich um einen rechtswidrigen Verwaltungsakt handelt. Allerdings ist die Behörde verpflichtet, dem Betroffenen auf Antrag den Vermögensnachteil auszugleichen, den dieser dadurch erleidet, dass er auf den Bestand des Verwaltungsaktes vertraut hat. Dies gilt einschränkend jedoch nur dann, wenn das Vertrauen unter Abwägung mit dem öffentlichen Interesse schutzwürdig ist. Anders als bei Geld- oder Sachleistungsverwaltungsakten stellt das schutzwürdige Vertrauen somit kein Rücknahmehindernis dar, sondern gewährt allein einen Ausgleichsanspruch in Geld. Der Anspruch kann gem. § 48 Abs. 3 Satz 5 VwVfG nur innerhalb eines Jahres geltend gemacht werden.

BEISPIEL Wird die Baugenehmigung zurückgenommen, sind dem Bauherrn z. B. die durch einen Baubeginn bereits entstandenen Kosten zu ersetzen, sofern sein Vertrauen schutzwürdig ist.

cc) Jahresfrist

Die Rücknahme eines rechtswidrigen Verwaltungsaktes ist nach § 48 Abs. 4 VwVfG nur 1245
innerhalb eines Jahres möglich, nachdem die Behörde Kenntnis von den Tatsachen erlangt hat, welche die Rücknahme rechtfertigen. Die Befristung soll eine eindeutige Klärung im Hinblick auf die Rücknahmemöglichkeit innerhalb eines überschaubaren Zeitraums ermöglichen.

Entscheidend für den Beginn der Jahresfrist ist die (zuvor fehlende) Kenntnis von Tatsachen, die die Rechtswidrigkeit begründen. Keine Rolle spielt es, wenn der Behörde die bloße Rechtswidrigkeit auffällt. In diesem Fall beginnt die Jahresfrist nicht zu laufen.

BEISPIEL ▶ Die Behörde B erlässt einen begünstigenden Verwaltungsakt. Am 1. 2. erfährt der zuständige Sachbearbeiter, dass der begünstigte A den Verwaltungsakt durch Angaben erwirkt hat, die in wesentlicher Beziehung unrichtig waren. Die Behörde kann bis zum 1. 2. des Folgejahres zurücknehmen. Die Fristberechnung erfolgt nach den Regelungen des § 31 Abs. 1 VwVG i.V. m. §§ 187 ff. BGB.

Bemerkt der Sachbearbeiter dagegen am 1. 2., dass A zwar alle Angaben ordnungsgemäß gemacht hat, ihm selbst aber ein Rechtsirrtum unterlaufen ist, kann er – ohne Einhaltung der Jahresfrist des § 48 Abs. 4 VwVfG – auch noch Jahre später den Verwaltungsakt zurücknehmen.

Die Jahresfrist gilt jedoch nicht, wenn der Verwaltungsakt durch arglistige Täuschung, Drohung oder Bestechung erwirkt wurde.

FALL

Die Rücknahme eines rechtswidrigen Verwaltungsaktes

Sachverhalt

Die Studierende Z erhält vom 1. 10. 2014 bis zum 30. 9. 2016 rechtswidrig ein Stipendium von monatlich 990 €. Mit einem Teil des Geldes bestreitet Z ihren Lebensunterhalt. Einen Betrag von monatlich 150 € spart sie. Das gesparte Geld soll zur Finanzierung der letzten Monate ihres Studiums dienen, in denen das Stipendium ausgelaufen sein wird. Anderenfalls müsste Z eine Nebentätigkeit aufnehmen, wodurch sich der Studienabschluss erheblich verzögern würde.

Am 17. 10. 2016 nimmt die zuständige Behörde den das Stipendium bewilligenden Verwaltungsakt (mit Wirkung für die Vergangenheit) zurück und verlangt Rückzahlung sämtlicher gezahlter Beträge. Z, die von der Rechtswidrigkeit des Bewilligungsbescheids keine Kenntnis hatte, legt Widerspruch ein, der als unbegründet zurückgewiesen wird.

Wäre eine Klage gegen den Rücknahmebescheid begründet?

Lösung

1. Die Anfechtungsklage (zu den einzelnen Voraussetzungen und dem Aufbau einer Anfechtungsklage siehe Rn. 1316 ff.) ist nach § 113 Abs. 1 Satz 1 VwGO begründet, wenn der Verwaltungsakt rechtswidrig und der Kläger dadurch in seinen Rechten verletzt ist. Rechtswidrig ist ein belastender Verwaltungsakt dann, wenn die Voraussetzungen einer Ermächtigungsgrundlage nicht vorliegen.

2. Als Ermächtigungsgrundlage kommt mangels Spezialregelung § 48 Abs. 1, 2 VwVfG in Betracht.

3. Von der formellen Rechtmäßigkeit kann ausgegangen werden.

4. Materielle Rechtmäßigkeit:

a) Die Bewilligung des Stipendiums erfolgte durch rechtswidrigen Verwaltungsakt. Da es sich um einen begünstigenden Verwaltungsakt handelt, müssen gem. § 48 Abs. 1 Satz 2 VwVfG die Einschränkungen des § 48 Abs. 2 bis 4 VwVfG berücksichtigt werden.

b) Es handelt sich um einen Verwaltungsakt, der eine laufende Geldleistung gewährt (§ 48 Abs. 2 VwVfG).

c) Ein solcher Verwaltungsakt darf nicht zurückgenommen werden, soweit der Begünstigte auf den Bestand des Verwaltungsaktes vertraut hat und das Vertrauen unter Abwägung mit dem öffentlichen Interesse an einer Rücknahme schutzwürdig ist.

Z hat auf den Bestand des Verwaltungsaktes vertraut.

Dieses Vertrauen ist aber nicht schutzwürdig, wenn einer der in § 48 Abs. 2 Satz 3 VwVfG genannten Fälle vorliegt. Z wusste von der Rechtswidrigkeit nichts. Auch im Hinblick auf die anderen Fälle ergeben sich keine Anhaltspunkte.

Ihr Vertrauen wäre deshalb gem. § 48 Abs. 2 Satz 2 VwVfG schutzwürdig, wenn sie die gewährten Leistungen verbraucht oder Vermögensdispositionen getroffen hätte, die nicht mehr oder nur unter unzumutbaren Nachteilen rückgängig gemacht werden könnten.

d) Z hat mit dem Geld ihren Lebensunterhalt bestritten hat und die gezahlten Beträge i. H. von (24 · 840 =) 20.160 € verbraucht. Insoweit ist ihr Vertrauen auf den Fortbestand des Verwaltungsaktes schutzwürdig. Eine Rücknahme ist für diesen Teil des gezahlten Geldes nicht möglich.

e) Etwas Anderes könnte für die monatlich gesparten Beträge i. H. von insgesamt (24 · 150 =) 3.600 € gelten. Die Rücknahme wäre möglich, wenn Z keine unzumutbaren Nachteile entstehen würden. Für die Beurteilung der Zumutbarkeit einer Rückgängigmachung kommt es insbesondere auf die Einkommens-, Vermögens- und sonstigen Lebensumstände des Betroffenen an.

Z müsste im Falle der Rückzahlung eine Nebentätigkeit aufnehmen. Der Studiumsabschluss würde sich erheblich verzögern. Ihre Situation könnte sich weiter verschlechtern, wenn sie wegen des Zeitverlustes nicht sofort eine Arbeitsstelle finden würde. Die Rücknahme der Bewilligung ist somit für Z unzumutbar.

f) Die Rücknahme des Verwaltungsaktes ist daher rechtswidrig. Da Z hierdurch auch in ihren Rechten verletzt wird, ist die Klage begründet.

d) Widerruf von rechtmäßigen Verwaltungsakten nach § 49 VwVfG

Beim Widerruf handelt es sich um die Aufhebung eines rechtmäßigen Verwaltungsaktes, der sowohl belastend wie begünstigend sein kann. Die Frage der Rechtmäßigkeit bestimmt sich nach der Sach- und Rechtslage im Zeitpunkt des Erlasses des Verwaltungsaktes. 1246

aa) Rechtmäßige und belastende Verwaltungsakte

Gegen den Widerruf eines rechtmäßig belastenden Verwaltungsaktes hat der betroffene Bürger i. d. R. nichts einzuwenden. Aus diesem Grund schränkt der Gesetzgeber den Widerruf in § 49 Abs. 1 VwVfG nur geringfügig ein und stellt ihn grundsätzlich in das „freie" Ermessen der Behörde. Diese kann ihn im Unterschied zur Rücknahme allerdings nur für die Zukunft widerrufen. 1247

Ein Widerruf ist allerdings nicht erlaubt, wenn ein Verwaltungsakt gleichen Inhalts erneut erlassen werden müsste oder aus anderen Gründen ein Widerruf unzulässig ist (§ 49 Abs. 1 VwVfG a. E.).

Ein Verwaltungsakt gleichen Inhalts muss erlassen werden, wenn es sich um eine gebundene Entscheidung handelt und die Voraussetzungen der Ermächtigungsgrundlage weiterhin vorliegen. Da die Verwaltung an Recht und Gesetz gebunden ist, müsste sie ihre ursprüngliche Entscheidung wiederholen. Ein Widerruf wäre sinnlos.

Andere Gründe, die einen Widerruf unzulässig machen, können sich wegen Ermessensreduzierung auf Null oder aus dem Grundsatz der Selbstbindung der Verwaltung ergeben. Auch in diesen Fällen müsste die Behörde die gerade aufgehobene Entscheidung erneut erlassen.

BEISPIEL Legt eine Gemeinde Regeln für die Ausübung des ihr gesetzlich eingeräumten Ermessens durch Satzung fest, schränkt sie das ihr eigentlich eingeräumte Ermessen ein. Es müsste ein Verwaltungsakt gleichen Inhalts erneut erlassen werden.

bb) Rechtmäßige und begünstigende Verwaltungsakte

Der Widerruf rechtmäßig begünstigender Verwaltungsakte darf nur unter engen Voraussetzungen möglich sein. Das Vertrauen des Begünstigten auf den Bestand rechtmäßiger Behördenentscheidungen soll nicht beeinträchtigt werden. Aus diesem Grund zählt § 49 Abs. 2 VwVfG die Widerrufsgründe abschließend auf. 1248

(1) Widerrufsvorbehalt (§ 49 Abs. 2 Nr. 1 VwVfG)

Ein rechtmäßiger begünstigender Verwaltungsakt darf widerrufen werden, wenn der Widerruf durch Rechtsvorschrift zugelassen oder im Verwaltungsakt vorbehalten ist. 1249

BEISPIELE

- Die Genehmigung zur Personenbeförderung kann gem. § 25 PBefG widerrufen werden, wenn nicht mehr alle Genehmigungsvoraussetzungen vorliegen.

In diesem Fall können zugleich die Voraussetzungen des § 49 Abs. 2 Nr. 3 VwVfG vorliegen. Ein sich auf Nr. 3 stützender Widerruf kann aber – im Gegensatz zu Nr. 1 – eventuell Entschädigungsansprüche nach § 49 Abs. 6 VwVfG auslösen. Der Ausschluss dieser Entschädigungsmöglichkeit ist in der Praxis ein wesentlicher Grund dafür, sich den Widerruf im Verwaltungsakt vorzubehalten.

- Ein Beamter auf Widerruf (§ 6 Abs. 4 BBG) kann gem. § 37 BBG durch Widerruf entlassen werden.

Wenn der Widerruf im Verwaltungsakt vorbehalten wurde, handelt es sich um eine Nebenbestimmung i. S. des § 36 Abs. 2 Nr. 3 VwVfG, die nur unter den in der Nebenbestimmung genannten Voraussetzungen widerrufen werden darf. Die möglichen Widerrufsgründe müssen dort ausdrücklich in zumindest allgemeiner Form angegeben werden.

Liegt ein Widerrufsgrund vor, **kann** die Verwaltung den Verwaltungsakt aufheben. Hierbei muss sie ermessensfehlerfrei handeln. Der Widerruf muss durch sachliche Gründe, die das Bestandsinteresse des Betroffenen überwiegen, gerechtfertigt sein. Ein Widerruf, der sich allein darauf stützt, dass ein solcher im Verwaltungsakt vorbehalten wurde, ist rechtswidrig. Der Verhältnismäßigkeitsgrundsatz und das Gleichbehandlungsgebot sind zu beachten.

BEISPIEL ► A erhält die Erlaubnis, auf dem Bürgersteig vor seinem Restaurant Tische und Stühle aufzustellen (sog. Sondernutzungserlaubnis). Die Erlaubnis erfolgt unter dem Vorbehalt jederzeitigen Widerrufs.

Ein Widerruf ist möglich, wenn geänderte Verkehrsverhältnisse es erfordern. Er ist dagegen nicht erlaubt, wenn keine straßen- oder straßenverkehrsrechtlichen Gründe vorliegen. Auch der bloße Hinweis auf den Widerrufsvorbehalt reicht für eine Aufhebung nicht aus.

(2) Nichterfüllung einer Auflage (§ 49 Abs. 2 Nr. 2 VwVfG)

1250 Wenn der Verwaltungsakt mit einer Auflage verbunden wurde und der Begünstigte diese nicht oder nicht innerhalb einer ihm gesetzten Frist erfüllt, darf die Behörde den Verwaltungsakt widerrufen.

Da die Auflage von der Verwaltung selbständig – also ohne Aufhebung des Grundverwaltungsaktes – durchgesetzt werden kann, muss die zuständige Behörde bei der Ausübung des Widerrufs im Rahmen der Verhältnismäßigkeit zunächst prüfen, ob die zwangsweise Durchsetzung der Auflage nicht ein milderes und gleichfalls taugliches Mittel ist. Dies dürfte zumeist der Fall sein.

BEISPIEL ► Gastwirt G erhält die Gaststättenerlaubnis mit der Auflage, dass die Musik einen bestimmten Lärmpegel nicht überschreiten darf. Verstößt er gegen diese Auflage, muss die Verwaltung zunächst die zwangsweise Durchführung der Auflage versuchen. Erst wenn dies scheitert, ist sie berechtigt, die Gaststättenerlaubnis nach § 49 Abs. 2 Nr. 2 VwVfG zu widerrufen.

(3) Nachträgliche Änderung der Sachlage (§ 49 Abs. 2 Nr. 3 VwVfG)

Ein Widerruf ist auch dann möglich, wenn die Behörde aufgrund nachträglich eingetretener Tatsachen berechtigt wäre, den Verwaltungsakt nicht zu erlassen, und wenn ohne den Widerruf das öffentliche Interesse gefährdet würde. 1251

Nicht jede geänderte Tatsache berechtigt allerdings zum Widerruf. Es muss sich um entscheidungserhebliche Tatsachen handeln. Diese können sowohl in einem Verhalten des Betroffenen als auch in äußeren Umständen zu finden sein.

Eine Gefährdung des öffentlichen Interesses liegt vor, wenn andernfalls ein Schaden für wichtige Gemeinschaftsgüter eintreten könnte.

(4) Nachträgliche Änderung der Rechtslage (§ 49 Abs. 2 Nr. 4 VwVfG)

Ist die Behörde aufgrund einer nachträglich geänderten Rechtsvorschrift berechtigt, den Verwaltungsakt nicht zu erlassen, und hat der Begünstigte von der Begünstigung noch keinen Gebrauch gemacht oder aufgrund des Verwaltungsaktes noch keine Leistungen empfangen, kann der Verwaltungsakt widerrufen werden. Dabei muss allerdings ohne den Widerruf das öffentliche Interesse gefährdet sein. 1252

BEISPIEL Bauherr A erhält rechtmäßig eine Baugenehmigung. Anschließend ändert sich die Landesbauordnung, und eine Baugenehmigung dürfte nicht mehr erteilt werden. Sofern B noch nicht mit dem Bau begonnen hat und sofern das öffentliche Interesse ohne den Widerruf gefährdet wäre, dürfte die Behörde die Baugenehmigung aufheben.

(5) Schwere Nachteile für das Gemeinwohl (§ 49 Abs. 2 Nr. 5 VwVfG)

Ein Widerruf ist schließlich zulässig, um schwere Nachteile für das Gemeinwohl zu verhüten oder zu beseitigen. Es handelt sich hier um einen seltenen Ausnahmefall. Die Vorschrift ist Auffangtatbestand zu den übrigen Widerrufsgründen. Nur dann, wenn diese nicht vorliegen, kann auf § 49 Abs. 2 Nr. 5 VwVfG zurückgegriffen werden. 1253

BEISPIELE Schwere Grundrechtsbeeinträchtigungen Einzelner oder auch nachträgliche Anforderungen des Unionsrechts.

cc) Entschädigungsansprüche und Rechtsweg

In den Fällen des § 49 Abs. 2 Nr. 3 – 5 VwVfG ist der Betroffene auf Antrag für den erlittenen Vermögensnachteil zu entschädigen, sofern er auf den Bestand des Verwaltungsaktes vertraut hat und dieses Vertrauen schutzwürdig ist. Für Streitigkeiten über die Entschädigung ist der Zivilrechtsweg gegeben (§ 49 Abs. 6 VwVfG). 1254

BEISPIEL Hat ein Bauherr mit einem Bau bereits begonnen und wird dann erst gem. § 49 Abs. 2 Nr. 5 VwVfG zur Verhütung schwerer Nachteile für das Gemeinwohl widerrufen, müssen ihm die entstandenen Baukosten ersetzt werden, wenn er mit einem Widerruf nicht rechnen musste.

BEACHTE

Ein Widerruf nach § 49 Abs. 2 Nr. 1, 2 VwVfG löst keine Entschädigungsansprüche aus. Liegen mehrere Widerrufsgründe vor, wird die Verwaltung den Widerruf sinnvollerweise auf einen keine Entschädigung verursachenden Grund stützen.

dd) Jahresfrist

1255 Wie bei der Rücknahme rechtswidriger Verwaltungsakte ist auch ein Widerruf nur innerhalb eines Jahres nach Kenntniserlangung der den Widerruf rechtfertigenden Tatsachen erlaubt (§ 49 Abs. 2 Satz 2 VwVfG).

ee) Erstattung und Verzinsung

1256 Wird ein Verwaltungsakt mit Wirkung für die Vergangenheit aufgehoben (also zurückgenommen bzw. widerrufen) oder ist er infolge des Eintritts einer auflösenden Bedingung unwirksam geworden, so bestimmt sich eine eventuelle Erstattung nach § 49a Abs. 1, 2 VwVfG. Sämtliche erbrachte Leistungen sind demnach zu erstatten. Die zu erstattende Leistung ist durch schriftlichen Verwaltungsakt festzusetzen.

Auf ein Verschulden des erstattungspflichtigen (früheren) Begünstigten kommt es für die Entstehung des Anspruchs nicht an. Das Verschulden kann allenfalls beim Umfang des Erstattungsanspruchs eine Rolle spielen, da die Vorschriften des BGB über die ungerechtfertigte Bereicherung (§§ 812 ff. BGB) entsprechende Anwendung finden (§ 49a Abs. 2 VwVfG). Auf den Wegfall der Bereicherung kann sich der Begünstigte nach § 49a Abs. 2 Satz 2 VwVfG allerdings nicht berufen, soweit er die Umstände kannte oder infolge grober Fahrlässigkeit nicht kannte, die zur Rücknahme, zum Widerruf oder zur Unwirksamkeit des Verwaltungsaktes geführt haben.

Unter Umständen können unter den Voraussetzungen des § 49a Abs. 3, 4 VwVfG Zinsen von der Behörde verlangt werden. Vom Eintritt der Unwirksamkeit des Verwaltungsaktes an sind die Erstattungsbeträge mit 5 % über dem Basiszinssatz jährlich zu verzinsen. Der Basiszinssatz bestimmt sich nach § 247 BGB. Von der Geltendmachung des Zinsanspruchs kann insbesondere dann abgesehen werden, wenn der Begünstigte die Umstände, die zur Rücknahme, zum Widerruf oder zur Unwirksamkeit des Verwaltungsaktes geführt haben, nicht zu vertreten hat und den zu erstattenden Betrag innerhalb der von der Behörde festgesetzten Frist leistet.

Für Streitigkeiten über die Erstattung und Verzinsung ist der Verwaltungsrechtsweg nach § 40 Abs. 1 VwGO gegeben.

7. Wiederaufgreifen des Verfahrens

1257 Neben der Rücknahme und dem Widerruf gibt es eine dritte Möglichkeit, bestandskräftige Verwaltungsakte aufzuheben. Es handelt sich um das Wiederaufgreifen des Verfahrens nach § 51 VwVfG (Sonderregelungen in den §§ 44 ff. SGB X, § 342 LastenausgleichsG, § 71 AsylG, § 22 OBG NRW). Dem Adressaten wird das Recht eingeräumt, die getroffene Entscheidung erneut überprüfen zu lassen. Hierdurch sollen Fälle besonders deutlicher Rechtswidrigkeit rückgängig gemacht werden.

Ein Wiederaufgreifen des Verfahrens ist nicht nur bei Verwaltungsentscheidungen, sondern auch – allerdings unter engeren Voraussetzungen – bei Gerichtsurteilen möglich (vgl. nur § 580 ZPO für zivilgerichtliche Urteile, § 359 StPO für strafrichterliche Urteile). Wenn schon Gerichtsverfahren aufgegriffen werden können, muss dies erst recht für Verwaltungsverfahren, deren Richtigkeitsansprüche hinter denen gerichtlicher Urteile zurückbleiben, möglich sein.

Das Wiederaufgreifen des Verwaltungsverfahrens erfolgt in zwei Schritten:

- **1. Schritt:** Zunächst muss die zuständige Behörde überprüfen, ob das abgeschlossene Verfahren überhaupt wiederaufgegriffen werden darf. Hierzu müssen die Voraussetzungen des § 51 VwVfG vorliegen. Insbesondere muss ein sog. Wiederaufnahmegrund vorhanden sein.
- **2. Schritt:** Ist ein Wiederaufgreifen des Verfahrens notwendig, muss eine erneute Entscheidung in der Sache getroffen werden. Die Behörde hat zu prüfen, ob sie den ursprünglichen Verwaltungsakt aufhebt. Inwieweit für ein Aufheben die Voraussetzungen der §§ 48 f. VwVfG vorliegen müssen, ist sehr umstritten. In jedem Fall ist das Aufhebungsermessen der Verwaltung wegen des Vorliegens eines Wiederaufnahmegrundes zumindest eingeschränkt.

HINWEIS

Das Wiederaufgreifen des Verwaltungsverfahrens darf nicht mit der Wiedereinsetzung in den vorigen Stand nach § 32 VwVfG verwechselt werden. Die Wiedereinsetzung ermöglicht es, schuldlos versäumte Fristen durch nachträglichen Antrag zu „retten". Beim Wiederaufgreifen wird zwar häufig ebenfalls eine Frist – nämlich die Widerspruchsfrist oder die Klagefrist – überschritten und der Verwaltungsakt damit bestandskräftig. Dies geschieht allerdings verschuldet. Der Betroffene weiß, dass die Frist abläuft. Er lässt dies aber geschehen, da ein Rechtsbehelf zum gegenwärtigen Zeitpunkt keine Aussicht auf Erfolg hätte. Erst durch nachträglich eintretende Umstände rechnet sich der Betroffene wieder Erfolgsaussichten aus. Jetzt kann er einen Antrag auf Wiederaufgreifen des Verwaltungsverfahrens stellen.

a) Voraussetzungen des Wiederaufgreifens nach § 51 VwVfG im Überblick

- Der Betroffene muss einen Antrag auf Wiederaufgreifen bei der nach §§ 51 Abs. 4, 3 1258
  VwVfG zuständigen Behörde stellen.
- Der aufzuhebende Verwaltungsakt muss bestandskräftig, also unanfechtbar sein.
- Der Antrag muss innerhalb von drei Monaten nach Kenntniserlangung des Wiederaufgreifensgrundes gestellt werden (§ 51 Abs. 3 VwVfG).

- Es muss einer der in § 51 Abs. 1 Nr. 1 – 3 VwVfG genannten Wiederaufgreifensgründe vorliegen.
- Der Betroffene muss ohne grobes Verschulden außerstande gewesen sein, den Grund für das Wiederaufgreifen in dem früheren Verfahren, insbesondere durch Rechtsbehelf, geltend zu machen (§ 51 Abs. 2 VwVfG). Grobes Verschulden liegt vor, wenn der Betroffene das Vorhandensein des Wiederaufgreifensgrundes kannte oder es sich den Umständen nach aufdrängen musste und er sich trotzdem unter Verletzung der einem Verfahrensbeteiligten zumutbaren Sorgfaltspflicht nicht weiter darum kümmerte.

b) Wiederaufgreifensgründe des § 51 Abs. 1 VwVfG

aa) Änderung der dem Verwaltungsakt zugrundeliegenden Sach- und Rechtslage (§ 51 Abs. 1 Nr. 1 VwVfG)

1259 Hier akzeptiert der Betroffene i. d. R., dass die ursprüngliche Entscheidung zum damaligen Zeitpunkt rechtmäßig gewesen ist. Die nachträglich eingetretene Änderung der Sach- und Rechtslage führe allerdings – seiner Meinung nach – zur Rechtswidrigkeit des Verwaltungsaktes. Große praktische Bedeutung hat dies insbesondere bei Verwaltungsakten mit Dauerwirkung.

BEISPIELE

1260
- Wird die weitere Ausübung eines Gewerbes untersagt und ändert sich nachträglich die Verbotsnorm, kann ein Wiederaufgreifen verlangt werden (Änderung der Rechtslage).
- Es ändern sich wissenschaftliche Erkenntnisse, die für eine Entscheidung maßgebend waren (Änderung der Sachlage).
- Die Änderung der Rechtsprechung stellt keine Änderung der Rechtslage dar. Dies gilt auch für höchstrichterliche Entscheidungen. Gerichtliche Entscheidungsfindung ist rechtliche Würdigung des Sachverhalts am Maßstab der vorgegebenen Rechtsordnung. Die Rechtsordnung bleibt hiervon unberührt.

bb) Vorliegen neuer Beweismittel (§ 51 Abs. 1 Nr. 2 VwVfG)

1261 Neue Beweismittel stellen keine Änderung der Sachlage dar, da es sich bei ihnen nicht um neue Tatsachen handelt. Vielmehr lassen die neuen Beweismittel andere Erkenntnisse, die eine dem Betroffenen günstigere Entscheidung herbeigeführt haben würden, in Bezug auf alte Tatsachen zu. Welche Beweismittel hierfür in Frage kommen, ergibt sich aus § 26 VwVfG.

Ein Beweismittel ist neu, wenn es erst nach Eintreten der Bestandskraft bekannt wurde oder beigebracht werden konnte. Neu ist also auch ein Beweismittel, das zwar schon vorhanden war, welches aber ohne Verschulden des Betroffenen nicht oder nicht rechtzeitig vorgelegt werden konnte.

Da es sich beim Auftauchen neuer Beweismittel nicht um eine (nachträgliche) Tatsachenänderung handelt, die Sachlage im Vergleich zur Ausgangsposition vielmehr gleichgeblieben ist, war der ursprüngliche Verwaltungsakt rechtswidrig. Die Rechtswidrigkeit konnte vom Betroffenen damals allerdings nicht bewiesen werden. Dies hat sich durch die neuen Beweismittel geändert.

BEISPIELE Eine verschollene Urkunde taucht auf. Ein Zeuge meldet sich nachträglich.

cc) Wiederaufnahmegründe nach § 580 ZPO (§ 51 Abs. 1 Nr. 3 VwVfG)

Ist die Wiederaufnahme eines Gerichtsverfahrens möglich, soll dies für das Verwal- 1262
tungsverfahren erst recht gelten. Die Wiederaufnahmegründe des Zivilprozesses sind in der Praxis allerdings fast bedeutungslos, da es sich zumeist um Unterfälle der o. g. Wiederaufgreifensgründe handelt.

c) Rechtliche Konsequenzen des Wiederaufgreifens

Wird dem Antrag auf Wiederaufgreifen stattgegeben, muss die Behörde eine neue 1263
Sachentscheidung treffen (sog. Zweitbescheid, s. u. Rn. 1294). Dabei sind die neu gewonnenen Erkenntnisse zu berücksichtigen. Es wird so getan, als sei noch kein Erstbescheid ergangen.

BEACHTE

Die in dem wiederaufgegriffenen Verfahren getroffene Entscheidung bezeichnet man als Zweitbescheid. Wird von der Behörde dagegen ein Wiederaufgreifen abgelehnt, zugleich aber die Rechtmäßigkeit des Erstbescheides erneut begründet, spricht man von wiederholender Verfügung, die von den Gerichten wegen der Bestandskraft des Erstbescheides nicht überprüft werden darf.

Die Vorschriften über die Rücknahme (§ 48 Abs. 1 VwVfG) oder den Widerruf eines Verwaltungsaktes (§ 49 Abs. 1 VwVfG) sind, was allerdings in Rechtsprechung und Schrifttum im Einzelnen sehr umstritten ist, nicht anzuwenden. Der Zweitbescheid muss sich allein an dem jeweils anzuwendenden materiellen Recht orientieren. Die in § 51 Abs. 5 VwVfG ausgesprochene Anwendbarkeit der §§ 48 f. VwVfG stellt allein klar, dass Rücknahme und Widerruf von Verwaltungsakten neben dem Wiederaufgreifen des Verfahrens ausgesprochen werden können. Ein Vorgehen nach §§ 48 f. VwVfG steht allerdings im Gegensatz zu einem Wiederaufgreifen nach § 51 VwVfG im freien Ermessen der zuständigen Behörde.

FALL

Das Wiederaufgreifen des Verfahrens

Sachverhalt

A ist Eigentümer eines Wochenendhauses, das er von seinem mittlerweile verstorbenen Vater geerbt hat. Am 3. 4. erhält er eine Verfügung, mit der er aufgefordert wird, das Wochenendhaus abzureißen. Als Begründung führt die Behörde an, das Haus sei von seinem Vater ohne die erforderliche Baugenehmigung errichtet worden. A hält die Verfügung für rechtmäßig und lässt sie bestandskräftig werden. Wenige Tage später entdeckt er beim Ausräumen des Hauses die alte, in Vergessenheit geratene Baugenehmigung.

Kann er eine Aufhebung der Abrissverfügung erreichen?

Lösung

Vorüberlegungen: Die Behörde hat zunächst zu prüfen, ob das „Auftauchen" der Baugenehmigung einen Wiederaufnahmegrund darstellt und ob die weiteren Voraussetzungen des § 51 VwVfG vorliegen (1. Schritt). Fällt die Entscheidung positiv für A aus, muss geprüft werden, ob die Abrissverfügung unter Zugrundelegung der neuen Erkenntnisse aufgehoben werden muss (2. Schritt).

1. Eine Wiederaufnahme ist nur unter den Voraussetzungen des § 51 VwVfG möglich.

   Es handelt sich um einen bestandskräftigen Verwaltungsakt. A muss innerhalb von drei Monaten nach Entdecken der Urkunde einen Antrag auf Wiederaufgreifen des Verfahrens stellen. Die Baugenehmigung ist als Urkunde ein Beweismittel gem. § 26 Abs. 1 Nr. 3 VwVfG. Ihr Auftauchen ist somit ein Wiederaufgreifensgrund nach § 51 Abs. 1 Nr. 2 VwVfG. Da A von der Existenz der Baugenehmigung nichts wusste und auch nichts wissen konnte, war er ohne grobes Verschulden außerstande, sie im früheren Verfahren vorzulegen. Dem Wiederaufgreifensantrag ist daher stattzugeben.

2. Die Behörde muss nach der hier vertretenen Auffassung anschließend in eine neue Sachentscheidung eintreten. Da eine Baugenehmigung vorgelegen hat, ist das Wochenendhaus nicht baurechtswidrig errichtet worden. Die Abrissverfügung ist daher rechtswidrig und somit aufzuheben.

Die Möglichkeiten der Beendigung der Wirksamkeit von Verwaltungsakten

- Rücknahme eines rechtswidrigen Verwaltungsakts (§ 48 VwVfG)
- Widerruf eines rechtmäßigen Verwaltungsakts (§ 49 VwVfG)
- Aufhebung durch Abhilfebescheid der Ausgangsbehörde oder durch Widerspruchsbescheid der Widerspruchsbehörde (§§ 72 f. VwGO)
- Aufhebung durch Zweitbescheid nach Wiederaufgreifen des Verwaltungsverfahrens (§ 51 VwVfG)
- Aufhebung durch verwaltungsgerichtliches Urteil (§ 113 VwGO)
- Beendigung mittels Erledigung (z. B. Zeitablauf)

III. Verwaltungsrechtliche Verträge

LITERATUR

Erichsen, in: Erichsen/Ehlers (Hrsg.), Allgemeines Verwaltungsrecht, 14. Aufl. 2010, §§ 22 bis 28; *Maurer/Waldhoff*, Allgemeines Verwaltungsrecht, 19. Aufl. 2017, § 14.

1264 Im Vordergrund der bisherigen Darstellung stand das einseitige hoheitliche Handeln durch Verwaltungsakt. Der Verwaltungsakt ist jedoch nicht die einzige Form, die der Verwaltung zur Verfügung steht, um ihre Aufgaben zu erfüllen. Manchmal ist es nicht sinnvoll, einseitige Regelungen zu treffen. Soweit Rechtsvorschriften nicht entgegenstehen, ist es der Verwaltung deshalb erlaubt, ein Rechtsverhältnis auf dem Gebiet des öffentlichen Rechts auch durch (zweiseitigen) Vertrag zu begründen, zu ändern oder aufzuheben (vgl. § 54 Satz 1 VwVfG). Derartige **öffentlich-rechtliche** Verträge können neben dem verwaltungsrechtlichen Bereich auf dem Gebiet des Völkerrechts, des Verfassungsrechts und des Kirchenrechts geschlossen werden. Die folgende Darstellung beschränkt sich auf den **verwaltungsrechtlichen** Vertrag i. S. der Regelungen der §§ 54 ff., 1, 2 VwVfG.

BEISPIELE

- Gemeinde und Bauherr schließen einen Vertrag über die Ablösung einer Stellplatzverpflichtung nach § 51 Abs. 5 BauO NRW. Statt einen Stellplatz einzurichten, zahlt der Bauherr eine bestimmte Geldsumme.
- Zwei Gemeinden einigen sich über den gemeinsamen Bau und Betrieb einer Sportanlage.

1. Abgrenzung zu privatrechtlichen Verträgen

Schwierig und umstritten ist die Abgrenzung zwischen verwaltungsrechtlichem und 1265
privatrechtlichem Vertrag. Eine Entscheidung dieser Frage ist deshalb wichtig, weil die Verwaltung sowohl öffentlich-rechtliche als auch privatrechtliche Verträge abschließen kann und für Streitigkeiten unterschiedliche Rechtswege eröffnet sind. Ausschlaggebend sollte sein, ob der Regelungsgegenstand auf dem Gebiet des öffentlichen Rechts oder des Privatrechts zu finden ist. Dies lässt sich allerdings in den Fällen nicht so ohne Weiteres beurteilen, in denen die Verwaltung zwischen öffentlich-rechtlichen und privatrechtlichen Handlungsformen frei wählen kann. Bei derartigen Zweifeln behilft man sich mit der Annahme, dass die Verwaltung die ihr durch Normen des öffentlichen Rechts zugewiesenen Aufgaben auch öffentlich-rechtlich erfüllen will. Etwas Anderes muss sich ausdrücklich aus der getroffenen Vereinbarung ergeben.

BEISPIEL Eine Gemeinde betreibt aufgrund einer kommunalen Satzung einen Kindergarten. Die von den Eltern eines Kindes und der Gemeinde geschlossene Vereinbarung ist ein verwaltungsrechtlicher Vertrag.

BEACHTE

Auf der einen Seite eines verwaltungsrechtlichen Vertrags muss im Regelfall eine Behörde stehen. Nur ausnahmsweise, nämlich wenn dies durch Rechtsvorschrift ausdrücklich zugelassen wird, können auch Privatpersonen einen verwaltungsrechtlichen Vertrag schließen. Allerdings gelten die Vorschriften der §§ 54 ff. VwVfG wegen § 1 VwVfG zumindest nicht unmittelbar.

2. Formen verwaltungsrechtlicher Verträge

Herkömmlicherweise werden zwei Formen des verwaltungsrechtlichen Vertrags unter- 1266
schieden, der koordinationsrechtliche und der subordinationsrechtliche Vertrag.

a) Koordinationsrechtliche Verträge

1267 Beim koordinationsrechtlichen Vertrag stehen sich beide Vertragsparteien gleichberechtigt gegenüber. Wegen dieser Gleichberechtigung kann es sich nicht um Fälle handeln, in denen die Behörde auch einen (einseitigen) Verwaltungsakt erlassen könnte.

BEISPIELE

- Vertrag zwischen zwei Gemeinden über den Bau und den Betrieb der Sportanlage,
- Vertragliche Übertragung der Straßenunterhaltung von den Gemeinden, Kreisen auf andere Träger gegen Ersatz der entstehenden Kosten nach § 56 Abs. 3 StrWG NRW.

b) Subordinationsrechtliche Verträge

1268 Stehen die Vertragsparteien im Verhältnis der Über- und Unterordnung, wird dies als subordinationsrechtlicher Vertrag bezeichnet. Es handelt sich um Fälle, in denen die Behörde auch einen Verwaltungsakt erlassen könnte (vgl. § 54 Satz 2 VwVfG). Der verwaltungsrechtliche Vertrag wird mit der Person geschlossen, an die sich sonst der Verwaltungsakt richten würde.

BEISPIELE

- Vertrag über die Gewährung von Zuschüssen für ein denkmalgeschütztes Haus,
- Vertrag über die Ablösung einer Stellplatzverpflichtung.

c) Bedeutung der Unterscheidung von subordinationsrechtlichem und koordinationsrechtlichem Vertrag

1269 Die Unterscheidung zwischen den unterschiedlichen Vertragsformen ist in erster Linie bedeutsam für die Anwendbarkeit der §§ 55, 56, 59 Abs. 2, 61 VwVfG. Diese Vorschriften gelten nur für den subordinationsrechtlichen Vertrag. Sie lassen eine materiellrechtliche Kontrolle des Vertrags, die der Rechtmäßigkeitsprüfung eines Verwaltungsaktes ähnelt, zu. Damit soll verhindert werden, dass die Behörde ihre Machtposition zum Nachteil des Bürgers ausnutzt. Durch die §§ 55 f. VwVfG wird des Weiteren erreicht, dass sich eine Behörde ihre hoheitlichen Befugnisse nicht von besonders liquiden Personen abkaufen lässt.

3. Gründe für den Abschluss verwaltungsrechtlicher Verträge

1270 Bei begünstigenden Verwaltungsakten, die eine Reihe von Nebenbestimmungen (insbesondere Auflagen) enthalten, geht die Verwaltung gerne dazu über, anstelle einer einseitigen Regelung einen verwaltungsrechtlichen Vertrag abzuschließen. Man verspricht sich hiervon eine größere Bürgernähe. Insbesondere in den Bereichen des Städtebaurechts und des Umweltrechts wurden in den letzten Jahren vermehrt verwaltungsrechtliche Verträge abgeschlossen.

BEISPIELE

- Vertrag über Zuschüsse im Rahmen des Denkmalschutzes,
- Vertrag über die Errichtung von zusätzlichen Stellplätzen im Zusammenhang mit der Schaffung neuen Wohnraums.

4. Zustandekommen

Verwaltungsrechtliche Verträge sind gem. § 57 VwVfG grundsätzlich schriftlich abzuschließen. Der Vertrag kommt entsprechend den §§ 116 ff., 145 ff. BGB durch übereinstimmende Willenserklärungen zustande. Die Anwendbarkeit der Vorschriften des BGB ergibt sich aus § 62 Satz 2 VwVfG. 1271

5. Fehlerhaftigkeit

Rechtsfolgen fehlerhafter verwaltungsrechtlicher Verträge unterscheiden sich erheblich 1272 von den Folgen der Fehlerhaftigkeit von Verwaltungsakten. Während rechtswidrige Verwaltungsakte i. d. R. aufhebbar sind, können schlicht rechtswidrige verwaltungsrechtliche Verträge nur in seltenen Fällen aufgehoben werden (vgl. § 60 VwVfG). Sie sind vielmehr grundsätzlich unanfechtbar und damit in vollem Umfang wirksam. Folgen im Hinblick auf die Wirksamkeit des Vertrags ergeben sich erst dann, wenn die Rechtswidrigkeit zur Nichtigkeit führt. In diesen Fällen greift die Regelung des § 59 VwVfG. Der Vertrag ist unwirksam und entfaltet somit keine Rechtswirkungen.

Die Vorschrift nennt in Abs. 1 die für alle Arten von verwaltungsrechtlichen Verträgen geltenden Nichtigkeitsgründe. In Abs. 2 werden zusätzliche Nichtigkeitsgründe für subordinationsrechtliche Verträge aufgezählt.

a) Nichtigkeitsgründe des § 59 Abs. 1 VwVfG

Ein verwaltungsrechtlicher Vertrag ist nichtig, wenn sich die Nichtigkeit aus einer ent- 1273 sprechenden Anwendung von Vorschriften des Bürgerlichen Gesetzbuches ergibt. Der Umfang der Anwendbarkeit der Regelungen des BGB ist im Einzelnen umstritten.

BEISPIELE

- Die Geschäftsunfähigkeit (bzw. Handlungsunfähigkeit) eines der Vertragspartner führt nach § 105 BGB, § 12 Abs. 1 Nr. 1, 2 VwVfG zur Nichtigkeit des Vertrags.
- Ein Verwaltungsakt der gegen ein gesetzliches Verbot (§ 134 BGB) verstößt, ist nichtig. Ein solches Verbot enthält bspw. § 2 Abs. 2 BBesG. Danach sind Zusicherungen, Vereinbarungen und Vergleiche, die dem Beamten, Richter oder Soldaten eine höhere als die ihm gesetzlich zustehende Besoldung verschaffen sollen, unwirksam.
- Ein Verwaltungsvertrag, der gem. § 138 BGB gegen die guten Sitten verstößt, ist nichtig. So ist die Vereinbarung strafbaren Verhaltens sittenwidrig und führt zur Nichtigkeit des verwaltungsrechtlichen Vertrages. Die Nichtigkeit ergibt sich zusätzlich auch aus einem Verstoß gegen § 134 BGB.

Darüber hinaus können auch die zwingenden Vorschriften des Europäischen Gemeinschaftsrechts (vgl. Art. 288 AEUV) zu einer Nichtigkeit führen.

b) Nichtigkeitsgründe des § 59 Abs. 2 VwVfG

Subordinationsrechtliche Verträge können über die in § 59 Abs. 1 VwVfG genannten 1274 Gründe hinaus nichtig sein.

Dies ist gem. § 59 Abs. 2 Nr. 1 VwVfG der Fall, wenn ein Verwaltungsakt mit entsprechendem Inhalt nichtig wäre. Die Vorschrift verweist damit auf die Regelung des § 44 VwVfG, der die Nichtigkeit von Verwaltungsakten regelt.

BEISPIELE

- Lässt ein verwaltungsrechtlicher Vertrag die vertragsschließende Behörde nicht erkennen (§ 44 Abs. 2 Nr. 1 VwVfG), ist er nichtig.
- Verstößt der Vertrag gegen die guten Sitten (§ 44 Abs. 2 Nr. 6 VwVfG), ist er ebenfalls nichtig.

Das letztgenannte Beispiel zeigt, dass bei manchen Nichtigkeitsgründen Überschneidungen auftreten können.

Nichtig ist nach § 59 Abs. 2 Nr. 2 VwVfG ein verwaltungsrechtlicher Vertrag ferner dann, wenn ein Verwaltungsakt mit entsprechendem Inhalt nicht nur wegen eines Verfahrens- oder Formfehlers i. S. des § 46 VwVfG rechtswidrig wäre und dies den Vertragschließenden bekannt war. Die Kenntnis nur einer Vertragspartei reicht dabei nicht aus. Sinn der Vorschrift ist es zu verhindern, dass die Parteien gemeinsam gesetzliche Regelungen umgehen.

Vergleichsverträge des § 55 VwVfG sind nach § 59 Abs. 2 Nr. 3 VwVfG nichtig, wenn die Voraussetzungen des § 55 VwVfG nicht vorgelegen haben und es sich nicht um einen unerheblichen Form- und Verfahrensfehler nach § 46 VwVfG handelt.

Letztlich ist ein verwaltungsrechtlicher Vertrag gem. § 59 Abs. 2 Nr. 4 VwVfG dann nichtig, wenn sich die Behörde im Falle eines Austauschvertrags eine nach § 56 VwVfG unzulässige **Gegenleistung** versprechen lässt.

BEISPIEL Die Gegenleistung ist den Umständen nach nicht angemessen oder steht nicht im sachlichen Zusammenhang mit der vertraglichen Leistung der Behörde.

Auf die Unzulässigkeit der Leistung der Behörde selbst kommt es dabei nicht an. Deren Unzulässigkeit kann allenfalls aus anderen Gründen zur Nichtigkeit führen.

c) Folgen der Nichtigkeit

Ein nichtiger verwaltungsrechtlicher Vertrag hat keine Rechtswirkungen. Bereits erbrachte Leistungen müssen nach den Grundsätzen der ungerechtfertigten Bereicherung zurückgewährt werden (vgl. §§ 812 ff. BGB).

Sofern die Nichtigkeit nur einen Teil des Vertrags betrifft, ist der Vertrag nach § 59 Abs. 3 VwVfG insgesamt nichtig, wenn nicht anzunehmen ist, dass er auch ohne den nichtigen Teil geschlossen worden wäre.

6. Abwicklung

1275 a) Leistungsstörungen und Wegfall der Geschäftsgrundlage

Erfüllt eine der Vertragsparteien eines verwaltungsrechtlichen Vertrags ihre vereinbarten Pflichten nicht, so finden nach § 62 Satz 2 VwVfG die Vorschriften des Bürgerlichen Gesetzbuches entsprechende Anwendung. In Betracht kommen bei Leistungsstörungen in erster Linie die Regelungen über die Unmöglichkeit und den Verzug, aber auch die Rechtsinstitute der positiven Vertragsverletzung oder der *culpa in contrahendo*. Allerdings sind bei Anwendung des BGB die Besonderheiten der verwaltungsrechtlichen Verträge zu berücksichtigen.

Haben sich die Verhältnisse, die für die Festsetzung des Vertragsinhalts maßgebend gewesen sind, seit Abschluss des Vertrags so wesentlich geändert, dass einer Vertragspartei das Festhalten an der ursprünglichen vertraglichen Regelung nicht zuzumuten ist (sog. Wegfall der Geschäftsgrundlage), kann diese Vertragspartei nach § 60 Abs. 1 VwVfG die Anpassung des Vertragsinhalts an die geänderten Verhältnisse verlangen. Ist eine solche Anpassung nicht möglich oder einer Vertragspartei nicht zumutbar, darf eine Kündigung ausgesprochen werden. Eine Kündigung ist der Behörde darüber hinaus auch zur Vermeidung schwerer Nachteile für das Gemeinwohl (§ 60 Abs. 1 Satz 2 VwVfG) erlaubt.

b) Durchsetzung vertraglicher Ansprüche

Die Behörde kann ihre vertraglichen Ansprüche nicht einseitig durchsetzen. Hier liegt 1276
ein wesentlicher Unterschied zum Verwaltungsakt. Der Verwaltung ist es auch nicht gestattet, die Ansprüche aus dem verwaltungsrechtlichen Vertrag durch Verwaltungsakt festzusetzen und anschließend aus dem Verwaltungsakt zu vollstrecken (sog. Titelfunktion des Verwaltungsaktes). Das würde nämlich die von den Parteien gewollte vertragliche Gleichordnung wieder zerstören. Stattdessen ist die Behörde – ebenso wie ihr Vertragspartner – zur Durchsetzung vertraglicher Ansprüche auf den Rechtsweg angewiesen. Erforderlich ist eine Klage, die vor den Verwaltungsgerichten zu erheben ist.

Eine Ausnahme gilt für den subordinationsrechtlichen Vertrag nach § 61 VwVfG, bei dem sich die Vertragspartner der sofortigen Zwangsvollstreckung unterwerfen können. Die Unterwerfungserklärung ersetzt in diesem Fall den Vollstreckungstitel. Die Durchführung eines Gerichtsverfahrens ist dann entbehrlich. Allerdings ist der Bürger für die Vollstreckung auf die Zuhilfenahme des Verwaltungsgerichts als Vollstreckungsgericht angewiesen. Die Behörde kann dagegen im Verwaltungswege vollstrecken.

IV. Schlichte Hoheitsverwaltung

LITERATUR

Hofmann/Gerke/Hildebrandt, Allgemeines Verwaltungsrecht, 11. Aufl. 2016, 5. Abschn., Kapitel 4.4; *Maurer/Waldhoff,* Allgemeines Verwaltungsrecht, 19. Aufl. 2017, § 15.

Als schlicht hoheitliche Verwaltung wird die Handlungsform bezeichnet, in der eine Be- 1277
hörde zwar öffentlich-rechtlich tätig wird, sich jedoch nicht des obrigkeitlichen Instrumentariums bedient. Es werden nicht – wie z. B. beim Verwaltungsakt – einseitig verbindliche Regelungen getroffen. Voraussetzung ist vielmehr öffentlich-rechtliches Handeln ohne eigene Regelungswirkung.

Zur schlichten Hoheitsverwaltung zählen u. a.:

- **Verwaltungsrechtliche Willenserklärungen** wie Amtshilfeersuchen oder Angebote zum Abschluss öffentlich-rechtlicher Verträge;
- **Wissenserklärungen** in einem öffentlich-rechtlichen Zusammenhang wie Auskünfte, gutachterliche Stellungnahmen oder die Warnung der Öffentlichkeit vor gesundheitsgefährdenden Produkten (§ 8 GPSG);
- **Realakte** wie Organisationsakte, schlichte Leistungsgewährungen oder rein tatsächliche Vollzugshandlungen.

BEISPIELE

- Die Errichtung einer Schule ist ein Organisationsakt und zählt damit als Realakt zur schlichten Hoheitsverwaltung.
- Beim Absperren eines einsturzgefährdeten Hauses handelt es sich um eine rein tatsächliche Vollzugshandlung.
- Die von einer Behörde ausgesprochene Warnung vor Jugendsekten ist den Wissenserklärungen zuzurechnen.

V. Privatrechtliches Verwaltungshandeln

LITERATUR

Maurer/Waldhoff, Allgemeines Verwaltungsrecht, 19. Aufl. 2017, § 17.

1278 Bei den bisher geschilderten Handlungsformen waren die Rechtsgrundlagen für das Tätigwerden der Verwaltung stets im Verwaltungsrecht zu finden. Von diesem Grundsatz gibt es einige Ausnahmen. Man spricht in diesen Fällen vom privatrechtlichen Verwaltungshandeln, in dem ausschließlich oder alternativ Privatrecht zur Anwendung kommt.

Privatrechtliches Verwaltungshandeln kann in fiskalprivatrechtliches und verwaltungsprivatrechtliches Verwaltungshandeln unterschieden werden.

1. Verwaltungsprivatrechtliches Verwaltungshandeln

1279 Bei dieser Form des Verwaltungshandelns erledigt die Verwaltung **öffentliche Aufgaben** in Formen des Privatrechts. Öffentlichrechtliche Vorschriften dürfen nicht entgegenstehen. Die Verwaltung kann wählen, ob sie ihre Aufgaben öffentlich-rechtlich oder privatrechtlich erfüllt. Das Wahlrecht gilt sowohl in Bezug auf die Organisationsformen der jeweiligen Einrichtungen als auch im Hinblick auf die Ausgestaltung des Leistungs- und Benutzungsverhältnisses.

BEISPIEL Eine Gemeinde gründet zur Gas-, Strom- und Wasserversorgung ein privates Energieversorgungsunternehmen in Form einer GmbH. Die Sicherstellung der Versorgung der Bevölkerung mit Gas, Strom und Wasser ist eine unmittelbare Verwaltungsaufgabe. Die gewählte Organisationsform ist privatrechtlich. Die Verträge mit den Kunden müssen ebenfalls privatrechtlich geschlossen werden.

Auch bei Verwaltungsprivatrecht kann sich die Verwaltung nicht ihren öffentlich-rechtlichen Bindungen entziehen. Sie ist an die Grundrechte, aber auch an die allgemeinen Grundsätze des Verwaltungshandelns gebunden.

2. Fiskalprivatrechtliches Verwaltungshandeln

In diesem Fall nimmt die Verwaltung **keine unmittelbaren Verwaltungsaufgaben** wahr. 1280
Vielmehr schafft die Verwaltung lediglich mittelbar die Voraussetzung für die Erfüllung hoheitlicher Aufgaben (sog. fiskalische Hilfsgeschäfte) oder nimmt mit Gewinnabsicht am Privatrechtsverkehr teil (erwerbswirtschaftliche Betätigung).

BEISPIELE **Fiskalische Hilfsgeschäfte:** Die Verwaltung schließt beim Erwerb von Büromaterial einen Kaufvertrag ab. Sie mietet ein Bürogebäude.

Erwerbswirtschaftliche Verwaltungstätigkeit: Die Verwaltung betreibt eine staatliche Weinbaudomäne. Sie erzeugt Wein und verkauft ihn.

Beim fiskalprivatrechtlichen Verwaltungshandeln ist die Verwaltung wie ein privater Unternehmer zu behandeln. Sie ist – anders als im Verwaltungsprivatrecht – keinen besonderen öffentlich-rechtlichen Bindungen unterworfen. Im Streitfall entscheiden die ordentlichen Gerichte oder die Arbeitsgerichte.

VI. Elektronische Verwaltung

LITERATUR

Hofmann/Gerke/Hildebrandt, Allgemeines Verwaltungsrecht, 11. Aufl. 2016, 9. Abschn. 5.1; *Johannes*, Elektronische Formulare im Verwaltungsverfahren – Neue Form des Schriftformersatzes, MMR 2013, 694 ff.; *Maurer/Waldhoff*, Allgemeines Verwaltungsrecht, 19. Aufl. 2017, § 18; *Prell*, Das E-Government-Gesetz – Möglichkeiten der Schriftformersetzung, NVwZ 2013, 1514 ff.; *Roßnagel*, Das De-Mail-Gesetz, NJW 2011, 1473 ff., *Schmitz* in: Stelkens/Bonk/Sachs, Verwaltungsverfahrensgesetz, 9. Auflage 2018, § 3a; *Schulz*, Die Fortentwicklung der Schriftformäquivalente im Verwaltungsverfahrensrecht, DÖV 2013, 882 ff.; *Siegel*, Der virtuelle Verwaltungsakt, VerwArch 105 (2014), 241 ff.

Den Errungenschaften der modernen Informations- und Kommunikationstechnik kann 1281
und darf sich auch die Verwaltung nicht verschließen. Manches wurde bereits erreicht, Vieles muss aber noch umgesetzt werden. Die immer noch vorwiegend am Informati-

onsträger Papier ausgerichtete Durchführung von Verwaltungsverfahren wird in den kommen Jahren grundlegende Änderungen erfahren. Der Einsatz von Informationstechnologie bei der Erfüllung weiterer Verwaltungsaufgaben muss noch erheblich ausgeweitet werden.

Um dies sicherzustellen, hat der Gesetzgeber eine ganze Reihe von bindenden Vorgaben gemacht, die mittlerweile Zugang in die Verwaltungspraxis gefunden haben und auch noch finden werden. Die wichtigsten Gesetze bzw. Regelungen seien im Folgenden kurz vorgestellt.

1. E-Government-Gesetz

1282 Das E-Government-Gesetz, das am 1. 8. 2013 in Kraft getreten ist, gilt in erster Linie für die öffentlich-rechtliche Verwaltungstätigkeit der Behörden des **Bundes** einschließlich der bundesunmittelbaren Körperschaften, Anstalten und Stiftungen des öffentlichen Rechts (§ 1 Abs. 1 EGovG). Sein Ziel ist es, die elektronische Verwaltung zu fördern, d. h. die elektronische Kommunikation des Bürgers mit der Verwaltung zu verbessern. „Die Abwicklung geschäftlicher Prozesse im Zusammenhang mit Regieren und Verwalten (Government) unter Einsatz von Informationstechniken über elektronische Medien" soll effizienter und bürgerfreundlicher werden.

Im Wesentlichen wird Folgendes geregelt:

- Jede Behörde ist verpflichtet, einen Zugang für die Übermittlung elektronischer Dokumente, auch soweit sie mit einer qualifizierten elektronischen Signatur versehen sind, zu eröffnen. Der elektronische Zugang muss auch durch eine De-Mail-Adresse möglich sein (§ 2 Abs. 1, 2 EGovG).
- Jede Behörde des Bundes ist verpflichtet, in Verwaltungsverfahren, in denen sie die Identität einer Person auf Grund einer Rechtsvorschrift festzustellen hat oder aus anderen Gründen eine Identifizierung für notwendig erachtet, einen elektronischen Identitätsnachweis anzubieten (§ 2 Abs. 3 EGovG).
- Jede Bundesbehörde ist verpflichtet, dem Bürger über öffentlich zugängliche Netze in allgemein verständlicher Sprache Informationen über ihre Aufgaben, ihre Anschrift, ihre Geschäftszeiten sowie postalische, telefonische und elektronische Erreichbarkeiten zur Verfügung zu stellen (§ 3 Abs. 1 EGovG).
- Es sind elektronische Bezahlmöglichkeiten einzurichten (§ 4 EGovG).
- Nachweise, die in einem Verwaltungsverfahren erforderlich sind, sollen – wenn möglich – elektronisch erbracht werden können (§ 5 EGovG).
- Die Aktenführung soll elektronisch erfolgen (§ 6 EGovG), die Akteneinsicht elektronisch gewährt werden (§ 8 EGovG).

Das E-Government-Gesetz richtet sich zwar vornehmlich an die Behörden des Bundes. Die Verwaltungsverfahren der Länder sind nicht direkt betroffen. Jedoch darf der Modellcharakter des Gesetzes nicht unterschätzt werden. Es kann davon ausgegangen werden, dass sich die Bundesländer in den kommenden Jahren schrittweise mit ihren eigenen rechtlichen Regelungen dem E-Government-Gesetz annähern werden.

2. De-Mail-Gesetz

Das De-Mail-Gesetz wendet sich nicht unmittelbar an die Verwaltung. Vielmehr regelt es die Einführung von De-Mail-Diensten, die auf einer elektronischen Kommunikationsplattform einen sicheren, vertraulichen und nachweisbaren Informationsaustausch im Geschäftsverkehr für jedermann im Internet sicherstellen sollen (§ 1 Abs. 1 De-Mail-G). Die Vorteile der E-Mail (einfache, schnelle, preiswerte und ortsunabhängige Kommunikation) soll mit denen des Briefes (Vertraulichkeit und Verlässlichkeit) kombiniert werden. 1283

Ziele des Gesetzes sind:

- Schaffung eines Rechtsrahmens zur Einführung vertrauenswürdiger E-Mail-Dienste im Internet (siehe § 1 De-Mail-G).
- Schutz der Vertraulichkeit der übermittelten Nachrichten und der Identität der Kommunikationspartner (siehe §§ 2, 5 De-Mail-G).
- Verbesserung der Beweismöglichkeiten im geschäftlichen Verkehr (siehe § 5 De-Mail-G).
- Schaffung eines rechtlichen Rahmens für eine elektronische Zustellung elektronischer Dokumente (siehe §§ 1, 5 Abs. 6, 9 De-Mail-G).

Wer De-Mail-Dienste anbietet, unterliegt der Aufsicht des Bundesamtes für Sicherheit in der Informationstechnik (§ 2 De-Mail-G). Die Behörde wacht über die Einhaltung des Gesetzes und darf bei Verstößen den Betrieb vorübergehend untersagen oder als letzte Maßnahme die Akkreditierung entziehen. Es können darüberhinaus Bußgelder bis zu 300.000 € verhängt werden (§ 23 De-Mail-G).

3. Verwaltungsverfahrensgesetz

Auch im Verwaltungsverfahrensgesetz des Bundes haben Regelungen zur elektronischen Kommunikation zwischen Verwaltung und Bürger Einzug gefunden. Wesentliche rechtliche Basis für elektronische Verwaltungsverfahren ist der durch das 3. VwVfÄndG im Jahre 2002 eingeführte § 3a VwVfG. Danach ist die Übermittlung elektronischer Dokumente (E-Mail, aber auch DVD und CD) zulässig, soweit der Empfänger hierfür einen Zugang eröffnet. Damit wird die elektronische Übermittlung der Schriftform gleichgestellt. § 3a Abs. 2 VwVfG regelt insoweit ausdrücklich, dass eine durch Rechtsvorschrift angeordnete Schriftform, – soweit nicht durch Rechtsvorschrift etwas Anderes bestimmt ist – durch die elektronische Form ersetzt werden kann. Der elektronischen Form genügt ein elektronisches Dokument, das mit einer qualifizierten elektronischen Signatur nach dem Signaturgesetz versehen ist. Die Schriftform kann aber auch durch das Ausfüllen eines von der Behörde zur Verfügung gestellten Formulars, einer De-Mail oder mittels anderer sicherer Verfahren, die durch Rechtsverordnung festgelegt wurden, ersetzt werden (§ 3a Abs. 2 VwVfG). 1284

§ 3a VwVfG stellt somit die Grundnorm für die elektronische Kommunikation zwischen Verwaltung und Bürger dar. Damit soll einerseits der wachsenden Verbreitung moderner Informations- und Kommunikationstechniken auf Seiten des Bürgers Rechnung getragen werden und andrerseits die Möglichkeiten zur Kostensenkung und Steigerung der Effizienz genutzt werden.

Für den Bürger ist die erforderliche (ausdrückliche) Zugangseröffnung freiwillig. Er kann somit eine elektronische Kommunikation mit der Verwaltung verhindern. Die Eröffnung der elektronischen Kommunikation erfolgt seitens einer Behörde bereits durch einen öffentlichen Internetauftritt. Auch die Aufnahme einer E-Mail-Adresse im Briefkopf stellt eine Zugangseröffnung für den elektronischen Verkehr dar.

Mit der Eröffnung des Zugangs müssen die Beteiligten (also Verwaltung und Bürger) sicherstellen, dass sie ihre Mail-Postfächer regelmäßig abrufen. Im Übrigen gehen technische Kommunikationsprobleme grundsätzlich zu Lasten des Absenders. Ist ein der Behörde übermitteltes elektronisches Dokument für sie zur Bearbeitung nicht geeignet, muss sie dies dem Absender unter Angabe der für sie geltenden technischen Rahmenbedingungen unverzüglich mitteilen. Macht ein Empfänger geltend, er könne das von der Behörde übermittelte elektronische Dokument nicht bearbeiten, hat sie es ihm erneut in einem geeigneten elektronischen Format oder als Schriftstück zu übermitteln (§ 3a Abs. 3 VwVfG).

Die Ziele des § 3a VwVfG wurden – entgegen den ursprünglichen Erwartungen – bisher nur teilweise erreicht. So schätzt man, dass beispielsweise die elektronische Signatur nur von ca. 300.000 Personen genutzt wird. Auch elektronische Verwaltungsakte (siehe § 37 Abs. 2 VwVfG) stellen immer noch eine recht seltene Ausnahme dar. Die kommenden Jahre werden zeigen, wie schnell sich Verwaltung und Bürger den Errungenschaften der modernen Informationstechnologie für das Verwaltungsverfahren öffnen werden.

4. Verwaltungszustellungsgesetz

1285 Auch das Verwaltungszustellungsgesetz trägt den neuen rechtlichen Möglichkeiten des E-Government Rechnung. Nach § 5 Abs. 4 VwZG kann ein Dokument elektronisch zugestellt werden, soweit der Empfänger hierfür einen Zugang eröffnet. Es ist zwingend elektronisch zuzustellen, wenn auf Grund einer Rechtsvorschrift ein Verwaltungsverfahren auf Verlangen des Empfängers in elektronischer Form abgewickelt wird (§ 5 Abs. 5 Satz 2 VwZG). Für die Übermittlung ist das Dokument mit einer qualifizierten elektronischen Signatur nach dem Signaturgesetz zu versehen und gegen unbefugte Kenntnisnahme Dritter zu schützen (§ 5 Abs. 5 Satz 3 VwZG). Bei der elektronischen Zustellung ist die Übermittlung mit dem Hinweis „Zustellung gegen Empfangsbekenntnis“ einzuleiten. Die Übermittlung muss die absendende Behörde, den Namen und die Anschrift des Zustellungsadressaten sowie den Namen des Bediensteten erkennen lassen, der das Dokument zur Übermittlung aufgegeben hat (§ 5 Abs. 6 VwZG). Ein elektronisches Dokument gilt in den Fällen des Absatzes 5 Satz 2 am dritten Tag nach der Absendung an den vom Empfänger hierfür eröffneten Zugang als zugestellt, wenn der Behörde nicht spätestens an diesem Tag ein Empfangsbekenntnis nach Satz 1 zugeht. Satz 2 gilt nicht, wenn der Empfänger nachweist, dass das Dokument nicht oder zu einem späteren Zeitpunkt zugegangen ist (§ 5 Abs. 7 Satz 2 VwZG).

Eine elektronische Zustellung kann auch mittel De-Mail durchgeführt werden (§ 5a VwZG). Nach Abs. 1 der Vorschrift kann die elektronische Zustellung unbeschadet des § 5 Abs. 4 und 5 Satz 1 und 2 durch Übermittlung der nach § 17 des De-Mail-Gesetzes akkreditierten Diensteanbieter gegen Abholbestätigung nach § 5 Abs. 9 des De-Mail-Gesetzes an das De-Mail-Postfach des Empfängers erfolgen. Für die Zustellung nach Satz 1 ist § 5 Abs. 4 und 6 mit der Maßgabe anzuwenden, dass an die Stelle des Empfangsbekenntnisses die Abholbestätigung tritt.

5. Verwaltungsgerichtsordnung

Für verwaltungsgerichtliche Verfahren lässt seit dem Jahre 2005 § 55a VwGO die elekt- 1286
ronische Dokumentenübermittlung zu. Nach § 55b VwGO können die Prozessakten elektronisch geführt werden. Ein weiterer Ausbau der elektronischen Datenübermittlung in den nächsten Jahren wurde bereits gesetzlich vorgeschrieben.

Ab dem 1. 1. 2022 regelt § 55d VwGO, dass vorbereitende Schriftsätze und deren Anlagen sowie schriftlich einzureichende Anträge und Erklärungen, die durch einen Rechtsanwalt, durch eine Behörde oder durch eine juristische Person des öffentlichen Rechts einschließlich der von ihr zur Erfüllung ihrer öffentlichen Aufgaben gebildeten Zusammenschlüsse eingereicht werden, zwingend als elektronisches Dokument zu übermitteln sind. Auf schriftliche Dokumente soll also in Zukunft weitgehend verzichtet werden.

§ 25 Verwaltungsverfahren

LITERATUR

Hofmann/Gerke/Hildebrandt, Allgemeines Verwaltungsrecht, 11. Aufl. 2016, 9. Abschn.; *Maurer/Waldhoff*, Allgemeines Verwaltungsrecht, 19. Aufl. 2017, § 19.

I. Begriff und Arten des Verwaltungsverfahrens

Als Verwaltungsverfahren im weiteren Sinne bezeichnet man „jede auf den Erlass einer 1287
Entscheidung, die Vornahme einer sonstigen Maßnahme oder den Abschluss eines Vertrags gerichtete Tätigkeit der Verwaltungsbehörden“.

Das Verwaltungsverfahrensgesetz fasst den Begriff in § 9 VwVfG dagegen enger. Danach handelt es sich um die nach außen wirkende Tätigkeit der Behörden, die auf Prüfung der Voraussetzungen, die Vorbereitung und den Erlass eines Verwaltungsaktes oder auf den Abschluss eines öffentlich-rechtlichen Vertrags gerichtet ist. Rein verwaltungsinterne Vorgänge, schlichtes Verwaltungshandeln und auch die Normsetzung durch die Verwaltung fallen somit nicht in den Anwendungsbereich der Verfahrensgrundsätze (siehe §§ 9 – 30 VwVfG) des Verwaltungsverfahrensgesetzes.

Im Folgenden werden allein die vom VwVfG erfassten Verfahren erörtert. Es lassen sich folgende Arten unterscheiden:

- Das allgemeine oder nichtförmliche Verwaltungsverfahren (§ 10 VwVfG);
- das förmliche Verwaltungsverfahren (§§ 63 ff. VwVfG);
- das Planfeststellungsverfahren (§§ 72 ff. VwVfG);
- das Rechtsbehelfsverfahren (insbesondere das Widerspruchsverfahren, vgl. § 79 VwVfG).

1. Allgemeine oder nichtförmliche Verwaltungsverfahren

1288 Beim allgemeinen Verwaltungsverfahren handelt es sich um den gesetzlichen Regeltyp. Sofern keine besonderen Bestimmungen existieren, ist ein Verwaltungsverfahren nichtförmlich durchzuführen (§ 10 VwVfG). Dies soll nach § 10 Satz 2 VwVfG zum einen einfach und zweckmäßig geschehen. Seit dem Gesetz zur Beschleunigung von Genehmigungsverfahren vom 12. 9. 1996 wird zusätzlich eine zügige Durchführung des Verfahrens verlangt. Ob es dadurch tatsächlich zu einer schnelleren Abwicklung der Verwaltungsverfahren kommt, bleibt abzuwarten.

HINWEIS

Zwar müssen beim allgemeinen Verwaltungsverfahren keine Formvorschriften eingehalten werden. Dies bedeutet allerdings nicht, dass die Verwaltung das Verfahren vollkommen frei durchführen kann. Sie muss vielmehr die allgemeinen Verfahrensgrundsätze der §§ 9 – 30 VwVfG einhalten, die keine Formvorschriften sind.

2. Förmliche Verwaltungsverfahren

1289 Ein förmliches Verwaltungsverfahren findet nur statt, wenn es durch Rechtsvorschrift ausdrücklich angeordnet wird (§ 63 Abs. 1 VwVfG). Anträge müssen schriftlich oder zur Niederschrift bei der Behörde gestellt werden (§ 64 VwVfG). Die Mitwirkung von Zeugen und Sachverständigen ist besonders geregelt (§ 65 VwVfG). Im Regelfall ist eine mündliche Verhandlung durchzuführen (§ 67 VwVfG). Letztendlich muss die getroffene Entscheidung schriftlich erfolgen und begründet werden. Sie ist dem Beteiligten zuzustellen (§ 69 Abs. 2 VwVfG).

BEISPIELE Das förmliche Verfahren wird im Enteignungsverfahren nach §§ 104 ff. BauGB, im Musterungsverfahren nach § 19 WPflG oder im Verfahren über die Indizierung jugendgefährdender Medien durch die Bundesprüfstelle gem. § 21 JuSchG vorgeschrieben. Die jeweiligen Spezialgesetze modifizieren die Regelungen des Verwaltungsverfahrensgesetzes.

Für Verwaltungsverfahren, welche die Erteilung einer Genehmigung zum Ziel haben und eine wirtschaftliche Unternehmung des Antragstellers betreffen, gelten zusätzliche Regelungen. So ist eine zügige Verfahrensdurchführung sicherzustellen (§ 71b VwVfG), wozu § 71c VwVfG verschiedene Beratungs- und Auskunftspflichten vorsieht. Nach § 71e VwVfG soll die Behörde auf Verlangen des Antragstellers das Verfahren in elektronischer Form abwickeln.

3. Planfeststellungsverfahren

Auch das Planfeststellungsverfahren muss durch Rechtsvorschrift ausdrücklich angeordnet werden (§ 72 Abs. 1 VwVfG). Es zielt auf die Feststellung eines Plans, durch den ein bestimmtes raumbezogenes Vorhaben mit rechtsgestaltender Wirkung für zulässig erklärt wird. 1290

BEISPIELE

- Planfeststellungsverfahren für Bundesfernstraßen nach §§ 17 ff. FStrG, für Landesstraßen nach § 38 StrWG NRW;
- Planfeststellungsverfahren für Anlagen zur Sicherstellung und Endlagerung radioaktiver Abfälle (§ 9b AtG); für Abfalldeponien (§ 31 KrW-/AbfG).

Das Planfeststellungsverfahren ist noch strenger geregelt als das förmliche Verwaltungsverfahren. Es muss nach § 73 VwVfG ein stark formalisiertes Anhörungsverfahren durchgeführt werden, das sämtlichen Beteiligten die Möglichkeit gibt, Einwendungen gegen den Plan vorzubringen. Ist mit dem Vorhaben ein Eingriff in die Natur und Landschaft verbunden, müssen anerkannte Naturschutzvereinigungen zusätzlich beteiligt werden (§ 63 Abs. 1 Nr. 3 BNatSchG).

Aber auch hier hat das Gesetz zur Beschleunigung von Genehmigungsverfahren Änderungen vorgenommen. Es ist zu einer Straffung des Planfeststellungsverfahrens durch die Einführung besonderer Fristen und Präklusionsregelungen im Anhörungsverfahren gekommen (siehe § 73 Abs. 2, 3, 3a, 4, 5, 6 VwVfG). Statt eines Planfeststellungsverfahrens kann in bestimmten Fällen ein viel einfacheres Plangenehmigungsverfahren durchgeführt werden (§ 74 Abs. 6 VwVfG). Die Auswirkungen von Abwägungsmängeln in Planfeststellungs- und Genehmigungsverfahren wurden durch § 75 Abs. 1a VwVfG abgemildert.

Für die meisten Planfeststellungsverfahren gelten neben den (allgemeinen) Regelungen des VwVfG weitere Spezialgesetze, die den Besonderheiten der zu entscheidenden Rechtsmaterie Rechnung tragen.

4. Rechtsbehelfsverfahren

Das Rechtsbehelfsverfahren (Einzelheiten s. u. Rn. 1305 ff.) ist in den §§ 68 ff. VwGO geregelt, auf die § 79 VwVfG ausdrücklich verweist. Gem. § 68 VwGO wird die Rechtmäßigkeit und Zweckmäßigkeit von Verwaltungsmaßnahmen nachgeprüft. Es handelt sich um ein echtes Verwaltungsverfahren, das aber zugleich ein gerichtliches Vorverfahren darstellt (sog. Doppelcharakter des Widerspruchsverfahrens). Aus diesem Grund befinden sich seine wesentlichen Regelungen in der Verwaltungsgerichtsordnung. Daneben gilt das Verwaltungsverfahrensgesetz (z. B. §§ 11 ff., 22 ff., 28 ff. VwVfG). 1291

II. Verfahrensbeteiligte

1292 Die §§ 11 ff. VwVfG regeln, wer Beteiligter eines Verwaltungsverfahrens sein kann und wer dadurch Träger bestimmter Verfahrensrechte und -pflichten ist.

BEISPIELE ▸ Nur den Beteiligten steht das Recht auf Anhörung (§ 28 VwVfG) oder das Recht auf Akteneinsicht (§ 29 VwVfG) zu.

1. Beteiligtenfähigkeit

1293 Fähig, am Verfahren beteiligt zu sein (sog. Beteiligtenfähigkeit), sind natürliche und juristische Personen, des Weiteren Vereinigungen, soweit ihnen ein Recht zustehen kann, und Behörden (§ 11 VwVfG).

BEISPIELE ▸ Vereinigungen, denen ein Recht zustehen kann, sind etwa die politischen Parteien, die Gewerkschaften, aber auch eine OHG oder KG.

2. Handlungsfähigkeit

1294 Die Handlungsfähigkeit, also die Fähigkeit, Verfahrenshandlungen selbst vorzunehmen (z. B. Anträge zu stellen), steht geschäftsfähigen natürlichen Personen zu (§ 12 Abs. 1 Nr. 1 VwVfG). Juristische Personen können durch ihre gesetzlichen Vertreter oder durch besonders Beauftragte handeln (§ 12 Abs. 1 Nr. 3 VwVfG), Behörden durch ihre Leiter, deren Vertreter oder Beauftragte (§ 12 Abs. 1 Nr. 4 VwVfG).

3. Beteiligte

1295 Wer im konkreten Verfahren Beteiligter ist, beschreibt § 13 VwVfG. Danach sind Beteiligte

- Antragsteller und Antragsgegner;
- diejenigen, an die die Behörde den Verwaltungsakt richten will oder gerichtet hat;
- diejenigen, mit denen die Behörde einen öffentlich-rechtlichen Vertrag schließen will oder geschlossen hat;
- Hinzugezogene nach § 13 Abs. 2 VwVfG. Hinzugezogen werden diejenigen, deren rechtliche Interessen durch den Ausgang des Verfahrens berührt werden können.

BEACHTE

Beachte zur Unterscheidung Beteiligtenfähigkeit (§ 11 VwVfG) und Beteiligter (§ 13 VwVfG): Eine natürliche Person ist immer fähig, am Verfahren beteiligt zu sein. Ob sie es im zu entscheidenden Fall ist, richtet sich nach § 13 VwVfG. Ist sie etwa Antragsgegner oder Antragsteller, ist die beteiligungsfähige Person im konkreten Fall auch Beteiligter gem. § 13 Abs. 1 Nr. 1 VwVfG. Dritte Personen sind zwar grundsätzlich beteiligtenfähig, im konkreten Verfahren aber keine Beteiligte.

Die Beteiligten können sich durch Bevollmächtigte vertreten lassen (§ 14 VwVfG). Dies sind zumeist Rechtsanwälte, Steuerberater oder sonstige Fachkundige.

III. Verfahrensablauf

1. Beginn des Verwaltungsverfahrens

Grundsätzlich entscheidet die Behörde nach pflichtgemäßem Ermessen, ob und wann 1296
sie ein Verwaltungsverfahren durchführt (§ 22 Satz 1 VwVfG). Etwas Anderes gilt nur dann, wenn sie von Amts wegen oder auf Antrag tätig werden muss.

2. Gang des Verfahrens

Wie das begonnene Verfahren weitergeführt wird, bestimmt zunächst die Behörde. Da- 1297
bei gilt der Grundsatz, dass die Verwaltung den zugrundeliegenden Sachverhalt aufklären muss (Untersuchungsgrundsatz). Art und Umfang der Ermittlungen kann sie selbst bestimmen. An das Vorbringen und die Beweisanträge der Beteiligten ist sie nicht gebunden (§ 24 Abs. 1 VwVfG). Vollkommen frei ist sie allerdings nicht. Die Behörde muss vielmehr gem. § 24 Abs. 2 VwVfG alle für den Einzelfall bedeutsamen Umstände berücksichtigen. Dies gilt selbstverständlich auch in Bezug auf Umstände, die den Beteiligten begünstigen. Aus diesem Grund werden dem Beteiligten eigene Verfahrensrechte eingeräumt, mit denen er das Verwaltungsverfahren beeinflussen kann.

Die Amtssprache eines Verwaltungsverfahrens ist deutsch (§ 23 Abs. 1 VwVfG).

Die Beweismittel, deren sich die Verwaltung zur Aufklärung des Sachverhalts bedienen kann, regelt § 26 Abs. 1 VwVfG. Es sind in erster Linie Auskünfte jeder Art, die Anhörung Beteiligter, die Vernehmung von Zeugen und Sachverständigen, die Beziehung von Urkunden und Akten und letztlich der Augenschein.

Bestimmte Personen dürfen für die Behörde in einem Verwaltungsverfahren nicht tätig werden. Dies sind nach § 20 VwVfG z. B. der Beteiligte selbst, seine Angehörigen, aber auch Bevollmächtigte oder bei dem Beteiligten gegen Entgelt Beschäftigte.

Liegt ein Grund vor, der geeignet ist, Misstrauen gegen eine unparteiische Amtsführung zu rechtfertigen, ist der Leiter einer Behörde zu unterrichten. Der Betroffene muss sich auf dessen Anordnung der Mitwirkung an dem Verwaltungsverfahren enthalten (§ 21 VwVfG). Die bloße Behauptung eines Beteiligten, es liege ein Befangenheitsgrund vor, reicht aus.

3. Verfahrensende

Das Verfahren endet, wenn über den Erlass eines Verwaltungsaktes bzw. den Abschluss 1298
eines öffentlich-rechtlichen Vertrags entschieden wurde. Zu einem Ende kommt es auch dann, wenn sich das Verfahren von selbst erledigt, die Beteiligten erforderliche Anträge zurückziehen oder die Sache nicht mehr weiterverfolgen.

IV. Verfahrensrechte der Beteiligten

1299 Durch Ausnutzung seiner Verfahrensrechte kann der beteiligte Bürger das Verfahren beeinflussen und somit die grundsätzlich freie Ermittlungstätigkeit der Behörden einschränken.

1. Recht auf Anhörung

1300 Bevor ein belastender Verwaltungsakt erlassen wird, ist dem Beteiligten Gelegenheit zu geben, sich zu den für die Entscheidung erheblichen Tatsachen zu äußern (§ 28 Abs. 1 VwVfG). Das Recht auf Anhörung beinhaltet auch die Pflicht der Behörde, den Beteiligten über Tatsachen zu informieren, die für ihn wesentlich sind, da sich der Beteiligte ansonsten nicht ausreichend äußern könnte.

Die Behörde hat ihre Pflichten erfüllt, wenn sie dem Beteiligten die Möglichkeit eingeräumt hat, sich schriftlich zu äußern. Nimmt dieser die Möglichkeit nicht wahr, liegt kein Verstoß gegen § 28 Abs. 1 VwVfG vor.

Nach § 28 Abs. 2 VwVfG **kann** von einer Anhörung abgesehen werden, wenn sie den Umständen nach nicht geboten ist. Das Gesetz nennt hierfür einige (nicht abschließende!) Beispiele. So ist eine Anhörung dann nicht geboten, wenn eine sofortige Entscheidung wegen Gefahr im Verzug oder im öffentlichen Interesse notwendig erscheint. Gefahr im Verzug liegt dann vor, wenn durch eine vorherige Anhörung auch bei Gewährung kürzester Anhörungsfristen (z. B. durch eine telefonische Anhörung) ein Zeitverlust einträte, der mit hoher Wahrscheinlichkeit zur Folge haben würde, dass die durch den Verwaltungsakt zu treffende Regelung zu spät käme.

Gleiches gilt, wenn die Behörde eine Allgemeinverfügung oder gleichartige Verwaltungsakte in größerer Zahl oder Verwaltungsakte mit Hilfe automatischer Einrichtungen erlässt.

BEISPIEL Beim Aufstellen eines Verkehrsschildes (Allgemeinverfügung) braucht wegen § 28 Abs. 2 Nr. 4 VwVfG keine Anhörung zu erfolgen. Eine solche wäre wegen der Vielzahl von Verkehrsteilnehmern praktisch undurchführbar.

Eine Anhörung **muss** unterbleiben, wenn ein zwingendes öffentliches Interesse entgegensteht (§ 28 Abs. 3 VwVfG).

BEISPIEL Dies sind etwa erhebliche Nachteile für das Wohl des Bundes oder eines Landes, wie sie bei qualifizierten Sicherheits- oder Geheimhaltungsinteressen oder bei erheblicher Gefährdung der öffentlichen Sicherheit und Ordnung für eine Vielzahl von Menschen oder bedeutenden Sachwerten vorliegen können (z. B. bei Naturereignissen oder in Katatrophenfällen).

1301 Unterbleibt in einem Verfahren die (erforderliche) Anhörung, konnte dies von der Verwaltung früher nur bis zum Abschluss des Vorverfahrens oder, falls ein solches nicht stattfand, bis zur Erhebung der verwaltungsgerichtlichen Klage nachgeholt werden. Durch das Genehmigungsverfahrensbeschleunigungsgesetz können Handlungen des § 45 Abs. 1 VwVfG nun sogar bis zum Abschluss eines verwaltungsgerichtlichen Verfahrens nachgeholt werden (§ 45 Abs. 2 VwVfG). Die Belange eines Klägers werden in den Fällen, in denen die „Reparatur" eines Fehlers erst im verwaltungsgerichtlichen Klageverfahren erfolgt, dadurch gewahrt, dass das Gericht die späte Heilung bei der Kostenentscheidung zu berücksichtigen hat.

2. Recht auf Akteneinsicht

Die Beteiligten können von der Behörde Einsicht in die Akten des betreffenden Verfah- 1302
rens verlangen, wenn deren Kenntnis für sie erforderlich ist (§ 29 Abs. 1 VwVfG). Dies gilt allerdings nicht, wenn die ordnungsgemäße Erfüllung der Aufgaben der Behörde beeinträchtigt würde (§ 29 Abs. 2 VwVfG mit weiteren Ausnahmefällen). Die Akteneinsicht erfolgt in der Regel bei der Behörde, die die Akten führt (§ 29 Abs. 3 VwVfG).

3. Weitere Verfahrensrechte

Neben den genannten Rechten hat der Beteiligte Anspruch darauf, dass Geheimnisse 1303
aus dem persönlichen Lebensbereich sowie Betriebs- und Geschäftsgeheimnisse nicht unbefugt offenbart werden (§ 30 VwVfG). Er hat des Weiteren das Recht, sich durch einen Bevollmächtigten vertreten zu lassen sowie zu Verhandlungen oder Besprechungen mit einem Beistand zu erscheinen (§ 14 VwVfG).

BEACHTE

Kein eigentliches Verfahrensrecht ist die Pflicht der Behörde, einen Verwaltungsakt zu begründen (§ 39 VwVfG). Die Vorschrift gibt dem Beteiligten das Recht, über die wesentlichen tatsächlichen und rechtlichen Gründe informiert zu werden, die die Behörde zu ihrer Entscheidung bewogen haben. Dies gilt insbesondere für Ermessenserwägungen.

V. Verfahrenspflichten des Beteiligten

Den Verfahrensrechten des Beteiligten stehen Verfahrenspflichten gegenüber, die aller- 1304
dings wenig ausgeprägt sind. Sie beschränken sich in erster Linie nach § 26 Abs. 2 VwVfG auf die Pflicht, bei der Ermittlung des Sachverhalts mitzuwirken, was insbesondere durch die Angabe von Tatsachen und Beweismitteln zu geschehen hat, die dem Beteiligten bekannt sind. Spezialgesetze können weitere Mitwirkungspflichten normieren.

BEISPIELE

- Duldung des Betretens von Grundstücken gem. § 22 Abs. 2 GastG;
- Duldung einer ärztlichen Untersuchung (§§ 44 Abs. 6, 48 BBG, § 17 Abs. 4 WPflG).

FALL

Der Ablauf eines Verwaltungsverfahrens

Sachverhalt

A möchte in Münster eine Gaststätte betreiben. Skizzieren Sie das erforderliche Verfahren.

Lösung

A muss als erstes bei der Stadt Münster die notwendige Gaststättenerlaubnis beantragen. Mit der Entgegennahme des Antrags beginnt das nichtförmliche Verwaltungsverfahren (§§ 9, 22 VwVfG). A ist als Antragsteller Beteiligter (§ 13 Abs. 1 Nr. 1 VwVfG), da er als natürliche Person die Beteiligtenfähigkeit besitzt (§ 11 Nr. 1 VwVfG). Er ist aus diesem Grund zugleich handlungsfähig (§ 12 Abs. 1 Nr. 1 VwVfG).

Die Behörde hat nach Verfahrensbeginn den zugrundeliegenden Sachverhalt aufzuklären (§ 24 VwVfG). Dazu gehört es z. B., dass sie feststellen muss, ob A die erforderliche Zuverlässigkeit i. S. des § 4 Abs. 1 GastG besitzt. Stellt die Behörde fest, dass A zuvor wegen verschiedener strafrechtlicher Delikte verurteilt wurde, muss sie die Gaststättenerlaubnis eventuell verweigern. Zuvor ist A aber hierzu anzuhören (§ 28 Abs. 1 VwVfG). Er hat das Recht, Akteneinsicht zu nehmen, wenn dies zur Wahrnehmung seiner Interessen erforderlich ist (§ 29 VwVfG). Die Behörde darf ihre Bedenken gegen die Erteilung der Gaststättenerlaubnis wegen § 30 VwVfG nicht öffentlich machen. A kann sich zur Wahrnehmung seiner Interessen durch einen Rechtsanwalt vertreten lassen, den er auch an eventuellen Besprechungen mit der Behörde teilnehmen lassen kann (§ 14 Abs. 1, 4 VwVfG). Stellt sich heraus, dass das Strafurteil in der Berufungsinstanz wegen erwiesener Unschuld aufgehoben wurde, muss A die Gaststättenerlaubnis erteilt werden.

Mit dem Erlass eines entsprechenden Verwaltungsaktes endet das Verwaltungsverfahren (vgl. § 9 VwVfG).

§ 26 Verwaltungskontrolle (Rechtsschutz)

LITERATUR

Detterbeck, Allgemeines Verwaltungsrecht, 16. Aufl. 2018, Rn. 1316 ff.; *Hofmann/Gerke/Hildebrandt*, Allgemeines Verwaltungsrecht, 11. Aufl. 2016, 10.–13. Abschn.; *Suckow/Weidemann*, Allgemeines Verwaltungsrecht und Verwaltungsrechtsschutz, 17. Aufl. 2018, Kapitel 6.

1305 Die Verwaltung ist gem. Art. 20 Abs. 3 GG als Teil der vollziehenden Gewalt an Recht und Gesetz gebunden. Da aber auch die Träger hoheitlicher Gewalt nicht in allen Fällen rechtsfehlerfrei entscheiden, werden sie gerichtlich, aber auch außergerichtlich kontrolliert.

I. Außergerichtlicher Rechtsschutz

Beim außergerichtlichen Rechtsschutz unterscheidet man zwischen Rechtsbehelfen, 1306
die an eine bestimmte Form gebunden sind, und solchen, die formlos eingereicht werden können.

ABB. 45: Formloser außergerichtlicher Rechtsschutz

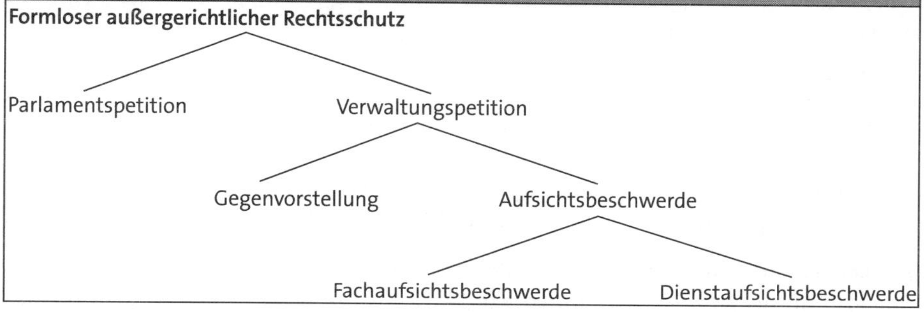

1. Formlose und förmliche Rechtsbehelfe

Zu den formlosen Rechtsbehelfen zählt die **Parlamentspetition** (z. B. Art. 17 GG und ver- 1307
gleichbare Regelungen in den meisten Landesverfassungen). Danach hat jedermann das Recht, sich mit Bitten oder Beschwerden an die zuständigen Stellen und an die Volksvertretung zu wenden.

Daneben sind **Verwaltungspetitionen** möglich, zu denen an die Verwaltung gerichtete Bitten oder Beschwerden gehören. Bei den Beschwerden unterscheidet man die **Gegenvorstellung** und die **Aufsichtsbeschwerde**. Die Gegenvorstellung muss bei der zuständigen Behörde vorgetragen werden. Mit der Aufsichtsbeschwerde wendet man sich an eine vorgesetzte Instanz. Es gibt Fachaufsichts- und Dienstaufsichtsbeschwerden. Erstere richten sich sachlich gegen eine Maßnahme oder ein Unterlassen einer Verwaltungsbehörde. Ihr Ziel ist die Änderung oder Aufhebung einer Verwaltungsmaßnahme. Dagegen wird mit der Dienstaufsichtsbeschwerde eine Überprüfung des persönlichen Verhaltens eines Bediensteten bezweckt. In diesem Fall sollen disziplinarische Maßnahmen erfolgen.

Formlos bedeutet, dass keine förmlichen Zulässigkeitsvoraussetzungen (mit Ausnahme der Schriftform, vgl. Art. 17 GG) für das Einlegen eines entsprechenden Rechtsbehelfs verlangt werden. Es sind z. B. keine Fristen zu beachten. Auf formlose Rechtsbehelfe wird deshalb häufig dann zurückgegriffen, wenn förmliche Rechtsbehelfe unzulässig wären.

Für förmliche Rechtsbehelfe ist ein bestimmtes Verfahren genau vorgeschrieben. Die bekannteste Form ist das Widerspruchsverfahren nach §§ 68 ff. VwGO. Daneben gibt es förmliche Rechtsbehelfe beispielsweise für die Finanzverwaltung (§§ 347 ff. AO) und den Bereich der Sozialversicherung (§§ 78, 83 ff. SGG). Im Folgenden soll allein das Widerspruchsverfahren nach §§ 68 ff. VwGO dargestellt werden, dem die anderen Verfahren in weiten Teilen ähneln.

2. Widerspruchsverfahren

a) Ablauf des Widerspruchsverfahrens

1308 Vor Erhebung von Anfechtungs- und Verpflichtungsklagen ist gem. § 68 Abs. 1, 2 VwGO ein Vorverfahren vorgeschrieben.

HINWEIS

In manchen Bundesländern hat das Widerspruchsverfahren in den vergangenen Jahren erheblich an Bedeutung verloren. So wurde es etwa in Nordrhein-Westfalen für das Landesrecht weitgehend abgeschafft (§ 110 JustGNRW). Dort ist ein Widerspruchsverfahren nur in gesetzlich ausdrücklich genannten Fällen zulässig. Sofern ein solcher Ausnahmefall nicht vorliegt, kann ein Verwaltungsakt (z. B. eine baurechtliche Abrissverfügung, Untersagung der Gaststättenerlaubnis) oder ein ablehnender Bescheid auf Erlass eines begünstigenden Verwaltungsaktes (z. B. Baugenehmigung, gewerberechtliche Erlaubnis usw.) nicht mehr mit dem Widerspruch angefochten werden. Vielmehr muss sich der Betroffene zur Vermeidung der Bestandskraft der Entscheidung sogleich mittels Klageantrag an das zuständige Verwaltungsgericht wenden.

Im Widerspruchsverfahren werden die Rechtmäßigkeit und die Zweckmäßigkeit des angefochtenen Verwaltungsaktes bzw. die Ablehnung des begehrten Verwaltungsaktes überprüft. Voraussetzung ist also grundsätzlich das Vorliegen oder Begehren eines Verwaltungsaktes.

Geht es nicht um einen Verwaltungsakt, muss ein Vorverfahren nicht durchgeführt werden. Stattdessen ist es dem Beteiligten möglich, ohne weitere Zwischenschritte die Verwaltungsgerichte anzurufen.

Von diesem Grundsatz gibt es allerdings Ausnahmen. So schreibt § 126 Abs. 3 BRRG vor, dass in allen **beamtenrechtlichen Streitigkeiten** ein Vorverfahren durchgeführt werden muss. Dies bedeutet, dass auch bei allgemeinen Leistungsklagen, die i. d. R. keinen Verwaltungsakt voraussetzen, vor Klageerhebung ein Vorverfahren stattgefunden haben muss.

Das Widerspruchsverfahren dient dem Rechtsschutz des Bürgers, der Entlastung der Gerichte und insbesondere der Selbstkontrolle der Verwaltung. Es wird den zuständigen Behörden die Gelegenheit gegeben, ihre getroffenen Entscheidungen zu überdenken. Aus diesem Grund muss der Widerspruch gegen einen Verwaltungsakt gem. § 70 Abs. 1 VwGO bei der Behörde erhoben werden, die den Verwaltungsakt erlassen hat.

Sofern die Ausgangsbehörde der Auffassung des Betroffenen folgen will, kann sie dem Widerspruch abhelfen (§ 72 VwGO). Ein Widerspruchsbescheid i. S. des § 73 VwGO braucht in diesem Fall nicht zu ergehen.

Hält die Ausgangsbehörde den Widerspruch jedoch für unzulässig oder unbegründet und hilft sie ihm aus diesem Grunde nicht ab, muss ein Widerspruchsbescheid ergehen. Diesen erlässt i. d. R. gem. § 73 Abs. 1 Nr. 1 VwGO die nächst höhere Behörde. Ist die nächst höhere Behörde eine oberste Bundes- oder Landesbehörde, entscheidet die Ausgangsbehörde über den Widerspruch (§ 73 Abs. 1 Nr. 2 VwGO). Auch in Selbstverwaltungsangelegenheiten kann die Ausgangsbehörde nach § 73 Abs. 1 Nr. 3 VwGO ebenfalls selbst über den Widerspruch entscheiden.

HINWEIS

In beamtenrechtlichen Streitigkeiten gilt die von § 73 VwGO abweichende Sonderregelung des § 126 Abs. 3 Nr. 2 BRRG. Danach erlässt grundsätzlich in allen Fällen die oberste Dienstbehörde den Widerspruchsbescheid. Eine Übertragung auf andere Behörden ist allerdings möglich.

b) Erfolgsaussichten des Widerspruchs

Die Prüfung der Erfolgsaussichten eines Widerspruchs stimmt in weiten Teilen mit der 1309
einer Klage überein.

HINWEIS

Im Folgenden wird die Prüfung der Zulässigkeit und der Begründetheit eines Widerspruchs nur kurz skizziert. Eine vertiefende Darstellung, die zum großen Teil auch für den Widerspruch gilt, befindet sich bei den Klagearten. Soweit Unterschiede bestehen, wird darauf aufmerksam gemacht.

Wer sich also auf eine verwaltungsrechtliche Klausur o. Ä. vorbereitet und deshalb auf eine gründliche Erörterung angewiesen ist, sollte zunächst die Klagearten durcharbeiten.

aa) Zulässigkeit

(1) Verwaltungsrechtsweg

Sofern keine Spezialzuweisung vorliegt, sind die Voraussetzungen des § 40 Abs. 1 1310
VwGO zu prüfen. Es ergeben sich keine Besonderheiten gegenüber einer Klage.

(2) Statthaftigkeit des Widerspruchs

1311 Ein Widerspruch ist nur zulässig, wenn der Gesetzgeber dies ausdrücklich gestattet.

(a) Beispiel hierfür ist § 68 VwGO. Vor Erhebung von Anfechtungs- und Verpflichtungsklagen sind Rechtmäßigkeit und Zweckmäßigkeit des Verwaltungsaktes in einem Vorverfahren nachzuprüfen. Ein Widerspruch ist also nur statthaft, wenn ein Verwaltungsakt i. S. des § 35 VwVfG angefochten (sog. Anfechtungswiderspruch) oder begehrt (sog. Verpflichtungswiderspruch) wird. Geht es nicht um einen Verwaltungsakt, ist der Widerspruch grundsätzlich unstatthaft.

(b) Bei Leistungs- und Feststellungsklagen gibt es keine vergleichbaren Regelungen. Eines Vorverfahrens bedarf es in diesen Fällen i. d. R. nicht. Ein Widerspruch wäre unstatthaft.

(c) Eine Ausnahme von der Notwendigkeit eines Verwaltungsaktes stellen beamtenrechtliche Streitigkeiten dar. Hier ist nach § 126 Abs. 3 BRRG ein Vorverfahren auch dann durchzuführen, wenn kein Verwaltungsakt vorliegt oder begehrt wird.

(d) Trotz Vorliegens eines Verwaltungsaktes ist ausnahmsweise ein Vorverfahren entbehrlich, wenn dies ein Gesetz für besondere Fälle bestimmt oder wenn der Verwaltungsakt von einer obersten Bundes- oder Landesbehörde erlassen wurde (§ 68 Abs. 1 Satz 2 Nr. 1 VwGO). Auch wenn ein Dritter durch einen Widerspruchsbescheid erstmalig beschwert wurde (§ 68 Abs. 1 Satz 2 Nr. 2 VwGO), braucht kein Widerspruchsverfahren durchgeführt zu werden.

(e) Wie bei einer Klage muss das Begehren des Widerspruchsführers ausgelegt werden. Dies gilt besonders dann, wenn der Bürger seine Einwendungen gegen die Entscheidung der Verwaltung nicht ausdrücklich als Widerspruch bezeichnet. Hier muss aus dem Gesamtzusammenhang ermittelt werden, ob es sich um einen Widerspruch handelt.

(3) Widerspruchsbefugnis

1312 Es ist analog § 42 Abs. 2 VwGO festzustellen, ob der Widerspruchsführer geltend macht, durch den Verwaltungsakt oder seine Ablehnung oder Unterlassung in seinen Rechten verletzt zu sein. Für den Anfechtungswiderspruch kann die Adressatentheorie, für den Verpflichtungswiderspruch die Möglichkeitstheorie herangezogen werden.

(4) Form

1313 § 70 Abs. 1 VwGO stellt nur sehr geringe Anforderungen an die Form eines Widerspruchs. Er muss schriftlich oder zur Niederschrift bei der erlassenden Behörde eingelegt werden und die eigenhändige Unterschrift des Widerspruchsführers tragen.

(5) Widerspruchsfrist

Der Widerspruch muss innerhalb eines Monats nach Bekanntgabe des Verwaltungsaktes (vgl. §§ 41, 43 Abs. 1 VwVfG) bei der Behörde, die ihn erlassen hat, eingelegt werden (§ 70 Abs. 1 Satz 1 VwGO). Die Frist wird nach § 70 Abs. 1 Satz 2 VwGO auch dann gewahrt, wenn der Widerspruch bei der Widerspruchsbehörde eingelegt wird. 1314

Die Frist verlängert sich nach § 58 Abs. 2 VwGO auf ein Jahr, falls die Rechtsbehelfsbelehrung nicht den Voraussetzungen des § 58 Abs. 1 VwGO entspricht.

Die Frist berechnet sich nach §§ 79, 31 VwVfG, §§ 187 – 193 BGB. Nach anderer Auffassung ergibt sich die Anwendung der §§ 187 – 193 BGB über §§ 57 Abs. 2, 222 Abs. 1 ZPO. Beide Auffassungen kommen immer zum gleichen Ergebnis.

Ähnlich wie bei der Klage ist auch im Widerspruchsverfahren eine Wiedereinsetzung in den vorigen Stand möglich. Die Voraussetzungen regeln sich gem. § 70 Abs. 2 VwGO nach § 60 Abs. 1 – 4 VwGO analog (siehe Rn. 1372 ff.).

(6) Weitere Zulässigkeitsvoraussetzungen

Hinsichtlich weiterer Zulässigkeitsvoraussetzungen sei auf die Erörterungen zum gerichtlichen Rechtsweg verwiesen. 1315

bb) Begründetheit

Ein Widerspruch ist begründet, wenn der Verwaltungsakt bzw. seine Ablehnung rechtswidrig oder unzweckmäßig ist (§ 68 Abs. 1, 2 VwGO). Im Gegensatz zu einer Klage wird also auch die Zweckmäßigkeit eines Verwaltungsaktes geprüft. 1316

(1) Rechtmäßigkeit

Für die Rechtmäßigkeitsprüfung werden § 113 Abs. 1 Satz 1 (Anfechtungswiderspruch) und Abs. 5 VwGO (Verpflichtungswiderspruch) analog angewendet (siehe Rn. 1319 ff. und 1372 ff.). 1317

(2) Zweckmäßigkeit

Die Zweckmäßigkeit braucht nur dann geprüft zu werden, wenn der Verwaltungsakt rechtmäßig ist und sich auf eine Ermessensvorschrift stützt. Bei gebundener Verwaltung darf die Zweckmäßigkeit nicht geprüft werden. Denn nur in den Fällen, in denen die Verwaltung die Wahl zwischen mehreren Entscheidungen hat, macht es Sinn, nach der zweckmäßigsten Alternative zu fragen. Auch im Falle einer Ermessensreduzierung auf Null ist eine Zweckmäßigkeitsprüfung deshalb nicht erforderlich. 1318

Zur Beurteilung der Zweckmäßigkeit einer Entscheidung können fiskalische und politische Erwägungen herangezogen werden. Auch die Effektivität einer Entscheidung kann Berücksichtigung finden. In der Praxis kommt der Zweckmäßigkeitsprüfung aber selten eigenständige Bedeutung zu, da regelmäßig alle erheblichen Gesichtspunkte im Zusammenhang mit den Ermessenserwägungen erörtert werden müssen.

Prüfungsschema Erfolgsaussichten eines Widerspruchs

I. **Zulässigkeit**
- Verwaltungsrechtsweg (Spezialregelung oder § 40 Abs. 1 Satz 1 VwGO)
- Statthaftigkeit (§ 68 Abs. 1, 2 VwGO, § 126 Abs. 3 BRRG in Beamtensachen)
- Widerspruchsbefugnis (§ 42 Abs. 2 VwGO analog)
- Form (§ 70 VwGO)
- Widerspruchsfrist (§ 70 VwGO)
- Weitere Zulässigkeitsvoraussetzungen siehe Rn. 1325

II. **Begründetheit**
1. Rechtmäßigkeit
   - Anfechtungswiderspruch:
     § 68 Abs. 1 Satz 1 VwGO, § 113 Abs. 1 Satz 1 VwGO analog
   - Verpflichtungswiderspruch:
     § 68 Abs. 2, 1 Satz 1 VwGO, § 113 Abs. 5 Satz 1 VwGO analog
2. Zweckmäßigkeit (nur, wenn Verwaltungsakt rechtmäßig ist, sich auf eine Ermessensvorschrift stützt und kein Fall der Ermessensreduzierung auf Null vorliegt)

II. Gerichtlicher Rechtsschutz

1319 Wird jemand durch die öffentliche Gewalt in seinen Rechten verletzt, steht ihm nach Art. 19 Abs. 4 GG der Rechtsweg offen. Er kann sich mit seiner Angelegenheit an die Gerichte wenden. Wie dies auf dem Gebiet des Verwaltungsrechts zu geschehen hat, ist in der Verwaltungsgerichtsordnung geregelt. Für manche Rechtsgebiete des Verwaltungsrechts gelten Sonderregelungen.

BEISPIELE

- In finanzrechtlichen Streitigkeiten werden entsprechende Regelungen in der Finanzgerichtsordnung getroffen.
- Für sozialgerichtliche Klagen ist die Sozialgerichtsordnung anwendbar.

Mittlerweile nimmt auch das Gemeinschaftsrecht Einfluss auf das bisher rein national geprägte Verwaltungsprozessrecht. Allerdings wird das deutsche Recht den europarechtlichen Vorgaben im Hinblick auf einen effektiven Rechtsschutz bisher in vollem Umfang gerecht.

Eine (verwaltungsgerichtliche) Klage ist erfolgreich, wenn sie **zulässig** und **begründet** ist. Im Rahmen der Begründetheit prüft das Gericht die Frage, ob das Klagebegehren sachlich gerechtfertigt ist.

BEISPIELE

- War der belastende Verwaltungsakt rechtmäßig, d. h. kann er sich auf eine (erforderliche) Ermächtigungsgrundlage stützen (= Anfechtungsklage)?
- Hat der Kläger einen Anspruch auf den begehrten Verwaltungsakt (= Verpflichtungsklage)?

Die Zulässigkeitsprüfung befasst sich dagegen nicht mit den materiellen Fragen des Rechtsstreits, sondern mit der prozessualen Durchsetzungsmöglichkeit der Klage. Fehlt es an einer dieser Voraussetzung, steigt das Gericht in die Begründetheitsprüfung erst gar nicht ein. Es weist die Klage vielmehr als unzulässig ab.

BEISPIELE

- A erhebt mündlich Klage vor dem Amtsgericht auf Erteilung einer Baugenehmigung. Die Klage ist unzulässig, weil die erforderliche Form nicht eingehalten wurde und die Zivilgerichte nicht zuständig sind. Die materielle Frage, ob A einen Anspruch auf Erteilung einer Baugenehmigung hat, prüft das Gericht nicht.
- A reicht seine gegen eine Gewerbeuntersagung gerichtete Klage zwei Monate nach Zustellung des Widerspruchsbescheids ein. Die Klage ist wegen Überschreitung der Klagefrist als unzulässig abzuweisen.

HINWEIS

In verwaltungsrechtlichen Klausuren müssen Zulässigkeit und Begründetheit immer getrennt voneinander geprüft werden. Wird die Zulässigkeit verneint, muss ein Hilfsgutachten zur Begründetheit erstellt werden.

Im Folgenden werden zunächst die allgemeinen Zulässigkeitsvoraussetzungen, die für alle Klagearten gelten, erläutert. Anschließend werden die unterschiedlichen Klagearten vorgestellt, wobei zunächst deren besondere Zulässigkeitsvoraussetzungen und im Anschluss daran die Begründetheitsprüfung Gegenstand der Erörterung sind.

1. Allgemeine Zulässigkeitsvoraussetzungen

a) Überblick

Es gibt eine Vielzahl von allgemeinen Zulässigkeitsvoraussetzungen, die – mit Ausnahme des Verwaltungsrechtswegs – in der Praxis nur eine untergeordnete Rolle spielen. 1320
Sie werden deshalb nur kurz angesprochen. Ansonsten sei auf die o. g. einschlägige Literatur zum Verwaltungsprozessrecht verwiesen.

Allgemeine Zulässigkeitsvoraussetzungen sind insbesondere:

- Bestehen der deutschen Gerichtsbarkeit
- Ordnungsgemäße Klageerhebung (§§ 81 f. VwGO)
- Rechtsweg zu den Verwaltungsgerichten (§ 40 VwGO)
- Örtliche, sachliche und instanzielle Zuständigkeit des angerufenen Gerichts (§§ 45 – 53 VwGO)
- Beteiligtenfähigkeit (§ 61 VwGO)
- Prozessfähigkeit (§ 62 VwGO)
- Richtige Vertretung (sog. Postulationsfähigkeit nach § 67 VwGO)

- Prozessführungsbefugnis (§ 78 VwGO)
- Rechtsschutzbedürfnis
- Fehlende Rechtskraft (§ 121 VwGO)

b) Verwaltungsrechtsweg

1321 Das Verwaltungsgericht muss, wenn es sich mit einer Klage befasst, zunächst die Frage klären, ob ihm der Rechtsstreit vom Gesetz zugewiesen wird oder ob ein anderes Gericht (z. B. Zivilgerichte, Finanzgerichte, Arbeitsgerichte, Sozialgerichte, Strafgerichte) tätig werden muss. Allgemeine Zuweisungsvorschrift (sog. Generalklausel) ist § 40 Abs. 1 VwGO.

1322 Daneben existieren für einzelne Rechtsbereiche eine Reihe weiterer besonderer Zuweisungsvorschriften an die **Verwaltungsgerichte**, die als speziellere Normen vorab zu prüfen sind (sog. **aufdrängende Spezialzuweisungen**). Greifen sie, ist die Generalklausel nicht mehr anwendbar. Sie darf in diesen Fällen nicht mehr geprüft werden.

BEISPIELE

- § 126 Abs. 1, 2 BRRG für beamtenrechtliche Streitigkeiten;
- § 32 WPflG für Klagen in Bezug auf die Wehrpflicht;
- § 54 Abs. 1 BAföG für Streitigkeiten über die Ausbildungsförderung.

Greift keine Spezialzuweisung, kommt es darauf an, ob die Voraussetzungen des § 40 Abs. 1 VwGO vorliegen. Danach ist der Verwaltungsrechtsweg eröffnet, wenn es sich um

- eine öffentlich-rechtliche Streitigkeit handelt,
- die nichtverfassungsrechtlicher Art ist und
- keine Zuweisung an ein anderes Gericht vorliegt.

aa) Öffentlich-rechtliche Streitigkeit

1323 Bereits oben (Rn. 1147 ff.) wurde die Abgrenzung zwischen privatem und öffentlichem Recht dargestellt. Der dort angeführte Meinungsstreit erlangt nun Bedeutung für die Frage der Zulässigkeit des Verwaltungsrechtswegs. Es muss geklärt werden, ob der Streitgegenstand nach öffentlichem Recht zu entscheiden ist. Ist dies zu verneinen, sind nicht die Verwaltungsgerichte, sondern andere Gerichte (z. B. Zivilgerichte, Strafgerichte) zuständig.

bb) Nichtverfassungsrechtliche Streitigkeit

1324 Handelt es sich um eine verfassungsrechtliche Streitigkeit, ist der Rechtsweg zu den Verwaltungsgerichten nicht gegeben. Bei einem Verfassungsrechtsstreit müssen beide Parteien, die den Rechtsstreit führen, Verfassungsorgane oder sonst am Verfassungsleben beteiligte Organe sein. Diese Organe müssen über die Anwendung von Bundes- oder Landesverfassungsrecht streiten.

Das erstgenannte Merkmal macht es i. d. R. leicht festzustellen, ob keine verfassungsrechtliche Streitigkeit vorliegt. Zu den Verfassungsorganen zählen der Bundestag, der Bundesrat, der Bundespräsident, die Bundesregierung, ein Landtag oder eine Landesregierung. Sobald also ein Bürger an der Streitigkeit beteiligt ist, kann diese nicht mehr verfassungsrechtlich sein. Der Verwaltungsrechtsweg ist in diesem Fall, sofern die anderen Voraussetzungen vorliegen, gegeben.

BEACHTE

Wird in einem Rechtsstreit Verfassungsrecht angewendet, bedeutet dies nicht, dass es sich um eine verfassungsrechtliche Streitigkeit handelt. Hinzutreten muss ferner die Beteiligung von Verfassungsorganen.

Auch die Verfassungsbeschwerde, mit der ein Bürger die Verletzung von Verfassungsrecht rügt, ist somit keine verfassungsrechtliche Streitigkeit. Erst wenn der (Verwaltungs-)Rechtsweg erschöpft ist, darf das Bundesverfassungsgericht entscheiden (Art. 94 Abs. 2 Satz 2 GG i.V.m. § 90 Abs. 2 BVerfGG).

cc) Keine Zuweisung an andere Gerichte

Es gibt Streitigkeiten, die eigentlich in den Zuständigkeitsbereich der Verwaltungs- 1325
gerichte fallen, weil sie öffentlich-rechtlicher Natur und nichtverfassungsrechtlicher Art sind. Der (Bundes-)Gesetzgeber hat aber entschieden, dass andere Gerichte diese Rechtsstreitigkeiten besser beurteilen können, und sie ihnen deshalb ausdrücklich zugewiesen (sog. **abdrängende Spezialzuweisungen**). Derartige Zuweisungen finden bspw. an die besonderen Verwaltungsgerichte statt.

BEISPIELE

- Die Finanzgerichte sind nach § 33 FGO zuständig für öffentlichrechtliche Streitigkeiten über Abgabenangelegenheiten, soweit die Abgaben der Gesetzgebung des Bundes unterliegen und durch Bundes- oder Landesfinanzbehörden (z. B. Hauptzollämter, Finanzämter) verwaltet werden.
- Sozialgerichte sind nach § 51 SGG u. a. zuständig für öffentlich-rechtliche Streitigkeiten in Angelegenheiten der gesetzlichen Rentenversicherung (Nr. 1), der gesetzlichen Krankenversicherung, der sozialen Pflegeversicherung und der privaten Pflegeversicherung (Nr. 2).

Auch den sog. ordentlichen Gerichten werden öffentlich-rechtliche Streitigkeiten zugewiesen.

BEISPIELE

- Zivilgerichte sind zuständig für öffentlich-rechtliche Streitigkeiten über vermögensrechtliche Ansprüche aus Enteignung (Art. 14 Abs. 3 Satz 4 GG) oder wegen Amtshaftung (Art. 34 Satz 3 GG).
- Justizverwaltungsakte (z. B. Verweigerung der Einsichtnahme in Strafakten nach Abschluss des Verfahrens durch die zuständige Justizbehörde) werden gem. §§ 23 ff. EGGVG von den ordentlichen Gerichten (hier: Strafgerichte) entschieden.

BEACHTE

Bei der Prüfung des Verwaltungsrechtswegs ist zum einen die Zuweisung „an" die Verwaltungsgerichte, zum anderen die Verweisung „weg" von den Verwaltungsgerichten an andere Gerichte zu beachten.

Liegen die Voraussetzungen einer Spezialzuweisung an die Verwaltungsgerichte oder die des § 40 Abs. 1 Satz 1 VwGO vor, ist der Verwaltungsrechtsweg eröffnet.

2. Allgemeines zu den Klagearten der Verwaltungsgerichtsordnung

1326 Die weiteren Zulässigkeitsvoraussetzungen richten sich nach der Art der Klage. Auch die Begründetheitsprüfung und der Inhalt des Urteils hängen von der jeweiligen Klageart ab. Aus diesem Grund ist es wichtig, die richtige Klageart festzustellen.

BEACHTE

Aus der Rechtsweggarantie des Art. 19 Abs. 4 GG ergibt sich, dass jedem, der durch die öffentliche Gewalt in seinen Rechten verletzt ist, der Rechtsweg offensteht. Es muss daher für jede Streitigkeit eine Klageart existieren. Eine Klage kann nicht deshalb unzulässig sein, weil sich keine Klageart finden lässt. Dies würde gegen die Rechtsweggarantie verstoßen.

Welche Klageart die richtige ist, richtet sich nach dem Klagebegehren, also nach dem, was der Kläger mit seiner Klage erreichen will. In erster Linie unterscheidet man

- Anfechtungs- und Verpflichtungsklagen,
- Fortsetzungsfeststellungsklagen,
- allgemeine Leistungsklagen,
- Feststellungsklagen,
- abstrakte Normenkontrolle.

3. Anfechtungsklage

a) Grundsätzliches zur Anfechtungsklage

1327 Nach § 42 Abs. 1 VwGO kann durch die Anfechtungsklage die Aufhebung eines (belastenden) Verwaltungsaktes begehrt werden. Der Verwaltungsakt wird vom Gericht „kassiert". Ein neuer Verwaltungsakt wird nicht erlassen. Der Verwaltungsakt wird somit nicht „reformiert".

Die Anfechtungsklage ist für den Adressaten eines belastenden Verwaltungsaktes i. d. R. die richtige Klageart.

BEISPIELE

- A begehrt die Aufhebung einer Verfügung, nach der er sein baufälliges Haus abreißen soll. Wird der Verwaltungsakt aufgehoben, braucht A nicht tätig zu werden.
- B wird die ihm bisher erlaubte Ausübung des Gaststättengewerbes untersagt. Auch hier ist die Anfechtungsklage die richtige Klageart. Wird die Untersagungsverfügung aufgehoben, bleibt es bei der Erlaubnis, eine Gaststätte betreiben zu dürfen.

In manchen Fällen ist eine Anfechtungsklage gegen Verwaltungsakte zulässig, die einen Dritten belasten (**Verwaltungsakte mit Drittwirkung**). Allerdings muss eine eigene Rechtsverletzung des Dritten vorliegen.

BEISPIELE

- Eine Ehefrau klagt gegen die Ausweisung ihres Mannes (§§ 53 ff. AufenthG).
- Die Verlängerung der Sperrstunde für eine Diskothek belastet den lärmgeplagten Nachbarn und kann von diesem gerichtlich überprüft werden.
- A klagt gegen die einem Nachbarn erteilte Baugenehmigung.

HINWEIS

In Klausuren ist die Prüfung einer Maßnahme auf Verwaltungsaktsqualität oft von besonderer Bedeutung. Es sind die Voraussetzungen des § 35 VwVfG zu prüfen. Fehlt eines der dort genannten Merkmale, ist die Anfechtungsklage nicht statthaft. In Frage kommt in diesen Fällen jedoch die allgemeine Leistungsklage.

Gegenstand der Anfechtungsklage ist regelmäßig der ursprüngliche Verwaltungsakt in der Gestalt, die er durch den Widerspruchsbescheid erhalten hat (§ 79 Abs. 1 Nr. 1 VwGO). Verwaltungsakt und Widerspruchsbescheid werden somit im Anfechtungsprozess als Einheit betrachtet. Nur im Ausnahmefall kann der Widerspruchsbescheid allein Klagegegenstand sein.

b) Besondere Zulässigkeitsvoraussetzungen

aa) Klagebefugnis

Wie bei jedem Rechtsstreit, muss der Kläger auch im Verwaltungsprozess versuchen, 1328
eigene subjektive Rechte durchzusetzen. Für die Anfechtungsklage ergibt sich dies aus § 42 Abs. 2 VwGO. Danach darf ein Kläger nicht die Rechte anderer geltend machen. Hiermit soll die sog. **Popularklage** verhindert werden, mittels der jemand die Rechte anderer geltend machen könnte.

BEISPIEL Der Rentner R soll aufgrund einer Verfügung der zuständigen Behörde seinen kranken Hund einschläfern lassen. R ist deshalb sehr betrübt, will aber gegen den Bescheid nicht vorgehen, weil er sich gegenüber der Behörde als „kleiner Mann" keine Erfolgsaussichten ausrechnet. Sein Nachbar N möchte R helfen und im eigenen Namen Anfechtungsklage einreichen.

N ist nicht klagebefugt, da er nicht die Verletzung eigener Rechte, sondern die Verletzung fremder Rechte, nämlich die des R, geltend macht.

Dem Gesetz lässt sich nicht entnehmen, was unter der Geltendmachung einer Rechtsverletzung zu verstehen ist. Auf der einen Seite kann die bloße Behauptung, in seinen Rechten verletzt zu sein, nicht ausreichen. Dies würde letztendlich doch wieder zur Popularklage führen. Andererseits kann im Rahmen der Zulässigkeitsprüfung nicht verlangt werden, dass eine Rechtsverletzung tatsächlich vorliegt. Damit würde die Begründetheitsprüfung überflüssig.

Man hat verschiedene Lösungsmöglichkeiten versucht, von denen die sog. **Möglichkeitstheorie** am sachgerechtesten erscheint. Danach muss der Kläger Behauptungen aufstellen, die eine Verletzung eigener (subjektiver) Rechte zumindest möglich erscheinen lassen. Die möglicherweise verletzten Rechte können sich aus der gesamten Rechtsordnung ergeben.

Im Falle der Anfechtungsklage gegen einen den Kläger belastenden Verwaltungsakt ist die Klagebefugnis unproblematisch. Eine Rechtsverletzung (des Klägers) ist hier stets möglich. Verletztes Recht kann jedenfalls die durch Art. 2 Abs. 1 GG geschützte allgemeine Handlungsfreiheit sein. Durch einen rechtswidrigen belastenden Verwaltungsakt würde diese Handlungsfreiheit nämlich zu Unrecht eingeschränkt (sog. **Adressatentheorie bei belastenden Verwaltungsakten**). Ein anderes möglicherweise verletztes Recht braucht nicht mehr gesucht zu werden.

Schwieriger ist die Prüfung der Klagebefugnis bei Verwaltungsakten mit Drittwirkung. Hier muss genau geprüft werden, ob tatsächlich eigene Rechte des Klägers betroffen sein können.

BEISPIEL ▶ Die Ehefrau, die gegen die Ausweisung ihres Mannes klagt, muss in eigenen Rechten verletzt sein. In Frage kommt eine Verletzung von Art. 6 GG, der im Rahmen der ehelichen Lebensgemeinschaft die Wahl eines gemeinschaftlichen Lebensmittelpunktes schützt.

1329 Vom Erfordernis der Klagebefugnis können gem. § 42 Abs. 2 VwGO durch den Gesetzgeber Ausnahmen zugelassen werden. Dies ist in einigen wenigen Fällen geschehen. Die Klagebefugnis wird auf Personen oder Behörden ausgedehnt, die nicht in eigenen Rechten verletzt sind.

BEISPIEL ▶ Nach § 8 Abs. 4 HandwO ist die Handwerkskammer klagebefugt, wenn ein Antragsteller ohne Meisterprüfung von der zuständigen Behörde ausnahmsweise in die Handwerksrolle eingetragen wird.

Die meisten Bundesländer haben des Weiteren eine besondere Popularklage als sog. altruistische Verbandsklage im Umweltrecht zugelassen. In den jeweiligen Landesnaturschutzgesetzen werden die nach § 63 BNatSchG anerkannten Vereinigungen berechtigt, Verbandsklage zu erheben.

bb) Vorverfahren

1330 Vor Erhebung der Anfechtungsklage sind nach § 68 Abs. 1 VwGO die Rechtmäßigkeit und Zweckmäßigkeit des Verwaltungsaktes in einem Vorverfahren (= Widerspruchsverfahren) nachzuprüfen (siehe aber Rn. 1308). Der Behörde soll noch einmal Gelegenheit gegeben werden, ihre getroffene Entscheidung zu überprüfen. Ein Verzicht der Beteiligten auf ein Vorverfahren ist nicht möglich, weil seine Durchführung auch im öffentlichen Interesse liegt.

Ein Vorverfahren darf nicht durchgeführt werden (§ 68 Abs. 1 Satz 2 VwGO), wenn ein Bundes- oder Landesgesetz dies vorschreibt.

BEISPIEL ▶ § 25 Abs. 4 JuSchG, wonach es vor Erhebung einer verwaltungsgerichtlichen Klage gegen die Aufnahme in die Liste jugendgefährdender Schriften keiner Nachprüfung in einem Vorverfahren bedarf.

Gleiches gilt, wenn der Verwaltungsakt von einer obersten Bundesbehörde oder von einer obersten Landesbehörde erlassen worden und die Nachprüfung nicht ausdrücklich gesetzlich vorgeschrieben ist (§ 68 Abs. 1 Satz 2 Nr. 1 VwGO). Der Kläger muss ohne Widerspruch in der Frist des § 74 Abs. 1 Satz 2 VwGO unmittelbar Klage erheben.

Eine Nachprüfung ist ferner nicht erforderlich, wenn ein Dritter durch einen Widerspruchsbescheid erstmalig beschwert wird (§ 68 Abs. 1 Satz 2 Nr. 2 VwGO).

BEISPIEL ▸ Eine Baugenehmigung wird zunächst abgelehnt, dann aber im Widerspruchsverfahren erteilt. Der Nachbar wird durch den Widerspruchsbescheid erstmalig beschwert. Eines Vorverfahrens bedarf es nicht. In diesem Fall ist ausnahmsweise der Widerspruchsbescheid allein Klagegegenstand.

Auch im Falle der Untätigkeit einer Behörde kann ein Vorverfahren unter den Voraussetzungen des § 75 VwGO entbehrlich sein (siehe Rn. 1348 ff.).

cc) Klagefrist

Nach § 74 Abs. 1 VwGO muss eine Anfechtungsklage innerhalb eines Monats nach Zu- 1331
stellung des Widerspruchsbescheids erhoben werden. Ist ein Vorverfahren entbehrlich (siehe § 68 Abs. 1 Satz 2 VwGO), beginnt die Monatsfrist mit Bekanntgabe des Verwaltungsaktes.

Die Frist beginnt zu laufen, sobald der Widerspruchsbescheid zugestellt wurde (§§ 73 Abs. 3, 74 VwGO).

BEACHTE

Die möglichen Zustellungsarten lassen sich den §§ 3 – 10 VwZG (des Bundes) entnehmen. Bei der Zustellung durch eingeschriebenen Brief muss § 4 VwZG beachtet werden. Danach gilt die Zustellung frühestens am dritten Tage nach Aufgabe zur Post als bewirkt, auch wenn er tatsächlich früher eingegangen ist.

Durch die gesetzliche Verweisung in § 57 Abs. 2 VwGO und § 222 ZPO erfolgt die Fristberechnung nach den Vorschriften des Bürgerlichen Gesetzbuches. Gemeint sind die §§ 187 – 193 BGB. Die in ihrem Wortlaut nur schwer verständlichen Vorschriften bedeuten für die Monatsfrist, dass sie vom Tag **nach** der Zustellung an berechnet wird (§ 187 Abs. 1 BGB). Die Frist endet mit Ablauf des Tages des Folgemonats, der dem Zustellungstag entspricht (§ 188 Abs. 2 BGB).

BEISPIEL ▸ Wird am 4. 5. ein Widerspruchsbescheid zugestellt, beginnt die Fristberechnung mit dem 5. 5. Fristablauf ist der 4. 6. Bis zum 4. 6., 24 Uhr, kann also Klage erhoben werden.

Fällt der letzte Tag einer Frist auf einen Sonnabend, Sonntag oder Feiertag, regelt § 193 BGB, dass die Frist erst am nächsten Werktag endet.

BEISPIEL ▸ Wäre im vorherigen Beispiel der 4. 6. ein Sonnabend, so würde die Frist erst am darauffolgenden Montag, also dem 6. 6., 24 Uhr, ablaufen.

BEACHTE

Dies gilt nur für das Fristende, nicht für den Fristbeginn (vgl. § 222 Abs. 2 ZPO, § 57 Abs. 2 VwGO.

1332 Trotz Zustellung beginnt nach § 58 Abs. 1 VwGO die Frist zur Einlegung eines Rechtsmittels aber dann nicht zu laufen, wenn die Rechtsbehelfsbelehrung fehlerhaft ist. Ein Fehler liegt vor, wenn die Belehrung nicht schriftlich erfolgte oder wenn der Beteiligte über den Rechtsbehelf, das Gericht, bei dem der Rechtsbehelf anzubringen ist, den Sitz oder die einzuhaltende Frist nicht richtig belehrt worden ist.

BEISPIELE

- Eine Rechtsbehelfsbelehrung fehlt vollständig.
- Es wird statt der Monatsfrist eine Frist von vier Wochen angegeben.
- Der Sitz des Gerichts, bei dem Klage eingereicht werden muss, ist falsch angegeben.

Eine fehlerhafte Rechtsbehelfsbelehrung führt nicht dazu, dass der Beteiligte ohne jede zeitliche Beschränkung Klage einreichen kann. § 58 Abs. 2 VwGO bestimmt insoweit, dass die Einlegung der Klage nur innerhalb eines Jahres seit Zustellung des Widerspruchsbescheids zulässig ist. Dies gilt auch bei vollständigem Fehlen einer Rechtsbehelfsbelehrung.

1333 Auf die Jahresfrist kommt es nicht an, wenn die Einlegung vor Ablauf der Jahresfrist infolge höherer Gewalt unmöglich war oder eine schriftliche Belehrung dahingehend erfolgte, dass ein Rechtsbehelf nicht gegeben sei (§ 58 Abs. 2 VwGO).

1334 **Exkurs: Wiedereinsetzung in den vorigen Stand**

In seltenen Fällen ist eine Klage trotz Fristversäumung zulässig. Hat der Kläger die Frist nämlich ohne Verschulden nicht eingehalten, soll dies zu keinem Rechtsverlust führen. Vielmehr ist unter den Voraussetzungen des § 60 VwGO Wiedereinsetzung zu gewähren.

Verschulden liegt nach Auffassung der ganz überwiegenden Rechtsprechung vor, wenn der Kläger hinsichtlich der Wahrung der Frist diejenige Sorgfalt außer Acht lässt, die für einen gewissenhaften und seine Rechte und Pflichten sachgemäß wahrnehmenden Prozessführenden geboten ist und ihm dies nach den Umständen des Falles auch zuzumuten ist.

Der Betroffene hat gem. § 60 Abs. 2 VwGO innerhalb von zwei Wochen nach Wegfall des Hindernisses einen entsprechenden Antrag zu stellen. Die versäumte Rechtshandlung muss innerhalb dieser Frist nachgeholt werden. Geschieht dies, kann die Wiedereinsetzung auch ohne Antrag, also von Amts wegen, gewährt werden.

BEISPIELE

- Läuft die Klagefrist am 20. 2. ab und gibt der Kläger am 16. 2. die Klageschrift zur Post, versäumt er die Frist unverschuldet, wenn die Klage erst am 22. 2. bei Gericht eingeht. Der Kläger durfte sich auf die „normale" Postlaufzeit verlassen. In diesem Fall kann die Wiedereinsetzung ohne Antrag gewährt werden, da die versäumte Rechtshandlung, nämlich die Einreichung der Klage, innerhalb der Antragsfrist nachgeholt wurde.

- Bei Verzögerungen, die auf eine fehlerhafte Adressierung zurückzuführen sind, handelt es sich **dagegen** i. d. R. um eine verschuldete Fristversäumung. Wiedereinsetzung kann nicht gewährt werden.
- Unverschuldet ist eine Fristversäumung ferner, wenn der Kläger infolge einer schweren Erkrankung weder selbst handeln noch einen Bevollmächtigten beauftragen konnte. Gleiches gilt im Falle einer urlaubsbedingten Fristversäumung. Hier liegt nur dann ein Verschulden vor, wenn der Adressat aufgrund besonderer Umstände mit dem Zugang des Bescheids rechnen musste.

Wiedereinsetzung in den vorigen Stand ist auch im Vorverfahren, also bei **Versäumung der Widerspruchsfrist**, möglich. § 70 Abs. 2 VwGO erklärt § 60 Abs. 1 – 4 VwGO für entsprechend anwendbar.

Verschulden eines Bevollmächtigten ist dem Beteiligten wie eigenes Verschulden zuzurechnen.

c) Aufbau der Begründetheitsprüfung

aa) Einstieg

Die Anfechtungsklage ist gem. § 113 Abs. 1 Satz 1 VwGO begründet, wenn der Verwal- 1335
tungsakt rechtswidrig und der Kläger dadurch in seinen Rechten verletzt ist. Das Gericht hebt den Verwaltungsakt und den etwaigen Widerspruchsbescheid auf.

Es muss also festgestellt werden, ob der (belastende) Verwaltungsakt rechtswidrig ist. Dies ist der Fall, wenn er sich auf keine Ermächtigungsgrundlage stützen kann, also zumindest ein Tatbestandsmerkmal der in Frage kommenden Vorschriften fehlt.

Als Ermächtigungsgrundlage kommen in erster Linie ein Gesetz, eine Rechtsverordnung oder eine Satzung in Betracht. Wenn Anlass dazu besteht, ist ihre Rechtmäßigkeit zu prüfen. Hierbei handelt es sich allerdings um einen eher seltenen Ausnahmefall.

BEISPIELE

- Ein Gesetz verstößt gegen Vorschriften des Grundgesetzes (insbesondere Grundrechte) und ist deshalb verfassungswidrig.
- Eine Rechtsverordnung kann sich nicht auf eine gesetzliche Ermächtigung stützen.

Im Regelfall kann von der Rechtmäßigkeit der Ermächtigungsgrundlage ausgegangen werden.

HINWEIS

Die Begründetheitsprüfung der Anfechtungsklage hat entsprechend den obigen Ausführungen zur Rechtmäßigkeit eines Verwaltungsaktes zu erfolgen. Insoweit sei auf Rn. 1198 ff. verwiesen, der zur Vertiefung herangezogen werden sollte.

bb) Formelle Rechtmäßigkeit

1336 Im Rahmen der Prüfung der formellen Rechtmäßigkeit wird der Verwaltungsakt auf äußere Fehler untersucht, d. h. auf Fehler, die sich regelmäßig nicht unmittelbar aus der Ermächtigungsgrundlage selbst ergeben.

(1) Zuständigkeit

1337 Die handelnde Behörde muss sachlich, örtlich und instanziell zuständig gewesen sein.

(2) Form

1338 Es müssen die jeweils zur Anwendung kommenden Formvorschriften beachtet werden. Grundsätzlich gilt Formfreiheit nach § 37 Abs. 2 VwVfG.

(3) Verfahren

1339 Bei der Durchführung des Verwaltungsverfahrens müssen die in den §§ 9 ff. VwVfG geregelten Bestimmungen eingehalten werden. Die Ausnahmeregelungen der §§ 45 f. VwVfG sind zu beachten.

(4) Bekanntgabe

1340 Auch Verstöße gegen die Bekanntgabe führen zur formellen Rechtswidrigkeit des Verwaltungsaktes. Bei (vollständig) fehlender Bekanntgabe ist ein Verwaltungsakt allerdings nicht wirksam. Es handelt sich um einen Nichtakt, weshalb in diesem Fall eine Feststellungsklage als Klageart ausreicht.

cc) Materielle Rechtmäßigkeit

(1) Voraussetzungen der Ermächtigungsgrundlage

1341 Im Rahmen der Überprüfung der materiellen Rechtmäßigkeit ist das Vorliegen der Voraussetzungen der Ermächtigungsgrundlage festzustellen. Fehlt eines der Tatbestandsmerkmale, ist der Verwaltungsakt materiell rechtswidrig. Ein klagebefugter Kläger ist damit zugleich auch in seinen Rechten verletzt. Seine Klage ist daher zulässig und begründet.

(2) Bestimmtheit

1342 Ein Verwaltungsakt kann auch rechtswidrig sein, weil er nicht gem. § 37 Abs. 1 VwVfG hinreichend bestimmt ist.

(3) Rechtliche Unmöglichkeit

1343 Auch rechtliche Unmöglichkeit führt zur materiellen Rechtswidrigkeit. Bei tatsächlicher Unmöglichkeit liegt sogar Nichtigkeit vor, was eigentlich im Wege einer Feststellungsklage gerichtlich geprüft werden müsste. In Zweifelsfällen ist aber ausnahmsweise die Anfechtungsklage zulässig.

(4) Verhältnismäßigkeit

Eventuell ist der Verwaltungsakt auch im Hinblick auf seine Verhältnismäßigkeit hin zu untersuchen. Dies ist immer dann notwendig, wenn es sich bei der Ermächtigungsgrundlage um eine Ermessensnorm handelt. Die Prüfung der Verhältnismäßigkeit ist aber auch bei gebundener Verwaltung erforderlich, sofern der Gesetzgeber die Verhältnismäßigkeitsprüfung ausdrücklich vorgeschrieben hat. 1344

Die Verhältnismäßigkeit kann auch als Unterfall der Ermessensunterschreitung geprüft werden.

(5) Ermessensfehler

Bei Ermessensentscheidungen ist darüber hinaus eine Prüfung im Hinblick auf Ermessensfehler vorzunehmen. Dabei ist entsprechend der Neufassung des § 114 VwGO zu berücksichtigen, dass die Verwaltungsbehörde ihre Ermessenserwägungen hinsichtlich des Verwaltungsaktes auch noch im verwaltungsgerichtlichen Verfahren ergänzen kann (§ 114 Satz 2 VwGO). 1345

(6) Verletzung in eigenen Rechten

Eine Verletzung in eigenen Rechten liegt regelmäßig vor, wenn der belastende Verwaltungsakt rechtswidrig ist. Es ist zumindest das subjektive Recht des Klägers aus Art. 2 Abs. 1 GG (allgemeine Handlungsfreiheit) betroffen. 1346

dd) Folgenbeseitigungsantrag

Gem. § 113 Abs. 1 Satz 2 VwGO kann mit der Anfechtungsklage ein Antrag auf Rückgängigmachung von Maßnahmen, die bereits vollzogen wurden, gestellt werden (sog. Folgenbeseitigungsantrag). 1347

BEISPIELE

- Rückgabe einer beschlagnahmten Sache,
- Rückzahlung zu Unrecht erhobener Gebühren.

Prüfungsschema Anfechtungsklage

I. Zulässigkeit

1. Verwaltungsrechtsweg
2. Klageart
   - Auslegung des Klagebegehrens
   - Prüfung des § 35 VwVfG
3. Klagebefugnis
4. Vorverfahren
5. Klagefrist
6. Weitere klageartunabhängige Zulässigkeitsvoraussetzungen

II. Begründetheit

Einstieg: § 113 Abs. 1 Satz 1 VwGO

1. Ermächtigungsgrundlage
2. Formelle Rechtmäßigkeit des Verwaltungsaktes:
   - Zuständigkeit
   - Form
   - Verfahren
   - Bekanntgabe
3. Materielle Rechtmäßigkeit
   - Voraussetzungen der Ermächtigungsgrundlage
   - Bestimmtheit
   - Rechtliche Unmöglichkeit
   - Verhältnismäßigkeit
   - Ermessensfehler
4. Verletzung in eigenen Rechten
5. Ergebnis

4. Verpflichtungsklage

a) Grundsätzliches zur Verpflichtungsklage

1348 Die Verpflichtungsklage ist ihrem Wesen nach eine Leistungsklage, bei der die begehrte Leistung im Erlass eines Verwaltungsaktes liegt. Sie ist nach § 42 Abs. 1 VwGO statthaft, wenn der begehrte Verwaltungsakt abgelehnt oder unterlassen begehrt wird. Es gibt somit zwei Formen, die sog. **Versagungsgegenklage** und die **Untätigkeitsklage**.

BEISPIELE **Versagungsgegenklage:** A beantragt eine Baugenehmigung, was ihm von der zuständigen Behörde versagt wird. Er wendet sich nun gegen die Versagung und erhebt Verpflichtungsklage in Form der Versagungsgegenklage. Sie ist der **Regelfall** der Verpflichtungsklage.

Untätigkeitsklage: B beantragt, eine Versammlung abhalten zu dürfen. Nach vier Monaten hat die Behörde immer noch nicht reagiert. Auf seine Nachfrage teilt man ihm mit, der zuständige Sachbearbeiter sei krank. B kann Verpflichtungsklage auf Erteilung der Erlaubnis erheben, da die Behörde ohne zureichenden Grund nicht in angemessener Frist in seiner Angelegenheit entschieden hat (vgl. § 75 VwGO).

In bestimmten Fällen kann auch der Erlass eines Verwaltungsaktes, der einen Dritten belastet oder begünstigt, begehrt werden.

BEISPIEL A verlangt den Abriss einer Garage, die sein Nachbar unter Verstoß gegen formelles und materielles Baurecht errichtet hat.

b) Besondere Zulässigkeitsvoraussetzungen

aa) Klagebefugnis

Die Klagebefugnis liegt gem. § 42 Abs. 2 VwGO vor, wenn der Kläger durch die Ableh- 1349
nung oder Unterlassung des Verwaltungsaktes in seinen Rechten verletzt ist. Dies ist der Fall, sofern er möglicherweise einen Anspruch auf Erlass des Verwaltungsaktes hat (sog. **Möglichkeitstheorie**). Es muss daher eine Anspruchsgrundlage existieren, die die begehrte Rechtsfolge enthält. Diese Rechtsgrundlage darf des Weiteren nicht ausschließlich im Interesse der Allgemeinheit oder Dritter bestehen, sondern muss dem Kläger ein (eigenes) subjektives Recht gewähren.

HINWEIS

Bei der Verpflichtungsklage muss die Klagebefugnis immer nach der Möglichkeitstheorie beurteilt werden. Die Adressatentheorie kommt nicht zur Anwendung.

Es handelt sich im Übrigen um keinen Meinungsstreit. Die häufig verwendeten Begriffe machen vielmehr deutlich, auf welche Voraussetzungen in Bezug auf die Klagebefugnis abgestellt wird.

bb) Vorverfahren

Gem. § 68 Abs. 2 i.V.m. Abs. 1 VwGO muss bei der Verpflichtungsklage – ebenso wie 1350
bei der Anfechtungsklage – ein Vorverfahren erfolglos durchgeführt worden sein.

Besonderheiten ergeben sich, wenn die Behörde, nachdem der Kläger einen erforderli- 1351
chen Antrag auf Erlass eines Verwaltungsaktes gestellt hat, untätig bleibt. Wird über einen Widerspruch oder über einen Antrag auf Vornahme eines Verwaltungsaktes ohne zureichenden Grund in angemessener Frist nicht entschieden, kann gem. § 75 Satz 2 VwGO nach Ablauf von drei Monaten Klage erhoben werden (sog. **Untätigkeitsklage**). Die Durchführung eines erfolglos gebliebenen Vorverfahrens ist in diesen Fällen entbehrlich.

BEISPIELE

- Gründe, die ein Überschreiten rechtfertigen: Umfang und besonderer Schwierigkeitsgrad der Sache; zwingende Beteiligung mehrerer weiterer Behörden.
- Gründe, die ein Überschreiten der Drei-Monats-Frist nicht rechtfertigen: Krankheit oder Urlaub eines Mitarbeiters; allgemeine Arbeitsüberlastung.

HINWEIS

Die Drei-Monats-Frist des § 75 VwGO ist keine Klagefrist. Sie bestimmt vielmehr den Zeitraum, den der Kläger abwarten muss, um ohne Vorverfahren Klage erheben zu können. In diesen Fällen gibt es gerade keine Klagefrist, weil ein Widerspruchsbescheid gar nicht erlassen wurde.

Sofern besondere Umstände es verlangen, kann die Klage schon vor Ablauf von drei Monaten erhoben werden.

BEACHTE

Die Untätigkeitsklage ist keine selbständige Klageart. Sie bezeichnet eine prozessuale Situation, in der eine Klage ohne abgeschlossenes Vorverfahren zulässig ist.

Die Möglichkeit einer Untätigkeitsklage kann, was allerdings selten vorkommt, auch bei der Anfechtungsklage eine Rolle spielen, nämlich wenn eine Behörde über einen Widerspruch nicht entscheidet. Hat der Widerspruch keine aufschiebende Wirkung und wurde der Verwaltungsakt deshalb vollzogen, ist es für den betroffenen Bürger wichtig, die Angelegenheit so schnell wie möglich klären zu lassen. Eine Wiederherstellung der aufschiebenden Wirkung nach § 80 Abs. 5 VwGO wäre sinnlos, da der Verwaltungsakt bereits vollzogen ist.

cc) Klagefrist

1352 Gem. § 74 Abs. 2 VwGO gelten die Regelungen für die Anfechtungsklage entsprechend, wenn ein Antrag auf Vornahme des Verwaltungsaktes abgelehnt worden ist. Bis zu einen Monat nach Zustellung des Widerspruchsbescheids kann Klage erhoben werden (§ 74 Abs. 1 VwGO).

c) Aufbau der Begründetheitsprüfung

aa) Einstieg

1353 Die Verpflichtungsklage ist gem. § 113 Abs. 5 Satz 1 VwGO begründet, wenn die Ablehnung oder Unterlassung des Verwaltungsaktes rechtswidrig und der Kläger dadurch in seinen Rechten verletzt ist. Anders ausgedrückt: Die Klage ist begründet, wenn der Kläger einen Anspruch auf den von ihm begehrten Verwaltungsakt hat.

HINWEIS

Man bezeichnet diese Form der Begründetheitsprüfung einer Verpflichtungsklage als Anspruchsaufbau. Daneben gibt es den Ablehnungsaufbau, der sich zwar genauer an den Gesetzestext des § 113 Abs. 5 Satz 1 VwGO hält, jedoch im Regelfall komplizierter zu handhaben ist. Auf seine Darstellung wird deshalb verzichtet.

Ein solcher Anspruch ergibt sich i. d. R. aus gesetzlichen Vorschriften. Ausnahmen können sich z. B. im Rahmen der Leistungsverwaltung ergeben, da Leistungen in manchen Fällen auch ohne gesetzliche Grundlage erbracht werden dürfen.

bb) Formelle Voraussetzungen

Hier ist allein zu prüfen, ob die beklagte Behörde für den Erlass des begehrten Verwaltungsaktes sachlich, örtlich und instanziell zuständig ist. 1354

BEACHTE

Es dürfen weder der ablehnende Bescheid noch der Widerspruchsbescheid auf ihre Rechtmäßigkeit geprüft werden. Gegenstand der Klage ist nicht die Ablehnung, sondern der Erlass eines Verwaltungsaktes. Da der Verwaltungsakt nur durch die zuständige Behörde erlassen werden darf, ist dies der einzige Punkt der formellen Rechtmäßigkeit, der geprüft werden muss.

cc) Materielle Voraussetzungen

Zunächst muss festgestellt werden, ob die Voraussetzungen der Anspruchsgrundlage vorliegen. 1355

Sofern die Tatbestandsvoraussetzungen erfüllt sind, muss die Rechtsfolge der Norm geprüft werden. Handelt es sich um eine gebundene Entscheidung oder liegt ein Fall der Ermessensreduzierung auf Null vor, hat der Kläger einen Anspruch auf Erlass des Verwaltungsaktes. Die Sache ist spruchreif, und das Gericht spricht gem. § 113 Abs. 5 VwGO die Verpflichtung der Verwaltungsbehörde aus, die beantragte Amtshandlung vorzunehmen. Die Klage ist in vollem Umfang begründet.

Besonderheiten ergeben sich, wenn die Anspruchsgrundlage eine Ermessensvorschrift 1356
ist. Die Behörde ist dann wegen des ihr zustehenden Ermessensspielraums grundsätzlich nicht verpflichtet, eine ganz bestimmte Entscheidung zu treffen. Da das Gericht nicht an Stelle der Behörde Ermessen ausüben darf, ist die Sache nicht spruchreif. Es kann deshalb nur ein sog. **Bescheidungsurteil** ergehen (vgl. § 113 Abs. 5 Satz 2 VwGO). Danach werden der Ausgangsbescheid und der Widerspruchsbescheid aufgehoben und der Beklagte verpflichtet, den Antrag des Klägers unter Beachtung der Rechtsauffassung des Gerichts neu zu bescheiden. Im Übrigen wird die Klage abgewiesen, da der Kläger nicht im vollen Umfang gewinnt.

BEISPIEL ▸ Der Erlass eines Verwaltungsaktes wird abgelehnt, weil die Verwaltung der Auffassung ist, die Voraussetzungen der Anspruchsgrundlage (Ermessensvorschrift) lägen nicht vor. Stellt das Gericht nun fest, dass die Voraussetzungen (= Tatbestand) doch gegeben sind, muss es die Sache an die zuständige Behörde zur Ausübung des Ermessens (= Rechtsfolge) zurückverweisen.

Etwas Anderes ergibt sich dann, wenn das Ermessen auf Null reduziert ist, also nur 1357
eine einzige Entscheidung rechtmäßig ist. In diesem Fall ist die Behörde gebunden und die Klage in vollem Umfang zulässig und begründet.

Prüfungsschema Verpflichtungsklage

I. Zulässigkeit

1. Verwaltungsrechtsweg
2. Klageart
   - Auslegung des Klagebegehrens
   - Prüfung des § 35 VwVfG
3. Klagebefugnis
4. Vorverfahren
5. Klagefrist
6. Weitere klageartunabhängige Zulässigkeitsvoraussetzungen

II. Begründetheit

Einstieg: § 113 Abs. 5 VwGO

1. Anspruchsgrundlage
2. Sachliche, örtliche und instanzielle Zuständigkeit der beklagten Behörde
3. Voraussetzungen der Anspruchsgrundlage
4. Rechtsfolge der Anspruchsgrundlage
   - gebundene Entscheidung (Sache ist spruchreif)
   - Ermessensentscheidung (Spruchreife fehlt)
   - Ermessensreduzierung auf Null (Sache ist spruchreif)
5. Ergebnis

5. Allgemeine Leistungsklage

a) Grundsätzliches zur allgemeinen Leistungsklage

1358 Eine ausdrückliche Regelung der allgemeinen Leistungsklage fehlt in der Verwaltungsgerichtsordnung. Sie ist mittlerweile allerdings gewohnheitsrechtlich anerkannt. In der Verwaltungsgerichtsordnung wird sie deshalb vorausgesetzt (vgl. §§ 43 Abs. 2, 111, 113 Abs. 4 VwGO).

Eine allgemeine Leistungsklage kann der Kläger erheben, wenn er vom Beklagten eine Leistung begehrt, die kein Verwaltungsakt ist. Ist dies dagegen der Fall, ist eine Verpflichtungsklage die richtige Klageart.

Mittels der Leistungsklage kann die Verurteilung zu einem Handeln, Dulden oder Unterlassen begehrt werden.

BEISPIELE

- A klagt auf Herausgabe seines von der Polizei sichergestellten Pkw.
- B klagt auf den Widerruf ihn beleidigender Äußerungen, die der Behördenleiter C in Ausübung seiner Tätigkeit vorgenommen hat.
- D klagt auf Zahlung eines Geldbetrages aufgrund eines öffentlichrechtlichen Erstattungsanspruchs.

Da kein Verwaltungsakt vorliegen muss, kann mittels der allgemeinen Leistungsklage auch eine Behörde gegen einen Bürger klagen.

BEISPIEL ▸ Eine Behörde klagt aus einem öffentlich-rechtlichen Vertrag gegen den Vertragspartner auf Erfüllung. Vertragspartner kann eine andere Behörde, aber auch ein Bürger sein.

b) Besondere Zulässigkeitsvoraussetzungen

aa) Klagebefugnis

Für die allgemeine Leistungsklage fehlt es an einer Regelung zur **Klagebefugnis**. Ganz 1359
überwiegend wird jedoch § 42 Abs. 2 VwGO analog angewendet, um Popularklagen auszuschließen.

bb) Vorverfahren

Ein **Vorverfahren** braucht nicht durchgeführt zu werden, weshalb auch eine **Klagefrist** 1360
nicht eingehalten werden muss. Klagen sind immer dann zulässig, wenn die anderen Zulässigkeitsvoraussetzungen vorliegen.

Von der Entbehrlichkeit eines Vorverfahrens gibt es verschiedene Ausnahmen. Die Wichtigste ist § 126 Abs. 3 BRRG. In beamtenrechtlichen Streitigkeiten ist immer ein Vorverfahren durchzuführen.

c) Aufbau der Begründetheitsprüfung

aa) Einstieg

Die Begründetheit wird ähnlich wie bei der Verpflichtungsklage geprüft. Eine Leistungs- 1361
klage ist begründet, wenn der Kläger einen (Abwehr-, Leistungs- oder Unterlassungs-) Anspruch auf die begehrte Amtshandlung hat. Im Gegensatz zur Verpflichtungsklage handelt es sich bei dieser Amtshandlung allerdings nicht um einen Verwaltungsakt.

Die Anspruchsgrundlage kann sich aus gesetzlichen Vorschriften, aber auch aus außergesetzlich entwickelten Rechtsinstituten ergeben. Zu den letzteren zählen der Folgenbeseitigungsanspruch, der öffentlich-rechtliche Abwehr- bzw. Unterlassungsanspruch sowie der öffentlich-rechtliche Erstattungsanspruch.

bb) Prüfung der Anspruchsgrundlage

Es muss – wie bei der Verpflichtungsklage – die zuständige Behörde verklagt worden 1362
sein. Die Tatbestandsmerkmale der Anspruchsgrundlage müssen vorliegen. Besonderheiten ergeben sich hinsichtlich der Spruchreife bei Ermessensvorschriften.

Prüfungsschema allgemeine Leistungsklage

I. Zulässigkeit

1. Verwaltungsrechtsweg
2. Klageart
   - Auslegung des Klagebegehrens, sofern unklar
   - kein Verwaltungsakt gem. § 35 VwVfG
3. Klagebefugnis (§ 42 Abs. 2 VwGO analog)
4. Vorverfahren: nicht erforderlich (Ausnahme § 126 Abs. 3 BRRG)
5. Klagefrist: nicht erforderlich
6. Weitere klageartunabhängige Zulässigkeitsvoraussetzungen

II. Begründetheit

Einstieg: Anspruchsprüfung

1. Anspruchsgrundlage
2. Zuständigkeit der beklagten Behörde:
3. Voraussetzungen der Anspruchsgrundlage
4. Rechtsfolge der Anspruchsgrundlage
   - gebundene Entscheidung (Sache ist spruchreif)
   - Ermessensentscheidung (Spruchreife fehlt)
   - Ermessensreduzierung auf Null (Sache ist spruchreif)
5. Ergebnis

6. Feststellungsklage

a) Grundsätzliches zur Feststellungsklage

1363 Die Feststellungsklage wird von § 43 Abs. 1 VwGO erfasst. Danach kann die Feststellung des Bestehens oder Nichtbestehens eines Rechtsverhältnisses oder die Nichtigkeit eines Verwaltungsaktes begehrt werden, sofern der Kläger ein berechtigtes Interesse an der baldigen Feststellung hat. Unter einem Rechtsverhältnis versteht man eine rechtliche Beziehung, die sich aus einem bestimmten Sachverhalt aufgrund einer öffentlich-rechtlichen Regelung (Rechtsnorm oder Vertrag) für das Verhältnis mehrerer Personen zueinander oder einer Person zu einem Gegenstand ergibt.

BEISPIELE

- A möchte feststellen lassen, dass er die deutsche Staatsangehörigkeit besitzt.
- Der Beamte B wird kraft Gesetzes gem. § 31 BBG entlassen. Er klagt mit dem Ziel, feststellen zu lassen, dass er weiterhin Beamter ist.
- C begehrt die Feststellung, dass die gegen ihn ergangene Abrissverfügung nichtig ist, da die erlassende Behörde örtlich nicht zuständig war.

b) Besondere Zulässigkeitsvoraussetzungen

aa) Feststellungsinteresse

1364 Nach § 43 Abs. 1 VwGO muss der Kläger ein berechtigtes Interesse an der baldigen Feststellung haben. Ausreichend ist jedes nach der Sachlage anzuerkennende Interesse rechtlicher, wirtschaftlicher oder ideeller Art. Ein Interesse an baldiger Feststellung ist zu bejahen, wenn eine Gefährdung der Rechtsstellung des Klägers droht.

Um auch in den Fällen der Feststellungsklage eine Popularklage auszuschließen, wird von der h. M. die Vorschrift des § 42 Abs. 2 VwGO (**Klagebefugnis**) analog angewendet.

bb) Subsidiarität der Feststellungsklage

Sofern der Kläger seine Rechte durch Anfechtungsklage, Verpflichtungsklage oder allgemeine Leistungsklage verfolgen kann, ist eine Feststellungsklage gem. § 43 Abs. 2 VwGO nicht zulässig. 1365

cc) Vorverfahren

Ein **Vorverfahren** braucht nicht durchgeführt zu werden. Aus diesem Grunde kann es auch auf eine **Klagefrist** nicht ankommen. 1366

c) Aufbau der Begründetheitsprüfung

aa) Einstieg

Die Feststellungsklage ist begründet, wenn ein Rechtsverhältnis besteht oder nicht besteht (vgl. § 43 Abs. 1 1. Alt. VwGO). Sie ist im Falle der sog. Nichtigkeitsfeststellungsklage darüber hinaus erfolgreich, wenn der Verwaltungsakt nichtig ist (vgl. § 43 Abs. 1 2. Alt. VwGO). 1367

bb) Feststellung der Nichtigkeit eines Verwaltungsaktes

In diesem Fall erschöpft sich die Begründetheit in der Überprüfung des § 44 VwVfG. Liegen die dort genannten Tatbestandsmerkmale vor, muss das Gericht feststellen, dass der Verwaltungsakt nichtig ist. 1368

BEACHTE

Es ist zunächst der sog. Positivkatalog des § 44 Abs. 2 VwVfG zu prüfen. Liegen dessen Voraussetzungen nicht vor, ist festzustellen, ob einer der Fälle des sog. Negativkatalogs in § 44 Abs. 3 VwVfG vorliegt. Nur wenn dies verneint wird, ist § 44 Abs. 1 VwVfG zu prüfen.

cc) Feststellung eines Rechtsverhältnisses

In diesem Fall müssen die für das Rechtsverhältnis entscheidenden Normen geprüft werden. Sofern Anlass dazu besteht, muss die Norm auf ihre Gültigkeit hin überprüft werden. 1369

BEISPIEL ▸ Ist A im Gegensatz zur Verwaltung der Auffassung, für eine bestimmte Tätigkeit keiner Erlaubnis zu bedürfen, kann er Feststellungsklage nach § 43 Abs. 1 1. Alt. VwGO erheben. Die Klage ist begründet, wenn für die Tätigkeit keine Erlaubnis erforderlich ist.

Prüfungsschema Feststellungsklage

I. **Zulässigkeit**
   1. Verwaltungsrechtsweg
   2. Klageart
      - Auslegung des Klagebegehrens
   3. Feststellungsinteresse und Klagebefugnis (§ 42 Abs. 2 VwGO analog)
   4. Subsidiarität der Feststellungsklage (§ 43 Abs. 2 VwGO)
   5. Vorverfahren: nicht erforderlich
   6. Klagefrist: nicht erforderlich
   7. Weitere klageartunabhängige Zulässigkeitsvoraussetzungen

II. **Begründetheit**
   1. Prüfung des Bestehens oder Nichtbestehens eines Rechtsverhältnisses oder
   2. Prüfung der Nichtigkeit eines Verwaltungsaktes (§ 44 VwVfG)
   3. Ergebnis

7. Weitere Klagearten

a) Fortsetzungsfeststellungsklage

1370 Hat sich ein (belastender) Verwaltungsakt vor Erlass eines Urteils erledigt, kann das Gericht gem. § 113 Abs. 1 Satz 4 VwGO entscheiden, dass der (erledigte) Verwaltungsakt rechtswidrig gewesen ist (sog. Fortsetzungsfeststellungsklage). Der Kläger muss an dieser Feststellung allerdings ein berechtigtes Interesse haben.

BEISPIEL ► Ein solches Feststellungsinteresse liegt vor, wenn die Gefahr besteht, dass die Verwaltung den erledigten Verwaltungsakt ein weiteres Mal erlassen wird (Wiederholungsgefahr).

b) Abstrakte Normenkontrolle

1371 Mit der Normenkontrolle kann die Nichtigkeit einer Rechtsnorm wegen Verstoßes gegen höherrangiges Recht gerügt werden. Sie kommt als verwaltungsrechtliche Streitigkeit nur in den wenigen, in § 47 Abs. 1 VwGO genannten Fällen in Betracht. Häufigster Fall ist die Klage gegen einen Bebauungsplan nach § 47 Abs. 1 Nr. 1 VwGO.

Zusammenfassendes Aufbauschema zur Zulässigkeit der Klagearten

1. **Verwaltungsrechtsweg**
   - Spezialvorschrift (z. B. § 126 Abs. 1 BRRG)
   - § 40 Abs. 1 Satz 1 VwGO
     - öffentlich-rechtliche Streitigkeit
     - nichtverfassungsrechtliche Streitigkeit
     - keine anderweitige Zuweisung
2. **Klageart**
   - Auslegung des Klagebegehrens, danach entscheiden, ob
   - Anfechtungsklage (§ 42 Abs. 1 VwGO)
   - Verpflichtungsklage (§ 42 Abs. 1 VwGO)

- Allgemeine Leistungsklage
- Feststellungsklage (§ 43 VwGO)
- Normenkontrolle (§ 47 VwGO)
- Fortsetzungsfeststellungsklage (§ 113 Abs. 1 Satz 4 VwGO)

3. **Klagebefugnis (bzw. Feststellungsinteresse)**
   - § 42 Abs. 2 VwGO bei Anfechtungsklage und Verpflichtungsklage
   - § 42 Abs. 2 VwGO analog bei allgemeiner Leistungsklage
   - Feststellungsinteresse nach § 43 Abs. 1 VwGO und § 42 Abs. 2 VwGO analog (h. M.) bei Feststellungsklage
   - Antragsbefugnis innerhalb von zwei Jahren nach Bekanntmachung der Rechtsvorschrift gem. § 47 Abs. 2 VwGO bei Normenkontrolle
4. **Vorverfahren**
   - § 68 Abs. 1 bei der Anfechtungsklage
   - § 68 Abs. 2, 1 VwGO bei der Verpflichtungsklage
   - Bei den anderen Klagearten nicht erforderlich; Ausnahme gem. § 126 Abs. 3 BRRG in beamtenrechtlichen Streitigkeiten
5. **Klagefrist**
   - § 74 Abs. 1 VwGO bei Anfechtungsklage ein Monat
   - § 74 Abs. 2, 1 VwGO bei Verpflichtungsklage ein Monat
   - Bei fehlerhafter Rechtsbehelfsbelehrung: jeweils ein Jahr (§ 58 Abs. 2 VwGO)
   - Bei den anderen Klagearten nicht erforderlich; Ausnahme in beamtenrechtlichen Streitigkeiten
6. **Weitere klageartunabhängige Zulässigkeitsvoraussetzungen u. a.**
   - Ordnungsgemäße Klageerhebung (§ 81 VwGO)
   - Zuständigkeit des Gerichts (§§ 45 – 54 VwGO)
   - Richtiger Klagegegner (§ 78 bei Anfechtungs- und Verpflichtungsklage)
   - Beteiligtenfähigkeit (§ 61 VwGO)
   - Prozessfähigkeit (§ 62 VwGO)
   - Richtige Vertretung (§ 67 VwGO)

III. Vorläufiger (gerichtlicher) Rechtsschutz

1. Antrag auf Anordnung bzw. Wiederherstellung der aufschiebenden Wirkung nach § 80 Abs. 5 VwGO

Manchmal ist es erforderlich, dass der Bürger besonders schnell Rechtsschutz erhält. 1372
Dies ist etwa der Fall, wenn er seine Rechte durch die Einreichung einer Klage wegen Zeitablaufs verlieren würde. Zwar haben gegen belastende Verwaltungsakte gerichtete Widersprüche und Anfechtungsklagen nach § 80 Abs. 1 VwGO aufschiebende Wirkung; die belastenden Wirkungen eines Verwaltungsaktes treten also grundsätzlich erst nach Beendigung des gerichtlichen Verfahrens ein. Von diesem Grundsatz gibt es jedoch eine Reihe von Ausnahmen, die den einstweiligen Rechtsschutz erforderlich machen.

Gem. § 80 Abs. 2 VwGO entfällt die aufschiebende Wirkung in folgenden Fällen: 1373

- Bei der Anforderung von öffentlichen Abgaben oder Kosten (Nr. 1);

- bei unaufschiebbaren Anordnungen und Maßnahmen von Polizeivollzugsbehörden (Nr. 2);
- in anderen durch Bundesgesetz oder Landesgesetz vorgeschriebenen Fällen (Nr. 3);
- in den Fällen, in denen die sofortige Vollziehung im öffentlichen Interesse oder im überwiegenden Interesse eines Beteiligten von der Behörde ausdrücklich angeordnet wird (Nr. 4).

Entfällt die aufschiebende Wirkung, kann der Betroffene versuchen, einen drohenden Rechtsverlust durch einen Antrag nach § 80 Abs. 5 VwGO zu verhindern. Gibt das Gericht dem Antrag statt, wird die aufschiebende Wirkung ganz oder teilweise angeordnet (Nr. 1 – 3) oder wiederhergestellt (Nr. 4).

BEISPIEL A betreibt eine Gaststätte. Am 2. 5. widerruft die zuständige Behörde die Gaststättenerlaubnis, da A unzuverlässig sei. Zugleich ordnet sie die sofortige Vollziehung der Verfügung gem. § 80 Abs. 2 Nr. 4 VwGO an.

Durch die Anordnung der sofortigen Vollziehbarkeit hätte ein (Anfechtungs-)Widerspruch des A keine aufschiebende Wirkung mehr. A müsste trotzdem sofort den weiteren Betrieb der Gaststätte einstellen. Würde A jetzt gezwungen sein, das Ergebnis des Vorverfahrens und einer späteren Klage abzuwarten, könnte er auch im Falle des Obsiegens unter Umständen erst in einigen Jahren die Gaststätte wiedereröffnen. Wegen der bis dahin entstehenden Kosten, des Fehlens von Einnahmen und des Verlustes seiner Stammgäste könnte dies zu seinem Konkurs führen.

Aus diesem Grund sollte A einen Antrag nach § 80 Abs. 5 VwGO auf Wiederherstellung der aufschiebenden Wirkung stellen.

Der Antrag nach § 80 Abs. 5 VwGO ist begründet, wenn die Vollziehungsanordnung (Nr. 4) aus formellen Gründen rechtswidrig war.

BEISPIELE

- Es fehlt an einer schriftlichen Begründung der Vollziehungsanordnung nach § 80 Abs. 3 VwGO.
- Der Beteiligte wird vor Erlass der Vollziehungsanordnung nicht gem. § 28 VwVfG analog angehört (str.).

Die Vollziehungsanordnung ist des Weiteren materiell rechtswidrig, wenn bei Abwägung aller Umstände davon auszugehen ist, dass das Interesse des Betroffenen am einstweiligen Nichtvollzug gegenüber dem öffentlichen Interesse an der Vollziehung vorrangig ist (Nr. 1 – 4).

1374 Wendet sich ein Dritter mittels Rechtsbehelfs gegen einen Verwaltungsakt, der an einen anderen gerichtet ist und diesen begünstigt, regeln sich seine Rechte auf einstweiligen Rechtsschutz nach § 80a VwGO.

BEISPIEL Dem Nachbarn des A wird eine Baugenehmigung erteilt. Ein Antrag nach § 80 Abs. 5 VwGO ist nicht möglich, weil sich die Baugenehmigung nicht an A richtet. A muss vielmehr einen Antrag auf Aussetzung der Vollziehung nach § 80a Abs. 1 Nr. 2 VwGO stellen.

1375 Nach § 80b VwGO endet die aufschiebende Wirkung des Widerspruchs und der Anfechtungsklage mit der Unanfechtbarkeit oder, wenn die Anfechtungsklage im ersten Rechtszug abgewiesen worden ist, drei Monate nach Ablauf der gesetzlichen Begründungsfrist des gegen die abweisende Entscheidung gegebenen Rechtsmittels. Allerdings kann das Oberverwaltungsgericht auf Antrag anordnen, dass die aufschiebende Wirkung andauert (§ 80b Abs. 2 VwGO).

2. Einstweilige Anordnung nach § 123 VwGO

Der vorläufige Rechtsschutz nach den §§ 80 und 80a VwGO setzt voraus, dass in der 1376
Hauptsache Anfechtungsklage erhoben werden müsste. In allen anderen Fällen kommt eine einstweilige Anordnung nach § 123 VwGO in Betracht (vgl. § 123 Abs. 5 VwGO). Diese kann das Gericht erlassen, wenn die Gefahr besteht, dass durch eine Veränderung des bestehenden Zustands die Verwirklichung eines Rechts des Antragstellers vereitelt oder wesentlich erschwert werden könnte (§ 123 Abs. 1 VwGO).

BEISPIEL ▸ A beantragt vergeblich beim Sozialamt Hilfe zum Lebensunterhalt. Da das Hauptsacheverfahren sehr lange dauern würde, kann A, um zumindest seinen Lebensunterhalt für die Dauer des Verfahrens zu sichern, einen Antrag auf Erlass einer einstweiligen Anordnung nach § 123 VwGO stellen.

Teil 5: Übungsfall zum Klausurenschreiben

Ausnahmegenehmigung nach § 46 Abs. 1 StVO

Der folgende Fall soll eine erste klausurmäßige Anwendung der in Teil 1 vorgestellten Klausurtechnik ermöglichen. Gewählt wurde hierfür ein Sachverhalt aus dem Bereich des besonderen und allgemeinen Verwaltungsrechts. Er richtet sich vornehmlich an den Anfänger, der über wenig Klausurerfahrung verfügt. Um ihm das Verstehen der Musterlösung so einfach wie möglich zu machen, wurde jeder Lösungsteil ausführlich begründet. Damit soll der Einstieg in die ersten Falllösungen, die erfahrungsgemäß besondere Schwierigkeiten bereiten, erleichtert werden. Derartige Schwierigkeiten liegen regelmäßig nicht allein im Verständnis des materiellen Rechts begründet, sondern sind in der praktischen Anwendung des gelernten Stoffes zu finden. Diese Lücke soll mit dem Übungsfall geschlossen werden. Selbst einfachste Fragen, deren Beantwortung man allgemein für selbstverständlich hält, werden berücksichtigt. Denn erst mit der wiederholten Anwendung wird Einfaches zum Selbstverständlichen. 1400

Der eingerahmte Teil stellt im Folgenden die Musterlösung dar. Die Erläuterungen, die unmittelbar folgen, sind nicht gerahmt. Sie sind nicht Bestandteil der Lösung. Kenntnisse der juristischen Subsumtionstechnik werden vorausgesetzt. Insoweit wird auf die Randnummern 105 ff. sowie die einschlägige Literatur verwiesen.

Sachverhalt

Margot Letz ist seit einigen Jahren erfolgreiche Inhaberin einer Spedition. Ein Teil der von ihr beförderten Waren wird nach Weißrussland exportiert bzw. von dort importiert. Bei den Importen setzt Frau Letz russische Fahrer ein. Letztere erreichen mit ihren Lkw nahezu täglich das Firmengelände. Dies geschieht auch an Wochenenden und Feiertagen, wenn sich niemand in der Firma befindet. 1401

Um die Fahrer nicht tagelang vor verschlossenen Toren warten zu lassen, weist Frau Letz sie an, die geladenen Container am Straßenrand vor der Spedition abzustellen, die Papiere in einen Briefkasten zu werfen und mit den Lkw wieder zurückzufahren. Sofern beabsichtigt ist, Ladung nach Weißrussland mitzunehmen, sollen die Lkw am Straßenrand geparkt werden und die Fahrer in einer nahe gelegenen Pension übernachten.

In der Folgezeit kommt es unter den in der Nähe der Spedition wohnenden Bürgern zu Verärgerung. Nahezu jedes Wochenende werden ihnen die wenigen freien Parkplätze genommen. Besondere Schwierigkeiten ergeben sich, wenn Container abgestellt werden. Den Fahrern gelingt es in der engen Straße zwar, die Container sauber am Straßenrand zu platzieren. Die Straße ist dann dennoch nur in einer Fahrtrichtung passierbar.

Frau Letz möchte die Angelegenheit klären. Sie beantragt mit Schreiben vom 28. 1. 20xx bei der zuständigen Behörde eine Genehmigung, sowohl ihre Lkw als auch die Container am Straßenrand parken zu dürfen. Sie ist der Meinung, es könne nicht von ihr erwartet werden, die Spedition auch am Wochenende zu besetzen. Dies würde unnötige Kosten verursachen. Im Übrigen habe ein Konkurrent von ihr einen ähnlichen Antrag gestellt, der demnächst bewilligt werden würde.

Am 19. 6. 20xx lehnt die zuständige Behörde mittels eines umfassend begründeten und mit der erforderlichen Rechtsbehelfsbelehrung versehenen Bescheides die beantragte Genehmigung ab. Der sie vertretende Rechtsanwalt ist der Auffassung, dass für Lkw im Gegensatz zu den Containern eine Erlaubnis gar nicht erforderlich sei. Im Übrigen lägen die Genehmigungsvoraussetzungen vor.

Wäre eine Klage am 25. 6. 20xx zulässig und begründet?

HINWEISE

1. Die Durchführung eines Vorverfahrens ist entbehrlich.
2. Auf die landesrechtlichen Vorschriften zum Straßenrecht ist nicht einzugehen

Auszug aus der Straßenverkehrsordnung

Ausnahmegenehmigung und Erlaubnis

§ 46 Abs. 1: [1]Die Straßenverkehrsbehörden können in bestimmten Einzelfällen oder allgemein für bestimmte Antragsteller Ausnahmen genehmigen

1. ...

8. vom Verbot, Hindernisse auf die Straße zu bringen (§ 32 Abs. 1);

9. ...

Verkehrshindernisse

§ 32 Abs. 1: [1]Es ist verboten, die Straße zu beschmutzen oder zu benetzen oder Gegenstände auf Straßen zu bringen oder dort liegen zu lassen, wenn dadurch der Verkehr gefährdet oder erschwert werden kann.

Lösung

1402 Die Klage hat Aussicht auf Erfolg, wenn sie zulässig und begründet ist.

► Mit diesem **Obersatz** beginnt jede Klausur, sofern Zulässigkeit und Begründetheit zu prüfen sind.

A. Zulässigkeit

► Es ist immer mit der Zulässigkeit einer Klage zu beginnen.

► Die **Überschriften** sollten sich auch im Klausurtext in zumindest ähnlicher Form wiederfinden. Sie erleichtern dem Korrektor die Arbeit und sorgen darüber hinaus dafür, dass der Bearbeiter die „Übersicht nicht verliert".

I. Rechtsweg

► Die Prüfungsreihenfolge der Zulässigkeit sollte in der vorliegenden Form und Reihenfolge erfolgen.

Mangels Sonderzuweisungen könnte der Verwaltungsrechtsweg nach § 40 Abs. 1 Satz 1 VwGO eröffnet sein.

- An dieser Stelle ist ausnahmsweise der Urteilsstil zulässig, da es sich um eine Selbstverständlichkeit handelt.
- **Wichtig**: Wenn die Voraussetzungen einer Spezialzuweisung vorliegen, ist auf die allgemeine Vorschrift des § 40 Abs. 1 VwGO mit keinem Wort mehr einzugehen.

1. Dann müsste es sich um eine öffentlich-rechtliche Streitigkeit handeln.

- Dies ist der Obersatz für die Subsumtion des § 40 Abs. 1 Satz 1 VwGO. Er benennt zunächst die zu prüfende(n) Voraussetzung(en). Dabei ist es sinnvoll, nicht alle Voraussetzungen einer Vorschrift vollständig aufzuzählen, die Norm also abzuschreiben. Es sollte aus Gründen der Verständlichkeit stattdessen grundsätzlich jede Voraussetzung einzeln geprüft werden.
- Da das Ergebnis noch nicht feststeht, vielmehr nur die Voraussetzungen genannt werden, muss die Fragestellung im Konjunktiv erfolgen. Man kann aber auch folgendermaßen formulieren: „Voraussetzung ist, dass es sich um eine öffentlich-rechtliche Streitigkeit handelt."

Dies ist der Fall, wenn der Streitgegenstand nach Maßgabe des öffentlichen Rechts zu beurteilen ist. Öffentliches Recht ist nach der modifizierten Subjektstheorie dann gegeben, wenn die streitentscheidenden Vorschriften nicht jedermann berechtigen oder verpflichten, sondern nur den Staat oder einen anderen Träger der hoheitlichen Gewalt. Dabei genügt es, wenn einer derjenigen, die aus einem Rechtssatz Rechte und Pflichten entnehmen, stets ein Hoheitsträger ist.

- Es gibt noch weitere Theorien zu dieser Frage (z. B. Subordinationstheorie, Interessentheorie). Auf diese Ansichten braucht jedoch nicht eingegangen zu werden, da die modifizierte Subjektstheorie zu einem eindeutigen Ergebnis führt.
- **Andere (inhaltsgleiche) Formulierung**: Es handelt sich nach der Sonderrechtstheorie um eine öffentlichrechtliche Streitigkeit, wenn die zugrundeliegenden Rechtsnormen auf der einen Seite ausschließlich Träger hoheitlicher Gewalt berechtigen oder verpflichten.

Die von Frau Letz begehrte Ausnahme könnte sich auf § 46 Abs. 1 StVO stützen. Die Vorschrift berechtigt allein einen Träger hoheitlicher Gewalt zu einer solchen Maßnahme und gehört deshalb zum öffentlichen Recht.

- Nachdem (im juristischen Subsumtionsstil) zunächst die modifizierte Subjektstheorie definiert wurde, erfolgt jetzt die Anwendung auf den Sachverhalt. Wichtig ist, dass die Vorschriften, nach denen der Streit zu entscheiden ist, **konkret benannt** werden.
- Es sind dies die Normen, die später in der Begründetheit genauer geprüft werden müssen.

- **Häufiger Klausurfehler**: Es kommt nicht darauf an, ob die jeweilige Behörde bzw. ihr Rechtsträger Träger hoheitlicher Gewalt sind. Entscheidend ist allein, ob die streitentscheidenden Normen dem öffentlichen Recht zuzuordnen sind.
- Am Ende der Subsumtion muss das Ergebnis (im Indikativ) festgestellt werden.

2. Verfassungsrechtlich ist ein Rechtsstreit nur dann,

- Es wird die zweite Voraussetzung des § 40 Abs. 1 Satz 1 VwGO genannt und anschließend subsumiert.

wenn zum einen beide an der Streitigkeit beteiligten Parteien Verfassungsorgane sind und wenn sie zum anderen über ihre unmittelbar in der (Bundes- oder Landes-) Verfassung geregelten Rechte streiten.

- Es wird definiert, was eine verfassungsrechtliche Streitigkeit ist.

Die Parteien sind keine Verfassungsorgane. Somit liegt eine nichtverfassungsrechtliche Streitigkeit vor.

- Sachverhalt und Definition werden miteinander verglichen und das Ergebnis festgehalten.

3. Eine Zuweisung an ein anderes Gericht fehlt. Damit ist der Verwaltungsrechtsweg eröffnet.

- Geprüft wird die letzte Voraussetzung des § 40 Abs. 1 Satz 1 VwGO. Da es sich hier um eine Selbstverständlichkeit handelt, kann der Urteilsstil verwendet werden.
- Würde eine Zuweisung an ein anderes Gericht (z. B. ein Zivilgericht) vorliegen, wären die Verwaltungsgerichte nicht mehr zuständig. Die Klage wäre unzulässig. In einer verwaltungsrechtlichen Klausur müsste ein **Hilfsgutachten** zur Begründetheit gefertigt werden.
- Das Ergebnis der Prüfung des § 40 Abs. 1 Satz 1 VwGO wird festgehalten.

II. Klageart

- Es muss nun geprüft werden, welche der zur Verfügung stehenden Klagearten der Kläger wählen muss.

1. Die richtige Klageart richtet sich nach dem, was die Klägerin erreichen will. Entscheidend ist ihr Klagebegehren.

- Der Bearbeiter muss sich überlegen, was mit der Klage bezweckt wird. Wäre die Aufhebung einer vorher ergangenen Behördenentscheidung gewollt, könnte es sich um eine Anfechtungsklage handeln. Ist ein Kläger aber zuvor selbst tätig geworden, z. B. indem er einen Antrag gestellt hat, kommt zumeist die Verpflichtungsklage in Betracht, wenn die begehrte Maßnahme einen Verwaltungsakt darstellt.
- **Häufiger Klausurfehler**: Die Ablehnung eines vom Kläger gestellten Antrags ist eine Behördenentscheidung, so dass an eine Anfechtung dieser Entscheidung gedacht werden könnte. Die bloße Aufhebung der Entscheidung mittels einer Anfechtungs-

klage hilft dem Kläger aber nicht weiter. Eine Bewilligung hat er damit noch nicht erreicht. Da sein Ziel aber eine solche Bewilligung ist, ist die Verpflichtungsklage die richtige Klageart, sofern deren Voraussetzungen gegeben sind.

Frau Letz möchte eine Ausnahmegenehmigung erhalten. Es kommt also eine Verpflichtungsklage in Betracht, wenn die begehrte Genehmigung einen Verwaltungsakt nach § 35 Satz 1 VwVfG darstellt.

- Im Folgenden sind nun sämtliche Voraussetzungen des § 35 Satz 1 VwVfG zu prüfen.
- **Häufiger Klausurfehler**: Es ist zu prüfen, ob die begehrte Verwaltungshandlung (hier die Erlaubniserteilung) einen Verwaltungsakt darstellt. Auf keinen Fall darf die Ablehnung auf ihre Verwaltungsaktseigenschaft hin geprüft werden.

2. Die Erteilung einer Genehmigung ist ein Handeln mit Erklärungswert, also eine Maßnahme.

- Es wird die Voraussetzung „Maßnahme" des § 35 Satz 1 VwVfG im Urteilsstil geprüft, da es sich um eine Selbstverständlichkeit handelt.

3. Aus dem Sachverhalt ergibt sich, dass eine Behörde i. S. des § 1 Abs. 4 VwVfG gehandelt hat.

4. Es handelt sich um öffentliches Recht (siehe Rn. 1307).

- Da die Frage, ob es sich um öffentliches Recht handelt, bereits beantwortet wurde, ist es erlaubt, hierauf zu verweisen.

5. Die begehrte Genehmigung muss eine Regelung sein. Es muss nach dem Willen der Behörde einseitig und verbindlich eine unmittelbare Rechtswirkung erzeugt werden.

- Es gibt verschiedene Definitionen des Begriffs „Regelung". Sie führen i. d. R. zu den gleichen Ergebnissen.
- **Andere Definition**: Eine Regelung ist die einseitige und unmittelbare Herbeiführung einer Rechtsfolge durch eine Behörde. Rechtsfolgen verändern Rechte oder Pflichten.

Hier würde Frau Letz das Aufstellen ihrer Lkw und Container durch die Behörde erlaubt und damit einseitig und verbindlich eine Rechtswirkung erzeugt. Es handelt sich deshalb um eine Regelung.

6. Es muss ein Einzelfall vorliegen, d. h. es muss sich um eine konkret individuelle Maßnahme handeln, mit der ein Sachverhalt für eine Person geregelt wird.

Da zugunsten einer Person, nämlich Letz, für den Bereich einer Straße eine Regelung getroffen wird, handelt es sich um einen Einzelfall.

- Die Regelung stellt einen Dauerverwaltungsakt dar, da sie sich nicht in einer einmaligen Befolgung erschöpft.

7. Außenwirkung liegt vor, wenn die Maßnahme eine außerhalb der handelnden Verwaltung stehende Person betrifft.

Frau Letz ist nicht Teil der zuständigen Behörde. Außenwirkung ist somit gegeben.

8. Es handelt sich somit bei der begehrten Ausnahmegenehmigung um einen Verwaltungsakt.
Die Verpflichtungsklage ist die richtige Klageart.

- Wieder wird das Ergebnis – diesmal der Prüfung des § 35 Satz 1 VwVfG und des § 42 Abs. 1 VwGO – festgestellt.

III. Klagebefugnis

Gem. § 42 Abs. 2 VwGO müsste Frau Letz geltend machen, durch die Ablehnung des begehrten Verwaltungsaktes in ihren Rechten verletzt zu sein. Dabei reicht es aus, wenn die Möglichkeit einer Verletzung von Rechten der Klägerin besteht (sog. Möglichkeitstheorie).

Bei einer Verpflichtungsklage ist eine Rechtsverletzung dann möglich, wenn der Kläger bzw. die Klägerin einen Anspruch auf den Erlass des begehrten Verwaltungsaktes haben könnte.

- Im Fall einer Verpflichtungsklage sollten Sie die Vorschriften nennen, die dem Kläger – seiner Auffassung nach – das Recht geben, die begehrte Verwaltungshandlung zu erhalten. In ganz seltenen Fällen, nämlich dann, wenn sich der Kläger auf Vorschriften beruft, die unter keinem Gesichtspunkt einen Anspruch ergeben könnten, ist die Klagebefugnis zu verneinen.
- **Häufiger Anfängerfehler**: Es wird die Adressatentheorie angewendet.

Hier könnte sich ein Anspruch auf Erteilung der Ausnahmegenehmigung aus § 46 Abs. 1, § 32 Abs. 1 StVO ergeben.

Frau Letz ist klagebefugt.

IV. Vorverfahren

Laut Hinweis 1 ist die Durchführung eines Widerspruchsverfahrens nach § 68 Abs. 1 Satz 1 und 2 VwGO nicht erforderlich.

V. Klagefrist

Die Klagefrist bestimmt sich nach § 74 VwGO. Im Falle einer Verpflichtungsklage gilt § 74 Abs. 1 VwGO durch den entsprechenden Verweis in Abs. 2 der Vorschrift. Da ein Widerspruchsbescheid nach § 68 VwGO nicht erforderlich ist, muss die Klage innerhalb eines Monats nach Ablehnung des Antrags erhoben werden.
Die Ablehnung erfolgte am 19. 6. 20xx. Nach § 57 Abs. 2 VwGO, § 222 Abs. 1 ZPO, §§ 187 ff. BGB beginnt die Frist am 20. 6. 20xx (§ 187 Abs. 1 BGB). Sie endet gem. § 188 Abs. 2 BGB am 19. 7. 20xx. Hinweise für eine Anwendung des § 193 BGB ergeben sich nicht. Eine am 25. 6. 20xx eingereichte Klage läge somit innerhalb der Monatsfrist.

VI. Weitere Zulässigkeitsvoraussetzungen

Hinsichtlich der weiteren Zulässigkeitsvoraussetzungen bestehen keine Bedenken.

Die Verpflichtungsklage ist somit zulässig.

- Da die Berechnung der Klagefrist unproblematisch ist und sich aus dem Sachverhalt keine Hinweise ergeben, die eine Prüfung weiterer Zulässigkeitsvoraussetzungen erforderlich machen, kann die Lösung in der hier dargestellten Kürze erfolgen.

B. Begründetheit

Die Klage ist nach § 113 Abs. 5 Satz 1 VwGO begründet, wenn die Klägerin einen Anspruch auf den begehrten Verwaltungsakt hat.

- Dies ist der Einstiegssatz für Verpflichtungsklagen und gehört zwingend an den Anfang einer jeden Begründetheitsprüfung.
- Es handelt sich hier um den sog. **Anspruchsaufbau**, bei dem nach der Anspruchsgrundlage gefragt wird. Darüber hinaus gibt es den sog. **Ablehnungsaufbau**, der sich zwar genauer an den Gesetzestext hält, allerdings im Regelfall komplizierter zu handhaben ist.

1. Anspruchsgrundlage

Es kommt § 46 Abs. 1 Nr. 8 StVO i.V.m. § 32 Abs. 1 StVO in Betracht.

- An dieser Stelle **müssen** die Vorschriften genannt werden, aus denen sich das vom Kläger begehrte Recht ergeben könnte. Es darf allerdings noch nicht mit der Subsumtion dieser Vorschriften begonnen werden.

2. Formelle Rechtmäßigkeit

Es handelt sich laut Sachverhalt um die sachlich, örtlich und instanziell zuständige Behörde.

- Da der Sachverhalt von „zuständiger Behörde" spricht, kann die formelle Rechtmäßigkeit auf diese Weise abgehandelt werden.
- **Häufiger Klausurfehler**: Bei einer Verpflichtungsklage geht es um den Erlass eines (zukünftigen) Verwaltungsakts. Aus diesem Grund können Verfahrens- oder Formfehler noch nicht eingetreten sein. Die Prüfung reduziert sich somit auf die Frage, ob die beklagte Behörde zuständig ist.

3. Materielle Rechtmäßigkeit

a) Aufstellen der Container

- **Wichtig**: Unterscheiden Sie deutlich zwischen dem Aufstellen der Container und dem Parken der Lkw.

Es müssen die Voraussetzungen des § 46 Abs. 1 StVO vorliegen.

- Auf die Subsumtion der Merkmale der Anspruchsgrundlage sollten Sie großen Wert legen. Prüfen Sie möglichst jedes Tatbestandsmerkmal einzeln. Nur wenn es sich um Selbstverständlichkeiten handelt oder aus Verständnisgründen erforderlich ist, sollten Sie mehrere Tatbestandsmerkmale gemeinsam prüfen. Erfahrungsgemäß führt dies aber dazu, dass der Bearbeiter die Übersicht verliert, den Gutachtenstil nicht mehr einhält und zu allgemeinen Erörterungen in Aufsatzform übergeht. Das aber sollten Sie unbedingt vermeiden.

► **Hinweis**: Neben der StVO gelten in den Bundesländern Straßengesetze, die ebenfalls Rechtsgrundlagen für eine Genehmigung (sog. Sondernutzungsgenehmigung) enthalten und deshalb ebenfalls zur Anwendung kommen könnten. In den meisten Fällen stellen die Landesgesetze aber die zuständigen Behörden von einer landesrechtlichen Genehmigung frei, wenn die StVO entsprechende Vorschriften enthält. Zu einem Nebeneinander straßen- und straßenverkehrsrechtlicher Normen kommt es dann nicht. Es ist allein – wie im vorliegenden Fall geschehen – die StVO anzuwenden.

aa) Fraglich ist, ob es sich hier um einen konkreten Einzelfall oder um eine allgemeine Ausnahmegenehmigung für bestimmte Antragsteller handelt. Letz begehrt die Genehmigung nicht nur für einen einzigen Fall. Vielmehr möchte sie für einen unbestimmten Zeitraum in der Straße parken dürfen.

Es handelt sich daher nicht um einen Einzelfall i. S. des § 46 Abs. 1 StVO, sondern um eine allgemeine Ausnahme für eine bestimmte Antragstellerin in Form eines Dauerverwaltungsaktes.

► Die Terminologie der StVO unterscheidet sich vom üblichen Begriffsverständnis eines Einzelfalls, wie er im Zusammenhang mit der Definition eines Verwaltungsaktes verwendet wird. Ein Einzelfall i. S. des § 46 Abs. 1 StVO wäre eine Ausnahmegenehmigung für einen bestimmten Tag.

bb) Weiterhin muss das Verbot des § 32 Abs. 1 StVO, Hindernisse auf die Straße zu bringen, betroffen sein. Nach dieser Vorschrift dürfen keine Gegenstände auf die Straßen gebracht werden, wenn dadurch der Verkehr gefährdet oder erschwert wird.

Geprüft werden muss daher, ob die Container Gegenstände i. S. der Vorschrift sind. Grundsätzlich handelt es sich bei ihnen um Sachen, also Gegenstände (vgl. § 90 BGB).

Es gilt allerdings, den Besonderheiten der Straßenverkehrsordnung Rechnung zu tragen. Nicht sämtliche Sachen können Gegenstände i. S. des § 32 Abs. 1 StVO sein. Würde man der o. g. Definition folgen, wären z. B. auch Pkw Gegenstände und damit verbotene Verkehrshindernisse. Damit gäbe es keinen Straßenverkehr mehr. Der Begriff Gegenstand ist daher einschränkend dahingehend auszulegen, dass nur solche Sachen gemeint sind, die nicht am (auch nicht am ruhenden) Verkehr teilnehmen. Verkehrsteilnahme setzt dabei ein Fahrzeug voraus, das zugelassen und betriebsbereit ist.

Container sind nicht zum Straßenverkehr zugelassen und nehmen daher auch nicht am Verkehr teil. Sie sind somit Gegenstände i. S. der Straßenverkehrsordnung. Sie werden hier vom Verbot des § 32 Abs. 1 StVO betroffen, da sie auch auf einer Straße abgestellt werden sollen.

► Diese Problematik kann leicht übersehen werden. Hier ist es wichtig, die Hinweise im Sachverhalt zu verarbeiten. Nach dem Lesen sollte klar sein, dass Lkw und Container nicht gleichbehandelt werden dürfen.

cc) Durch die Container muss der Verkehr gefährdet oder erschwert werden. Gefahr ist die hinreichende Wahrscheinlichkeit, dass der Verkehr erheblich beeinträchtigt wird. Es reicht aus, wenn dies nicht ganz unwahrscheinlich ist.

Da in der Straße Parkprobleme entstanden sind und die Straße in manchen Fällen nur noch einspurig benutzt werden kann, besteht die nicht unwahrscheinliche Möglichkeit, dass es durch die verengte Fahrbahn zu Verkehrsunfällen kommt.

Es liegt somit eine Gefahr für den Straßenverkehr vor. Dies beinhaltet zugleich ein Erschweren des Verkehrs.

Die Voraussetzungen des § 46 Abs. 1 Nr. 8 i. V. m. § 32 Abs. 1 StVO sind somit gegeben.

dd) Allerdings handelt es sich bei § 46 Abs. 1 StVO um eine Ermessensvorschrift. Trotz Vorliegen der Voraussetzungen ist die Verwaltungsbehörde nicht verpflichtet, eine Ausnahmegenehmigung zu erteilen. Nur in den Fällen der Selbstbindung der Verwaltung und bei Ermessensreduzierung auf Null besteht ein Anspruch auf Erteilung der Genehmigung.

(a) Durch eine Ausnahmegenehmigung zugunsten eines Konkurrenten könnte es zu einer Selbstbindung gekommen sein. Da Art. 20 Abs. 3 GG die Verwaltung an Recht und Gesetz bindet und zugleich Art. 3 Abs. 1 GG festlegt, dass alle Menschen vor dem Gesetz gleich sind, ergibt sich aus der Verknüpfung dieser Artikel die Verpflichtung der Verwaltung, gleiche Fälle gleich zu behandeln.

Eine Selbstbindung der Verwaltung läge im vorliegenden Fall aber erst dann vor, wenn der Konkurrenzfirma eine Genehmigung rechtmäßig erteilt worden wäre. Solange dies nicht der Fall ist, hat sich die Verwaltung nicht gebunden. Im Übrigen besteht wegen des Grundsatzes „Keine Gleichheit im Unrecht" auch für den Fall, dass der Konkurrenzfirma eine Genehmigung rechtswidrig erteilt worden wäre, keine Pflicht zur Erteilung der Genehmigung.

Frau Letz kann sich somit nicht auf den Grundsatz der Selbstbindung der Verwaltung berufen.

► Es gibt Auffassungen im Schrifttum, die die Selbstbindung der Verwaltung als Unterfall einer Ermessensreduzierung auf Null behandeln. Dagegen ist nichts einzuwenden.

(b) Es stellt sich die Frage, ob ein (anderer) Fall der Ermessensreduzierung auf Null vorliegt.

Eine solche Ermessensschrumpfung setzt voraus, dass ein hochrangiges Rechtsgut (z. B. Leben, Gesundheit von Menschen) gefährdet ist und darüber hinaus ein erheblicher Schaden für eines dieser Rechtsgüter zu befürchten ist. Sie kann auch dann gegeben sein, wenn ein anderes Ergebnis schlechthin unerträglich wäre.

Die rein finanziellen Beeinträchtigungen der Frau Letz, die eventuell noch nicht einmal größeren Umfanges sind, reichen hierfür nicht aus. Eine Ermessensreduzierung zu ihren Gunsten liegt daher nicht vor. Es besteht kein Anspruch auf Erteilung einer Ausnahmegenehmigung.

ee) Die Sache ist daher noch nicht spruchreif und die Verpflichtungsklage in Bezug auf die Container wegen des bestehenden Ermessens nur teilweise begründet. Die Beklagte kann deshalb gem. § 113 Abs. 5 Satz 2 VwGO nur verpflichtet werden, die Klägerin unter Beachtung der Rechtsauffassung des Gerichts zu bescheiden.

b) Parken der Lkw

Es gilt insoweit das unter B.3.a)aa) Festgestellte. Zu prüfen ist allerdings, ob es sich bei den Lkw um Gegenstände i. S. des § 32 Abs. 1 StVO handelt.

Da die Lkw zugelassen und betriebsbereit sind, handelt es sich bei ihrem Parken um Verkehrsteilnahme. Es werden keine verkehrsfremden Gegenstände auf der Straße abgestellt. Die Voraussetzungen des § 32 Abs. 1 StVO und damit auch des § 46 Abs. 1 Nr. 8 StVO liegen nicht vor. Das Parken der Lkw am Straßenrand ist vielmehr erlaubt, so dass eine Ausnahmegenehmigung nach § 46 Abs. 1 StVO nicht erteilt werden muss und darüber hinaus auch gar nicht erteilt werden kann.

Die Klage ist im Hinblick auf die Lkw unbegründet.

C. Ergebnis

Die Klage ist zulässig, aber nur teilweise begründet.

- Auch das Endergebnis muss genannt werden.
- **Formulierungshinweis**: Auf Formulierungen wie „unzweifelhaft“, „meines Erachtens“, „garantiert“ oder „zweifellos“ sollten Sie **unbedingt** verzichten.

STICHWORTVERZEICHNIS

Die folgenden Zahlen verweisen auf die Randnummern (Rn.).

C

D

E

H

I

J

K

L

M

N

O

P

R